O Título Executivo Europeu como Instrumento de Cooperação Judiciária Civil na União Europeia

O Título Executivo Europeu como Instrumento de Cooperação Judiciária Civil na União Europeia

IMPLICAÇÕES EM ESPANHA E PORTUGAL

2012

Lurdes Mesquita
Doutora em Direito
Docente Universitária

Prefácio de Esther González Pillado
Catedrática de Direito Processual
Universidade de Vigo

O TÍTULO EXECUTIVO EUROPEU
COMO INSTRUMENTO DE COOPERAÇÃO
JUDICIÁRIA CIVIL NA UNIÃO EUROPEIA
AUTORA
Lurdes Mesquita
EDITOR
EDIÇÕES ALMEDINA, S.A.
Rua Fernandes Tomás, nºs 76, 78 e 79
3000-167 Coimbra
Tel.: 239 851 904 · Fax: 239 851 901
www.almedina.net · editora@almedina.net
DESIGN DE CAPA
FBA.
EDITOR
EDIÇÕES ALMEDINA, S.A.
IMPRESSÃO E ACABAMENTO
G.C. – GRÁFICA DE COIMBRA, LDA.
Palheira Assafarge, 3001-453 Coimbra
producao@graficadecoimbra.pt
Maio, 2012
DEPÓSITO LEGAL
343796/12

Apesar do cuidado e rigor colocados na elaboração da presente obra, devem os diplomas legais dela constantes ser sempre objeto de confirmação com as publicações oficiais.
Toda a reprodução desta obra, por fotocópia ou outro qualquer processo, sem prévia autorização escrita do Editor, é ilícita e passível de procedimento judicial contra o infrator.

 GRUPOALMEDINA

BIBLIOTECA NACIONAL DE PORTUGAL – CATALOGAÇÃO NA PUBLICAÇÃO
MESQUITA, Lurdes
O título executivo europeu como instrumento de cooperação
judiciária civil na União Europeia : implicações em Espanha e
Portugal. – (Teses de doutoramento)
ISBN 978-972-40-4818-5

CDU 34

Ao meu Pai

"Procedure is not pure form. It is the meeting point of conflicts, of policies, of ideas. It is the «Cape Wrath» where Rapidity and Efficiency have to be combined with Justice; it is also the «Cape of Good Hope» where Individual Liberty has to be combined with Equality of Opportunities.

Procedure is, in fact, the faithful mirror of all of the major exigencies, problems, and trials of our epoch – of the immense challenge of our time.

Here, my fellow proceduralists, is our challenge. Here is our work."

Cappelletti, M.
Social and Political Aspects of Civil Procedure –
Reforms and Trends in Western and Eastern Europe,
"Michigan Law Review", 1970-71, p. 886.

PREFÁCIO

La Unión Europea se ha fijado como objetivo prioritario mantener y desarrollar un espacio de libertad, seguridad y justicia para lo cual es necesario, sin lugar a dudas, mejorar, simplificar y acelerar la cooperación judicial civil entre los Estados miembros, en cuanto en los ámbitos económico y social es cada vez más perceptible y trascendente la existencia de procesos que escapan de las fronteras de un Estado para adquirir importancia y repercusión en el ámbito geográfico de otro u otros.

Para la creación de tal espacio de justicia, el Consejo Europeo de Tampere de 1999 estableció como principio básico la potenciación y promoción del principio de reconocimiento mutuo de las resoluciones judiciales tanto en materia civil como penal, que se constituyó como piedra angular de la cooperación judicial y razón por la cual el Consejo y la Comisión adoptaron un programa de medidas para la aplicación de tal principio en el cual destacan algunas de carácter estrictamente procesal, tales como la creación de un título ejecutivo europeo.

Este principio de reconocimiento mutuo de resoluciones judiciales siguió su progresivo desarrollo y así, el Programa de la Haya de 2005, resultado del Consejo Europeo celebrado en Bruselas los días 4 y 5 de noviembre de 2005, y también conocido como Tampere II, propuso continuar el inicial programa de medidas para el reconocimiento mutuo con la intención de culminarlo en el año 2011. De este modo, y dentro de las medidas estrictamente procesales, cuyos proyectos legislativos se han llevado a término entre 2005 y 2008, destacan el proceso monitorio europeo y el proceso europeo de escasa cuantía.

El objeto central de esta obra es el estudio exhaustivo del título ejecutivo europeo como instrumento de cooperación judicial civil que ofrece a los ciudadanos de la Unión Europea un instrumento ágil y rápido para la ejecución de deudas transfronterizas en cualquier Estado miembro, siempre que se haya obtenido en el propio Estado de origen una certificación como título ejecutivo europeo.

El interés del tema se acrecienta aún más si tenemos en cuenta que la investigación se centra en la incidencia del título ejecutivo europeo como instrumento de cooperación judicial civil en España y Portugal, países fronterizos que tienen una gran actividad empresarial y comercial común que hace que sus ciudadanos y empresas tengan en innumerables ocasiones procesos de reclamación de deudas y, posteriores ejecuciones judiciales, con repercusión en ambos países.

El objeto de esta obra no se limita por tanto al pormenorizado examen del Reglamento 805/2004, del Parlamento y del Consejo de 21 de abril de 2004, del título ejecutivo europeo, sino que se analizan todas las implicaciones del mismo en los ordenamientos jurídicos internos de España y Portugal; cuestión que no había merecido la oportuna atención por la doctrina procesalista y que presenta múltiples problemas, siendo necesaria la búsqueda de soluciones procesales nacionales adecuadas, no siempre facilitadas por el legislador interno, la mayor parte de las veces por omisión y por una clara falta de sensibilidad ante la imperiosa necesidad de armonizar las legislaciones europea e interna.

Todas estas cuestiones encuentran un debido tratamiento en la obra de la Dra. Mesquita, que hace así su presentación ante la comunidad universitaria y los juristas interesados en el derecho procesal civil europeo.

El embrión de este trabajo fue la tesis doctoral brillantemente defendida por la Dra. Mesquita en la Universidad de Vigo y que mereció la más alta calificación por el tribunal juzgador. El libro que el lector tiene en sus manos es una muestra clara de la capacidad de trabajo, la madurez intelectual y el buen manejo de las instituciones de esta profesora universitaria que ha sabido plasmar los problemas esenciales del tema objeto de análisis y darles una solución práctica que será de enorme interés para los profesionales, y ello sin renunciar al rigor científico que toda investigación jurídica exige.

Se parte en esta obra de un profundo estudio sobre la evolución de la cooperación judicial internacional, al que se dedica la primera parte de la misma. Aspecto esencial en esta parte introductoria es el análisis del proceso de integración europea centrado en la aproximación de la Ley procesal dentro del ámbito europeo, cuyos objetivos esenciales se concretan en evitar la falta de estabilidad, la inseguridad y la incerteza jurídicas, que se instalarían en caso de convivir, sin puntos de alineación, varios sistemas jurídico-procesales, cada uno con garantías diferentes. Esas diferencias desencadenan efectos reflejos, sobre todo de fuga, para los sistemas que mejor salvaguarden los intereses de los actores económicos. Por esto, la propia economía se resentirá y será permeable a los efectos negativos de las desigualdades procesales. De ese modo, es obviamente natural que los ciudadanos europeos y las empresas reivindiquen la extensión de la protección procesal que tienen en sus países, más allá de sus fronteras, ya que eso condiciona su movilidad dentro de un mercado que se considera único.

Esta primera parte de la obra refleja la madurez investigadora de la Dra. Lurdes Mesquita y su gran capacidad de abstracción para extraer aquellos elementos esenciales de cada uno de los ordenamientos jurídicos de los distintos Estados miembros que tengan puntos en común para permitir esa cooperación judicial europea necesaria dentro de un espacio de libertad, seguridad y justicia que es objetivo prioritario de la Unión Europea. Sólo una persona con estas cualidades investigadoras se encuentra en condiciones de enfocar este tema desde esa perspectiva europeísta.

Ya en la segunda parte, se analiza el objeto central de la obra, el régimen jurídico del título ejecutivo europeo, instituto que materializa una de las manifestaciones de la aproximación jurídica entre los Estados miembros de la Unión Europea, al ser una de las piezas clave en la construcción del espacio europeo de justicia. Su nacimiento y el contexto global al que pertenece son fundamentales para entender la situación actual, así como el camino futuro que se avecina, siendo conscientes de la importancia de la abolición del exequatur y de la necesidad de sinergias entre los distintos ordenamientos jurídicos internos que aumenta no sólo a nivel de la consolidación del espacio europeo de justicia, sino también a nivel de la efectiva dimensión de la ciudadanía europea.

El título ejecutivo europeo aprobado por el Reglamento 805/2004 se basa en un procedimiento de certificación y constituye el primer título transfronterizo de naturaleza comunitaria, equiparable a los títulos ejecutivos nacionales a efectos de ejecutoriedad. A través de él, se certifican títulos ejecutivos nacionales (resoluciones, transacciones judiciales y documentos públicos con fuerza ejecutiva) que pasan a tener fuerza ejecutiva a nivel comunitario, en el contexto de los créditos no impugnados, con vistas a su ejecución en otro Estado diferente de aquél en el que ocurrió la formación del título ejecutivo, sin recurso a más procedimientos intermedios, esto es, sin necesidad de un procedimiento de exequatur en el Estado de ejecución.

Obtenida la certificación, el acreedor tiene en su poder un título ejecutivo de carácter complejo, formado por el título ejecutivo nacional susceptible de ser certificado y la resolución de certificación emitida por la autoridad competente del Estado de origen, a través de la que se obtiene un título ejecutivo europeo, que goza del privilegio de poder ser ejecutado en cualquier Estado miembro.

La Dra. Mesquita no se limita al estudio del título ejecutivo europeo, sino que lo relaciona con otros instrumentos próximos, como el proceso monitorio europeo y el proceso europeo de escasa cuantía, evaluando los puntos de convergencia y de divergencia entre estos institutos con el objeto de facilitar la toma de decisiones de los acreedores en el cobro trasfronterizo de los créditos.

A este respecto, el Reglamento 805/2004 forma parte, junto al Reglamento 1896/2006, que aprobó el proceso monitorio europeo y con el Reglamento 861/2007, que aprobó el proceso europeo de escasa cuantía, de los llamados procedimientos de segunda generación, es decir, aquellos instrumentos a través de los cuales el legislador comunitario comenzó la supresión del exequatur, adoptando mecanismos de aplicación directa que proporcionan la obtención, por diversas vías, de un título ejecutivo cuyos efectos ejecutorios se extienden más allá de las fronteras del Estado miembro en que fue formado, pudiendo circular libremente en el espacio europeo de justicia.

Además, se realiza en esta obra un análisis de compatibilidad y articulación entre el Reglamento 805/2004 y el Reglamento Bruselas I, en la medida en que constituyen facultades alternativas para el acreedor; en concreto este Reglamento Bruselas I ya había simplificado el procedimiento tradicional del exequatur, haciendo que el tribunal del Estado de destino deje de realizar el control preliminar del requerimiento de ejecutoriedad y, en lugar de dos grados de control, se pasa a tener uno solo, cuyo impulso le corresponde a la parte requerida, basado en el refuerzo del sistema de confianza mutua.

Mirando hacia el futuro, la Dra. Mesquita presenta las líneas generales de la revisión del Reglamento Bruselas I, impulsado por el Programa de Estocolmo, que desencadenó la presentación de una propuesta de revisión por la Comisión, en diciembre de 2010. Las alteraciones propuestas en el ámbito del reconocimiento y ejecución de las decisiones en materia civil y mercantil pretenden ampliar la abolición del exequatur y, en esta medida, se considera esencial evaluar la posición del título ejecutivo europeo frente a esta nueva realidad.

Asentadas estas cuestiones, Dra. Lurdes Mesquita se ha enfrentado, y sin duda, con éxito, a la difícil tarea de analizar las implicaciones del título ejecutivo europeo en España y Portugal. Esta labor, le ha exigido un estudio profundo y sistemático de los ordenamientos jurídicos de ambos países así como del funcionamiento práctico de los procesos de ejecución español y portugués. Esta labor no ha estado exenta de dificultades a la vista de que, pese a tratarse del estudio de una documento único, el Reglamento 805/2004, no se pueden olvidar dos cuestiones que repercuten enormemente en la aplicación del mismo. La primera, que el Reglamento se ha redactado originariamente en inglés y francés y después ha sido traducido a los restantes idiomas de los Estados miembros, lo que ha dado lugar a algunas discordancias por la terminología jurídica utilizada en los distintos textos. Esta cuestión ha generado dificultades que la Dra. Mesquita ha resuelto de forma hábil, demostrando, de un lado, un excelente manejo de todos los instrumentos procesales de los ordenamientos español y portugués; de otro, un espíritu crítico no sólo con el legislador comunitario, sino también con los legisladores nacionales de España y Portugal. La segunda dificultad a la que se ha enfrentado la autora es que España ha aprobado una norma para facilitar la aplicación del Título ejecutivo europeo, mientras que Portugal todavía no cuenta con esa disposición dentro de su ordenamiento jurídico. Esta situación, también complica, sin lugar a dudas, la aplicación del Reglamento y ha obligado a la Dra. Mesquita a proponer soluciones a esos problemas prácticos e incluso a sugerir al legislador portugués las líneas esenciales de la futura norma que garanticen la efectividad del título ejecutivo europeo en Portugal.

La obra que prologo acredita a la Dra. Lurdes Mesquita como una sólida investigadora con una gran vocación universitaria que ha presentado un primer trabajo de investigación elaborado con una gran seriedad y rigor, además de gran profundidad jurídica. Sin duda, se trata de una primera obra a la que seguirán otras aportaciones que irán consolidando a esta profesora en la posición que el corresponde dentro de la Universidad, que sabrá compensarle todo su tesón y esfuerzo.

Esther González Pillado
Catedrática de Derecho Procesal
Universidad de Vigo

NOTA PRÉVIA

O trabalho que agora se publica corresponde à tese de doutoramento em Direito que foi apresentada no Departamento de Direito Público da Universidade de Vigo, defendida em provas públicas realizadas a 14 de julho de 2011, e consiste num estudo sobre o Título Executivo Europeu como instrumento de Cooperação Judiciária Civil na União Europeia.

É um tema de atualidade e com interesse prático. Atual porque, no contexto da globalização e, em especial, do aprofundamento da integração europeia, são incontornáveis e de muita utilidade os instrumentos processuais europeus que permitam a concretização dos objetivos da cooperação judiciária, sobretudo o da livre circulação de títulos executivos. Tem interesse prático porque a cobrança transfronteiriça de obrigações pecuniárias, sobretudo no contexto da atual crise económica, ganha expressão no mundo globalizado em que vivemos.

Quando se deu início a este estudo, o título executivo europeu era um instrumento absolutamente inovador na cobrança transfronteiriça de obrigações pecuniárias e revelava-se como a primeira etapa na abolição do *exequatur* no espaço europeu de justiça. Foi a perspetiva de um novo paradigma na concessão de força executória extraterritorial a títulos executivos nacionais e a aposta na livre circulação de decisões judiciais, transações judiciais e instrumentos autênticos, enquadrada na evolução sustentada do espaço europeu de justiça, que motivou a análise desse novo instrumento europeu. A isso acresceu a perceção de que a aposta da União Europeia numa aproximação à abolição do *exequatur* traria novos desafios aos Estados-Membros, designadamente ao nível da adaptação da sua legislação processual e constituiria, por certo, uma mais-valia para os operadores judiciários. Este trabalho procura delimitar os contornos essenciais deste novo instituto jurídico e apurar a sua aplicabilidade à luz da legislação processual vigente nos ordenamentos espanhol e português. Porém, toda essa análise não poderia fazer-se convenientemente sem contextualizar o título executivo europeu no âmbito da cooperação judiciária civil na União Europeia. É o mesmo que dizer: não compreenderíamos o estado atual sem recapitular os objetivos da União Europeia nessa matéria e a sua evolução.

Tendo em conta que na União Europeia a evolução das matérias ocorre a uma velocidade incontrolável, desde que se encetou esta investigação, muita coisa mudou e, nessa conformidade, houve necessidade de ir adaptando o trabalho, coordenando-o com os demais instrumentos europeus de cobrança que entretanto surgiram e com a proposta de revisão do Regulamento Bruxelas I que se encontra pendente.

Explicada a razão de ser deste trabalho, não posso deixar de prestar homenagem e apresentar os meus agradecimentos aos membros do Júri que apreciou o trabalho: Professor Doutor Víctor Moreno Catena (Catedrático da Universidade Carlos III de Madrid), que presidiu, e Professores Doutores José Lebre de Freitas (Catedrático da Universidade Nova de Lisboa), Juán Damián Moreno (Catedrático da Universidade Autónoma de Madrid), Isabel González Cano (Catedrática da Universidade de Sevilla) e Fernando Gascón Inchausti (Professor Titular da Universidade Complutense de Madrid).

Constitui uma honra o facto de o Professor Doutor Víctor Moreno Catena, tão ilustre e reconhecido processualista, ter presidido ao Júri e o facto de o Professor Doutor José Lebre de Freitas, uma referência incontornável do processo civil português, o ter integrado.

À Professora Doutora Esther González Pillado, minha orientadora e autora do prefácio a esta publicação, quero agradecer, publicamente, a constante dedicação, o empenho e o apoio que sempre me dispensou.

Agradeço, igualmente, o essencial contributo dos meus Amigos e Colegas Dr. Armindo Ribeiro Mendes e Dr. Paulo Pimenta na prossecução deste trabalho.

Agradeço especialmente ao Dr. Paulo Pimenta, de quem tive o privilégio de ser aluna e por quem tenho profunda admiração, que me despertou o gosto pelo processo civil e sempre se mostrou disponível para, com sentido crítico e construtivo, discutir todas as questões por mim suscitadas.

Por fim, deixo uma palavra de gratidão aos meus Pais, ao meu Marido e ao meu Filho, pelo apoio que sempre recebi.

ABREVIATURAS

AAP	Auto de Audiencia Provincial
AJCL	The American Journal of Comparative Law
AEDIPr	Anuario Español de Derecho Internacional Privado
al.	Alínea
art. / arts.	Artigo / artigos
BIMJ	Boletín de Información del Ministerio de Justicia
BMDC	Boletín Mexicano de Derecho Comparado
C.C.	Código Civil português
CCI	Câmara de Comércio Internacional
CE	Comunidade Europeia
CEE	Comunidade Económica Europeia
CEEA	Comunidade Europeia da Energia Atómica
CEDH	Convenção Europeia de Proteção dos Direitos do Homem e das Liberdades Fundamentais
CIG	Conferência Intergovernamental
Cfr.	Conforme/confrontar
CMLR	Common Market Law Review
CNUDCI	Comissão das Nações Unidas para o Direito do Comércio Internacional
Coord.	Coordenação
C.P.C.	Código de Processo Civil
DCSI	Diritto Comunitario e degli Scambi Internazionali
Dir.	Direção / Coordenação
DL	Decreto-Lei

DUE	Il Diritto dell'Unione Europea
ed.	Edição / Editor
EFTA	European Free Trade Association/ Associação Europeia de Livre Comércio
ELR	European Law Review
EPL	European Private Law
ERA Forum	Journal of the Academy of European Law
ERPL	European Review of Private Law
FMI	Fundo Monetário Internacional
Gaceta Jurídica	Gaceta Jurídica de la Unión Europea y de la Competencia
GLJ	German Law Journal
IATE	Inter-Active Terminology for Europe
JDI	Journal du Droit International
JUR	Base de dados www.westlaw.es
La Semaine Juridique	La Semaine Juridique: juris classeur périodique. Edition Génèrele.
LEC	Ley de Enjuiciamiento Civil
LOPJ	Ley Organica del Poder Judicial
MERCOSUL	Mercado Comum do Sul
MLR	Modern Law Review
NAFTA	Acordo Norte Americano de Livre Comércio (North American Free Trade Agreement)
NUE	Noticias de la Unión Europea
OIT	Organização Internacional do Trabalho
OMC	Organização Mundial do Comércio
OMPI	Organização Mundial da Propriedade Intelectual
ONU	Organização das Nações Unidas
Op. cit.	Obra citada
p. / pp.	Página/ páginas
QCR	Quadro Comum de Referência
PECL	Principles of European Contract Law
PESC	Política Externa e de Segurança Comum
RCDIPr	Revue Critique de Droit International Prive
RDCE	Revista de Derecho Comunitario Europeo
RDCO	Rivista del Diritto Commerciale e delle Obbligazioni

RDI	Rivista di Diritto Internazionale
RDUE	Revista de Derecho de la Unión Europea
REDI	Revista Española de Derecho Internacional
RIDC	Revue Internationale de Droit Compare
Riv. Dir. Int. Priv. Proc.	Rivista di Diritto Internazionale Privato e Processuale
Riv. Dir. Proc.	Rivista di Diritto Processuale
Riv. Trim. Dir. Proc. Civ.	Rivista Trimestrale di Diritto e Procedura Civile
RJC	Revista Jurídica de Catalunya
RMC	Revue du Marche Commun et de L'Union Européenne
RPJ	Revista del Poder Judicial
RUDP	Revista Uruguaya de Derecho Procesal
T.	Tomo
TCE	Tratado da Comunidade Europeia
TECE	Tratado que Estabelece uma Constituição para a Europa
TEDH	Tribunal Europeu dos Direitos do Homem
TFUE	Tratado sobre o Funcionamento da União Europeia
TJCE	Tribunal de Justiça das Comunidades Europeias
TUE	Tratado da União Europeia
U. E. Aranzadi	Unión Europea Aranzadi
UE	União Europeia
UNESCO	Organização das Nações Unidas para a Educação, a Ciência e a Cultura (United Nations Educational, Scientific and Cultural Organization)
UNIDROIT	Instituto Internacional para a Unificação do Direito Privado Internacional
Vol.	Volume

INTRODUÇÃO

A cooperação judiciária civil na União Europeia é motor da criação do espaço de justiça europeu, mas é também manifestação de uma realidade mais alargada de harmonização do Direito, partilhada igualmente pelo Direito Processual Civil, que tem repercussões ao nível da Sociedade Internacional. O desenvolvimento e aprofundamento da cooperação judiciária em matéria civil passa pela criação de instrumentos que promovam e concretizem os seus objetivos. Em especial no que respeita à execução transfronteiriça de decisões judiciais, transações judiciais e instrumentos autênticos, o título executivo europeu revela-se fundamental nessa tarefa e inovador no seu paradigma.

Na Parte I é tratado todo o "Contexto Global da Cooperação Judiciária Civil na União Europeia", numa perspetiva focada, inicialmente, na compreensão dos efeitos da «globalização» no Direito e, em momento posterior, nas formas de manifestação da harmonização do Direito, de maneira a, no final, reencontrarmos a questão da Cooperação Judiciária Civil na União Europeia. Fazendo todo o percurso das suas etapas históricas – desde a génese da Comunidade Económica Europeia até à atualidade – e das diferentes vertentes dessa cooperação, demonstrar-se-á que a cooperação judiciária civil tem evoluído positivamente e que se vão cumprindo as etapas definidas pelas instituições europeias.

Na era da globalização, ligada à abertura dos mercados e à livre circulação dos fatores de produção, confrontamo-nos com um processo complexo cujos reflexos surgem ao nível da integração económica, social, cultural, política e, também, jurídica. Refletindo sobre a globalização e procurando aferir qual o seu reflexo na área científica do Direito, concretamente ao nível da sua harmonização, procuramos as suas similitudes face ao *Ius Commune* e questionamos a formação do *Ius Commune Europaeum*. A dinâmica histórica mostra-nos um progressivo retorno às origens, ainda que se reconheça a autonomia dos ordenamentos jurídicos internos e o inquestionável cunho sócio-cultural de cada um.

A uniformização do Direito é uma utopia, mas a sua harmonização é uma necessidade reconhecida, seja a nível internacional, seja a nível europeu. Já se materializaram manifestações de harmonização do Direito e é imperioso conhecê-las. Procuramos, assim, enquadrar e contextualizar a questão da harmonização do Direito, em busca da sua génese e das sucessivas manifestações, quer na Sociedade Internacional, quer na União Europeia. Neste âmbito, é de assinalar, a nível internacional, o trabalho do Instituto Internacional para a Unificação do Direito Privado Internacional (UNIDROIT) e a da Conferência da Haia de Direito Internacional Privado e, a nível comunitário, a formação do Direito Privado Europeu.

A União Europeia tem sentido necessidade de criar condições que facilitem, por um lado, e amadureçam, por outro, o funcionamento do mercado único europeu. E essas condições passam por tentar esbater as diferenças entre os regimes legais, sobretudo onde elas possam enfraquecer o circuito económico. É, nesse sentido, que se tem guiado o empenho de vários setores e da própria União Europeia, tentando destruir as últimas fronteiras entre os Estados-Membros – as jurídicas – com o intuito de aproximar ou fazer convergir ou até, em última instância, em unificar o Direito Privado. As diferenças que originariamente existem e que se vão constatando entre os sistemas jurídicos dos Estados-Membros geram incertezas e desincentivam as relações contratuais, com evidentes reflexos no abrandamento da economia. A estabilidade do mercado europeu e o combate às distorções de competitividade dos mercados, assim como a proteção do consumidor, constituem justificação para um movimento convergente dos sistemas jurídicos. Deste modo, não será difícil admitir que os ramos do Direito que pudessem, de algum modo, afetar o funcionamento do mercado único e as demais finalidades comunitárias seriam potenciais alvos do Direito Comunitário, como foram, designadamente ao nível do Direito do Consumo e do Direito dos Contratos.

O Direito Privado tem sido o *ex libris* do movimento da harmonização, sobretudo por respeito aos direitos dos consumidores, porém, os propósitos da criação de um espaço de Liberdade, de Segurança e de Justiça motivaram a aproximação legislativa também noutros domínios, tocando áreas do Direito muito diferenciadas, desde o Direito Penal ao Direito Fiscal, passando pelo Direito da Família, além do Direito Internacional Privado, do Direito Comercial e do Direito dos Contratos que foram os ramos do Direito que mais rapidamente se ressentiram com a onda globalizante.

Os objetivos europeus tiveram impacto na harmonização de vários ramos do Direito e o Direito Processual Civil não ficou imune a essa realidade. Neste quadro, é ainda analisada a harmonização e aproximação normativa do Direito Processual Civil, concretamente a nível europeu, fazendo alusão breve e acessória à emergência do fenómeno a nível internacional.

O Direito Processual Civil comungou do movimento de harmonização do Direito, embora enfrentando algumas dificuldades, e é precisamente nesse contexto que surge, pela primeira vez, a ideia de um título executivo europeu, ainda que reunindo contornos diferentes daqueles em que veio a tornar-se. Aferir o grau de harmonização e aproximação normativa do Direito Processual Civil e o percurso sinuoso que esse movimento percorreu, concretamente a nível europeu, é uma tarefa essencial na compreensão do estado atual.

Nesse sentido, não podemos deixar de fazer alusão à existência de alegados bloqueios à harmonização do Direito Processual Civil, os quais se afiguram associados à faceta publicista e nacionalista do direito processual, atualmente atenuados. Assim, não se evitou o aparecimento dos primeiros sinais de aproximação, quer a nível mundial, quer a nível «comunitário» ou «regional», com extensão em vários quadrantes, da América do Sul à Europa.

Os primeiros sinais de cooperação judiciária internacional e, reflexamente, de aproximação do Direito Processual Civil ocorrem mesmo a nível mundial, motivados pelo movimento geral de «acesso à justiça», associado à ambição de que a lei processual e o exercício das funções jurisdicionais por parte dos Estados fossem capazes de proporcionar uma justiça pronta, adequada e acessível a todos. Assim, a *European Convention on Human Rights*, celebrada em Roma a 4 de novembro de 1950, e a *International Covenant on Civil and Political Rights*, de 16 de dezembro de 1966, atenuaram essas preocupações. Mas, foi com o Tratado de Nova York de 1958 que se conquistou um maior grau de cooperação/harmonização na área do processo civil, apesar de se tratar de um instrumento dedicado à arbitragem internacional e à força das suas decisões.

Na União Europeia houve avanços e recuos em matéria de harmonização do Direito Processual Civil. Do projeto ambicioso de MARCEL STORME, que acaba por ser abandonado, mais pela falta de vontade política do que pela falta de condições técnicas – concluindo-se por uma desproporcionalidade relativamente aos interesses políticos da altura – passa-se a uma fase de estagnação, que só termina, verdadeiramente, com o Conselho Europeu de Tampere.

O projeto STORME, apresentado no início da década de noventa do século passado, terá sido o expoente máximo das intenções de aproximação legislativa no espaço europeu e, embora sem ter sido objeto de concretização, há sinais evidentes de que nunca deixou de ser uma referência importante nos intentos harmonizadores da União Europeia. Esses intentos foram, cada vez mais, encarados de forma otimista pela doutrina e passaram a concretizar-se no início deste século, com a aprovação de um conjunto de Regulamentos comunitários sobre matéria que, direta ou indiretamente, tange o Direito Processual Civil.

A importância deste movimento extravasa o mero campo teórico-jurídico, pois constitui uma condição necessária ao cabal desenvolvimento dos objetivos da União Europeia, sejam eles económicos ou, mesmo, políticos. Não é em vão que a cooperação judiciária pode ser apelidada de «mãe» da quinta liberdade de circulação – a da circulação de decisões judiciais e documentos autênticos no espaço comunitário – a par de ser instrumento essencial na abolição das últimas fronteiras ainda persistentes – as fronteiras jurídicas – talvez mais difíceis de transpor do que as fronteiras físicas. Além disso, uma união económica e monetária só poderá vingar se não for retraída, constantemente, pelas dificuldades geradas nas assimetrias e desigualdades dos vários ordenamentos jurídicos, *maxime* no âmbito processual. Por fim, mas numa posição cimeira, está a garantia do acesso à justiça, da tutela efetiva do direito e a defesa dos direitos inerentes à própria cidadania europeia.

Aceite esta realidade, a União Europeia acaba por criar o suporte legal necessário ao seu efetivo desenvolvimento, concretamente quando transporta, pela mão do Tratado de Amesterdão, a matéria da cooperação judiciária civil e comercial para o primeiro pilar, passando a ser possível legislar, neste âmbito, em sede de direito comunitário. Como resultado, surge um conjunto de diplomas que reflete bem o empenho da União Europeia no aprofundamento desta área, em especial no que respeita aos efeitos transfronteiriços das «decisões» e às cobranças transfronteiriças, como sejam: o Regulamento (CE) nº 44/2001 do Conselho, de 22 de dezembro de 2000, relativo à competência judiciária, ao reconhecimento e à execução de decisões em matéria civil e comercial (JO L 12 de 16/1/2001); o Regulamento (CE) nº 2201/2003 do Conselho de 27 de novembro de 2003, relativo à competência, ao reconhecimento e à execução de decisões em matéria matrimonial e em matéria de responsabilidade parental (JO L 338 de 23/12/2003); o Regulamento (CE) nº 805/2004 do Parlamento Europeu e do Conselho de 21 de abril de 2004, que cria o título executivo europeu para créditos não contestados (JO L 143 de 30/04/2004); o Regulamento (CE) nº 1896/2006 do Parlamento Europeu e do Conselho, de 12 de dezembro de 2006, que cria um procedimento europeu de injunção de pagamento (JO L 399 de 30/12/2006); o Regulamento (CE) nº 861/2007 do Parlamento Europeu e do Conselho, de 11 de julho de 2007, que estabelece um processo europeu para as ações de pequeno montante (JO L 199 de 31/07/2007); o Regulamento (CE) nº 4/2009 do Conselho, de 18 de dezembro de 2008, relativo à competência, à lei aplicável, ao reconhecimento e à execução das decisões e à cooperação em matéria de obrigações alimentares.

A par dos referidos instrumentos, há outros diplomas que também incrementam e consolidam a cooperação judiciária europeia em matéria civil e comercial, em matérias complementares, contribuindo do mesmo modo para o desenvolvimento do espaço europeu de justiça, designadamente: o Regulamento (CE) nº 1346/2000 do Conselho, de 29 de maio de 2000, relativo aos processos de insolvência (JO L 160 de 30/6/2000); o Regulamento (CE) nº 1393/2007 do Parlamento Europeu e do Conselho, de 13 de novembro de 2007, relativo à citação e à notificação dos atos judiciais e extrajudiciais em matérias civil e comercial nos Estados-Membros («citação e notificação de atos») (JO L 324/86 de 10/12/2007); o Regulamento (CE) nº 1206/2001 do Conselho de 28 de maio de 2001, relativo à cooperação entre os tribunais dos Estados-Membros no domínio da obtenção de provas em matéria civil ou comercial (JO L 174 de 27/06/2001); o Regulamento (CE) nº 864/2007 do Parlamento Europeu e do Conselho, de 11 de julho de 2007, relativo à lei aplicável às obrigações extracontratuais ("Roma II") (JO L 199 de 31/07/2007), para além da Decisão do Conselho 2001/470/CE, de 28 de maio de 2001 (JO L 174 de 27/06/2001), que cria uma rede judiciária europeia em matéria civil e comercial.

Todo este conjunto normativo torna já emergente um «Direito Processual Civil Europeu», ainda que a afirmação da sua existência e mesmo a consciência da sua existência não sejam uma realidade clara e pacífica.

Sem esquecer que nos centraremos na análise do título executivo europeu, o qual integra as matérias de natureza executiva, não se deixa de parte o caso particular da harmonização da ação executiva na União Europeia. O sistema de execuções judiciais ou processo executivo constitui um fator essencial para o funcionamento saudável da economia e do sistema judicial. Por isso, os legisladores dos ordenamentos jurídicos que formam o espaço europeu, muitas vezes por impulso das diretrizes da União Europeia, têm vindo a preocupar-se em agilizar os mecanismos de cobrança, com especial acuidade em relação às obrigações pecuniárias de menor valor e à fase executiva.

Na harmonização da ação executiva, a primeira atenção recaiu sobre a circulação das decisões judiciais e outros títulos, procurando-se que fossem reconhecidos e exequíveis noutro Estado que não o de origem, razão que levou à celebração da Convenção de Bruxelas de 1968, que mais tarde deu lugar ao Regulamento 44/2001 (Bruxelas I).

Porém, foi menosprezada, durante muito tempo, uma harmonização sustentada no alinhamento das regras executivas internas de cada Estado quando, na verdade, existe a necessidade de nivelar alguns parâmetros do processo executivo, como veículo na igualação de condições mínimas na ação executiva, para evitar os desníveis de garantias e de eficácia relativamente aos cidadãos da União Europeia, bem como os efeitos negativos que essa circunstância produz nas relações sócio-económicas. Alguns dos temas em que se reclamava convergência eram o elenco dos títulos executivos, o paradigma da própria ação executiva, associado à criação de um sistema informativo da situação patrimonial do devedor, da formação de instrumentos de proteção dos devedores, o alinhamento da fase do concurso de credores e, também, a criação de tribunais com caráter especializado.

A panorâmica geral da cooperação judiciária em matéria civil, a definição dos seus objetivos, conteúdo e âmbito de aplicação, com destaque para a questão do reconhecimento mútuo das decisões judiciais e extrajudiciais e respetiva execução, são, inquestionavelmente, pressupostos necessários para compreensão e enquadramento do título executivo europeu.

Por isso mesmo, a Parte I encerra com as considerações de ordem geral sobre a cooperação judiciária em matéria civil começando pelo seu percurso histórico e terminando nas várias formas de cooperação. Partindo da génese da cooperação judiciária em matéria civil na União Europeia vai percorrer-se – sem deixar de fazer uma apreciação crítica sobre a concretização dos intentos europeus – a sua evolução em todas as etapas da integração europeia: as formas de cooperação até ao Tratado da União Europeia; o Tratado da União Europeia e a inclusão formal da cooperação judiciária; o Tratado de Amesterdão e o reforço da cooperação judiciária; o Conselho Europeu de Tampere; a cooperação judiciária e o Tratado de Nice; o Programa da Haia; o previsto Tratado que estabelece uma Constituição para a Europa; o Tratado de Lisboa e o Programa de Estocolmo.

A Parte II é dedicada em concreto ao título executivo europeu, e inicia-se com o Capítulo dedicado ao «enquadramento geral do título executivo europeu». Aí se explora o princípio do reconhecimento mútuo, em especial na sua vertente processual, bem como os regimes e sistemas de reconhecimento de decisões e, também, o reconhecimento e execução de decisões à luz do Regulamento Bruxelas I.

Não se perceberá a forma como o título executivo europeu inovou a execução transfronteiriça de certos títulos executivos se não for por comparação com o regime que podemos chamar tradicional face ao paradigma emergente, nascido na Convenção de Bruxelas de 1968 e continuado pelo Regulamento 44/2001. Só assim estaremos em condições de perceber a evolução do sistema de circulação dos títulos executivos, desde a Convenção de Bruxelas até à criação do título executivo europeu.

Este instituto do título executivo europeu é uma das formas de manifestação da aproximação jurídica entre os Estados-Membros da União Europeia e constitui uma das peças chave na construção do espaço europeu de justiça. Além disso, a criação do título executivo europeu constitui um elemento importante na cobrança de dívidas e na flexibilização da execução transfronteiriça. A sua génese e o contexto global em que se insere são fundamentais para entender o momento atual, bem como o caminho futuro que se avizinha, com consciência da importância da abolição do *exequatur*, da necessidade de sinergias entre os vários ordenamentos jurídicos internos e da mais-valia que a partilha de institutos jurídicos acrescenta não só ao nível da consolidação do espaço europeu de justiça, como ao nível da efetiva dimensão da cidadania europeia.

O título executivo europeu será sempre o símbolo da «abolição do *exequatur*» no espaço europeu e a manifestação real do princípio do reconhecimento mútuo em matéria civil e comercial. Porém, este instituto não constitui um fenómeno isolado e resulta, aliás, de todo um trabalho progressivo de construção e consolidação da cooperação judiciária em matéria civil e comercial na União Europeia.

O desenvolvimento do espaço europeu de justiça pressupõe e justifica a existência de instrumentos que contribuam para a livre circulação das decisões judicias, como forma de concretização do princípio do reconhecimento mútuo – pedra angular da cooperação judiciária na União Europeia. O título executivo europeu é um desses instrumentos, cujo valor e potencialidades, reais ou aparentes, estão por encontrar nos profissionais forenses, designadamente nas relações transfronteiriças na Península Ibérica.

No Capítulo dedicado ao enquadramento geral do título executivo europeu procura-se não só encontrar os antecedentes deste instituto, como mostrar os princípios em que se inspirou a figura e, bem assim, todo o percurso legislativo até à aprovação do Regulamento 805/2004, de 21 de abril, que criou o título executivo europeu para créditos não impugnados, essencial na busca da sua ratio legis. O desejo de encontrar um título executivo que produzisse efeitos além-fronteiras sem carecer de um procedimento de exequatur no Estado de destino era já uma intenção antiga. Porém, a forma de o obter, o método a adotar – *soft law* ou *hard law* – bem como o modelo a seguir – um instrumento interno a conferir efeitos transfronteiriços a um documento ou um instrumento que fosse originariamente comunitário e que já contivesse, em si, esses efeitos – foram algumas das controvérsias vividas em redor do assunto.

O legislador europeu optou por aprovar, via Regulamento, um diploma através do qual possibilita, reunidas determinadas condições, a certificação de títulos relativos a créditos não impugnados para obtenção de força executória «direta» noutro Estado-Membro, o qual, numa base de confiança mútua, aceita que esse título executivo seja executado no seu ordenamento sem ocorrer qualquer outro procedimento prévio.

Exploram-se, também, os objetivos que estiveram associados à criação do título executivo europeu. Além da celeridade, da diminuição de custos, da proteção dos credores – maxime em créditos não contestados – é evidente que o título executivo europeu corresponderá às exigências estratégicas da União Europeia no domínio do desenvolvimento económico do mercado comunitário. Na verdade, a economia só se apresenta com a dinâmica desejada se houver procedimentos de cobrança rápidos e eficazes para o credor, concretamente nos casos em que é necessário o recurso à via judicial. Os relatórios internacionais têm chamado a atenção para o facto de os atrasos no pagamento serem prejudiciais à economia, na medida em que conduzem ao endividamento, gerado pelo recurso a financiamento desnecessário, causam problemas de liquidez e são uma barreira ao comércio. Os resultados recentemente apresentados pela *Intrum Justitia's European Payment Index* 2010 mostraram uma tendência ascendente nos riscos do pagamento, que foi agravada por não se terem tomado medidas de fundo no combate ao problema do atraso no pagamento. Além disso, a crise financeira e económica que nos assaltou nos últimos tempos exponenciou a situação. Lamentavelmente, no caso português,

INTRODUÇÃO

embora se acompanhe a tendência europeia, a avaliação da "boa cobrança" não é de todo satisfatória, encontrando-se na última posição, de entre os 26 países avaliados, enquanto a Espanha está no 22º lugar.

A globalização e a integração europeia têm o efeito positivo de alargar o mercado, mas daí resulta, reflexamente, o alargamento do espectro da má cobrança, havendo necessidade de optar pelos meios judiciais mais adequados aos resultados pretendidos e à situação em causa. Desta forma, o título executivo europeu, a par da injunção europeia e do processo europeu para ações de pequeno montante serão instrumentos privilegiados para atingir tal desiderato, desde que se demonstre, no concurso aparente com os mecanismos internos, que ganham vantagem e trazem mais-valia ao credor, sem pôr em causa os direitos do devedor. Este é um dos desafios inerentes aos instrumentos processuais europeus, tentando contrariar-se o desprezo a que tem sido votada a legislação de Direito Processual que emana das instituições europeias.

Ainda no âmbito do enquadramento geral do título executivo europeu, desenvolvido no Capítulo I, da Parte II, é necessário posicionar o título executivo europeu em face de outras figuras fronteira, concorrentes ao mesmo nicho de cobranças de créditos pecuniários, contextualizando-o no seio da demais legislação comunitária.

É feita uma análise da compatibilidade e articulação entre o Regulamento 805/2004 e o Regulamento 44/2001, na medida em que constituem faculdades alternativas. Por outro lado, considerando o conjunto de institutos próximos do título executivo europeu, como sejam o procedimento europeu de injunção de pagamento e o processo europeu para ações de pequeno montante, a avaliação dos pontos de convergência e de divergência entre esses institutos é essencial para a tomada de decisão dos credores na cobrança transfronteiriça dos seus créditos.

O Regulamento 805/2004 faz parte, juntamente com o Regulamento 1896/2006, que aprovou o procedimento europeu de injunção de pagamento (também designada injunção de pagamento europeia) e com o Regulamento 861/2007, que aprovou o processo europeu para ações de pequeno montante, dos chamados procedimentos de segunda geração, ou seja, aqueles instrumentos através dos quais o legislador comunitário encetou a supressão do *exequatur*, adotando mecanismos de aplicação direta que proporcionam a obtenção, por vias diversas, de um título executivo cujos efeitos executórios se estendem para além das fronteiras do Estado-Membro em que foi formado, podendo circular livremente no espaço europeu de justiça. Através desses mecanismos privilegia-se, claramente, o direito de acesso à justiça, sendo que alguns desses procedimentos podem mesmo ser usados pelas partes sem necessidade de constituição de mandatário, o que é um sinal evidente da flexibilização e agilização que o legislador pretende imprimir aos procedimentos de cobrança transfronteiriça.

Considerando que comungamos já de vários procedimentos europeus que apontam, todos eles, no sentido da abolição do *exequatur* e que em certos aspetos parecem consumir o mesmo espaço de atuação, é caso para questionar se a evolução dos mecanismos comunitários condenou o título executivo europeu ao infortúnio.

Ora, esta realidade, só por si, não será causa do desaparecimento do título executivo europeu, tanto assim que o legislador comunitário manteve todos os Regulamentos em vigor e cada um deles exerce a sua função própria e representa uma etapa diferente do caminho definido para a tão pretendida abolição do exequatur no espaço europeu. Também é certo, porém, que haverá casos em que os vários procedimentos concorrerão entre si, podendo o credor seguir o caminho que mais lhe aprouver. Um dos fatores já apontados para essa escolha está no facto de caber ao credor concluir se lhe é mais vantajoso, em termos de tempo e de custos, optar por um procedimento interno e depois certificar a decisão como título executivo europeu ou optar logo por um procedimento comunitário, sendo que neste caso só o poderá fazer se a situação for, desde logo, transfronteiriça. Nessa medida, sempre será de aplicar o título executivo europeu quando o credor apenas sabe, a final, que a execução deverá correr noutro Estado-Membro. Por outro lado, na medida em que os operadores forenses conhecem melhor e têm mais segurança ao lidar com os procedimentos internos, também poderá ser esta uma razão para enveredarem primeiro por um processo de raíz nacional e só depois avançarem para a concessão de força executória extraterritorial ao título em causa, seja através do Regulamento Bruxelas I, seja através do Regulamento 805/2004, desde que todos os seus pressupostos se encontrem preenchidos, designadamente tratar-se de um crédito não contestado.

Também somos sensíveis a algumas dificuldades que advêm da circunstância de o título executivo europeu ter sido o primeiro passo no longo caminho da abolição do exequatur em matéria civil e comercial. Nessa medida, viu-se constrangido com um âmbito de aplicação muito reduzido, limitado aos créditos não impugnados e, além disso, o facto de coexistir e partilhar o seu campo de aplicação com o Regulamento Bruxelas I foi favorável a algumas dificuldades de implementação. Acresce, ainda, que o título executivo europeu introduziu algumas soluções que não são isentas de problemas, como se verá na análise do seu regime jurídico. Por tudo isto, a afirmação do título executivo europeu e a sua concreta aplicação pode ter ficado aquém das expectativas, situação agravada pela natural resistência que os operadores judiciários fazem aos novos procedimentos, sobretudo aos de origem comunitária.

Paralelamente e perspetivando o futuro, apresentam-se as linhas gerais da revisão do Regulamento Bruxelas I, impulsionada pelo Programa de Estocolmo, que desencadeou a apresentação da proposta de revisão do Regulamento Bruxelas I, pela Comissão, em dezembro de 2010. As alterações propostas no âmbito do reconhecimento e execução de decisões em matéria civil e comercial procuram concretizar o alargamento da abolição do *exequatur* e, nessa medida, julga-se essencial aferir o posicionamento do título executivo europeu em face dessa nova realidade.

A novidade da proposta de revisão do Regulamento Bruxelas I está, na verdade, na criação de um regime regra de acordo com o qual não é necessária uma declaração de executoriedade para que uma decisão proferida num Estado-Membro, e que nele seja executória, possa igualmente ver reconhecido esse efeito noutro Estado-Membro, onde o credor poderá desencadear, diretamente, a competente ação executiva. Este sistema aproxima-se daquilo que é hoje o título executivo europeu, trazendo para o tribunal de origem o procedimento (ainda que de simples emissão de uma certidão) que confere a um título executivo nacional efeitos extraterritoriais.

No Capítulo II, da Parte II, tratam-se os aspetos centrais do regime do título executivo europeu para créditos não contestados através do exame apurado do Regulamento 805/2004, do Parlamento e do Conselho, de 21 de abril de 2004.

Em primeiro lugar, a definição do âmbito de aplicação espacial, temporal e material do Regulamento 805/2004, permitirá a delimitação dos contornos deste instituto. Mas não basta o cumprimento dos critérios de aplicação espacial, temporal e material para se conseguir a obtenção de um título executivo europeu, isso depende ainda da verificação de determinados requisitos. Por todas as circunstâncias que estiveram envolvidas na criação deste instrumento inovador, que permite ultrapassar a barreira do *exequatur* vigente no Regulamento Bruxelas I e que constitui o primeiro reflexo da livre circulação de documentos com força executiva no espaço europeu, em matéria civil e comercial, bem se compreende não ser exequível a criação de um modelo que, de imediato, abrangesse toda e qualquer situação. Houve que delimitar, necessariamente, os parâmetros dentro dos quais seria plausível a aquisição deste «passaporte» jurídico.

Esses contornos podem dividir-se em dois grupos: o dos requisitos gerais da certificação do título executivo europeu e o dos requisitos específicos da certificação do título executivo europeu. No primeiro grupo, tomam lugar as condições que em qualquer caso têm de verificar-se para ser aplicável o regime jurídico do título executivo europeu. Assim, em todas as situações, o credor que pretenda munir-se de um título com força executória transfronteiriça terá que ser titular de um crédito cujo objeto seja uma obrigação pecuniária, certa, líquida e exigível, esse crédito tem que ser considerado não contestado e tem que constar de um documento certificável – uma decisão judicial, uma transação judicial ou um documento autêntico – devendo esse documento constituir, necessariamente, título executivo no Estado de origem, de acordo com as suas disposições internas. Será nesse Estado de origem, aliás, que reside a competência para, por meio dos formulários anexos ao Regulamento 805/2004, conceder a referida certificação como título executivo europeu.

Mas não são suficientes estes requisitos ditos gerais, será ainda necessário que, conforme o tipo de título executivo que está a ser objeto da certificação, se cumpram os respetivos requisitos específicos, que têm sobretudo que ver com a forma como se materializa o caráter não constestado do crédito em causa e ainda, no caso particular das decisões judiciais, com as exigências relacionadas com o cumprimento dos critérios de competência internacional e com os «mínimos processuais» que devem estar garantidos no ordenamento de onde emana a decisão, por forma a assegurar, sobretudo, os direitos de defesa do devedor.

Assim, em síntese, a metodologia adotada na exposição do regime jurídico do título executivo europeu distingue os pressupostos gerais da certificação – quanto ao objeto, quanto ao caráter não contestado do crédito, quanto à forma e quanto ao caráter executório do título executivo no estado de origem – dos pressupostos específicos da certificação. Ou seja, alinham-se, por um lado, as condições que em geral é necessário reunir com vista a uma certificação e, por outro, as condições que, em especial e para cada tipo de documento certificável, acrescem aqueloutras. Desde logo, quanto ao objeto, este mecanismo de certificação como título executivo europeu só está ao alcance de obrigações pecuniárias, líquidas e exigíveis, relativas a créditos não contestados, sendo que cada um destes conceitos deve ser interpretado convenientemente, de acordo com as particularidades extraídas do Regulamento.

Além disso, quanto à forma, só as decisões judiciais, as transações judiciais e os documentos autênticos poderão obter força executória transfronteiriça no Estado de origem, havendo que conhecer, à luz do diploma comunitário, os elementos que integram cada noção.

Ainda em relação aos pressupostos gerais da certificação, exige-se que o crédito seja considerado não contestado. De facto, a matriz do título executivo europeu, mesmo na sua configuração inicial – não exatamente coincidente com aquilo que veio a assumir-se no Regulamento 805/2004 – sempre foi a incontestabibilidade do crédito exequendo. Assumido como nicho privilegiado para o projeto-piloto de abolição do *exequatur*, os «créditos não contestados» foram abraçados pelo título executivo europeu porque garantiam alguma segurança face aos seus efeitos extraterritoriais. Precisamente nos casos em que o devedor está consciente da existência da dívida, porque a reconhece ou não a impugna, nada justifica que se onere o credor com mais um processo no Estado de destino ou de execução, sendo razoável assumir-se a direta exequibilidade transfronteiriça do título executivo europeu.

Assim, um dos critérios delimitativos da aplicabilidade do título executivo europeu é, exatamente, dever tratar-se de decisões, transações judiciais e instrumentos autênticos sobre créditos não contestados. A «incontestabilidade do crédito» é um conceito cujos traços gerais são extraídos do regime jurídico do título executivo europeu e resultam do art. 3º, nº 1 do Regulamento 805/2004, mas só conjugado com as disposições processuais do ordenamento interno de cada Estado-Membro se pode afirmar, perante um caso concreto, que o crédito é «não contestado».

O legislador comunitário estabeleceu o critério de «incontestabilidade do crédito» assente numa dupla vertente, por forma a blindar o conceito. Assim, tanto uma atitude positiva (ativa) como uma atitude negativa (passiva) poderão determinar que um crédito seja considerado não contestado.

Naturalmente, gerir e construir os critérios de aplicabilidade do conceito de «crédito não impugnado» por omissão, a qual tem lugar no decurso de um processo declarativo, é uma tarefa de grande responsabilidade e complexidade, sobretudo quando estão em causa 26 ordenamentos jurídicos diferentes e, a acrescer, o legislador comunitário não pretendeu harmonizar as disposições processuais, deixando aos Estados-Membros a opção pela correspondente adaptação dos seus ordenamentos jurídicos aos requisitos previstos no Regulamento 805/2004.

Entre a intenção de abolir o *exequatur* e a de garantir o direito de defesa do devedor, houve que assegurar o equilíbrio de interesses. Nesse sentido, foi assumido um conjunto de requisitos mínimos de natureza processual, do qual dependerá a integração do conceito de «crédito não impugnado», para efeitos de certificação do título executivo europeu nos casos de omissão do devedor em sede de um processo. Esse «mínimo processual» é abrangido, por sua vez, pelos pressupostos processuais específicos da certificação, concretamente no caso das decisões judiciais.

Quanto ao pressuposto de ordem formal, o diploma que aprovou o título executivo europeu admite a certificação de decisões judiciais, de transações judiciais e, também, de documentos autênticos. São estes os documentos ou instrumentos que, quanto à forma, podem vir a constituir títulos executivos europeus, bastando para tanto que as suas características integrem o conceito adotado pelo diploma comunitário para cada um deles e que respeitem os demais requisitos exigíveis.

Outra condição da certificação de um título executivo como título executivo europeu é o seu caráter executório no Estado de origem. Apesar do princípio do reconhecimento mútuo, não é admissível que uma decisão de natureza interna – a certidão do título executivo europeu – possa conceder determinado efeito (o caráter executório) a uma decisão judicial, uma transação judicial ou um instrumento autêntico, quando ele próprio não produz esse efeito no Estado emitente.

Relativamente aos pressupostos específicos da certificação do título executivo europeu, é na certificação das decisões judiciais que os mesmos ganham maior relevância.

Precisamente na certificação de decisões judiciais, esses requisitos agrupam-se a dois níveis e estão intimamente ligados à circunstância de estarmos perante a certificação de um título executivo obtido em sede de um processo declarativo que antecedeu a sua formação. Por um lado, dizem respeito a um certo controlo da competência internacional do tribunal de origem e, por outro, aos parâmetros mínimos exigidos em relação às regras processuais aplicáveis em certos aspetos considerados fundamentais para salvaguarda dos direitos de defesa do devedor, como sejam a citação ou notificação do devedor (quanto à sua modalidade e conteúdo) e o recurso de revisão da decisão em casos excecionais.

No último Capítulo da Parte II, é analisado o procedimento de certificação e a execução do título executivo europeu.

Na verdade, o título executivo europeu é obtido mediante requerimento do credor e no âmbito do respetivo procedimento de certificação, onde serão avaliados os pressupostos gerais e específicos do título executivo europeu. Nessas regras procedimentais haverá que decifrar quem tem legitimidade para requerer a certificação de um «documento» como título executivo europeu e em que prazo o pode fazer, qual o órgão competente para emitir a certificação e qual a forma processual adotada para a certificação no Estado de origem.

As regras sobre os procedimentos a adotar com vista à obtenção de um título executivo europeu extraiem-se da conjugação do Regulamento 805/2004 com a legislação interna de cada Estado-Membro. A verdade é que o Regulamento nada diz, expressamente, sobre esse procedimento, sobre a sua natureza ou a forma de o desencadear, nem sequer sobre a legitimidade ou o prazo em que o mesmo deve ser acionado. Apenas quanto à competência ou ao órgão competente pela certificação há algumas referências, mas, ainda assim, sem que sejam claras e inequívocas, dando azo a interpretações diversas. Nesta questão, os ordenamentos internos assumem um papel relevante e devem adotar o compromisso de criar condições de aplicabilidade do Regulamento que criou o título executivo europeu.

Obtida a certificação positiva, cujo procedimento corre sem audição do requerido, a mesma é-lhe notificada, desde logo para que possam ser desencadeados os meios de defesa que lhe assistem. Embora o regime de defesa do requerido assente na irrecorribilidade da decisão, também não se pode afirmar que vigore um sistema de indefesa, que, aliás, seria inaceitável.

Na verdade, considerando o facto de estarmos perante casos onde, presumivelmente, o devedor adotou atos dos quais se infere que aceitou e reconheceu o crédito e, ainda, a circunstância de se pretender criar um mecanismo que ganhasse vantagem em relação ao regime de exequatur tradicional previsto no Regulamento 44/2001, foi construído um sistema de contraditório que não assenta na possibilidade de interposição de recurso da decisão de certificação. Não obstante, é possível obter a retificação ou a revogação da decisão de certificação, com vista ao controlo formal e substancial da decisão, mas neste caso apenas quanto aos fundamentos da própria certificação, ou seja, controlando os seus pressupostos e não a decisão judicial, transação judicial ou instrumento autêntico certificados.

A defesa do devedor ainda se prolonga até à fase da execução do título executivo europeu, através da oposição à execução, mas aí já não se poderá acionar qualquer dos fundamentos que possam afetar a certificação em si, nem poderá haver revisão de mérito das decisões certificadas. Nestes termos, será analisado dentro de que limites e parâmetros pode ocorrer essa defesa, pois o caráter irrecorrível da decisão de certificação levantará certamente dúvidas quanto aos termos em que opera o exercício do direito de defesa do executado. Desde logo, nesta matéria não se pode confundir o que são fundamentos de defesa contra a decisão de certificação e o que são motivos de oposição relativamente à relação de fundo que subjaz ao título executivo europeu.

Ainda quanto aos fundamentos de defesa do requerido, é relevante assinalar que o Regulamento 805/2004 não estatuiu qualquer cláusula de salvaguarda da ordem pública, nem como motivo de rejeição, nem como motivo especial de oposição à execução que viesse a ter lugar no Estado de destino, com base no título executivo europeu. Diferenciando-se do regime do Regulamento Bruxelas I e mesmo das regras internas de revisão de sentença estrangeira, seguiu a opção de impor ao devedor o ónus de esgotar todas as vias de recurso no Estado de origem, inclusivamente com esse fundamento, precludindo o direito de invocar, no Estado de execução, qualquer motivo que pudesse e devesse ser alegado naquele Estado, fosse nas instâncias nacionais, fosse nas instâncias comunitárias.

Por fim, o último ponto analisado é o da execução do título executivo europeu, no Estado de destino.

O credor que tenha obtido um título executivo europeu estará em condições de o executar em qualquer outro Estado-Membro, ou seja, obteve o «passaporte» para uma cobrança coerciva além-fronteiras. Essa execução vai reger-se pelo direito do Estado-Membro de execução, ou seja, é a *lex fori* que domina a execução. Portanto, uma execução instaurada num Estado-Membro com base num título executivo europeu será recebida e seguirá os trâmites de uma qualquer outra execução interna, sem que se possa pôr em causa o caráter executório do título, nem haver oposição ao reconhecimento do título certificado.

Para salvaguarda da posição do requerido, o Regulamento 805/2004 prevê também um regime especial quanto aos efeitos que algumas diligências adotadas no Estado de origem, concretamente de oposição à decisão certificada ou de oposição ao próprio ato de certificação, podem repercutir relativamente ao andamento da execução que entretanto haja sido instaurada no Estado de destino.

O devedor que se veja confrontado com a certificação de um título executivo enquanto título executivo europeu e que lance mão de algum dos mecanismos de defesa que tem ao seu alcance, seja contra a decisão em si, seja contra a certificação, não conseguirá de imediato evitar que o credor avance com a execução baseada na certidão de título executivo europeu. Nessa medida, houve que adequar e adaptar o regime jurídico do título executivo europeu a essa realidade e salvaguardar a posição do devedor perante a eventual revogação da decisão certificada ou a revogação da decisão de certificação. Esta situação poderá determinar, a requerimento do devedor, a subordinação da execução à constituição de uma garantia ou mesmo à suspensão do processo de execução.

Acrescente-se, ainda, que ao longo do trabalho, o estudo do título executivo europeu é complementado com as respetivas implicações nos ordenamentos jurídicos internos dos Estados-Membros, com incidência no caso português e no caso espanhol. Esses aspetos serão tratados, designadamente, a propósito das normas mínimas processuais exigidas aos processos relativos a créditos não contestados e da sua salvaguarda pelos sistemas internos (como, por exemplo, as regras da citação e do seu conteúdo). Além disso, no que respeita à certificação e execução do título executivo europeu, a articulação com a legislação interna dos Estados-Membros mostra-se essencial, sendo necessário procurar as soluções processuais nacionais adequadas, nem sempre facilitadas pelo legislador interno, as mais das vezes por omissão e alheamento aos procedimentos europeus e por insensibilidade à imperiosa necessidade de funcionamento articulado entre a legislação europeia e a legislação interna. Porque não basta a União Europeia legislar, é também necessário que os Estados-Membros criem condições internas para que tais instrumentos funcionem e, sobretudo, é premente que os cidadãos e os operadores da justiça se consciencializem que no século XXI a justiça não se confina às fronteiras geográficas de cada Estado, pois a globalização é um fenómeno emergente e interatuante, com expressão, como já se disse, aos níveis económico, político, social, cultural e, reflexamente, jurídico.

Assim, é natural que o maior obstáculo ao desenvolvimento e expansão do título executivo europeu surja «dentro de portas», isto é, pela contra corrente, certamente involuntária, que nasce quer das consciências, quer da legislação interna.

Tendo em conta que o título executivo europeu entra nos ordenamentos internos por fonte comunitária e é de aplicação direta, é incontornável a questão do confronto com o direito interno dos vários Estados Membros e as suas diferentes realidades, podendo gerar-se aí alguns obstáculos, nem sempre fáceis de ultrapassar. Até porque não estamos perante um processo civil uniforme, nem sequer na terminologia técnica.

E o problema não surgirá apenas pelo facto de a legislação nacional não se compadecer com as exigências do diploma comunitário que cria o instrumento europeu de circulação livre quanto à sua executoriedade, pois este entrave até pode ultrapassar-se desde que as incompatibilidades sejam identificadas e o legislador nacional tenha vontade de alterar a legislação interna, resultando daqui a já referenciada harmonização silenciosa e reflexa ou indireta. Os obstáculos surgirão sobretudo na medida em que a execução continue a desenvolver-se de acordo com os mecanismos e as regras de direito interno, naturalmente, divergentes de Estado para Estado. Na verdade, será meramente ilusória a supressão do exequatur se depois, na fase executiva propriamente dita, a levar a cabo no Estado de execução e de acordo com as disposições aí vigentes, nos confrontarmos com uma execução que nos frustra as expectativas.

De todo o exposto, podemos extrair que a propósito do título executivo europeu, seja do seu enquadramento, seja do seu regime jurídico, serão suscitadas e debatidas algumas questões. Vejamos: estarão os ordenamentos internos em condições de aplicar o regime previsto no Regulamento 805/2004? Estarão os cidadãos europeus em vantagem se optarem por esse procedimento? Quais as mais-valias desse procedimento em face da alternativa tradicional de desencadear os procedimentos adequados à concessão do exequatur no Estado-Membro onde se pretende executar a decisão? Será mais vantajoso lançar mão, diretamente, do procedimento europeu de injunção de pagamento ou do processo europeu para ações de pequeno montante?

Estas serão, porventura, matérias que inquietam os operadores da justiça e que procuramos discutir.

Enquadrando-se numa área em permanente evolução, o que se pretende além de contextualizar todo o movimento de harmonização e aproximação do Direito no seio da União Europeia, evidenciando as suas vantagens e bloqueios, *maxime* no caso do Direito Processual Civil, é promover a discussão acerca da compatibilidade dos ordenamentos internos com os instrumentos processuais europeus, com vista a concluir se, a final, todo o esforço empreendido pela União Europeia ao nível da criação de novos e diferentes instrumentos de alcance transfronteiriço não será, na realidade, mera panaceia.

O nosso objetivo não se esgota na análise do regime jurídico do título executivo europeu para créditos não contestados, pois a intenção é também aferir da sua sustentabilidade, quer quando está em conflito com o ordenamento jurídico interno, quer quando concorre com procedimentos afins.

Se for possível demonstrar a mais-valia do título executivo europeu, contribui-se para que os profissionais forenses fiquem sensibilizados para a utilização destes instrumentos processuais. Se, pelo contrário, houver que concluir pela desadequação desse mecanismo face aos ordenamentos internos, cumprir-se-á também a tarefa, agora a de proporcionar que o Direito Processual Civil evolua com vista à conformidade com os instrumentos europeus.

Num momento em que estamos já a colher os resultados do investimento feito na comunitarização da matéria da cooperação judiciária civil, na década de noventa, com o propósito de apostar, à imagem da livre circulação de pessoas, na livre circulação de decisões judiciais e outros documentos exequíveis, procuramos contribuir para o apuramento dos resultados, concretamente os que se extraem da criação do título executivo europeu.

Parte I
Contexto Global da Cooperação Judiciária na União Europeia

Capítulo I
Globalização, Integração e Direito

1. "Harmonização" do Direito
1.1. Fenómeno da globalização

A globalização[1] é um fenómeno transversal que assaltou a sociedade atual, muitas vezes apelidada como *era da globalização*[2]. Ultrapassada a visão redutora de que se tratava de um fenómeno exclusivamente económico, ligado à abertura dos mercados e à livre circulação dos fatores de produção, sabe-se hoje que se trata de um processo complexo cujos reflexos surgem ao nível da integração económica, social, cultural, política e, até, jurídica. De facto, hoje em dia, nenhuma atividade se confina ao estrito lugar onde é efetivamente desencadeada, repercutindo os seus efeitos na sociedade global, que vai interagindo a todos os níveis. Cada vez mais, um maior número de problemas sociais tem uma dimensão global e cada vez menos se vislumbra a sua solução apenas com determinações nacionais. A interligação entre as sociedades é notória, de tal modo que um facto ocorrido numa parte do mundo tem repercussões nas pessoas e nas sociedades que se fixam noutros lugares, mesmo longínquos.

---

[1] Globalizar significa *tornar global, totalizar ou integralizar*. Vide SALLES VILLAR, M.; MELLO FRANCO, F. M., *Dicionário Houaiss da Língua Portuguesa*, Lisboa, 2007.
[2] Sobre a temática da globalização, sobretudo numa perspetiva sociológica, ver GIDDENS, A., *O Mundo na Era da Globalização*, Lisboa, 2000.

A partir da segunda metade do século XX[3] começaram a desenvolver-se os dois elementos fundamentais da globalização: supressão das barreiras económico-políticas e progresso tecnológico no âmbito dos sistemas de informação e comunicação[4]. A progressiva eliminação dos obstáculos à livre movimentação das mercadorias, pessoas, capitais e serviços gerou a criação de um mercado global, passando-se de um capitalismo nacional a um capitalismo mundial. Sucedendo que este processo de globalização deixa de assentar na supremacia de um Estado politicamente dominante, para ser promovido e construído pelos próprios Estados, designadamente através de organizações internacionais, como o FMI, a OMC, a UE, a NAFTA, o MERCOSUL. Por outro lado, os avanços tecnológicos, sobretudo ao nível das telecomunicações, propiciaram uma diminuição das distâncias reais, aproximando as pessoas e difundindo a informação. Tudo passa a acontecer a uma escala universal[5] e a uma velocidade vertiginosa, desenvolvendo-

---

[3] O marco inicial da globalização não está claramente definido, mas os autores tendem a fazê-lo coincidir com o período pós segunda Guerra Mundial, tendo-se sedimentado com a queda do muro de Berlim, em 1989. A propósito, a 11 de outubro de 1998, a Merrill Lynch, um dos maiores bancos de investimento mundiais, publicava nos principais jornais de toda a América o elucidativo texto que se passa a transcrever: "O mundo tem 10 anos – Nasceu quando o muro caiu, em 1989. Não espanta que a mais jovem das suas economias – a economia global – esteja ainda a procurar orientar-se. Os intrincados controlos e equilíbrios que estabilizam a economia só podem ser incorporados com tempo. Muitos mercados mundiais só recentemente foram libertados, são pela primeira vez governados pelas emoções das pessoas e não pelo punho do Estado. Em nossa opinião, nada disto contraria a promessa feita há uma década pela queda do mundo murado...O alastrar dos mercados livres e da democracia pelo mundo permite a cada vez mais pessoas em todo o lado transformarem as suas aspirações em realizações. E a tecnologia, adequadamente controlada e liberalmente distribuída, tem o poder de apagar não só as fronteiras geográficas mas também as humanas. Parece-nos a nós que, para uma criança de apenas dez anos, o mundo continuará a encerrar grandes promessas. Entretanto, nunca ninguém disse que crescer era fácil". Cfr. FRIEDMAN, T. L., *Compreender a Globalização*, Lisboa, 2000, p. 17.
[4] Cfr. CARRASCOSA GONZÁLEZ, J., *Globalización e Derecho Internacional Privado*, Murcia, 2002, pp. 6 e 7.
[5] Já se fala, aliás, de uma marginalização e desmistificação do princípio da territorialidade típico do Estado-Nação. Como diz BADIE: *O efeito convergente da mundialização e do progresso tecnológico confere aos atores sociais uma mobilidade incessantemente mais afirmada; não somente os emancipa do seu quadro territorial e põe à sua disposição múltiplos recursos, para lhe escapar, como suscita cada vez mais estratégias novas, incitando os indivíduos a transcenderem as fronteiras e a adotarem modos de identificação múltipla e volátil [...] Há, pois, fatores positivos e negativos que se combinam: escapar*

-se um processo que ainda está em curso e que nos submete, diariamente, aos seus efeitos positivos e negativos[6].

Além disso, a globalização traz desafios que nos devem preocupar, fazendo atuar os órgãos e instituições responsáveis pelos destinos dos cidadãos[7]. O impacto deste fenómeno tem sido medido e sopesado, constituindo um diapasão para a atuação dos governos, na proteção dos seus interesses e dos seus cidadãos. No caso concreto da União Europeia, o programa de trabalho anual da Comissão Europeia, para 2008, teve como bastião preparar a Europa para a era da globalização[8].

à gravidade própria do Estado-Nação revela-se eficaz num contexto de mundialização económica e de dissociação crescente entre o domínio do Estado e a esfera das atividades privadas [...] a noção de interesse nacional é cada vez menos redutível ao território nacional e implica cada vez mais os efeitos de difusão ligados aos processos de integração e de mundialização com que cada Estado-Nação é, inevitavelmente, solidário. Cfr. BADIE, B. *O Fim dos Territórios*. Lisboa, 1995, pp. 156 e 176.

[6] Sobre as consequências económicas e sociais da globalização, consultar CARRASCOSA GONZÁLEZ, J., *Globalización y Derecho Internacional Privado, op. cit.* pp. 9 a 13. O autor refere consequências ao nível, designadamente: da instabilidade do mercado nacional de emprego, da evasão fiscal internacional, da concentração do poder económico nas empresas multinacionais ou transnacionais, da crise do Estado-Nação e da legislação reguladora, do aumento das tendências ideológicas irracionais, com consequências nos movimentos xenófobos e de separatismo político e étnico, da informação padronizada, da degradação ecológica, dos efeitos mundiais das crises nos mercados de capitais locais, cujas consequências alastram a todo o mundo, qual efeito dominó e, finalmente, do aumento da criminalidade mundial, como o terrorismo, devendo haver um combate à mesma escala.

[7] Sobre a globalização e o seu impacto, com referências à necessidade de adaptação das políticas ver os trabalhos publicados na Revista de Derecho de la Unión Europea, nº 2 de 2002, dedicado ao tema *La Unión Europea en proceso de globalización*. Com especial incidência sobre as questões económicas e de política económica, ver AHIJADO, M.; AHIJADO, A., *Globalización: una Visión General (o vicios públicos, virtudes privadas: globalización y la Unión Europea)*, RDUE, 2002, pp.17 e ss..

[8] Programa legislativo e de trabalho da Comissão para 2008, COM (2007) 640 final, de 23.10.2007. Nesse dia, o Presidente da Comissão Europeia, José Manuel Durão Barroso, declarou: «O presente documento é o nosso programa político para 2008. Apresenta as nossas iniciativas estratégicas e assenta no nosso empenho em proporcionar aos cidadãos europeus valor acrescentado. Em paralelo com a ratificação do Tratado Reformador, a Comissão apresentará aos cidadãos resultados que confirmam a importância crescente da Europa na era da globalização: vamos atuar em áreas como o crescimento e o emprego, uma Europa sustentável, a gestão dos fluxos migratórios, atribuir ao cidadão um papel de primeiro plano e fazer da Europa um parceiro mundial»; (IP/07/1578) consultado em http://europa.eu.

1.2. Globalização e Direito

A mundialização concorreu, reflexamente, para transformações na área das ciências sociais, concretamente no Direito. O mundo em que vivemos hoje trouxe muitos desafios ao Direito, pois o Estado passou a ter um papel diferente relativamente à economia e às atividades empresarias e, por outro lado, mesmo nas relações privadas, estas deixaram de se estabelecer, como antes acontecia na sua maioria, entre pessoas do mesmo país e circunscritas ao mesmo espaço geográfico, ou seja, às fronteiras de um só país. Não queremos com isto dizer que se encontre instalada a *globalização do Direito*, mas talvez estejamos a caminho de um processo de globalização ou de harmonização em certas áreas, pois, tradicionalmente, o Direito caminha na senda dos fenómenos económicos e sociais[9]. Já se fala, por exemplo, da criação gradual de uma comunidade judiciária global, em consequência da crescente criação de tribunais internacionais, da extraterritorialidade dos sistemas judiciais estaduais, do aumento exponencial da litigação transnacional, ao que acresce a existência de redes e ligações entre essas várias instituições[10]. Porém, alheando-nos do direito público[11], de que ora não nos ocupamos, os ramos do Direito que mais rapidamente se ressentem com a onda globalizante são o Direito Internacional Privado, o Direito Comercial e o Direito dos Contratos[12], muito embora com processos diferentes, acentuando-se que relativamente ao primeiro verifica-se, essencialmente, um fenómeno de absorção, na medida em que se vai diluindo perante a internacionalização ou comunitarização das demais

---

[9] Sobre o impacto do processo de globalização que se vive na sociedade internacional sobre o Direito das Obrigações e Comercial, mais precisamente sobre a pretensão de elaboração de um Código Europeu de Direito Privado, ver CAMPUZANO DÍAZ, B., *El Derecho Contractual Europeu en el Marco de la Globalización*, in "Globalización y Derecho", CALVO CARAVACA, A. L.; BLANCO-MORALES LIMONES, P. (Dir.), Madrid, 2003, pp.73 e ss.

[10] Cfr. MADURO, M. P.; TINY, N., *A Globalização Judicial*, in "Janusonline" (www.janusonline.pt), 2004.

[11] Apesar de o Direito Processual Civil ter natureza de Direito Público, não estamos a afastá-lo do nosso trabalho, pois é a nossa figura central, designadamente como direito instrumental do direito substantivo e, muitas vezes, seu catalisador. Referimo-nos, sim, aos ramos de direito substantivo público e correspetivos direitos adjetivos.

[12] Por isso, surgem obras sobre esta temática, como por exemplo: CARRASCOSA GONZÁLEZ, J., *Globalización y Derecho Internacional Privado, op. cit.*; GUZMÁN ZAPATER, M., *Sociedad Internacional y Derecho Internacional Privado – Problemas de Aplicación de sus Normas*, Madrid, 2006; SLOT, P. J.; BULTERMAN, M. (Ed.), *Globalisation and Jurisdiction*, Leiden, 2004.

matérias. A globalização vai deixando as suas marcas em muitas áreas e, obviamente, o Direito não está incólume[13].

Devemos, no entanto, chamar a atenção para o facto de haver aqui, em certo sentido, uma mescla entre o político e o jurídico. Isto é, existe uma plataforma política, cujas orientações estão atentas à mundialização e às suas consequências e cujas decisões e práticas devem resultar em medidas que possibilitem ajustamentos a esse fenómeno[14], sendo que, uma vertente dessas medidas consubstancia-se na devida adequação do Direito, muitas vezes por intermédio da aproximação dos sistemas jurídicos[15].

2. Regresso ao *Ius Commune*?

O processo de integração europeia tem vindo a impor aos Estados Membros, e cada vez mais, desafios político-institucionais que de forma gradual e silenciosa, mas autorizada, vão invadindo a sua esfera de soberania legislativa. Com a bandeira da unificação dos países a nível económico, político, financeiro, militar, da defesa exterior, da educação e, por tudo o resto, ao nível jurídico, vamos caminhando de cedência, em cedência.

Que o Direito é um forte fator de unificação, a história já o tem demonstrado e podemos revisitar esse fenómeno quer na época do Império Romano, quer na Baixa Idade Média[16]. Vejamos.

---

[13] Sobre o problema da unificação do Direito Privado, mesmo a uma escala mundial, com referências histórico-evolutivas, bem como aos principais movimentos unificadores, fazendo uma análise sectorial, por áreas do direito, ver: DAVID, R. (Ed.), *The Legal Systems of the World, Their Comparison and Unification*, Vol. II, Chapter 5: *The International Unification of Private Law*, in "International Encyclopedia of Comparative Law".

[14] Continuam a fazer sentido as questões colocadas por WESTENDORP Y CABEZA, C., que a propósito do destino da Europa salientava a necessidade de responder a duas perguntas essenciais: "Qué debemos hacer juntos para dar respuesta a los desafios globales?"; y "Como hemos de hacerlo?". Cfr., *El Futuro de Europa*, RDUE, 2001, 1, pp.17.

[15] Sobre a interação entre o fenómeno de agrupamento de cariz político e a aproximação do Direito, cfr. MAGNIER, V., *Rapprochement des Droits dans l'Union Européene et Viabilité d'un Droit Commun de Sociétés*, Paris, 1999, pp. 1-3.

[16] AUGUSTO CANNATA defende, aliás, que o pensamento jurisprudencial romano teve uma singular influência na formação jurídica europeia medieval e moderna, inclusive na fase da codificação. Cfr. AUGUSTO CANNATA, C., *Historia de la Ciencia Jurídica Europea*, Madrid, 1996.

2.1. A formação do Direito Romano Vulgar

Já na época hispano-romana (218 a.c. a 476), que teve lugar em consequência da conquista e dominação da Península Ibérica por Roma, o mais relevante da conquista e domínio romano foi o processo de aculturação que se desenvolveu e que se concretizou numa romanização cultural e consequentemente jurídica, embora não uniforme em toda a Península, nem simultânea no tempo[17].

O processo de romanização jurídica foi um processo dialético, que se desenvolveu do encontro dos sistemas normativos indígenas com um novo sistema normativo – o direito romano – tendo resultado no surgimento de um sistema normativo novo, de síntese – o chamado direito romano vulgar – onde apesar de prevalecer o elemento romano, também se encontravam vestígios dos sistemas normativos indígenas. Essa evolução ascendente do direito romano na Península apresenta três etapas: a da *romanização jurídica fragmentária* (ano 218 a.c. a 73), a da *latinização da Hispania* (ano 74 a 212) e a da *romanização total oficial* (a partir de 212).

A partir de 212 verifica-se teórica e oficialmente a unificação jurídica no território do Império, no qual se aplica só o direito romano que emana dos imperadores, o que até determinada altura se considerava que tinha ocorrido de forma bastante universal e homogénea. Mas a constatação da regular discrepância entre o direito oficial, isto é, as normas incluídas nos textos de direito oficial emanado dos imperadores e o direito aplicado, resultante das normas plasmadas nos documentos de aplicação do direito demonstrou que a uniformidade de aplicação do direito romano não era uma realidade. O que na prática ocorria era a aplicação do direito romano embora com soluções de organização social mais simples, por vezes até adulteradas por princípios jurídicos não propriamente romanos e que variavam em função da zona do Império em que se localizavam as províncias. Ora, isto deu origem a um fenómeno jurídico denominado Direito Romano Vulgar, caracterizado pela simplicidade, adulteração e diversidade.

Importará também saber quais os fatores que provocaram a vulgarização do direito romano oficial, onde se destacam: i) O fenómeno económico cultural que teve lugar desde finais do século III pelo qual teve lugar a rurali-

---

[17] Nesta incursão histórica seguimos de perto o estudo de MERCHÁN ÁLVAREZ, A., *Las Épocas del Derecho Español*, Valencia, 1998. Veja-se, também, TORRENT RUIZ, A., *Fundamentos del Derecho Europeo. Ciencia del Derecho: Derecho Romano-Ius Commune-Derecho Europeo*, Madrid, 2007.

zação da parte ocidental do Império e que teve origem na crise do urbano. Esta ruralização dificultou a aplicação do direito romano oficial em virtude de não ser propícia à divulgação dos meios materiais e humanos de aplicação do direito, pois a quebra da rede urbana de comunicações não permitiu que os livros jurídicos chegassem às províncias e além disso os operadores do direito, juízes e juristas em geral, perderam cultura jurídica, logo o seu inferior grau de formação só lhes permitia aplicar o direito oficial em alguns casos. A ruralização implicou ainda uma nova realidade social que por sua vez afastou o direito romano oficial e revitalizou o direito consuetudinário das províncias indígenas. Assim, nas províncias começava a aplicar-se um direito romano mais simples, existindo também soluções de organização social próprias do direito primitivo que se tinha mantido nas zonas rurais e que agora se apresentava útil para regular a nova realidade social, sendo que esse era variável de província para província. Logo, o direito romano vulgar aparece como um fenómeno diverso, em função das peculiaridades jurídicas próprias das diferentes e por vezes distantes províncias do Império. ii) A partir do século IV o cristianismo concorre também como fator de formação do direito romano vulgar, porém com uma participação mais coadjuvante do que determinante. A sua contribuição está associada ao seu espiritualismo, o qual acentuou a decadência do formalismo próprio do direito romano clássico. iii) O direito dos povos bárbaros que se fixavam nos limites do Império dera igualmente o seu contributo, na medida em que tinham soluções de organização social que estavam na linha da simplificação da realidade que emanou com a ruralização.

Quanto à apreciação que se faz do fenómeno jurídico do direito romano vulgar, tradicionalmente ela foi negativa porque representava uma deformação ou desintegração do direito romano, sobretudo o clássico. Mas atualmente já se faz uma leitura positiva desse mesmo fenómeno, realçando que assim se terá facilitado a aplicação do direito romano no seio de uma nova situação cultural provocada pela ruralização, bem como preparado o encontro entre a cultura jurídica romana e a cultura jurídica bárbara, esta de nível inferior, e por fim se garantiu a continuidade histórica do direito romano em geral.

2.2. O renascimento do Direito Romano e a formação do *Ius Commune*

O sistema normativo mais representativo da Baixa Idade Média é o *ius commune* ou direito comum[18]. Sistema jurídico que tem a pretensão de conquistar uma vigência universal em todo o espaço do Sacro Império Germânico ou Império medieval. Pretende ser um direito comum a todo o território dessa organização política supranacional (suprarreinos). É uma forma de restauração do Império romano em cujo espaço se desenvolveu a comunidade cristã – *Respublica Christiana* – sob a cooperação dos dois poderes, o do Imperador e o do Papa.

Mas, como se define o *ius commune*? É um sistema normativo que resulta de um processo, mais ou menos sincrónico, com duas linhas de ação: uma que consiste na identificação dos elementos normativos básicos referentes aos poderes que contribuíram para a configuração do Império medieval (e que estão nos textos ou corpos jurídicos); e outra que se desenvolveu na atividade científica sobre esses textos, seguindo determinadas metodologias que deram lugar a um sistema normativo de forte sentido doutrinário.

Por isso, no direito comum encontramos três elementos jurídicos: o direito romano, o direito canónico e o direito feudal, que se integram não só nos textos ou corpos jurídicos, mas também na ciência jurídica construída sobre eles pela aplicação dos métodos da «glosa» e do «comentário».

O processo a que nos referimos obedece a duas fases: na primeira, a ação de identificação de textos e do estudo científico dos mesmos fez-se segundo a aplicação do método da glosa; na segunda, o direito comum atinge um elevado grau científico-jurídico mediante a prática do método do comentário.

O elemento principal do direito comum é o direito romano. E quando se fala deste direito na sua versão mais perfeita sob o ponto de vista técnico-jurídico como o direito do Império, quer dizer-se o direito romano justinianeu. Este direito que veio a formar o sistema normativo do Império está ligado à Escola de Artes de Bolonha. Nos princípios do século XII, o jurista Irnério com os seus discípulos inicia nesta Escola o estudo científico do direito romano justinianeu contido nas fontes originárias do *cor-*

---

[18] Para um estudo mais aprofundado acerca da criação e desenvolvimento do *ius commune*, até à sua dissolução, com o advento do movimento codificador e a ascensão do *ius patrium*, ver COING, H., *Derecho Privado Europeo*, tradução de PÉREZ MARTÌN, A., T. I (Derecho Comum más antigo – 1500-1800, pp. 31-120) e T. II (El siglo XIX, pp. 27-46), Madrid, 1996.

pus iuris civilis de Justiniano (Digesto, Institutas, Código). Surge, assim, a Escola de Bolonha que em virtude do trabalho científico dos textos ser feito segundo o método exegético da glosa[19] passa a ser conhecida como Escola dos Glosadores.

O renascimento e desenvolvimento do direito romano justinianeu mediante a metodologia científico-jurídico é obra da existência de um poder político com vocação de universalidade – o imperador; e o mesmo se pode dizer em relação ao estudo do direito canónico que, também, corresponde à existência de um poder com a mesma vocação de universalidade – o pontífice. Em ambos os casos são sistemas normativos em formação cujo objetivo é o da sua aplicação sobre os territórios do império e da cristandade, onde vigora já um sistema normativo herdado da época anterior – o direito feudal[20].

A formação do direito comum consolida-se quando, nos finais de século XIII e princípios do XIV, os juristas das Escolas lançam mão de outro método de estudo conhecido de comentário[21]. Parece que no estudo

---

[19] O método da glosa é um método científico-jurídico que consiste em esclarecer o significado exegético de termos ou de um texto jurídico que suscite dúvidas de caráter técnico. Os textos eram, assim, objeto de glosas ou aclarações de termos escritas entre as linhas: as chamadas glosas interlineares; ou, então, de esclarecimentos de maior envergadura feitos à margem das folhas: eram as glosas marginais. Esta metodologia científico-jurídica deu lugar à compilação de glosas de determinados textos de Justiniano sem ter em conta nenhuma unidade temática; e aos livros denominados *summae* ou sumas que reuniam as glosas correspondentes a um título de alguns dos textos de Justiniano – geralmente, do Código. A compilação mais completa de glosas foi elaborada pelo glosador Acursio e denominada Glosa ordinária que, pela sua envergadura, se chamou mais tarde Magna Glosa. No que respeita ao género das sumas o que foi realizado por Azzo leva o título de *Summa Codicis*. Uma e outra destas obras são do primeiro terço do século XIII.

[20] É o direito que regula a concessão de feudos e as relações políticas, sociais e económicas que disso derivam. Ao contrário do direito romano e do direito canónico que são sistemas normativos legislativos e doutrinários, o direito feudal é de natureza normativa consuetudinária e judicial. Sendo, porém, um direito que se aplica na prática, considerou-se a necessidade de ser integrado nos planos de estudo das Escolas. Esta circunstância determinou que se identificasse e organizasse um corpus de direito feudal, cuja redação deu lugar ao denominado *Libri Feudorum* sobre o qual se fizeram estudos mediante o método da glosa.

[21] O comentário é o método científico que aproveitando os contributos da Glosa se eleva, a partir do particular conhecido pela glosa num processo de indução, para o geral criando conceitos, princípios e categorias jurídicas. O exemplo mais evidente deste novo método científico é o *tractatus* (tratado), que consiste num estudo sobre um determinado tema do ordenamento

do direito foi pela primeira vez utilizado em França, na Escola de Orleães. Mas, o seu desenvolvimento e êxito devem-se às Escolas italianas onde teria sido introduzido por Ciro de Pistoia. Por isso, se conhece como *mos italicus*: o método italiano de estudar o direito.

A prática do método do comentário trouxe um grande progresso científico-jurídico[22], pois com ele o direito ganhou elevado nível científico. Além disso, os comentadores na utilização deste método no estudo do direito comum, ao contrário dos glosadores, preocuparam-se com a realidade social e a aplicação prática do direito. Suas construções jurídicas constituíram um trabalho exaustivo de especulação jurídica sobre os temas que tratavam, a ponto de proporcionarem recursos numerosos e possibilidades de soluções de organização social para aqueles que tinham de aplicar o direito. Por isso, nesta época e na seguinte teve enorme importância, na produção do direito, a norma de origem doutrinária.

O direito comum ou *ius commune* representa não só o instrumento jurídico do império, mas também o modelo técnico jurídico ideal para traçar a organização social de qualquer comunidade política. Desde os primeiros momentos a ideia desse modelo está presente na Europa e, por isso, também nas comunidades hispânicas politicamente organizadas. Essa presença teve a sua concretização através do processo designado de receção do direito comum, isto é, um processo segundo o qual se recebe e apreende o direito comum nos sistemas normativos dos reinos peninsulares.

Alguns autores, por razões formais que consideram essenciais, distinguem entre receção e penetração do *ius commune*. Assim, a receção seria uma apreensão integral do sistema do direito comum que consistiria numa assumpção dispositiva e expressa do direito comum, como elemento integrante do sistema normativo da organização política recetora. Enquanto que a penetração do direito comum consistiria, apenas, numa apreensão mais ou menos fragmentária ou só em relação a determinados princípios

---

jurídico, ou seja, uma instituição jurídica, v. g. a pátria potestas, a tutela, a arbitragem, etc. Daqui, resultam monografias jurídicas que tinham por objeto uma instituição jurídica. Este tratamento global do estudo do direito não o fizeram os glosadores pois se ficaram pela exegese das leis, embora a glosa chamada *summa* (suma) seja a antecâmara do *tractatus*.

[22] Os comentadores ou, também chamados, pós-glosadores mais prestigiados e que tiveram uma forte influência no direito dos reinos hispânicos, foram: entre os civilistas ou romanistas, Bártolo Sasoferrato (1314-1357) e Baldo Ubaldi (1327-1400); entre os canonistas Juan Andrés (1270-1348) e Nicolas Tudeschi ou Abade Panormitano (1356-1453).

do sistema normativo e não na sua integridade. Logo, neste último caso não surge uma declaração formal sobre a receção do direito comum como elemento jurídico integrante do sistema normativo que o acolhe.

Mas o processo de receção do direito comum nas organizações políticas hispânicas teve as suas vias favoráveis e as de resistência.

Entre as vias favoráveis aparece à cabeça o rei. Na verdade, os princípios políticos subjacentes ao direito romano sobre o poder defendem a posição hierárquica do rei como titular supremo do poder nos reinos. O interesse do rei na aplicação do direito comum é não só porque o sistema jurídico, tecnicamente, é ideal para consolidar a organização política do reino, mas também porque o direito romano justinianeu nele contido é favorável à conceção ideológica da monarquia absoluta e, consequentemente, ao fortalecimento do poder régio.

Por isso, o rei não poupa esforços à penetração do *ius commune* mediante a influência deste nas normas legais em cuja criação participa ou à sua adoção como direito supletivo. Também estão a favor da receção os membros mais representativos do município baixo medieval, por verem no direito comum um sistema jurídico mais consentâneo com o desenvolvimento sócio-económico da época, para o que não favorecem os velhos costumes e as façanhas altomedievais. Do mesmo modo, se pode dizer em relação aos membros do alto clero na medida em que a receção estava em consonância com a pretensão pontifícia da universalização do direito canónico.

Houve, no entanto, obstáculos e resistências à receção do direito comum por parte da alta nobreza como forma de defender os seus privilégios, designadamente os que decorriam do pacto feudal que lhes permitia exercer o poder senhorial no território do senhorio. Situação que perigava com o fortalecimento e concentração da totalidade do poder no rei, conforme a conceção defendida pelo direito romano justinianeu. Também as classes rurais resistiam ao direito comum porque este não seria favorável à manutenção do direito local consuetudinário e judicial que para essas classes, todavia, lhes era mais acessível do que o direito, agora, legalista de natureza mais técnico-jurídica.

Não se pode esquecer que o direito comum aparece como instrumento jurídico do Império e, portanto, como direito do Império. Ora, isto significaria, ao aceitar-se o direito comum como direito do reino, a subordinação ao Imperador. Mas, o que acontece é que o rei repudia a conceção político-imperial do direito comum e aceita-o na receção como um direito de elevado nível técnico-jurídico. E para evitar essa conceção ideológica, aproveitando a polémica entre o poder temporal do Imperador e o poder espiritual do Papa, os reis conseguem que o Pontífice pela carta decretal *Per venerabilem* declare que o *rex superiorem in temporalibus non recognocens, in regno suo est imperator*, isto é, que o rei não reconhecendo superior no seu reino é nele imperador. Este princípio é invocado para eximir os reis da jurisdição e, portanto, da subordinação política ao imperador.

2.3. O *Ius Commune Europaeum*

Como se tem afirmado, o Direito Privado dos Estados-Membros da UE está cada vez mais, e mais, Europeu[23]. As razões e os meios através dos quais se leva a cabo tão ousada tarefa, iremos ver adiante[24]. Por ora, pretendemos apenas questionar a existência ou formação de um Direito Privado Europeu.

É certo que o Direito Comunitário, quer originário, quer derivado, ocupa-se de matérias de natureza privada, especialmente de natureza patrimonial, que naturalmente estariam nas mãos de cada Estado-Membro. Por outro lado, as instituições comunitárias têm legislado, no âmbito das suas competências, sobre várias matérias no espaço do Direito Privado, designadamente da proteção de dados pessoais, dos direitos dos consumidores, dos contratos, do direito da família. Tal circunstância leva já alguns autores a identificarem a existência de um Direito Comunitário Civil, com uma dupla natureza – Direito Comunitário e Direito Civil – cuja fonte é comunitária, mas cujo objeto é próprio do Direito Civil, ou seja, pessoa, família e património[25].

Porém, aquilo que aqui se pretende aflorar prende-se com uma realidade mais profunda e imanente, ou seja, com a busca de manifestações que revelem a formação de um Direito Privado Europeu, à semelhança do *Ius Commune* que assaltou a Europa durante vários séculos.

---

[23] SMITS, J., *The Making of European Private Law: Toward a Ius Commune Europaeum as a Mixed Legal Sistem*, Antwerpen, 2002, p.1.
[24] *Vide*, infra, Cap. II, ponto 2.1.1.
[25] Sobre o Direito Civil Comunitário, designadamente conceito, natureza, conteúdo, características, fontes e ainda o tratamento de algumas matérias específicas, sobretudo na área dos contratos; e, ainda, sobre alguns temas específicos nessa matéria, *vide* DÍAZ-AMBRONA BARDAJÍ, M. D. (Dir.); HERNÁNDEZ DÍAZ-AMBRONA, M. D.; POUS DE LA FLOR, M. P.; TEJEDOR MUÑOZ, L., *Derecho Civil Comunitário*, 3ª ed., Madrid, 2006.

Não há dúvida que o processo de integração europeu é um contexto favorável à formação de uma unidade legal, pois como afirma SMITS, a unificação[26] legal tem uma estreita ligação com a integração política e económica[27].

Aliás, são sobretudo as razões de natureza económica que motivam e aceleram esse fenómeno. Mas, o grande desafio que o ambicionado Direito Privado Europeu nos traz, vai mais longe do que isso. Tange com o próprio meio científico-académico, sob quem impende a responsabilidade de encontrar os traços comuns do Direito Privado nos vários países europeus e criar uma verdadeira ciência do Direito Internacional Privado[28]. A ciência do Direito não pode ficar refém do direito positivado, sob pena de conti-

---

[26] Em bom rigor, as expressões uniformização e harmonização são tecnicamente diferentes. Harmonização é geralmente identificada com um processo paulatino pelo qual se vão esbatendo as diferenças entre os sistemas jurídicos, os quais vão incorporando normas comuns ou similares; uniformização ou unificação diz respeito a um estado mais avançado, atingido quando os sistemas jurídicos se baseiam num mesmo normativo legal, através da adoção de um texto único. A harmonização poderá ser, ou não, uma antecâmara da unificação, mas é perfeitamente aceitável a autonomia entre as duas situações. Acrescente-se que a harmonização pode desencadear-se pela via centralizada – quando resulta de convenções internacionais ou outra legislação internacional – ou pela via descentralizada – que, por sua vez, é consequência de práticas internacionais e da consciencialização e necessidade de se construírem textos que sejam coletivamente aceites, sobretudo através das conclusões de grupos de trabalho e da aceitação de princípios adotados voluntariamente, tendo como nota comum a sua não imposição, como acontece com os Princípios do UNIDROIT. Acerca destes conceitos e, ainda, sobre a importância do Direito Comparado na harmonização do Direito, consultar LERNER, P., *Sobre Armonización, Derecho Comparado y la Relación entre Ambos*, BMDC, 111, 2004, pp. 919 e ss., especialmente quanto à diferença entre unificação e harmonização, ver pp. 921 a 924, disponível em http://www.juridicas.unam.mx/publica/rev/boletin/. Na mesma linha de orientação, mas salientando o relevo do Direito Comparado nesta matéria, ver GARRIDO GÓMEZ, M. I., *La Utilidad del Iuscomparatismo en la Armonización de los Sistemas Jurídicos*, BMDC, 108, 2003, pp. 907 e ss. Ainda, sobre os vários métodos de aproximação do Direito e as consequentes diferenças terminológicas, cfr. MAGNIER, V., *Rapprochement des Droits dans l'Union Européene et Viabilité d'un Droit Commun de Sociétés*, op. cit., pp. 1-7. Sobre esta distinção, a propósito do Direito Processual Civil, ver BIAVATI, P., *Diritto Comunitario e Diritto Processuale Civile Italiano fra Atrazione, Autonomia e Resistenza*, DUE, 2000, pp. 733-735; TARZIA, G., *Prospettive di Armonizzazione delle Norme sull'Esecuzione Forzata nella Comunita Economica Europea*, Riv. Dir. Proc., 1994, pp. 206-207.

[27] SMITS, J., The *Making of European Private Law*, op. cit., p. 3. Ver, ainda, sobre esta interação, MAGNIER, V., *ibidem*, pp. 1-7.

[28] SMITS, J., *ibidem*, pp. 5 e 42.

nuar com plena atualidade a citação formulada por IHERING, segundo a qual: "A ciência do Direito submete-se à jurisprudência dos Estados [federados], as fronteiras científicas confundem-se, na jurisprudência, com as políticas. Uma forma humilhante e indigna para uma ciência."[29]

A formação do pretenso *Ius Commune Europaeum* pressupõe a existência de uma consciência jurídica europeia comum, que facilite a pretendida unificação jurídica[30]. TORRENT RUIZ conclui que a mera intervenção legislativa é insuficiente para harmonizar o Direito, pois deve nascer ao nível cultural da ciência do Direito[31]. No mesmo sentido se pronuncia SMITS quando alerta que uniformizar leis não é igual a uniformizar Direito. A simples uniformização dos textos legais não equivale a igualar a racionalidade e a moralidade, sobretudo num espaço onde ainda convivem duas mentalidades e formas jurídicas de pensar: *common law* e *civil law*[32].

Também cremos que só essa conscienc ialização jurídico-cultural, cujo processo é lento, natural e espontâneo, fará crescer e desenvolver os sistemas jurídicos em harmonia.

À semelhança do Direito Romano, quer na sua origem, quer na fase do seu Renascimento, a criação de um novo *Ius Commune* dependerá, sobretudo, do trabalho científico das academias. Além do fenómeno da receção, só o ensinamento dos sistemas, a reflexão sobre o direito comparado e a sustentação de um pensamento europeu, conduzirá à aplicação prática do Direito Privado Europeu.

Apesar de tudo e pese embora a expectativa que nos possa mover, a verdade é que há consideráveis diferenças entre a conjuntura atual e aquela em que esteve envolvido o antigo *Ius Commune*. Aquando da sua vigência, havia uma língua comum – o Latim – e um direito subsidiário aplicável – o Direito Romano – ao passo que agora vivemos num multilinguismo e con-

---

[29] Na versão original, diz-se: "Die Rechtswissenschaft ist zur Landesjurisprudenz degradirt, die wissenschaft tlichen granzen fallen in der jurisprudenz mit den politischen zusammen. Eine demuthigende, un wurdige form fur eine wissenschaft", *apud* SMITS, J., *The Making of European Private Law, op. cit.*, p. 5.

[30] Cfr. TORRENT RUIZ, A., *Fundamentos del Derecho Europeo, op. cit.*, p. 15.

[31] *Idem, ibidem*, p. 352.

[32] *The Making of European Private Law, op. cit.*, p. 30. No mesmo sentido, de enfatizar o papel das universidades na formação de um novo *ius commune*, realçando ainda a importância do Direito Comparado nessa tarefa, *vide* LERNER, P., *Sobre Armonización, Derecho Comparado y la Relación entre Ambos, op. cit.*, pp. 963-966.

correm uma pluralidade de sistemas jurídicos autónomos[33]. Bastará pensarmos nos termos linguísticos e nas suas diferentes interpretações para confirmarmos as dificuldades que se podem atravessar no percurso da formação[34] do Direito Privado Europeu, o novo *Ius Commune (Europaeum)*[35].

---

[33] Tal circunstância já deu lugar à criação de uma base de dados de acesso livre, que reúne as bases terminológicas de todas as instituições e organismos da UE, permitindo a sua tradução em várias línguas. Trata-se da base de dados Terminologia Interativa para a Europa, mais conhecida por IATE (sigla inglesa de *Inter-Active Terminology for Europe*), à qual se pode aceder em http://iate.europa.eu/ . A IATE vinha a ser usada pelos serviços de tradução das instituições comunitárias desde 2005 e desempenhou já um papel fundamental na garantia de qualidade da comunicação escrita das instituições e organismos da UE. Ao proporcionar um acesso fácil a terminologia comunitária validada, assegura a coerência e a fiabilidade indispensáveis à produção de textos claros e sem ambiguidades que garantam, por um lado, a validade e a transparência do processo legislativo e, por outro, uma comunicação eficaz com os cidadãos da União. Posteriormente, veio proporcionar-se a todos os cidadãos da UE um acesso gratuito à IATE, o que ajuda não só os profissionais da língua exteriores às instituições, nomeadamente tradutores independentes, investigadores e estudantes de línguas, mas também os parlamentos e as administrações nacionais que participam na transposição da legislação comunitária para o direito interno e divulgam informações sobre a UE.

[34] Sobre o método de formação de um futuro *ius commune*, especialmente acerca das contrariedades de uma imposição centralista e consequente criação de um Código Civil Europeu, cfr. SMITS, J., *The Making of European Private Law, op. cit.*, p. 28-42.

[35] Sobre a formação do Direito Privado Europeu falar-se-á mais adiante. Ver Capítulo II, ponto 2.1.

Capítulo II
Manifestações de harmonização do Direito

1. Harmonização na Sociedade Internacional
1.1. Instituto Internacional para a Unificação do Direito Privado Internacional – UNIDROIT
Na sociedade internacional têm surgido movimentos, sobretudo através de organizações internacionais intergovernamentais, que se preocupam em harmonizar e coordenar o Direito, designadamente ao nível do Direito Privado[36]. O Instituto Internacional para a Unificação do Direito Privado

---

[36] Existe ainda outro tipo de organizações internacionais intergovernamentais, designadamente de cooperação no âmbito do direito privado, como é o caso da CIEC (Comissão Internacional do Estado Civil), sedeada em Estrasburgo e fundada em 1948, com 16 Estados membros (Alemanha, Áustria, Bélgica, Croácia, Espanha, França, Grécia, Hungria, Itália, Luxemburgo, Países Baixos, Polónia, Portugal, Reino Unido, Suíça e Turquia) e 6 Estados Observadores (Chipre, Lituânia, Rússia, Santa Sé, Eslovénia e Suécia). A CIEC visa promover a cooperação internacional em matéria de estado civil e contribuir para melhorar o funcionamento dos serviços nacionais nesse âmbito. Para alcançar esses objetivos, mantém documentação legislativa e jurisprudencial relativa ao direito dos Estados-Membros em matéria de estado civil, fornece informação, desenvolve estudos jurídicos e técnicos, edita publicações e elabora Convenções e Recomendações. Dessa Comissão emanaram convenções, como por exemplo: Convenção Relativa à Emissão de Determinadas Certidões de Registo de Estado Civil Destinadas ao Estrangeiro; Convenção Relativa à Emissão Gratuita e à Dispensa de Legalização de Certidões de Registo do Estado Civil; Convenção Relativa à Troca Internacional de Informações em Matéria de Estado Civil; Convenção Relativa à Alteração de Nomes Próprios e Apelidos; Convenção Destinada a Alargar a Competência das Autoridades Qualificadas para Aceitar o

Internacional[37] (UNIDROIT), sedeado em Roma, é exemplo disso e tem conseguido congregar Estados-Membros bastante heterogéneos, ligando países de diferentes continentes e pertencentes a sistemas jurídicos, económicos e políticos que nem sempre se igualam[38]. Criado em 1926, começou por ser um órgão auxiliar da Sociedade das Nações, tendo sido objeto de reformulação em 1940, após dissolução desta organização, com base num acordo multilateral. Com esse acordo nasce o Estatuto orgânico do UNIDROIT.

De acordo com o art. 1º do referido Estatuto[39], o UNIDROIT propõe-se estudar os meios de harmonizar e de coordenar o direito privado entre os Estados ou grupos de Estados e preparar gradualmente a adoção por estes de uma legislação de direito privado uniforme. Fim esse que se pretende alcançar através das atividades seguintes: a) preparar projetos de leis ou de convenções com vista a estabelecer um direito interno uniforme; b) preparar projetos de acordos com a finalidade de facilitar as relações internacionais em matéria de direito privado; c) empreender estudos de direito comparado nas matérias de direito privado; d) interessar-se pelas iniciativas já adotadas em todas estas áreas por outras instituições, com as quais ele pode, se necessário, manter contacto; e) organizar conferências e publicar estudos que se considerem dignos de ter ampla difusão (cfr. art. 1º do Estatuto orgânico do UNIDROIT).

Reconhecimento de Filhos Naturais; Convenção Relativa à Troca de Informações em Matéria de Aquisição de Nacionalidade; Convenção Relativa à Verificação de Certos Óbitos; Convenção Internacional sobre a Emissão de Certidões Multilingues de Atos do Registo Civil; Convenção Relativa à Dispensa de Legalização para Certas Certidões de Registo Civil e Documentos; Convenção Relativa à Lei Aplicável aos Nomes Próprios e Apelidos; Convenção Relativa à Emissão de um Certificado de Capacidade Matrimonial.

[37] Constituído por sessenta e um Estados, os membros do UNIDROIT são: África do Sul, Alemanha, Argentina, Austrália, Áustria, Bélgica, Bolívia, Brasil, Bulgária, Canadá, Chile, China, Chipre, Colômbia, Croácia, Cuba, Dinamarca, Egito, Eslováquia, Eslovénia, Espanha, Estados Unidos da América, Estónia, Federação Russa, Finlândia, França, Grécia, Hungria, Índia, Irão, Iraque, Irlanda, Israel, Itália, Japão, Letónia, Lituânia, Luxemburgo, Malta, México, Nicarágua, Nigéria, Noruega, Paquistão, Paraguai, Países-Baixos, Polónia, Portugal, República da Coreia, República Checa, República Sérvia, Roménia, Reino Unido, São Marino, Santa Sé, Suécia, Suíça, Tunísia, Turquia, Uruguai e Venezuela.

[38] Toda a informação sobre o UNIDROIT pode ser consultada em http://www.unidroit.org.

[39] Disponível em http://www.unidroit.org/english/presentation/main.htm.

Quanto ao método de trabalho utilizado, o UNIDROIT centra-se essencialmente nos aspetos jurídicos e técnicos da unificação, tendo como objetivo a mais larga harmonização possível. Nessa medida, as soluções propostas têm sido limitadas e prudentes, considerando as hipóteses de aceitação pela comunidade internacional. Assim, para que se inscreva um tema no programa de trabalho, tal tem de resultar da necessidade da unificação sentida a nível internacional numa determinada matéria, conciliada com a ideia de que as divergências entre os diversos sistemas jurídicos podem ajustar-se e que são ultrapassáveis as reservas dos Governos a renunciar a regras do seu direito interno em proveito de disposições de comprometimento.

O UNIDROIT conta já com um vasto trabalho, designadamente na elaboração de estudos e projetos em áreas como a venda e matérias conexas, o crédito, os transportes, a responsabilidade civil, o direito processual e o turismo, havendo uma série deles que deram lugar à celebração de convenções internacionais[40] e outros que

---

[40] Como exemplos de convenções internacionais preparadas pelo UNIDROIT e aprovadas em Conferências diplomáticas convocadas por Estados membros, temos: Convenção da Haia de 1964 sobre a formação de contratos de venda internacional de objetos mobiliários corpóreos e sobre a venda internacional de objetos mobiliários corpóreos; Convenção de Bruxelas de 1970 relativa ao contrato de viagem; Convenção de Washington de 1973 relativa à lei uniforme sobre a forma de um testamento internacional; Convenção de Genebra de 1983 referente a representação em matéria de venda internacional de mercadorias; Convenções do UNIDROIT de 1988 (adotadas em Ottawa) acerca do *leasing* internacional e do *factoring* internacional; Convenção do UNIDROIT de 1995 (adotada em Roma) sobre os bens culturais ilicitamente exportados ou roubados; Convenção da Cidade do Cabo sobre Garantias Internacionais sobre Equipamentos Móveis e respetivos Protocolos sobre interesses específicos de aeronaves, Cabo – 2001 e de caminhos de ferro, Luxemburgo – 2007 (sobre aquela, *vide* BRITO, M. H., *A Convenção da Cidade do Cabo relativa a garantias internacionais sobre equipamento móvel e o Protocolo anexo sobre questões específicas relativas a equipamento aeronáutico*, in "Nos 20 anos do Código das Sociedades Comerciais – Homenagem aos Profs. Doutores A. Ferrer Correia, Orlando de Carvalho e Vasco Lobo Xavier", vol. III, Coimbra, 2007). Portugal e Espanha assinaram e ratificaram algumas dessas convenções, como por exemplo, no caso português: Convenção Relativa à Lei Uniforme sobre a Forma de um Testamento Internacional (1973), aprovada para adesão pelo Decreto 252/75 de 23 de maio, tendo o instrumento de adesão sido depositado em 19.11.1975 (Aviso publicado no Diário da República, I Série, Nº 219, de 21.09.1977) e a mesma entrou em vigor na nossa ordem jurídica interna em 9.02.1978. Posteriormente, o Decreto-Lei nº 177/79, de 7 de junho, veio designar as pessoas habilitadas a tratar das matérias relativas ao testamento internacional no respetivo território (notários e agentes consulares);

foram adotados no âmbito de outras organizações internacionais[41].

Além das convenções internacionais que têm um caráter imperativo, são utilizados outros instrumentos, como por exemplo a lei modelo, a recomendação, as quais contêm propostas que os Estados são convidados a tomar em consideração aquando da elaboração de regulamentação interna sobre essa matéria ou a compilação de princípios gerais ou, ainda, os códigos de conduta ou contratos tipo destinados diretamente aos meios profissionais.

Apesar da bondade dos trabalhos levados a cabo pelo UNIDROIT, há certas matérias relativamente às quais se tem constatado que as convenções internacionais não são o meio mais eficaz. Concretamente no que respeita aos "contratos", a elaboração de um conjunto de princípios reveste maior utilidade[42].

Convenção sobre os Bens Culturais Roubados ou Ilicitamente Exportados. Portugal assinou esta Convenção em 23.04.1996. Foi aprovada para ratificação pela Resolução da Assembleia da República nº 34/2000, de 4 de abril e ratificada pelo Decreto do Presidente da República nº 22/2000, da mesma data. No caso espanhol: Convenção sobre os Bens Culturais Roubados ou Ilicitamente Exportados. Para consultar, por convenção, os Estados que as assinaram e ratificaram, aceder a http://www.unidroit.org/english/implement/i-main.htm.

[41] Como por exemplo: Convenção de 1954 para a proteção dos bens culturais em caso de conflitos armados (UNESCO); Convenção Europeia de estabelecimento de 1955 (Conselho da Europa); Tratado Benelux de 1955 relativo ao seguro obrigatório de responsabilidade civil em matéria de veículos automóveis; Convenção de 1956 relativa ao contrato de transporte de mercadorias por estrada – CMR (CEE/ONU); Convenção de 1958 relativa ao reconhecimento e à execução de decisões em matéria de prestação de alimentos a menores (Conferência da Haia de Direito Internacional Privado); Convenção Europeia de 1959 relativa ao seguro obrigatório de responsabilidade civil em matéria de veículos automóveis (Conselho da Europa); Convenção de 1961 sobre a proteção dos artistas intérpretes ou executantes, dos produtores de fonogramas e dos organismos de radiodifusão (OIT/OMPI/UNESCO); Convenção Europeia de 1962 sobre a responsabilidade dos hoteleiros quanto aos objetos transportados pelos viajantes (Conselho da Europa); Protocolo nº 1 relativo aos direitos reais sobre os barcos de navegação interior e Protocolo nº 2 relativo ao embargo e à execução forçada relativa à matrícula dos barcos de navegação interior (CEE/ONU); Convenção das Nações Unidas de 1980 sobre os contratos de venda internacional de mercadorias (CNUDCI).

[42] Ver, a este propósito, HARTKAMP, A. S., *Modernisation and Harmonisation of Contract Law: Objectives, Methods and Scope*, in "Worldwide Harmonisation of Private Law and Regional Economic Integration", Rome, 2002.

Designadamente, em 2004, o UNIDROIT, associado ao American Law Institute[43], adotou o *Principles of Transnational Civil Procedure*[44] que consiste num conjunto de premissas que visam harmonizar diferenças entre as várias regras internas do procedimento civil, com especial atenção para os litígios transfronteiriços. Contudo, assumem expressamente que esse trabalho pode servir de guia para os Códigos de Processo Civil emergentes ou, ainda, para iniciar eventuais reformas nos países com tradições processuais de elevada qualidade; por outro lado, podem também ser aplicados, por analogia, na arbitragem internacional. No mesmo ano, o UNIDROIT adotou ainda a segunda versão (a primeira data de 1994) dos *Principles of International Commercial Contracts*[45] os quais visam: estabelecer regras gerais aplicáveis, em determinadas circunstâncias, aos contratos comerciais internacionais; apoiar a interpretação ou complementar os instrumentos internacionais de direito uniforme, bem como o direito interno; servir como modelo para os legisladores nacionais e internacionais[46].

---

[43] Trata-se de uma organização de juristas, composta por advogados, juízes e professores, que surge em 1923 e que tem como finalidade promover a clarificação e simplificação do Direito. No Certificado de Incorporação constam as diretrizes da organização, nos termos seguintes: *The particular business and objects of the society are educational, and are to promote the clarification and simplification of the law and its better adaptation to social needs, to secure the better administration of justice, and to encourage and carry on scholarly and scientific legal work.* Consultar http://www.ali.org.

[44] Sobre este trabalho, embora ainda em fase de projeto, ver a análise feita por FORNER DELAYGUA, J. J., no seu estudo: *El Proyecto del American Law Institute «Transnational Rules of Civil Procedure»: la Cooperación Judicial*, AEDIPr, 2000, pp. 275 e ss.; e GUINCHARD, S., *La Procédure Mondiale Modélisée: le Projet de l'American Law Institute et d'Unidroit de Príncipes et Règles Transnationaux de Procédure Civile*, Dalloz, nº 32 (2003), pp. 2183 e ss.. Ver, ainda, *Principles of Transnational Civil Procedure*, American Law Institute Staff e UNIDROIT, Cambridge, 2007, que inclui versão comentada.

[45] Para consultar os referidos documentos, ver http://www.unidroit.org/english/principles/main.htm.

[46] Acrescente-se que, no que respeita à matéria de Direito Comercial, há outras instituições que também se destacam neste trabalho de consolidação de normas próprias que disciplinem as relações comerciais internacionais, tais como a Comissão das Nações Unidas para o Direito Comercial Internacional (CNUDCI) e a Câmara de Comércio Internacional (CCI). A CNUDCI tem como função modernizar e harmonizar as normas que disciplinam o comércio internacional, podendo consultar-se todo o seu trabalho em http://www.uncitral.org/. A CCI é uma organização empresarial mundial que associa o seu trabalho ao da CNUDCI e promove também a uniformização de regras no mundo empresarial, sendo possível aceder ao seu conteúdo em http://www.iccwbo.org. Sobre este tema da chamada *lex mercatoria* ou *ius*

1.2. Conferência da Haia de Direito Internacional Privado

A Conferência da Haia de Direito Internacional Privado[47] é outro movimento que na sociedade internacional contribui para a harmonização do Direito. É uma organização internacional intergovernamental composta por 69 membros[48], que tem por finalidade trabalhar para a unificação progressiva das regras de direito internacional privado. O seu âmbito material é bastante abrangente, podendo salientar-se três áreas fundamentais: proteção internacional das crianças, da família e do património familiar, cooperação internacional judicial e administrativa, comércio internacional. Tem sido uma organização cujo trabalho é catalisador de muitos outros trabalhos que desenvolve em parceria, designadamente com a CNUDCI[49] e mesmo com a UE[50].

Concretamente no que respeita ao Direito Processual Civil, salientam-se as convenções seguintes: II Convenção Relativa ao Processo Civil – Convenção Geral sobre o Processo Civil[51] (Adotada na 7ª Sessão – Haia, 01.03.1954); XIV Convenção Relativa à Citação e à Notificação no Estrangeiro de Atos Judiciais e Extrajudiciais em Matéria Civil e Comercial (Adotada na 10ª Sessão – Haia, 15.11.1965), que visou facilitar a transmissão e

---

mercatorum ver CARR, I., *International Trade Law*, 3ª ed., London, 2005; OVIEDO ALBÁN, J. *Unidroit y la Unificación del Derecho Privado: Referencia a los Principios para los Contratos Comerciales Internacionales*, in "Globalización y Derecho",*op. cit.*, pp. 407 e ss., Madrid, 2003.

[47] Consultar http://www.hcch.net/index_en.php.

[48] Onde encontramos: África do Sul, Albânia, Alemanha, Argentina, Austrália, Áustria, Bélgica, Bielo-Rússia, Bósnia, Brasil, Bulgária, Canadá, Chile, China, Comunidade Europeia (recentemente integrada, em abril de 2007), Croácia, Chipre, Dinamarca, Equador, Egito, Eslováquia, Eslovénia, Espanha, Estados Unidos da América, Estónia, Finlândia, França, Geórgia, Grécia, Hungria, Índia, Islândia, Irlanda, Israel, Itália, Japão, Jordânia, Letónia, Lituânia, Luxemburgo, Malásia, Malta, México, Mónaco, Montenegro, Marrocos, Nova Zelândia, Noruega, Países Baixos, Panamá, Paraguai, Perú, Polónia, Portugal, Reino Unido, República Checa, República da Coreia, República da Macedónia, Roménia, Rússia, Sérvia, Sri Lanka, Suriname, Suécia, Suíça, Turquia, Ucrânia, Uruguai, Venezuela.

[49] Como acontece atualmente com o projeto que está em curso sobre a elaboração de princípios em matéria de insolvência. No projeto de "Guia Legislativo em Insolvência", a CNUDCI solicitou a colaboração da Conferência de Haia na preparação de comentários e recomendações sobre princípios legislativos respeitantes a lei aplicável a processos de insolvência.

[50] Esta passou a integrar a Conferência da Haia na sequência da vigésima sessão, tendo-se procedido a uma alteração do Estatuto para esse efeito, em 30 de junho de 2005.

[51] Veio substituir a Convenção Relativa ao Processo Civil (Haia, 17.07.1905), aprovada pela Carta de 31.03.1909.

a execução das cartas rogatórias e promover a harmonização dos diversos métodos por eles utilizados para tais fins; XX Convenção sobre a Obtenção de Provas no Estrangeiro em Matéria Civil e Comercial (Adotada na 11ª Sessão – Haia, 18.03.1970); XVI e XVII Convenção sobre o Reconhecimento e a Execução de Sentenças Estrangeiras em Matéria Civil e Comercial e respetivo Protocolo Adicional (Adotados na Sessão Extraordinária de 1966 – Haia, 01.02.1971)[52].

Mais recentemente, na 20ª Sessão da Conferência da Haia, de 30 junho de 2005, foi adotada a Convenção relativa aos Acordos de Eleição de Foro, aplicável em matéria civil e comercial, admitindo que nas relações comerciais internacionais as partes celebrem convenções de eleição do foro, para julgar os litígios eventuais e futuros, e que na sequência disso possam ver reconhecidas e executadas, junto dos estados contratantes, as decisões proferidas pelos tribunais do foro eleito, seguindo os procedimentos definidos na convenção.

Este trabalho da Conferência da Haia vem a ser promovido há vários anos e faz parte das resistentes aspirações, que se mantêm, em ser celebrada e produzir efeitos uma Convenção relativa ao reconhecimento e à execução das sentenças estrangeiras em matéria civil e comercial[53]. Mas, por ora, procurando-se sistematizar o trabalho de forma faseada, veio a concluir-se apenas a já referida Convenção relativa aos Acordos de Eleição de Foro[54].

Contudo, tem-se constatado, como se vê também no caso das Convenções que nascem do seio da Conferência da Haia de Direito Internacional Privado, que unificar pela mão dos instrumentos de Direito Internacional Público não é um método com sucesso. Várias dificuldades se apresentam, seja a da necessidade do consenso, seja a da falta de um órgão que procure ultrapassar as dificuldades de interpretação ou, ainda, a do pro-

---

[52] Que não chegou a entrar em vigor, por não ter sido ratificada por um número de Estados suficiente.

[53] Sobre os trabalhos de discussão do anteprojeto da Convenção relativa ao reconhecimento e à execução das sentenças estrangeiras em matéria civil e comercial, apresentado por NYGH, P. e POCAR, F., *vide* POCAR, F.; HONORATI, C. (Dir.), *The Hague Preliminary Draft Convention on Jurisdiction and Judgments*, Studi e Pubblicazioni della Rivista di Diritto Internazionale Privato e Processuale, 61, Milani, 2005.

[54] Sobre esta Convenção, consultar http://www.hcch.net/index_en.php?act=conventions. text&cid=98.

blema da entrada em vigor, que muitas vezes se arrasta e outras nem acontece[55].

Apesar disso, fica demonstrado o interesse desta organização em promover o comércio internacional e as relações internacionais, criando uma cooperação em matéria processual que garanta e assegure alguma estabilidade e certeza jurídicas. Acredita-se que só com essa eficácia processual é que se concretizará o direito de acesso à justiça, na sua plenitude, bem se sabendo também das dificuldades que existem na obtenção de consenso entre tão variados e diferentes Estados.

2. Harmonização na União Europeia
2.1. Formação do Direito Privado Europeu
2.1.1. Necessidade de "aproximação" do Direito Privado

Todos reconhecemos que foram razões político-económicas que tornaram possível a criação e a sustentabilidade das Comunidades Europeias[56], assentes sobretudo na livre circulação de pessoas, mercadorias e serviços. Neste espaço, a livre circulação tem um veículo privilegiado: os contratos. Porém, o facto de empresários e particulares celebrarem contratos que, pelo menos para uma das partes, irão reger-se por uma lei estrangeira, gera incertezas e tem alguns riscos, associados ao desconhecimento, que poderiam influenciar negativamente o desenvolvimento do mercado único. Mas a verdade é que comprar e vender em toda a Europa tem tantas vantagens e, outras vezes, é de tal modo inevitável que somos levados, ou até queremos, esquecer esse problema. Mas ele existe e, por isso, é que a União Europeia tem sentido necessidade de criar condições que facilitem, por um lado, e amadureçam, por outro, o funcionamento do mercado único europeu. E essas condições passam por tentar esbater as diferenças entre

---

[55] SMITS, J., *The Making of European Private Law, op. cit.*, p. 15 a 19. Sobre os diferentes métodos de unificação do Direito – das Convenções Internacionais à Lei Modelo ou Lei Uniforme – e suas virtudes e defeitos, cfr. VIÑAS FARRÉ, R., *Unificación del Derecho Internacional Privado*, Barcelona, 1978.

[56] Razões que ainda se mantêm, conjugadas com motivações conexas, como igualdade, ambiente e proteção social, conforme dispunha o art. 2º do TCE, versão consolidada, publicado em JO C 321E, de 29.12.2006, agora substituído, na substância, pelo artigo 3º do Tratado da União Europeia. Tudo isto sem esquecer que o principal objetivo estratégico foi o de criar um espaço de paz, democracia, segurança e bem-estar, como já o dizia a Declaração de Robert Schuman.

os regimes legais⁵⁷, sobretudo onde elas possam enfraquecer o circuito económico, isto é, no direito privado dos contratos⁵⁸.

É, nesse sentido, que se tem guiado o empenho de vários setores e da própria União Europeia, tentando destruir as últimas fronteiras entre os Estados-Membros – as jurídicas – com o intuito de aproximar ou fazer convergir ou até, em última instância, em unificar o Direito Privado⁵⁹.

Por ser assim, quando refletimos sobre esse movimento, assaltam-nos duas ordens de razão que justificam o contexto atual nesta matéria: uma de natureza político-económica e outra de natureza científico-académica⁶⁰.

Quanto às razões político-económicas, as ideias que as suportam dizem respeito ao facto de se admitir – o que nos parece correto e quase intuitivo – que um direito privado uniforme é condição para o funcionamento desenvolto e salutar do mercado único, sobretudo na matéria respeitante aos contratos. Pois, as diferenças que originariamente existem e que se vão constatando entre os sistemas jurídicos dos Estados-Membros geram incertezas e desincentivam as relações contratuais, com evidentes reflexos no abrandamento da economia, o que seria combatido e, eventualmente, ultrapassado pela circunstância de haver um Direito uniforme. A estabilidade do mercado europeu e o combate às distorções de competitividade dos mercados constituem, igualmente, justificação para um movimento convergente dos sistemas jurídicos. Ainda no âmbito da razão integrativo-

---

⁵⁷ Sobre este movimento, os métodos de concretização, os objetivos subjacentes e a sua base legal ver PIPKORN, J., *Les Methodes de Rapprochement des Legislations a l'Interieur de la C.E.E* in "The Influence of the European Communities upon Private International Law of the Member States", editado por RIGAUX, F., pp. 13 e ss., Bruxelles, 1981.

⁵⁸ Aliás, a preocupação com esta matéria levou a União Europeia a ter disponível, especialmente para os consumidores, toda a informação necessária ao seu esclarecimento sobre direito do consumo ao nível comunitário, com total transparência sobre os processos e procedimentos levados a cabo, bastando consultar o site oficial em: http://ec.europa.eu/consumers/rights/cons_acquis_en.htm.

⁵⁹ Queremos fazer referência ao movimento de uniformização do direito privado substantivo sem analisar, por ora, outras áreas afetadas, como o direito internacional privado e o direito processual civil.

⁶⁰ Cfr. SMITS, J., *The Making of European Private Law, op. cit.*, p. 2 e ss., que seguimos na exposição destas razões. Refletindo sobre as razões da harmonização, temos ainda o texto de WEATHERILL, S., *Why Harmonise?*, in "European Union for the Twenty-First Century", editado por TRIDIMAS, T. e NEBBIA, P., Oxford, 2004, pp. 11 e ss.

-económica, a proteção do consumidor é também um objetivo conexo[61]. Tudo isto desde que se preserve e pondere, no entanto, outros interesses concorrentes e que cada sistema jurídico deve salvaguardar, designadamente, alcançar-se uma sociedade justa e, bem assim, proteger a identidade cultural e sócio-jurídica de cada um.

A consideração dos motivos de natureza científico-académica, por seu lado, tem sido invocada como motor na construção de uma ciência do Direito Privado Europeu, recaindo sobre as academias de Direito a responsabilidade de encontrarem o pensamento e as linhas comuns que ligam os direitos privados europeus. Esse é o repto que se lança à doutrina atual, à imagem dos jurisconsultos de outrora. E tal circunstância permitirá vislumbrar uma cada vez maior aproximação no Direito Privado.

Partindo do pressuposto de que o ensino e a doutrina deixam a sua marca naqueles que fazem a prática, acredita-se que essa dialética fará crescer e enriquecer o Direito como ciência.

2.1.2. Enquadramento legal

No desenvolvimento da sua missão, a União Europeia tem como plataforma a criação de um mercado comum e de uma união económica e monetária e a aplicação das políticas ou ações comuns[62]. E foi nessa base que assentou as suas finalidades, devendo *promover o desenvolvimento harmonioso, equilibrado e sustentável das atividades económicas, um elevado nível de emprego e de proteção social, a igualdade entre homens e mulheres, um crescimento sustentável e não inflacionista, um alto grau de competitividade e de convergência dos comporta-*

---

[61] A este propósito veja-se o preâmbulo da Diretiva 1999/44/CE do Parlamento Europeu e do Conselho de 25 de maio de 1999 (JO L 171), relativa a certos aspetos da venda de bens de consumo e das garantias a ela respeitantes; e da Diretiva 93/13/CEE do Conselho, de 05 de abril de 1993, relativa às cláusulas abusivas nos contratos celebrados com os consumidores (JO L 095).

[62] Como por exemplo: União aduaneira; Estabelecimento das regras de concorrência necessárias ao funcionamento do mercado interno; Política monetária para os Estados-Membros cuja moeda seja o euro; Conservação dos recursos biológicos do mar, no âmbito da política comum das pescas; Política comercial comum; Mercado interno; Política social, no que se refere aos aspetos definidos no presente Tratado; Coesão económica, social e territorial; Agricultura e pescas, com exceção da conservação dos recursos biológicos do mar; Ambiente; Defesa dos consumidores; Transportes; Redes transeuropeias; Energia; Espaço de liberdade, segurança e justiça; Problemas comuns de segurança em matéria de saúde pública. (cfr. arts. 3º e 4º do TFUE).

mentos das economias, um elevado nível de proteção e de melhoria da qualidade do ambiente, o aumento do nível e da qualidade de vida, a coesão económica e social e a solidariedade entre os Estados-Membros.

Estes objetivos exigiram, ao longo do tempo, um empenho das instituições comunitárias no exercício das suas competências – quer diretas, quer funcionais – mas também, em alguns casos, a colaboração imprescindível dos Estados-Membros. Conforme preceituava o art. 3º do TCE, para que fossem alcançados os fins das Comunidades, agora União Europeia, a sua ação implicava, designadamente e para o que ora pretendemos salientar: a aproximação das legislações dos Estados-Membros na medida do necessário para o funcionamento do mercado comum e a contribuição para o reforço da defesa dos consumidores (alíneas h) e t) do art. 3º do TCE, agora substituído, na sua substância, pelos arts. 3º a 6º do TFUE).

Assim sendo, não será difícil concluir que os ramos do Direito que pudessem, de algum modo, afetar o funcionamento do mercado único e as demais finalidades comunitárias, nos termos propostos, ver-se-iam como potenciais alvos do Direito Comunitário, como foram, direta ou indiretamente[63]. Assim se caminhou no trilho da harmonização ou unificação do Direito.

Concretamente em relação ao Direito do Consumo, com reflexo no Direito dos Contratos, constatou-se que uma das formas de concretização da política comunitária de Defesa dos Consumidores[64] (Título XV da Parte III do TFUE) é a aproximação da legislação dos Estados-Membros, conforme resulta do art. 169º, nº 2, al. a), do TFUE, conjugado com o art. 114º do mesmo Tratado[65].

---

[63] Do Título VII do TFUE, dedicado às Regras Comuns Relativas à Concorrência, à Fiscalidade e à Aproximação das Legislações, consta o Capítulo 3, que disciplina a matéria da *aproximação das legislações*, nos arts. 114º a 118º. Diz o art. 115º: *O Conselho, deliberando por unanimidade, de acordo com um processo legislativo especial, e após consulta do Parlamento Europeu e do Comité Económico e Social, adota diretivas para a aproximação das disposições legislativas, regulamentares e administrativas dos Estados-Membros que tenham incidência direta no estabelecimento ou no funcionamento do mercado interno.*

[64] O art. 169º do TFUE (anterior art. 153º, do TCE) dispõe: *A fim de promover os interesses dos consumidores e assegurar um elevado nível de defesa destes, a Comunidade contribui para a proteção da saúde, da segurança e dos interesses económicos dos consumidores, bem como para a promoção do seu direito à informação, à educação e à organização para a defesa dos seus interesses.*

[65] A discussão acerca da base legal para a harmonização do Direito dos Contratos e mesmo para a criação de um Código Europeu nessa matéria, passou sempre pela interpretação do

Bem se sabe, apesar disso, que vigora o princípio da subsidiariedade[66] (art. 5º do TUE, que substituiu o art. 5º do TCE[67]), segundo o qual: *nos domínios que não sejam da sua competência exclusiva, a União intervém apenas se e na medida em que os objetivos da ação considerada não possam ser suficientemente alcançados pelos Estados-Membros, tanto ao nível central como ao nível regional e local, podendo contudo, devido às dimensões ou aos efeitos da ação considerada, ser mais bem alcançados ao nível da União. As instituições da União aplicam o princípio da subsidiariedade em conformidade com o Protocolo relativo à aplicação dos princípios da subsidiariedade e da proporcionalidade. Os Parlamentos nacionais velam pela observância do princípio da subsidiariedade de acordo com o processo previsto no referido Protocolo.*

Mas, na verdade, o princípio da subsidiariedade foi tendo uma reduzida eficácia no que respeita à intervenção legislativa comunitária com caráter harmonizatório[68].

---

art. 95º do TCE (atual art. 114º do TFUE), mas também eram referenciados os arts. 94º e 308º do TCE (atualmente arts. 115º e 352º do TFUE). Cfr. NEBBIA, P., *Internal Market and the Harmonisation of European Contract Law, in* "European Union for the Twenty-First Century", *op. cit.*, pp. 89 e ss.

[66] A própria Comissão já assumiu, obviamente, esse limite, apelando sempre ao seu respeito, como se consta no ponto 43 da Comunicação da Comissão ao Conselho e ao Parlamento Europeu, de 11 de julho de 2001, onde se afirma que *o princípio da subsidiariedade funciona como ponto de referência para o exercício das competências da Comunidade a nível europeu. A subsidiariedade é um conceito dinâmico e deverá ser aplicada à luz dos objetivos fixados no Tratado. Permite alargar a ação da Comunidade dentro dos limites das suas competências, se as circunstâncias o exigirem, e, inversamente, limitar ou pôr termo a essa ação quando deixe de se justificar. Deverão resultar benefícios claros da adoção de uma ação ao nível comunitário em vez de ao nível nacional. Sempre que se pretenda um impacto à escala da Comunidade, a ação das instituições europeias é indubitavelmente a melhor forma de garantir um tratamento homogéneo no âmbito dos regimes jurídicos nacionais e de fomentar uma cooperação efetiva entre os Estados-Membros.*

[67] Onde se dizia: *nos domínios que não sejam das suas atribuições exclusivas, a Comunidade intervém apenas, de acordo com o princípio da subsidiariedade, se e na medida em que os objetivos da ação prevista não possam ser suficientemente realizados pelos Estados-Membros, e possam pois, devido à dimensão ou aos efeitos da ação prevista, ser melhor alcançados ao nível comunitário; e, a ação da Comunidade não deve exceder o necessário para atingir os objetivos do presente Tratado.*

[68] ALVAREZ GONZÁLEZ, S., *Pasado, Presente y Futuro del Derecho Internacional Privado*, "Dereito", 1996, vol. 5, 1, pp. 18 e 19.

2.1.3. Primeiros sinais

Em cumprimento do seu desiderato, desde muito cedo que as instituições comunitárias, especialmente o Parlamento Europeu, começaram a apelar ao esforço de harmonização do direito privado em áreas consideradas importantes para o desenvolvimento do mercado único[69], muito embora

---

[69] Além do empenho institucional nesta questão, houve ainda outros movimentos, como é o caso da *Comission on European Contract Law*, também conhecida por Comissão Lando, em honra do seu impulsionador OLE LANDO, cujos trabalhos ainda se encontram em http://frontpage.cbs.dk/law/commission_on_european_contract_law/. Trata-se de um grupo que nasceu em 1980, por iniciativa própria e sem qualquer subordinação governamental ou supra-governamental, constituído por individualidades (académicos ou práticos do Direito) dos vários Estados-Membros da Comunidade Económica Europeia, contando ainda com dois observadores – um Norueguês e um Suíço – que se dedicou ao desenvolvimento de um estudo sobre os *Principles of European Contract Law* (PECL). Inicialmente apadrinhado pela Comissão Europeia, foi deixado à sua sorte em 1994, tendo cumprido a sua missão com a elaboração e publicação das linhas mestras em matéria de Direito dos Contratos, *in* LANDO, O.; BEALE, H. (eds), *The Principles of European Contract Law*, Parts I and II, Prepared by the Commission on European Contract Law, Hague, 1999 e LANDO, O.; CLIVE, E.; PRÜM, A.; ZIMMERMANN (eds), *Principles of European Contract Law*, Part III, Hague, 2003. Os objetivos dos PECL podem resumir-se nas ideias seguintes: i) apresentar princípios neutros, mas «progressivos» relativamente aos tradicionais sistemas nacionais; ii) servir de fonte ou inspiração aos legisladores nacionais, seja na elaboração de códigos, seja na celebração de convenções internacionais, para além de auxiliarem os tribunais, designadamente os arbitrais, na sua tarefa de interpretação e aplicação do direito dos contratos; iii) ser uma base ou infraestrutura para a legislação comunitária, auxiliando as instituições da União Europeia, quer na elaboração de projetos legislativos, quer na interpretação da legislação; iv) ser a base do futuro Código Europeu dos Contratos; v) criar uma «linguagem» comum, que permita uma evolução comum na ciência e na academia jurídicas europeias. Cfr. SMITS, J., *The Principles of European Contract Law and the Harmonisation of Private Law in Europe, in* "La Tercera Parte de los Principios de Derecho Contractual Europeo", editado por VAQUER, A., Valencia, 2005, pp. 569-577. Ver, também, SÁNCHEZ RUIZ DE VALDIVIA, I., *La Unificación del Derecho Privado Europeo: Los Princípios de Derecho Contractual Europeo de la Comisión Lando in* "La Cooperación Judicial en Materia Civil y la Unificación del Derecho Privado en Europa", SÁNCHEZ LORENZO, S.; MOYA ESCUDERO, M. (Dir.), Madrid, 2003, pp. 235 e ss.
Sobre a temática dos PECL, ver: CALLIESS, G. P., *Coherence and Consistency in European Consumer Contract Law: A Progress Report*, GLJ, 2003, nº 4, pp. 333 e ss.; idem, *(Conflict) Principles of European (Consumer) Contract Law – an Update*, GLJ, 2004, nº 8, pp. 957 e ss.; CASTRONOVO, C., *I Principi di Diritto Europeo dei Contratti e l'idea di Códice*, RDCO, 1995, pp. 21 e ss.; idem, *Contract and the idea of codification in the Principles of European Contract Law, in* "Festskrift Til Ole Lando", Copenhagen, 1997, pp. 109 e ss.; idem, *Il Contratto e l'Idea di Codificazione nei Principi di Diritto Europeo dei Contratti, in* "Materiali e Commenti sul Nuovo Diritto dei Contratti", editado por

não tivessem suscitado efeitos imediatos. Em 1989 e em 1994, o Parlamento Europeu adotou resoluções onde fazia o apelo expresso à harmonização do direito privado[70], mas a Comissão e o Conselho não aceleraram logo esse processo, surgindo contudo, em 1999 e mais uma vez pela mão do Parlamento Europeu, o relatório dirigido por CHRISTIAN VON BAR onde se analisavam os vários sistemas de direito privado europeu, dando-se conta da necessidade de harmonização[71].

Numa primeira fase, pareceu preferir-se a aprovação de uma série de direito comunitário derivado, que se ocupa dessa tarefa de harmonização, com especial incidência na área dos contratos e do consumo, numa clara expressão da política de defesa dos consumidores. A opção foi pelo método diretiva, começando a produzir-se muito nessa matéria, sobretudo nas décadas de 80 e 90[72].

VETTORI, G., Padova, 1999, pp. 854 e ss.; idem, *I Principi di Diritto Europeo dei Contratti e il Codice Civile Europeo*, "Vita Notarile", 2000, pp. 1193 e ss.; CLIVE, E., *PECL III – An Overview and Assessment*, in "La Tercera Parte de los Principios de Derecho Contractual Europeo, *op. cit.*; LANDO, O., *Contract Law in the Eu – the Commission Action Plan and the Principles of European Contract Law*, 2003; idem, *Some Features of the Law of Contract in the Third Millennium*, "Scandinavian Studies in Law", 2000, pp. 343 e ss.; MACQUEEN, H. L., *Contract, Unjustified Enrichment and Concurrent Liability: A Scots Perspetive*, "Ata Jurídica", 1997, pp. 176 e ss.; idem, *Good Faith in the Scots Law of Contract: an Undisclosed Principle?*, in "Good Faith *in* Contract and Property Law", editado por FORTE, A.D.M., Oxford, 1999, pp. 5 e ss.; idem, *Scots and English law: The Case of Contract*, "Current Legal Problems", 2001, pp. 205 e ss.. Para encontrar mais referências sobre os PECL, ver http://frontpage.cbs.dk/law/commission_on_european_contract_law/literature.htm.
No mesmo caminho, em 1999 veio a constituir-se o Study Group on a European Civil Code, liderado por CHRISTIAN VON BAR, que veio na senda da Comissão Lando e que, sem desprezar o contributo daquela Comissão, trabalha atualmente no desenvolvimento de projetos que concretizem a almejada "codificação" do direito privado europeu, mas já em matérias de caráter específico. O seu trabalho é organizado por áreas diferenciadas, desde os Princípios Gerais ao Direito das Coisas, passando pelas Obrigações e pelos Contratos em Especial, sendo que essa tarefa é levada a cabo por etapas, podendo ser consultada em http://www.sgecc.net/.

[70] Resolução do Parlamento Europeu de 26 de maio de 1989, sobre um esforço para harmonizar o direito privado dos Estados Membros, JO C 158, 26.06.1989, p. 400 e Resolução do PE de 6 de maio de 1994, sobre a harmonização de determinados setores do direito privado dos Estados Membros, JO C 205, 25.07.1994, p. 518.

[71] Cfr. VON BAR, C. (Dir.), *The Private Law Systems in the EU: Discrimination on Grounds of Nationality and the Need for a European Civil Code*, Luxemburgo, European Parliament, 1999.

[72] Veja-se, a título de exemplo, as diretivas seguintes: Diretiva 84/450/CEE do Conselho, de 10 de setembro de 1984, relativa à publicidade enganosa e comparativa (JO L 250 de 19.9.1984, p. 17), alterada pelas Diretivas 97/55/CE do Parlamento Europeu e do Conselho de 6 de outubro

de 1997 (JO L 290 de 23.10.1997, p. 18) e 2005/29/CE do Parlamento Europeu e do Conselho de 11 de maio de 2005 (JO L 149 de 11.6.2005, p. 22), que veio a ser revogada e codificada recentemente, com efeitos a partir de 12 de dezembro de 2007, pela Diretiva 2006/114/CE do Parlamento Europeu e do Conselho (JO L 376 de 27.12.2006, p. 21) relativa à publicidade enganosa e comparativa; Diretiva 85/374/CEE do Conselho, de 25 de julho de 1985, relativa à aproximação das disposições legislativas, regulamentares e administrativas dos Estados-
-Membros em matéria de responsabilidade decorrente dos produtos defeituosos (JO L 210 de 7.8.1985, p. 29), retificada por Retificação 85/374 (JO L 307 de 12.11.1988, p. 54) e alterada pela Diretiva 1999/34/CE do Parlamento Europeu e do Conselho, de 10 de maio de 1999 (JO L 141 de 4. 6. 1999, p. 20; Diretiva 85/577/CEE do Conselho, de 20 de dezembro de 1985, relativa à proteção dos consumidores no caso de contratos negociados fora dos estabelecimentos comerciais (JO L 372 de 31.12.1985, p. 31); Diretiva 86/653/CEE do Conselho, de 18 de dezembro de 1986, relativa à coordenação do direito dos Estados-Membros sobre os agentes comerciais (JO L 382 de 31.12.1986, p. 17); Diretiva 87/102/CEE do Conselho, de 22 de dezembro de 1986, relativas ao crédito ao consumo (JO L 42 de 12.2.1987, p. 48), com a última redação que lhe foi dada pela Diretiva 98/7/CE (JO L 101 de 1.4.1998, p. 17); Diretiva 90/314/CEE do Conselho, de 13 de junho de 1990, relativa às viagens organizadas, férias organizadas, férias organizadas e circuitos organizados (JO L 158 de 23.6.1990, p. 59); Diretiva 93/7/CEE do Conselho, de 15 de março de 1993, relativa à restituição de bens culturais que tenham saído ilicitamente do território de um Estado-Membro (JO L 74 de 27.03.1993, p. 74); Diretiva 93/13/CEE do Conselho, de 5 de abril de 1993, relativa às cláusulas abusivas nos contratos celebrados com os consumidores (JO L 95 de 21.4.1993, p. 29); Diretiva 94/47/CE do Parlamento Europeu e do Conselho, de 26 de outubro de 1994, relativa à proteção dos adquirentes quanto a certos aspetos dos contratos de aquisição de um direito de utilização a tempo parcial de bens imóveis (JO L 280 de 29. 10. 1994, p. 83); Diretiva 97/7/CE do Parlamento Europeu e do Conselho de 20 de maio de 1997, relativa à proteção dos consumidores em matéria de contratos à distância (JO L 144 de 04.06.1997, p. 19), alterada pelas Diretivas 2002/65/CE do Parlamento Europeu e do Conselho de 23 de setembro de 2002 (JO L 271 de 9.10.2002, p. 16), 2005/29/CE do Parlamento Europeu e do Conselho de 11 de maio de 2005 (JO L 149 de 11.6.2005, p. 22) e 2007/64/CE do Parlamento Europeu e do Conselho de 13 de novembro de 2007 (JO L 319 de 5.12.2007, p. 1); Diretiva 1999/44/CE do Parlamento Europeu e do Conselho de 25 de maio de 1999, relativa a certos aspectos da venda de bens de consumo e das garantias a ela relativas (JO L 171 de 7. 7. 1999, p.12); Diretiva 2000/31/CE do Parlamento Europeu e do Conselho de 8 de junho de 2000 relativa a certos aspectos legais dos serviços da sociedade de informação, em especial do comércio eletrónico, no mercado interno, «Diretiva sobre comércio eletrónico» (JO L 178 de 17.7.2000, p. 1); Diretiva 2000/35/CE do Parlamento Europeu e do Conselho, de 29 de junho de 2000, que estabelece medidas de luta contra os atrasos de pagamento nas transações comerciais (JO L 200 de 8.8.2000, p. 35) e recentemente substituída pela Diretiva 2011/7/UE do Parlamento Europeu e do Conselho, de 16 de fevereiro de 2011; Diretiva 2005/29/CE, de 11de maio de 2005, relativa às práticas comerciais desleais das empresas face

Mas a opinião generalizada era, e é, de que o "método diretiva" fragmenta o direito civil comunitário e não é a melhor opção[73]. Pese embora contribua para a harmonização legislativa dos vários sistemas jurídicos que compõem o «puzzle» jurídico-legal europeu, essa aproximação acontece de forma nem sempre ajustada[74]. ALVAREZ GONZÁLEZ chama a atenção para alguns pontos fracos da técnica da diretiva como veículo harmonizador e que aqui trazemos[75]: i) as respetivas transposições para os ordenamentos internos não são simultâneas; ii) existe o risco de as transposições serem erróneas ou incompletas, ou até de a mesma não acontecer; iii) a evolução interpretativa do direito interno que se criou por efeito da transposição da diretiva pode seguir rumos diferentes. Além de que, na ótica do direito interno, podem gerar-se situações de descodificação, com pluriferação de legislação avulsa, com os associados perigos de descoordenação entre os vários diplomas.

---

aos consumidores no mercado interno e que altera a Diretiva 84/450/CEE do Conselho, as Diretivas 97/7/CE, 98/27/CE e 2002/65/CE e o Regulamento (CE) nº 2006/2004 (JO L 149 de 11.6.2005, p. 22); Diretiva 2006/123 do Conselho, de 12 de dezembro de 2006, relativa aos serviços no mercado interno (JO L 376 de 27.12.2006, p.36), cujo prazo de transposição decorre até 28 de dezembro de 2009.

[73] SMITS, J., *The Making of European Private Law, op. cit.*, p. 13; ALVAREZ GONZÁLEZ, S., *Pasado, Presente y Futuro del Derecho Internacional Privado, op. cit.*, p. 31. Ver também: MÖLLERS, T. M. J., *The Role of Law in European Integration*, AJCL, 2000, pp. 679 e ss., especialmente pp. 682-686 e 699-701.

[74] Para uma análise da transposição de diretivas na Europa, em várias matérias de Direito das Obrigações, cfr. BADOSA COLL, F.; ARROYO I AMAYUELLAS, E. (Dir.), *La armonización del Derecho de Obligaciones en Europa*, Valencia, 2006, em especial a Parte II, dedicada a "La Transposición de Diretivas en Europa: un Derecho de Obligaciones común?". É ainda de salientar, a este propósito, que no Direito alemão tem vindo a registar-se uma europeização do Direito das Obrigações, pois verifica-se, em alguns casos, uma generalização e codificação de regras que eram impostas por diretivas apenas para determinados setores, como acontece na compra e venda, absorvendo desde já os Princípios UNIDROIT e os PECL; cfr. ALBIEZ DOHRMANN, K. J., *La Modernización del Derecho de Obligaciones en Alemania: Un Paso Hacia la Europeización del Derecho Privado in* "La Cooperación Judicial en Materia Civil y la Unificación del Derecho Privado en Europa", SÁNCHEZ LORENZO, S.; MOYA ESCUDERO, M. (Dir.), Madrid, 2003, pp. 315 e ss.; EBERS, M., *La reforma y europeización del Derecho Alemán de Obligaciones, in* "La armonización del Derecho de Obligaciones en Europa, coordenado por BADOSA COLL, F.; ARROYO I AMAYUELLAS, E., Valencia, 2006, pp. 40 e ss.

[75] Cfr. ALVAREZ GONZÁLEZ, S., *Pasado, Presente y Futuro del Derecho Internacional Privado, op. cit.*, p. 31.

Efetivamente, do ponto de vista académico, o aspeto que mais se discute está relacionado com o "método" de harmonização e não tanto com o conteúdo das leis harmonizantes. Assim, evitando a dispersão provocada pelas diretivas, equaciona-se a necessidade e bondade da elaboração de um Código Civil Europeu, como forma de unificar o direito substantivo[76]. No entanto, muitos autores são contra um método centralista e codificador, através do qual se iria além do que pensam ser necessário, preferindo trilhar o caminho dos princípios[77]. Há mesmo quem não acredite que se alcance essa meta da uniformização, por falta do elo de ligação, isto é, de uma mentalidade europeia[78].

---

[76] Sobre esta matéria ver: ALVAREZ GONZÁLEZ, S., *Pasado, Presente y Futuro del Derecho Internacional Privado, op. cit.* (com especial incidência do Direito Internacional Privado), BETLEM, G.; HONDIUS, E., *European Private Law After the Treaty of Amsterdam*, ERPL, 2001, pp. 3 e ss.; CARBONE, S. M., *L'Inquadramento Normativo, l'Autonomia Interpretativa dei «Principi» di un Diritto Europei dei Contratti ed il Loro Impiego*, Riv. Dir. Int. Priv. Proc., 2000, pp. 885 e ss.; CAPELLI, F., *Riflessioni sulle Prospettive di Unificazione del Diritto Europeo*, DCSI, 2001, pp. 629 e ss., DORIS, M., *Harmonising by Numbers*, ELR, 2007, pp. 878 e ss.; MATTEI, U., *The European Codification Process. Cut and Paste*, Hague, 2003 (sobre este livro, ver a recensão de SALVADOR CODERCH, P., *Un Código de mínimos*, "Indret", 1, 2005); MIGUEL ASENSIO, P. A., *Integración Europea y Derecho Internacional Privado*, RDCE, 1997, pp. 413 e ss. (especialmente pp. 414-422); MÖLLERS, T.M.J., *The Role of law in European Integration, op. cit.*, pp. 679 e ss.; ORDUÑA MORENO, F. J.; PLAZA PENADÉS, J.; MARTÍNEZ VELENCOSO, L. M., *Action Plan on European Contract Law – Some Considerations on the Future European Union Contract Code*, 2003; SÁNCHEZ LORENZO, S., *Hacia un Código Civil Europeo? in* "La Cooperación Judicial en Materia Civil y la Unificación del Derecho Privado en Europa", SÁNCHEZ LORENZO, S.; MOYA ESCUDERO, M. (Dir.), Madrid, 2003, pp. 381 e ss.; VAN GERVEN, W., *Codifying European Private Law? Yes, if...*, EPL, 2002, 156 e ss.; VOGENAUER, S.; WEATHERRILL, S., *The European Community's Competence for a Comprehensive Harmonisation of Contract Law – an Empirical Analysis*, ELR, 2005, pp. 821 e ss.; VON BAR, C. (Dir.), *The Private Law Systems in the EU: Discrimination on Grounds of Nationality and the Need for a European Civil Code, op. cit.*

[77] SMITS, J., *The making of European Private Law, op. cit.*, pp. 32 e 35 e ss.

[78] LEGRAND, P., *Against a European Civil Code*, MLR, 1997, pp. 44 e ss., especialmente pp. 49-50. Sobre as dificuldades na unificação do direito privado europeu, cfr. PALAZÓN GARRIDO, M. L., *Importancia de la Tensión "Civil Law – Common Law" en la Elaboración de los Principios de Derecho Contractual Europeo* e SCANNICCHIO, N., *Critérios y Dificultades para la Unificación del Derecho Privado Europeo: Impacto del Derecho Comunitário en los Ordenamientos Internos*, ambos in "La Cooperación Judicial en Materia Civil y la Unificación del Derecho Privado en Europa", SÁNCHEZ LORENZO, S.; MOYA ESCUDERO, M. (Dir.), Madrid, 2003, pp. 293 e ss. e pp. 207 e ss., respetivamente.

2.1.4. Recentes desenvolvimentos e estado atual

Num passado mais recente e atendendo à turbulência que vai reinando em matéria de direito privado europeu, a União Europeia volta a empenhar-se no movimento de harmonização do direito privado europeu[79]. Na sequência da Resolução do Parlamento Europeu, de 16 de março de 2000[80], sobre o programa legislativo anual da Comissão para 2000, onde se considera *"que uma maior harmonização do direito civil se tornou essencial no mercado interno e [se] solicita à Comissão que elabore um estudo sobre esta questão*[81]*"*, e após o Conselho de Tampere[82], veio a Comissão Europeia dar um impulso na execução de medidas tendentes ao reforço desta matéria. Na Comunicação ao Conselho e ao Parlamento Europeu, de 11 de julho de 2001[83], a Comissão reitera a sua preocupação e afirma que *"no momento presente, a Comissão pretende recolher informação quanto à necessidade de uma ação comunitária de maior envergadura no domínio do direito dos contratos, designadamente para indagar até que ponto uma abordagem casuística não é vocacionada para solucionar todos os eventuais problemas"*[84].

---

[79] Para ter uma ideia, sob o ponto de vista comparado, acerca do direito do consumo nos vários sistemas jurídicos europeus, *vide* SCHULTE-NÖLKE, H. (Dir.); TWIGG-FLESNER, C.; EBERS, M., *EC Consumer Law Compendium – Comparative Analysis*, Bielefeld University (Alemanha), 2007.

[80] JO C 377 de 29.12.2000, p. 323.

[81] Nº 28 da referida Resolução, p. 326.

[82] De cujas conclusões se pode retirar que é desejável um progresso nesta matéria, concretamente do disposto no ponto VII-39, sobre "Maior convergência em matéria civil", onde se lê: *No tocante ao direito civil substantivo, solicita-se ao Conselho que realize um estudo global sobre a necessidade de aproximar as legislações dos Estados--Membros em matéria civil, por forma a eliminar os entraves ao bom funcionamento dos processos civis. O Conselho deverá apresentar um relatório até 2001.* As conclusões do Conselho de Tampere estão disponíveis em http://www.consilium.europa.eu/ueDocs/cms_Data/docs/pressData/pt/ec/00200-r1.p9.htm.

[83] COM (2001) 398 final, JO C 255, de 13.09.2001, p. 1. Sobre esta Comunicação ver o estudo de CAMPUZANO DÍAZ, B., *El Derecho Contractual Europeu en el Marco de la Globalización*, in "Globalización y Derecho", *op. cit.*, pp. 73 e ss., em especial a partir da p. 77.

[84] Ponto 10, p. 6, da referida Comunicação. Mas, além disso, a Comunicação avançou com algumas hipóteses de cenários possíveis, para melhorar o desempenho comunitário: I. Não--ação a nível comunitário; II. Promover o desenvolvimento de princípios comuns de direito dos contratos conducentes a uma maior convergência das legislações nacionais; III. Melhorar a qualidade da legislação vigente; IV. Adotar nova legislação abrangente a nível comunitário.

Sobre essa Comunicação, o Parlamento Europeu veio a tomar posição[85] e, em 2003, a Comissão Europeia acorre a dar conta ao Parlamento e ao Conselho dos resultados atingidos e do Plano de Ação (Maior Coerência no Direito Europeu dos Contrato) proposto[86], concluindo, por referência aos cenários por si propostos na Comunicação de 2001, que *nenhuma das contribuições*[87] *indicou que a abordagem sectorial, enquanto tal, suscitava problemas ou que deveria ser abandonada. No entanto, todos os autores de contribuições reagiram às diferentes opções. Só uma pequena minoria se declarou favorável à opção I, que propunha que fosse o mercado a encontrar a solução para todos os problemas. A opção II, isto é, a que consiste em promover o desenvolvimento de princípios comuns de direito dos contratos, através de investigações comuns, obteve grande apoio. Uma*

---

[85] Ver Resolução do Parlamento Europeu sobre a aproximação do direito civil e comercial dos Estados-Membros de 15 de novembro de 2001 (COM (2001) 398), JO C 140 E, 13.6.2002, p. 538. É curioso verificar que o Parlamento Europeu, depois de enumerar as diretivas e regulamentos que compõem o acervo comunitário nesta matéria, regista muitas das preocupações que a doutrina vinha referindo, como se conclui das afirmações seguintes: *Observa que as referidas diretivas comunitárias não se articulam cabalmente entre si; Constata que a articulação dessas diretivas com os regimes de direito civil nacionais suscita por vezes problemas; Constata que, numa União alargada a 500 milhões de habitantes, será cada vez mais difícil garantir uma aplicação uniforme do direito europeu.* E depois conclui, designadamente, que: *Considera, por conseguinte, que a aplicação de diferentes regulamentações nacionais, europeias e internacionais tem de ser harmonizada de forma coerente; Expressa o seu apoio a um direito próximo dos cidadãos, acessível e respeitador das tradições instituídas, e que ao mesmo tempo tenha em conta as necessidades do mercado interno.*

[86] Cfr. Comunicação da Comissão ao Parlamento Europeu e ao Conselho – Maior Coerência no Direito Europeu dos Contratos (Plano de Ação 2003), COM (2003) 68 final, 12.2.2003. Para consultar o documento sobre "Reação ao Plano de Ação – Maior Coerência no Direito Europeu dos Contratos", com o registo dos vários contributos apresentados, desde os Governos, aos académicos, passando pelas empresas e práticos do Direito, consultar: http://ec.europa.eu/consumers/rights/actionplan_en.htm. Registe-se, ainda, que o Parlamento Europeu reagiu positivamente às intenções da Comissão, embora com alguns reparos, como se extrai da Resolução do Parlamento Europeu sobre a Comunicação da Comissão ao Parlamento Europeu e ao Conselho intitulada «Maior coerência no direito europeu dos contratos: Plano de ação» (COM (2003) 68), JO C 76 E, 25.3.2004, p. 95. Mais tarde, a Comissão apresenta relatório ao Parlamento Europeu e ao Conselho sobre a execução das ações comunitárias em apoio à política dos consumidores para o período de 2004/2005, COM (2006) 193 final 4.5.2006.

[87] Uma dessas contribuições foi remetida em conjunto pela *Commission on European Contract Law* e pelo *Study Group on a European Civil Code*, demonstrando mais uma vez o empenho nestas questões. Cfr. LANDO, O.; VON BAR, C., *Communication on European Contract Law: Joint Response of the Commission on European Contract Law and the Study Group on a European Civil Code*, ERPL, 2002, pp. 183 e ss.

esmagadora maioria manifestou-se favoravelmente quanto à opção III, que propunha melhorar a qualidade da legislação comunitária vigente na área do direito dos contratos. Uma maioria expressou-se, pelo menos nesta fase, contra a opção IV, que propunha a adoção de um novo instrumento ao nível do direito europeu dos contratos. Contudo, um número importante de contribuições sugeriu que talvez esta proposta devesse ser reexaminada posteriormente face aos futuros desenvolvimentos resultantes das opções II e III. E por isso é que, não se abandonando totalmente o tratamento sectorial e mesmo o uso da Diretiva, há uma inflexão a favor do Regulamento, sobretudo ao nível das matérias que haviam sido tratadas no âmbito da cooperação intergovernamental.

É de realçar que para melhorar o acervo comunitário[88], uma das medidas aventadas pelo Plano de Ação foi a de proceder ao lançamento de uma terminologia comum para conceitos particularmente básicos e problemas típicos através do chamado «Quadro Comum de Referência»[89] (QCR), tentando assim ultrapassar-se algumas das críticas já atrás referidas sobre a descoordenação legislativa, medida essa que até hoje não foi abandonada e se vem desenvolvendo[90].

---

[88] Para uma visão geral sobre esta matéria ver ARROYO I AMAYUELLAS, E., *Panorámica (parcial) del Acquis Communautaire de Contratos: Punto de partida para el Legislador Catalán*, in "La Armonización del Derecho de Obligaciones en Europa", *op. cit.*, pp. 79 e ss.

[89] O Quadro Comum de Referência (QCR) estabelecerá definições claras de termos jurídicos, enunciará princípios fundamentais e apresentará modelos coerentes de regras do direito dos contratos inspirados no acervo comunitário ou nas melhores soluções encontradas no ordenamento jurídico dos Estados-Membros, devendo ser usado quer pelas instituições comunitárias, quer pelos Estados-Membros aquando das transposições. Sobre o conteúdo do QCR ver SCHULTE-NÖLKE, H., The *Commission's Action Plan on European Contract Law and the Research of the Acquis Group*, "ERA Forum", 2003, pp. 145 e ss.; e acerca do projeto de QCR ver SCHULZE, R. (Ed.), *Common Frame of Reference and Existing EC Contract Law*, Munich, 2008.

[90] Cfr. pontos 59 a 65 do Plano de Ação 2003. Sobre a evolução desse trabalho, ver: Primeiro relatório anual (da Comissão) sobre os progressos obtidos em matéria de direito europeu dos contratos e revisão do acervo de 23.9.2005, COM (2005) 456 final; Segundo relatório de progresso sobre o Quadro Comum de Referência, de 25.7.2007, COM (2007) 447 final; Comunicação da Comissão ao Parlamento Europeu e ao Conselho sobre o direito europeu dos contratos e a revisão do acervo: o caminho a seguir, de 11.10.2004, COM (2004) 651 final; Resolução do Parlamento Europeu, de 3 de setembro de 2008, sobre o Quadro Comum de Referência para o direito europeu dos contratos (2009/C 295 E/09, 4.12.2009).

MANIFESTAÇÕES DE HARMONIZAÇÃO DO DIREITO

Desde essa altura que as instituições comunitárias não baixaram os braços[91], continuando a trabalhar nas medidas de reforço dessa intenção de construir um espaço capaz de transmitir segurança e certeza jurídicas aos cidadãos, sobretudo nas relações jurídicas transfronteiriças baseadas em contratos, cuja multiplicação seria expectável com o Euro e com a incrementação do comércio eletrónico[92]. Designadamente, o programa para 18 meses aprovado pelo Conselho da União Europeia, de 29 de janeiro de 2007 (17079/1/06 REV 1) previu, para as presidências alemã, portuguesa e eslovena, no campo da "Maior segurança jurídica para os cidadãos e o setor empresarial", dois itens (127 e 128) que prolongam o projeto de coopera-

---

[91] Como se vê pelos atos seguintes: Comunicação da Comissão ao Parlamento Europeu e ao Conselho, 10.5.2005, COM (2005) 184 final sobre o Programa da Haia: dez prioridades para os próximos cinco anos parceria para a renovação europeia no domínio da liberdade, segurança e justiça; Conclusões do Conselho Europeu de 28 e 29 de novembro de 2005, em Bruxelas, sobre Competitividade (Competitiveness – Internal Market, Industry and Research) foram extraídas conclusões sobre Direito Europeu dos Contratos, cfr. documento 14155/05 (Presse 287), p. 27, consultado em http://www.britishembassy.gov.uk/Files/kfile/eu2005_CC_Comp_28-29nov.pdf; Resolução do Parlamento Europeu, de 23 de março de 2006, sobre o direito europeu dos contratos e a revisão do acervo: o caminho a seguir, C 292 E, 1.12.2006, p. 109; Resolução do Parlamento Europeu, de 7 de setembro 2006, sobre o direito europeu dos contratos, JO C 305 E, 14.12.2006, p. 247, onde reitera a sua convicção de que um mercado interno uniforme não pode funcionar plenamente sem medidas adicionais no sentido da harmonização do direito civil; e concede um firme apoio a uma abordagem no sentido de um QCR mais amplo no tocante às questões do direito dos contratos que extravasam o domínio da defesa do consumidor; e, ainda, Resolução do Parlamento Europeu, de 12 de dezembro de 2007, sobre o direito europeu dos contratos (P6_TA (2007) 0615).

[92] Vejamos outro exemplo de referência feita a esta matéria, designadamente num momento chave de tomada de decisão: Programa da Haia, para o quinquénio 2005-2010 (Conclusões da Presidência, em Bruxelas, a 4 e 5 de novembro de 2004), onde, sob o item Reforçar a Liberdade, a Segurança e a Justiça na União Europeia, é aberto um ponto (3.4.4) relativo a "Garantir a coerência e aumentar a qualidade da legislação da EU" que firma que "Em matéria de direito contratual, a qualidade da legislação comunitária existente e futura deverá ser melhorada através de medidas de consolidação, codificação e racionalização dos instrumentos jurídicos em vigor e da elaboração de um quadro comum de referência. Deverá ser criado um quadro para explorar as possibilidades de desenvolver termos e condições normalizados a nível da UE em matéria de direito contratual, que poderão ser utilizados pelas empresas e associações comerciais na União. Haverá que tomar medidas que permitam ao Conselho proceder a uma análise mais sistemática da qualidade e da coerência de todos os instrumentos jurídicos comunitários relacionados com a cooperação em matéria civil.

ção judiciária[93]. E, por sua vez, no Programa de Estocolmo[94], convidou-se a Comissão a apresentar uma proposta de Quadro Comum de Referência no Direito dos Contratos.

Mais recentemente, surgiu uma proposta de Diretiva do Parlamento Europeu e do Conselho[95] relativa aos direitos dos consumidores, com vista à revisão do acervo no âmbito da defesa dos consumidores, que abrange algumas diretivas em vigor nesta matéria. De acordo com a referida proposta visa-se *contribuir para um melhor funcionamento do mercado interno entre empresas e consumidores, aumentando a confiança dos consumidores no mercado interno e diminuindo as reticências das empresas em relação às transações transfronteiras. Para alcançar este objetivo global, a fragmentação deve ser reduzida, o quadro normativo deve ser tornado mais rigoroso e os consumidores devem poder beneficiar de um elevado nível comum de defesa dos seus interesses, bem como dispor das informações adequadas sobre os seus direitos e sobre o modo como podem exercê-los*. No entanto, há algumas divergências quanto ao modo e aos termos em

---

[93] A saber: 127. *As três Presidências continuarão a envidar esforços para melhorar a cooperação judiciária, a fim de proporcionar aos cidadãos maior segurança jurídica ao deslocarem-se para outro Estado-Membro, nele viverem ou trabalharem. Mais especificamente, procurarão concluir os trabalhos respeitantes ao regulamento sobre a lei aplicável às obrigações contratuais (Roma I) e ultimar o Regulamento de Roma II, sobre as obrigações extracontratuais. Prosseguirão também os trabalhos sobre a lei aplicável aos divórcios (Roma III) e o reconhecimento e execução do pagamento de pensões alimentares. Os debates sobre as questões jurídicas que os regimes matrimoniais e o direito sucessório e testamentário colocam no plano internacional terão início logo que a Comissão apresente propostas de regulamentação concretas.* 128. *As três Presidências debruçar-se-ão, em especial, sobre a questão da coerência. Um dos aspetos essenciais desta questão prende-se com os trabalhos sobre um quadro de referência comum aplicável ao direito contratual europeu.* Dando um exemplo ainda mais concreto, o programa da Comissão, para 2008, prevê uma medida de simplificação que consiste numa *Proposta de diretiva-quadro relativa aos direitos contratuais dos consumidores*, acrescentando que *O objetivo global da revisão do acervo é simplificar e melhorar a coerência do quadro regulamentar relativo aos consumidores e aumentar assim a segurança jurídica dos consumidores e das empresas. O instrumento jurídico envolverá a codificação e a revogação de partes das diretivas existentes, assim como a adoção de novas regras. A ação regulamentar mais provável, que dependerá do resultado final da revisão, será uma abordagem mista relativamente à revisão do acervo, a qual envolverá um instrumento horizontal apoiado sempre que necessário em soluções verticais.* Cfr. Comunicação da Comissão ao Parlamento Europeu, ao Conselho, ao Comité Económico e Social Europeu e ao Comité das Regiões, sobre o Programa legislativo e de trabalho da Comissão para 2008, de 23.10.2007 COM (2007) 640 final.

[94] Sob o título "Uma Europa Aberta e Segura que sirva e Proteja os Cidadãos" (2010/C 115/01, 4.5.2010).

[95] COM (2008) 614 final, 8.10.2008.

que a proposta deve concretizar-se, sobretudo quanto a estabelecer mínimos de garantias aos consumidores que colidam, para menos, com aquelas que os ordenamentos jurídicos de alguns Estados-Membros já atribuem de acordo com as suas próprias legislações internas. Esta será, seguramente, uma barreira a ultrapassar.

É neste contexto que está em formação, potencialmente, o direito privado europeu, cujo âmbito, contornos e exequibilidade fazem e vão fazer correr muita tinta[96]. A doutrina ainda não consolidou ideias, sobretudo quanto ao método, mas a União Europeias dá sinais de estar empenhada nessa tarefa de harmonização, embora de forma gradual e cautelosa. Mas, como se extrai de todo o processo que nos trouxe até ao momento atual, tudo levará (e antes assim) o seu tempo. Pois, a interpretação e aplicação desse Direito trará, por sua vez, a tarefa acrescida de encontrar uma metodologia hermenêutica capaz de configurar uma estrutura interpretativa comum, adequada ao direito uniforme[97]. Sem esse cuidado, ficará comprometido o êxito da harmonização.

2.2. Impacto dos objetivos europeus na harmonização de outras áreas do Direito

O Direito Privado tem sido o *ex libris* do movimento da harmonização, sobretudo por respeito aos direitos dos consumidores, porém, os propósitos da criação de um espaço de Liberdade, de Segurança e de Justiça motivaram a aproximação legislativa também noutros domínios, tocando áreas do Direito muito diferenciadas, desde o Direito Penal ao Direito Fiscal, passando pelo Direito da Família, além do Direito Internacional Privado,

---

[96] Como assume GARCÍA GARNICA, os principais problemas da unificação do Direito Privado Europeu são relativos ao método, eficácia, conteúdo e critérios de política legislativa. As principais questões que se colocam são: quais as matérias que devem ser unificadas; qual o âmbito espacial da unificação; qual a forma mais adequada de ultrapassar a barreira jurídica exsitente entre os sistemas da *civil law* e da *common law*. Além disso, conclui, qualquer unificação nesta área deverá ser sectorial e não global. Cfr. GARCÍA GARNICA, M. C., *El Ámbito Material de la Unificación del Derecho Privado Europeo: Una Unificación Global o sectorial?* in SÁNCHEZ LORENZO, S.; MOYA ESCUDERO, M. (Dir.), "La Cooperación Judicial en Materia Civil y la Unificación del Derecho Privado en Europa", Madrid, 2003, pp. 263 e ss.

[97] BENEDETTI, G., *Quale Ermeneutica per il Diritto Europeo?*, Riv. Trim. Dir. Proc. Civ., 2006, pp. 1 e ss., especialmente, pp. 7-13.

do Direito Comercial e do Direito dos Contratos que foram os ramos do Direito que mais rapidamente se ressentiram com a onda globalizante.

Nos termos do art. 67º TFUE, a União Europeia constitui um espaço de liberdade, segurança e justiça, no respeito dos direitos fundamentais e dos diferentes sistemas e tradições jurídicos dos Estados-Membros. Nesse propósito, é assegurada a ausência de controlos de pessoas nas fronteiras internas e desenvolve-se uma política comum em matéria de asilo, de imigração e de controlo das fronteiras externas que se baseia na solidariedade entre Estados-Membros e que é equitativa em relação aos nacionais de países terceiros. Do mesmo modo, envidar-se-ão esforços para garantir um elevado nível de segurança, através de medidas de prevenção da criminalidade, do racismo e da xenofobia e de combate contra estes fenómenos, através de medidas de coordenação e de cooperação entre autoridades policiais e judiciárias e outras autoridades competentes, bem como através do reconhecimento mútuo das decisões judiciais em matéria penal e, se necessário, através da aproximação das legislações penais. Além disso, a União Europeia facilita o acesso à justiça, nomeadamente através do princípio do reconhecimento mútuo das decisões judiciais e extrajudiciais em matéria civil.

E é com estes objetivos que a União Europeia se tem encaminhado, sempre que assim se torna necessário para os atingir, no estabelecimento de normas jurídicas harmonizadas e estabilizadas. Em particular, as áreas do Direito da Competência Internacional e do Direito de Reconhecimento, passando pelo Direito Internacional Privado, são já exemplos de harmonização jurídica, desde a comunitarização destas matérias, como se verá. As dificuldades inerentes à utilização de convenções internacionais, a disparidade entre determinadas normas nacionais em matéria de jurisdição e de execução – que dificultam a circulação das pessoas e o funcionamento do mercado interno – assim como, a intenção de fomentar a livre circulação das decisões e a criação de um espaço de liberdade, segurança e justiça na União Europeia justificaram a adoção de instrumentos comunitários para tratamento destas matérias, de aplicação direta nos Estados-Membros[98].

---

[98] Alguma doutrina, sobretudo autores que se dedicam ao Direito Internacional Privado, contrariam esta posição, em especial quanto ao método adotado pela União Europeia, pondo mesmo em causa a sua competência legislativa. Designadamente, Pinheiro, L. L., afirmava que "a atribuição de competência legislativa à Comunidade Europeia em matéria de Direito

Sem dúvida que a criação de um regime comum quanto à competência internacional e ao direito de reconhecimento torna mais acessível o conhecimento das regras aos potenciais interessados, concorrendo para uma melhor eficácia dos objetivos pretendidos, como sejam o combate ao *forum shopping* e uma maior segurança quanto às regras aplicáveis para determinação do foro competente.

3. Fenómeno da harmonização do Direito Processual Civil
3.1. Os alegados bloqueios à harmonização

Apesar de serem muitos os motivos que abonam a favor da harmonização[99] das normas processuais ou, pelo menos, dos princípios de Direito Processual Civil, este fenómeno nem sempre foi bem acolhido pelos processualistas, tratando-se de um movimento que não ganhou de imediato grande expressividade e que, mesmo assim, viu alguma resistência ao seu desenvolvimento no seio do espaço europeu[100].

Internacional Privado, que resulta das alterações introduzidas pelo Tratado de Amesterdão no Tratado da Comunidade Europeia (arts. 61º/c) e 65º), não é justificada à luz das finalidades dos Tratados e está (...) em contradição com o respeito da cultura, das tradições e da identidade nacional dos Estados-Membros (...). Em todo o caso, a competência legislativa da Comunidade Europeia em matéria de Direito Internacional Privado só pode ser exercida «na medida do necessário ao bom funcionamento do mercado interno» e com respeito do princípio da subsidiariedade. Os órgãos comunitários não demonstraram que o bom funcionamento do mercado interno exige a uniformização dos regimes da competência internacional e do reconhecimento de decisões estrangeiras e que os objetivos visados com a unificação destes regimes não podem ser suficientemente realizados pelos Estados-Membros". E conclui, que "a unificação à escala comunitária deveria ser feita numa base voluntária, com respeito da autonomia legislativa dos Estados comunitários, através de convenções internacionais e de outros instrumentos mais flexíveis, como as Leis-Modelo". Cfr. *Direito Internacional Privado. Competência Internacional e Reconhecimento de Decisões Estrangeiras*, vol. III, Coimbra, 2002, pp. 178 e 179.

[99] Recordamos aqui o que já se disse supra sobre a diferença entre harmonizar e uniformizar áreas do Direito (ver nota 33). Especialmente em relação ao Direito Processual Civil e no âmbito da União Europeia, existem já casos de uniformização, através de legislação comunitária de aplicação direta (Regulamentos), e casos de harmonização. Porém, por uma questão de facilidade conceptual iremos utilizar a expressão «harmonização».

[100] Sobre o tardio interesse dos estudiosos acerca do tema da harmonização do processo civil no espaço europeu e a sua evolução ao longo do tempo, demonstrando que o mesmo apenas começa a despontar na década de oitenta e só se vem a consolidar e a desenvolver quando começam a surgir os Regulamentos Europeus em matéria processual, a partir de 2000, ver BIAVATI, P., *L'impatto del Diritto Comunitario sull'Insegnamento del Diritto Processuale* Civile, Riv.

Por outro lado, as questões relacionadas com o Direito Processual Civil não se inseriam nos objetivos perspetivados aquando da criação da Comunidade Económica Europeia, pois esta não os incluía nos seus fins imediatos, a não ser no que respeitava ao acesso à justiça e ao Tribunal Europeu[101]. Não é, por isso, de estranhar que se tratasse de uma área que suscitava pouco interesse, muito menos se pensou em qualquer tipo de interação nestas questões. O processo civil de cada sistema jurídico encontrou-se, durante muito tempo, em torno de si próprio[102] e qualquer iniciativa ou discussão em matéria de aproximação dos conteúdos de processo civil eram «tabu». Ainda a Comunidade Económica Europeia era uma jovem Comunidade quando, em 1963, o próprio STORME, que posteriormente veio a revelar-se um pioneiro impulsionador da «exportação» do processo civil, escreveu: *El derecho procesal es derecho nacional. Se asegura que no se encontrará en la historia un ejemplo de un pueblo que haya adotado la jurisdicción de outra nación sin haber perdido su independência. Parece, en efecto, que cada nacionalidad, para la aplicación de sus leyes civiles, tiene su propia jurisdicción, de la misma manera que tiene su propia lengua para expresar sus pensamientos. Huc confirmó que la jurisdicción civil de un pueblo refleja de la manera más fiel la fisionomia de ese pueblo. Pigeau, miembro de la comisión encargada com la redacción del Code de procédure civile, lo demostró com mayor profundidad, al enfocar la interacción entre el regímen político, la moral, el clima y la ideología por una parte y el derecho procesal por outra parte*[103].

Trim. Dir. Proc. Civ., 2008, pp. 227 e ss. Reflexamente, chama ainda à atenção BIAVATI, que a cultura e o ensino universitários estão com décadas de atraso nesta matéria, num momento em que se torna imprescindível a formação de consciências aptas a lidarem com este fenómeno, não bastando a mera criação de instrumentos legais por parte das instituições comunitárias.

[101] Verificando-se, no que se refere à construção do processo comunitário, uma certa influência por parte do direito nacional dos Estados-Membros, por exemplo em matéria de instrução e prova; Cfr. BIAVATI, P., *Processo Comunitario e Formazione di un Processo Comune Europeo*, Riv. Dir. Proc., 1994, pp. 769 e ss.

[102] Esta afirmação insere-se no contexto da codificação, a partir da segunda metade do séc. XVIII. Pois, se recuarmos no tempo, olhando para o percurso histórico do Direito Processual Civil, também encontramos uma fase em que vigorava na Europa medieval uma espécie de *ius commune* processual, através do direito processual romano-canónico, que renasceu e foi penetrando no ocidente. Sobre este percurso histórico, cfr. VAN RHEE, C. H., *Civil Procedure: A European Ius Commune?*, ERPL 2000, pp. 589 e ss.

[103] Cfr. Discurso final de STORME no X World Congress on Procedural Law, *in Trans-National Aspects of Procedual Law*, editado por ITALO ANDOLINA, Milano, 1998, p. 1241. Onde, aliás,

Tentando fazer uma análise sobre os eventuais bloqueios à aproximação e harmonização do Direito Processual Civil e seguindo, designadamente, as reflexões feitas pelo Grupo Storme[104], podem avançar-se algumas justificações para este atraso.

Durante muito tempo, ou até demasiado tempo, entendeu-se que o Direito Processual Civil era um Direito de caráter «nacionalista»[105], ao ponto de se negar a possibilidade de exportação e importação de leis processuais[106].

Além de que, partindo do princípio de que a lei processual reflete uma conceção política e de valores que caracterizam o respetivo sistema adotado, seria difícil conceber que o paradigma processual emergente não dependesse apenas da conceção filosófico-jurídica subjacente à sociedade a que pertencia[107]. A politização deste ramo do direito público determina alguns dos seus traços essenciais, associando-se o processo civil inquisitório aos sistemas políticos mais ditatoriais ou dirigistas e o processo civil essen-

---

reconheceu as mutações e evoluções nesta matéria, bem como a mais valia das Associações Internacionais, na sua função de condutoras no processo de interação entre os sistemas.

[104] General Introductury Report by M. STORME, in STORME, M. (Ed.), *Rapprochement du Droit Judiciaire de l'Union Européenne*, Dordrecht, 1994, pp. 37 e ss. Sobre os motivos que mantiveram o Direito Processual Civil alheio à aproximação e partilha com outros ordenamentos jurídicos, ver também: FAZZALARI, E., *Per un Processo Comune Europeo*, Riv. Trim. Dir. Proc. Civ., 1994, pp. 666 e 667; VAN RHEE, C. H., *Civil Procedure: A European Ius Commune?, op. cit.*, pp. 595-596.

[105] Ver, STORME, M., *Perorazione per un Diritto Giudiziario Europeo*, Riv. Dir. Proc., 1986, pp. 293 e 294.

[106] Repare-se, no entanto, que as mentalidades têm vindo a alterar-se. A doutrina processual alemã já veio admitir que havia findado uma fase de construção do seu direito processual – que se tinha verificado nos últimos cinquenta anos e era reflexo de uma atitude nacionalista – e que deu início a uma nova fase de abertura internacional, adotando uma postura de receção do direito estrangeiro, em alguns casos dos Estados Unidos da América. Revela, também, que o importante é transpor soluções práticas, tal como se encontravam na legislação e jurisprudência dos ordenamentos de origem. E adiantam, ainda, que há um outro trabalho a fazer, precisamente o de coordenação internacional e europeia entre os sistemas. Este novo rumo da doutrina alemã é exposto por WALTER, G., *in Cinquanta anni di studi sul processo civile in Germania*, Riv. Dir. Proc., 1998, pp. 36-52. Onde, a propósito, se transcreve a afirmação bastante elucidativa de ROLF STURNER, partilhada pelo autor: *Pur nella disattenzione di tanti processualisti tedeschi il periodo di una scienza processuale nazionale sta per finire*, p. 37. STORME também reconhece que o Direito Processual se transformou num ramo do direito com vocação internacional, cfr. STORME, M., *ibidem*, p. 295.

[107] Neste mesmo sentido conclui STORME, em *ibidem*, pp. 293 e ss.

cialmente assente no dispositivo para os liberais. É evidente que este será um falso problema se colocado em relação aos países da União Europeia, na medida em que todos defendem a liberdade e igualdade dos cidadãos, vigorando o Estado de Direito Democrático, com um sistema político idêntico. Não é, no entanto, despicienda a discussão sobre a ideologia processualística atual, sobretudo na sequência de reformas processuais, mais ou menos recentes, levadas a cabo em alguns países, designadamente Espanha (2000) e Portugal (1996), onde foram «reforçados» alguns poderes do juiz[108].

Por outro lado, nesta matéria da harmonização sempre houve mais sensibilidade relativamente à lei substantiva do que à lei adjetiva. Pensando-se que o formalismo processual era a garantia da liberdade, não se sentia necessidade de explorar a lei processual para além do seu sistema interno. Esta circunstância só se inverte quando se abala e destrói a ideia do processo como "formalismo puro", catalisada também por influência do art. 6º da Convenção Europeia de Proteção dos Direitos do Homem e das Liberdades Fundamentais e da jurisprudência, na União Europeia e nos seus Tribunais. O abandono do formalismo e a prevalência da verdade material sobre a verdade formal vai agora ao encontro dos mais recentes paradigmas do processo civil, emergindo por toda a Europa[109].

---

[108] Sobre a problemática e o debate em torno da base filosófica e significado político do Processo Civil, ver os vários estudos apresentados na obra coordenada por MONTERO AROCA, J., *Proceso Civil e Ideologia*, Valencia, 2006. Ver também, GOUVEIA, M. F., *Os Poderes do Juiz Civil na Ação Declarativa. Em defesa de um Processo Civil ao Serviço do Cidadão*, "Julgar", 2007. Para uma perspetiva histórica das questões ideológicas do processo civil, ver CAPPELLETI, M. (Ed.), *Introduction. Polices, Trends and Ideas in Civil Procedure*, "International Encyclopedia of Comparative Law" (Vol. XVI – Civil Procedure; Chapter 1).

[109] Veja-se o caso do ordenamento espanhol, no qual a *Ley de Enjuiciamiento Civil*, em vigor até início do ano 2001, datava de 3 de fevereiro de 1881 e foi durante muito tempo a espinha dorsal deste ramo do direito, que por isso se manteve, de alguma forma, encarcerado nos princípios processuais liberais, próprios do século XIX. Disso nos damos conta perante afirmações como a que passamos a citar: "También nuestra *Ley de Enjuiciamiento Civil* participa del modelo de la justicia liberal y así, se ha podido afirmar que la hegemonía del principio de aportación dio lugar a la aparición del «juez civil español-convidado de piedra» con la agravante de que los escasos poderes de dirección o de intervención en la ejecución de la prueba no son siempre en la práctica utilizados como consecuencia de la vigencia de los principios de escritura y de mediación que estimulan la delegación por el Juez de la fase probatoria en el personal auxiliar del Juzgado. Por otra parte, la existencia de un sistema mixto de valoración de la prueba

MANIFESTAÇÕES DE HARMONIZAÇÃO DO DIREITO

Houve, ainda, uma outra ideia que fez estagnar a evolução do processo civil numa perspetiva além fronteiras, que se relaciona com o facto de se entender que o sistema jurídico processual e a organização judiciária de

con predominio de la prueba legal (documental pública y confesión) – por lo demás, propio también del modelo liberal – dificulta el esclarecimiento de la relación jurídico material debatida y hace surgir en la esfera del proceso una verdad «formal», que no siempre se manifiesta coincidente con la verdad material." Cfr. GIMENO SENDRA, V., *Pasado, Presente y Futuro de la Justicia Civil, in* "Jornadas sobre la Reforma del Proceso Civil", editado por Ministerio de Justicia, pp. 93-99. Madrid, 1990.

Neste contexto, é fácil compreender o sentimento generalizado que se instalou em Espanha, nas últimas décadas do século passado, no sentido da necessidade de um novo Código de Processo Civil, recortado sob os moldes dos princípios processuais modernos, assente essencialmente nas ideias de reforço dos poderes do juiz, através da consagração do princípio do inquisitório, muito embora com manutenção do princípio do dispositivo – as partes ainda têm pleno domínio sobre a pretensão – e nos princípios da oralidade, imediação, concentração e livre apreciação da prova. Tudo isto como instrumentos capazes de obter a desejável supremacia da verdade material sobre a verdade formal e caminhando ao encontro do processo civil social ou da socialização do processo civil.

Recorde-se, a título exemplificativo, as palavras de GIMENO SENDRA proferidas nas Jornadas sobre *la Reforma del Proceso Civil*, que decorreram em Madrid em 1990: "...si lo que se pretende, mediante la reforma procesal civil, es llevar a la práctica los valores de celeridad, eficacia y justicia material que nuestra Constitución proclama, será necesario derogar la LEC y promulgar un nuevo Código Procesal Civil que posibilite la sustitución del juez civil «vigilante» o «convidado de piedra» por la del «juez-diretor del procedimiento», especialmente comprometido en la rápida y eficaz composición del conflicto mediante la exclusiva satisfacción de aquellas pretensiones que, dentro y fuera del proceso, estén fundamentadas en el Derecho objetivo.", *in* GIMENO SENDRA, V., *ibidem*, p. 99.

E a verdade é que esta aspiração veio a concretizar-se com a publicação, em 7 de janeiro de 2000, da Ley 1/2000, que entrou em vigor cumprido o prazo de *vacatio legis* de um ano. O próprio legislador, no preâmbulo do referido diploma – naquilo que denomina *Exposicion de Motivos* – reconhece a necessidade do novo Código, nos termos seguintes:

"...se necesita un Código procesal civil nuevo, que supere la situación originada por la prolija complejidad de la Ley antigua y sus innumerables retoques y disposiciones extravagantes. Es necesaria, sobre todo, una nueva Ley que afronte y dé respuesta a numerosos problemas de imposible o muy difícil resolución con la Ley del siglo pasado. Pero, sobre todo, es necesaria una Ley de Enjuiciamiento Civil nueva, que, respetando principios, reglas y criterios de perenne valor, acogidos en las leyes procesales de otros países de nuestra misma área cultural, exprese y materialice, con autenticidad, el profundo cambio de mentalidad que entraña el compromiso por la efectividad de la tutela judicial, también en órdenes jurisdiccionales distintos del civil, puesto que esta nueva Ley está llamada a ser ley procesal supletoria y común."

cada Estado são uma prerrogativa da Soberania dos Estados, a qual não deve ser beliscada[110]. Só por si, esta seria uma razão suficiente para afastar qualquer relação de influência nesta matéria. Porém, também se aceita que tal receio apenas diga respeito à organização judiciária e ao poder judicial e seu exercício e não tanto aos parâmetros processuais em sentido mais estrito. Estes vislumbram-se compagináveis, num espírito de partilha e aceitação recíprocas quando, muitas das vezes, já existem em cada ordenamento jurídico e só aspetos terminológicos ou de pormenor os separam[111].

Por fim, retomamos as palavras que anteriormente proferimos a propósito da harmonização do Direito substantivo, quando salientávamos que só a consolidação e partilha de uma cultura jurídica europeia nos permitirá avançar no almejado sentido da criação do espaço europeu de justiça onde possa vigorar e, sobretudo, aplicar-se com eficácia e «sentido» comum, um «processo civil europeu». Bastará pensar, para compreender esta dificuldade, quão difícil será conseguir que os juízes dos diferentes países interpretem e apliquem da mesma forma as leis, mesmo que sejam uniformes. TAITZ afirma, com verdade, que *"judges are not machines – they are individuals trained in a particular jurisprudential school, having been influenced by different socio-political, economics, religious and national backgrounds. Their training, respective background and legal experience must influence their particular approach to the interpretation and implementation of any uniform rules foisted upon them"*[112].

---

[110] A este propósito, são bastante elucidativas algumas afirmações feitas no séc. XIX, que se passam a transcrever: *"[one] will search in vain to find a historical example of a people that has adopted the procedure of another nation without having lost its independence and its national existence"* (Jonas Daniel Meijer, 1818); *"a nation whose more powerful and eminent consciousness of law embraces not only the substantive law in significant historical epochs, would not recognise itself in a foreign [system of] legal procedure"* (1877, a propósito da adoção da lei francesa na Alemanha); "it is not the similarities, but indeed the differences between the legal procedures in two civilised countries that give rise to amazement or criticism" (Dotrenge, 1828). Cfr. VAN RHEE, C. H., *Civil Procedure: A European Ius Commune?, op. cit.*, pp. 595 e 596.

[111] O Grupo Storme destacou, aliás, que a tradicional dicotomia *Continental versus Common Law*, ainda que exista, é algumas vezes e em especial em relação a algumas matérias, uma mera aparência, assente em divergências terminológicas. Cfr. STORME, M., *Rapprochement du Droit Judiciaire de l'Union Européenne, op. cit.*, pp. 55-57.

[112] TAITZ, L., *A Justice-Culture Must Precede any Unification of Civil Procedural Law in Europe* in "Unity of Civil Procedural Law and Its National Divergencies", editado por SAWCZUK, M., Lublin, 1994.

3.2. Os primeiros sinais de aproximação

A verdade é que o Direito Processual Civil acabou por não ficar imune à realidade da harmonização e foi apanhado na senda deste movimento, com boas razões para que tal acontecesse[113].

Os primeiros sinais de cooperação judiciária internacional e, reflexamente, de aproximação ocorrem mesmo a nível mundial[114], motivados pelo movimento geral de «acesso à justiça», associado à ambição de que a lei processual e o exercício das funções jurisdicionais por parte dos Estados fossem capazes de proporcionar uma justiça pronta, adequada e acessível a todos. Assim, a *European Convention on Human Rights*, celebrada em Roma a 4 de novembro de 1950,[115] e a *International Covenant on Civil and Political Rights*, de 16 de dezembro de 1966, atenuaram essas preocupações. Mas, foi com o Tratado de Nova York de 1958 que se conquistou um maior grau de cooperação/harmonização na área do processo civil, apesar de se tratar de um instrumento dedicado à arbitragem internacional e à força das suas decisões[116]. Não deixa por isso de ser considerado um bom exemplo de sucesso, a nível mundial.

---

[113] WALTER, em comunicação apresentada no X World Congress on Procedural Law, faz uma resenha de todos os movimentos de harmonização do direito processual que vão surgindo a nível mundial ou por regiões, concluindo que já não se trata de comparar as diferenças entre as várias culturas jurídicas, mas antes de construir as bases de um processo que seja expressão de uma ordem jurídica trans-nacional. Cfr. WALTER, G., *Aspetti Internazionali del Diritto Processuale*, in "Trans-National Aspects of Procedual Law", editado por ANDOLINA, I., Milano, 1998, pp. 15 e ss. A propósito do movimento internacional de cooperação na área processual civil, ver também MCCLEAN, D., *International Cooperation in Civil and Criminal Matters*, Oxford, 2002.

[114] Sobre as linhas fundamentais da cooperação judiciária internacional em matéria civil e os modelos existentes, ver ANDOLINA, I., *La Cooperazione Internazionale nel Processo Civile*, in "Trans-National Aspects of Procedual Law", *op. cit.*, pp. 313-349. Relativamente aos modelos possíveis, ANDOLINA fala-nos de um primeiro modelo baseado nas normas internas (normas de conflito) e baseado no princípio da soberania nacional; de um segundo modelo inspirado na cooperação entre os Estados e baseado nos instrumentos de direito internacional e, por fim, de um modelo de cooperação-integração, emergente nas organizações internacionais, como a Comunidade Europeia.

[115] A qual tem associados alguns protocolos: Paris, 20 de março de 1952; Estrasburgo, 6 de maio de 1963, 16 de setembro de 1963 e 20 de janeiro de 1966.

[116] Para um estudo acerca da aplicação e interpretação jurisprudencial deste Tratado, concretamente do Supremo Tribunal Espanhol, ver ORTÉU CEBRIÁN, F.; ALÍAS GAROZ, M. I., *Exequátur de Laudos Arbitrales Extranjeros al amparo del Convenio de Nueva York de 10 de Junio de 1958*, Barcelona, 2003. Ver, ainda, sobre o regime jurídico nele vertido: VIRGÓS SORIANO,

Posteriormente, como já tivemos oportunidade de salientar, continuam a criar-se instrumentos, a nível internacional, que corroboram a intenção de não deixar cair a harmonização do direito processual civil e que a materializam[117]. Pois, não há dúvida de que caminhamos para uma internacionalização do processo civil[118], mais particularmente, com vista à sua harmonização. Conjuntura que se adapta às palavras de BARBOSA MOREIRA[119], quando afirma que podemos reduzir a três máximas a orientação geral do processo civil moderno: *do abstrato ao concreto, do individual ao social, do nacional ao internacional.*

3.3. Da escala mundial à escala «regional»

Se mesmo a nível mundial, como se constatou, foi possível definir parâmetros de harmonização, onde nem sempre o contexto era favorável – repare-se que em relação a muitos Estados jogam fatores negativos, como a falta de ligação ou aproximação geográfica e, ainda mais relevante, a pertença a culturas jurídicas diferentes – então, num enquadramento em que a proximidade geográfica esteja presente e a cultura jurídica seja «no essencial» partilhada, por maioria de razão desencadeiam-se movimentos de aproximação, o que efetivamente sucedeu com o direito processual civil[120]. O exemplo mais paradigmático é o do Código-Tipo para a América Latina[121].

M.; GARCIMARTÍN ALFÉREZ, F. J., *Derecho Procesal Civil Internacional. Litigación Internacional*, 2ª ed., Navarra, 2007, pp. 309 e ss.

[117] Ver, supra, pontos 1.1. e 1.2.

[118] Sobre este movimento de internacionalização, *vide* MONTERO AROCA, *El Derecho Procesal en el Siglo XX*, Valencia, 2000, pp. 141 e 142.

[119] MOREIRA, J. C. B., *Evoluzione della Scienza Processuale Latino-Americana in Mezzo Secolo*, Riv. Dir. Proc., 1998, 1, p. 35.

[120] Sobre este movimento, a sua necessidade e os entraves, consultar o trabalho de FLORES GARCÍA, F., *La Legislación Procesal como Instrumento de la Unificación Iberoamericana*, in "XIV Jornadas Iberoamericanas de Derecho Procesal, La Plata, 24 al 27 de abril de 1994, La Plata, 1994, pp. 145 e ss.. Diz o autor, com pertinência, que a unificação legislativa leva a que se ultrapassem bloqueios, com vantagens inegáveis, emergentes do conhecimento, partilha e valorização de problemas, da constação do atraso e desacerto de algumas soluções, mas também do reconhecimento e adoção dos mecanismos originais e acertados. Cfr. FLORES GARCÍA, F., *ibidem*, pp. 148 e 149.

[121] Para este fenómeno de unificação do processo, que se acentua no interior de cada "família processual", chama a atenção ENRIQUE VESCOVI, um dos autores do projeto do Código-Tipo de Processo Civil para a América Latina, aproveitando para expor as linhas gerais orientadoras

Os países sul-americanos, conscientes de que estavam unidos pelos mesmos problemas[122], emergentes essencialmente do *velho* processo que ainda dominava nos seus países[123], e acreditando também nas mesmas soluções a adotar, empenharam-se no trabalho conjunto de construção de uma base comum e uniformizadora[124]. Esse trabalho culminou com a criação do Código de Processo Tipo ou Código de Processo Modelo para a América Latina[125], tratando-se de um Código tendencialmente completo, que traçou princípios gerais e regras base, mesmo em matéria de processo exe-

---

dessa tendência – que, aliás, nos são familiares e não deixam de ser a base de trabalho do referido Código-Tipo – das quais destacamos as seguintes: defesa de um processo oral ou misto, por audiência, ao encontro de um procedimento com imediação, concentração, abreviação e publicidade, onde se destaca a audiência preliminar, considerada o "pivot" do regime; opção pelo poder de averiguação do juiz sobre os factos alegados e controvertidos, sem interferência no princípio do dispositivo; revalorização da primeira instância, o que se reflete na admissão da execução provisória das sentenças e na limitação dos recursos com efeitos suspensivos. *In La Búsqueda de una Mayor Eficacia para la Justicia. Ejecución. Tutela Antecipada y Otras Medidas en el Derecho Comparado*, RUDP, 1996, 2, p. 184.

[122] Desta realidade – o estado do sistema de justiça da América Latina – nos dá conta ROBERTO BERIZONCE, docente argentino, no seu estudo *"Código-Tipo" y Reforma del Proceso en América Latina: entre el Derecho Común y el Derecho Uniforme*, RUDP, 1989, 1, pp. 7-15. Aí são apontados como indicadores da ineficiência do sistema: a excessiva onerosidade e sacralização dos processos – que conduzem à sua inacessibilidade – a lentidão dos processos, a falta de qualidade das decisões. Como causas refere: as deficientes infraestruturas, as normas processuais de estrutura arcaica, a defeituosa organização da máquina judicial, a insuficiência do sistema de assistência jurídica, a pouca e por vezes má formação dos operadores judiciais, a ineficiência dos mecanismos de controlo.

[123] Na maioria dos países da América Latina ainda era vigente, à data, um processo civil eminentemente escrito, sucessivo, fragmentado, sem diálogo, exageradamente dispositivo, demasiadamente longo e reservado; cfr. ROBERTO BERIZONCE, *ibidem*, e apresentação do Código-Tipo por ADOLFO BIDART *in Il Progetto di "Codice Tipo" di Procedura Civile per l'America Latina: Rendiconti della Sezione di Studi Giuridici del Programma Strategico del CNR "Celebrazione Colombiane"*, por VESCOVI, E.; GIORDANO TORELLO, L.; BIDART, A. G., Roma: Associazione di Studi Sociali Latino-Americani, 1987, pp. 27 e 28.

[124] Sobre a evolução da cooperação judiciária internacional na América Latina – do Tratado de Montevideo de 1889 ao Código de Processo Civil Modelo para América Latina – ver ANDOLINA, I., *La Cooperazione Internazionale nel Processo Civile, op. cit.*, pp. 332-338.

[125] Este Código-Tipo aprovado nas XI Jornadas de Direito Processual, realizadas em 1988, no Rio de Janeiro, é considerado por VESCOVI a obra coletiva de caráter jurídico mais importante de todos os tempos; *in El Código General del Proceso ha Cumplido Diez Años de Vigencia*, RUDP, 1999, 2, p. 185.

cutivo. Esse trabalho foi lançado pela mão do Instituto Ibero-americano de Direito Processual, fundado em 1957 e composto por ilustres doutrinadores de língua espanhola e portuguesa e o primeiro passo foi dado em 1967, na Venezuela, quando Vescovi e Bidart ficam encarregados de elaborar a base uniforme para a reforma do processo civil dos países latino-americanos. Posteriormente, essa base foi discutida nas Jornadas de 1970, na Colômbia, concluindo-se que devia criar-se um Código Modelo[126].

Mas neste caso, o procedimento de harmonização funcionou em sentido inverso, ou seja, na medida em que o Código-Tipo incorporava mecanismos e princípios processuais mais avançados do que os que se encontravam em vigor em cada sistema interno, houve um processo de absorção do referido código modelo. Por exemplo, no Uruguai, em 20 de novembro de 1989 entra em vigor o *Código General del Proceso* que, por circunstancialismos de proximidade no tempo e por ser produto do trabalho daqueles que haviam participado no projetado Código-Tipo (Vescovi e Bidart), adotou quase na íntegra o texto do Código de Processo Modelo para a América Latina[127].

Nessa mesma década de oitenta e do outro lado do Atlântico, na então Comunidade Económica Europeia, o contexto talvez não fosse tão favorável a um movimento do género daquele que aconteceu nos países sul-americanos. Apesar de tudo, já se erguiam vozes que procuravam sensibilizar as instituições e os académicos para um fenómeno equivalente, a ter lugar na Europa. Marcel Storme lutava por essa bandeira e chegava a afirmar que já existia um direito judiciário europeu, mesmo que em estado embrionário, cujos sinais já se faziam sentir, como: a Convenção de Bruxelas sobre competência, reconhecimento e execução de sentenças; os critérios mínimos do Tribunal de Justiça, a jurisprudência de Estrasburgo[128]. E avançava já com alguns princípios fundamentais que podiam ser assumidos enquanto tal: i) cada cidadão deve ter o direito de exercer os seus

---

[126] *Vide*, nota introdutória ao Código-Tipo por Romano Vaccarella *in Il Progetto di "Codice Tipo" di Procedura Civile per l'America Latina, op. cit.*, p. 12. Sobre o Código-Tipo ver, também, Miguel y Alonso, C., *Le Code Type Ibéroamericain. Les Mouvements d'Unification in* "Unity of Civil Procedural Law and its National Divergencies", editado por Sawczuk, M., Lublin, 1994, pp. 47 e ss..

[127] Esta íntima conexão entre os dois códigos é confirmada por Vescovi, *ibidem*, p. 185. Ver também Andolina, I., *ibidem*, p. 328.

[128] Storme, M., *Perorazione per un Diritto Giudiziario Europeo, op. cit.*, pp. 306 e 307.

direitos, que devem ser assegurados em juízo; ii) cada cidadão tem direito a ter igual possibilidade de aceder à justiça; iii) o direito de defesa (o contraditório) deve ter máxima proteção; iv) cada processo deve desenvolver-se de forma equitativa e num período de tempo razoável; v) o Estado é responsável pela morosidade da justiça[129]. E, indo mais longe nas suas ambições, rogava já por um Código de Processo Civil Europeu, onde poderíamos encontrar princípios gerais comuns, designadamente a respeito da forma do processo, das nulidades, dos prazos, dos processos urgentes, da execução e da arbitragem internacional.

É neste contexto que surgem os trabalhos preparatórios para um futuro «Código de Processo Civil Europeu» – em sentido estrito, ou seja, que conduzisse à aproximação e não à unificação das normas processuais civis que fossem tangentes ao funcionamento do mercado interno europeu[130]. Para o efeito foi criado e iniciou os seus trabalhos, mesmo informalmente, em fins de 1987, um Grupo de Trabalho presidido por STORME[131], para aferir da utilidade e possibilidade prática de um projeto de aproximação das leis nacionais de processo civil e elaborar uma proposta[132], embora num sentido

---

[129] Idem, *ibidem*, pp. 306 e 307.

[130] TARZIA esclarece que não se trata de um Código em sentido próprio, nem a intenção é substituir os Códigos nacionais. O que se pretende, usando por simplicidade a expressão «código», é a elaboração de um corpo de regras comuns, com a tendência e o rumo a tomar em matéria processual, onde não será expectável que se incluam todas as matérias, mas apenas aquelas que sejam necessárias ao bom funcionamento do Mercado Único. Aliás, em texto publicado em 1999, o autor insurge-se contra o uso abusivo das expressões «uniformização» e «código modelo», a propósito dos trabalhos da Comissão Storme, tentando justificar que toda a matéria tratada no projeto de diretiva foi-o sempre sob a égide e com respeito pelos princípios de direito comunitário, isto é, na medida do estritamente necessário ao funcionamento do mercado único. Cfr. TARZIA, G., *Modelli Europei per un Processo Civile Uniforme*, Riv. Dir. Proc., 1999, p. 947 e ss.

[131] Acompanhado, designadamente, por: W. Habscheid, A. Huss, J. Jacob, K. Kerameus, P. Meyknecht, C. de Miguel, J. Normand, A. Pessoa Vaz, E. Smith, G. Tarzia.

[132] TARZIA dá-nos conta do objeto desse trabalho, nos termos seguintes: *"uno studio destinato a valutare l'utilità e la realizzabilità e, poi, l'elaborazione di proposte per l'approssimazione (non l'unificazione) di proposte processuale dei dodici Stati membri della Comunità europea che influiscono direttamentte sull'istituzione e il funzionamento del Mercato interno nell'ambito della procedura civile. A questo fine il Gruppo di studio doveva anche stabilire le priorità da rispettare ... nel contesto del completamento del Mercato interno ... per eliminar ele divergenze processuali più importanti e più serie che esistono nei vari settori nei diritti nazionali"*. Cfr. TARZIA, G., *Modelli Europei per un Processo Civile Uniforme*,

menos completo, pois não abrangia a ação executiva, dadas as dificuldades resultantes das divergências de sistema nos vários países[133].

Em 1993[134], o grupo de peritos em direito processual[135], presidido pelo Professor MARCEL STORME, apresentou à Comissão um projeto de proposta de diretiva sobre a aproximação da legislação dos Estados-Membros relativa a alguns aspetos processuais das ações cíveis (a denominada *Proposta ou Projeto Storme*)[136]. Esta foi a primeira tentativa global de aproximar os aspetos fundamentais do processo civil[137], nitidamente assente numa lógica de mercado interno, onde por exemplo já se incluía uma secção em que se especificavam as regras de um procedimento de injunção de pagamento, reconhecendo, assim, a importância particular da harmonização neste domínio. E esse projeto de diretiva incluía outras matérias, tais como: início da instância (designadamente para efeitos de litispendência e interrupção e suspensão da prescrição), objeto do processo e modificação do pedido, revelia, prova (nas vertentes de descoberta de documentos, tes-

---

op. cit., pp. 948. Sobre o conteúdo da proposta ver, ainda, NORMAND, J., *Il Ravvicinamento delle Procedure Civili nell'Unione Europea*, Riv. Dir. Proc., 1998, pp. 688-692.

[133] Inicialmente, a intenção era elaborar um modelo de código europeu completo de processo civil, muito embora a proposta final se tenha caracterizado por uma acentuada diferença entre alguns domínios (como o da injunção de pagamento), tratados em pormenor e em que é sugerido um procedimento comum harmonizado, e outros domínios em que se limita à enunciação de princípios gerais ou normas mínimas.

[134] TARZIA considerou o ano de 1993 como um ano simbólico no que diz respeito à integração legal e económica na Europa. Cfr. TARZIA, G., *Europe in 1993 and Civil Justice, in* "Unity of Civil Procedural Law and its National Divergencies", *op. cit.*, p. 39.

[135] Composto por: A. Huss, J. A. Jolowicz, K. Kerameus, A. Long, P. Meyknecht, C. de Miguel, J. Normand, A. Pessoa Vaz, H. Prütting, E. Smith, M. Storme, G. Tarzia.

[136] O texto foi publicado em 1994: Storme (ed.), *Rapprochement du Droit Judiciaire de l'Union Européenne – Approximation of Judiciary Law in the European Union*, Dordrecht/Boston/London.

[137] Porém, ainda antes, o Conselho da Europa tinha sugerido, na sua Recomendação (R) nº (81) 7 sobre as Medidas para Facilitar o Acesso à Justiça, de 14.5.1981, que deviam ser adotadas disposições relativas aos créditos não contestados ou considerados liquidados para assegurar que, nestas questões, é obtida uma decisão final rápida, sem formalidades, idas a tribunal ou custos desnecessários. E depois, em 1984, Recomendação nº 5 sobre princípios em processo civil. Mas este método, assente em recomendações, não deixa de ser um método fraco, como conclui TARZIA em *Prospettive di Armonizzazione delle Norme sull'Esecuzione Forzata nella Comunita Economica Europea, op. cit.*, pp. 208. Por outro lado, o Tribunal de Justiça já tinha antecedentes relacionados com a harmonização. Sobre este tema, ver STORSKRUBB, E., *Civil Procedure and EU Law. A Policy Area Uncovered*, Oxford, 2008, pp. 13-25.

temunhal e reprodução por meios técnicos), desistência, formas de processo, medidas cautelares, procedimento de injunção, execução, astreinte, regime das nulidades, recursos[138].

A verdade é que essa proposta nunca foi convertida numa iniciativa legislativa da Comissão[139], não por falta de mérito do trabalho apresentado, mas por eventual contrariedade ao princípio da subsidiaridade introduzido pelo Tratado da União Europeia, interpretado num sentido restrito, que retraiu o movimento de harmonização do processo civil. A Comissão Europeia entendeu que a sua atuação, à luz do referido princípio da subsidiariedade, se encontrava limitada e não lhe permitia lançar a ideia do pretenso «*Código de Processo Civil Europeu*»[140]. Mas também se pode dizer que este retrocesso ter-se-á escorado mais em razões políticas do que técnicas. A integração europeia não gozava ainda da maturidade suficiente que lhe permitisse «ver» a necessidade de harmonização das regras processuais.

O trabalho apresentado pela Comissão Storme não deixou, porém, de constituir um ponto de referência e uma fonte de inspiração[141], o que per-

---

[138] Cfr., concretamente para conhecer o articulado proposto, STORME, *Rapprochement du Droit Judiciaire de l'Union Européenne*, *op. cit.*, pp. 187 e ss. Matérias analisadas, também, por CAPPONI, B., *Attualità e Prospettive della Cooperazione Giudiziaria Civile nell'Unione Europea*, Riv. Trim. Dir. Proc. Civ., 1998, pp. 155; SAWCZUK, M., *Harmonisation, Europeisation, Unity, Amendments (Reform) of Civil Procedural Law*, in "Studi di Diritto Processuale Civile in onore di Giuseppe Tarzia", Milano, 2005, pp. 577 e ss.; TARZIA, G., *Modelli Europei per un Processo Civile Uniforme*, *op. cit.*, p. 951; idem, *Europe in 1993 and Civil Justice in* "Unity of Civil Procedural Law and Its National Divergencies", *op.cit*, pp. 39 e ss.

[139] Mais tarde, em texto publicado na "Ritsumeikan Law Review" (Ano 2005, pp. 87 e ss.), intitulado *A Single Civil Procedure for Europe: A Cathedral Builders' Dreams*, STORME confessa o seu desencanto relativamente à falta de visão da Comissão Europeia face a esta questão, principalmente por não lhe ter sido dada a importância devida e no tempo certo e por se ter optado por uma aproximação vertical, assunto por assunto, quando, em sua opinião, era preferível uma aproximação horizontal. Por outro lado, entende, ainda, que o caminho da harmonização não se devia fazer tendo em atenção apenas as relações jurídicas transfronteiriças. Pensa, por isso, que a existência de procedimentos europeus a par dos procedimentos nacionais deve ser uma solução meramente transitória.

[140] Cfr. CAPPONI, B., *Attualità e Prospettive della Cooperazione Giudiziaria Civile nell'Unione Europea*, *op. cit.*, pp. 155 e 156; TARZIA, G., *Modelli Europei per un Processo Civile Uniforme*, *op. cit.*, pp. 953-954.

[141] Conforme é declarado no Livro Verde relativo a um Procedimento Europeu de Injunção de Pagamento e a Medidas para Simplificar e Acelerar as Ações de Pequeno Montante, COM (2002) 746 final, de 20.12.2002, p.14.

mitiu, ao longo dos tempos, que a doutrina continuasse a investigar sobre a harmonização do Direito Processual Civil, dando atenção precisamente aos mesmos pontos de convergência[142].

A aferir pelas palavras de FAZZALARI, o projeto de «diretiva» da Comissão Storme não foi, imediatamente, de conhecimento geral e era aguardado com expectativa, muito embora o autor tenha afirmado, a par da constatação da importância desse trabalho, que a aproximação far-se-ia mesmo naturalmente, pelo método do direito comparado e através da importação e exportação de soluções eficazes e que, em consciência, se sabiam necessárias. Por outro lado, era cético quanto à viabilidade de um «Código de Processo Civil Europeu»[143]. STORME, por sua vez, uma década depois de apresentar o referido trabalho, manteve as suas convicções. Primeiro, acreditava que se devia começar por uma aproximação dos sistemas continentais – da *civil law* – e, acrescentava, que a mera definição de princípios gerais não é suficiente, só por si, para alcançar a harmonização na Europa[144]. É de opinião que da mesma maneira que é possível encontrar um consenso em relação aos mais importantes princípios gerais de Direito Processual Civil, também deve ser possível construir um processo uniforme que seja a concretização desses princípios e que, sobretudo, permita alcançar um processo mais célere, menos penoso e com menos custos. Mas, STORME também admite que este é o estádio ideal da harmonização e que o percurso, até que o sonho seja alcançado, é longo[145]. E, TARZIA acrescenta: a consciência de que o caminho para um processo civil uniforme, no âmbito

---

[142] Falamos, designadamente, da execução, das medidas cautelares e do procedimento de injunção. Ver, como obra de referência: STORME, M. (Ed.), *Procedural Laws in Europe. Towards Harmonisation*, Antwerpen, 2003, onde destacamos os seguintes artigos: ANDREWS, N., *Towards a European Protective Order in Civil Matters*, pp. 267 e ss.; CORREA DELCASSO, J. P., *Propositions pour l'Instauration d'une Procédure d'Injonction de Payer Harmonisée dans les Pays de l'UE*, pp. 257 e ss.; FREUDENTHAL, M., *The Simplification of Cross-Border Debt Collection*, pp. 363 e ss.; KENNETT, W., *Enforcement: General Report*, pp. 81 e ss.; KRAMER, X. E., *Harmonisation of Provisional and Protective Measures in Europe*, pp. 305 e ss.

[143] FAZZALARI, E., *Per un Processo Comune Europeo, op. cit.*, pp. 665 e ss.

[144] E vai mais longe, pondo mesmo em causa o paradigma que enforma alguns princípios gerais de Direito Processual Civil dos últimos tempos, como sucede com o princípio do dispositivo. Vem dizer-nos que o "judicial activism" deve substituir o "judicial passivity", seguindo a linha do inquisitório mitigado. Cfr. STORME, M., *A Single Civil Procedure for Europe: A Cathedral Builders' Dreams, op. cit.*, pp. 96-98.

[145] STORME, M., *ibidem*, pp. 99 e 100.

da União Europeia, é longo e difícil, não nos deve conduzir ao ceticismo nem, pior, à renúncia[146].

Por outro lado, devemos estar conscientes de que não há um único modelo para ultrapassar a questão da convivência entre sistemas jurídicos e judiciais num mesmo espaço, nem a harmonização surge como uma inevitabilidade. As várias possibilidades passam por: uma solução unitária, com um código de processo civil europeu; uma convivência e concorrência entre a multiplicidade de modelos nacionais e respetivos códigos, com uma harmonização limitada e gradual; um sistema binário, onde existe um código com normas processuais que vigoram para o Estado Federal (ou outra forma de integração), a par dos diplomas de cada Estado; um conjunto de normas comuns, preenchidas ou concretizadas por cada Estado; um sistema de Lei Modelo (*model law*), pelo qual se regem os regimes internos[147].

No entanto, a verdade é que nenhum destes modelos se afirmou de forma pura e completa, mas nem por isso se deixou de desenvolver um processo gradual de aproximação da lei processual, onde se misturam e complementam as várias facetas dos referidos modelos. Sem que, obviamente, se possa prescindir do sistema singular de cada Estado, cujo lugar não será certamente tomado pelo direito europeu. Pois, o grau de harmonização estará igualmente dependente das matérias em causa, acentuando-se mais naqueles procedimentos, como acontece com as cobranças e as ações de cumprimento e responsabilidade, que são emergentes de relações jurídicas contratuais.

Mas, com uma certeza podemos contar, quanto maior for a intensidade da integração europeia, mais longe ela nos levará nesta caminhada.

3.4. Razões e motivações da harmonização na União Europeia

A mobilidade das pessoas, das mercadorias e dos capitais só foi possível num espaço europeu comum, isto é, numa Europa sem fronteiras. A União Europeia envidou esforços no sentido de permitir aos cidadãos que se deslocassem livremente, que comercializassem livremente e que se fixassem

---

[146] Cfr. TARZIA, G., *Modelli Europei per un Processo Civile Uniforme*, op. cit., p. 962.

[147] Modelos avançados por Stürner, apresentados no Simpósio "Verso un diritto processuale europeo", realizado em Tubinga, em 1991. Cfr. WALTER, G., *L'influenza del Diritto Europeo sul Diritto Processuale Nazionale*, Riv. Trim. Dir. Proc. Civ., 2002, p. 554. Sobre as diferentes formas de harmonização, ver ainda STORME, M., *A Single Civil Procedure for Europe: A Cathedral Builders' Dreams*, op. cit., pp. 94-99.

em qualquer ponto da Europa. Tal circunstância trouxe consigo algumas consequências evidentes, resultantes das relações intersubjetivas que se vão estabelecendo e que se repercutem na necessidade de facilitar a resolução de conflitos daí emergentes.

Na verdade, a probabilidade de surgirem conflitos transfronteiriços cresce na correspondência direta do aumento das relações comerciais e civis, patrimoniais ou pessoais, entre os cidadãos europeus. De facto, é cada vez mais frequente ver as empresas portuguesas a vender ou comprar mercadorias ou a prestar serviços às empresas espanholas, italianas, francesas ou alemãs, e vice-versa, apenas para citar alguns exemplos; ou os cidadãos de um Estado-Membro a trabalharem noutro Estado-Membro.

Pode dizer-se, até, que qualquer processo de integração terá que ter associado um determinado grau de aproximação da lei processual, pelo menos porque tal circunstância evita a falta de estabilidade, a insegurança e a incerteza jurídicas que se instalariam no caso de conviverem, sem pontos de alinhamento, vários sistemas, designadamente com garantias diferentes[148]. Essas diferenças desencadeiam efeitos reflexos, sobretudo de fuga para os sistemas que melhor salvaguardem os interesses dos intervenientes económicos, fazendo surgir surtos de *"forum shopping"*. Logo, a própria economia ir-se-á ressentir e será permeável aos efeitos negativos das desigualdades. Desse modo, é obviamente natural que os cidadãos europeus e as empresas reivindiquem a extensão da proteção legal que têm nos seus países, para além das suas fronteiras, porque isso condiciona a sua mobilidade dentro de um mercado que se diz único[149].

Por outro lado, o sistema judiciário de cada Estado-Membro não pode ser autista, ignorando o contexto europeu, não só para lidar com as liberdades de circulação no espaço europeu, mas também para permitir o exercício de direitos que são conferidos aos cidadãos pelo próprio direito comuni-

---

[148] Pois, na verdade, os tribunais nacionais podem aplicar a lei substantiva estrangeira, de acordo com as normas de conflito aplicáveis, mas é de todo impossível adotar normas de direito processual de outro país.

[149] Sobre as necessidades das empresas, as suas reivindicações e motivações ao nível dos meios judiciais e, também, alternativos de resolução de litígios, ver VINCKE, F., *Les Entreprises Européennes ont Besoin de Rapprochement in* STORME, M. (Ed.), "Procedural Laws in Europe. Towards Harmonisation", *op. cit.*, pp. 15 e ss.. Aí se destaca que a harmonização do processo civil, associada à coerência e transparência no seio da União Europeia, contribuirão para o aumento da competitividade das empresas.

tário, muitas vezes de forma direta. Como já foi afirmado por STORME, as diferenças ou divergências nos sistemas processuais dos vários Estados-Membros não podem, em caso algum, impedir a aplicação uniforme do direito europeu[150]. E é essa interação, forçosa e necessária, que permite uma aproximação silenciosa, mas que se pretende que seja eficaz.

Não há dúvida de que, só a confiança mútua nas instituições, em particular nas judiciárias, poderá sustentar e consolidar a União Europeia. Essa confiança, por sua vez, depende da certeza que seja dada aos cidadãos e às empresas de que encontrarão, nos demais Estados-Membros, uma justiça tão forte, rápida, eficaz e economicamente acessível quanto possível. São essencialmente três os vetores comparados que fazem a matriz do sistema: custos, duração e eficiência do processo[151].

Realmente, a divergência entre os vários sistemas processuais tem associados alguns inconvenientes que era preferível que fossem evitados, num espaço comum como é a União Europeia. Esses inconvenientes derivam, por exemplo, da falta de transparência e difícil acessibilidade aos regimes processuais dos outros sistemas[152]; das desigualdades nos custos com os processos; da diferente eficácia dos resultados obtidos através do respetivo regime processual aplicável[153]. E isso, por sua vez, fragiliza e põe em causa

---

[150] STORME, M., *Perorazione per un Diritto Giudiziario Europeo*, op. cit., pp. 302-305.

[151] Para uma análise, designadamente de natureza económica, dos fatores equacionadas na escolha do sistema judicial, ver WHINCOP, M. J.; KEYS, M., *Policy and Pragmatism in the Conflict of Law*, Aldershot, 2001.

[152] A Comissão Europeia já assumiu este problema e tenta ultrapassá-lo, encontrando-se em estudo o mecanismo adequado para melhorar a transparência patrimonial dos devedores intracomunidade, bem como a informação sobre os sistemas de cobrança executiva. Veja-se o que afirma a Comissão no Livro Verde sobre a Execução Eficaz das Decisões Judiciais na União Europeia: Transparência do Património dos Devedores: *A cobrança transfronteiriça de dívidas é prejudicada pelas diferenças entre os ordenamentos jurídicos nacionais e pelo conhecimento insuficiente por parte dos credores das estruturas de informação de outros Estados-Membros. Contudo, a similitude das estruturas subjacentes aos ordenamentos jurídicos dos Estados-Membros pode servir de base para uma aproximação. Um objetivo podia ser a adoção a nível europeu de uma série de medidas para aumentar a transparência da situação patrimonial dos devedores e reforçar o direito de os credores obterem informações, embora respeitando os princípios da proteção da vida privada do devedor, que contrabalançam o direito dos credores à cobrança eficaz dos seus créditos, previstos pela Diretiva 95/46/CE relativa à proteção de dados pessoais*. Cfr. COM (2008) 128 final, de 6.3.2008, p. 4.

[153] Cfr. NORMAND, J., *Il Ravvicinamento delle Procedure Civili nell'Unione Europea*, op. cit., pp. 686-687; STORME, M. (Ed.), *Rapprochement du Droit Judiciaire de l'Union Européenne*, op. cit., pp. 43 e ss..

o direito de acesso à justiça e o princípio da igualdade, bases do espaço europeu de justiça.

A situação mais paradoxal que pode acontecer na União Europeia é o facto de se ter trabalhado para pôr fim às fronteiras físicas quando, por outro lado, continuam a subsistir as fronteiras jurídicas, sobretudo para os litigantes em litígios transfronteiriços. E essas fronteiras impedem o bom funcionamento do mercado único, criando obstáculos, por exemplo e para citar algumas das preocupações que se foram arremetendo, à livre circulação dos atos que devem ser comunicados ou notificados, à livre circulação das decisões judicias que precisam de ser executadas além-fronteiras, à livre circulação da informação que facilite o conhecimento do património do devedor e a penhora de bens, e, por fim, os obstáculos à proteção dos consumidores contra regimes mais obsoletos.

Destacam-se também alguns aspetos processuais que devem ser alinhados para evitar distorções, como sejam: regime dos processos julgados à revelia, título executivo, efeitos dos recursos[154]. Sem esses padrões pode ficar em causa, como se disse, o princípio da igualdade e do acesso ao direito[155] e, consequentemente, perder-se-á na realização do direito substantivo. De nada vale harmonizar o direito substantivo se tal circunstância não for acompanhada de medidas que assegurem a efetividade desse direito[156]. Por outro lado, é a própria cidadania europeia, já proclamada, que reforça esta ideia de paridade processual[157].

---

[154] Cfr. General Introductury Report by STORME, M., *Rapprochement du Droit Judiciaire de l'Union Européenne*, op. cit., pp. 47 e ss..

[155] Acrescente-se que muitos Estados-Membros, inclusivamente Portugal e Espanha, tiveram entretanto reformas processuais que corrigiram alguns desses desfasamentos.

[156] ANDERSSON, T., *Approximation of Procedural Law in Europe in* "Procedural Laws in Europe. Towards Harmonisation", *op.cit.*, pp. 55 e ss.. O autor pronuncia-se sobre o grau de aproximação mais desejável para a matéria de Processo Civil, preferindo uma sensata utilização de Regulamentos e de Diretivas apenas em questões pontuais, devendo prevalecer uma convergência de Princípios. Constata, ainda, que *"the European ambition to integrate substantive law and political policy in various fields has created a practical need for approximation of civil procedure"* (p. 61).

[157] Sobre esta questão, cfr. RAITI, G., *Brevi Considerazioni su «Cittadinanza» e «Tutela Giurisdizionale Civile» nell'Ambito dell'U.E.*, Riv. Dir. Proc., 2008, pp. 41 e ss. De toda a maneira, o autor mostra reservas quanto à absoluta necessidade de harmonização das normas processuais nacionais como condição do bom funcionamento económico do mercado interno, acreditando, sobretudo, que essa aproximação deve assentar numa base sócio-cultural.

Não alheias a este fenómeno e às razões que o justificam[158], as instituições europeias promoveram e promovem a criação de instrumentos comunitários que facilitem a resolução de litígios em condições de igualdade e, por outro lado, fazem-no já através de instrumentos cujos efeitos são automaticamente refletidos nos diferentes ordenamentos jurídicos, como acontece com os Regulamentos já aprovados nesta matéria, que analisaremos adiante.

Além do mais, acabam por estar reunidas uma série de condições que favorecem um movimento convergente ao nível dos sistemas jurídico-processuais, que se veem animados pelo fenómeno da mundialização, deixando para trás os estigmas da territorialidade. A isso acresce a partilha de uma mesma cultura jurídica, aliás já materializada em instrumentos internacionais, os quais, por sua vez, resultam numa primeira manifestação de uma referência comum[159]. Um espaço em que o direito de acesso ao direito e à justiça, o processo equitativo, a garantia da independência e imparcialidade dos tribunais, a celeridade são valores comuns e transversais; um espaço em que os respetivos ordenamentos jurídicos vão apresentando pontos comuns, logo, com poucos atritos no seu percurso de harmonização, acaba por ser um contexto onde essa harmonização é capaz de se fazer com naturalidade. Verificando-se, de sobremaneira, uma maior e recíproca eficácia do direito interno e do direito europeu.

O direito nacional e o direito comunitário interagem e, por isso mesmo, é natural que se influenciem mutuamente, convidando a uma uniformização silenciosa e impercetível, que apesar de tudo se faz sentir com maior acuidade no direito substantivo do que no direito adjetivo.

---

[158] Sobre a harmonização do processo civil e os motivos que a sustentam, *vide*: BETLEM, G.; HONDIUS, E., *European Private Law After the Treaty of Amsterdam, op.cit.*, pp. 3 e ss.; CAPPONI, B., *Attualità e Prospettive della Cooperazione Giudiziaria Civile nell'Unione Europea, op. cit.*, pp. 154-157; LINTON, M., *Overview of European Civil Procedure*, www.era.int, 2006; LOREDO COLUNGA, M., *Hacia un Derecho Procesal Europeo?*, "InDret", 1/2006, www.indret.com; LUPOI, M. A., *The Harmonization of Civil Procedural Law within the E. U.*, in "A European Space of Justice", editado por FROSINI, J. O.; LUPOI, M. A.; MARCHESIELLO, M., Ravenna, 2006, pp. 199 e ss.; NORMAND, J., *Il Ravvicinamento delle Procedure Civili nell'Unione Europea, op.cit.*, pp. 682 e ss.; STORME, M., *Perorazione per un Diritto Giudiziario Europeo, op. cit.*, p. 297; idem, *Rapprochement du Droit Judiciaire de l'Union Européenne, op. cit.*, pp. 41 e ss.; idem, *A Single Civil Procedure for Europe: A Cathedral Builders' Dreams, op. cit.*, pp. 93-94.

[159] Cfr. GUINCHARD, S., *Le Droit Procedural, Reference Commune dans l'Espace Euro-Mediterraneen*, in "Studi di Diritto Processuale Civile in Onore di Giuseppe Tarzia", Milano, 2005, pp. 465 e ss.

3.5. Suporte legal da harmonização do Direito Processual Civil na União Europeia

A entrada em vigor do Tratado de Amesterdão implicou a transferência da cooperação judicial em matéria civil do terceiro pilar (nº 6 do artigo K.1 do TUE) para o primeiro pilar. No pressuposto da criação progressiva de um Espaço de Liberdade, de Segurança e de Justiça[160], nos termos da alínea c) do artigo 61º e do artigo 65º do então Tratado que instituiu a Comunidade Europeia, à Comunidade incumbia adotar medidas no domínio da cooperação judiciária em matéria civil que tenham uma incidência transfronteiriça e na medida do necessário ao bom funcionamento do mercado interno. Nos termos do referido artigo 65º, estas medidas incluiam: a) Melhorar e simplificar o sistema de citação e de notificação transfronteiriça dos atos judiciais e extrajudiciais; a cooperação em matéria de obtenção de meios de prova; o reconhecimento e a execução das decisões em matéria civil e comercial, incluindo as decisões extrajudiciais; b) Promover a compatibilidade das normas aplicáveis nos Estados-Membros em matéria de conflitos de leis e de jurisdição; c) Eliminar os obstáculos à boa tramitação das ações cíveis, promovendo, se necessário, a compatibilidade das normas de processo civil aplicáveis nos Estados-Membros.

O Tratado da Comunidade Europeia também determinava que os Estados-Membros entabulassem entre si, sempre que necessário, negociações destinadas a garantir, em benefício dos seus nacionais, *a simplificação das formalidades a que se encontram subordinados o reconhecimento e a execução recíprocos tanto das decisões judiciais como das decisões arbitrais* (art. 293º, último §).

Foi esta nova competência comunitária que permitiu dar um novo alento à discussão sobre uma aproximação mais vasta da legislação processual, que ao longo do tempo se foi concretizando.

Atualmente, com a entrada em vigor do Tratado de Lisboa, estes propósitos mantêm-se, até mais aprofundados, como se verá, agora no art. 81º do TFUE.

Os preceitos comunitários demonstraram que o Direito Internacional Privado e o Direito Processual Civil Internacional não são domínios nacionais exclusivos, antes são encarados como instrumentais em relação aos objetivos a que a União Europeia se propõe, bem se compreendendo,

---

[160] Enquadrado no Título IV do TCE, sob a epígrafe "Vistos, Asilo, Imigração e outras Políticas relativas à Livre Circulação de Pessoas (arts. 61º a 69º).

nessa medida, a intensidade com que se vem atuando nesta área, ainda que, muitas vezes, contrariando a doutrina científica que se insurge e levanta obstáculos à competência da União Europeia neste âmbito[161]. O que se receia e deve combater-se é a «burocratização» e «politização» das questões, com alheamento da vertente prática e sem preservação da coerência sistemática das matérias. E, acrescente-se, mais do que uma unificação do direito processual, o que se pretende é garantir e facilitar o efetivo acesso à justiça, sobretudo em litígios transfronteiriços.

Estamos em crer que, sem prejuízo das necessárias cautelas a que tem aludido a doutrina, é aceitável e compreensível a harmonização do Direito Processual, não havendo dúvidas quanto ao seu suporte no direito comunitário originário que, aliás, tem sustentado as iniciativas legislativas que daí derivaram.

3.6. Sinais de harmonização do Direito Processual Civil na União Europeia

Durante muito tempo, aquilo que se conseguiu obter e que tem sido assinalado como a primeira manifestação do direito processual civil europeu, foi a Convenção de Bruxelas de 1968, mais tarde alargada aos países da EFTA, através da Convenção de Lugano de 1988. Aproximação que se fazia por via de intrumentos de Direito Internacional Público. Contribuiu, com as dificuldades inerentes à sua aplicação e, consequentemente, com a jurisprudência que daí emanou[162], para uma certa forma de aproximação indireta das legislações vigentes, que oportunamente iam adotando as soluções avançadas em juízo pelo Tribunal de Justiça[163].

---

[161] LEIBLE, S.; STAUDINGER, A., *El Articulo 65 TCE: Carta Blanca de la Comunidad Europea para la Unificación del Derecho Internacional Privado y Procesal?*, AEDIPr, 2001, pp. 89 e ss.

[162] As decisões do Tribunal de Justiça deram o seu contributo para a estabilização de conceitos utilizados na própria Convenção, que foram muito úteis para a sua aplicação e, por outro lado, definiram linhas de orientação. Contam-se aqui, designadamente, as noções de «matéria civil e comercial» (para efeitos de definição do objeto da Convenção), «meio de impugnação», «falência», «estado e capacidade das pessoas». A particularidade destas interpretações está no facto de já procurarem ser autónomas relativamente aos eventuais conceitos vigentes nos vários Estados. Cfr. CARPI, F., *Riflessioni sull'armonizzazione del Diritto Processuale Civile in Europa in relazione alla Convenzione di Bruxelles del 1968*, Riv. Trim. Dir. Proc. Civ., 1993, pp. 1037 e ss.; STORME, M., *Perorazione per un Diritto Giudiziario Europeo, op. cit.*, p. 301.

[163] Por exemplo, no caso italiano, CARPI veio demonstrar que o legislador italiano fez algumas concessões, como aconteceu quando deixou de manter a identidade entre exequibilidade de

Porém, só mais tarde, com a tríade Maastricht (1992), Amesterdão (1997) e Tampere (1999), é que a harmonização do Direito Processual Civil vem a ser entendida como uma realidade desejada, necessária e alcançável como fim próprio da Comunidade Europeia. Nessa medida, o direito comunitário passa a constituir fonte deste ramo do Direito e os seus efeitos começam a produzir-se, verdadeiramente, no início deste século, momento em que se começam a concretizar, embora de forma avulsa, muitas das propostas que tinham sido aventadas pela Comissão Storme. É assim que vemos nascer uma série de legislação comunitária, de aplicação direta nos Estados-Membros, que se ocupa de matéria de direito processual e através da qual se vai construindo um corpo de normas comuns, designadamente em relação à competência judiciária, ao reconhecimento e à execução de decisões em matéria civil e comercial (Regulamento (CE) nº 44/2001 do Conselho, de 22 de dezembro de 2000); à competência, ao reconhecimento e execução de decisões em matéria matrimonial e em matéria de responsabilidade parental (Regulamento (CE) nº 2201/2003 do Conselho de 27 de novembro de 2003); ao título executivo europeu para créditos não contestados (Regulamento (CE) nº 805/2004 do Parlamento Europeu e do Conselho de 21 de abril de 2004); ao procedimento europeu de injunção de pagamento (Regulamento (CE) nº 1896/2006 do Parlamento Europeu e do Conselho, de 12 de dezembro de 2006); ao processo europeu para as ações de pequeno montante (Regulamento (CE) nº 861/2007 do Parlamento Europeu e do Conselho, de 11 de julho de 2007). A que acrescem outros diplomas relativos à consolidação da cooperação judiciária europeia em matéria civil e comercial, para desenvolvimento do espaço europeu de justiça, que têm por objeto a citação e notificação dos atos judiciais e extrajudiciais em matéria civil e comercial nos Estados Membros (Regulamento (CE) nº 1393/2007 do Parlamento Europeu e do Conselho, de 13 de novembro de 2007); obtenção de provas em matéria civil ou comercial (Regulamento (CE) nº 1206/2001 do Conselho de 28 de maio de 2001, (JO L 174 de 27/06/2001).

Por outro lado, também contribuiu para a construção de um corpo de normas processuais, a transposição para os ordenamentos internos de uma série de diretivas comunitárias relativas a matéria de direito substantivo

---

decisões e caso julgado, permitindo a execução provisória; e, ainda, com a matéria dos recursos das decisões. Cfr. CARPI, F., *ibidem*, especialmente pp. 1047 a 1052.

mas que contêm normas sobre a respetiva tutela jurisdicional, como sucede nos casos seguintes: Diretiva 84/450/CEE do Conselho, de 10 de setembro de 1984, relativa à publicidade enganosa e comparativa (JO L 250 de 19.9.1984, p. 17), alterada pelas Diretivas 97/55/CE do Parlamento Europeu e do Conselho de 6 de outubro de 1997 (JO L 290 de 23.10.1997, p. 18) e 2005/29/CE do Parlamento Europeu e do Conselho de 11 de maio de 2005 (JO L 149 de 11.6.2005, p. 22), que veio a ser revogada e codificada recentemente, com efeitos a partir de 12 de dezembro de 2007, pela Diretiva 2006/114/CE do Parlamento Europeu e do Conselho (JO L 376 de 27.12.2006, p. 21) relativa à publicidade enganosa e comparativa; Diretiva 85/577/CEE do Conselho, de 20 de dezembro de 1985, relativa à proteção dos consumidores no caso de contratos negociados fora dos estabelecimentos comerciais (JO L 372 de 31.12.1985, p. 31); Diretiva 93/13/CEE do Conselho, de 5 de abril de 1993, relativa às cláusulas abusivas nos contratos celebrados com os consumidores (JO L 95 de 21.4.1993, p. 29); Diretiva 97/7/CE do Parlamento Europeu e do Conselho de 20 de maio de 1997, relativa à proteção dos consumidores em matéria de contratos à distância (JO L 144 de 04.06.1997, p. 19), alterada pelas Diretivas 2002/65/CE do Parlamento Europeu e do Conselho de 23 de setembro de 2002 (JO L 271 de 9.10.2002, p. 16), 2005/29/CE do Parlamento Europeu e do Conselho de 11 de maio de 2005 (JO L 149 de 11.6.2005, p. 22) e 2007/64/CE do Parlamento Europeu e do Conselho de 13 de novembro de 2007 (JO L 319 de 5.12.2007, p. 1); Diretiva 1999/44/CE do Parlamento Europeu e do Conselho de 25 de maio de 1999, relativa a certos aspetos da venda de bens de consumo e das garantias a ela relativas (JO L 171 de 7. 7. 1999, p.12); Diretiva 2000/31/CE do Parlamento Europeu e do Conselho de 8 de junho de 2000 relativa a certos aspetos legais dos serviços da sociedade de informação, em especial do comércio eletrónico, no mercado interno, «Diretiva sobre comércio eletrónico» (JO L 178 de 17.7.2000, p. 1); Diretiva 2000/35//CE do Parlamento Europeu e do Conselho, de 29 de junho de 2000, que estabelece medidas de luta contra os atrasos de pagamento nas transações comerciais (JO L 200 de 8.8.2000, p. 35)[164]; Diretiva 2005/29/CE, de 11 de

---

[164] A Diretiva 2000/35/CE é revogada com efeitos a partir de 16 de março de 2013, de acordo com o art. 13º da Diretiva 2011/7/UE do Parlamento Europeu e do Conselho, de 16 de fevereiro de 2011 (JO L 48/1, 23.2.2011), data limite da transposição desta última para os ordenamentos internos.

maio de 2005, relativa às práticas comerciais desleais das empresas face aos consumidores no mercado interno e que altera a Diretiva 84/450/CEE do Conselho, as Diretivas 97/7/CE, 98/27/CE e 2002/65/CE e o Regulamento (CE) nº 2006/2004 (JO L 149 de 11.6.2005, p. 22); Diretiva 2006/123 do Conselho, de 12 de dezembro de 2006, relativa aos serviços no mercado interno (JO L 376 de 27.12.2006, p. 36).

Entretanto, a Convenção Europeia de Proteção dos Direitos do Homem e das Liberdades Fundamentais (art. 6º) e a Carta dos Direitos Fundamentais da União Europeia[165] (art. 47º) asseguram o direito a um justo processo – uma justiça efetiva, imparcial e em tempo razoável.

Em face deste conjunto de legislação, podemos concluir que existe um corpo normativo de fonte comunitária que constitui já aquilo a que se pode chamar «direito processual civil europeu» e que pertence a um nível intermédio, limitado à área geográfica da União Europeia e situado entre o clássico nível da legislação nacional e aquele, considerado internacional, relativo às relações com os países não pertencentes à União Europeia[166]. Esta esfera de normas afeta e modifica as regras processuais nacionais e, assim, revela a sua supremacia. Não obstante, esse conjunto de normas é incompleto e não homogéneo, provocando problemas de coordenação na sua aplicação, apenas ajustável com recurso a princípios autónomos que sejam aceites pelos Estados-Membros, como o respeito por regras mínimas de «justo processo», «justiça efetiva» e «não discriminação». Tem-se constatado que o envolvimento das normas comunitárias com as normas nacionais provoca um fenómeno de atração, quer na jurisprudência, quer na legislação nacionais, que se desenvolve num sentido coerente com a «lei» processual da União Europeia e, consequentemente, incrementam o fenómeno da harmonização dos sistemas jurídico-processuais internos, que é um objetivo da atual fase da integração europeia.

Constata-se a existência desse movimento, mas também se tem consciência dos sinais de «resistência» que vão surgindo nos sistemas internos, conforme nos dá conta BIAVATI[167]. Essas mostras de resistência são

---

[165] Nos termos do primeiro parágrafo do nº 1 do artigo 6º do Tratado da União Europeia, a Carta proclamada em 2007 tem o mesmo valor jurídico que os Tratados.

[166] Neste sentido, BIAVATI, P., *Diritto Comunitario e Diritto Processuale Civile Italiano fra Atrazione, Autonomia e Resistenze*, DUE, 2000, pp. 717 e ss., que seguiremos para caracterizar a relação entre o direito nacional e o corpo de normas processuais de origem comunitária.

[167] BIAVATI, P., *ibidem*, pp. 741-746.

bastante elucidativas da postura cética e, por vezes, pouco europeísta de grande parte dos operadores judiciais. Revela-se essa resistência, desde logo pelo silêncio. Realmente, o impacto do direito comunitário sobre o direito processual civil nacional é, as mais das vezes, ignorado e o laxismo perante esta nova realidade é quase aflitivo. Mas também há resistência pró-ativa, ou seja, levada a cabo por aqueles que, na doutrina, vão fazendo interpretações tendentes a limitar o impacto do direito comunitário na ordem interna ou mesmo que negam a necessidade dessa harmonização. Paralelamente, a atuação de alguns tribunais judiciais vai contribuindo para essa resistência, quando aplicam o direito comunitário de forma inviesada, muitas vezes com um sentido paternalista (ou patriota), tendencialmente protetor do «seu» cidadão. Por último, a resistência do próprio legislador. Não se trata aqui de o legislador abster-se ou atrasar-se na transposição das disposições comunitárias, mas antes de integrar certas disposições de forma pouco coerente com o objetivo comunitário, o que não será vulgar, mas pode suceder. Isto leva-nos a concluir que nos ordenamentos internos há uma certa dualidade e aí convivem a «atração» e a «resistência» à hamonização[168].

Como conclui BIAVATI *"l'armonizzazione e l'allineamento dei sistemi giudiziari nazionali al diritto comunitario deve presupporre la ricchezza e l'articolazione delle diverse culture giuridiche e deve tendere ad ottenere il consenso degli operatori"*[169].

Para finalizar, resta dizer que a harmonização do processo civil não tem sido, nem será tarefa fácil. Desde logo, o problema da diversidade de línguas e a dificuldade na obtenção de noções comuns é um obstáculo a ultrapassar e na prática não é, de todo, inconsequente[170]. A jurisprudência do Tribunal de Justiça tem tido um papel importante na descodificação de alguns conceitos, mas mesmo assim o legislador comunitário tem optado, como método alternativo, por fazer interpretações autênticas, apresentando as noções dos conceitos fundamentais no próprio diploma, como por exemplo acontece com o Regulamento do título executivo europeu.

---

[168] Sobre estas considerações, ver BIAVATI, P., *Diritto Comunitario e Diritto Processuale Civile Italiano fra Atrazione, Autonomia e Resistenze*, op. cit., pp. 741-746.

[169] BIAVATI, P., *ibidem*, pp. 745-746.

[170] Este problema é tratado e desenvolvido por TARZIA, G., *Nozioni Comuni per un Processo Civile Europeu*, Riv. Dir. Proc., 2003, pp. 321 e ss.; idem, *L'Ordine Europeo del Processo Civile*, Riv. Dir. Proc., 2001, pp. 915-922; e, também, por BIAVATI, P., *Europa e Processo Civile. Metodi e Prospettive*, Torino, 2003, pp. 103-120.

Ainda assim, estamos em crer que algumas das dificuldades manter-se-ão, como adiante se demonstrará, a propósito do regime jurídico do título executivo europeu.

É também por este motivo que tem prevalecido a utilização de formulários como forma de *standardizar* as peças processuais, como aliás já tinha sido apontado em Tampere, quando o Conselho Europeu determinou que *devem ser fixadas normas mínimas comuns para os formulários ou documentos multilíngues a utilizar nos processos transfronteiras, que passariam a ser reciprocamente aceites como documentos válidos em todos os processos judiciais na União* (ponto 31).

3.7. Caso particular da ação executiva

No âmbito da harmonização jurídica e da cooperação judiciária, quer a nível internacional, quer a nível comunitário, a ação executiva é uma matéria que reconhecidamente se assume como imperativa[171]. Porém, tem sido igualmente a mais penosa, sobretudo no que respeita à obtenção de resultados efetivos.

Mas não estamos perante uma preocupação recente. Ao longo do tempo, não faltou quem reclamasse que era forçoso projetar a harmonização do processo executivo europeu. TARZIA traçou os pontos essenciais a serem trabalhados, como o título executivo, a penhora, a venda, a atualização da dívida em virtude da desvalorização da moeda e as *astreintes*[172]. E algumas dessas matérias eram também das mais sensíveis no âmbito do processo executivo em geral. Como dizia MIGUEL Y ALONSO, nas conclusões do Relatório Geral apresentado no Congresso Internacional de Direito

---

[171] Cfr. CRISTOFARO, M., *Esecuzione in Personam e Misure Coercitive Indirette nello Spazio Giudiziario Europeo*, in "Studi di Diritto Processuale Civile in onore di Giuseppe Tarzia", Milano, 2005, pp. 413 e ss.; KENNETT, W., *Enforcement: General Report*, in "Procedural Laws in Europe. Towards Harmonisation", *op. cit.*, pp. 81 e ss.; LEVAL, G., *Une Harmonisation des Procedures d'Exécution dans l'Union Européenne Est-Elle Concevable*, in "Trans-National Aspects of Procedual Law", *op. cit.*, pp. 729 e ss.; NORMAND, J., *Il Ravvicinamento delle Procedure Civili nell'Unione Europea*, *op. cit.*, pp. 682 e ss.; TARZIA, G., *Prospettive di Armonizzazione delle Norme sull'Esecuzione Forzata nella Comunità Economica Europea*, *op. cit.*, pp. 205 e ss., idem, *L'ordine Europeo del Processo Civile*, *op. cit.*, pp. 902 e ss.

[172] Cfr. TARZIA, G., *Prospettive di Armonizzazione delle Norme sull'Esecuzione Forzata nella Comunità Economica Europea*, *op. cit.*, pp. 205-219.

Processual Civil realizado em Wüzburg, em 1983[173] e que continuam pertinentes, os problemas do processo executivo podem reduzir-se aos seguintes:

> *El reajuste de la deuda.*
> *La coacción en la ejecución.*
> *El descubrimento del patrimonio del deudor.*
> *La efectividad de las subastas.*

Harmonizar, em particular a ação executiva, é uma preocupação que se justifica por todas as razões que já aqui se avançaram a propósito da harmonização do processo civil na União Europeia, ao que se acrescenta que de nada vale ter um processo declarativo supostamente eficaz e até alinhado com os demais ordenamentos se não se conseguir uma resposta igual, ou até em maior medida, na fase executiva, pois é nesta que de facto se consegue a efetiva reparação do direito violado. O sistema jurisdicional não esgota as suas funções com o processo declarativo. Além de declarar direitos é necessário providenciar pela sua satisfação efetiva, modificando a realidade para que seja reposta a situação inicial do credor. Ora, tal forma de tutela jurisdicional cumpre-se pela mão do processo executivo. Toda a sociedade organizada, cujas regras de organização e convivência são o direito, tem como finalidade primordial a satisfação e realização do Direito. Quando esta satisfação não ocorre voluntariamente, ela é levada a cabo coactivamente. Falar de processo executivo é referir a realização coativa do direito por meio do órgão judicial, pois as ações executivas são aquelas em que o autor requer as providências adequadas à reparação efetiva do direito violado (art. 4º, nº 3, C.P.C.)[174].

---

[173] Cfr. MIGUEL Y ALONSO, *Ultimas Evoluciones en Materia de Ejecución Forzosa Singular*, Revista de Derecho Procesal Iberoamericana, 1983, 1, pp. 45 e ss.

[174] Segundo PALMA CARLOS "a ação executiva é a que tem por fim efetivar o cumprimento de uma obrigação estabelecida em título bastante ou a substituição da prestação respetiva por um valor equivalente do património do devedor" (definição que faz alusão à execução específica e à execução por equivalente), em PALMA CARLOS, *Direito Processual Civil*, Lisboa: AAFDL, 1964, p. 94. LIEBMAN define a ação executiva como a atividade através da qual os órgãos judiciais realizam coactivamente um resultado prático equivalente àquele que o sujeito devia ter produzido em cumprimento de uma obrigação. Cfr. LIEBMAN, E. T., *Manual de Derecho Procesal Civil*, traducción de Santiago Sentis Melendo, Buenos Aires, 1980, p. 150.

Na harmonização da ação executiva, a primeira atenção recaiu sobre a circulação das decisões judiciais e outros títulos, procurando-se que fossem reconhecidos e exequíveis noutro Estado que não o de origem. Porém, foi menosprezada, durante muito tempo, uma harmonização sustentada no alinhamento das regras executivas internas de cada Estado. Contudo, a exequibilidade dos títulos não é confundível com a sua efetiva execução, isto é, com as condições de eficácia que a respetiva ação executiva proporciona ao exequente. E a verdade é que ainda não se pode confiar que em todos os Estados-Membros as condições de execução, bem como os riscos e garantias que lhes estão associados, sejam exatamente os mesmos. Parece-nos, por isso, acertado dizer-se que muitos dos obstáculos que se possam sentir nestas questões seriam ultrapassados ou amenizados através da adoção e partilha de princípios fundamentais que garantissem a eficácia transfronteiriça das decisões executórias. Prosseguir com o propósito da harmonização depende do trabalho que se possa fazer na base, pois a mera existência de mecanismos que pretensamente viabilizam, *a posteriori*, o reconhecimento e exequibildade de um título executivo, não se vislumbra suficiente. Abre-se um caminho, mas esse caminho poderá não alcançar o fim desejado, designadamente por lacunas ou fragilidades dos sistemas internos, enquanto estes não se aceitarem (e acertarem) reciprocamente.

Também sabemos que é ilusório querer uma total unificação do processo executivo na União Europeia. O caráter territorial que predomina em relação a alguns atos de execução – como a penhora – e as múltiplas formas como vem a ser disciplinada a ação executiva, com os diferentes paradigmas que estão associados a cada sistema[175], não deixam dúvidas quanto à

Em síntese, a ação executiva é o meio judicial adequado à satisfação ou reparação efetiva de direitos, quando violados. Consubstanciando-se numa forma de realização coativa da prestação ou de um equivalente pecuniário, alcançada através da intervenção do poder jurisdicional, dotado de *ius imperii*.

[175] Há sistemas judiciais onde a ação executiva se encontra judicializada, correndo inteiramente nos tribunais judiciais e sob a intervenção permanente do juiz, e outros onde imperou o fenómeno da desjurisdicionalização, passando o juiz a ter intervenção apenas nas questões em que é necessário exercer o poder jurisdicional, o qual está sujeito ao princípio constitucional da reserva de juiz. Em Portugal, a Reforma da Ação Executiva desencadeia-se em 2001 quando, depois do Ministro da Justiça ter anunciado esta reforma como uma das suas prioridades, o Gabinete de Política Legislativa e Planeamento do Ministério da Justiça apresenta, em junho, o Anteprojeto da Lei de alteração do Código de Processo Civil – Reforma da Ação Executiva. Após largo debate público, o processo executivo vê reconhecido o seu novo paradigma através

falta de condições para prevalecer um regime único e uniforme. Mas isso não impede, nem sequer põe em causa, a necessidade de nivelar alguns parâmetros do processo executivo, como veículo na igualação de condições mínimas na ação executiva, para evitar os desníveis de garantias e de eficácia relativamente aos cidadãos da União Europeia, bem como os efeitos negativos que essa circunstância produz nas relações sócio-económicas.

O Projeto Storme já continha algumas propostas em matéria de ação executiva[176], como por exemplo: a execução provisória do título judicial, associada a medidas conservatórias e de garantia do direito do devedor; exequibilidade transfronteiriça dos títulos executivos judiciais e extrajudiciais; a atualização da dívida; a obrigação de declaração do património, por parte do devedor. E outras vieram a ser equacionadas e estudadas como princípios fundamentais a ter em consideração no processo executivo. Fala-se, por exemplo, da convergência e homogeneização dos títulos executivos e bem assim da própria ação executiva, associada à criação de um sistema informativo da situação patrimonial do devedor, da formação de instrumentos de proteção dos devedores, de alinhar a fase do concurso de credores e também de privilegiar os tribunais com caráter especializado[177]. Muitas destas lacunas foram entretanto colmatadas, designadamente no ordenamento português.

---

do DL 38/2003, de 8 de março (posteriormente alterado pelo DL 199/2003 de 10 de setembro e ainda pelo DL 324/2003 de 27 de dezembro) o qual entrou em vigor a 15 de setembro de 2003. Por forma a acompanhar o amplo e valioso debate que envolveu esta reforma consultem-se as atas dos seminários organizados pela Jurisnova sobre a matéria, publicadas na *Themis – Revista da Faculdade de Direito da Universidade Nova de Lisboa*, nº 7, 2003, Ano IV e nº 9, 2004, Ano V. Essa reforma da ação executiva teve como principal objetivo a inovação de paradigma da ação executiva através da sua desjurisdicionalização e neste momento já foi aprovada a reforma da reforma, através do DL 226/2008, de 20 de novembro, que entrou em vigor a 31 de março de 2009, cujos objetivos foram: reforçar os poderes dos agentes de execução; simplificar e desburocratizar a ação executiva; contribuir para a eficácia das execuções e evitar execuções desnecessárias. Sobre As linhas da reforma de 2008, ver FREITAS, J. L., *Apreciação do Projeto de Diploma de Reforma da Reforma da Ação Executiva*, Revista da Ordem dos Advogados, 68, Vol. I, 2008, pp. 21-47.

[176] Cfr. LEVAL, G., *Une Harmonisation des Procedures d'Exécution dans l'Union Européenne Est-Elle Concevable*, op. cit., pp. 779-780.

[177] ANDOLINA, I., Relatório final do X World Congress on Procedural Law, in *Trans-National Aspects of Procedual Law*, op. cit., 1998, pp. 1225 e 1226; LEVAL, G., *ibidem*, pp. 757-777.

Quanto aos aspetos que se discutiram especificamente em torno do título executivo e dos problemas que se levantaram, há algumas questões a salientar. Em primeiro lugar, relativamente a ações a desencadear dentro dos Estados de origem, a diminuição no tempo de obtenção de um título executivo, os custos com o procedimento e a possibilidade de execução provisória dos títulos judiciais eram as contendas a superar. Pela parte do ordenamento português, estas circunstâncias levaram à introdução dos Procedimentos Destinados a Exigir o Cumprimento de Obrigações Pecuniárias Emergentes de Contrato (Ação Declarativa Especial e Injunção) aprovados pelo DL 269/98, de 1 de setembro) e, mais tarde na reforma de 2003, à alteração dos requisitos de exequibilidade das sentenças, permitindo a execução de sentenças com recurso pendente, desde que este tenha efeito meramente devolutivo, como sucede em regra com o recurso de apelação.

Por outro lado, houve sempre o desejo de minimizar os requisitos associados ao procedimento de *exequatur*, senão aboli-lo progressivamente. Além disso, igualar, na medida do possível, os requisitos associados à obtenção de título executivo sempre conduziria à eliminação de entraves na sua circulação e exequibilidade intracomunitária. Também a questão do título executivo europeu foi, desde sempre, sublinhada como um trunfo na harmonização do processo civil, ao serviço da livre circulação dos títulos executivos[178], ponto que já se encontra garantido, dentro dos limites estabelecidos no Regulamento 805/2004.

A estas preocupações acresceram outras, relacionadas com a necessidade de corrigir, também a juzante, a efetiva eficácia da executoriedade transfronteiriça das decisões judiciais, de forma a que os devedores não tomem partido das fragilidades do sistema. Após o *Estudo sobre a melhoria da execução das decisões judiciais na União Europeia*[179], apresentado pela Comis-

---

[178] Cfr. CRISTOFARO, M., *Esecuzione in Personam e Misure Coercitive Indirette nello Spazio Giudiziario Europeo*, op. cit., pp. 426-429; LEVAL, G., *Une Harmonisation des Procedures d'Exécution dans l'Union Européenne Est-Elle Concevable*, op. cit., pp. 758-759; NORMAND, J., *Il Ravvicinamento delle Procedure Civili nell'Unione Europea*, op. cit., pp.696-698; TARZIA, *Prospettive di Armonizzazione delle Norme sull'Esecuzione Forzata nella Comunità Economica Europea*, op. cit., pp. 210-213; idem, *L'ordine Europeo del Processo Civile*, op. cit., pp. 924-927.

[179] O estudo foi elaborado pelo Prof. Dr. B. Hess e trata a forma de tornar a execução das decisões judiciais na União Europeia mais eficaz, abordando, designadamente, as questões da transparência dos ativos de um devedor, da penhora de contas bancárias, da execução

são em 2004, foram dados alguns passos no sentido da concretização desse objetivo, ou seja, procurar minorar as consequências negativas resultantes do retardamento da execução transfronteiriça, naturalmente inerente aos procedimentos de *exequatur*, designadamente para salvaguarda da garantia patrimonial do credor.

Neste sentido, as instituições europeias pensaram introduzir um procedimento rápido e eficaz para aquilo a que designaram «penhora de contas bancárias» na União Europeia. Houve uma audição pública através do Livro Verde sobre uma maior eficácia na execução das decisões judiciais na União Europeia: penhora de contas bancárias[180] e o Parlamento Europeu emitiu uma Resolução sobre a matéria[181], favorável à criação de um procedimento europeu transfronteiras para congelar as contas bancárias e de apoio à introdução de regras europeias uniformes, independentes e complementares das disposições nacionais de execução dos Estados-Membros, as quais constituiriam um processo europeu autónomo, coerente e de fácil utilização, que seria acionado antes mesmo do início do processo principal, ainda que aplicável apenas a casos transfronteiriços. Entendeu-se ser preferível adotar uma medida desse tipo do que levar já a cabo uma harmonização das legislações nacionais dos Estados-Membros nessa matéria.

De acordo com a citada Resolução do Parlamento Europeu, estaríamos na presença de um processo sumário, no qual o credor deveria, fundamentadamente, provar o seu pedido e demonstrar o caráter urgente da medida, bem como o risco que ameaça os seus direitos. Para se obter o congelamento das contas e impedir qualquer transferência de fundos até

---

provisória e medidas de proteção. Cfr. Study nº JAI/A3/2002/02, on *Making more efficient the enforcement of judicial decisions within the European Union: Transparency of a Debtor's Assets Attachment of Bank Accounts Provisional Enforcement and Protective Measures* (Version of 2/18/2004) de Prof. Dr. Burkhard Hess, Diretor do Institute of Comparative and Private International Law University of Heidelberg, disponível em:
http://ec.europa.eu/justice_home/doc_centre/civil/studies/doc/enforcement_judicial_decisions_180204_en.pdf.

[180] COM (2006) 618 final, 24.10.2006.

[181] Resolução do Parlamento Europeu, de 25 de outubro de 2007, sobre o Livro Verde sobre uma maior eficácia na execução das decisões judiciais na União Europeia: penhora de contas bancárias (2007/2026(INI)), JO C 263E, 16.10.2008, que seguimos para apresentar as principais características deste procedimento, conforme resulta da posição do Parlamento Europeu.

que seja proferida uma decisão judicial no Estado-Membro onde existe a conta deve ser apontado um fundamento para a emissão dessa «ordem de congelamento», como, por exemplo, o risco de desaparecimento dos bens. Por outro lado, como garantias do devedor deverão existir salvaguardas para impedir que essas «ordens» possam abranger mais contas do que o necessário para o crédito em causa; deve haver um equilíbrio delicado entre o direito do credor à recuperação da dívida e a garantia de uma proteção adequada do demandado; e, deve ter-se em conta a responsabilidade do credor pelos prejuízos causados ao devedor por uma «ordem de penhora» injusta. Por outro lado, por razões de segurança e certeza jurídicas, o credor deve ser obrigado a iniciar o processo principal dentro de um prazo determinado, embora deva ser possível prolongar a sua validade quando esteja em curso um procedimento judicial, com a condição de que esse procedimento seja efetuado com a devida diligência. O devedor, por sua vez, deverá ser protegido de forma a evitar que a sua reputação fique injustamente manchada e a garantir a manutenção de um montante mínimo para a sua subsistência, bem como a garantir-lhe o direito que lhe assiste de interpor recurso e de pôr fim à «penhora» através da prestação de uma garantia. No mesmo sentido, seria aconselhável prever a prestação de uma garantia pelo credor, quando não seja apresentado um título juridicamente vinculativo, cujo valor seria determinado pelo montante que estivesse em causa na «ordem de penhora». O Parlamento Europeu remata as suas conclusões acrescentando que um eventual ato jurídico sobre esta matéria deveria assumir a forma de um Regulamento e solicita à Comissão que, antes de apresentar uma proposta, clarifique as questões pendentes e, em parte, complexas, através de um estudo exaustivo e de vasto alcance e, especialmente, que leve a cabo uma avaliação do impacto da legislação.

Olhando para as características apresentadas para este procedimento europeu – cuja oportunidade compreendemos e cuja utilidade é inegável – e atento todo o contexto até aqui exposto, não podemos deixar de salientar que, mais uma vez, a falta de uniformidade e, por vezes, compatibilidade dos procedimentos nos vários ordenamentos jurídicos, dificulta a adoção de medidas e responsabiliza as instituições, as quais devem estar de sobremaneira atentas às diferenças das legislações internas, desde logo as que resultam dos aspetos terminológicos. Neste caso concreto, o procedimento em apreço designa-se, desadequadamente, *«penhora de contas bancárias»* quando todo o regime apresentado se aproxima de um «arresto», que no caso do ordenamento português configura uma providência cautelar especificada que em nada se confunde com a «penhora», que é uma fase da ação executiva[182].

Entretanto, a União Europeia também se focou no reforço de medidas que proporcionem a transparência do património dos devedores, sobretudo tendo em conta os problemas da cobrança transfronteiriça de dívidas e as consequências negativas que essa circunstância pode acarretar quer para a sustentabilidade da economia, quer para a sobrevivência das empresas, sobretudo das pequenas e médias empresas e, ainda, para a credibilidade na justiça, associado ao facto de haver conhecimento da possibilidade de um grave problema nos casos transfronteiriços envolvendo credores recalcitrantes, isto é, pessoas que poderiam pagar as suas dívidas ou saldar as suas obrigações, mas que não o fazem, ou pessoas a respeito das quais há um risco de não pagarem o que devem, mesmo que tenham sido objeto de decisão judicial. Sabendo-se que esses indivíduos têm frequentemente ativos em diferentes entidades, depositários e fundos e que não é possível qualquer execução eficaz sem a informação pertinente e, ainda, que é frequentemente necessário obter essa informação sem alertar o devedor recalcitrante – que estará facilmente em posição de deslocar rapidamente

---

[182] O Parecer do Comité Económico e Social Europeu sobre o «Livro Verde sobre uma maior eficácia na execução das decisões judiciais na União Europeia: Penhora de contas bancárias» (JO C 10/2, 15.1.2008) aponta uma crítica neste sentido, quando afirma: os termos utilizados para a identificação dos conceitos que por seu turno irão definir a natureza da providência de caráter processual a criar, tem de obedecer a critérios de extremo rigor e precisão técnico-jurídica em qualquer das línguas comunitárias. Ora acontece que, pelo menos em cinco versões linguísticas, a designação utilizada pela Comissão para identificar a providência cautelar eventualmente desejável não é unívoca nem equivalente e pode conduzir a algumas confusões de caráter técnico-jurídico quanto à sua natureza jurídica. A correção das traduções, em face da natureza jurídica da medida, deve ser assegurada desde já pela Comissão, para evitar incertezas baseadas apenas na desadequada terminologia usada. Com efeito, o termo «*attachment*», mesmo no seu sentido técnico-jurídico, é ambíguo, podendo designar quer o que em português se designa por «penhora» quer por «arresto». Mesmo em inglês, para a natureza jurídica da medida prevista melhor teria sido utilizar o termo «*arrestment*» ou «*freezing order*», para bem distinguir da figura do «*garnishment*». Por outro lado, apenas a tradução italiana «*sequestro conservativo*» traduz corretamente o caráter preventivo e conservatório da medida; a «*saisie*» francesa com a explicação adicional de poder ser «*délivrée par un tribunal siégeant en référé*», cumpre o objetivo; já o «*embargo*» espanhol parece insuficiente para caracterizar o destino da medida. De todo o modo, em português, a tradução por «penhora» é totalmente errada e deve ser substituída por «arresto».

esses bens para outra jurisdição – houve que repensar a questão da transparência do património[183]. Nesta conformidade, foi publicado o Livro Verde sobre a Execução Eficaz das Decisões Judiciais na União Europeia: Transparência do Património dos Devedores[184] e foi lançada uma consulta das partes interessadas sobre a forma de melhorar a transparência do património dos devedores na União Europeia, que decorreu até 30 de setembro de 2008, descrevendo-se os problemas existentes e apresentando-se possíveis soluções, nomeadamente através de registos e de uma declaração do devedor[185].

Quanto a esta questão, o Parlamento pronunciou-se no sentido seguinte: – *Apoia uma estratégia integrada e eficaz, segundo os princípios de "legislar melhor", e considera que o objetivo do pagamento deve ser alcançado assegurando a não discriminação, a proteção de dados sensíveis e as garantias judiciais, através de medidas proporcionadas que introduzam a transparência necessária e reduzam consideravelmente os custos de informação e gestão; – Sustenta que, para além da informação pública, o credor deve poder aceder, sob controlo ou através de uma autoridade competente, aos dados necessários para dar início ao processo de execução e conseguir cobrar a sua dívida de maneira fácil em todo o mercado interno; – Concorda com a Comissão que a cobrança transfronteiriça de dívidas através da execução de decisões*

---

[183] Cfr. Relatório da Comissão dos Assuntos Jurídicos, de 6 de abril de 2009, sobre a execução eficaz das decisões judiciais na União Europeia: transparência do património dos devedores (2008/2233 (INI)), que inclui proposta de Resolução do Parlamento Europeu sobre a matéria.
[184] COM (2008) 128 final, de 6.3.2008.
[185] Como estas medidas podem interferir com os direitos inerentes à proteção de dados, foi solicitado parecer à Autoridade Europeia para a Proteção de Dados (publicado no JO C 20/1, 27.1.2009), onde se concluiu: A Autoridade Europeia para a Proteção de Dados congratula-se com o livro verde e o amplo processo de consulta de que foi objeto e recomenda que: – os atos legislativos que eventualmente vierem a ser adotadas com base no livro verde assegurem que o tratamento de dados pessoais levado a cabo por todas as autoridades responsáveis pela aplicação da lei se baseie claramente em pelo menos um dos fundamentos enunciados no artigo 7º da Diretiva 95/46/CE, e mais concretamente nas alíneas c) e/ou e), – o princípio da proporcionalidade seja devidamente tido em conta não só no que respeita aos elementos de dados a revelar pelos devedores, mas também tendo em conta outros aspetos como o período de tempo durante o qual os dados são armazenados e revelados, as entidades que têm acesso aos dados, bem como as modalidades de divulgação, – todas as eventuais medidas relativas à transparência do património dos devedores obedeçam ao princípio da limitação das finalidades e que quaisquer exceções necessárias satisfaçam as condições estabelecidas no artigo 13º da Diretiva 95/46/CE, – os aspetos relativos à comunicação de informações aos devedores, aos direitos das pessoas em causa e à segurança do tratamento sejam devidamente tidos em conta.

MANIFESTAÇÕES DE HARMONIZAÇÃO DO DIREITO

judiciais constitui um importante problema do mercado interno, mas considera que as soluções apresentadas pela Comissão devem ser mais trabalhadas para resolver adequadamente o problema mais difícil, a saber, o dos devedores recalcitrantes[186].

Assim, puseram em marcha medidas que visassem os objetivos já referenciados e que passam pela proposta de elaboração de um manual sobre as normas e práticas nacionais em matéria de execução, aumento das informações disponíveis e melhoria do acesso aos registos públicos, intercâmbio de informações entre autoridades de execução e a declaração do devedor.

Na mesma altura, o Parlamento Europeu sugeriu ainda outras medidas, algumas delas no sentido de prevenir as «más cobranças», procurando que fossem criadas mais garantias e cautelas na fase de negociação e celebração dos contratos. A saber[187]:

i) sugere que seja ponderada seriamente a ideia da introdução de uma forma de medida provisória comunitária, adicional às dos tribunais nacionais; considera que esta poderia revestir a forma de um procedimento simples e flexível com efeito em toda a UE, evitando, desse modo, atrasos e despesas desnecessários; entende que essa medida seria igualmente eficaz e justa para quem não é parte no processo;

ii) propõe que essa medida se aplique também a decisões arbitrais e possa ainda ser tida em conta no contexto da próxima revisão do Regulamento Bruxelas I;

iii) convida a Comissão a tratar este assunto com prioridade e a proceder (a) a um exame detalhado do problema, (b) elaborar um estudo de viabilidade de possíveis instrumentos comunitários e, (c) efetuar um estudo de impacto de possível legislação confinada aos aspetos transfronteiriços; considera que a análise da Comissão deveria igualmente identificar e justificar devidamente a base legal apropriada para qualquer instrumento comunitário proposta, que se deveria limitar aos casos transfronteiriços e ser complementar e não interferir com a aplicação de disposições puramente nacionais nesta área;

---

[186] Pontos 4 a 6 da citada proposta de Resolução do Parlamento Europeu sobre a execução eficaz das decisões judiciais na União Europeia: transparência do património dos devedores.
[187] Pontos 17 a 23 da citada proposta de Resolução do Parlamento Europeu.

iv) insta a Comissão a ponderar criteriosamente o estabelecimento de medidas pré-contratuais e contratuais, eventualmente ligadas ao desenvolvimento do QCR e de qualquer instrumento opcional daí decorrente, por forma a assegurar que as partes de contratos transfronteiriços europeus ponderem, no ato da celebração do contrato, as questões de atraso de pagamento e de não pagamento;
v) aguarda com expectativa a revisão da diretiva relativa aos atrasos de pagamento e, face ao atual clima económico, insta a Comissão a proceder à mesma quanto antes (publicada 24 fevereiro 2011);
vi) sugere que deveria ser levado a cabo um estudo sobre as abordagens jurídicas nacionais divergentes no que respeita ao mecanismo de retenção do título e outros afins, de modo a assegurar o seu reconhecimento mútuo;
vii) sugere que o adquirente de direitos patrimoniais reconhecidos numa sentença judicial possa exercer o seu direito nas mesmas condições que o transmitente.

Mais recentemente, a Comissão dos Assuntos Jurídicos do Parlamento Europeu elaborou um relatório de iniciativa legislativa com o objetivo de apelar à Comissão para que apresente com brevidade propostas de medidas provisórias relativas ao congelamento e à declaração do património dos devedores em casos transfronteiriços[188], aproveitando para definir as características mais importantes que o Parlamento gostaria de ver incluídas nas referidas propostas[189]. O impulso e interesse nestas matérias justifica-se na medida em que a recessão económica poderá provocar um aumento dos casos de fraude e um aumento equivalente dos pedidos de ordens transnacionais de congelamento e de declaração do património. Além disso, a importância destas medidas também se deve ao facto de, nos litígios comerciais transfronteiriços, as medidas cautelares ou provisórias conduzirem frequentemente à resolução dos casos antes de estes

---

[188] À data, a Comissão informou que a proposta relativa à «penhora de contas bancárias» estaria prevista para julho de 2011 (cfr. Programa de trabalho da Comissão para 2011, de 27.10.2010, anexo à Comunicação da Comissão ao Parlamento Europeu, ao Conselho e ao Comité Económico e Social e ao Comité das Regiões – COM(2010) 623 final) e para 2013 está programada uma iniciativa legislativa sobre a «transparência do património dos devedores».
[189] Documento de Trabalho de 24.6.2010, em que foi relatora Arlene McCarthy (DT\821734PT.doc).

chegarem a julgamento. Essas medidas seriam a Ordem Europeia de Conservação de Património (OECP)[190] e a Ordem Europeia de Declaração de Património (OEDP).

E assim prossegue a União Europeia, no árduo caminho da criação do espaço europeu de justiça, onde a harmonização da lei processual é condição *sine qua non* de uma séria e eficaz harmonização legal[191].

---

[190] As características possíveis de uma Ordem Europeia de Conservação de Património foram apresentadas no citado Documento de Trabalho da Comissão dos Assuntos Jurídicos do Parlamento Europeu.

[191] Cfr. CAPPELLETI, M., *Towards a United States of Europe? in* "Unity of Civil Procedural Law and Its National Divergencies", SAWCZUK, M. (Ed.), Lublin, 1994, pp. 25 e ss.

Capítulo III
Cooperação Judiciária Civil na União Europeia

1. Contextualização: das Comunidades Europeias à União Europeia

As Comunidades Europeias[192] tiveram na sua origem um propósito eminentemente económico, o qual nunca foi afastado, antes evoluiu e aprofundou-se, permitindo que a Europa concorresse com as mais fortes potências mundiais.

Olhando para trás, sabemos que a atual UE[193] teve a sua génese na Comunidade Europeia do Carvão e do Aço (CECA), instituída pelo Tratado de Paris[194] celebrado em 18 de abril de 1951, tendo sido este o primeiro passo para a criação da Comunidade Europeia. O impulso que proporcionou esta longa e contínua caminhada de mais de meio século de sucessiva integração europeia foi a Declaração de Robert Schuman[195], Ministro

---

[192] Comunidade Europeia do Carvão e do Aço (CECA), Comunidade Económica Europeia (CEE) e Comunidade Europeia da Energia Atómica (CEEA).

[193] Hoje constituída por 27 países, após os dois mais recentes alargamentos (2004 e 2007) que integraram os países da Europa de leste: Chipre, Estónia, Letónia, Lituânia, Polónia, Hungria, República Checa, Eslováquia, Eslovénia, Malta, Bulgária e Roménia. Cfr. os respetivos Atos de Adesão em JO L 157 de 21.6.2005, p. 203 e JO L 236 de 23.9.2003, p. 33.

[194] Os textos integrais de todos os Tratados europeus podem ser consultados em http://eur-lex.europa.eu/pt/treaties/index.htm.

[195] Transcrevem-se algumas passagens consideradas mais relevantes: "A paz mundial só poderá ser salvaguardada com esforços criativos à medida dos perigos que a ameaçam. A contribuição que uma Europa viva e organizada pode prestar à civilização é indispensável para a manutenção

dos Negócios Estrangeiros Francês, prestada um ano antes, a 9 de maio de 1950, onde se vislumbravam três objetivos essenciais: a organização da siderurgia europeia e do conjunto das indústrias básicas, a regulação das relações franco-alemãs e o relançamento da unificação europeia, assente em novas bases[196].

À CECA seguiram-se as Comunidade Económica Europeia (CEE) e Comunidade Europeia da Energia Atómica (CEEA), cujos Tratados instituidores foram celebrados em Roma a 25 de março de 1957. Estas comunidades visavam concretizar, respetivamente, os fins seguintes: promover o desenvolvimento harmonioso, equilibrado e sustentável das atividades económicas, um elevado nível de emprego e de proteção social, a igualdade entre homens e mulheres, um crescimento sustentável e não inflacionista, um alto grau de competitividade e de convergência dos comportamentos das economias, um elevado nível de proteção e de melhoria da qualidade do ambiente, o aumento do nível e da qualidade de vida, a coesão económica e social e a solidariedade entre os Estados-Membros (art. 2º, Tratado da CEE); e criar as condições necessárias para a formação e o crescimento rápido da indústria nuclear, de forma a melhorar o nível de

---

de relações pacíficas. Ao assumir-se há mais de 20 anos como defensora de uma Europa unida, a França teve sempre por objetivo essencial servir a paz. A Europa não foi construída, tivemos que enfrentar a guerra. A Europa não se construirá de uma só vez, nem numa construção de conjunto: far-se-á por meio de realizações concretas que criem primeiro uma solidariedade de facto. A união das nações europeias exige que seja eliminada a secular oposição entre a França e a Alemanha: a ação deve envolver principalmente estes dois países. Com esse objetivo, o Governo francês propõe atuar imediatamente num plano limitado mas decisivo: *O Governo francês propõe subordinar o conjunto da produção franco-alemã de carvão e de aço a uma Alta Autoridade comum, numa organização aberta à participação dos outros países da Europa.* Colocar em comum as produções de carvão e de aço garantirá imediatamente o estabelecimento de bases comuns de um desenvolvimento económico, primeira etapa da federação europeia, e mudará o destino de regiões durante muito tempo condenadas ao fabrico de armas de guerra, das quais foram as primeiras vítimas. (...) Assim se realizará, simples e rapidamente, a fusão de interesses indispensável à criação de uma Comunidade económica e introduzirá o fermento de uma Comunidade mais vasta e mais profunda entre países durante muito tempo opostos por divisões sangrentas. *Esta proposta, por intermédio da colocação em comum de produções de base e da instituição de uma nova Alta Autoridade cujas decisões vincularão a Alemanha, a França e os países aderentes, lançará as primeiras bases concretas de uma federação europeia indispensável à preservação da paz* (...)". Pode consultar-se em http://europa.eu.int/abc/symbols/9-may/decl_pt.htm.
[196] Cfr. PELÁEZ MARÓN, J. M., *Leciones de Instituciones Jurídicas de la Unión Europea*, Madrid, 2000, p. 28.

vida nos Estados-Membros e desenvolver as relações com os outros países (art. 1º, TCEEA).

As Comunidades Europeias nascem tripartidas, mesmo do ponto de vista institucional, e o desenvolvimento das suas atividade é levado a cabo através das suas *Instituições,* as quais pretenderam corresponder na sua origem aos órgãos comunitários que de alguma forma – embora mais na prática do que no rigor jurídico – reproduziriam a tríade clássica da separação de poderes nos Estados Modernos, isto é, o poder legislativo (Parlamento), poder executivo (Conselho e Comissão) e poder judicial (Tribunal de Justiça)[197]. Porém, a distribuição de poderes na UE não se baseia no princípio formulado por Montesquieu no séc. XVIII, pois quer o poder legislativo, quer o poder executivo são partilhados por mais do que uma das instituições, a saber, pelo Conselho, Comissão e Parlamento e pelo Conselho e Comissão, respetivamente[198]. Mas, como se disse, à coexistência das três comunidades – CECA, CEEA e CEE – nem sempre correspondeu um sistema unificado de instituições. Vejamos. Com a CECA nascem as primeiras instituições europeias, enumeradas no art. 7º do TCECA: a Alta Autoridade para garantir a realização dos objetivos fixados no Tratado, nas condições nele previstas, a Assembleia Comum que exerce os poderes de controlo atribuídos pelo Tratado, o Conselho Especial de Ministros cujas atribuições têm em vista designadamente harmonizar a ação da Alta Autoridade com a dos Governos e o Tribunal de Justiça que se ocupava de garantir o respeito

---

[197] Cfr. PELÁEZ MARÓN, J. M., *ibidem*, pp. 75 e 76.
[198] NIETO GARRIDO, E., *La reforma constitucional de la Comisión Europea*, RDCE, 2004, 17, pp. 211 e 212. Acrescenta a autora que a finalidade que está associada ao princípio da separação de poderes nos Estados Modernos – garantir a liberdade política evitando a concentração de poderes – não tem cabimento face à União Europeia onde o fim que preside à distribuição de poderes e competências é evitar que a Comissão acumule excessivo poder face ao Conselho e Parlamento, isto é, que não se sobrevalorize o interesse comunitário relativamente ao interesse dos Estados-Membros. Daí que o equilíbrio institucional não assente na separação dos poderes segundo um critério orgânico, mas sim numa equilibrada interação dos representantes dos vários interesses presentes na UE, falando-se a este propósito no princípio do equilíbrio institucional. Ainda sobre os critérios da organização e da repartição de poderes/ competências das instituições, encontramos ainda uma outra forma de as distinguir a qual assenta no dualismo poderes de direção e execução/poderes de controlo. Sobre estas questões cfr. GORJÃO-HENRIQUES, M., *Direito Comunitário*, Coimbra, 2001, pp. 87 e 88; MANGAS MARTÍN, A.; LIÑAN NOGUERAS, D. J., *Instituciones y Derecho de la Unión Europea*, Madrid, 2003, pp. 102-109.

do direito na interpretação e aplicação do Tratado e dos regulamentos de execução. Criadas as CEE e CEEA surgem igualmente as suas respetivas instituições, sucedendo que aquando da celebração dos tratados é simultaneamente firmada uma convenção relativa a certas instituições comuns às Comunidades Europeias. Assim, através dessa convenção é alterado o TCECA passando a ser comuns às comunidades a Assembleia e o Tribunal, ficando no entanto cada uma delas com o seu Conselho e Comissão próprios. Esta unificação apesar de parcial teve em consideração minimizar o aparelho burocrático das comunidades e criar condições para permitir estabilidade e uniformidade no controlo político e jurisdicional. Deste modo, quando entra em vigor o Tratado de Roma, encontram-se em funcionamento as instituições seguintes: uma única Assembleia (mais tarde designada Parlamento Europeu), um Tribunal de Justiça, três Conselhos, a Alta Autoridade da CECA e as duas Comissões, que comungavam da mesma natureza executiva. Porém, esta situação só perdurou até 1967, ano em que entrou em vigor o Tratado de fusão, assinado em Bruxelas em 8 de abril de 1965, que instituiu um Conselho único e uma Comissão única das três Comunidades Europeias[199]. Esta fusão conduziu sobretudo à uniformização das disposições respeitantes à composição e funcionamento desses órgãos, mas com manutenção das competências instituídas por cada um dos respetivos tratados.

Porém, a unificação das instituições nunca se confundiu com a fusão das Comunidades, as quais continuaram sempre a ser organizações internacionais distintas e assentes nos respetivos tratados fundadores. Apesar de ainda falarmos em três, atualmente duas[200], Comunidades porque ainda não houve uma junção das mesmas, nem destas com a União Europeia, estamos cada vez mais perto dessa realidade. Esclareça-se, antes de mais, que a União Europeia não constitui uma Comunidade, pois o Tratado da União Europeia[201] (TUE), que proporcionou um considerável avanço no

---

[199] Posteriormente, o TUE dispõe no seu art. 3º: *A União dispõe de um quadro institucional único, que assegura a coerência e a continuidade das ações empreendidas para atingir os seus objetivos, respeitando e desenvolvendo simultaneamente o acervo comunitário.*

[200] Neste momento já se encontra extinta a CECA, pois o TCECA, no seu art. 97º, previa um período de vigência de 50 anos, a contar da data da sua entrada em vigor, termo esse atingido a 23 de julho de 2002.

[201] O Tratado da União Europeia foi assinado em Maastricht em 7 de fevereiro de 1992 e entrou em vigor em 1 de novembro de 1993. Cfr. JO C 191 de 29.07.1992. Porém, o referido tratado

processo de integração e instituiu a União Europeia, determina que ela se funda nas Comunidades Europeias, não sendo por isso uma nova organização internacional[202]. Posteriormente, com o chamado "Tratado que estabelece uma Constituição para a Europa"[203], o qual não chegou a ser

foi alvo de sucessivas alterações, pelo Tratado de Amesterdão, assinado em 2 de outubro de 1997 e com entrada em vigor a 1 de maio de 1999, e pelo Tratado de Nice, assinado a 26 de fevereiro de 2001 e vigente a partir de 1 de fevereiro de 2003, momento em que veio a obter-se uma versão única, consolidada, entre o Tratado da União Europeia e o Tratado que institui a Comunidade Europeia, cfr. JO C 325 de 24.12.2002.

[202] Ao nível do conjunto das Comunidades, o TUE introduz uma alteração que consiste no facto de a CEE passar a denominar-se CE (Comunidade Europeia), sendo a partir daqui que se fala de uma União assente em três pilares.

[203] O Tratado que estabelece uma Constituição para a Europa teve o seu embrião na Declaração nº 23 (Declaração sobre o futuro da União), anexa ao Tratado de Nice, a qual indicava a necessidade de reflexão, numa conferência intergovernamental a agendar para 2004, sobre quatro grandes temas: como estabelecer e, de seguida, manter uma delimitação mais precisa das competências entre a União e os Estados-Membros, que respeite o princípio da subsidiariedade; que estatuto atribuir à Carta dos Direitos Fundamentais proclamada em Nice; como simplificar os Tratados de maneira a torná-los mais claros e compreensíveis, sem alterar o seu significado; qual o papel dos Parlamentos nacionais na arquitetura europeia. Na sequência desta declaração, o Conselho Europeu de Laeken reunido a 15 de dezembro de 2001 decidiu convocar uma convenção com vista à preparação de uma próxima conferência intergovernamental (CIG), ficando essa convenção encarregada de apresentar propostas sobre as questões seguintes: como organizar a repartição de competências entre a União e os Estados-Membros; como definir melhor as tarefas respetivas de cada instituição europeia; como assegurar a coerência e a eficácia da ação externa da União; como reforçar a legitimidade da União (ver Declaração de Laeken em http://european-convention.eu.int/pdf/LKNPT.pdf). Apesar de se entender que o Conselho Europeu de Laeken não conferiu qualquer mandato expresso à convenção para elaborar uma constituição para a Europa, o certo é que por insistência do seu Presidente (Valéry Giscard d'Estaing) os trabalhos foram conduzidos no sentido de ser criado um projeto de constituição europeia ou de Tratado constitucional – cfr. MARTINS, A. M., *O Projeto de Constituição Europeia – Contribuição para o Debate sobre o Futuro da União*, Coimbra, 2004, p. 29. E assim, ao fim de ano e meio de trabalhos, cujos desenvolvimentos estão disponíveis em http://european-convention.eu.int/bienvenue.asp?lang=PT, foi apresentado à presidência italiana o projeto de Tratado constitucional, o qual pode ser consultado em http://european-convention.eu.int/docs/Treaty/cv00850.pt03.pdf. Ficava agora a cargo da CIG, que iniciou os seus trabalhos a 4 de outubro de 2003, a complexa e demorada tarefa de conseguir que fossem levadas a bom termo as negociações conducentes à aprovação política do texto final, o que só foi conseguido a 18 de junho de 2004, no Conselho Europeu de Bruxelas, já sob a presidência irlandesa. Finalmente, a 29 de outubro de 2004 foi assinado em Roma o Tratado Constitucional; cfr. JO C 310 de 16.12.2004. Sobre a construção europeia e o processo

ratificado pelos Estados Membros[204], previa-se a desejada fusão das CE e CEEA com a União Europeia, unificando-se, consequentemente, a estrutura organizacional e de competências. Por sua vez, o Tratado de Lisboa[205] altera o parágrafo terceiro do art. 1º do TUE, nos termos seguintes: *"A União funda-se no presente Tratado e no Tratado sobre o Funcionamento da União Europeia (a seguir designados "os Tratados"). Estes dois Tratados têm o mesmo valor jurídico. A União substitui-se e sucede à Comunidade Europeia."* Com este Tratado, a União passa a ter uma personalidade jurídica única[206] e, entende-se, com isso reforçará o seu poder de negociação, aumentará a sua influência na cena mundial e tornar-se-á mais visível para os outros países e para as organizações internacionais[207]. Isto permitir-lhe-á assumir posição com países terceiros e celebrar convenções internacionais.

de integração, ver ainda: BARÓN CRESPO, E., *El debate sobre el futuro de Europa*, RDUE, 2001, pp. 159 e ss; CUNHA, P. P., *A Constituição Europeia – Um olhar crítico sobre o projeto*, Coimbra, 2004; FONTAINE, P., *A Construção Europeia de 1945 aos Nossos Dias*, tradução de José Gabriel Brasil, edição revista e atualizada por José Barros Moura, Lisboa, 1998; LINDE PANIAGUA, E., *Realidades y perspetivas de la construcción europea*, RDUE, 2001, 1, pp. 185 e ss.; MARTÍNEZ LAGE, S., *Una Constitución para Europa* (Editorial), Gaceta Jurídica, nº 222, 2002; MARTINS, A. M., *O Projeto de Constituição Europeia – Contribuição para o debate sobre o futuro da União*, op. cit.; MARTINS, G. O., *O Novo Tratado Constitucional Europeu – Da Convenção à CIG*, Lisboa, 2004; PAREJO ALFONSO, L., *Algunas Notas Sobre el Proceso de Integración Europea. Federalismo o Fórmula Original?*, RDUE, 2001, pp. 125 e ss.

[204] A Constituição Europeia veio a ser rejeitada nos referendos realizados na França e nos Países Baixos em 2005 e por isso, cautelosamente, suspendeu-se o processo de ratificação pelos Estados-Membros. Seguidamente, após um período de reflexão de dois anos, em 23 de junho de 2007, os líderes europeus chegaram a acordo relativamente ao mandato de uma nova Conferência Intergovernamental, a qual ficou incumbida de redigir um Tratado sobre a reforma institucional até ao fim de 2007, o que veio a acontecer com o Tratado de Lisboa. Cfr. pontos 10 e 11 das Conclusões da Presidência do Conselho Europeu de Bruxelas de 21 e 22 de junho de 2007, disponíveis em http://www.consilium.europa.eu.

[205] Assinado a 13 de dezembro de 2007, na capital portuguesa (cfr. Ata Final da Conferência Intergovernamental) e publicado no JO C 306 de 17.12.2007. Sobre o Tratado de Lisboa, ver, designadamente, ROCHÈRE, J. D.; CHALTIEL, F., *Le Traité de Lisbonne: Quel Contenu?*, RMC, nº 513, 2007, pp. 617 e ss.

[206] No TUE é introduzido o art. 46º-A, com o teor seguinte: "A União tem personalidade jurídica."

[207] Indo ao encontro do que dizia o Projeto de Mandato da CIG: *O Tratado Reformador compreenderá duas cláusulas substantivas de alteração ao Tratado da União Europeia (TUE) e ao Tratado que institui a Comunidade Europeia (TCE), respetivamente. O TUE conservará a atual denominação, passando o TCE a ser designado Tratado sobre o Funcionamento da União, dado que a União é dotada de*

2. Breve resenha histórica

Em pouco mais de meio século de vida, a Europa modificou-se de tal modo que, se olharmos para trás e pretendermos recuar à década de cinquenta do século passado, já não somos capazes de imaginar uma Europa reduzida apenas aos seus objetivos económicos. Os cidadãos e as empresas já não sabem viver sem as «liberdades» que a União Europeia lhes proporciona e isso reflete-se, reciprocamente, nas novas formas que a integração europeia foi adotando até hoje. A progressão do económico ao «político» vai-se fazendo de forma gradual, muitas vezes com reconhecida intenção mas às vezes com pouca eficácia, tentando equilibrar os vários interesses dos Estados-Membros e combatendo os bloqueios de alguns.

Retendo a atenção na matéria que nos interessa – a cooperação judiciária, em especial em matéria civil e comercial – devemos salientar que os assuntos relativos à justiça e aos assuntos internos não tiveram vida fácil no seio das relações comunitárias, mas foram persistentemente ocupando um lugar cada vez mais relevante. De tal modo que surgem muitos marcos importantes, com as instituições comunitárias a desenvolverem trabalho neste campo de ação e a impulsionarem o seu desenvolvimento; além disso, nas últimas presidências da União Europeia, designadamente na portuguesa, em 2007, as medidas relacionadas com a Justiça foram das mais acarinhadas, sendo conveniente assinalar que em 2009 culminou o processo de aprovação do Programa de Estocolmo[208] que planeia mais um quinquenário nesta matéria, revolucionando em particular a questão do *exequatur*, cuja abolição está planeada e será concretizada através da revisão do Regulamento Bruxelas I.

Neste novo Programa, uma das prioridades é a consolidação de «*uma Europa do direito e da justiça*», através da *realização de um espaço europeu da justiça deve ser consolidada, a fim de ultrapassar a fragmentação atual. Deverá ser dada prioridade a mecanismos destinados a facilitar o acesso das pessoas à justiça, para que estas possam fazer valer os seus direitos em toda a União. Deverá também ser melhorada a cooperação entre os profissionais do foro e a sua formação, havendo*

---

uma personalidade jurídica única. O termo "Comunidade" será substituído em todo o texto por "União"; afirmar-se-á que ambos os Tratados constituem os Tratados em que se funda a União, e que esta se substitui e sucede à Comunidade. Cfr. Conclusões da Presidência do Conselho Europeu de Bruxelas de 21 e 22 de junho de 2007, *op. cit.*

[208] Publicado a 4.5.2010, JO C 115.

ainda que mobilizar meios para suprimir os entraves ao reconhecimento dos atos jurídicos noutros Estados-Membros. No âmbito deste objetivo, é proposto *prosseguir a aplicação do reconhecimento mútuo* e em matéria civil o *Conselho Europeu considera que o processo de abolição de todas as medidas intermédias (o exequatur) deverá ser continuado durante o período abrangido pelo Programa de Estocolmo. Ao mesmo tempo, a abolição do exequatur será também acompanhada de uma série de salvaguardas, que podem ser medidas relativas ao direito processual ou as regras de conflito de leis*. Consequentemente, é aconselhável *estabelecer um conjunto de regras mínimas comuns*, pelo que se entende que *na medida do necessário para facilitar o reconhecimento mútuo das sentenças e decisões judiciais e a cooperação policial e judiciária em matéria penal, a União pode adotar regras mínimas comuns. O Conselho Europeu considera que é necessário um certo nível de aproximação das legislações a fim de promover um entendimento comum das questões entre os juízes e os procuradores, e assim propiciar a aplicação correta do princípio do reconhecimento mútuo, tendo em conta as diferenças existentes entre os sistemas e tradições jurídicas dos Estados-Membros*.

Todo o exposto vem corroborar as intenções e o esforço da União Europeia na consolidação do espaço europeu de justiça.

2.1. Formas de cooperação até ao Tratado de Lisboa
2.1.1. As primeiras iniciativas

Não obstante as exclusivas intenções económicas que presidiram à constituição das Comunidades, os Estados Membros não iniciaram, nem desenvolveram as suas relações de costas voltadas relativamente a outro tipo de motivações, designadamente ao nível da cooperação política, num sentido mais amplo do que aquele que hoje conhecemos como cooperação judicial e policial em sentido estrito[209]. Na mira de outras formas de integração, para

---

[209] Sobre a origem e evolução histórica da cooperação judicial e policial no âmbito da União Europeia, ver: BORRÁS, A., *Significado y Alcance del Espacio Judicial Europeo en Matéria Civil: Hacia la Reforma del Título IV TCE*, NUE, nº 225, 2003, pp. 11 e ss.; FERNÁNDEZ ROZAS, J. C., *El Espacio de Libertad, Seguridad y Justicia Consolidada por la Constitución Europea*, "La Ley", nº 6097, 2004, pp. 1867 e ss.; GONZÁLEZ-CUÉLLAR SERRANO, N., *Aceleración de la Justicia Civil en la Unión Europea*, in "Mecanismos de Cooperación Judicial Internacional", Centro de Estudios Jurídicos, Navarra, 2006, pp. 15 e ss.; IÑIGUEZ HERNÁNDEZ, D., *Las Magras Rentas del Tercer Pilar de la Unión Europea. Seis Años de Cooperación en los Asuntos de Justicia e Interior*, "Jueces para la Democracia", nº 35, 1999, pp. 79 e ss.; JIMENO BULNES, M., *La Cooperación Judicial y Policial en el Ámbito de la Unión Europea*, RPJ, 1998, pp. 79 e ss.; idem, *Origen y Evolución*

além da económica, vão talhando caminho para a construção futura de uma eventual integração «política». Além disso, a perspetivada livre circulação de pessoas arrastava consigo preocupações ligadas à delinquência transfronteiriça organizada, ao tráfico de droga, à imigração clandestina e ao terrorismo que provocava a necessidade de os Estados estabelecerem entre si relações de cooperação no âmbito da justiça e dos assuntos internos.

E é assim que, a partir da década de setenta, ainda sem qualquer base legal que formalmente sustentasse a atuação dos Estados comunitários, estes começam a desenvolver de forma progressiva uma cooperação intergovernamental em várias áreas, como a imigração, o direito de asilo e a cooperação policial e judicial[210]. Esta atuação vem na sequência de uma forma

---

de la Cooperación Judicial en la Unión Europea, in "La Cooperación Judicial Civil y Penal en el Ámbito de la Unión Europea: Instrumentos Procesales, Coordenado por JIMENO BULNES, Barcelona, 2007, pp. 29-65; LECCISI, G., *Linee Guida del Sistema della Cooperazione Giudiziaria in Materia Civile: Forme e Modelli di Collaborazione nell'Ambito dell'Unione Europea*, in "Diritto Civile Comunitario e Cooperazione Giudiziaria Civile", editado por GUIDO ALPA, Milano, 2005, pp. 11 e ss.; MANGAS MARTÍN, A., *El Espacio Penal y Judicial Europeo en el Marco General del Tratado de la Unión Europea y la Perspetiva de su Reforma en 1996*, in "Politica Comun de Justicia e Interior en Europa, editado por SALCEDO VELASCO, A., Madrid, 1995, pp. 67 e ss.; OREJA AGUIRRE, M. (Dir.); FONSECA MORILLO, F. (Coord.), *El Tratado de Amsterdam de la Unión Europea. Análisis y Comentários*, Madrid, 1998, pp. 255 e ss.; PUIG BLANES, F. P., *La Cooperación Judicial Civil en la Unión Europea*, Barcelona, 2006, pp. 17-26; ROUCHAUD, A.M., *Le Renforcement de la Coopération Judiciaire in* STORME, M. (Ed.), "Procedural Laws in Europe. Towards Harmonisation", Antwerpen, 2003, pp. 449 e ss.; STORSKRUBB, E., *Civil Procedure and EU Law. A Policy Area Uncovered*, Oxford, 2008, pp. 64-91; VILARIÑO PINTOS, E., *La Cooperación en los Âmbitos de Justicia e Interior en el Tratado de la Union Europea. Los Aspectos Básicos para su Realización*, "Revista de Instituciones Europeas", 1994, pp. 61 e ss.
Numa vertente essencialmente jurídico-processual e com ênfase nos instrumentos jurídicos alcançados no período pós-Amesterdão, ver JIMENO BULNES, M., *La Cooperación Judicial Civil en la Unión Europea: Instrumentos Procesales y Últimos Avances*, U. E. Aranzadi, 2005, pp. 5 e ss..
Nessa mesma perspetiva, realçando os fracos resultados conseguidos antes da comunitarização dessa matéria, ver CAPPONI, B., *Attualità e Prospettive della Cooperazione Giudiziaria Civile nell'Unione Europea*, Riv. Trim. Dir. Proc. Civ. 1998, pp. 163-167.

[210] VILARIÑO PINTOS adiantou: "*Los precedentes de este Título* [Tit. IV do TUE], ... *no surge de la nada, pueden encontrarse, en cuanto a planteamientos remotos, en el viejo «Plan Harmel» (Cumbre de la Haya de Diciembre de 1969) que incluía en la cooperación política, entendida como la «acción conjunta através de la coordinación de las políticas nacionales», los aspectos de la política interior de los Estados y se planteaba su alcance en materias como la ayuda y acción policial, condiciones para la extradición, trato a refugiados, concesión de asilo, política energética, organización regional, etc. Pero como es bien sabido bajo la rúbrica de cooperación política europea solo se mantuvieron aspectos de las relaciones exteriores de*

de cooperação regional que já se vinha fazendo no âmbito do Conselho da Europa e passa a fazer-se entre os Estados comunitários com caráter consuetudinário. Pois, na versão original do TCE a única disposição que sustentava algum tipo de cooperação – com um âmbito bastante restrito, perfeitamente delimitado e confinado aos objetivos económicos – era o então art. 220º, onde se dispunha que os Estados-Membros estabelecem entre si, sempre que necessário, negociações destinadas a garantir, em benefício dos seus nacionais, a simplificação das formalidades a que se encontram subordinados o reconhecimento e a execução recíprocos das decisões judiciais e das decisões arbitrais.

Algumas das intenções subjacentes à cooperação a que se aludiu consistiam na partilha de experiências, de informação e de conhecimentos técnicos e na criação de redes que suportassem esse tipo de relações. A esse propósito surgem iniciativas como a formação, no Conselho Europeu de Roma de 1975, do "Grupo TREVI" – contra o Terrorismo, Radicalismo, Extremismo e Violência Internacional – constituído pelos Ministros da Justiça e Administração Interna; bem como a celebração do Acordo de Schengen[211] sobre a abolição do controle nas fronteiras, que tem a sua génese em 1985, ambas na área da cooperação policial. Entretanto, pela via do Direito Internacional Público vão-se desenvolvendo outras formas de cooperação nas áreas da justiça e assuntos internos, concretamente através da Conven-

---

los Estados miembros, excluyéndose la política interior. Como precedentes próximos e inmediatos, en tanto que el Título VI establece la cooperación en ámbitos en los que ya se producía de modo individualizado, hay que destacar principalmente como declara el art. I del Acta Única Europea, respecto a la Cooperación Política, los Informes de Luxemburgo (1970), de Copennague (1973) y de Londres (1981); la Declaración Solemne sobre la Unión Europea (1983); y «las prácticas progresivamente establecidas entre los Estados miembros». Si bien el Acta Única, solo se ocupará en el Título III de la cooperación europea en materia de política exterior. De ahí que no exista un planteamiento ordenado y sistemático en la cooperación de justicia y de interior. En el Consejo Europeo de Londres (1986) se habla del embargo del «producto» procedente del narcotráfico y de una acción concertada en la prevención y represión del terrorismo. En el Consejo Europeo de Rodas (1988), el espacio sin fronteras se vinculó a los avances en la cooperación intergubernamental en la lucha contra el terrorismo, la criminalidad internacional y el tráfico de drogas".
Cfr. VILARIÑO PINTOS, E., *La Cooperación en los Ámbitos de Justicia e Interior en el Tratado de la Unión Europea. Los Aspectos Básicos para su Realización*, op. cit., p. 64.

[211] Primeiro teve lugar este Acordo de princípio, com o qual se garantia o objetivo de promover a livre circulação de pessoas e mais tarde é que foi celebrada a Convenção de aplicação desse Acordo através da qual se adotam medidas de concretização da supressão do controlo nas fronteiras internas.

ção de Bruxelas de 27 de setembro de 1968, sobre a competência judicial e a execução de decisões judiciais em matéria civil e comercial, esta sim ao abrigo do citado art. 220º, TCE. E, ainda, da Convenção de Roma de 19 de junho de 1980, sobre a lei aplicável às obrigações contratuais, também no âmbito da matéria civil e, ainda, da Convenção Europeia para a Repressão do Terrorismo[212] e as Convenções sobre *non bis in idem*[213] e sobre a execução de penas estrangeiras[214], em matéria penal. Nestes termos, apesar de a área da justiça e dos assuntos internos ter sido sempre relegada, é inegável a sua presença desde cedo, mesmo perante os receios dos Estados-Membros quanto a interferências na sua soberania, que iam protelando a comunitarização destas matérias.

2.1.2. O contributo do Ato Único Europeu

A primeira vez que se faz menção expressa ao termo «cooperação» é no Ato Único Europeu[215], onde encontramos, logo no art. 1º, uma referência à «cooperação política», onde pode ler-se:

> ARTIGO 1º
>
> As Comunidades Europeias e a Cooperaão Política Europeia têm por objectivo contribuir em conjunto para fazer progredir concretamente a União Europeia.
>
> As Comunidades Europeias baseiam-se nos Tratados que instituem a comunidade Europeia do Carvão e do Aço, a Comunidade Económica Europeia e a Comunidade Europeia da Energia Atómica, bem como nos Tratados e actos subsequentes que os alteraram ou completaram.
>
> A cooperação Política é regida pelo Título III. As disposições deste título confirmam e completam os procedimentos acordados nos relatórios do Luxemburgo (1970), Copenhaga (1973) e Londres (1981), e as práticas progressivamente estabelecidas entre os Estados-membros.

---

[212] Dublin, 4 de dezembro de 1979.
[213] Bruxelas, 25 de maio de 1987.
[214] Bruxelas, 13 de novembro de 1991.
[215] Primeira revisão dos Tratados constitutivos, assinado no Luxemburgo, a 17 de fevereiro, e na Haia, a 28 de fevereiro, ambos de 1986.

Mas essa alusão não deixa de ser inconsistente na medida em essa matéria não vem a ser desenvolvida, nem concretizada no próprio documento de revisão[216]; ao contrário do que sucedeu, por sua vez, nas declarações anexas ao referido Ato de Revisão, concretamente na «Declaração Geral sobre os arts. 13º a 19º do Ato Único Europeu»[217] e na «Declaração Política dos Governos dos Estados sobre a Livre Circulação de Pessoas»[218], nas quais se indicam matérias que vão ser objeto da futura cooperação judicial e policial, como por exemplo o controlo da imigração de países terceiros, a luta contra o terrorismo, a criminalidade, o tráfico de droga e de obras de arte e antiguidades. Nenhuma destas matérias é nova no que respeita às preocupações de colaboração entre os Estados, a diferença está na assumpção desse compromisso por parte dos Estados-Membros, abrindo caminho a futuras políticas comunitárias complementares.

A Comunidade Europeia foi caminhando devagar e com cautela e, por isso, alguns anos se passaram até que fosse realmente assumida alguma espécie de integração política. Mas a verdade é que é a partir desta primeira revisão dos Tratados que se começa a lançar a construção dos alicerces daquilo que hoje conhecemos como a cooperação judicial em matéria civil e penal na União Europeia. Falamos do chamado Documento de Palma[219], resultado do trabalho desenvolvido pelo Grupo de Coordenadores sobre a Livre Circulação de Pessoas, no qual estão vertidas as medidas capazes de incrementar a vertente da cooperação[220].

---

[216] Os 12 pontos do Título III do Ato Único Europeu são dedicados à cooperação europeia em matéria de política estrangeira, com formulações genéricas sobretudo com apelo para a posição comum dos Estados contratantes em futuras ocasiões.

[217] Declaração Geral relativa aos artigos 13º e 19º do Acto Único Europeu: "Nada nestas disposições afecta o direito dos Estados-membros de tomarem as medidas que considerem necessária em matéria de controlo da imigração de países terceiros e de luta contra o terrorismo, a criminalidade, o tráfico de drogas e o tráfico de obras de arte e de antiguidades".

[218] Declaração Política dos Governos dos Estados-membros relativa à livre circulação de pessoas: "Tendo em vista promover a livre circulação de pessoas, os Estados-membros cooperam, sem prejuízo das competências da Comunidade, nomeadamente no que respeita à entrada, à circulação e à estada de cidadãos de países terceiros. cooperam igualmente no que respeita à luta contra o terrorismo, a criminalidade, a droga e o tráfico de obras de arte e de antiguidades".

[219] Cfr. *Report to the European Council by the Co-Ordinators' Group – Free Movement of Persons* (CIRC 3624/89, Brussels, 9 June 1989).

[220] Reproduzindo as palavras de VILARIÑO PINTOS: *El «Documento de Palma» señala que la consecución del espacio sin fronteras interiores, que fija como objetivo el Acta Única Europea y es un*

2.2. O Tratado da União Europeia e a inclusão formal da cooperação judiciária

É precisamente através do Tratado da União Europeia, também designado por Tratado de Maastricht, que os Estados-Membros assumem novos desafios, afirmando, no preâmbulo do referido Tratado, *estarem resolvidos a executar uma política externa e de segurança que inclua a definição, a prazo, de uma política de defesa comum que poderá conduzir, no momento próprio, a uma*

---

supuesto en el Tratado de la Unión, requiere la aproximación de las legislaciones nacionales y de sus modalidades y ámbitos de aplicación, mediante la colaboración entre las administraciones nacionales y el fortalecimiento previo de controles en las fronteras exteriores. De las dos vertientes, interna y externa en las que se ha de llevar a cabo esta acción, la cooperación judicial corresponde a la vertiente interna. El Grupo de cooperación judicial de la Cooperación Política Europea, dentro del Grupo de Coordinadores, se ocupa de los Tratados internacionales, de la legislación comunitaria y de la legislación nacional. En todo caso los contenidos son numerosos porque tienen un carácter abierto, en el que entran realizaciones y aspiraciones bien consideradas esenciales, bien consideradas deseables. Así el «Documento de Palma» considera medidas esenciales: – Impulsar la ratificación del Convenio Europeo de extradición. – Impulsar la ratificación de los convenios celebrados entre los Doce. Son éstos: el Acuerdo sobre la aplicación del convenio Europeo para la represión del terrorismo (1979); el Acuerdo sobre la aplicación del Convenio del Consejo de Europa sobre el traslado de personas condenadas (1987); el Convenio sobre la aplicación del principio non bis in idem (1987). – Consideración de la conveniencia de ratificar los convenios celebrados en el marco del Consejo de Europa encaminados a mejorar la asistencia judicial internacional en el campo de los asientos penales. Son estos: El Convenio Europeo de extradición (1957) y sus Protocolos adicionales; el Convenio Europeo para la represión del terrorismo (1977); el Convenio Europeo de asistencia judicial en materia penal (1959) y Protocolo adicional; el Convenio Europeo sobre el valor internacional de las sentencias penales (1970); el Convenio Europeo sobre transmisión de procedimientos criminales (1972). – Régimen común de mejora de los canales de comunicación de solicitudes de extradición, que se hará mediante la designación de autoridades centrales encargadas de recibir y transmitir las solicitudes de extradición y por la simplificación y modernización de los sistemas de transmisión de las solicitudes de extradición. Junto a estas medidas esenciales se consideran medidas deseables las siguientes: – Estudio de la armonización de la calificación jurídica de las incriminaciones. – Estudio del alcance de la cooperación judicial, en particular para la persecución de delincuentes y la ejecución de las sentencias. – Compromiso de los Estados miembros de firmar y ratificar el Convénio de la Haya sobre los aspectos civiles de la sustracción internacional de menores (1980). – Compromiso de los Estados miembros de firmar y ratificar el Convénio de Luxemburgo sobre reconocimiento y ejecución de decisiones en materia de custodia de menores y de restablecimiento de dicha custodia (1980). – Continuación de los trabajos para la elaboración de un acuerdo sobre la simplificación del procedimiento de cobro de las pensiones alimentícias en el extranjero. Cfr. VILARIÑO PINTOS, E., *La Cooperación en los Ámbitos de Justicia e Interior en el Tratado de la Union Europea. Los Aspetos Básicos para su Realización*, op. cit., pp. 68 e 69. Ver, também, GUILD, E. (Ed.), *The Developing Immigration and Asylum Policies of the European Union (Adopted Conventions, Resolutions, Recommendations, Decisions an Conclusions)*, Hague, 1996, designadamente p. 443, para o texto do Documento de Palma.

defesa comum, fortalecendo assim a identidade europeia e a sua independência, em ordem a promover a paz, a segurança e o progresso na Europa e no mundo; e reafirmam o seu objetivo de facilitar a livre circulação de pessoas, sem deixar de garantir a segurança dos seus povos, através da inclusão, no presente Tratado, de disposições relativas à justiça e aos assuntos internos. Traçados os objetivos da UE, deles constaram, designadamente: i) afirmação da sua identidade na cena internacional, nomeadamente através da execução de uma política externa e de segurança comum, que inclua a definição, a prazo, de uma política de defesa comum, que poderá conduzir, no momento próprio, a uma defesa comum; ii) desenvolvimento de uma estreita cooperação no domínio da justiça e dos assuntos internos (artigo B do TUE, na sua versão original, correspondendo ao atual art. 2º). Quanto às matérias abrangidas pela cooperação judicial e policial, vêm definidas taxativamente no art. K1 do TUE: onde se refere: *Para a realização dos objetivos da União, nomeadamente o da livre circulação de pessoas, e sem prejuízo das atribuições e competências da Comunidade Europeia, os Estados-Membros consideram questões de interesse comum os seguintes domínios: 1) A política de asilo; 2) As regras aplicáveis à passagem de pessoas nas fronteiras externas dos Estados-Membros e ao exercício do controlo dessa passagem; 3) A política de imigração e a política em relação aos nacionais de países terceiros: a) As condições de entrada e de circulação dos nacionais de países terceiros no território dos Estados-Membros; b) As condições de residência dos nacionais de países terceiros no território dos Estados-Membros, incluindo o reagrupamento familiar e o acesso ao emprego; c) A luta contra a imigração, permanência e trabalho irregulares de nacionais de países terceiros no território dos Estados-Membros; 4) A luta contra a toxicomania, na medida em que esse domínio não esteja abrangido pelos pontos 7, 8 e 9 do presente artigo; 5) A luta contra a fraude de dimensão internacional, na medida em que esse domínio não esteja abrangido pelos pontos 7, 8 e 9 do presente artigo; 6) A cooperação judiciária em matéria civil; 7) A cooperação judiciária em matéria penal; 8) A cooperação aduaneira; 9) A cooperação policial tendo em vista a prevenção e a luta contra o terrorismo, o tráfico ilícito de droga e outras formas graves de criminalidade internacional, incluindo, se necessário, determinados aspetos de cooperação aduaneira, em ligação com a organização, à escala da União, de um sistema de intercâmbio de informações no âmbito de uma Unidade Europeia de Polícia (Europol).*

Assim, para além do primeiro pilar – as Comunidades Europeias – a UE assentava ainda na política externa de segurança comum (PESC) – o segundo pilar – e na cooperação na área da justiça (abrangendo matéria civil e penal) e assuntos internos – o terceiro pilar[221]. Nesta fase, a cooperação judiciária encontrava-se afastada da área comunitária, caindo no âmbito da cooperação intergovernamental[222], realizada ao nível da Política Externa de Segurança Comum e da Justiça e Segurança Interna, e nessa medida continuava a depender da maior ou menor disponibilidade dos Estados-Membros para ser concretizada. Não se considerava Direito Comunitário originário, nem derivado, mas eventualmente complementar e, além disso, a maioria das instituições comunitárias tinham um papel marginal nestas matérias. Pois, realizando-se esta cooperação ao nível do Conselho, constatava-se que a Comissão tinha poder de iniciativa apenas em matéria civil, o Parlamento Europeu era ouvido mas o seu parecer não era vinculativo e, ainda, ficava excluído o poder de controlo jurisdicional por parte do Tribunal de Justiça.

Afastar a cooperação judiciária do eixo comunitário, o que se deveu à pretensão de encontrar uma solução equilibrada, que não beslicasse os poderes soberanos de cada Estado[223], resultou numa situação remediada, mas não isenta de dificuldades na sua concretização[224]. Por um lado, as

[221] Para uma análise da cooperação judiciária à luz do Tratado da União Europeia, ver MANGAS MARTÍN, A., *El Espacio Penal y Judicial Europeo en el Marco General del Tratado de la Unión Europea y la Perspectiva de su Reforma en 1996, op. cit.*, pp. 67 e ss., especialmente, pp. 73-76. Neste texto é também apresentado um balanço da matéria em apreço, com vista à sua futura alteração.

[222] A maioria da doutrina defende a natureza intergovernamental das normas que prevêm a cooperação judiciária, afastando-se da natureza comunitária. Cfr. JIMENO BULNES, M., *La Cooperación Judicial y Policial en el Ámbito de la Unión Europea, op. cit.*, pp. 86-87; idem, *Origen y Evolución de la Cooperación Judicial en la Unión Europea, op. cit.*, p. 38. Sobre as características jurídicas desta forma de intervenção, ver os mesmos trabalhos de JIMENO BULNES, pp. 86-89 e pp. 38-40, respetivamente.

[223] Efetivamente, as matérias aqui em causa não são transferidas para a União, continuando no âmbito da soberania nacional de cada Estado, porém, na medida em que são questões que têm uma íntima relação com uma das políticas comunitárias fundamentais – a livre circulação de pessoas – os Estados-Membros dispõem-se a tratar essas matérias em comum, sempre que tenham conexão com a referida liberdade de circulação.

[224] Sobre a prevalência da cooperação intergovernamental e os problemas inerentes à ausência de comunitarização, donde resulta uma escassa eficácia do Título VI do TUE, ver OREJA AGUIRRE, M. (Dir.); FONSECA MORILLO, F. (Coord.), *El Tratado de Amsterdam de la Unión Europea. Análisis y Comentários, op. cit.*, pp. 257-260. As principais causas apresentadas para essa ineficácia são: ambiguidade do valor jurídico das resoluções ou decisões adotadas, ausência de transparência e de democracia (por falta de poderes do Parlamento e limitada intervenção da Comissão), desproteção dos direitos dos particulares por inexistência de recursos perante

decisões tomadas neste âmbito não puderam adotar as formas comuns do direito comunitário derivado, constituindo antes atos que se revelavam em Posições Comuns, Ações Comuns ou Convenções[225], o que torna duvidosa a natureza e valor jurídico das intervenções, com o inconveniente de não produzirem efeito direto nos ordenamentos jurídicos dos Estados-Membros. Além disso, quando se trata de Convenções Internacionais fica-se refém de um texto rígido, sujeito ao consenso de todos os intervenientes e aos demorados processos de ratificação pelos Estados que as subscreveram. Por outro lado, excluída a competência do Tribunal de Justiça para conhecer de conflitos nesta matéria, dificulta-se a realização dos objetivos propostos[226].

Com o TUE alcança-se a formalização da cooperação judiciária mas fica-se a meio do caminho quanto à eficácia da solução adotada, na medida em que a cooperação nos processos civil e penal continuou à margem do Direito Comunitário.

2.3. O Tratado de Amesterdão e o reforço da cooperação judiciária
2.3.1. «Comunitarização» da cooperação judiciária em matéria civil

Durante muito tempo, nesta matéria o intergovernamental dominou sobre o comunitário, mas não havia dúvidas de que esse "método" estava em crise[227]. A inércia que teimava em persistir em torno da cooperação judiciária, associada a preocupações relacionadas com questões de segurança e imigração, para além das perspetivas de ampliação da União foram fatores que fizeram com que se repensasse essa matéria, em especial as questões da

---

o Tribunal de Justiça, igualmente impotente na tarefa de uniformização da interpretação do direito. Consultar, ainda, para uma avaliação do Título VI: IÑIGUEZ HERNÁNDEZ, D., *Las Magras Rentas del Tercer Pilar de la Unión Europea. Seis Años de Cooperación en los Asuntos de Justicia e Interior, op. cit.*, pp. 87-89.

[225] Um elenco dos textos adotados é apresentado em MANGAS MARTÍN, A., *El Espacio Penal y Judicial Europeo en el Marco General del Tratado de la Unión Europea y la Perspectiva de su Reforma en 1996, op. cit.*, pp. 86-92. Sobre os principais trabalhos levados a cabo em seis anos do Terceiro Pilar, ver também IÑIGUEZ HERNÁNDEZ, D., *ibidem*, pp. 82-87.

[226] Esta situação ficaria minimizada na medida em que as Convenções celebradas estipulassem, por sua vez, a intervenção do Tribunal de Justiça na interpretação de conceitos e resolução de conflitos delas emergentes, o que muitas vezes sucede.

[227] Por exemplo, WESTENDORP Y CABEZA, C., *El Futuro de Europa*, RDUE, 2001, pp. 18 e 23, que também afirmava que se devia aprofundar o "método comunitário".

Justiça, na vertente da cooperação em matéria civil, e Assuntos Internos[228]. Nessa medida, o Tratado de Amesterdão veio prever que as políticas em matéria de vistos, asilo, imigração e outras políticas relacionadas com a livre circulação de pessoas, tais como a cooperação judiciária em matéria civil, fossem transferidas do terceiro para o primeiro pilar da UE[229], integrando o novo Título IV do TCE, ao passo que as disposições relativas à cooperação policial e judiciária em matéria penal constantes do novo Título VI do TUE continuaram a fazer parte do terceiro pilar da UE[230]. Assim, com esta revisão dos Tratados não se modificou a estrutura da União, mas houve uma redistribuição das matérias entre os pilares comunitários, passando o primeiro pilar a contar com algumas das matérias de justiça e assuntos internos, em especial a matéria da cooperação judiciária civil, com as inerentes consequências, designadamente, serem absorvidas pelos mecanismos próprios do direito comunitário e por isso passam a estar sujeitos aos procedimentos de decisão previstos para o direito comunitário derivado (embora nem todos os procedimentos de «primeiro pilar» sejam aplicáveis), adotam a forma dos atos comunitários e ficam sujeitos aos mecanismos de fiscalização do Tribunal de Justiça[231]. É caso para dizer que foi incrementado o papel a desempenhar pelo Tribunal de Justiça Europeu e pelo Parlamento Europeu, passando esse domínio a estar sujeito a um

---

[228] Para análise dos trabalhos que antecederam a revisão do Tratado e dos problemas levantados antes da CIG de 1996 para a reforma do Tratado da União Europeia até ao projeto final, que veio a constituir o Tratado de Amesterdão, ver OREJA AGUIRRE, M. (Dir.); FONSECA MORILLO, F. (Coord.), *El Tratado de Amsterdam de la Unión Europea. Análisis y Comentários, op. cit.*, pp. 261-268. Consultar, ainda, MANGAS MARTÍN, A. *El Espacio Penal y Judicial Europeo en el Marco General del Tratado de la Unión Europea y la Perspectiva de su Reforma en 1996, op. cit.*, pp. 79-85.

[229] Atente-se ao facto de o Reino Unido, a Irlanda e a Dinamarca terem manifestado, em Protocolos anexos, a intenção de não participar em todas as medidas adotadas a este nível.

[230] Sobre a atividade da União Europeia com respeito à cooperação em matéria penal, ver: DOUGLAS-SCOTT, S., *The Rule of Law in the European Union – Putting the Security into the "Area of Freedom and Security and Justice"*, ELR, 2004, pp. 219 e ss.; SAN JOSÉ GÓNZALEZ, A., *Ciudadano Europeu, Litigante Transfronterizo: Los Avances de la Cooperación Judicial*, in "Europa, Europa", LÓPEZ MIRA, A. X.; CANCELA OUTEDA, C. (Coord.), Santiago de Compostela, 2006, pp. 59 e ss.

[231] Sobre as dificuldades de trabalho que o Tribunal de Justiça defrontará nesta matéria, ver GONZÁLEZ ALONSO, L. N., *La Jurisdicción Comunitaria en el Nuevo Espacio de Libertad, Seguridad y Justicia*, RDCE, nº 4, 1998, pp. 501 e ss.

controlo judiciário e democrático mais apertado[232]. Por isso se fala na *comunitarização* da matéria em questão e na criação de um verdadeiro espaço comunitário de Liberdade, Segurança e Justiça[233], com um avanço que se sustentou sobretudo numa mudança de *método*.

A criação desse espaço de liberdade, de segurança e de justiça baseia-se numa tríade de conceitos indissociáveis, que têm como denominador comum as «pessoas» e que só se podem realizar plenamente quando todos

---

[232] Para uma análise mais desenvolvida das alterações levadas a cabo pelo Tratado de Amesterdão nas matérias de Justiça e Assuntos Internos, incluindo também os aspetos institucionais que nela se refletem, ver BARIATTI, S., *La Cooperazione Giudiziaria in Materia Civile: dal Terzo Pilastro dell'Unione Europea al Titolo IV del Trattato CE*, DUE, 2001, pp. 261 e ss.; BOIXAREU CARRERA, A., *Los Grandes Principios Inspiradores del Tratado de Amsterdam* in "Reflexiones en Torno al Tratado de Amsterdam y el Futuro de la Unión Europea", editado por FARAMIÑÁN GILBERT, J. M., Granada, 2000; OREJA AGUIRRE, M. (Dir.); BOIXAREU CARRERA, A.; CARPI BADIA, J. M., *El Tratado de Amsterdam – Génesis y Análisis Sistemático de su Contenido*, Barcelona, 2000, especialmente, pp. 381 e ss., sobre o espaço de liberdade, segurança e justiça; FONSECA MORILLO, F. (Coord.), *El Tratado de Amsterdam de la Unión Europea. Análisis y Comentários, op. cit.*, pp. 269-295; JIMENO BULNES, M., *La Cooperación Judicial y Policial en el Ámbito de la Unión Europea, op. cit.*, pp. 107-116; idem, *Origen y Evolución de la Cooperación Judicial en la Unión Europea, op. cit.*, pp. 40-44; LEANZA, U., *La Mancata Comunitarizzazione del Secondo e Terzo Pilastro dell'Unione Europea nel Trattato di Amsterdam*, DCSI, 1999, pp. 213 e ss.; MANGAS MARTÍN, A. *El Espacio Penal y Judicial Europeo en el Marco General del Tratado de la Unión Europea y la Perspectiva de su Reforma en 1996, op. cit.*, pp. 89-91; MOURA, J. B., *O Tratado de Amesterdão (1997)*, Janus, www.janusonline, 2004.

[233] Enquanto que em Maastricht se fala de *cooperação*, em Amesterdão já se afirma que a União tem como objetivo facultar aos cidadãos um elevado nível de proteção num *espaço de liberdade, segurança e justiça*, mediante a instituição de ações em comum entre os Estados-Membros no domínio da cooperação policial e judiciária em matéria penal e a prevenção e combate do racismo e da xenofobia (art. 29º, TUE, versão consolidada) e, ainda, a manutenção e o desenvolvimento da União enquanto espaço de liberdade, de segurança e de justiça, em que seja assegurada a livre circulação de pessoas, em conjugação com medidas adequadas em matéria de controlo nas fronteiras externas, de asilo e imigração, bem como de prevenção e combate à criminalidade (art. 2º, TUE). Expressão cujo significado se pode explicar nos termos seguintes: *Estas três noções estão intrinsecamente ligadas. A liberdade perde muito do seu sentido se não puder ser vivida num ambiente de segurança, solidamente assente num sistema de justiça no qual todos os cidadãos e residentes da União possam ter confiança. Estes três conceitos indissociáveis têm um mesmo denominador comum – as pessoas – e a plena realização de um, pressupõe a plena realização dos outros. Manter o equilíbrio entre estes conceitos deve constituir o fio condutor da ação da União;* cfr. ponto 5 do preâmbulo do Plano de Ação de Viena. Chamando a atenção para o elemento territorial: LINDAHL, H., *Finding a Place for Freedom, Security and Justice: The European Union's Claim to Territorial Unity*, ELR, 2004, pp. 437 e ss.

estão em equilíbrio e sintonia. A liberdade só faz sentido quando vivida num ambiente de segurança, solidamente asente num sistema de justiça no qual todos os cidadãos e residentes da União possam ter confiança[234].

A disposição sobre as medidas a adotar no âmbito ora em apreço determinava que *as medidas no domínio da cooperação judiciária em matéria civil que tenham uma incidência transfronteiriça, a adotar nos termos do artigo 67º e na medida do necessário ao bom funcionamento do mercado interno, têm por objetivo, nomeadamente: a) Melhorar e simplificar: i) o sistema de citação e de notificação transfronteiriça dos atos judiciais e extrajudiciais; ii) a cooperação em matéria de obtenção de meios de prova; iii) o reconhecimento e a execução das decisões em matéria civil e comercial, incluindo as decisões extrajudiciais; b) Promover a compatibilidade das normas aplicáveis nos Estados-Membros em matéria de conflitos de leis e de jurisdição; c) Eliminar os obstáculos à boa tramitação das ações cíveis, promovendo, se necessário, a compatibilidade das normas de processo civil aplicáveis nos Estados-Membros* (art. 65º da versão consolidada do TCE[235]). E nisto consistiu a base de muito do trabalho que entretanto se desenvolveu, com a elaboração e aprovação de um número significativo de instrumentos normativos comunitários (Regulamentos, Diretivas, Decisões) que tiveram por objeto as matérias já supra indicadas.

E foi assim que se abriu caminho para um conceito de liberdade que extravasa a mera ideia de livre circulação de pessoas num espaço comum,

---

[234] Esta ideia ficou plasmada no Plano de Ação de Viena (ponto 5).
[235] Disposição que estava inserida no Título IV (Vistos, Asilo, Imigração e Outras Políticas Relativas à Livre Circulação de Pessoas), que vinha na sequência do disposto no art. 61º, onde se dispunha: A fim de criar progressivamente um espaço de liberdade, de segurança e de justiça, o Conselho adota: a) No prazo de cinco anos a contar da data de entrada em vigor do Tratado de Amesterdão, medidas destinadas a assegurar a livre circulação de pessoas nos termos do artigo 14º, em conjugação com medidas de acompanhamento diretamente relacionadas com essa livre circulação, em matéria de controlo nas fronteiras externas, de asilo e imigração, nos termos do disposto nos pontos 2 e 3 do artigo 62º, no ponto 1, alínea a), e no ponto 2, alínea a), do artigo 63º, bem como medidas destinadas a prevenir e combater a criminalidade, nos termos da alínea e) do artigo 31º do Tratado da União Europeia; Outras medidas em matéria de asilo, imigração e proteção dos direitos de nacionais de países terceiros, nos termos do artigo 63º; c) Medidas no domínio da cooperação judiciária em matéria civil, previstas no artigo 65º; d) Medidas destinadas a incentivar e reforçar a cooperação administrativa a que se refere o artigo 66º; e) Medidas no domínio da cooperação policial e judiciária em matéria penal, destinadas a assegurar um elevado nível de segurança através da prevenção e combate da criminalidade na União, nos termos do Tratado da União Europeia.

através do qual se pretende conquistar a liberdade de viver num espaço seguro, em que a lei e os direitos humanos fundamentais são respeitados e onde se sabe que as autoridades, isoladamente ou em conjunto, esforçam-se no combate àqueles que possam impedir, por qualquer modo, que esta liberdade se concretize.

2.3.2. Plano de Ação de Viena

Revelando interesse em que as disposições do Tratado de Amesterdão sobre a criação do espaço de Liberdade, Segurança e Justiça tivessem uma aplicação eficaz e com a intenção de maximizar os seus efeitos, o Conselho adotou um plano de ação, concretamente o Plano de Ação sobre a melhor maneira de aplicação das disposições do Tratado de Amesterdão relativas à criação de um espaço de liberdade, segurança e justiça, de 3 de dezembro de 1998, também designado por Plano de Ação de Viena[236], que serviria de guia para a construção do referido espaço.

Nesse plano de ação, esclarecendo o que se espera do *espaço de justiça* em face do novo impulso conferido pelo Tratado de Amesterdão e dos instrumentos que este introduziu, diz-se que *proporcionam a possibilidade de analisar aquilo que o espaço de justiça deve procurar realizar respeitando ao mesmo tempo o facto de que, por razões que se prendem essencialmente com a história e a tradição, os sistemas judiciários apresentam diferenças substanciais entre os Estados-Membros. O grande objetivo consiste em proporcionar aos cidadãos um sentimento comum de justiça em toda a União. A justiça deve ser encarada como um meio de facilitar a vida quotidiana das pessoas e de submeter aos seus procedimentos aqueles que ameaçam a liberdade e a segurança dos indivíduos e da sociedade. Isto implica proporcionar o acesso à justiça e estabelecer plena cooperação entre os Estados-Membros no domínio judicial. O Tratado de Amesterdão fornece um quadro conceptual e institucional para garantir que estes valores sejam defendidos em toda a União. Tanto em matéria civil como plena a rápida ratificação e a efetiva implementação das convenções adotadas são cruciais para alcançar um espaço de justiça* (ponto 15).

Para a construção do espaço de justiça destacamos a preocupação do Conselho com o reforço da cooperação judiciária em matéria civil[237], com

---

[236] JO C 19/1, de 23.01.1999.
[237] O reforço da cooperação judiciária em matéria civil, cujo desenvolvimento foi por muitos considerado demasiado lento, representa uma etapa fundamental na criação de um espaço judiciário europeu que comporte benefícios palpáveis para os cidadãos da União. Os cidadãos

que respeitam a lei têm, com efeito, o direito de esperar que a União simplifique e facilite o seu ambiente judicial. Neste aspeto, princípios como a segurança jurídica e a igualdade no acesso à justiça deverão constituir um objetivo essencial, o que implica uma identificação fácil do órgão jurisdicional competente, uma indicação clara do direito aplicável, a existência de procedimentos judiciais rápidos e equitativos e procedimentos de execução eficazes (ponto 16).
Nesta matéria, o objetivo consiste em simplificar a vida dos cidadãos europeus, melhorando e simplificando as regras e procedimentos de cooperação e comunicação entre autoridades e de execuço de decisões, promovendo a compatibilidade das normas de conflito de leis e das regras de competência e eliminando obstáculos ao bom funcionamento de processos civis num espaço judiciário europeu. Para o efeito, será conveniente melhorar a coordenação das justiças da Europa e o conhecimento dos direitos dos Estados-Membros, nomeadamente em certos processos com dimensões humanas importantes, com impacto na vida quotidiana dos cidadãos (ponto 39).
Quanto às medidas a tomar no prazo de dois anos, foram indicadas: a) Ultimação dos trabalhos relativos à revisão das convenções de Bruxelas e de Lugano, caso estes não tenham sido ainda concluídos; b) Elaboração de um instrumento jurídico sobre a lei aplicável às obrigações extracontratuais (Roma II); c) Início da revisão, se necessário, de certas disposições da convenção sobre a lei aplicável às obrigações contratuais, tendo em conta as disposições especiais sobre normas de conflito de leis noutros instrumentos comunitários (Roma I); d) Análise da possibilidade de se passar a aplicar aos processos civis o princípio da rede judiciária europeia em matéria penal. A existência de pontos de contacto bem individualizados em cada Estado-Membro poderia permitir um maior conhecimento dos direitos dos Estados-Membros e assegurar uma melhor coordenação dos procedimentos em certos processos com dimensões humanas importantes (conflitos parentais transfronteiras, por exemplo), ponto 40.
Nas medidas a cinco anos, indicam-se: a) Análise da possibilidade de elaborar um instrumento jurídico sobre a lei aplicável ao divórcio (Roma III): Após o primeiro passo em matéria de divórcio, consubstanciado por Bruxelas II no domínio da competência e do reconhecimento e execução de decisões, terão de se explorar, com base num estudo aprofundado, as possibilidades de acordar em regras para a determinação da lei aplicável, a fim de evitar o *forum shopping*; b) Análise da possibilidade de se instituírem modelos de resolução não judiciária dos conflitos, especialmente no que diz respeito aos conflitos familiares transfronteiras. Neste contexto, deverá ser analisada a possibilidade de uma mediação como meio para resolver conflitos familiares; c) Análise da possibilidade de se elaborarem instrumentos jurídicos sobre a competência internacional, a lei aplicável, o reconhecimento e a execução de decisões relativas aos regimes matrimoniais e relativas às sucessões. Ao elaborar esses instrumentos, deverá ter-se em conta a relação entre regimes matrimoniais e normas relativas às sucessões, assim como o trabalho que já foi desenvolvido no âmbito da Conferência de Haia sobre direito internacional privado; d) Identificação das regras de processo civil com implicações transfronteiras que é urgente harmonizar a fim de facilitar o acesso dos cidadãos europeus à justiça e análise da possibilidade de se elaborarem medidas complementares adequadas para

o alinhamento dos procedimentos[238] e com os litígios transfronteiras[239], numa demonstração clara de que a justiça é um pilar importante na construção de uma nova Europa e de que o empenho é agora maior, sobretudo com a possibilidade de serem utilizados instrumentos com maior eficácia, à luz da comunitarização desses assuntos.

2.4. Conselho Europeu de Tampere

«Tampere» é um símbolo fundamental nas questões de Liberdade, Segurança e Justiça porque nele foram firmados compromissos essenciais ao prosseguimento dos intentos «cooperacionais» após a sua comunitarização. Em sessão extraordinária, o Conselho Europeu reunido em Tampere, a 15 e 16 de outubro de 1999, manifestou o seu *empenho no desenvolvimento da União enquanto espaço de liberdade, de segurança e de justiça, e enviou uma forte mensagem política para reafirmar a importância deste objetivo e acordou num determinado número de orientações políticas e de prioridades que irão permitir que este*

---

melhorar a compatibilidade dos processos civis. Estas medidas poderão incluir a análise das regras sobre o depósito de garantia para custas de despesas de processo da parte requerida num processo civil, a concessão de assistência jurídica e outros eventuais entraves de natureza económica; e) Melhoria e simplificação da cooperação entre tribunais na recolha de elementos de prova; f) Análise da possibilidade de aproximação de certos domínios do direito civil, como por exemplo a instituição de regras uniformes de direito internacional privado relativas à aquisição de boa-fé de bens móveis corpóreos (ponto 41).

[238] As regras processuais deverão proporcionar, de um modo geral, as mesmas garantias, por forma a assegurar que não haja tratamentos desiguais de um órgão jurisdicional para outro. Em princípio, esta função de garantias processuais adequadas e comparáveis foi já obtida através das salvaguardas da Convenção Europeia para a proteção dos Direitos Humanos e das Liberdades Fundamentais e à sua dinâmica interpretação pelo Tribunal Europeu dos Direitos do Homem, em especial no que se refere aos direitos da defesa nos processos penais. Todavia, afigura-se útil complementar esses princípios básicos através de padrões e códigos de boas práticas em áreas de interesse transnacional e de preocupação comum (por exemplo, interpretação) que poderão ser igualmente alargadas a certas partes da execução das decisões penais, incluindo, por exemplo, a confiscação de bens e aspetos da reintegração dos infratores e do apoio às vítimas (ponto 19).

[239] As dificuldades com que os cidadãos são inevitavelmente confrontados nos litígios transfronteiras, tanto em matéria civil como em matéria penal, deverão ser neutralizadas na medida do possível. Tal implica, por exemplo, simplificar a comunicação de documentos e de informações, utilizar formulários multilingues e criar mecanismos ou redes de assistência e de aconselhamento em processos transnacionais e eventuais regimes de assistência jurídica nesses processos (ponto 20).

espaço seja uma realidade a breve prazo, dizendo-se ainda atento a todo o processo que se venha a desenrolar neste pressuposto. O Conselho Europeu convidou o Conselho e a Comissão a promoverem, em estreita colaboração com o Parlamento Europeu, a implementação plena e imediata do Tratado de Amesterdão com base no Plano de Ação de Viena e nas diretrizes políticas e objetivos concretos que aí fossem acordados.

Foram fixados como «Marcos de Tampere»: a Política Comum da EU em Matéria de Asilo e Migração, um verdadeiro Espaço Europeu de Justiça[240],

---

[240] Quanto a este ponto, as conclusões assentes (B. 28-39) foram as seguintes: 28. Num verdadeiro espaço europeu de justiça, os cidadãos e as empresas não deverão ser impedidos ou desencorajados de exercerem os seus direitos por razões de incompatibilidade ou complexidade dos sistemas jurídicos e administrativos dos Estados-Membros. V. Melhor acesso à justiça na Europa: 29. A fim de facilitar o acesso à justiça, o Conselho Europeu solicita à Comissão que – em cooperação com outras instâncias pertinentes, tais como o Conselho da Europa – lance uma campanha de informação e publique "guias do utilizador" adequados sobre a cooperação judiciária na União e os sistemas jurídicos dos Estados--Membros. O Conselho Europeu insta também à criação de um sistema de informação de fácil acesso, que deverá ser mantido e atualizado por uma rede de autoridades nacionais competentes. 30. O Conselho Europeu convida o Conselho a estabelecer, com base em propostas da Comissão, normas mínimas que assegurem em toda a União um nível adequado de assistência jurídica nos processos transfronteiras, assim como regras processuais comuns específicas para processos judiciais transfronteiras simplificados e acelerados respeitantes a pequenas ações do foro comercial e de consumidores, bem como a ações de pensões de alimentos e a ações não contestadas. Deverão também ser criados, pelos Estados--Membros, procedimentos extrajudiciais alternativos. 31. Devem ser fixadas normas mínimas comuns para os formulários ou documentos multilíngues a utilizar nos processos transfronteiras, que passariam a ser reciprocamente aceites como documentos válidos em todos os processos judiciais na União. 32. No tocante à comunicação da Comissão, deverão ser elaboradas normas mínimas sobre a proteção das vítimas da criminalidade, em especial sobre o seu acesso à justiça e os seus direitos a indemnização por danos, incluindo custas de justiça. Além disso, deverão ser criados programas nacionais para financiar medidas, públicas e não governamentais, de assistência e proteção das vítimas. VI. Reconhecimento mútuo das decisões judiciais. 33. Um maior reconhecimento mútuo das sentenças e decisões judiciais e a necessária aproximação da legislação facilitariam a cooperação entre as autoridades e a proteção judicial dos direitos individuais. Por conseguinte, o Conselho Europeu subscreve o princípio do reconhecimento mútuo que, na sua opinião, se deve tornar a pedra angular da cooperação judiciária na União, tanto em matéria civil como penal. Este princípio deverá aplicar-se às sentenças e outras decisões das autoridades judiciais. 34. Em matéria civil, o Conselho Europeu exorta a Comissão a apresentar uma proposta tendo em vista uma maior redução dos trâmites intermediários que ainda são necessários para o reconhecimento e execução de uma decisão ou sentença no Estado requerido. Como primeiro passo, estes pro-

a Luta Contra a Criminalidade, uma Ação Externa mais Determinada, no pressuposto de que a liberdade, incluindo o direito de livre circulação em toda a União, possa ser disfrutada em condições de segurança e de justiça acessíveis a todos. A partir daqui, foi lançado o percurso para a convergência e compatibilidade entre os sistemas jurídicos dos Estados-Membros.

Focando-nos nalguns aspetos que tocam de perto o nosso tema central, devemos realçar que foi este o momento em que, do ponto de vista institucional, se subscreveu o princípio do reconhecimento mútuo como

cedimentos intermédios deverão ser abolidos no caso das pequenas ações do foro comercial ou de consumidores e para certas sentenças no domínio do direito da família (p. ex., em matéria de pensões de alimentos e direitos de visita). Essas decisões seriam automaticamente reconhecidas em toda a União sem quaisquer procedimentos intermediários ou motivos de recusa de execução. Tal passo poderia ser acompanhado da fixação de normas mínimas sobre aspetos específicos do processo civil. 35. Em matéria penal, o Conselho Europeu insta os Estados-Membros a ratificarem rapidamente as Convenções UE, de 1995 e 1996, relativas à extradição. O Conselho Europeu considera que o procedimento formal de extradição deverá ser abolido entre os Estados-Membros no que diz respeito às pessoas julgadas à revelia cuja sentença já tenha transitado em julgado e substituído por uma simples transferência dessas pessoas, nos termos do artigo 6º do TUE. Dever-se-á também refletir sobre a possibilidade de estabelecer procedimentos de extradição acelerados, sem prejuízo do princípio do julgamento equitativo. O Conselho Europeu convida a Comissão a apresentar propostas sobre esta matéria à luz da Convenção de Aplicação do Acordo de Schengen. 36. O princípio do reconhecimento mútuo deverá ainda aplicar-se aos despachos judiciais proferidos antes da realização dos julgamentos, em especial aos que permitam às autoridades competentes recolher rapidamente as provas e apreender os bens que facilmente podem desaparecer; as provas legalmente obtidas pelas autoridades de um Estado--Membro deverão ser admissíveis perante os tribunais dos outros Estados-Membros, tendo em conta as normas neles aplicáveis. 37. O Conselho Europeu solicita ao Conselho e à Comissão que adotem, até dezembro de 2000, um programa legislativo tendo em vista a implementação do princípio do reconhecimento mútuo. No âmbito deste programa, deverão igualmente ser iniciados trabalhos sobre um título executório europeu e sobre os aspetos do direito processual relativamente aos quais se consideram necessárias normas mínimas comuns para facilitar a aplicação do princípio do reconhecimento mútuo, no respeito dos princípios jurídicos fundamentais dos Estados-Membros. VII. Maior convergência em matéria civil: 38. O Conselho Europeu solicita ao Conselho e à Comissão que preparem nova legislação em matéria processual para os processos transfronteiras, em especial sobre os elementos determinantes para facilitar a cooperação judiciária e reforçar o acesso à justiça, tais como as medidas provisórias, a recolha de provas, as ordens de pagamento em dinheiro e os prazos. 39. No tocante ao direito civil substantivo, solicita-se Conselho que realize um estudo global sobre a necessidade de aproximar as legislações dos Estados-Membros em matéria civil, por forma a eliminar os entraves ao bom funcionamento dos processos civis.

a pedra angular da cooperação judiciária na União e se fez alusão ao título executivo europeu. De facto, extrai-se daqui a necessidade de elaborar um programa legislativo tendo em vista a implementação do princípio do reconhecimento mútuo[241], no âmbito do qual iniciar-se-iam trabalhos sobre um *título executório europeu* e sobre os aspetos do direito processual relativamente aos quais se consideram necessárias normas mínimas comuns para facilitar a aplicação do princípio do reconhecimento mútuo, no respeito dos princípios jurídicos fundamentais dos Estados-Membros.

Também tem aqui a sua origem a Rede Judiciária Europeia em matéria civil e comercial[242], a propósito da recomendação da criação de um sistema de informação de fácil acesso, mantido e atualizado por uma rede de autoridades nacionais competentes. Assim, tentando melhorar o acesso dos cidadãos e das empresas à justiça na Europa, sobretudo quando confrontados com qualquer tipo de litígio «transfronteiras», cria-se uma rede de autoridades nacionais competentes no domínio do direito civil e comercial, composta por representantes das autoridades judiciárias e administrativas dos Estados-membro, que realizam várias reuniões anuais com o intuito de trocar informações e experiências e de reforçar a cooperação entre os Estados-Membros no domínio do direito civil e comercial.

Nessa sequência, foi criado um sítio[243], cujas principais regras de funcionamento constam da referida decisão do Conselho de criação da Rede Judiciária Europeia em matéria civil e comercial, com o objetivo de apresentar um quadro geral dos diferentes sistemas jurídicos no domínio do direito civil e comercial.

---

[241] Deu lugar, posteriormente, ao Projeto de medidas para aplicação do princípio de reconhecimento mútuo das decisões judiciais em matéria civil e mercantil, aprovado pelo Conselho e pela Comissão, de 30 de novembro de 2000 (JO C 12 de 15.01.2001).

[242] Por decisão do Conselho (2001/470/CE), publicada no JO L 174/25 de 27.6.2001. Para análise dos resultados, ver o Relatório da Comissão ao Conselho, ao Parlamento Europeu e ao Comité Económico e Social Europeu sobre a aplicação da Decisão nº 2001/470/CE do Conselho que cria uma rede judiciária europeia em matéria civil e comercial, SEC (2006) 579 (COM/2006/0203 final de 16.05.2006). Ver, também, ESCALADA LÓPEZ, M. L., *Instrumentos Orgánicos de Cooperación Judicial: Magistrados de Enlace, Red Judicial Europea y Eurojust* in "La Cooperación Judicial Civil y Penal en el Ámbito de la Unión Europea: Instrumentos Procesales", *op. cit.*, pp. 97 e ss.

[243] Em http://ec.europa.eu/civiljustice/index_pt.htm.

2.5. A cooperação judiciária e o Tratado de Nice

A revisão dos Tratados constitutivos operada pelo Tratado de Nice teve como motivação primordial a preparação da UE ao alargamento a 25, sobretudo no que respeita ao funcionamento das instituições comunitárias, sem que houvesse necessidade de proceder a alterações no que concerne à matéria da cooperação judiciária civil. Convém, no entanto, referir uma modificação de caráter institucional que veio a ser inserida e que respeita à sujeição destas matérias ao mecanismo de codecisão (Conselho/Parlamento Europeu).

2.6. Programa da Haia

Decorrido o prazo de implementação das medidas acolhidas em Tampere, o Conselho Europeu, reunido em Bruxelas, em novembro de 2004, entendeu fazer uma renovação de intenções e reiterar o seu interesse em prosseguir, com caráter prioritário, o desenvolvimento de um espaço de liberdade, segurança e justiça, aprovando o designado Programa da Haia[244], que versa sobre todos os aspetos das políticas relacionadas com o espaço de liberdade, segurança e justiça e a sua dimensão externa, designadamente os direitos fundamentais e a cidadania, o asilo e a migração, a gestão das fronteiras, a integração, a luta contra o terrorismo e a criminalidade organizada, a justiça e a cooperação policial, bem como o direito civil[245]. Entendeu-se chegada a altura de um novo programa que permitisse à União desenvolver as realizações já conseguidas naquele âmbito e responder eficazmente aos novos desafios que eram colocados.

Nesse documento, o Conselho Europeu regozija-se com os resultados até aí alcançados, reconhecendo que foram lançados os alicerces de uma política comum de asilo e imigração, que se preparou a harmonização dos controlos nas fronteiras e melhorou a cooperação policial, com grandes avanços nos fundamentos da cooperação judiciária assente no princípio do

---

[244] Conclusões da Presidência, em 8 de dezembro de 2004 (14292/1/04 – REV 1) a que se seguiu a Comunicação ao Conselho e ao Parlamento, Programa da Haia: dez prioridades para os próximos cinco anos. Parceria para a renovação europeia no domínio da liberdade, segurança e justiça, COM (2005) 184 final, 10.5.2005.

[245] Sobre este tema ver BENDITO CAÑIZARES, M. T., *El Programa de la Haia. Un Quinquenio para Consolidar el Espacio de Libertad, Seguridad y Justicia*, in "Europa, Europa", LÓPEZ MIRA, A. X.; CANCELA OUTEDA, C. (Coord.), Santiago de Compostela, 2006, pp. 17 e ss.

reconhecimento mútuo das sentenças e decisões judiciais. Assim, concretamente em relação à Justiça, a palavra de ordem foi «Reforçar a Justiça», enaltecendo-se a necessidade de se intensificarem os trabalhos relativos à criação de uma Europa para os cidadãos e o papel fundamental que o estabelecimento de um Espaço Europeu de Justiça desempenhará neste contexto. Às medidas já implementadas deviam acrescentar-se outras, no sentido de facilitar o acesso à justiça e a cooperação judiciária, bem como o recurso pleno ao reconhecimento mútuo. Mais uma vez se afirma que é especialmente importante que as fronteiras entre os países da Europa deixem de constituir um obstáculo à resolução de litígios no domínio do direito civil ou à instauração de ações judiciais e à execução das decisões em matéria civil.

Concretamente em relação à cooperação judiciária civil foram referenciadas duas matérias: «*Facilitar o processo do direito civil transfronteiras*» e «*Reconhecimento mútuo das decisões*». Quanto ao primeiro, na esteira do que já ficou dito, reafirma-se que o principal objetivo nesta área consiste em assegurar que as fronteiras entre países da Europa deixem de constituir um obstáculo à resolução de questões de direito civil ou à instauração de processos em tribunal, assim como à execução de decisões em matéria civil. Quanto ao segundo, estabelece-se a meta de 2011 para concluir a implementação do programa de medidas em matéria de reconhecimento mútuo. Deverão prosseguir de forma determinada os trabalhos relativos aos seguintes projetos: conflito de leis no que se refere às obrigações extracontratuais (Roma II) e às obrigações contratuais (Roma I), Injunção de Pagamento Europeia e instrumentos respeitantes aos sistemas alternativos de resolução de litígios e às pequenas causas, devendo haver cautela quanto aos trabalhos em curso em áreas conexas.

São dadas orientações para ser conferida a maior eficácia aos instrumentos existentes em matéria de reconhecimento mútuo, mediante a normalização dos procedimentos e documentos e a definição de normas mínimas aplicáveis a certos aspectos do direito processual, como a notificação de documentos judiciais e extrajudiciais, a instauração do processo, a execução das decisões e a transparência dos custos.

Por outro lado, a monitorização dos trabalhos do programa de reconhecimento mútuo, com análise criteriosa do funcionamento dos instrumentos adotados deverá nortear a elaboração de novas medidas.

Em matéria de direito da família e de direito das sucessões, a Comissão é convidada a apresentar determinados instrumentos[246], abrangendo questões de direito internacional privado.

É especialmente interessante, como questão conexa, o ponto dedicado ao item «Reforçar a Cooperação», através do qual os Estados-Membros são chamados a designar juízes de ligação ou outras autoridades competentes no próprio país, tendo em vista conseguir um funcionamento harmonioso dos instrumentos que implicam a cooperação de entidades judiciais ou outras. Além disso, a Comissão é convidada a organizar seminários da UE sobre a aplicação do direito comunitário e a promover a cooperação entre membros das profissões jurídicas (como oficiais de justiça e notários), tendo em vista a definição das melhores práticas. Assim se reconhece que não basta «legislar», é preciso envolver e formar todos os operadores de justiça, que serão o veículo de concretização das medidas adotadas.

Mas a agenda política traçada pelo Programa da Haia veio a ter um documento complementar na sua concretização, o denominado Plano de Ação para aplicação do Programa da Haia[247], onde se traça o caminho a seguir num futuro próximo, assumindo-se que *um espaço europeu de justiça não é apenas um espaço em que as decisões judiciais proferidas num Estado-Membro são reconhecidas e aplicadas noutros Estados-Membros, mas antes um espaço em que é garantido o acesso efetivo à justiça para obter e executar as decisões judiciais. Para o efeito, a União deve prever não só regras em matéria de competência, reconhecimento e conflitos de leis, mas também medidas que permitam desenvolver a confiança mútua entre Estados-Membros, estabelecendo normas processuais mínimas e garantindo elevados níveis de qualidade dos sistemas judiciários, principalmente no que serefere à igualdade de tratamento e ao respeito dos direitos da defesa. A compreensão mútua pode ser reforçada através da criação progressiva de uma "cultura judiciária*

---

[246] Um projeto de instrumento sobre o reconhecimento e a execução das decisões relativas às obrigações de alimentos, incluindo as medidas cautelares e a execução provisória; um Livro Verde sobre a resolução de conflitos de leis em matéria de sucessões, incluindo as questões de competência, o reconhecimento mútuo e a execução de decisões neste domínio, uma certidão europeia de direitos sucessórios e um mecanismo que permita ter um conhecimento preciso da existência de testamento ou declaração de últimas vontades de residentes da União Europeia; um Livro Verde sobre a resolução dos conflitos de leis em matéria de regimes matrimoniais, incluindo as questões de competência e reconhecimento mútuo; um Livro Verde sobre a resolução de conflitos de leis em matéria de divórcio (Roma III).

[247] COM 2005 184 final, de 03.06.2005.

europeia", defendida pelo Programa da Haia, baseada na formação e na criação de redes. É também indispensável elaborar uma estratégia coerente no que se refere às relações da UE com os países terceiros e organizações internacionais.

Em particular na justiça civil, apela-se à conclusão do programa de reconhecimento mútuo das decisões em matéria civil e comercial, para além de chamar a atenção para o problema da execução das decisões judiciais e do reconhecimento mútuo de documentos públicos e privados. Já se falava, também, no quadro comum de referência a ser utilizado como instrumento para melhorar a coerência e a qualidade da legislação da União Europeia.

Nesse documento, o método adotado foi no sentido de definir ações concretas e calendário das respetivas medidas[248], com um plano de avalia-

---

[248] Exemplificando algumas dessas medidas: – Proposta de alteração do Regulamento (CE) nº 1348/2000 do Conselho relativo à citação e à notificação dos atos judiciais e extrajudiciais em matérias civil e comercial nos Estados-Membros (2005) – Relatório sobre o funcionamento do Regulamento (CE) nº 1206/2001 do Conselho relativo à obtenção de provas e proposta de alteração, conforme adequado (2007) – Relatório relativo ao funcionamento do Regulamento "Bruxelas I" (2007) proposta de alteração, conforme adequado (2009) – Relatório final de investigação, incluindo um projeto de Quadro comum de referência (2007) – Adoção de um Quadro comum de referência (QCR) para o direito europeu dos contratos (o mais tardar em 2009) Livro Verde relativo às sucessões (2005) – Livro Verde sobre a resolução dos conflitos de leis em matéria de divórcio (Roma III) (2005) – Proposta relativa à resolução de conflitos de leis em matéria de obrigações contratuais (Roma I) (2005) – Proposta relativa às ações de pequeno montante (2005) – Proposta relativa às obrigações de alimentos (2005) – Adoção da proposta de regulamento sobre a lei aplicável às obrigações extracontratuais ("Roma II") (2006) – Adoção do regulamento que cria um procedimento europeu de injunção de pagamento (2006) – Adoção de uma diretiva relativa aos modos alternativos de resolução dos litígios – mediação (2006) – Livro Verde sobre as consequências patrimoniais do casamento e das parcerias (2006) – Livro(s) Verde(s) sobre uma execução eficaz das decisões judiciais (2006-2007) – Livro Verde sobre a abolição/redução da legislação e medidas administrativas para a livre circulação dos documentos (2007) – Livro Verde sobre o reconhecimento mútuo em matéria de estado civil (2008) – Livro Verde sobre a adoção de normas mínimas relativas a alguns aspetos do direito processual (2008) – Avaliação da possibilidade de supressão do exequatur e propostas legislativas, conforme adequado (2008-2010) – Elaboração de um programa específico relativo à cooperação judiciária em matéria civil e comercial (2007) – Conclusão das negociações sobre a Convenção em matéria de eleição do foro (2005) – Proposta relativa à conclusão dos denominados "acordos paralelos" com a Dinamarca, no que se refere a "Bruxelas I" e à citação e notificação dos atos (2005) – Análise da oportunidade de acordos bilaterais entre a UE e países terceiros no que se refere ao auxílio judiciário mútuo (2005--2009) – Proposta relativa à conclusão e assinatura, em nome da Comunidade Europeia, da Convenção do Conselho da Europa relativa ao branqueamento de capitais e ao financiamento

ção associado, numa demonstração clara das reais intenções de êxito no plano adotado.

2.7. O previsto Tratado que estabelece uma Constituição para a Europa

Apesar de o Tratado que estabelece uma Constituição para a Europa (TECE) não ter chegado a entrar em vigor, no contexto já supra exposto, não deixa por isso de ser um marco na história da União Europeia, até porque a entrada em vigor da última revisão aos Tratados constituvos, através do Tratado de Lisboa, trouxe-nos muito daquilo que se construiu na CIG 2004. Por outro lado, o Programa da Haia já havia sido elaborado no pressuposto do projeto do TECE e portanto foi nessa linha que se pretendeu evoluir[249].

A alteração de fundo trazida pelo TECE, que importa aqui referir, com reflexo na matéria da cooperação judiciária consistia na fusão dos pilares comunitários – a chamada «despilarização» – passando a cooperação judicial, civil e penal, a estar regulada em conjunto, como mais uma política comunitária, sob a epígrafe «Espaço de Liberdade, Segurança e Justiça»[250], passando esta expressão a ter integração formal num texto constitutivo. No entanto, apesar dessa fusão, as matérias de natureza civil continuam a ter algum tratamento diferenciado relativamente às questões policiais e penais, sendo estas mais delicadas, sobretudo no que respeita aos procedimentos de decisão[251]. Mesmo assim, notava-se uma tendência para um

---

do terrorismo (2005/2006) – Adesão da Comunidade à Conferência de Haia de Direito Internacional Privado (2006) – Proposta de conclusão de uma nova Convenção de Lugano (2006).

[249] Sobre a Cooperação Judiciária na União Europeia à luz do Tratado que estabelece uma Constituição para a Europa, *vide* BORRÁS, A., *Significado y Alcance del Espacio Judicial Europeo en Matéria Civil: Hacia la Reforma del Título IV TCE, op. cit.*, pp. 11 e ss.; FERNÁNDEZ ROZAS, J. C., *El Espacio de Libertad, Seguridad y Justicia Consolidada por la Constitución Europea, op. cit.*, pp. 1873-1879; JIMENO BULNES, M., *Origen y Evolución de la Cooperación Judicial en la Unión Europea, op. cit.*, pp. 47-53; SIPALA, F., *The Convention on the Future of Europe and the Delivery of an Area of Freedom, Security and Justice*, ERA-Forum, nº 4, 2002, pp. 203 e ss.; VITORINO, A., *O Espaço Europeu de Liberdade, Segurança e Justiça*, Janus, www.janusonline, 2004.

[250] Inserida no Capítulo IV do Título III, da Parte III, correspondente às Políticas da União, concretamente nos arts. III-257 a III-277.

[251] O texto final veio a confirmar a integração das matérias de Justiça e Assuntos Internos num mesmo Título, dedicado ao Espaço de Liberdade, Segurança e Justiça, mas o Grupo X da Convenção Europeia, que se ocupava desse assunto, não partilhava dessa opinião. *Nas suas conclusões pode ler-se, sobre a Cooperação na área do direito civil: O Grupo procedeu a um debate sobre a*

avanço, com o reforço dos poderes da Comissão, que vê ampliadas as suas competências em matérias relacionadas com o espaço de liberdade, segurança e justiça[252].

atual redação do artigo 65º do TCE e, em particular, sobre o facto de este se limitar às medidas "em matéria civil que tenham uma incidência transfronteiriça" e "na medida do necessário ao bom funcionamento do mercado interno". Embora alguns membros tenham posto em causa essas restrições, o Grupo concluiu na sua maioria, após atenta ponderação, que poderão ser mantidas e que a formulação da base jurídica existente é, em termos gerais, apropriada; considera, todavia, que esta base jurídica para a cooperação judiciária em matéria civil poderá, no âmbito da nova estrutura global de um Tratado Constitucional único, ser dissociada das matérias abrangidas pelas políticas de asilo e imigração e de vistos. Importa, além disso, consignar no Tratado o princípio do reconhecimento mútuo das decisões judiciais, que constitui uma pedra angular desta política comum. Por último, o Grupo observa que, por força do Tratado de Nice, todas as medidas respeitantes à cooperação judiciária em matéria civil, com exceção dos aspetos atinentes ao direito da família, ficarão submetidos ao processo de votação por maioria qualificada e codecisão. Alguns membros consideram que este processo deverá ser aplicável a todos os aspetos do direito da família. Após deliberação, o Grupo propõe, na sua maioria, que este processo se aplique também às medidas de cooperação judiciária em matéria de responsabilidade parental. Cfr. Conclusão nº 5 do Relatório final do Grupo de Trabalho sobre o Espaço de Liberdade, Segurança e Justiça (Grupo X), CONV 426/02, Bruxelas, 2 de dezembro de 2002. Ver também BORRÁS, A., *Significado y Alcance del Espacio Judicial Europeo en Matéria Civil: Hacia la Reforma del Título IV TCE, op. cit.*

[252] Com efeito, no âmbito das políticas que são abrangidas pelo chamado Espaço de Liberdade, Segurança e Justiça (arts. III-257º a III-277º, TECE) - tais como controlo de fronteiras, asilo e imigração, cooperação judicial em matéria civil, cooperação judicial em matéria penal, cooperação policial – vigorará o regime regra para adoção das leis e leis-quadro europeias (processo legislativo ordinário descrito no art. 396º), o que significa que a Comissão exercerá também a esse nível o poder de iniciativa, com a apresentação de propostas (art. III-263º, TECE). No entanto, no âmbito da cooperação judiciária em matéria penal e da cooperação policial a Comissão partilha o direito de iniciativa com os Estados-Membros, desde que aquela seja apresentada por um quarto dos mesmos (art. III-264º, TECE). Por sua vez, na cooperação judiciária em matéria civil há ainda a referir um caso de exceção à aplicabilidade do processo legislativo ordinário, o qual diz respeito às medidas relativas ao direito da família com incidência transfronteiriça, para estas exige-se que sejam estabelecidas por lei ou lei-quadro europeia do Conselho, deliberada por unanimidade, após consulta ao Parlamento Europeu (art. III-269º, nº 3, TECE). As especificidades nesta matéria do poder de iniciativa da Comissão continuam presentes também na área da Política Externa e de Segurança Comum. Realmente, as leis e leis-quadro europeias estão vedadas a esta área (art. I-40º, nº 6, TECE) e dispõe o art. III--300º do mesmo Tratado que as decisões europeias a que se refere o capítulo referente à PESC são adotadas pelo Conselho, deliberando por unanimidade. Convém, no entanto, esclarecer que a PESC passará a estar integrada no Título V, que se reporta à Ação Externa da União, mas nas outras políticas que aí são agrupadas já têm espaço as leis e leis-quadro europeias, designadamente a Política Comercial Comum, a Cooperação com os Países Terceiros – para

Em especial em matéria de cooperação judiciária civil (art. III-269º[253]), em nada nos afastávamos do rumo que a União pretende seguir, na linha do princípio do reconhecimento mútuo, aproximação das legislações internas e confiança mútua entre os Estados.

2.8. O Tratado de Lisboa

Os objetivos relacionados com a cooperação judiciária civil e a intenção de dar continuidade a essa política foram objeto do Conselho Europeu que antecedeu o Tratado de Lisboa[254], reunido em Bruxela, a 14 de dezembro de 2007. Nessa altura, reafirmou-se a necessidade de melhorar o acesso à justiça na União Europeia, utilizando procedimentos simplificados, mais eficientes e acessíveis, reconhecendo as realizações no domínio da justiça eletrónica (E-justice) e apelando à continuação dos trabalhos. Por outro lado, enalteceu-se o papel do acordo político obtido quanto à diretiva relativa a certos aspetos da mediação em matéria civil e comercial – instru-

---

o Desenvolvimento, Económica, Financeira e Técnica – e a Ajuda Humanitária (cfr. arts. III-315º, nº 2, 317º, nº 1, 319º, nº 2, 321º, nº 3, TECE), sendo que nestas áreas a Comissão está autorizada a apresentar propostas em conjunto com o Ministro dos Negócios Estrangeiros (art. III-293º, nº 2, TECE).

[253] O teor da disposição proposta era o seguinte: *1. A União desenvolve uma cooperação judiciária nas matérias civis com incidência transfronteiriça, assente no princípio do reconhecimento mútuo das decisões judiciais e extrajudiciais. Essa cooperação pode incluir a adoção de medidas de aproximação das disposições legislativas e regulamentares dos Estados-Membros. 2. Para efeitos do n.o 1, nomeadamente quando tal seja necessário para o bom funcionamento do mercado interno, a lei ou lei-quadro europeia estabelece medidas destinadas a assegurar: a) O reconhecimento mútuo entre os Estados-Membros das decisões judiciais e extrajudiciais e a respetiva execução; b) A citação e notificação transfronteiriça dos atos judiciais e extrajudiciais; c) A compatibilidade das normas aplicáveis nos Estados-Membros em matéria de conflitos de leis e de jurisdição; d) A cooperação em matéria de obtenção de meios de prova; e) O acesso efetivo à justiça; f) A eliminação dos obstáculos à boa tramitação das ações cíveis, promovendo, se necessário, a compatibilidade das normas de processo civil aplicáveis nos Estados-Membros; g) O desenvolvimento de métodos alternativos de resolução dos litígios; h) O apoio à formação dos magistrados e dos funcionários e agentes de justiça. 3. Em derrogação do n.o 2, as medidas relativas ao direito da família com incidência transfronteiriça são estabelecidas por lei ou lei-quadro europeia do Conselho. Este delibera por unanimidade, após consulta ao Parlamento Europeu. O Conselho, sob proposta da Comissão, pode adotar uma decisão europeia que determine os aspetos do direito da família com incidência transfronteiriça, passíveis de serem objeto de atos adotados de acordo com o processo legislativo ordinário. O Conselho delibera por unanimidade, após consulta ao Parlamento Europeu.*

[254] Sobre as linhas orientadoras dos novos tratados, ver ENÉRIZ OLAECHEA, F. J., *Hacia un Nuevo Derecho de la Unión Europea*, U. E. Aranzadi, 2007, pp. 5 e ss.

mento que facultará aos cidadãos e às empresas o acesso a um mecanismo alternativo de resolução de litígios que lhes permitirá resolver eficazmente os seus litígios transfronteiriços – e quanto ao regulamento relativo à lei aplicável às obrigações contratuais (Roma I). Além disso, apelou-se à busca de soluções para o regulamento relativo à competência e à lei aplicável em matéria matrimonial (Roma III), assim como para se chegar a acordo sobre o regulamento relativo às obrigações alimentares, tendo em conta o acordo quanto à Convenção sobre a Cobrança Internacional de Alimentos em benefício dos Filhos e de outros Membros da Família, que entretanto se concretizou. Por fim, congratula-se com a assinatura da nova Convenção de Lugano[255] relativa à competência judiciária, ao reconhecimento e à execução de decisões em matéria civil e comercial e apela à sua rápida ratificação[256]. Depois da entrada em vigor da nova Convenção de Lugano, também designada "Lugano II", teremos uma maior uniformização das regras relativas à competência judiciária, ao reconhecimento e à execução de decisões em matéria civil e comercial, na medida em que as regras aplicáveis aos Estados-Membros da União Europeia serão idênticas às aplicáveis à Dinamarca, à Islândia, à Suíça e à Noruega.

A aprovação do Tratado de Lisboa corroborou o interesse pela construção do Espaço de Liberdade, Segurança e Justiça sem fronteiras internas, onde seja assegurada a livre circulação de pessoas, em conjugação com medidas adequadas em matéria de controlos na fronteira externa, de asilo e imigração, bem como de prevenção da criminalidade e combate a este fenómeno. Aliás, estas matérias passaram a integrar as políticas da União e com isso comungaram do fenómeno da comunitarização, até aqui exclusivo da cooperação judiciária em matéria civil e comercial. Assim, conforme já acordado na CIG de 2004 e no seguimento do que já havia sido plasmado

---

[255] A Comissão negociou a referida convenção, em nome da Comunidade, com a Islândia, a Noruega, a Suíça e a Dinamarca. Essa convenção foi assinada, em nome da Comunidade, em 30 de outubro de 2007, em conformidade com a Decisão 2007/712/CE do Conselho (JO L 339, 21.12.2007). Ver, também, Relatório Explicativo da Convenção relativa à competência judiciária, ao reconhecimento e à execução de decisões em matéria civil e comercial, assinada em Lugano, em 30 de outubro de 2007, do Professor Fausto Pocar (JO C 319, 23.12.2009).

[256] O Conselho vem a tomar decisão, nesse sentido, através da Decisão do Conselho, de 27 de novembro de 2008, relativa à celebração da Convenção relativa à competência judiciária, ao reconhecimento e à execução de decisões em matéria civil e comercial, JO L 147/1, 10.6.2009.

no Tratado que estabelece uma Constituição para a Europa, o Título IV, sobre Vistos, Asilo, Imigração e outras Políticas relativas à Livre Circulação de Pessoas, é substituído pelo Título VI denominado "O Espaço de Liberdade, Segurança e Justiça", inserido na Parte III do Tratado sobre o Funcionamento da União Europeia[257], sobre as Políticas e Ações Internas da União. O referido Título VI é integrado pelos capítulos seguintes: Disposições gerais (1); Políticas relativas aos controlos nas fronteiras, ao asilo e à imigração (2); Cooperação judiciária em matéria civil (3); Cooperação judiciária em matéria penal (4); Cooperação policial (5).

Para concretização da política de cooperação judiciária em matéria civil, o nº 4 do art. 67º dispõe que a União facilita o acesso à justiça, nomeadamente através do princípio do reconhecimento mútuo das decisões judiciais e extrajudiciais em matéria civil. Essa matéria passa a reger-se pelo art. 81º[258] e são intergradas, de forma expressa, outras áreas de intervenção,

---

[257] Nova denominação do anterior Tratado que institui a Comunidade Europeia.

[258] Cuja redação tem o teor seguinte: "1. A União desenvolve uma cooperação judiciária nas matérias civis com incidência transfronteiriça, assente no princípio do reconhecimento mútuo das decisões judiciais e extrajudiciais. Essa cooperação pode incluir a adoção de medidas de aproximação das disposições legislativas e regulamentares dos Estados-Membros. 2. Para efeitos do nº 1, o Parlamento Europeu e o Conselho, deliberando de acordo com o processo legislativo ordinário, adotam, nomeadamente quando tal seja necessário para o bom funcionamento do mercado interno, medidas destinadas a assegurar: a) O reconhecimento mútuo entre os Estados-Membros das decisões judiciais e extrajudiciais e a respetiva execução; b) A citação e notificação transfronteiriça dos atos judiciais e extrajudiciais; c) A compatibilidade das normas aplicáveis nos Estados-Membros em matéria de conflitos de leis e de jurisdição; d) A cooperação em matéria de obtenção de meios de prova; e) O acesso efetivo à justiça; f) A eliminação dos obstáculos à boa tramitação das ações cíveis, promovendo, se necessário, a compatibilidade das normas de processo civil aplicáveis nos Estados-Membros; g) O desenvolvimento de métodos alternativos de resolução dos litígios; h) O apoio à formação dos magistrados e dos funcionários e agentes de justiça. 3. Em derrogação do nº 2, as medidas relativas ao direito da família que tenham incidência transfronteiriça são estabelecidas pelo Conselho, deliberando de acordo com um processo legislativo especial. O Conselho delibera por unanimidade, após consulta ao Parlamento Europeu. O Conselho, sob proposta da Comissão, pode adotar uma decisão que determine os aspetos do direito da família com incidência transfronteiriça, passíveis de serem objeto de atos adotados de acordo com o processo legislativo ordinário. O Conselho delibera por unanimidade, após consulta ao Parlamento Europeu. A proposta a que se refere o segundo parágrafo é comunicada aos Parlamentos nacionais. Em caso de oposição de um Parlamento nacional notificada no prazo de seis meses após a comunicação, a decisão não é adotada. Se não houver oposição, o Conselho pode adotar a decisão."

como: o acesso efetivo à justiça; o desenvolvimento de métodos alternativos de resolução dos litígios; o apoio à formação dos magistrados e dos funcionários e agentes de justiça, indo ao encontro das conclusões do Conselho Europeu de dezembro de 2007.

Como se vê, ultrapassado que foi o processo de ratificação do Tratado de Lisboa, sempre se concretizou a integração dos assuntos de justiça e assuntos internos nas políticas da União, com as prerrogativas que daí advêm[259]. Foi mais um passo, num caminho que tem sido longo e penoso.

2.9. Programa de Estocolmo

Ao Programa da Haia seguiu-se o Programa de Estocolmo[260], sob o título "Uma Europa aberta e segura que sirva e proteja os cidadãos", no qual se prevê o programa plurianual (para o período de 2010 a 2014) relativo ao desenvolvimento de um espaço de liberdade, segurança e justiça, que se pretende seja reforçado e centrado nos interesses e necessidades dos cidadãos[261]. O objetivo é a realização de um espaço europeu de justiça onde seja ultrapassada a fragmentação atual, dando prioridade a mecanismos destinados a facilitar o acesso das pessoas à justiça, para que possam fazer valer os seus direitos em toda a União. Deverá também ser melhorada a cooperação entre os profissionais do foro e a sua formação, havendo ainda que mobilizar meios para suprimir os entraves ao reconhecimento dos atos jurídicos noutros Estados-Membros.

Ao nível da cooperação judiciária em matéria civil, para o que importa ao nosso tema, manifestou-se que será dada prioridade à continuação do processo de abolição de todas as medidas intermédias (o *exequatur*) e, ao mesmo tempo, que esse processo deverá ser acompanhado de uma série de salvaguardas, sejam medidas relativas ao direito processual ou às regras de

---

[259] Mas com algumas cautelas no âmbito do Direito da Família. Além disso, a Dinamarca continua afastada, por regra, das matérias relacionadas com o espaço liberdade, segurança e justiça, conforme Protocolo anexo, sobre a posição da Dinamarca. Esse Protocolo foi também alvo de alteração através do Tratado de Lisboa, alargando-se as possibilidades de a Dinamarca vir a aderir a esta política.

[260] JO C 115/01, 4.5.2010. Sobre o Programa de Estocolmo, ver IRUJO AMEZAGA, M., *Programa de Estocolmo y su Impacto en el Espacio Civil y mercantil*, U. E. Aranzadi, num. 6/2010.

[261] Para consultar o Plano de Ação de aplicação do Programa de Estocolmo, ver COM (2010) 171 final, 20.4.2010.

conflito de leis. Além disso, pretende-se que o reconhecimento mútuo seja alargado a novas matérias ainda não abrangidas mas essenciais para a vida quotidiana, tais como as sucessões e os testamentos, os regimes matrimoniais e as consequências patrimoniais da separação dos casais, tendo sempre em consideração os sistemas jurídicos, incluindo a ordem pública, e as tradições nacionais dos Estados-Membros neste domínio.

Por outro lado, entendeu-se que se devia continuar o processo de harmonização das regras de conflito de leis a nível da União, designadamente nos domínios em que se afigurar necessário – como é o caso da separação e do divórcio. Acrescenta-se, também, que este processo poderá incluir ainda o domínio do direito das sociedades, os contratos de seguros e garantias.

Conscientes da dispersão legislativa, chama-se a atenção para a importância da consolidação dos instrumentos até agora adotados no domínio da cooperação judiciária em matéria civil, devendo ser aumentada a coerência da legislação da União mediante a simplificação dos instrumentos existentes. O objetivo deverá ser o de assegurar a coerência e a fácil aplicabilidade desses instrumentos, garantindo assim uma maior eficácia e uniformidade de aplicação.

Mais concretamente em relação à abolição do *exequatur*, o Conselho Europeu salienta que ainda é necessário melhorar a eficácia dos instrumentos da União neste domínio. E que a abolição do *exequatur* será acompanhada por uma série de salvaguardas, especialmente no tocante às sentenças proferidas à revelia, que podem ser medidas relativas ao direito processual ou às regras de conflito de leis (como o direito de audição, a notificação de atos, o tempo necessário para dar pareceres). Afirma-se, ainda, que o principal objetivo na área do direito processual civil consiste em impedir que as fronteiras entre os Estados-Membros sejam um obstáculo à resolução de questões de direito civil, à instauração de processos em tribunal e à execução de decisões em matéria civil.

2.10. Considerações finais
Não somos euro-céticos, mas também não vivemos na ilusão de termos já alcançado um verdadeiro espaço europeu de justiça, que é talvez um dos maiores desafios da União Europeia.

Amesterdão e Tampere trouxeram um grande avanço, mas as respostas concretas aos desafios lançados tardaram a consolidar-se. A avaliar pelos comentários do Comité Económico e Social Europeu[262] para o desempenho da União Europeia entre Tampere I e Tampere II, *o balanço global é insuficiente*. Muitos dos objetivos específicos acordados em Tampere não foram cumpridos e a qualidade de muitas das políticas adotadas ficou aquém da esperada. Críticas que são mais acutilantes quanto aos aspetos relacionados com o espaço de liberdade e segurança. O Programa da Haia também não ficou isento de críticas, designadamente pela falta de ambição e de caráter inovador[263].

No plano da Justiça, as dificuldades são conhecidas: a falta de confiança, as diferenças entre os sistemas jurídicos dos Estados Membros e a ausência de um conhecimento pleno e recíproco dos respetivos sistemas continuam a obstar a uma visão transfronteiriça nestas políticas e a uma consolidação da cooperação judicial ao nível europeu[264]. Mesmo assim, o Programa da Haia não surpreendeu com novas medidas e propostas jurídicas, mostrando-se, de um modo geral, menos ambicioso do que o Programa plurianual definido em Tampere. Em vez de ser criativo, o Programa deu maior importância ao estabelecimento de um sistema de avaliação objetivo e imparcial e à aplicação de medidas já existentes atinentes à justiça, respeitando a independência do poder judicial[265].

---

[262] No Parecer sobre a *"Comunicação da Comissão ao Conselho e ao Parlamento Europeu – Programa da Haia: dez prioridades para os próximos cinco anos – Parceria para a renovação europeia no domínio da liberdade, segurança e justiça"*, de 15 de dezembro de 2005.

[263] Rezava assim o Parecer do Comité Económico e Social Europeu (3.6 a 3.9): *O Programa da Haia veio assumir a difícil tarefa de consolidar e impulsionar a criação de um espaço comum de liberdade, segurança e justiça. Os desafios são vários e complexos. Ao contrário de Tampere, o Programa da Haia não inclui políticas inovadoras, sendo pouco ambicioso e baseando-se na necessidade de aplicar e avaliar de forma mais efetiva as políticas existentes no domínio da liberdade, segurança e justiça. Também não proporciona os instrumentos necessários para superar com êxito as barreiras à maior convergência das políticas. O CESE considera que, devido à fraca ambição do Programa da Haia, não se alcançará um marco legislativo coerente, de qualidade, global e efetivo que garanta "um equilíbrio adequado entre liberdade, segurança e justiça". As referidas barreiras mantêm as suas raízes nas políticas dos Estados Membros: a falta de eficácia, solidariedade, transparência, confiança mútua, proporcionalidade e equilíbrio entre liberdade, segurança e justiça.*

[264] Ponto 4.3.2 do Parecer do Comité Económico e Social Europeu.

[265] Apesar de tudo, também há vozes otimistas que apresentam um saldo positivo no que respeita ao balanço feito ao Espaço de Liberdade, Segurança e Justiça, sobretudo tendo em consideração o sistema de acompanhamento e os objetivos alcançados. Sem que, no entanto, deixem de reconhecer que o grau de ambição inicial foi travado por dificuldades de caráter institucional e, por vezes, por um insuficiente consenso político. Cfr. BENDITO CAÑIZARES,

Como conclui TENREIRO, *o espaço europeu em matéria de justiça civil é um projeto para as próximas décadas. Ele exige muito trabalho e dedicação, mas ele exige sobretudo ambição e coragem para que não nos demos satisfeitos com «meias medidas», instrumentos com títulos ronronantes mas imperfeitos, que realizariam em teoria os objetivos fixados mas seriam fontes de desilusão para as empresas e para os cidadãos europeus*[266].

Com o Programa de Estocolmo fez-se um novo balanço nesta matéria e foi dado muito ênfase na tónica «cidadãos europeus», ou seja, colocando o cidadão no centro da questão da cooperação judiciária, com apelo à aproximação dos documentos, dos ordenamentos e dos profissionais do foro. Também se realça o papel das normas de conflito, como auxiliares na obtenção dos objetivos propostos.

Em face dos propósitos reiterados em Estocolmo, devemos enaltecer as intenções mas também estar conscientes das dificuldades dos desafios, sobretudo as emergentes dos diferentes regimes internos. Por isso, o processo de cooperação tem que ser mais inclusivo e envolver mais os Estados-Membros, sobretudo para haver mais recetividade das medidas adotadas. De que serve ter os instrumentos se depois eles não são acolhidos e os profissionais forenses não são capazes de lhes dar resposta? É que a existência de legislação, só por si, não resolve todos os problemas, apenas nos faz pensar que eles podem ser ultrapassados.

Quanto à abolição do *exequatur*, por sua vez, ficou assente que essa tarefa tem que ser acompanhada da harmonização dos mínimos ou *standards* processuais, como requisito prévio do reconhecimento mútuo. O problema (ou desafio) recairá, no entanto, em saber que mínimos é que são pretendidos e em evitar que saiam beliscados os direitos fundamentais dos cidadãos.

E tem sido este o «estado das coisas». Com medidas adotadas mas em velocidade cruzeiro no que concerne à verdadeira consciencialização e participação ativa e motivada dos operadores judiciários. A tão apregoada confiança mútua e a ideia de uma cultura judicial comum na União Europeia não se criam apenas no «papel», sobretudo quando a diversidade de tradições e culturas jurídicas contrariam o progresso real e sólido do dese-

---

M. T., *El Programa de la Haia. Un Quinquenio para Consolidar el Espacio de Libertad, Seguridad y Justicia, op. cit.*, p. 34.

[266] Cfr. TENREIRO, M., *O Espaço Europeu de Justiça Civil in* PINHEIRO, L. L. (Dir.), "Seminário Internacional sobre a Comunitarização do Direito Internacional Privado, Coimbra, 2005, p. 43.

jado espaço comum de justiça[267]. Teremos que estimular a mudança de mentalidades, confiantes na obtenção dos resultados, a bem da cidadania europeia e do desenvolvimetno do mercado interno. Porque a preservação da identidade de cada regime é um valor a defender mas não ao ponto de criar desvantagens aos cidadãos.

As instituições têm dado um sinal positivo com o seu incansável trabalho, na expectativa de corresponder às necessidades dos cidadãos e de defender os seus direitos, logrando atingir um elevado estado de maturidade no acesso ao direito – numa aceção global – pois as situações plurilocalizadas não podem impedir as pessoas de exercerem os seus direitos. E para tudo isto, a vontade política é fundamental mas não suficiente, porque o «tempo» e o «dinheiro» vão, certamente, dominar as escolhas.

3. Definição e objetivos

Nas relações de direito privado internacionais, ou seja, aquelas situações que extravasam as fronteiras de cada Estado, o exercício do direito de ação encerra em si uma série de obstáculos, ainda que atenuados ao longo do tempo, os quais passam por questões que vão desde o acesso à justiça até à execução de decisões, passando pela notificação de atos judiciais e pela obtenção de prova[268].

Na União Europeia, a cooperação judiciária em matéria civil tem a tarefa de contribuir para uma colaboração próxima entre as autoridades dos Estados-Membros a fim de eliminar quaisquer obstáculos decorrente das incompatibilidades existentes entre os diferentes sistemas judiciários e administrativos. Entendida como "questão de interesse comum", foi

---

[267] A União Europeia sempre lançou apelos no sentido de sensibilizar os cidadãos e as instituições para esta realidade do Espaço Europeu de Justiça. Para o efeito, houve até um programa específico, designado Justiça Civil, no âmbito do Programa Geral Direitos Fundamentais e Justiça, para o período de 2007 a 2013 (Decisão nº 1149/2007/CE do Parlamento Europeu e do Conselho, de 25 de setembro de 2007, JO L 257 de 3.10.2007). Este programa sucedeu ao Quadro Geral Comunitário de Atividades para Facilitar a Cooperação Judiciária em Matéria Civil (Regulamento (CE) nº 743/2002 do Conselho, de 25 de Abril de 2002, JO L 115 de 1.5.2002), que vigorou de 2002 a 2006.

[268] Uma exposição destes obstáculos e alusão às soluções (embora reportadas ao tempo do texto) pode consultar-se em Droz, G.A.L., *Les Droits de la Demande dans les Relations Privées Internationales*, in "Travaux Du Comité Français de Droit International Privé", Paris, 1996, pp. 97 e ss.

inicialmente conduzida por convenções internacionais, até ser "comunitarizada", e esteve sempre associada à livre circulação de pessoas[269]. É evidente que a nova forma de intervenção da União Europeia em matéria de cooperação judiciária civil acabou por ter interferência nas relações transfronteiriças com terceiros Estados, forçando a uma visão mais alargada das relações da União Europeia com o resto do mundo e a uma diferente evolução quanto à legitimidade para a criação e celebração dos instrumentos utilizados nessa matéria[270].

Relativamente ao conceito ou definição legal da expressão «cooperação judiciária em matéria civil», não existe uma definição no Tratado. A única forma de a caracterizar é através dos instrumentos legais existentes e da enumeração incluída na disposição legal de referência, ou seja, o art. 81º do Tratado sobre o Funcionamento da União Europeia[271]. Além do mais,

---

[269] Essa comunitarização deu origem à transformação em Regulamentos de quatro convenções europeias, relacionadas com a matéria da insolvência, a da competência, a do reconhecimento e execução de decisões em matéria matrimonial e de responsabilidades parentais, a da notificação de atos judiciais e extrajudiciais e a da competência, reconhecimento e execução de decisões em matéria civil e comercial. Ver BRUNEAU, C., *Le Traité d'Amsterdam et la Coopération Judiciaire en Matière Civile (Transformation en Règlements Communautaires de Quatre Conventions Européennes)*, "La semaine Juridique", 2000, nº 43-44, pp. 1955 e ss.

[270] Cfr. BASEDOW, J., *The Communitarisation of the Conflict of Laws under the Treaty of Amsterdam*, CMLR, 2000, pp. 687 e ss.; BORRÁS, A., *La Proyeccion Externa de la Comunitarizacion del Derecho Internacional Privado: Los Datos del Problema*, "La Ley", 2002, nº 5611, pp. 1657 e ss.; NUYTS, A.; WATTÉ, N. (Dir.), *International Civil Litigation in Europe and Relations with Third States*, Bruxelles, 2005; especialmente, HATZIMIHAIL, N., *General Report: Transnational Civil Litigation Between European Integration and Global Aspirations*, pp. 595 e ss. Um exemplo concreto dessa mudança diz respeito ao entendimento de que a União Europeia tem competência exclusiva para celebração de determinados acordos internacionais, afetando-se assim a concomitante competência dos Estados-Membros. Foi este o sentido do Parecer 1/03 do Tribunal de Justiça (Tribunal Pleno) de 7 de fevereiro de 2006, onde se concluiu nos termos seguintes: *A celebração da nova Convenção de Lugano relativa à competência judiciária, ao reconhecimento e à execução de decisões em matéria civil e comercial é inteiramente da competência exclusiva da Comunidade Europeia*. Sobre este assunto ver, também, GUZMÁN ZAPATER, M., *Competencia de la Unión Europea para Concluir Tratados Internacionales en Materia de Derecho Internacional Privado (a Propósito del Dictamen del TJCE 1/2003, de 7 Febrero 2006)*, "Revista Eletrónica de Estudios Internacionales" (www.reei.org), 2007; LEIBLE, S.; STAUDINGER, A., *El Articulo 65 TCE: Carta Blanca de la Comunidad Europea para la Unificación del Derecho Internacional Privado y Procesal?*, AEDIPr, 2001, pp. 111-114.

[271] Esta disposição veio substituir o art. 65º do TCE. Para um estudo mais aprofundado do seu conteúdo e das implicações inerentes à concretização das suas finalidades, consultar LEIBLE, S.; STAUDINGER, A., *ibidem*, pp. 89 e ss.

a dificuldade está relacionada com o facto de esta matéria resultar do cruzamento das áreas de Direito Processual, Direito Internacional Privado e Direito Europeu, num proveitoso esforço interdisciplinar[272].

Decompondo a referida disposição de direito comunitário originário que sustenta esta matéria, verificamos que a União Europeia se propõe continuar a desenvolver uma cooperação judiciária nas matérias civis com incidência transfronteiriça assente no já incontornável princípio do reconhecimento mútuo das decisões judiciais e extrajudiciais. Essa cooperação passará, como tem vindo a acontecer, pela adoção de medidas de aproximação das disposições legislativas e regulamentares dos Estados-Membros e, além disso, pela criação de medidas[273] destinadas a assegurar:

a) *O reconhecimento mútuo entre os Estados-Membros das decisões judiciais e extrajudiciais e a respetiva execução;*
b) *A citação e notificação transfronteiriça dos atos judiciais e extrajudiciais;*
c) *A compatibilidade das normas aplicáveis nos Estados-Membros em matéria de conflitos de leis e de jurisdição;*
d *A cooperação em matéria de obtenção de meios de prova;*

---

[272] Sobre as diculdades de conceptualização da expressão «Cooperação Judiciária Civil», ver STORSKRUBB, E., *Civil Procedure and EU Law. A Policy Area Uncovered*, op. cit., pp. 9-12. A autora salienta que uma das críticas apontadas está associada ao facto de a expressão incluir o termo «Judiciário», que se afigura redutor para refletir o verdadeiro âmbito deste objetivo comunitário, o qual vai além das questões judiciárias, ou seja, relacionadas com a atuação do e nos Tribunais. Escapa, assim, a área do direito substantivo. Por seu lado, há países como a Finlândia e a Suécia, que adotam expressões como «legal cooperation», cometendo o erro inverso, isto é, desprezando as questões relacionados com os Tribunais e os procedimentos judiciais, que são fundamentais nesta área.

[273] Estas medidas são adotadas pelo Parlamento Europeu e pelo Conselho, deliberando de acordo com o processo legislativo ordinário. Porém, as medidas relativas ao direito da família que tenham incidência transfronteiriça são estabelecidas pelo Conselho, deliberando de acordo com um processo legislativo especial. Assim, o Conselho delibera por unanimidade, após consulta ao Parlamento Europeu. Pode ainda o Conselho, sob proposta da Comissão (esta proposta é comunicada aos Parlamentos nacionais, que podem inviabilizar a decisão no caso de manifestarem a sua oposição, notificada no prazo de seis meses após a comunicação. Se não houver oposição, o Conselho pode adotar a decisão), tomar uma decisão que determine os aspetos do direito da família com incidência transfronteiriça passíveis de serem objeto de atos adotados de acordo com o processo legislativo ordinário. O Conselho delibera por unanimidade, após consulta ao Parlamento Europeu.

e) O acesso efetivo à justiça;
f) A eliminação dos obstáculos à boa tramitação das ações cíveis, promovendo, se necessário, a compatibilidade das normas de processo civil aplicáveis nos Estados-Membros;
g) O desenvolvimento de métodos alternativos de resolução dos litígios;
h) O apoio à formação dos magistrados e dos funcionários e agentes de justiça.

Cada uma destas vertentes tem já trabalho desenvolvido, que se intensificou no período pós-Amesterdão, em resultado da comunitarização desta matéria, procurando-se não só encontrar novas formas de cooperação, mas também adaptar as já existentes Convenções Internacionais aos mecanismos comunitários. O espólio de matérias em sede de cooperação judiciária civil está cada vez mais rico, demonstrando a ousadia e o empenho comunitário neste assunto.

4. Âmbito da cooperação judiciária em matéria civil e comercial

Sem pretendermos ser exaustivos, até porque em matéria de direito europeu a evolução das questões surge a uma velocidade assustadora, mesmo com cumprimento de todos os trâmites e procedimentos legalmente previstos, além das consultas e dos Livros Verdes e Livros Brancos que se vão sucedendo, vejamos as áreas de incidência das ações comunitárias.

Recapitulando, as áreas essenciais de intervenção passam pelo reconhecimento mútuo das decisões judiciais e extrajudiciais e respetiva execução; pela citação e notificação transfronteiriça dos atos judiciais e extrajudiciais; pela compatibilidade das normas aplicáveis em matéria de conflitos de leis e de jurisdição; pela cooperação na obtenção de meios de prova; pelo acesso efetivo à justiça; pela eliminação dos obstáculos à boa tramitação das ações cíveis; pelo desenvolvimento de métodos alternativos de resolução dos litígios e pelo apoio à formação dos magistrados e dos funcionários e agentes de justiça. São estas as componentes consideradas necessárias para o saudável crescimento da União Europeia, também como Espaço de Justiça.

4.1. Reconhecimento mútuo das decisões judiciais e extrajudiciais e respetiva execução

Desde sempre que a matéria do reconhecimento e execução de decisões judiciais estrangeiras[274] foi uma preocupação dos Estados. Saber se uma qualquer decisão estrangeira produz todos os seus efeitos na ordem jurídica interna ou se essa decisão é exequível nos tribunais nacionais é uma questão relevante e cada vez mais pertinente, atenta a globalização, que, só por si, arrastou e arrasta o crescimento do número de situações plurilocalizadas[275]. Por isso, cada Estado tem a preocupação de inserir, no seu ordenamento jurídico, ainda que sem prejuízo de convenções ou tratados internacionais ou da legislação europeia, disposições em matéria de reconhecimento e execução de sentenças estrangeiras. No caso português, a revisão de sentenças estrangeiras é objeto de um processo especial, previsto nos arts. 1094º a 1102º, C.P.C., regime que apenas se aplica se não houver convenções, tratados ou regulamentos comunitários nesta matéria e cuja decisão pertence ao Tribunal da Relação do distrito judicial em que esteja domiciliada a pessoa contra quem se pretende fazer valer a sentença. No caso espanhol, apesar de a LEC de 2000 ter previsto a criação de uma Lei sobre Cooperação Jurídica Internacional em Matéria Civil – disposição final vigésima da Lei 1/2000, de 7 de janeiro, onde se lê: *En el plazo de seis meses a contar desde la fecha de entrada en vigor de esta Ley, el Gobierno remitirá a las Cortes Generales un proyecto de Ley sobre cooperación jurídica internacional en materia civil* – ainda se aplicam os arts. 955º e ss., da LEC de 1881, de onde

---

[274] Estas são as duas vertentes do chamado reconhecimento em sentido amplo, que significa a atribuição a um ato externo de relevância na ordem jurídica interna. Tanto podem estar em causa efeitos desencadeados pela decisão externa segundo um Direito estrangeiro ou não-estadual (reconhecimento de efeitos, como caso julgado, formação de título registrável, alteração da ordem jurídica por efeito de sentença em ação declarativa constitutiva), como a "execução" da decisão externa, ou seja, a atribuição de força executiva que assiste a um ato interno equivalente (*exequatur*). Sobre esta noção vide: GARAU SOBRINO, F. F., *Leciones de Derecho Procesal Civil Internacional*, Palma, 2003, pp. 121 e ss.; PINHEIRO, L. L., *Direito Internacional Privado. Competência Internacional e Reconhecimento de Decisões Estrangeiras*. Vol. III., Coimbra, 2002, pp. 231-235; SÁNCHEZ JIMÉNEZ, M. A., *Ejecución de Sentencias Extranjeras en España: Convenio de Bruselas de 1968 y Procedimiento Interno*, Granada, 1998, pp. 1-6.

[275] Para desenvolvimento desta matéria, no caso português: cfr. PINHEIRO, L. L., *ibidem*, pp. 331 e ss.; em Espanha, cfr. GARAU SOBRINO, F. F., *ibidem*, pp. 119 e ss.; VIRGÓS SORIANO, M.; GARCIMARTÍN ALFÉREZ, F. J., *Derecho Procesal Civil Internacional. Litigación Internacional*, 2ª ed., Navarra, 2007, pp. 679 e ss.

resulta que a competência para o processo de reconhecimento é do tribunal de primeira instância, por regra o do lugar do domicílio daquele contra quem se pretende sejam produzidos os efeitos da decisão.

Por maioria de razão, na União Europeia, considerando a proximidade geográfica e, reflexamente, as motivações inerentes à sua constituição, essa matéria foi, desde cedo como já se viu[276], seriamente ponderada. Antes de mais, tal circunstância iria reforçar a proteção jurídica das pessoas estabelecidas no território europeu, considerando-se ser necessário determinar a competência dos órgãos jurisdicionais na ordem internacional, facilitar o reconhecimento e instaurar um processo rápido que garantisse a execução das decisões, bem como dos atos autênticos e das transações judiciais. Estes pressupostos presidiram à celebração da Convenção de Bruxelas de 1968[277], dando lugar ao primeiro passo na construção de uma Europa reciprocamente confiante na administração da justiça dos Estados-Membros e aberta à criação de um espaço europeu da justiça, e que se manteve durante muito tempo inalterada, sendo objeto de alterações muito limitadas, sem que, durante décadas, se tivesse feito uma reavaliação de conjunto das disposições convencionais.

---

[276] Ver, supra, ponto 2.
[277] Sobre a Convenção de Bruxelas de 1968, consultar: BORRÁS, A. (Dir.), *Cooperación Jurídica Internacional en Materia Civil, El Convenio de Bruselas*, Consejo General del Poder Judicial, Cuadernos de Derecho Judicial – IV, Madrid, 2001; DROZ, G.A.L., *Les Regles du Traite C.E.E. sur la Competence Judiciaire et l'Execution des Decisions en Matiere Civile et Commerciale* in "The Influence of the European Communities upon Private International Law of the Member States", editado por RIGAUX, F., Bruxelles, 1981, pp. 49 e ss.; ESPINAR VICENTE, J. M., *Competencia Judicial y Reconocimiento y Ejecución de Resoluciones Judiciales en Materia Civil y Mercantil en el Ámbito de la Comunidad Europea* in "Hacia un Nuevo Orden Internacional y Europeo – Estudios en Homenaje al Profesor Don Manuel Díez de Velasco", editado por PÉREZ GONZÁLEZ *et al.*, Madrid, 1993, pp. 865 e ss.; LUPOI, M. A., *Convenzione di Bruxelles del 1968 e Conflitti di Giurisdizioni tra Stati Membri e Stati Terzi*, Riv. Trim. Dir. Proc. Civ., 1998, pp. 965 e ss.; MARÍN LÓPEZ, A., *Los Actos Públicos Extranjeros en los Convenios de Bruselas y Lugano*, "Poder Judicial", 1997, pp. 413 e ss.; PATOCCHI, P. M., *La Reconnaissance et l'Exécution des Jugements Étrangers selon la Convention de Lugano du 16 Septembre 1988* in "L'espace Judiciaire Europeen (La Convention de Lugano du 16 Septembre 1988)", editado por DESSEMONTET, F., Laussanne, 1992, pp. 92 e ss.; POCAR, F., *Linee di Tendenza della Convenzione di Bruxelle sulla Giurisdizione e l'Esecuzione delle Sentenze dopo l'Adesione di Nuovi Stati* in "L'Unificazione del Diritto Internazionale Privato e Processuale – Studi in Memoria di Mario Giuliano", Padova, 1989, pp. 767 e ss.; SÁNCHEZ JIMÉNEZ, M. A., *Ejecución de Sentencias Extranjeras en España: Convenio de Bruselas de 1968 y Procedimiento Interno, op. cit.*

O âmbito de aplicação da Convenção de Bruxelas, de acordo com o seu art. 1º, dizia respeito a matéria civil e comercial, independentemente da natureza da jurisdição; não abrangendo, nomeadamente, as matérias fiscais, aduaneiras e administrativas, sendo ainda excluídas da sua aplicação: o estado e a capacidade das pessoas singulares, os regimes matrimoniais, os testamentos e as sucessões; as falências, as concordatas e outros processos análogos; a segurança social; a arbitragem. Além da matéria específica do reconhecimento e exequibilidade das decisões, houve a necessidade de tratar, na mesma Convenção, a matéria da competência internacional, como questão prévia e indissociável daquela questão central, à qual voltaremos adiante.

O que sucedeu após o Tratado de Amesterdão foi a absorção dos trabalhos desenvolvidos a propósito da revisão da Convenção de Bruxelas levada a cabo pelos Estados-Membros num contexto intergovernamental[278] e é

---

[278] Esta circunstância de o legislador comunitário ter aproveitado os trabalhos de revisão da Convenção de Bruxelas sem alterações substanciais – revisão que consta da proposta de ato do Conselho (COM (97) 609 final; JO C 33, de 31.1.98) – tornou o Regulamento Bruxelas refém de uma conceção ultrapassada, baseado numa harmonização incompleta das regras de competência, associado a uma falta de paralelismo entre as regras de competência e as regras de reconhecimento de sentenças. Cfr. TENREIRO, M., *O Espaço Europeu de Justiça Civil, op. cit.*, p. 37. Para análise da proposta, consultar também a Comunicação da Comissão ao Conselho e ao Parlamento Europeu «Para uma maior eficácia na obtenção e execução das decisões na União Europeia», no mesmo Jornal Oficial.
Sobre esta transição ver, ainda, AGUILAR BENÍTEZ DE LUGO, M.; RODRÍGUEZ BENOT, A., *La Revisión de los Convenios de Bruselas de 1968 y de Lugano de 1988 sobre Competencia Judicial y Ejecución de Resoluciones Judiciales en Materia Civil y Mercantil: Una Primera Lectura*, REDI, 1998, pp. 35 e ss.; ARENAS GARCÍA, R.; JIMÉNEZ BLANCO, P., *Nota a La Propuesta de la Comision Europea para una Reforma de los Convénios de Bruselas y Lugano*, "La Ley", 1998, pp. 1910 e ss.; BEAUMONT, P. R., *The Brussels Convention becomes a Regulation: Implications for Legal Basis, External Competence, and Contract Jurisdiction in* FAWCETT, J. (Dir.), "Reform and Development of Private International Law – Essays in Honor of Sir Peter North", New York, 2002, pp. 9 e ss.; DROZ, G.A.L.; GAUDEMET-TALLON, H., *La Transformation de la Convention de Bruxelles du 27 Septembre 1968 en Règlement du Conseil Concernant la Compétence Judiciaire, la Reconnaissance et l'Exécution dês Décisions en Matière Civile et Commerciale*, RCDIPr, 2001, pp. 601 e ss.; OREJUDO PRIETO DE LOS MOZOS, P., *El Reconocimiento en el «Sistema Bruselas I»: del Convenio de Bruselas de 1968 al Reglamento 44/2001*, REDI, 2003, pp. 717 e ss.; SÁNCHEZ LORENZO, S., *Competencia Judicial y Reconocimiento y Ejecución de Decisiones en Materia Civil y Mercantil: del Convenio de Bruselas al Reglamento Bruselas I in* "Cooperación Jurídica Internacional en Materia Civil. El Convenio de Bruselas", editado por BORRÁS, A., Cuadernos de Derecho Judicial, IV, 2001, pp. 183-228;

desta maneira que nasce o Regulamento (CE) nº 44/2001 do Conselho, de 22 de dezembro de 2000, relativo à competência judiciária, ao reconhecimento e à execução de decisões em matéria civil e comercial, que veio ocupar exatamente o espaço de ação da Convenção de Bruxelas em matéria civil e comercial, designando-se por Regulamento Bruxelas I[279].

TAGARAS, H., *La Révision et Communautarisation de la Convention de Bruxelles par le Règlement 44/2001*, "Cahiers de Droit Europeen", 2003, pp. 399 e ss.
Também há quem afirme, no entanto, que o Regulamento Bruxelas I não pode servir como elemento interpretativo da Convenção de Bruxelas. Cfr. BONADUCE, C., *L'interpretazione della Convenzione di Bruxelles del 1968 alla Luce del Regolamento nº 44/2001 nelle Pronunce della Corte di Giustizia*, RDI, 2003, pp. 746 e ss.

[279] Acerca do Regulamento 44/2001, ver: BERAUDO, J. P., *Le Règlement (CE) du Conseil du Décembre 2000 Concernant la Compétence Judiciaire, la Reconnaissance et l'Exécution des Décisions en Matière Civile et Commerciale*, JDI, 2001, nº 4, pp. 1033 e ss.; CHINA, S., *Il Riconoscimento e l'Ésecuzione delle Sentenze nel Regolamento Comunitario nº 44/2001*, Riv. Dir. Proc., 2002, pp. 386 e ss.; GONZÁLEZ CANO, M. I., *Reconocimiento y Ejecución de Resoluciones Judiciales y Documentos Públicos con Fuerza Ejecutiva en el Ámbito Comunitário*, U. E. Aranzadi, 2004, nº 3, pp. 5 e ss.; idem, *Reconocimiento y Ejecución de Resoluciones Judiciales y Documentos Públicos con Fuerza Ejecutiva en el Ámbito Comunitário*, "InDret", 2003, www.indret.com; LEVAL, G., *L'evanescence de l'Exequatur dans l'Espace Judiciaire Européen* in "Studi di Diritto Processuale Civile in Onore di Giuseppe Tarzia", Milano, 2005, pp. 431 e ss.; LOPES PEGNA, O., *Il Nuovo Procedimento per l'Esecuzione delle Decisioni in Matéria Civile e Commerciale degli Stati Membri della Comunità Europea*, RDI, Fasc. 3, 2001, pp. 621 e ss.; MARÍN LÓPEZ, A., *Reconocimiento y Ejecución de Resoluciones Judiciales Extranjeras en Materia Civil y Mercantil en la Unión Europea: el Reglamento Comunitario (CE) nº 44/2001 del Consejo*, RPJ, 2001, pp. 43 e ss.; MOURA RAMOS, R. M., *The New EC Rules on Jurisdiction and the Recognition and Enforcement of Judgments* in "Estudos de Direito Internacional Privado e de Direito Processual Civil Internacional, MOURA RAMOS, R. M. (Dir.), Coimbra, 2007, pp. 7 e ss.; PALOMO HERRERO, M. Y., *Reconocimiento y Ejecución de Resoluciones Judiciales en Materia Civil y Mercantil. El Título Ejecutivo Europeo* in JIMENO BULNES, M. (Dir.), "La Cooperación Judicial Civil y Penal en el Ámbito de la Unión Europea: Instrumentos Procesales", *op. cit.*, pp. 127 e ss.; PUIG BLANES, F. P., *La Cooperación Judicial Civil en la Unión Europea, op. cit.*, pp. 119 e ss.; SABATER MARTÍN, A., *Normas Comunitarias de Derecho Procesal Civil Comentadas*, Madrid, 2004; SALERNO, F., *Giurisdizione ed Efficacia delle Decisioni Straniere nel Regolamento (CE) n. 44/2001 (La Revisione della Convenzione di Bruxelles del 1968)*, 3ª ed. Milano, 2006; SÁNCHEZ LORENZO, S., *Competência Judicial, Reconocimiento y Ejecución de Resoluciones Judiciales en Matéria Civil y Mercantil: el Reglamento 44/2001* in SÁNCHEZ LORENZO, S.; MOYA ESCUDERO, M. (Dir.), "La Cooperación Judicial en Materia Civil y la Unificación del Derecho Privado en Europa", Madrid, 2003, pp. 39 e ss.; SIANI, V., *Il Regolamento CE n. 44/2001 sulla Competenza Giurisdizionale e sull'Esecuzione delle Sentenze. Parte Prima: La Cooperazione Giudiziaria in Materia Civile e Commerciale: Dalla Convenzione di Bruxelles al Regolamento (CE) n. 44/2001; Parte Seconda: Riconoscimento ed Esecutività delle Sentenze e Degli Atti Stranieri*, DCSI, 2003, pp. 451

Como se pode constatar, as questões relacionadas com a matéria matrimonial e a matéria de responsabilidade parental são excluídas do âmbito de aplicação do Regulamento 44/2001[280]. No entanto, este diploma abrange

e ss. e pp. 653 e ss., respetivamente; VITTORIA, P., *La Competenza Giurisdizionale e l'Esecuzione delle Decisioni in Materia Civile e Commerciale nella Giurisprudenza della Corte di Giustizia (dalla Convenzione di Bruxelles al Regolamento CE nº 44/2001)*, Milano, 2005.

[280] Estas questões são tratadas pelo Regulamento (CE) nº 2201/2003 do Conselho, de 27 de novembro de 2003 relativo à competência, ao reconhecimento e à execução de decisões em matéria matrimonial e em matéria de responsabilidade parental. Sobre esta matéria, *vide*: ADROHER BIOSCA, S., *La Aplicación jurisprudencial del Bruselas II en España: del Desconcierto al Desafío*; CANO BAZAGA, E., *El Reconocimiento y la Ejecución de Resoluciones en Matéria Matrimonial y de Responsabilidad Parental en el Reglamento (CE) Nº 2201/2003, por el que se Deroga el Reglamento (CE) Nº 1347/2000*; MARINAI, S., *La Aplicación Práctica del Reglamento (CE) NÚM. 2201/2003 en el Ordenamento Italiano*, todos em "Hacia la Supresión del Exequatur en el Espacio Judicial Europeo: El Título Ejecutivo Europeo", CAMPUZANO DÍAZ et alt. (Dir.), Sevilla, 2006; ANGEL, B.; MUIR WATT, H., *La Désunion Européenne: le Règlement dit «Bruxelles II*, RCDIPr, 2001, pp. 403 e ss.; BORRÁS, A., *Competencia Judicial, Reconocimiento y Ejecución de Decisiones en Materia Matrimonial: el Reglamento 1.347/2000, de 29 de Mayo (Bruselas II)*, RJC, 2003, pp. 37 e ss.; BRITO, M. H., *Descrição Breve do Regulamento (CE) nº 2201/2003 do Conselho, de 27 de novembro de 2003 Relativo à Competência, ao Reconhecimento e à Execução de Decisões em Matéria Matrimonial e em Matéria de Responsabilidade Parental* e LAGARDE, P., *Eléments pour un Droit International Prive Communautaire des Regimes Matrimoniaux et des Successions*, ambos *in* "Seminário Internacional sobre a Comunitarização do Direito Internacional Privado", PINHEIRO, L. L. (Dir.), *op. cit.*, pp. 127 e ss. e pp. 149 e ss., respetivamente; ESPINOSA CALABUIG, R., *La Responsabilidad Parental y el Nuevo Reglamento de Bruselas II, Bis: Entre el Interés del Menor y la Cooperación Judicial Interestatal*, Riv. Dir. Int. Priv. Proc., 2003, pp. 735 e ss.; GASCÓN INCHAUSTI, F., *Primera aproximación a los nuevos Reglamentos comunitarios en materia matrimonial, concursal y de notificaciones*, "Tribunales de Justicia", 2001, nº 1, pp. 35-48; GONZÁLEZ BEILFUSS, C., *EC Legislation in Matters of Parental Responsibility and Third States in* "International Civil Litigation in Europe and Relations with Third States", NUYTS, A.; WATTÉ, N. (Dir.), Bruxelles, 2005, pp. 493 e ss.; LIETO, A., *Il Regolamento n. 1347/2000 Relativo alla Competenza, al Riconoscimento e all'Esecuzione delle Decisione in Materia Matrimoniale e in Materia di Potestà dei Genitori*, DCSI 2004, pp. 117 e ss.; MOYA ESCUDERO, M., *Competência Judicial y Reconocimiento de Decisiones en Matéria de Responsabilidad Parental: El Reglamento Bruselas II*, "La Ley", 2002, nº 5647, pp. 1713 e ss.; MOYA ESCUDERO, M., *Competencia Judicial y Reconocimiento de Decisiones en Materia de Responsabilidad Parental: el Reglamento Bruselas II in* "La Cooperación Judicial en Materia Civil y la Unificación del Derecho Privado en Europa", SÁNCHEZ LORENZO, S.; MOYA ESCUDERO, M. (Dir.), *op. cit.*, pp. 105 e ss.; NOGALES CEJUDO, J. G. (Dir.), *Cooperación Judicial en Materia de Familia y Relaciones Parentales en la Unión Europea*, Editado por Consejo General del Poder Judicial, Estudios de Derecho Judicial, Madrid, 2005; PALOMO HERRERO, M. Y., *Reconocimiento y Ejecución de Resoluciones Judiciales en Matéria Matrimonial y Responsabilidad Parental in* "La Cooperación

os processos cíveis em matéria de obrigação de alimentos que, por sua vez, passarão a ter tratamento autónomo, com total abolição do procedimento de concessão de *exequatur*, a partir do momento que se torna aplicável o Regulamento (CE) nº 4/2009 do Conselho, de 18 de dezembro de 2008[281], relativo à competência, à lei aplicável, ao reconhecimento e à execução das decisões e à cooperação em matéria de obrigações alimentares[282]. Este regulamento abrangerá todas as obrigações alimentares decorrentes das relações de família, de parentesco, de casamento ou de afinidade existentes nos Estados-Membros, sobretudo no que se refere às crianças, constituindo um instrumento de grande importância para a criação de um

---

Judicial Civil y Penal en el Ámbito de la Unión Europea: Instrumentos Procesales", JIMENO BULNES, M. (Dir.), Barcelona, 2007, pp. 155 e ss.; RODRÍGUEZ PINEAU, E., *El Nuevo Reglamento Comunitário sobre Litígios Matrimoniales y Responsabilidad Parental*, "La Ley", 2004, nº 5944, pp. 1721 e ss; VAN DEN EECKHOUT, V., *Communitarization of International Family Law as Seen from a Dutch Oerspective: What is new? – A Prospective Analysis in* "International Civil Litigation in Europe and Relations with Third States", *op. cit.*, pp. 509 e ss.; VARA PARRA, J. J., *El Interés del Menor en los Foros de Competencia Judicial para las Aciones de Responsabilidad Parental en el Reglamento (CE) Núm. 2201/2003*, REDI, 2006, pp. 797 e ss.; VV. AA., *Seminario sobre Cooperación Judicial en Materia de Derecho de Familia y Relaciones Parentales en la Unión Europea*, Editado por Consejo General del Poder Judicial y Foro Permanente de Estudios Europeos de Murcia, Murcia, 2005. Ainda sobre a matéria, mas com caráter mais abrangente, cfr. BARIATTI, S., *La Famiglia nel Diritto Internazionale Privato Comunitário*, Milano, 2007; BORRÁS, A., *El "Interés del Menor" como Fator de Progreso y Unificación del Derecho Internacional Privado*, Barcelona, Acadèmia de Jurisprudència y Legislació de Catalunya, 1993; ORTIZ DE LA TORRE, A. T., *Hacia un Derecho Internacional Privado Uniforme de la Unión Europea sobre Separación y Divorcio*, BIMJ, 2007, pp. 3313 e ss.
[281] JO L 7/1, 10.1.2009.
[282] Sobre esta matéria, cfr. MICHINEL ÁLVAREZ, M. A., *Un Nuevo Ejemplo de Derecho Internacional Privado Comunitario: el Reglamento (CE) 4/2009, con Especial Referencia a los «Limites de los Procedimientos»*, "Revista de Ciências Empresariais e Jurídicas", nº 15, 2009, pp. 27 e ss. Antes do Regulamento: AGUILAR BENÍTEZ DE LUGO, M., *Los Alimentos y el Título Ejecutivo Europeo*; FORCADA MIRANDA, F. J., *Obligaciones Alimentarias: Hacia la Supresión del Exequatur* ; MARTÍN MAZUELOS, F. J., *Pensiones a favor de Hijos y Cónyuge, en Especial en Procedimientos Matrimonales*, todos em "Hacia la Supresión del Exequatur en el Espacio Judicial Europeo: El Título Ejecutivo Europeo", *op. cit.*, pp. 77 e ss., 265 e ss., 145 e ss., respetivamente.
No âmbito deste Regulamento é conveniente ter em consideração os seguintes instrumentos da Conferência da Haia de Direito Internacional Privado: Convenção sobre a Cobrança Internacional de Alimentos em benefício dos Filhos e de outros Membros da Família, de 23 de novembro de 2007 («Convenção da Haia de 2007»); Protocolo sobre a Lei Aplicável às Obrigações Alimentares («Protocolo da Haia de 2007»). Disponíveis em http://hcch.e-vision.nl/index_en.php.

espaço judicial europeu, em benefício do cidadão, na medida em que fixa regras de competência jurisdicional e determina que os Estados-Membros, na sua maioria, apliquem um sistema uniforme de normas de conflitos de leis. Por outro lado, com o regulamento vão ser ultrapassados os entraves que ainda se colocam à cobrança de alimentos no seio da União Europeia, suprimindo-se o procedimento de *exequatur* entre todos os Estados-Membros que partilhem um sistema uniforme de normas de conflitos de leis. Isto significa que as decisões relativas às obrigações alimentares poderão circular livremente entre praticamente todos os Estados-Membros sem qualquer forma de controlo no Estado-Membro de execução, o que, à partida, acelerará a cobrança dos alimentos devidos.

Estes contributos permitirão criar um ambiente jurídico adaptado às legítimas aspirações dos credores de alimentos, proporcionando-lhes obter com facilidade, rapidez e, na medida do possível, sem custos, um título executivo suscetível de circular sem entraves no espaço judicial europeu. Prevê-se, ainda, uma ajuda judicial gratuita para todos os procedimentos associados a obrigações alimentares de um progenitor para com um filho menor de 21 anos. A complementar tudo isto haverá um sistema de cooperação administrativa entre as autoridades centrais dos Estados-Membros que proporcione às pessoas envolvidas a obtenção de uma assistência concreta nomeadamente mediante o intercâmbio de informações (ex.: ajudar a localizar o devedor).

Atendendo a que a matéria do reconhecimento e execução de decisões judiciais em matéria civil será novamente objeto de análise, por ora não desenvolveremos mais a questão.

4.2. Citação e notificação transfronteiriça dos atos judiciais e extrajudiciais

Nos processos que correm termos nos tribunais de um Estado afigura-se por vezes necessário – necessidade já intemporal – proceder à citação ou notificação de atos judiciais noutro Estado[283]. Antes da comunitarização da matéria da cooperação judiciária civil e comercial, os Estados procuravam colmatar as dificuldades aqui inerentes através de convenções internacionais, o que sucedeu com o Protocolo anexo à Convenção de Bruxe-

---

[283] Acerca da notificação internacional, *vide* VIRGÓS SORIANO, M.; GARCIMARTÍN ALFÉREZ, F. J. *Derecho Procesal Civil Internacional. Litigación Internacional*, op. cit., 2007, pp. 439 e ss.

las de 27 de setembro de 1968 e a Convenção da Haia de 15 de novembro de 1965[284]. Em momento posterior, veio a ser aprovado o Regulamento (CE) nº 1348/2000 do Conselho[285], que se ocupou desta matéria até à sua revogação pelo Regulamento (CE) nº 1393/2007 do Parlamento Europeu e do Conselho, de 13 de novembro de 2007[286], relativo à citação e à notificação dos atos judiciais e extrajudiciais em matérias civil e comercial nos Estados-Membros («citação e notificação de atos»)[287].

O referido Regulamento é aplicável em matéria civil ou comercial e está ao serviço das situações em que um ato judicial ou extrajudicial deva ser transmitido de um Estado-Membro para outro Estado-Membro para aí ser objeto de citação ou notificação[288]. O âmbito de aplicação, como se

---

[284] Sobre esta Convenção, ver ADAM MUÑOZ, M. D., *El Proceso Civil con Elemento Extranjero y la Cooperación Judicial Internacional*, Pamplona, 1997, pp. 134 e ss.

[285] Este diploma, por sua vez, tinha sido aprovado na sequência do Ato do Conselho, de 26 de maio de 1997, onde se estabeleceu uma Convenção relativa à Citação e Notificação dos Atos Judiciais e Extrajudiciais em Matérias Civil e Comercial nos Estados-Membros da União Europeia e se recomendou a sua aprovação pelos Estados-Membros de acordo com as respetivas formalidades constitucionais. Esta convenção, porém, não chegou a entrar em vigor. Entendeu-se, de seguida, assegurar a continuidade dos resultados das negociações subjacentes à celebração da convenção, aprovando-se este Regulamento que quase reproduziu na totalidade o seu conteúdo e que não foi imune a críticas, cfr. MOREIRO GONZÁLEZ, C. J., *Consideraciones Críticas Sobre la Propuesta de Diretiva del Consejo Relativa a la Notificación o Translado en los Estados Miembros de Documentos Judiciales y Extrajudiciales en Materia Civil o Mercantil*, Gaceta Jurídica, nº 203, 1999, pp. 9 e ss.

[286] JO L 324/79 10.12.2007.

[287] A referida revogação seguiu-se ao relatório aprovado pela Comissão, a 1 de outubro de 2004, sobre a aplicação do Regulamento 1348/2000, onde se concluiu que a sua aplicação, desde a sua entrada em vigor em 2001, melhorou e acelerou de um modo geral a transmissão e a citação e notificação de atos entre os Estados-Membros, embora a aplicação de algumas disposições não fosse inteiramente satisfatória.

[288] Relativamente à matéria da citação e notificação transfronteiriça, na União Europeia, dos atos judiciais e extrajudiciais *vide*, BIAVATI, P., *Notificazioni e Comunicazioni in Europa*, Riv. Trim. Dir. Proc. Civ., 2002, pp. 501 e ss.; FORNER DELAYGUA, J. J., *Service of Judicial Documents within Europe and in Third States (Regulation EC 1348/2000 and 1965 Hague Convention)*, in "International Civil Litigation in Europe and Relations with Third States", *op. cit.*, pp. 391 e ss.; FRIGO, M., *Il Regolamento Comunitario sulle Notificación in Materia Civile o Comérciale*, Riv. Dir. Proc., 2002, pp. 102 e ss.; GASCÓN INCHAUSTI, F., *Primera aproximación a los nuevos Reglamentos comunitarios en materia matrimonial, concursal y de notificaciones*, "Tribunales de Justicia", 2001, nº 1, pp. 35-48; HOYOS SANCHO, M., *Notificación y Traslado de Documentos Judiciales y Extrajudiciales in "La Cooperación Judicial Civil y Penal en el Ámbito de la Unión Europea: Instrumentos Procesales"*,

vê, é aquele a que habitualmente se circunscreve a cooperação judiciária em matéria civil e por isso o Regulamento não abrange, nomeadamente, matéria fiscal, aduaneira ou administrativa, nem a responsabilidade do Estado por atos e omissões no exercício do poder público («*ata iure imperii*»). Ao contrário do que normalmente acontece nas questões relativas à cooperação judiciária civil, a Dinamarca aceitou ficar abrangida pelas disposições do regulamento sobre citação e notificação dos atos judiciais e extrajudiciais em matérias civil e comercial[289].

De acordo com os considerandos 6 e 7 do regulamento em causa, *a eficácia e a celeridade nos processos judiciais no domínio civil impõe que os atos judiciais e extrajudiciais sejam transmitidos diretamente e através de meios rápidos entre as entidades locais designadas pelos Estados-Membros*. Por isso, *a celeridade na transmissão justifica a utilização de todos os meios adequados, respeitando determinadas condições quanto à legibilidade e à fidelidade do ato recebido*. E, ainda, o bom funcionamento do mercado interno assim o exige.

O uso de formulários, a definição de prazos razoáveis (designadamente 30 dias para o ato de citação ou notificação), a designação de entidades locais competentes para a transmissão dos atos, a agilização decorrente do facto de cada Estado-Membro ter a faculdade de proceder diretamente, pelos serviços postais, à citação ou notificação de atos a pessoas que residam noutro Estado-Membro por carta registada com aviso de receção ou equivalente, constituem fatores que se extraem do regime previsto no

---

op. cit., pp. 169 e ss.; LAPORTE, C., *Signication et Notification dês Actes dans les États Membres de la CE. Règlement (CE) nº 1348/2000 du 29 Mai 2000*, "La Semaine Juridique", nº 43-44, 2000, pp. 1947 e ss.; MARCHAL ESCALONA, N., *La Notificación de Actos Judiciales en el Espacio Judicial Europeo: el Reglamento 1348/2000*, in "La Cooperación Judicial en Materia Civil y la Unificación del Derecho Privado en Europa", *op. cit.*, pp. 131 e ss.

[289] Por decisão do Conselho (2006/326/CE), de 27 de abril de 2006, foi aprovado o Acordo entre a Comunidade Europeia e o Reino da Dinamarca relativo à citação e à notificação dos atos judiciais e extrajudiciais em matéria civil e comercial (JO L 120/23, 05.05.2006). Nos termos do nº 2, do artigo 3º, do referido Acordo, sempre que forem aprovadas alterações ao Regulamento (CE) nº 1348/2000 do Conselho, a Dinamarca deve notificar à Comissão a sua decisão de aplicar ou não o conteúdo de tais alterações, o que veio a suceder por carta de 20 de novembro de 2007, onde a Dinamarca comunicou a sua decisão de aplicar o conteúdo do Regulamento (CE) nº 1393/2007. Nos termos do disposto no nº 6 do artigo 3º do Acordo, a notificação da Dinamarca cria obrigações mútuas entre a Dinamarca e a Comunidade. O Regulamento (CE) nº 1393/2007 constitui, portanto, uma alteração ao Acordo, ao qual se deve considerar anexo.

Regulamento e que permitem a materialização da tarefa de citação e notificação transfronteiriça dos atos judiciais e extrajudiciais, matéria de extrema importância para a efetivação da justiça e para a verdadeira e séria concretização do direito de acesso à justiça.

4.3. Compatibilidade das normas aplicáveis em matéria de conflitos de leis e de jurisdição

Na senda da comunitarização do Direito Internacional Privado, o legislador comunitário assumiu a intenção de fomentar a compatibilidade – que veio a concretizar-se como unificação – das normas aplicáveis nos Estados-Membros em matéria de conflitos de leis e de jurisdição[290].

Como sempre aconteceu, a construção de uma solução intracomunitário, de aplicação direta, foi precedida de instrumentos convencionais – falamos designadamente da Convenção de Roma de 19 de junho de 1980 – que se ocuparam em especial da matéria relacionada com a lei aplicável às obrigações contratuais, como resposta ao problema do *forum shopping*[291], agravado com a Convenção de Bruxelas de 1968, e como forma de introduzir maior segurança jurídica nas relações comerciais internacionais. Além de que se entende que as medidas de harmonização das normas de conflitos de leis contribuem para facilitar o reconhecimento mútuo das decisões judiciais, em consequência da designação da mesma lei nacional aplicável, independentemente do país em que se situe o tribunal no qual é proposta a ação.

---

[290] Acerca da compatibilidade das normas aplicáveis em matéria de conflitos de leis no espaço europeu e também sobre a sua relação com o Direito Comunitário, ver BASEDOW, J., *EC Conflict of Law – A Matter of Coordination* e PINHEIRO, L. L., *O Direito de Conflitos e as Liberdades Comunitárias de Estabelecimento e de Prestação de Serviços*, ambos *in* PINHEIRO, L. L. (Dir.) "Seminário Internacional sobre a Comunitarização do Direito Internacional Privado", *op. cit.*, pp. 17 e ss e 79 e ss., respetivamente; ESTEBAN DE LA ROSA, F., *La Aplicación de las Directivas Comunitárias en Matéria de Derecho Privado a las Situaciones Transfronterizas*, *in* "La Cooperación Judicial en Materia Civil y la Unificación del Derecho Privado en Europa", *op. cit.*, pp. 179 e ss.; LUNAS DÍAZ, M. J., *El Principio de Primacía Comunitário y el Derecho Internacional Privado*, RDCE, 1998, pp. 473 e ss.; POCAR, F., *La Comunitarizzazione del Diritto Internazionale Privato: Una «European Conflict of Laws Revolution»?*, Riv. Dir. Int. Priv. Proc., 2000, pp. 873 e ss.; RUEDA VALDIVIA, R., *La Unificación Europea del Derecho Conflictual: Presente y Futuro*, *in* "La Cooperación Judicial en Materia Civil y la Unificación del Derecho Privado en Europa", *op. cit.*, pp. 151 e ss.

[291] Para uma avaliação do impacto dos instrumentos e dos sistemas jurídicos na questão do *forum shopping*, designadamente da própria Convenção de Bruxelas e do Regulamento 44/2001, consultar BELL, A. S., *Forum Shopping and Venue in Transnational Litigation*, New York, 2003.

A resposta comunitária à compatibilidade das normas de conflito não foi prioritária, perdendo vantagem em relação a outras questões como a competência judicial internacional, o reconhecimento e execução de decisões judiciais e a cooperação entre autoridades judiciais. Porém, não deixou de ser contemplada e esteve assente em três eixos: i) lei aplicável às obrigações contratuais (Roma I); ii) lei aplicável às obrigações extracontratuais (Roma II) e iii) lei aplicável em matéria matrimonial (Roma III).

Concretamente, em relação à problemática da lei aplicável às obrigações contratuais, veio a ser aprovado o Regulamento (CE) nº 593/2008 do Parlamento Europeu e do Conselho, de 17 de junho de 2008[292], designado por Roma I, com aplicação a partir de 17 de dezembro de 2009[293], mas apenas aos contratos celebrados após 17 de dezembro de 2009 (art. 28º)[294]. No que diz respeito à lei aplicável às obrigações extracontratuais[295], esta matéria veio a ser contemplada no Regulamento (CE) nº 864/2007 do Parlamento Europeu e do Conselho (Roma II), de 11 de julho de 2007, aplicável a factos danosos que ocorram após a sua entrada em vigor (art. 31º), sendo que o referido regulamento é aplicável a partir de 11 de janeiro de 2009 (art. 32º)[296].

---

[292] JO L 177/6, 04.07.2008.
[293] Com exceção do art. 26º que é aplicável a partir de 17 de junho de 2009 (art. 29º).
[294] Nos termos do art. 24º do Regulamento Roma I, este regulamento substitui, entre os Estados-Membros, a Convenção de Roma, com exceção dos territórios dos Estados-Membros que são abrangidos pelo âmbito de aplicação territorial da Convenção e que ficam excluídos do presente regulamento por força do artigo 299º do Tratado.
[295] Atente-se que o conceito de obrigação extracontratual varia entre os Estados-Membros, pelo que, para efeitos do regulamento, a obrigação extracontratual deverá ser entendida como um conceito autónomo. Além disso, as regras de conflitos de leis estabelecidas no regulamento deverão igualmente cobrir as obrigações extracontratuais resultantes de responsabilidade objetiva. Sobre a temática da lei aplicável às obrigações extracontratuais e também sobre a competência internacional nesta matéria, ver BARIATTI, S., *The Future Community Rules in the Framework of the Communitarization of Private International Law in* "The Unification of Choice of Law Rules on Torts and Other Non-Contractual Obligations in Europe. The «Rome II» Proposal", editado por MALATESTA, A., Milano, 2006; MOURA RAMOS, R. M., *Le Droit International Prive Communautaire des Obligations Extracontractuelles in* "Estudos de Direito Internacional Privado e de Direito Processual Civil Internacional", MOURA RAMOS, R. M. (Dir.), *op. cit.*, pp. 79 e ss.
[296] Com exceção do artigo 29º, que é aplicável a partir de 11 de julho de 2008.

Por último, a resolução dos conflitos de leis em matéria matrimonial e a harmonização da lei aplicável nesses casos procurou realizar-se através de uma alteração ao Regulamento (CE) nº 2201/2003, apresentada pela Comissão, onde se previam alterações no que respeita à competência e se introduziam regras relativas à lei aplicável em matéria matrimonial[297]. O objetivo desta proposta era proporcionar um quadro jurídico claro e global em matéria matrimonial na União Europeia e oferecer soluções adequadas aos cidadãos em termos de segurança jurídica, previsibilidade, flexibilidade e acesso à justiça[298]. Desta forma, regular-se-ia diretamente a questão da lei aplicável, impondo-se, por via regulamentar, um regime que determina a norma aplicável e que prevalece sobre as regras de conflitos dos Estados-Membros em matéria matrimonial, garantindo assim a harmonização das várias disposições a este respeito.

Porém, em face da ausência de unanimidade para levar por diante o regulamento proposto e a existência de dificuldades insuperáveis que impossibilitavam a adoção de uma decisão com a requerida unanimidade, tanto nesse momento como num futuro próximo, em 2008, o Conselho declarou que os objetivos do regulamento proposto não podiam ser alcançados num prazo razoável mediante a aplicação das disposições relevantes dos Tratados. Assim, por Decisão do Conselho, de 12 de julho de 2010, foi autorizada a cooperação reforçada no domínio da lei aplicável em matéria de divórcio e separação judicial[299]. Nessa sequência, foi aprovado o Regula-

---

[297] Cfr. COM (2006) 399 final, 17.7.2006.

[298] Proposta que surge na sequência do Livro Verde sobre a lei aplicável e a competência em matéria de divórcio (COM (2005) 82 final, de 14.3.2005); e, ainda, do Livro Verde relativo à resolução dos conflitos de leis em matéria de regime matrimonial, incluindo a questão da competência judiciária e do reconhecimento mútuo, para consulta sobre as questões jurídicas que se colocam num contexto internacional em matéria de regimes matrimoniais e de efeitos patrimoniais das outras formas de união, com vista a apresentar os diferentes aspetos da matéria em que se afigura necessário adotar regras legislativas a nível comunitário (COM (2006) 400 final, de 17.07.2006).

[299] De acordo com essa Decisão, o Reino da Bélgica, a República da Bulgária, a República Federal da Alemanha, o Reino da Espanha, a República Francesa, a República Italiana, a República da Letónia, o Grão-Ducado do Luxemburgo, a República da Hungria, Malta, a República da Áustria, a República Portuguesa, a Roménia e a República da Eslovénia foram autorizados a estabelecer uma cooperação reforçada entre si no domínio da lei aplicável em matéria de divórcio e separação judicial, mediante a aplicação das disposições relevantes dos Tratados (2010/405/EU).

mento (UE) nº 1259/2010 do Conselho, de 20 de dezembro de 2010, que cria uma cooperação reforçada no domínio da lei aplicável em matéria de divórcio e separação judicial[300] (Regulamento «Roma III»), criando-se um quadro jurídico comum para determinação da lei aplicável aos divórcios e separações judiciais.

Há quem defenda que o nível de segunça jurídica necessário para o bom funcionamento do mercado interno resultará sobretudo da coordenação das regras de direito internacional privado, o que aliás veio a ser corroborado e aceite no Programa de Estocolmo. Como diz MIGUEL ASENSIO, *suprimidas las barreras administrativas, lo determinante para la participación de las empresas en el extranjero no es tanto la coincidência normativa com la situación existente en el Estado de procedência como la adecuación funcional y la previsibilidad del ordenamiento extranjero. El nível de seguridad jurídica de las relaciones privadas transfronterizas requerido para garantizar el buen funcionamiento del mercado interior puede lograrse, com carácter general, a través del establecimiento de reglas uniformes en matéria de ley aplicable*[301]. De facto, os juristas da área internacional-privatística são defensores de um equilíbrio e combinação entre a unificação do direito material e do direito conflitual, complementada por uma adaptação do Direito Processual do Estados-Membros[302].

Em matéria de compatibilidade dos conflitos de jurisdição, por seu lado, os Estados-Membros foram mais céleres na obtenção de soluções. Desde muito cedo que a escolha do tribunal competente para dirimir um litígio conexionado com várias ordens jurisdicionais foi uma preocupação partilhada por todos os Estados[303], que entendiam ser indispensável a criação de disposições que permitissem unificar as regras de conflito de

---

[300] JO L 343/10, 29.12.2010.

[301] MIGUEL ASENSIO, P. A., *Integración Europea y Derecho Internacional Privado*, RDCE, 1997, p. 424.

[302] Neste sentido, cfr. ALVAREZ GONZÁLEZ, S., *Pasado, Presente y Futuro del Derecho Internacional Privado*, "Dereito", 1996, vol. 5, nº 1, pp. 9 e ss., especialmente pp. 19-22. Ver, ainda, DROBNIG, U., *Unification of National Law and the Uniformisation of the Rules of Private International Law in* "The Influence of the European Communities upon Private International Law of the Member States", editado por RIGAUX, F., Bruxelles, 1981, pp. 1 e ss.; SAMMUT, I., *Harmonisation of Private Law or Private International Law – Which Is the Way Forward in Europe?*, editado por XUEREB, P. G., The Jean Monnet Seminar Series, Malta, 2005.

[303] A competência judicial internacional é tratada de forma aprofundada e abrangente, extravasando até os contornos meramente comunitários, por ALONSO-CUEVILLAS SAYROL, J., *La Competencia Jurisdicional Internacional de los Tribunales Españoles del Orden Civil*, Valencia, 2006.

jurisdição em matéria civil e comercial, a fim de evitar situações de *forum shopping* ou de denegação de justiça. Do mesmo modo, entenderam também ser necessário minimizar a possibilidade de serem instaurados processos concorrentes e evitar que fossem proferidas decisões inconciliáveis em dois Estados-Membros competentes, criando regras aplicáveis à litispendência.

Em 1968, pela mão da Convenção de Bruxelas relativa à competência judiciária e à execução de decisões em matéria civil e comercial vêm a ser acordadas regras sobre a competência judiciária, regras essas que, na sequência da comunitarização desta matéria, passaram a ser reguladas por um instrumento jurídico comunitário vinculativo e diretamente aplicável, com a aprovação e posterior aplicação do Regulamento 44/2001, que contempla a matéria da competência judiciária nos seus arts. 2º a 31º, distribuídos pelas matérias seguintes: *Competências especiais; Competência em matéria de seguros; Competência em matéria de contratos celebrados por consumidores; Competência em matéria de contratos individuais de trabalho; Competências exclusivas; Extensão de competência.*

Os considerandos 11 a 14 do referido Regulamento 44/2001 dão-nos conta, resumidamente, das linhas orientadoras dessa matéria, nos termos seguintes: *(11) As regras de competência devem apresentar um elevado grau de certeza jurídica e devem articular-se em torno do princípio de que em geral a competência tem por base o domicílio do requerido e que tal competência deve estar sempre disponível, exceto em alguns casos bem determinados em que a matéria em litígio ou a autonomia das partes justificam outro critério de conexão. No respeitante às pessoas coletivas, o domicílio deve ser definido de forma autónoma, de modo a aumentar a transparência das regras comuns e evitar os conflitos de jurisdição. (12) O foro do domicílio do requerido deve ser completado pelos foros alternativos permitidos em razão do vínculo estreito entre a jurisdição e o litígio ou com vista a facilitar uma boa administração da justiça. (13) No respeitante aos contratos de seguro, de consumo e de trabalho, é conveniente proteger a parte mais fraca por meio de regras de competência mais favoráveis aos seus interesses do que a regra geral. (14) A autonomia das partes num contrato que não seja de seguro, de consumo ou de trabalho quanto à escolha do tribunal competente, no caso de apenas ser permitida uma autonomia mais limitada, deve ser respeitada sob reserva das competências exclusivas definidas pelo presente regulamento.*

Quanto ao regime aplicável em matéria de competência internacional, podemos resumir as regras essenciais nos termos seguintes:

- A competência internacional rege-se pelo princípio geral e fundamental de que a jurisdição competente é a do Estado-Membro onde o demandado tem o seu domicílio, qualquer que seja a sua nacionalidade (art. 2º, do Regulamento 44/2001);
- Porém, são estabelecidas outras regras de competência especiais, para determinadas matérias, de acordo com as quais o requerido poderá ser demandado perante os tribunais de um outro Estado-Membro que não o do seu domicílio, havendo ainda casos de competências exclusivas. Assim, consagraram-se disposições especiais sobre competências, designadamente em matéria de seguros, em matéria de contratos celebrados por consumidores, de contratos individuais de trabalho e competências exclusivas, cujo regime consta das disposições previstas nos arts. 5º a 22º, do Regulamento 44/2001;
- Em relação às matérias contratuais é competente, em geral, o tribunal do lugar onde foi ou deva ser cumprida a obrigação em questão; nas obrigações alimentares, em geral, o tribunal do lugar em que o credor de alimentos tem o seu domicílio; no caso dos delitos, o tribunal do lugar onde ocorreu o facto danoso (art. 5º, do Regulamento 44/2001);
- Estando em causa matéria de seguros, o segurador pode ser demandado perante os tribunais do Estado-Membro em que tiver domicílio ou, em caso de ações intentadas pelo tomador do seguro, o segurado ou um beneficiário, noutro Estado-Membro, perante o tribunal do lugar em que o requerente tiver o seu domicílio. Em caso de seguro de responsabilidade civil ou de um seguro que tenha por objeto bens imóveis, o segurador pode ser demandado perante o tribunal do lugar onde o facto danoso ocorreu. Tudo conforme resulta dos arts. 8º a 12º, do Regulamento 44/2001);
- O Regulamento prevê também disposições relativas aos contratos celebrados por consumidores, isto é, pessoas que celebram um contrato com um profissional para uma finalidade que possa ser considerada estranha à sua atividade profissional, considerando-se abrangidos todos os contratos celebrados entre os consumidores com uma pessoa que desenvolva atividades comerciais ou profissionais no território comunitário, salvo os contratos de transporte que não aqueles que sejam uma combinação de viagem e alojamento por

um preço global (cfr. art 15º, do Regulamento 44/2001). Para além do caso de venda, a prestações, de bens móveis corpóreos, empréstimos a prazo ou qualquer operação de crédito relacionada com o financiamento da venda de bens desse tipo, o consumidor apenas beneficia de proteção se o profissional exercer atividades comerciais ou profissionais no Estado-Membro em cujo território o consumidor tiver o seu domicílio ou que, por qualquer outro meio, dirija estas atividades para o referido Estado-Membro. De acordo com o art. 16º do Regulamento 44/2001, o consumidor pode intentar uma ação quer perante o tribunal do Estado-Membro em cujo território se encontrar domiciliado o requerido, quer perante o tribunal do Estado-Membro do lugar onde o consumidor (requerente) tiver o seu domicílio, mas, na eventualidade de um profissional intentar uma ação contra um consumidor, esta só pode ser intentada perante os tribunais do Estado-Membro em cujo território estiver domiciliado o consumidor;
- De acordo com o regime previsto no art. 19º, do Regulamento 44/2001, com base num contrato individual de trabalho, um trabalhador pode demandar o seu empregador quer perante os tribunais do Estado-Membro em que este último tenha o seu domicílio, quer num outro Estado-Membro, perante o tribunal do lugar onde o trabalhador efetua habitualmente o seu trabalho. Se este último não efetua habitualmente o seu trabalho no mesmo país, é competente o tribunal do lugar onde se situa o estabelecimento que contratou o trabalhador. Um empregador que não esteja domiciliado num Estado-Membro mas que nele disponha de uma sucursal, uma agência ou de qualquer outro estabelecimento, será considerado como tendo o seu domicílio nesse Estado-Membro (art. 18º, nº 2, do Regulamento 44/2001). O empregador só pode intentar uma ação contra o trabalhador perante os tribunais do Estado-Membro em cujo território o trabalhador tiver o seu domicílio (art. 20º, nº 1, do Regulamento 44/2001);
- Por outro lado, o Regulamento prevê, no seu art. 22º, competências exclusivas dos tribunais, qualquer que seja o domicílio, nos seguintes casos: em matéria de direitos reais sobre imóveis e de arrendamento de imóveis (tribunal do Estado-Membro onde o imóvel em questão se encontre situado); em matéria de validade, de nulidade

ou de dissolução das sociedades ou outras pessoas coletivas ou das decisões dos seus órgãos (o tribunal do Estado-Membro em que a pessoa coletiva tenha a sua sede); em matéria de validade de inscrições em registos públicos (o tribunal do Estado-Membro em cujo território esses registos estejam conservados); em matéria de inscrição ou de validade de patentes, marcas, desenhos e modelos ou outros direitos (os tribunais do Estado-Membro em cujo território o depósito ou o registo tiver sido requerido, efetuado ou considerado efetuado nos termos de um instrumento comunitário ou de uma convenção internacional); em matéria de execução de decisões (os tribunais do Estado-Membro do lugar da execução);
- Está também prevista a possibilidade de as partes celebrarem pactos atributivos de jurisdição (art. 23º, do Regulamento 44/2001), quando pelo menos uma se encontre domiciliada no território de um Estado-Membro, caso em que os tribunais competentes serão os determinados pelas partes.

4.4. Cooperação na obtenção de meios de prova

A litigância internacional, que não é de todo um fenómeno recente mas vem ganhando cada vez mais importância, motiva uma certa interdependência entre os sistemas judicias, quer a nível mundial quer a nível mais restrito das comunidades estaduais. Uma das fases processuais onde se revela fundamental a presença de uma recíproca colaboração entre os Estados-Membros é precisamente na obtenção de elementos de prova, sobretudo quando se torne necessário carrear elementos probatórios que se encontram noutro Estado, relativamente ao qual o Estado da entidade julgadora não exerce, naturalmente, poderes de soberania[304].

À escala mundial, a Convenção da Haia sobre a Obtenção de Provas no Estrangeiro em Matéria Civil ou Comercial, concluída em 18 de março de 1970, é o instrumento que sustenta esta matéria[305]. Porém, à escala da

---

[304] Acerca da questão da prova e dos problemas processuais de obtenção da prova em Estado distinto daquele em que a causa está a ser julgada, consultar VIRGÓS SORIANO, M.; GARCIMARTÍN ALFÉREZ, F. J., *Derecho Procesal Civil Internacional. Litigación Internacional, op. cit.*, pp. 471 e ss.

[305] Sobre este instrumento, ver ÁLVAREZ GONZÁLEZ, S., *La Cooperación Judicial Internacional en Matéria Civil*, "Dereito", 2001, pp. 7 e ss. (concretamente pp. 25 a 29). O autor chama ainda

União Europeia a comunitarização das questões relacionadas com a cooperação judiciária civil permitiu que surgissem aqui avanços e aprofundamentos, proveitosos para o melhor funcionamento da justiça, com efeitos positivos recíprocos entre os Estados-Membros.

Facilmente se conclui, conforme resulta do preâmbulo do Regulamento (CE) nº 1206/2001 do Conselho, de 28 de maio de 2001[306], relativo à cooperação entre os tribunais dos Estados-Membros no domínio da obtenção de provas em matéria civil ou comercial, que para a construção do espaço europeu de justiça a União Europeia não esqueceu o facto de muitas vezes ser necessário a obtenção de provas num Estado-Membro para uma decisão num processo em matéria civil ou comercial pendente num Tribunal de outro Estado-Membro. Por isso, as atividades da então Comunidade não podiam cingir-se ao domínio da transmissão de atos judiciais e extrajudiciais em matéria civil ou comercial, que pertence ao Regulamento relativo à citação e notificação dos atos judiciais e extrajudiciais em matéria civil e comercial nos Estados-Membros. Assim, para prosseguir a melhoria da cooperação entre os tribunais dos Estados-Membros no domínio da obtenção de provas, veio a ser aprovado o referido Regulamento 1206/2001[307], que disciplina a matéria definindo as relações e os procedimentos a ado-

---

a atenção para a existência de convenções bilaterais nesta matéria, designadamente entre Portugal e Espanha, concretamente a convenção relativa à cooperação judiciária em matéria penal e civil, outorgada em Madrid, a 19 de novembro de 1997 (cfr. p. 17), que naturalmente perdem agora a sua força, mas demonstram a preocupação dos Estados na questão. Consultar, também, ADAM MUÑOZ, M. D., *El Processo Civil con Elemento Extranjero y la Cooperación Judicial Internacional*, op. cit., pp. 178 e ss.; BUXBAUM, H. L., *Improving Transatlantic Cooperation in the Taking of Evidence*, in "International Civil Litigation in Europe and Relations with Third States", op. cit., pp. 343 e ss.

[306] JO L 174/1 de 27.6.2001.

[307] Sobre a matéria da obtenção de provas na União Europeia, consultar: BESSO, C., *Taking of Evidence Abroad: from the 1970 Hague Convention to the 2001 European Regulation* e VAREILLES-SOMMIÈRES, P., *Le Règlement Communautaire sur l'Obtention de Preuves à l'Étranger et les Rapports avec les Etats Tiers*, ambos in "International Civil Litigation in Europe and Relations with Third States", op. cit., pp. 365 e ss. e 381 e ss., respetivamente; DIAGO DIAGO, M. P., *La Obtención de Pruebas en la Unión Europea*, Navarra, 2003; PETRUS, C. H., *La Obtención Internacional de Pruebas. Asistencia Jurisdiccional en Europa*, Publicaciones del Real Colegio de España, Bolonia, 2005 (especialmente a partir da p. 127); VIDAL FERNÁNDEZ, B., *Obtención de pruebas*, in "La Cooperación Judicial Civil y Penal en el Ámbito de la Unión Europea: Instrumentos Procesales", op. cit., pp. 193 e ss.

tar entre as entidades requerentes e as entidades requeridas, bem como o prazo de realização das diligências probatórias requeridas e os formulários aplicáveis, sempre com o objetivo de simplificar e acelerar as diligências.

A agilidade desta forma de cooperação está assente, fundamentalmente, na possibilidade de comunicação direta entre as entidades judiciais, efetuada por qualquer meio adequado, na designação de uma entidade central que colmatará eventuais dificuldades, na utilização de formulários, na dispensa de formalidades e na fixação de prazo para realização da diligência, na qual aplicar-se-á a lei processual do Estado da entidade requerida, e utilização das novas tecnologias adequadas (cfr. arts. 2º, 3º, 4º, 6º e 10º do Regulamento 1206/2001)[308].

4.5. Acesso efetivo à justiça

Aparentemente, a salvaguarda do direito de acesso à justiça basta-se com a sua consagração constitucional, cabendo a cada Estado criar as suas condições internas de concretização desse direito, designadamente na sua vertente de concessão de apoio judiciário aos cidadãos economicamente carenciados, proporcionando-lhes uma justiça tendencialmente gratuita. Posto isto, qualquer relação desta matéria com litígios transfronteiriços parece estar fora de questão. Mas, se pensarmos nas relações jurídicas plurilocalizadas, cujos elementos determinam conexão com vários ordenamentos jurídicos, e que sejam ocasionais ou fortuitas, envolvendo indivíduos carenciados, já nos começamos a interrogar sobre as garantias facultadas a cada cidadão para invocar o direito de acesso à justiça noutro Estado, concretamente noutro Estado-Membro da União Europeia, com que lidamos amiúde.

Situações tão simples como um acidente de viação entre duas viaturas, uma conduzida por um espanhol e outra conduzida por um português, que ocorra nas imediações de Madrid, podem fazer-nos pensar sobre as garantias concedidas ao cidadão português, em Espanha[309]. Falamos, por

---

[308] Sobre a aplicação do Regulamento 1206/2001, consultar o Relatório da Comissão ao Conselho, ao Parlamento Europeu e ao Comité Económico e Social Europeu, COM (2007) 769 final, de 5.12.2007.

[309] Chamando a atenção para estas situações, pode ler-se no Livro Verde sobre a assistência judiciária em matéria civil: *A crescente utilização dos direitos consagrados no Tratado relativos à livre circulação de pessoas, bens e serviços traduz-se no aumento do número potencial de litígios transfronteiras. Os referidos litígios não têm lugar necessariamente entre grandes empresas; podem afetar pequenas*

exemplo, de ter direito a isenção ou redução de custas, de ter direito a ser assistido por um advogado, de ter direito a informação e consulta jurídicas. E referimo-nos com mais preocupação relativamente ao cidadão comum e às pequenas empresas, porque no caso das grandes empresas elas terão as suas organizações e estruturas adaptadas às especiais necessidades e ao seu tipo de litigância.

Ora, neste contexto foram surgindo, concretamente ao nível do Direito Internacional Público, iniciativas no sentido de criar uma certa reciprocidade quanto aos direitos dos cidadãos no acesso ao direito, designadamente convenções internacionais, que apenas não cumpriram inteiramente a sua missão por falta de vontade dos Estados em ratificar os instrumentos e também em obter a sua expansão. Trata-se, por exemplo, das Convenções da Haia, nomeadamente a Convenção II, de março de 1954, relativa ao processo cível[310] e a Convenção XXIX, de 25 de outubro de 1980, relativa ao acesso internacional à justiça[311]/[312].

Por sua vez, na União Europeia, desde o Conselho Europeu de Tampere que o acesso à justiça e a assistência gratuita são valores a preservar e a garantir a todos os cidadãos europeus, ainda que se vejam confrontados

---

empresas ou pessoas que disponham de poucos meios. Por exemplo, um acidente durante as férias ou problemas relacionados com compras no estrangeiro ou com a compra de bens que mais tarde se verifica serem defeituosos ou perigosos. O cônjuge pode ter deixado o lar conjugal com os filhos do casal e ter ido viver para outro país. Pode ter que se dar continuidade ao assunto no país em que surgiu o litígio ou, pior ainda, pode-se ser processado nesse país. Uma pequena empresa pode vender bens no estrangeiro e mais tarde ser processada no país do comprador. Um consumidor pode encomendar através da Internet bens provenientes do estrangeiro que acabam por nunca ser enviados ou que se verifica serem defeituosos. COM (2000) 51 final, 9.2.2000, p. 2.

[310] Ratificada pela Áustria, Bélgica, Dinamarca, Finlândia, França, Alemanha, Itália, Luxemburgo, Países Baixos, Portugal, Espanha e Suécia contém uma secção sobre assistência judiciária gratuita, onde se exige que os Estados Contratantes estendam o tratamento nacional a nacionais de outros Estados Contratantes.

[311] Ratificada pela Finlândia, França, Países Baixos, Espanha e Suécia vai mais longe na medida em que exige que os nacionais de Estados Contratantes e as pessoas habitualmente residentes num Estado Contratante sejam tratadas, para efeitos de direito à assistência judiciária em processos judiciais em cada Estado Contratante, como se fossem nacionais e residentes desse Estado.

[312] A propósito destas Convenções, cfr. ADAM MUÑOZ, M. D., *El Proceso Civil con Elemento Extranjero y la Cooperación Judicial Internacional, op. cit.*, pp. 55 e ss., especialmente pp. 66 e ss.; VIRGÓS SORIANO, M.; GARCIMARTÍN ALFÉREZ, F. J. *Derecho Procesal Civil Internacional. Litigación Internacional, op. cit.*, pp. 430 e ss.

com a justiça de um Estado-Membro que não o da sua origem. A primeira tarefa de diagnóstico, quanto aos bloqueios e de consultas alargadas para buscar as potenciais soluções, foi levada a cabo pelo *Livro Verde sobre a assistência judiciária em matéria civil: problemas com que se deparam os litigantes em processos transfronteiras*. O objetivo do citado Livro Verde, que se centrou essencialmente na assistência judiciária civil, consistiu em analisar os obstáculos existentes ao acesso efetivo à assistência judiciária relativamente a cidadãos europeus envolvidos em processos judiciais noutro Estado-Membro diferente do seu, com vista a encontrar algumas sugestões de reforma e suscitar reações das partes interessadas.

Neste âmbito, os obstáculos identificados pela Comissão resumiram-se no seguinte: i) elegibilidade em razão da pessoa "ratione personae" (saber se é abrangido pelas categorias de beneficiários potenciais indicados pela legislação do Estado em que deseja obter assistência judiciária); ii) elegibilidade substantiva (até que ponto as condições de elegibilidade previstas na legislação de um Estado-Membro estão previstas para o tipo de processo em questão); iii) custos suplementares gerados pelo facto de o litígio ser além-fronteiras; acesso efetivo a um advogado qualificado; iv) procedimentos técnicos; informação e formação; v) reforma dos regimes nacionais de assistência judiciária.

Feito este percurso inicial e propedêutico, foi tomada uma medida mais concreta com a criação da Diretiva 2003/8/CE do Conselho, de 27 de janeiro de 2003, relativa à melhoria do acesso à justiça nos litígios transfronteiriços, através do estabelecimento de regras mínimas comuns relativas ao apoio judiciário no âmbito desses litígios[313], cujo objetivo é promover a aplicação do princípio da concessão de apoio judiciário em litígios transfronteiriços às pessoas que não disponham de recursos suficientes, na medida em que esse apoio seja necessário para assegurar um acesso efetivo à justiça[314].

Conforme resulta das considerações prévias à Diretiva sobre a melhoria do acesso à justiça nos litígios transfronteiriços:

---

[313] JO L 26/41, 31.1.2003.
[314] Para compreensão do conteúdo da Diretiva, ver VIDAL FERNÁNDEZ, B., *Acceso a la Justicia y Asistencia Jurídica Gratuita* in "La Cooperación Judicial Civil y Penal en el Ámbito de la Unión Europea: Instrumentos Procesales", *op. cit.*, pp. 235 e ss.; VIRGÓS SORIANO, M.; GARCIMARTÍN ALFÉREZ, F. J. *Derecho Procesal Civil Internacional. Litigación Internacional, op. cit.*, pp. 436 e ss.

- A falta de recursos de uma pessoa implicada num litígio, como demandante ou demandado, bem como as dificuldades resultantes da incidência transfronteiriça de um litígio, não deverão constituir obstáculos a um acesso efetivo à justiça;
- Por isso, a diretiva destina-se, antes de mais, a garantir um nível adequado de apoio judiciário nos litígios transfronteiriços, fixando certas normas mínimas comuns em matéria de apoio judiciário em tais litígios;
- O apoio judiciário deve abranger o apoio pré-contencioso tendo em vista um acordo prévio a uma ação judicial, a assistência jurídica e a representação em juízo bem como a assunção ou a dispensa dos encargos com o processo.
- Todo o cidadão da União, independentemente de ter domicílio ou local de residência habitual no território de um Estado-Membro, deve poder beneficiar de apoio judiciário em litígios transfronteiriços se preencher as condições previstas na diretiva.

Um aspeto de considerável importância está no facto de a Diretiva determinar, para o apuramento das condições necessárias ao apoio judiciário, a necessidade de ser incluída uma cláusula geral através da qual seja atendida a diferença do custo de vida nos vários Estados-Membros[315].

Igualmente no âmbito do acesso à justiça, a União Europeia aposta na justiça on-line e nas suas potencialidades, tendo já defendido que deve ser implementada uma estratégia europeia em matéria de e-Justice[316].

4.6. Eliminação dos obstáculos à boa tramitação das ações cíveis

As vantagens mas também as dificuldades da harmonização do Direito, em particular do Direito Processual Civil, já foram anteriormente tratadas e permitiram que estivéssemos agora conscientes de que é tamanha a necessidade de aproximação dos ordenamentos jurídicos internos, bem assim

---

[315] No caso português, a transposição da Diretiva foi operada através da Lei nº 34/2004, de 29 de julho, e do Decreto-Lei nº 71/2005, de 17 de março, que a veio completar e regular, especialmente, a proteção jurídica no âmbito de litígios transfronteiriços.

[316] Cfr. Comunicação da Comissão ao Conselho, ao Parlamento Europeu e ao Comité Económico e Social – Rumo a uma estratégia europeia em matéria de e-Justice, COM (2008) 329 final, de 30.5.2008.

como longo é o caminho para a alcançar. Esta é uma vertente transversal e interdisciplinar no âmbito da cooperação judiciária civil, com a qual se visa obter tratamento de igualdade nas relações e conflitos transfronteiriços.

Em certos procedimentos europeus, como sucede com o título executivo europeu, a União Europeia tem optado por criar normas mínimas em relação a determinados aspetos de ordem processual, que condicionam a aplicabilidade de tais procedimentos, com a intenção de nivelar e consolidar os regimes internos, pois os legisladores de cada Estado-Membro acabam por se sentir pressionados a adotar esses critérios mínimos, a fim de obter para os seus cidadãos as vantagens e efeitos da legislação comunitária que apenas seja aplicável no pressuposto da verificação desses requisitos processuais mínimos, os quais, no entender das instituições comunitárias, são necessários para a confiança e reconhecimento mútuo em matéria judicial.

E também não tem descurado a criação de procedimentos europeus, designadamente para cobrança de obrigações pecuniárias, que vigoram a par dos procedimentos internos e se apresentam fundamentais para a segurança e desenvolvimento das relações intracomunitárias. Falamos, concretamente, do Regulamento (CE) nº 1896/2006 que cria um procedimento europeu de injunção de pagamento[317] e do Regulamento (CE) nº 861/2007 do Parlamento Europeu e do Conselho, de 11 de julho de 2007, que estabelece um processo europeu para ações de pequeno montante[318], que a seu tempo serão tratados em virtude da estreita relação que mantêm com o título executivo europeu.

Na eliminação dos obstáculos à boa tramitação das ações cíveis, a União Europeia tomou medidas no sentido de harmonizar alguns aspetos dos procedimentos internos de cobrança de dívidas, sobretudo com o intuito de criar um ambiente legal e empresarial favorável à pontualidade dos pagamentos nas transações comerciais. Neste sentido, foi aprovada a Diretiva 2000/35/CE do Parlamento Europeu e do Conselho, de 29 de junho de 2000[319], que estabeleceu medidas de luta contra os atrasos de pagamento

---

[317] JO L 399 de 30.12.2006.
[318] JO L 199/1 de 31.7.2007.
[319] JO L 200/35 de 8.8.2000.

nas transações comerciais[320], agora reformuladas pela Diretiva 2011/7/UE do Parlamento Europeu e do Conselho, de 16 de fevereiro de 2011.

Uma das primeiras medidas adotada através da Diretiva 2000/35/CE foi a de alargar, com caráter geral e independentemente do valor, o âmbito de aplicação do procedimento de injunção às transações comerciais, o que constituiu um marco no combate aos atrasos de pagamento no mercado interno de dívidas contraídas no âmbito de transações comerciais, revelando-se uma âncora paras as pequenas e médias empresas que normalmente se debatem com as graves consequências do incumprimento crónico, o qual pode inviabilizar e pôr em risco a sua saúde financeira e mesmo a sua continuidade no mercado.

Com a nova Diretiva, o propósito assumido assenta na necessidade de uma *mudança decisiva com vista a uma cultura de pagamentos atempados, que inclua o reconhecimento sistemático da exclusão do direito de cobrar juros como cláusula contratual ou prática manifestamente abusiva, de modo a inverter esta tendência e desincentivar esses atrasos. Esta mudança deverá incluir a introdução de disposições específicas em relação a prazos de pagamento e à indemnização dos credores pelos prejuízos sofridos e determinar, como cláusula contratual manifestamente abusiva, a exclusão do direito a indemnização pelos custos suportados com a cobrança da dívida* (Considerando 12).

4.7. Desenvolvimento de métodos alternativos de resolução dos litígios

A resolução de litígios pela via dos processos adjudicatórios foi sempre o paradigma predominantemente adotado nas sociedades modernas, deixando-se para segundo plano a via dos processos consensuais, modelo que caracteriza os mecanismos próprios da resolução alternativa de litígios[321]. Porém, sobretudo a partir da década de setenta do século passado, o fenó-

---

[320] Sobre esta diretiva, ver BASTIANON, S., *Direttive Comunitarie e Tutela del Creditore in Caso di Ritardato Pagamento nelle Transazioni Commerciali: Prime Osservazioni a Proposito del D.Lgs. nº 231/2002*, DUE 2003, pp. 395 e ss.

[321] Apesar da dificuldade terminológica, pode dizer-se que são considerados meios de resolução alternativa de litígios todos os procedimentos que funcionam como alternativa à litigação judicial, tendo em vista a resolução de conflitos e que envolvem a intervenção de um terceiro neutro e imparcial face à contenda.

meno dos *Alternative Dispute Resolution*[322] começou a ganhar consistência e a expandir-se, essencialmente nos países de tradição anglo-saxónica, conquistando um lugar de destaque na generalidade dos sistemas jurídicos contemporâneos, com séria expressão na Europa e, concretamente, na União Europeia.

A complexidade das sociedades atuais, resultado de um sem número de mudanças sociológicas e comportamentais – muitas delas como reflexo do desenvolvimento económico e cultural – já não se compadece com a ideia de exclusividade da justiça do Estado, mas antes com um sistema plural, que proporcione encontrar respostas maleáveis e adequadas. O desafio atual é o de articular e conjugar todos os mecanismos de resolução disponíveis e adequá-los às diferentes áreas do Direito, aceitando-se que os meios de resolução alternativa de litígios surgem para fornecer um maior número de opções capazes de dar resposta aos conflitos sociais, isto é, para aumentar e diversificar os mecanismos que põem termo à conflitualidade social. Nessa conformidade, os meios de resolução alternativa de litígios têm um crescente desempenho na construção e consolidação do direito de acesso à justiça, como seu coadjuvante e como mecanismo de combate à resignação e à baixa propensão à «litigância». Por outro lado, os meios de resolução alternativa de litígios mostram-se mais adequados a certas categorias de litígios que pelas suas características podem não se ajustar plenamente ao modelo clássico da via judicial, como sejam as relações familiares, de vizinhança ou laborais. Complementarmente, estamos perante um fenómeno que arrasta consigo, comprovadamente, outros aspetos positivos, como sejam: descongestionamento dos tribunais, redução dos custos da justiça, concessão de uma resolução de litígios mais efetiva, capacidade de envolvimento da comunidade no processo de resolução de litígios.

Neste contexto, os meios de resolução alternativa de litígios souberam impor-se, enaltecendo as suas mais-valias, a ponto de fazerem emergir um novo e diferente entendimento quer da administração da justiça, quer do

---

[322] Sobre a contextualização dos meios de resolução alternativa de litígios nas sociedades contemporâneas e a sua caracterização, *vide* PEDROSO, J.; TRINCÃO, C., DIAS, J. P., *Percursos da informalização e da desjudicialização – por caminhos da reforma da administração da justiça (análise comparada)*, Centro de Estudos Sociais da Faculdade de Economia da Universidade de Coimbra, 2001; FRADE, C., *A Resolução Alternativa de Litígios aplicada ao sobreendividamento dos consumidores: virtualidades da mediação*, Relatório do Observatório do Endividamento dos Consumidores, Centro de Estudos Sociais da Faculdade de Economia da Universidade de Coimbra, 2002.

direito de acesso à justiça[323]. A administração da justiça passa a assentar na criação de um sistema integrado de resolução de litígios que disponibilize uma panóplia de meios, sem barreiras económicas, sociais, culturais. Por seu lado, o direito de acesso à justiça começa a ser entendido como o acesso à entidade que os litigantes considerem mais legítima e mais adequada a resolver o conflito em causa e a proteger os seus direitos. Tudo isto sem que se ponha em causa a validade, a necessidade e a adequação do processo judicial.

Ora, a União Europeia não esteve alheia a este fenómeno e, como não podia deixar de acontecer, foi criando alicerces para a construção orientada de sistemas jurídicos que correspondessem aos apelos das sociedades modernas. Desde o Plano de Ação de Viena e do Conselho Europeu de Tampere que é apontada a questão dos meios de resolução alternativa de litígios, como objetivo a alcançar através da sua difusão e progressiva implementação quer a nível interno, quer a nível das relações transfronteiriças. Já em fase de concretização, os registos mais concretos e mais recentes nesta matéria, ao nível da União Europeia, são o Livro Verde sobre os modos alternativos de resolução dos litígios em matéria civil e comercial[324], lançado em 2002, e a Diretiva 2008/52/CE do Parlamento Europeu e do Conselho, de 21 de maio de 2008, relativa a certos aspetos da mediação em matéria civil e comercial[325], para além de um código de conduta para os mediadores, aprovado por peritos europeus, em outubro de 2004.

No que respeita à Diretiva[326], o seu objetivo consiste em facilitar o acesso à resolução alternativa de litígios e em promover a resolução amigável de litígios, incentivando o recurso à mediação e assegurando uma relação equilibrada entre a mediação e o processo judicial, aplicando-se aos litígios transfronteiriços em matéria civil e comercial, exceto no que se refere aos direitos e obrigações de que as partes não possam dispor ao abrigo do direito aplicável e não abrangendo, nomeadamente, as matérias fiscais, aduaneiras ou administrativas, nem a responsabilidade do Estado por atos

---

[323] Neste sentido, ver CADIET, L., *I Modi Alternativi di Regolamento dei Conflitti in Francia tra Tradizione e Modernità*, Riv. Trim. Dir. Proc., 2006, pp. 1169 e ss.
[324] COM (2002) 196 final.
[325] JO L 136/3, de 24.5.2008.
[326] Sobre a diretiva, embora ainda com base na fase da sua proposta, ver GHIRGA, M. F., *Conciliazione e Mediazione alla luce della Proposta di Direttiva Europea*, Riv. Dir. Proc., 2006, pp. 463 e ss.

ou omissões no exercício da autoridade do Estado (*acta jure imperii*), como decorre do art. 1º do diploma.

Nesta matéria, a União Europeia vem cumprindo a sua função e tem servido de catalisador, ainda que os Estados-Membros também não se tenham demitido do seu papel pró-ativo nestas questões e não se inibam de, cada vez mais, fomentar e incentivar o recurso aos meios de resolução alternativa de litígios por via direta e indireta.

4.8. Apoio à formação dos magistrados e dos funcionários e agentes de justiça

A necessidade de desenvolver a formação judiciária, como instrumento auxiliar nos progressos a realizar na criação do espaço de liberdade, segurança e justiça, determinou o aparecimento de algumas medidas a esse nível na União Europeia[327]. Salienta-se, em particular, a necessidade de melhorar o conhecimento que os profissionais têm dos instrumentos jurídicos da União Europeia, a compreensão mútua dos sistemas jurídicos dos Estados-Membros e a formação em matéria de línguas. Embora seja tarefa dos Estados-Membros integrarem plenamente a dimensão europeia nas suas atividades nacionais, admitiu-se a necessidade de desenvolver um nível mais integrado de formação, concebido e aplicado a nível europeu. Essa formação reforçará a confiança mútua entre os Estados-Membros e é pressuposto essencial para que vingue o espaço europeu de segurança e justiça, devendo proporcionar que todos os juízes, procuradores, funcionários e agentes de justiça possuam um conhecimento suficiente dos instrumentos de cooperação judiciária europeia e recorram plenamente ao direito primário e derivado da União Europeia, bem como que conheçam adequadamente a legislação e os sistemas jurídicos dos outros Estados--Membros da União[328].

Começa a reforçar-se a ideia de que é imperioso capacitar os juízes, procuradores, funcionários e agentes de justiça dos Estados-Membros da importância do aprofundamento de uma cultura judiciária europeia, asso-

---

[327] Ver Comunicação da Comissão Europeia de 29 de junho de 2006, sobre a formação judiciária na União Europeia (COM (2006) 356 final).

[328] A Rede Europeia de Formação Judiciária (REFJ), associação fundada em outubro de 2000, vinha já exercendo esta função, mas pretende-se que este esforço seja apoiado e também concretizado pela própria União Europeia.

ciado ao sentimento de pertencer e contribuir para um espaço de justiça comum[329].

Neste seguimento, o Conselho da União Europeia, reunido no Luxemburgo, a 24 de outubro de 2008[330], emitiu diretrizes aplicáveis no âmbito da já referida formação adequada, que visam desenvolver, estimular e incrementar o financiamento de formações, bem como fomentar o intercâmbio e a mobilidade, contribuindo para o desenvolvimento de uma verdadeira cultura judiciária europeia comum, baseada na diversidade dos sistemas jurídicos e judiciários dos Estados-Membros e na unidade que confere o direito europeu. Mais se acordou ser necessário estimular o conhecimento dos sistemas jurídicos e da legislação dos outros Estados-Membros, nomeadamente promovendo cursos pertinentes de direito comparado; melhorar as competências linguísticas dos juízes, procuradores e funcionários e agentes de justiça em toda a União Europeia; estimular a consciencialização coletiva para as problemáticas comuns aos juízes, procuradores e funcionários e agentes de justiça; promover a reflexão comum sobre o desenvolvimento do espaço de liberdade, segurança e justiça e suas implicações para o correto funcionamento da justiça.

Como já anteriormente ficou referido, é o Tratado de Lisboa que passa a fazer alusão expressa a esta componente da cooperação judiciária, manifestando-se agora formalmente a intenção de cooperação nesta vertende, considerada aliás fundamental e estrutural na criação da cultura judiciária europeia comum, sem a qual a União Europeia não logrará alcançar os seus intentos de criação de um espaço europeu de justiça, por mais legislação que emane das suas instituições e por mais sérias, respeitáveis e louváveis que sejam as intenções dos Estados-Membros. Por sua vez, o Programa de Estocolmo reforçou esta vertente, propondo-se desenvolver, por exemplo, programas de intercâmbio tipo Erasmus para os profissionais forenses.

---

[329] Os advogados e solicitadores não estão aqui excluídos, mas devem ser as respetivas ordens profissionais a desenvolver as ações de formação adequada, sem que as instituições europeias e estaduais exerçam diretamente essa tarefa.
[330] Ver a Resolução do Conselho e dos Representantes dos Governos dos Estados-Membros reunidos no Conselho relativa à formação dos juízes, procuradores e funcionários e agentes de justiça na União Europeia (2008/C 299/01), no JO C 299/1, de 22.11.2008.

5. Efeitos da cooperação judiciária em matéria civil na União Europeia no Direito Internacional Privado

Se à escala mundial, por efeito da globalização, o direito internacional privado foi forçado a adaptar-se e a ajustar-se a uma nova realidade[331], confrontando-se com problemas emergentes do aumento da litigiosidade transfronteiriça e da deslocação dos centros de poder nesta matéria – que passa de um eixo unilateral para o campo supranacional – na vertente comunitária estes efeitos foram ainda mais visíveis e profundos[332].

Desde o Tratado de Amesterdão que se operou a denominada comunitarização do Direito Internacional Privado[333], com repercussão nos vários setores que constituem este ramo do direito, designadamente, a competência judicial internacional, a escolha da lei aplicável através das normas de conflito, o reconhecimento e execução de decisões judiciais, a cooperação internacional entre autoridades judiciais. Efetivamente, com a já explicada reforma dos tratados constitutivos foram introduzidas alterações que tiveram repercussão direta no âmbito do Direito Internacional Privado, atribuindo-se-lhe também um novo papel ao nível da integração europeia. Essa comunitarização determinou que as referidas matérias deixassem de ser objeto de regulação apenas através de normas de direito

---

[331] Cfr. BASEDOW, J., *The Effects of Globalization on International Private Law, in* "Legal Aspects of Globalization", editado por BASEDOW, J., e KONO, T., Hague, London, Boston, 2000, pp. 1 e ss.

[332] Sobre a influência da integração europeia no Direito Internacional Privado, ver ALVAREZ GONZÁLEZ, S., *Pasado, Presente y Futuro del Derecho Internacional Privado, op. cit.*, pp. 9 e ss.; MIGUEL ASENSIO, P. A., *Integración Europea y Derecho Internacional Privado, op. cit.*, pp. 413 e ss.

[333] A respeito desta questão, ver: BASEDOW, J., *The Communitarisation of the Conflict of Laws under the Treaty of Amsterdam, op. cit.*, pp. 687 e ss.; BORRÁS, A., *Derecho Internacional Privado y Tratado de Amsterdam*, REDI, 1999, pp. 381 e ss.; GARDEÑES SANTIAGO, M., *El Desarrollo del Derecho Internacional Privado trás el Tratado de Amsterdam: los artículos 61 c) y 65 TCE como Base Jurídica*, RDCE, 2002, nº 11, pp. 231 e ss.; GONZÁLEZ BEILFUSS, C., *Relaciones e Interacciones entre Derecho Comunitário, Derecho Internacional Privado y Derecho de Família Europeo en la Construcción de un Espacio Judicial Común*, AEDIPr, 2004, pp. 117 e ss.; JESSURUN D'OLIVEIRA, H. U., *The EU and a Metamorphosis of Private International Law* in FAWCETT, J. (Dir.), "Reform and Development of Private International Law– Essays in Honor of Sir Peter North", New York, 2002, pp. 111 e ss.; KOHLER, C., *Interrogations sur les Sources du Droit International Prive Européen après le Traité d'Amsterdam*, RCDIPr, 1999, pp. 1 e ss.; MIGUEL ASENSIO, P. A., *La Evolución del Derecho Internacional Privado Comunitario en el Tratado de Ámsterdam*, REDI, 1998, pp. 373 e ss.; RUEDA VALDIVIA, R., *La Unificación Europea del Derecho Conflictual: Presente e Futuro* in "La Cooperación Judicial en Materia Civil y la Unificación del Derecho Privado en Europa", *op. cit.*, pp. 151 e ss.

interno ou emanadas de convenções internacionais, para passarem a ser tratadas através de instrumento de direito comunitário derivado, passando a falar-se na existência de um Direito Internacional Privado Uniforme[334].

Como se viu, a cooperação judiciária civil assenta em várias eixos, mas parte considerável dessas matérias corresponde ao conteúdo do Direito Internacional Privado e nele tiveram origem, como sucede com o reconhecimento mútuo das decisões judiciais e extrajudiciais e respetiva execução e a compatibilidade das normas aplicáveis em matéria de conflitos de leis e de jurisdição, tendo evoluído no sentido da uniformização europeia.

---

[334] A interação entre o Direito Internacional Privado e o Direito Comunitário não está isenta de críticas, sobretudo quanto a aspetos metodológicos, mas já é aceite que "a última década do século XX foi, para o direito internacional privado, a do direito comunitário. E que a importância crescente de que este último se tem revestido não deixará de imprimir uma marca durável sobre aquele". Cfr. MOURA RAMOS, R. M., *Direito Internacional Privado e Direito Comunitário. Termos de uma interacção in* MOURA RAMOS, R. M. (Dir.), "Estudos de Direito Internacional Privado e de Direito Processual Civil Internacional", *op. cit.*, pp. 145 e ss.

Parte II
Título Executivo Europeu

Capítulo I
Enquadramento Geral do Título Executivo Europeu

1. Reconhecimento mútuo
1.1. Enquadramento

Sem «reconhecimento mútuo» não seria possível a construção integral da União Europeia. A liberdade de pessoas, bens e serviços não é autossuficiente na consolidação de um verdadeiro mercado único, pois a vertente económica só se satisfaz plenamente quando as pessoas acreditam, confiam e constatam a existência de uma justiça equitativa e respeitadora dos seus direitos fundamentais e a abolição de entraves à utilização dos sistemas judiciários dos demais Estados-Membros.

Naturalmente que, neste contexto, nos cingimos ao reconhecimento mútuo das sentenças e decisões judiciais e não ao reconhecimento mútuo relativo à livre circulação de mercadorias[335], de acordo com o qual é garantida a livre circulação de produtos na ausência de uma legislação comunitária de harmonização. Por força deste princípio, um Estado-Membro de destino não pode proibir a venda, no seu território, de um produto do Espaço Económico Europeu/Turquia, mesmo quando este produto tenha sido fabricado segundo requisitos técnicos ou qualitativos diferentes dos impostos aos seus próprios produtos[336]. Ambos os princípios são impor-

---

[335] Previsto nos arts. 28º, 30º, 34º e 36º do TFUE.
[336] A única exceção a este princípio verifica-se no caso das restrições impostas pelo Estado-Membro de destino, desde que essas restrições sejam justificadas pelos motivos referidos no

tantes no funcionamento do mercado interno, mas enquanto este tem uma intervenção direta na circulação dos produtos, o outro proporciona, por sua vez e por via reflexa, condições de bom funcionamento do mercado em consequência de os operadores se sentirem juridicamente seguros.

O princípio de reconhecimento mútuo[337] nasce como uma técnica de supressão de obstáculos existentes entre as várias legislações internas e motivado pela falta ou insuficiência de harmonização legislativa que pudesse compatibilizar os diferentes ordenamentos jurídicos, vindo a conquistar o seu espaço através da força que exerce sobre determinados setores económicos que dele dependem para prosseguir e progredir no processo de integração europeia.

Com origem na jurisprudência comunitária, através do caso *Cassis de Dijon*[338], o princípio do reconhecimento mútuo evoluiu em três fases: uma primeira em que, pela mão da interpretação do Tribunal de Justiça, esse princípio é invocado como forma de superar os obstáculos à livre circulação de bens, pessoas e serviço, designadamente decorrentes da falta de harmonização legislativa; a segunda, em que, associado à ideia de lançamento do mercado interno, a Comissão adota o Livro Branco, aprovado em 14 de junho de 1985 pelo Conselho Europeu de Milão e denominado *Completar*

---

artigo 36º do TFUE, ou com base nas exigências imperativas de interesse geral reconhecidas pela jurisprudência do Tribunal de Justiça.

[337] Sobre este tema, ver GUZMÁN ZAPATER, M., *Un Elemento Federalizador para Europa: el Reconocimiento Mutuo en el Ámbito del Reconocimiento de Decisiones Judiciales*, RDCE 2001, pp. 405 e ss.; MADURO, M. P., *A Constituição Plural – Constitucionalismo e União Europeia*, Lisboa, 2006, pp. 131 e ss.

[338] No acórdão *Cassis de Dijon* (TJCE 120/78 de 20/02/79), o Tribunal determinou que podia haver medidas de efeito equivalente mesmo sem discriminação entre produtos importados e produtos nacionais. Em especial, impor aos produtos dos outros Estados-Membros as regras técnicas do Estado de importação corresponde a estabelecer uma medida de efeito equivalente, uma vez que se penalizam os produtos importados obrigando-os a uma adaptação onerosa. A ausência de harmonização comunitária das regulamentações não poderá justificar esta atitude que se traduz em entraves à liberdade de circulação, o que obrigou o Tribunal a proclamar o princípio de que *"qualquer produto legalmente fabricado e comercializado num Estado--Membro, de acordo com a regulamentação e os processos de fabrico legais e tradicionais desse país, deve ser admitido no mercado de qualquer outro Estado-Membro"*. É o princípio do reconhecimento mútuo pelos Estados-Membros das suas regulamentações respetivas que vigora enquanto não houver harmonização.

o *Mercado Interno*³³⁹, onde se encontra reunida a maioria das medidas legislativas a adotar no encalce desse objetivo, designadamente a eliminação das fronteiras de natureza técnica, com a eliminação dos obstáculos constituídos pelas regulamentações nacionais relativas aos produtos e aos serviços, quer através da sua harmonização quer através do seu reconhecimento mútuo³⁴⁰, sendo evidente que essa medida iria promover a «melhor» legislação, através de um processo de concorrência entre as legislações nacionais³⁴¹; por último, a terceira fase, na qual o princípio do reconhecimento mútuo começa a expandir-se e a adotar novas formas. GUZMÁN ZAPATER realça a nova «fisionomia» do princípio de reconhecimento mútuo, precisamente pela sua projeção sobre o âmbito processual³⁴².

1.2. Vertente processual do princípio de reconhecimento mútuo

O princípio de reconhecimento mútuo assumiu-se, desde Tampere, como a pedra angular da cooperação judiciária europeia e foi adotado numa vertente processual, com repercussão sobre o regime jurídico do reconhecimento e execução de decisões judiciais estrangeiras. Essas decisões, sendo expressão da soberania estadual, não veriam, de outro modo, extravasar os seus efeitos além-fronteiras. Nesta perspetiva, o reconhecimento mútuo das decisões judicias estrangeiras em matéria civil passou a fazer-se nos termos decorrentes do plano de medidas para aplicação do princípio de reconhecimento mútuo das decisões judiciais em matéria civil e mercantil, que de seguida percorreremos³⁴³.

---

[339] COM (85) 310 final.
[340] De acordo com o citado Livro Branco, o reconhecimento mútuo é apresentado como uma estratégia eficiente para ocasionar o aparecimento de um mercado comum, a qual teve como objetivos a construção e expansão do mercado, além da sua flexibilização. Essa postura revela-se, por sua vez, superior à harmonização clássica em dois aspetos: por um lado, evita as dificuldades e os atrasos que o processo comunitário de decisão implica; por outro, previne os perigos do excesso de regulação, permitindo maior flexibilidade e mais inovação (cfr. pontos 58, 61, 64, 77, 79 do Livro Branco).
[341] Cfr. MADURO, M. P., *A Constituição Plural – Constitucionalismo e União Europeia*, op. cit., p. 131.
[342] GUZMÁN ZAPATER, M., *Un Elemento Federalizador para Europa: el Reconocimiento Mutuo en el Ámbito del Reconocimiento de Decisiones Judiciales*, op. cit., pp. 423 e ss.
[343] Também se perspetiva, mas com muito mais cautela, a aplicação do princípio de reconhecimento mútuo na área do Direito Penal. Para uma análise desta matéria, consultar HOYOS SANCHO, M., *El Principio de Reconocimiento Mutuo como Principio Rector de la Cooperación Judicial*

A vertente processual do reconhecimento mútuo é um conceito que expressa a livre circulação de decisões judiciais, determinando que decisões proferidas num Estado-Membro possam produzir os seus efeitos nos demais congéneres, de forma que se pretende rápida e simples, e traduz-se num instrumento capaz de agilizar a atividade dos agentes económicos e o quotidiano dos cidadãos. Reflexamente, todos e cada um dos Estados-Membros aceita e reconhece que a legislação dos outros Estados é equivalente à sua, baseados em dois valores fundamentais: equivalência e confiança. Esta equivalência e confiança recíprocas, por sua vez, justificam-se com o facto de todos os sistemas judicias partilharem de valores idênticos, que proporcionam garantias aos cidadãos, designadamente quanto à salvaguarda de direitos fundamentais, onde se incluem as garantias processuais, assentes num processo justo e equitativo e afastando-se de quaisquer situações ou regimes jurídicos potenciadores ou geradores de indefesa. Só a partilha da democracia como regime político e de todos os princípios orientadores de um Estado de Direito, bem como dos direitos fundamentais dos cidadãos, numa aceção política, social e cultural, permitiu avançar neste sentido.

Desta maneira, as autoridades de um Estado-Membro admitem-se sujeitas a aceitar, reciprocamente, as decisões de outro Estado-Membro como sendo equivalentes às decisões das suas próprias autoridades, ainda que o objeto da decisão em causa pudesse aí não ter um tratamento exatamente igual àquele que teve no Estado de origem, dada a falta de «uniformização» das legislações.

Dito isto, seríamos levados a considerar a existência do reconhecimento mútuo apenas numa aceção mais ampla e extensa, ou seja, a de um reconhecimento «automático» das decisões judiciais, sem exame prévio ou qualquer revisão. Porém, na verdade, podem vislumbrar-se diferentes graus de reconhecimento das decisões estrangeiras, o que nos leva a tratar a questão dos «sistemas de reconhecimento» para poder concluir sobre o regime que veio a ser implementado na União Europeia. Por ora, sabemos que foi encontrada uma nova faceta do princípio do reconhecimento mútuo que

---

Europea in "La Cooperación Judicial Civil y Penal en el Ámbito de la Unión Europea: Instrumentos Procesales", JIMENO BULNES, M. (Dir.), Barcelona, 2007, pp. 69 e ss.

permitiu assegurar a «livre» circulação – veremos depois qual o grau de liberdade – das decisões judiciais[344].

Esta vertente do reconhecimento mútuo com caráter processual parece, porém, mostrar algumas diferenças em relação ao âmbito tradicional daquele princípio, que se prendem com dois aspetos: por um lado, a cláusula de reconhecimento apresenta-se como um mecanismo que atua *ex post*, funcionando no domínio de litígios já efetivados e que se envolveram em contencioso, ao passo que o reconhecimento mútuo no seu sentido tradicional toma mais a forma de um mecanismo de prevenção dos conflitos de leis, operando *ex ante*; por outro lado, o pressuposto que norteou e fez emergir o reconhecimento mútuo – a equivalência entre as legislações – encontra-se mais diluído na vertente processual, onde realmente cada ordenamento se arroga de um regime processual mais ou menos próprio, sobretudo em matéria onde impera a regra *lex fori regit processum*[345].

No entanto, a lógica subjacente a esta nova fisionomia do princípio de reconhecimento mútuo assenta, tal como o seu congénere tradicional, numa estratégia de ultrapassar a falta ou inviabilidade de um processo imediato de harmonização das legislações, pois, ainda que se afigure a harmonização, os limites que, em tese, possam surgir ficam sempre salvaguardados com esta cláusula. Na leitura de GUZMÁN ZAPATER, a introdução e expansão do princípio de reconhecimento mútuo na vertente processual não visa a harmonização da matéria processual no espaço intra comunitário, antes contraria essa tendência, tentando preservar as diferenças jurídicas[346]. Precisamente porque há diferenças e é necessário ultrapassá-las, sem que com isso se tornem – porque seria impossível – todos os sistemas iguais, o reconhecimento mútuo é a válvula de segurança que proporciona essa vantagem.

Mas, não só a falta de harmonização da legislação processual é um problema, também as lacunas em sede de harmonização da lei aplicável podem constituir motivo de insegurança jurídica. Por isso, a renúncia que tem vindo a suceder relativamente ao tradicional controlo de «ordem pública»

---

[344] Para uma análise do princípio do reconhecimento mútuo e o seu enquadramento na matéria da cooperação judiciária civil na União Europeia, ver OTERO GARCÍA-CASTRILLÓN, C., *Cooperación Judicial Civil en la Unión Europea – el Cobro de las Deudas*, Madrid, 2007, pp. 97 e ss.
[345] GUZMÁN ZAPATER, M., *Un Elemento Federalizador para Europa: el Reconocimiento Mutuo en el Ámbito del Reconocimiento de Decisiones Judiciales*, op. cit., pp. 426 e 427.
[346] Idem, *ibidem*, pp. 424 e 425.

da decisão estrangeira, sobretudo num contexto em que falta a harmonização do direito substantivo e do direito adjetivo e onde há novos Estados-Membros sem qualquer tipo de tradição e experiência na aplicação de regras de reconhecimento e execução de sentenças estrangeiras, está longe de ser um assunto pacífico e resolvido[347].

Face ao exposto, constatamos que o princípio de reconhecimento mútuo na sua vertente processual não é fácil de enquadrar, nem de conceptualizar, assemelhando-se mais a um conceito político, com contornos pouco rigorosos do ponto de vista técnico-jurídico[348].

Quanto à forma e ao método como vai operar o reconhecimento mútuo das decisões judiciais, deixamos isso para os pontos seguintes, avançando desde já que a aspiração e também a motivação fundamental que presidiu a este passo de expansão do reconhecimento mútuo foi a supressão do *exequatur*, que aparece como objetivo declarado e como culminar das fases de desenvolvimento da aplicação desse princípio.

1.3. Medidas para aplicação do princípio de reconhecimento mútuo das decisões judiciais em matéria civil e mercantil

A partir do momento em que o princípio de reconhecimento mútuo ganha o seu espaço na vertente processual, designadamente ao serviço do reconhecimento das decisões judiciais em matéria civil e mercantil, torna-se imprescindível criar condições e programar a sua aplicação. Nessa conformidade, o Conselho e a Comissão aprovaram, a 30 de novembro de 2000, o Projeto de medidas para aplicação do princípio de reconhecimento mútuo das decisões judiciais em matéria civil e mercantil[349], através do qual foram traçados os domínios de aplicação do princípio, bem como os atos a implementar e as metas a atingir para a concretização desse plano[350], numa fase

---

[347] Cfr. OTERO GARCÍA-CASTRILLÓN, C., *Cooperación Judicial Civil en la Unión Europea – el Cobro de las Deudas, op. cit.*, p. 108.

[348] Acompanhamos a opinião de GONZÁLEZ BEILFUSS, C., in *El Proyecto de Medidas para la Aplicación del Principio de Reconocimiento Mutuo de las Resoluciones Judiciales en Materia Civil y Mercantil*, REDI, 2000, p. 662.

[349] JO C 12, de 15.01.2001.

[350] Para uma análise do Projeto de medidas para aplicação do princípio de reconhecimento mútuo das decisões judiciais em matéria civil e mercantil ver BORRÁS, A., *Hacia la Supresión del Exequatur en Europa in* "Cooperación Jurídica Internacional en Materia Civil. El Convenio de Bruselas", Cuadernos de Derecho Judicial, IV, 2001, pp. 17 e ss.; GONZÁLEZ BEILFUSS, C.,

de maior pormenor das medidas que de forma generalista haviam sido esboçadas no Plano de Ação de Viena, em 1999.

À data, foram identificados quer novos domínios de aplicação, designadamente competência internacional, reconhecimento e execução das sentenças em matéria de dissolução dos regimes matrimoniais, de consequências patrimoniais da separação de casais não casados e de sucessões, bem como em matéria de responsabilidade parental e dos outros aspetos não patrimoniais da separação de casais; quer a necessidade de aprofundamento em domínios identificados como prioritários, embora já abrangidos pelos instrumentos em vigor, sobretudo no direito da família, por um lado, e, em particular, o direito de visita e as pensões de alimentos, e, por outro, no direito comercial e no direito dos consumidores. Foram evidenciados, neste âmbito, os «*créditos não contestados*» e as «*pequenas ações*», aqueles como uma das primeiras áreas em que o *exequatur* devia ser suprimido e estas como um campo atrativo para a definição de regras processuais comuns específicas ou de regras mínimas, para facilitar o reconhecimento e a execução das decisões.

As medidas necessárias para alcançar os, então, novos graus de reconhecimento mútuo foram traçadas com rigor e objetividade, revelando lucidez sobre o trajeto que se pretendia seguir. Nos citados novos domínios de aplicação do reconhecimento mútuo perspetivava-se uma progressão gradual; por sua vez, nas áreas que se encontravam já abrangidas previa-se, numa primeira fase, reduzir ainda mais as medidas intermédias e reforçar os efeitos, no Estado requerido, das decisões tomadas no Estado de origem e, numa segunda fase, a supressão das medidas intermédias, isto é, a eliminação pura e simples de qualquer controlo por parte do juiz do Estado requerido sobre a decisão estrangeira, permitindo que um título nacional circule livremente na comunidade e seja aceite e considerado, no Estado requerido, como se se tratasse de uma decisão proferida nesse Estado.

Complementarmente, foram definidas medidas de acompanhamento da aplicação do princípio do reconhecimento mútuo, designadamente ao nível da definição de normas mínimas sobre determinados aspetos espe-

El Proyecto de Medidas para la Aplicación del Principio de Reconocimiento Mutuo de las Resoluciones Judiciales en Materia Civil y Mercantil, op. cit., pp. 662 e ss.; GUZMÁN ZAPATER, M., *Un Elemento Federalizador para Europa: el Reconocimiento Mutuo en el Ámbito del Reconocimiento de Decisiones Judiciales*, op. cit.

cíficos do processo civil, da procura de uma maior eficácia da execução no Estado requerido e, bem assim, da melhoria da cooperação judiciária civil na sua globabilidade, com a criação de um contexto favorável a uma melhor cooperação entre as autoridades judiciárias dos Estados-Membros. Simultaneamente, foram estipuladas metas a atingir, as quais não se compadeceram com a fixação de prazos, mas antes obedeceram a grandes princípios orientadores através dos quais foram criadas três etapas progressivas para cada domínio de aplicação do princípio de reconhecimento mútuo.

No campo de ação do Regulamento Bruxelas I, impunha-se uma primeira etapa com ações concretamente definidas e, aliás, já conseguidas, que passavam pela criação do título executivo europeu para os créditos não contestados, pela simplificação e aceleração da resolução de «pequenas ações» transfronteiras e pela supressão do *exequatur* para as pensões de alimentos. Para a segunda e terceira etapas, ainda em curso, previa-se a revisão do referido Regulamento 44/2001, primeiro para um alargamento da supressão do *exequatur* e depois para a sua total supressão; a par disso, também já com alguma expressão, apostava-se na implementação de medidas destinadas a reforçar os efeitos, no Estado requerido, das decisões tomadas no Estado de origem, como sejam a execução provisória e as medidas cautelares, incluindo a «penhora de contas bancárias»[351] e, ainda, as medidas que permitem identificar elementos do património do devedor[352].

---

[351] Ver, a este propósito, os já citados (*vide* ponto 3.7., do Cap. II, da Parte I) Livro Verde sobre uma maior eficácia na execução das decisões judiciais na União Europeia: penhora de contas bancárias (COM (2006) 618, outubro de 2006); Parecer do Comité Económico e Social Europeu relativo ao «Livro Verde sobre uma maior eficácia na execução das decisões judiciais na União Europeia: Penhora de contas bancárias», JO C 10/02, 15.1.2008; Resolução do Parlamento Europeu, de 25 de outubro de 2007, relativo ao Livro Verde sobre uma maior eficácia na execução das decisões judiciais na União Europeia: penhora de contas bancárias (2007/2026 (INI)), JO C 263 E/655, 16.10.2008.

[352] Sobre a transparência do património dos devedores ver os também já citados (*vide* ponto 3.7., do Cap. II, da Parte I) Livro Verde da Comissão, de 6 de março de 2008, sobre a execução eficaz das decisões judiciais na União Europeia: transparência do património dos devedores (COM (2008) 0128); Parecer do Comité Económico e Social Europeu de 3 de dezembro de 2008 e Parecer da Autoridade Europeia para a Proteção de Dados de 22 de setembro de 2008, sobre o referido Livro Verde; Proposta de Resolução do Parlamento Europeu, de 6 de abril de 2009, sobre a execução eficaz das decisões judiciais na União Europeia: transparência do património dos devedores (2008/2233 (INI)).

Nos demais domínios de ação – o direito da família abrangido pelo Regulamento Bruxelas II e as situações familiares geradas por relações que não sejam o casamento, os regimes matrimoniais e as consequências patrimoniais da separação dos casais não casados[353], e os testamentos e as sucessões[354] – a planificação foi mais ou menos idêntica, começando por prever uma simplificação dos procedimentos tendentes ao reconhecimento e executoriedade das decisões relativas a essas matérias, para depois conseguir, tendencialmente, a abolição desses procedimentos, apoiando-se também, complementarmente, nas medidas cautelares e de execução provisória. Por sua vez, as medidas de acompanhamento de cada domínio do programa passam por previsão de normas mínimas de processo civil, harmonização das regras ou normas mínimas em matéria de citação e notificação dos atos judiciais, medidas para facilitar a execução das decisões, designadamente as que permitam identificar os elementos do património de um devedor, medidas para facilitar o acesso à justiça, a informação do público, bem como a harmonização das regras de conflitos de leis.

Não há dúvida de que o denominador comum tem sido a supressão do *exequatur* e nessa medida a meta é ambiciosa e está agora cada vez mais próxima, pela mão do Programa de Estocolmo.

---

[353] Sobre estas matérias ver, supra, ponto 4.3., Capítulo III, Parte I.

[354] Neste caso, foi iniciada a consulta em matéria de sucessões *ab intestato* ou testamentárias que apresentem aspetos internacionais, através do Livro Verde em sucessões e testamentos (COM (2005) 65 final), de 01.03.2005, onde são abordadas as seguintes problemáticas: lei aplicável, competência e reconhecimento, medidas administrativas (certidões de direitos sucessórios e registo dos testamentos). Concretamente em relação ao reconhecimento e execução das sentenças, dos atos e dos testamentos fizeram-se as seguintes considerações: *Ao estabelecer regras harmonizadas sobre a lei aplicável e em matéria de competência, a futura legislação permitirá atingir um grau de confiança mútua muito elevado, tornando assim inútil a manutenção das medidas intermédias para o reconhecimento e a execução das sentenças. Porém, se se mantiverem motivos de recusa, estes deverão ser os mesmos para todos os Estados-Membros.*
Num certo número de Estados-Membros, os notários e outras autoridades estabelecem atos autênticos sobre a devolução e a liquidação das sucessões. Deve ser previsto o reconhecimento e a execução destes atos. Além disso, deve ser colocada a questão da adoção de eventuais regras aplicáveis aos testamentos estrangeiros, que frequentemente não podem produzir plenos efeitos.
Na doutrina, ver Rodríguez Benot, A., *Reconocimiento y Ejecución de Resoluciones Judiciales en Matéria Sucesoria* in "Hacia la Supresión del Exequatur en el Espacio Judicial Europeo: El Título Ejecutivo Europeo", Dir. Campuzano Díaz *et alt.*, Sevilla, 2006, pp. 47 e ss.

No estrito conjunto das medidas aplicáveis para consolidação da livre circulação de decisões e documentos autênticos no âmbito material do Regulamento Bruxelas I, podemos concluir que a primeira etapa está cumprida. Já convivemos com o título executivo europeu para os créditos não contestados, com o processo europeu para ações de pequeno montante e com procedimento europeu de injunção de pagamento, além disso, a total supressão do *exequatur* para as pensões de alimentos é também já uma realidade. Complementarmente, a rede judiciária europeia em matéria civil e comercial, as medidas que permitem facilitar e tornar mais eficaz a execução das decisões, bem como as medidas destinadas a facilitar o acesso à justiça e as relativas à harmonização das regras de conflito têm seguido um bom e acelerado caminho.

Como se vê, o plano traçado para aplicação do princípio de reconhecimento mútuo das decisões judiciais em matéria civil e mercantil tem sido gradualmente implementado e já se encontra amplamente concretizado. Certamente, a avaliar pelo que já se tem progredido e pelas propostas e projetos em desenvolvimento, em particular a revisão do Regulamento Bruxelas I, não estaremos muito longe do seu objetivo final, o qual se assumiu com o propósito da generalização da supressão do *exequatur* em todos os domínios de aplicação do princípio do reconhecimento mútuo.

Por fim, não podemos deixar de refletir que uma vez atingidas todas as medidas projetadas, encontraremos uma nova visão e uma diferente função do Direito Internacional Privado, sobretudo em relação àquele que emana de convenções ou que é autónomo nos Estados-Membros.

2. Regimes e sistemas de reconhecimento de decisões judiciais
2.1. Termos do problema

Antes de procurarmos saber qual a via de reconhecimento e execução das decisões judiciais que foi preconizada na União Europeia, atentemos sobre os vários regimes e sistemas de «reconhecimento», designadamente no que respeita a aferir do âmbito e objeto dos efeitos das decisões estrangeiras. Esta incursão permitirá refletir, *a posteriori*, sobre a manutenção ou eventual afastamento das teorias tradicionais em face da legislação da União Europeia e, em particular, do «reconhecimento automático» que atua, pretensamente, através do título executivo europeu.

A circunstância de uma decisão estrangeira não produzir diretamente os seus efeitos na ordem jurídica interna, desde logo por questões de soberania, não determinará necessariamente que esses efeitos não possam vir a ter lugar. A tutela da confiança depositada na definição da relação controvertida por via judicial, a continuidade e estabilidade de situações jurídicas consolidadas ou constituídas pela sentença e a harmonia internacional de soluções[355] são valores que abonam em defesa do reconhecimento das sentenças estrangeiras.

Já estamos a assumir, assim, que os atos públicos externos só podem produzir efeitos na ordem jurídica interna depois de serem «reconhecidos», porém esta expressão carece de interpretação quanto ao seu exato sentido[356]. O *reconhecimento em sentido amplo* significa a atribuição de relevância jurídica na ordem interna a um ato público externo, sendo que essa relevância pode abranger os efeitos produzidos pela decisão estrangeira de acordo com o Direito não-estadual e a correspondente formação de caso julgado, a execução dessa mesma decisão – no sentido de atribuição de força executiva ou declaração de executoriedade e não a imediata realização da decisão através de meios coercitivos – e, ainda, o valor como título de registo, o valor probatório e a sua assumpção como facto material. Num sentido menos abrangente ou numa *aceção média*, que se usa dizer de *reconhecimento de efeitos*, apenas se assumem os efeitos condenatórios, constitutivos ou de simples apreciação que resultam diretamente da decisão, bem como os demais modos de relevância acessórios[357], com exclusão da concessão de força executiva que, ainda assim, cingir-se-ia às decisões de caráter condenatório. Por sua vez, a propósito deste efeito autónomo de concessão de executoriedade ou de força executiva às decisões estrangeiras fala-se de *reconhecimento em sentido estrito*.

Nesta conformidade, é comum usar a expressão *reconhecimento* para significar o reconhecimento de efeitos e a expressão *exequatur* para tratar a atribuição de força executiva às decisões estrangeiras.

Normalmente, é a ordem jurídica interna que constrói o seu regime de reconhecimento, de acordo com as suas proposições internas, complementadas, porventura, com cedências constituídas através de instrumentos de

---

[355] Fundamentos invocados por PINHEIRO, L. L., *Direito Internacional Privado. Competência Internacional e Reconhecimento de Decisões Estrangeiras*, vol. III, Coimbra, 2002, p. 252.
[356] Cfr. PINHEIRO, L. L., *ibidem*, pp. 231 e ss.
[357] São efeitos que não constituem objeto da decisão, como, por exemplo, o início da contagem de novo prazo de prescrição após o trânsito em julgado de uma decisão que condena o réu no cumprimento de uma obrigação (cfr. arts. 326º e 327º C.C.).

Direito Internacional Público[358]. Nos casos onde exista elemento estrangeiro, a tutela judicial efetiva só fica completa se for possível a decisão estrangeira produzir efeitos noutro país e para isso é fundamental o papel do Direito Internacional Privado, como forma de garantia da tutela judicial efetiva internacional, sobretudo numa era em que a globalização agudiza, num sentido positivo, a circulação de decisões públicas estrangeiras[359].

2.2. Teorias da equiparação e da extensão dos efeitos

Para conhecer o regime do «reconhecimento» e apurar quais os efeitos da sentença que são considerados na ordem interna, apresentam-se várias teses que nos indicam qual o objeto do reconhecimento e através das quais se estabelece o ordenamento jurídico – de origem ou de destino – de acordo com o qual se determinam esses efeitos, podendo prevalecer o ordenamento jurídico do Estado de origem ou o ordenamento do Estado requerido[360].

Segundo a teoria da equiparação, o reconhecimento baseia-se numa igualação da sentença estrangeira a uma sentença interna através do que aquela irá produzir os mesmos efeitos que esta produziria de acordo com o respetivo ordenamento nacional[361]. Assim, é o ordenamento jurídico

---

[358] No caso português, por exemplo, a revisão de sentenças estrangeiras constitui um processo especial, previsto nos arts. 1094º a 1102º do C.P.C., mas este regime interno só é aplicável quando não for outro o regime que resulte de fontes supraestaduais. O mesmo sucede no ordenamento espanhol, por força do regime previsto no art. 523º da LEC. Em concreto, esta disposição remete para o regime do *exequatur* previsto na lei sobre cooperação jurídica internacional em matéria civil, se não houver tratado internacional. Contudo, neste momento e até à aprovação desta lei aplicar-se-á o procedimento de *exequatur* previsto nos arts. 951º a 958º da LEC de 1881.

[359] Para desenvolvimento desta questão, ver CARRASCOSA GONZÁLEZ, J., *Globalización y Derecho Internacional Privado*, Murcia, 2002, p. 133.

[360] Para estudo desta matéria, ver GARAU SOBRINO, F. F., *Lecciones de Derecho Procesal Civil Internacional*, Palma, 2003, pp. 117 e ss.; idem, *La Declaración de Ejecutividad Automática. Hacia una nueva Teoría General del Exequatur?*, AEDIPr, 2004, pp. 96 e ss.; OREJUDO PRIETO DE LOS MOZOS, P., *El Reconocimiento en el «Sistema Bruselas I»: del Convenio de Bruselas de 1968 al Reglamento 44/2001*, REDI, 2003, pp. 717 e ss.; Pinheiro, L. L., *Direito Internacional Privado. Competência Internacional e Reconhecimento de Decisões Estrangeiras, op. cit., pp. 248 e ss.*

[361] Uma variante desta teoria é integrada pela teoria da concessão de efeitos, de acordo com a qual se «concedem» à decisão estrangeira os mesmos efeitos que são atribuídos às decisões nacionais.

do Estado requerido que dita os efeitos processuais da decisão e, mesmo, que determina se se trata de uma «decisão». Resulta desta teoria, por sua vez, ser possível que a decisão venha a produzir efeitos que as partes não perspetivaram e, porventura, diferentes daqueles aos quais estaria associada no país de origem.

Sucede, ainda, que o reconhecimento de sentenças estrangeiras pode limitar-se ao reconhecimento autónomo dos efeitos diretos e, nessa medida, opera-se a receção dos efeitos produzidos segundo o Direito do Estado de origem da decisão, de acordo com a chamada teoria da extensão de eficácia ou extensão dos efeitos, isto é, aquela através da qual os efeitos obtidos no Estado de origem se estendem ao Estado requerido por força do reconhecimento. Mas, esta teoria levanta a questão de saber se devem ser assumidos todos os efeitos atribuídos à decisão no Estado de origem, ainda que o Estado requerido não os tivesse conhecido, questão que se entende dever ser ultrapassada através da imposição de limites à extensão, de modo a que se reconheçam apenas aqueles efeitos que o Estado requerido houvesse de conhecer[362] e que não contrariem a ordem pública.

Agora, cingindo-nos aos efeitos que relevam para o nosso estudo, a forma mais adequada de assumir as teses apresentadas parece ser, de acordo com a doutrina dominante, a de considerar o efeito de caso julgado como decorrente da *teoria da extensão da eficácia* e a atribuição de força executiva às sentenças estrangeiras como decorrente da *teoria da equiparação*. Pois, para efeitos de caso julgado devemos atender aos efeitos produzidos de acordo com o Direito do Estado de origem da decisão, designadamente por razões de harmonia das soluções e para obviar à crítica já apontada de que seria possível obter efeitos com os quais as partes não podiam ter contado. Sem que, no entanto, essa extensão não deixe de ser controlada com base em razões de princípio, afastando-se aqueles efeitos que sejam desconhecidos do Direito do Estado de reconhecimento, exclusão esta que assenta na ordem pública internacional. Relativamente à executoriedade das decisões estrangeiras, este efeito opera através da equiparação da sentença estrangeira a uma sentença nacional, pois aquela passa a ter o

---

[362] Nesta vertente tem sido feita alusão a uma teoria da acumulação, onde se admite a eficácia desencadeada pelo Direito do Estado de origem mas apenas dentro dos limites de eficácia de uma decisão interna que lhe corresponda.

valor de título executivo nos exatos termos dos títulos formados no ordenamento de destino.

2.3. Sistemas de reconhecimento

Em matéria de reconhecimento – agora em sentido amplo – há uma dicotomia de sistemas que se distinguem em sistemas de não-reconhecimento ou de *actio iudicati* e sistemas de reconhecimento.

Os sistemas de não-reconhecimento são aqueles onde nenhuma sentença estrangeira produzirá os seus efeitos, dado que o tratamento de qualquer situação jurídica carece sempre da propositura de uma nova ação judicial declarativa nos tribunais internos, ainda que baseada na sentença estrangeira e nela assentando a causa de pedir dessa ação declarativa interna[363]. Os sistemas de reconhecimento, por sua vez, admitem e são permeáveis aos efeitos de uma sentença estrangeira, ainda que se subdividam em sub-sistemas de acordo com o grau das exigências procedimentais internas[364].

No âmbito dos sistemas de reconhecimento, há sistemas de reconhecimento genérico, *ipso iure* ou automático, que se caracterizam pelo facto de nos ordenamentos visados por esse sistema os efeitos das decisões estrangeiras serem transpostos pela simples verificação de condições estipuladas por normas de reconhecimento internas, sem que seja necessário qualquer procedimento prévio de reconhecimento. Ou seja, prescinde-se de uma decisão judicial, proferida a título principal no Estado requerido e que declare o reconhecimento, como condição para que o beneficiário possa invocar os efeitos da decisão perante terceiros. O que não impe-

---

[363] Na verdade, o Direito Internacional Privado não teve sempre a mesma perspetiva acerca dos efeitos das decisões estrangeiras e, de facto, a primeira opção terá sido pelo sistema da "repetição do processo" no país onde a decisão havia de ser executada. Este regime é, de facto, hostil em relação à Justiça estrangeira, torna-se oneroso e ineficiente e contraria a confiança entre os Estados. Atualmente é rejeitado por todos os países, mas já foi, em tempos, o único meio existente e no caso dos ordenamentos anglo-saxónico e holandês esteve presente ainda no século XX. Ver CARRASCOSA GONZÁLEZ, J., *Globalización y Derecho Internacional Privado*, op. cit., p. 134.

[364] Esta resposta surge no século XIX, associado ao incremento das relações económicas internacionais, fazendo surgir os típicos regimes de *exequatur* e reconhecimento, que representam um grande e importante avanço no Direito Internacional Privado e uma cedência parcial na soberania estatal, que sempre se interpôs como limite à extraterritorialidade dos efeitos das decisões judiciais. Idem, *ibidem*.

dirá, no entanto, que o reconhecimento seja contrariado, a título principal ou prejudicial e, nessa ocasião, os tribunais ter-se-ão que pronunciar. No lado oposto, existem sistemas de reconhecimento individualizado, ou seja, aqueles em que os ordenamentos internos «filtram» cada uma das decisões estrangeiras antes de admitirem os seus efeitos no ordenamento interno, designadamente através de um procedimento judicial no qual se afere da conformidade da sentença com as condições de reconhecimento aí exigidas. Esse controlo poderá ser um controlo de mérito ou um controlo formal[365].

O sistema de reconhecimento individualizado predomina na maioria dos ordenamentos jurídicos no que diz respeito à atribuição de força executiva às decisões externas e, pelo menos nos casos português e espanhol, também é seguido para a atribuição do efeito de caso julgado[366]. Mas, vão surgindo, cada vez mais, casos de reconhecimento automático, sobretudo em resultado da legislação comunitária, como acontece em relação ao reconhecimento na sua aceção média, desde a Convenção de Bruxelas e, relativamente ao reconhecimento em sentido estrito, com o Regulamento 2201/2003, para o caso de uma decisão que declare o direito de visita[367], o Regulamento 4/2009, em matéria de obrigações alimentares e o Regulamento 805/2004, para as decisões que tenham por objeto créditos não contestados, nos termos a expor adiante, ambos de aplicação direta nos ordenamentos português e espanhol.

---

[365] Tendencialmente, o controlo de mérito tem sido abandonado, dando lugar apenas ao controlo formal, como vem acontecendo ao nível do Direito convencional e comunitário, bem como na maioria dos regimes de fonte estadual. Esse controlo de mérito passaria por um controlo da lei aplicável de acordo com o Direito de Conflitos em vigor no Estado de reconhecimento e ainda, quando esse controlo assume um grau mais elevado, pela verificação da correta interpretação e aplicação da lei competente. Cfr. PINHEIRO, L. L., *Direito Internacional Privado. Competência Internacional e Reconhecimento de Decisões Estrangeiras, op. cit., pp. 248 e ss.*, p. 267.

[366] Porém, já assim não acontece, em Portugal, para a circunstância de uma sentença estrangeira ser invocada como meio de prova, conforme dispõe o nº 2 do art. 1094º C.P.C.

[367] Dispõe o art. 41º desse diploma que o *"direito de visita (...) concedido por uma decisão executória proferida num Estado-Membro, é reconhecido e goza de força executória noutro Estado-Membro sem necessidade de qualquer declaração que lhe reconheça essa força e sem que seja possível contestar o seu reconhecimento, se essa decisão tiver sido homologada no Estado-Membro de origem"*.

2.4. Casos de reconhecimento automático e teorias tradicionais

Chegados aqui, resta-nos colocar uma questão: de que modo a circunstância de haver casos de reconhecimento automático na legislação comunitária – como acontece nas já citadas situações dos Regulamentos 2201/2003, 805/2004 e 4/2009, com tendência para serem alargados a outras situações – poderá influir na forma como é tratada, doutrinariamente, a questão dos efeitos da sentença estrangeira que são assumidos na ordem interna[368].

Só compreenderemos verdadeiramente este problema após conhecermos o regime jurídico do Regulamento 805/2004, mas podemos desde já adiantar que talvez seja uma ilusão considerar que a declaração de executoriedade surge sem necessidade de qualquer procedimento, pois continuará a haver um controlo, quer quanto aos pressupostos do reconhecimento, quer quanto à executoriedade da decisão – na medida em que são duas questões indissociáveis – mas agora pelo Estado de origem que passa a emitir um certificado que confere força executória transfronteiriça à decisão. Uma vez obtido esse certificado de execução, cujos efeitos respeitam à concessão de força executiva, a decisão estrangeira passa a poder ser executada no Estado de execução, nos mesmos termos das decisões internas, isto é, a certificação da decisão pelo Estado de origem tem como consequência o facto de o Estado de execução aceitar o efeito executivo extraterritorial, convertendo-se a decisão certificada num título executivo com valor equivalente aos títulos executivos internos dos demais Estados-Membros.

Nesta conformidade, o que diferencia o sistema de *exequatur* automático e o sistema tradicional é o órgão que exerce o controlo sobre a decisão, mas isso em nada modifica o raciocínio subjacente à teoria da equiparação, que continua aplicável, segundo a qual o ordenamento jurídico do Estado de execução admite a força executiva da decisão estrangeira nos mesmos termos e como se fosse uma decisão interna. Por isso, pode afirmar-se, como conclui GARAU SOBRINO[369], "*estamos igualmente ante la teoría de la concesión de los efectos, solo que en el marco de una declaración de ejecutividad automática, la «concesión» del efecto ejecutivo depende de que la resolución haya sido certificada – esto es, controlada – por el juez de origen, tras lo cual el estado de ejecución concede a la resolución extranjera el efecto ejecutivo*".

---

[368] Para desenvolvimento desta questão, ver GARAU SOBRINO, F. F., *La Declaración de Ejecutividad Automática. Hacia una nueva Teoría General del Exequatur?, op. cit.*, pp. 91 e ss.
[369] GARAU SOBRINO, F. F., *ibidem*, p. 113.

3. Reconhecimento e execução das decisões em matéria civil e comercial na União Europeia – Regulamento Bruxelas I

3.1. Enquadramento

No domínio do reconhecimento e execução de decisões em matéria civil e comercial vigora, na União Europeia, o Regulamento 44/2001, denominado Regulamento Bruxelas I, que constituiu a base de transição da Convenção de Bruxelas de 1968 para o seio da legislação comunitária primária e que não deixou, até hoje, de ser uma referência essencial nesta matéria, não só porque se mantém como alternativa a todos os demais procedimentos que entretanto foram criados dentro do mesmo âmbito – ainda que esses tivessem como razão de ser a simplificação e agilização da livre circulação das decisões e da cobrança de dívidas além-fronteiras – mas também porque constitui o paradigma em relação aos conceitos e à jurisprudência aplicáveis neste domínio.

Em termos evolutivos, a Convenção de Bruxelas de 1968 antecedeu o Regulamento Bruxelas I e através dela vigorou, entre os Estados-Membros, um primeiro estádio no regime do reconhecimento e execução de decisões em matéria civil e comercial, através do qual havia lugar ao reconhecimento de pleno direito, salvo contestação e, quanto à declaração do caráter executório (*exequatur*), esta era obtida mediante requerimento apresentado no Estado de execução, havendo possibilidade de indeferimento por um dos motivos especificamente enunciados na Convenção. Tratava-se, ainda assim, de um procedimento de *exequatur* menos complexo do que aquele que resulta geralmente da aplicação do direito nacional.

Concluídos os trabalhos de revisão das Convenções de Bruxelas e de Lugano e após a adoção do Regulamento Bruxelas I, ingressamos num segundo estádio de evolução, onde o procedimento para a obtenção da declaração do caráter executório é sensivelmente simplificado, mantendo-se tudo o mais quanto ao reconhecimento. A declaração de executoriedade passa a ser obtida após o preenchimento de certas formalidades e só pode ser contestada pela outra parte numa segunda fase, vigorando assim o denominado sistema da inversão do contencioso e um regime de *exequatur* simplificado.

O diploma comunitário faz distinção entre o regime aplicável ao «*reconhecimento*» (arts. 33º e ss., Secção 1 do Capítulo III) e à «*execução*» (arts. 38º e ss., Secção 2 do Capítulo III), havendo ainda um conjunto de disposições comuns (arts. 53º a 56º). O *reconhecimento* a que se reportam as citadas disposições é o reconhecimento na aceção restrita de reconhecimento de efeitos e a *execução* – expressão pouco feliz e imprópria no contexto em causa – quer significar atribuição de força executiva ou declaração de executoriedade (*exequatur*).

3.2. Reconhecimento das decisões em matéria civil e comercial

No atual regime, o reconhecimento das decisões estrangeiras em matéria civil e comercial é automático, como aliás já acontecia aquando da vigência da Convenção de Bruxelas de 1968. Dispõe o art. 33º, do Regulamento 44/2001, que *as decisões proferidas num Estado-Membro são reconhecidas nos outros Estados-Membros, sem necessidade de recurso a qualquer processo*. A confiança recíproca na administração da justiça no seio da Comunidade justifica que as decisões judiciais proferidas num Estado-Membro sejam automaticamente reconhecidas, sem necessidade de recorrer a qualquer procedimento, exceto em caso de impugnação (considerando 16, do citado Regulamento).

Assim, sem dependência de um qualquer processo prévio, a decisão proferida num Estado-Membro é suscetível de produzir os seus efeitos (não executórios) dentro do território da União Europeia, ou seja, em qualquer outro ordenamento de um Estado-Membro que não aquele em que foi proferida, incluindo o da Dinamarca[370], bastando, para tal, que se apresente uma cópia da decisão que satisfaça os necessários requisitos de autenticidade. Reflexamente, o reconhecimento automático impossibilita que uma decisão proferida num Estado-Membro sobre determinada demanda e da qual a parte interessada possa fazer-se valer externamente venha a ser

---

[370] Ainda que o Regulamento 44/2001 exclua a sua aplicação à Dinamarca, posteriormente, foi celebrado acordo entre a Comunidade Europeia e o Reino da Dinamarca relativo à competência judiciária, ao reconhecimento e à execução de decisões em matéria civil e comercial, outorgado em 19 de outubro de 2005 e aprovado em nome da Comunidade mediante uma decisão do Conselho de 27 de abril de 2006 (2006/325/CE, JO L 120 05.05.2006), em vigor a partir de 1 de julho de 2007 (JO L 94 de 04.04.2007). Este acordo surge na sequência da Proposta de Decisão do Conselho relativa à assinatura do Acordo entre a Comunidade Europeia e o Reino da Dinamarca que alarga à Dinamarca as disposições do Regulamento (CE) nº 44/2001 do Conselho relativo à competência judiciária, ao reconhecimento e à execução de decisões em matéria civil e comercial e da Proposta de Decisão do Conselho relativa à celebração do Acordo entre a Comunidade Europeia e o Reino da Dinamarca que alarga à Dinamarca as disposições do Regulamento (CE) nº 44/2001 do Conselho relativo à competência judiciária, ao reconhecimento e à execução de decisões em matéria civil e comercial, COM (2005) 145.

objeto de nova demanda com o mesmo pedido e contra o mesmo réu. Nisto consiste, aliás, o reconhecimento do efeito de caso julgado.

Contudo, isto não quer dizer que esteja excluída a possibilidade de o reconhecimento ser declarado judicialmente, mas isso dependerá de a questão ser suscitada num processo judicial, seja a título principal ou a título incidental (art. 33º, nº 2 e 3, do citado Regulamento)[371].

A título principal, quando uma das partes se valeu do reconhecimento fora de qualquer processo e sem recurso a qualquer execução e foi contrariada, isto é, o reconhecimento vê-se objeto de impugnação. Nesse caso, aquele que invoca o reconhecimento terá a possibilidade de propor ação judicial para obtenção da declaração judicial do reconhecimento, que seguirá os termos do processo simplificado previsto para a obtenção do *exequatur* e que, quanto ao objeto, será uma ação de simples apreciação, onde se declarará que a decisão estrangeira produz os seus efeitos na ordem jurídica interna. Obviamente, esta ação de declaração de reconhecimento só tem cabimento quando a decisão em causa não é exequível, como sucede com as ações de simples apreciação e as constitutivas que não contenham parte condenatória, pois, caso contrário, ao requerer-se a declaração de executoriedade já é pressuposto aferir-se das condições de reconhecimento, que são duas questões indissociáveis. Por outro lado, aquele que contrarie a decisão que se presume reconhecida em face da legislação comunitária, também pode propor uma ação de declaração de não reconhecimento, porém, esta modalidade não resulta diretamente do Regulamento 44/2001 e não se vislumbra aplicável o processo simplificado aí estabelecido para a declaração de executoriedade, na medida em que se entende que este processo apenas foi concebido para a afirmação do reco-

---

[371] Para desenvolvimento desta matéria, cfr. PINHEIRO, L. L., *Direito Internacional Privado. Competência Internacional e Reconhecimento de Decisões Estrangeiras, op. cit.*, pp. 278 e ss.. Com este sistema ficou ultrapassado o regime de «reconhecimento por homologação», que exigia sempre um processo de reconhecimento *ad hoc*, e instalou-se o regime de *reconhecimento incidental puro*, que abandona a necessidade de um processo específico, através do qual a decisão pode ser invocada diretamente no país estrangeiro, ainda que neste mantenha algum controlo dos requisitos de reconhecimento, mas que pode acontecer a título incidental. Uma etapa mais avançada do reconhecimento (sentido estrito) consistirá no designado reconhecimento incidental «de plano», através do qual são aceites os efeitos não executivos das decisões estrangeiras sem qualquer espécie de controlo. Ver, sobre estes regimes, CARRASCOSA GONZÁLEZ, J., *Globalización y Derecho Internacional Privado, op. cit.*, p. 135 e ss.

nhecimento, desde logo como pressuposto da executoriedade da decisão, e não para a sua negação. Por conseguinte, serão de aplicar as regras previstas pelo Direito interno.

A título incidental – que será a situação mais frequente – quando o reconhecimento é invocado em sede de um processo, ou como justificação para a exceção de caso julgado ou como questão prévia prejudicial, caso em que o tribunal é competente para se pronunciar sobre o reconhecimento, o que fará nos termos e no decurso do processo em causa, desde que essa declaração ainda não tivesse existido autonomamente.

3.3. Execução das decisões em matéria civil e comercial

Por efeito da conversão da Convenção de Bruxelas de 1968 no Regulamento Bruxelas I, a executoriedade das decisões estrangeiras em matéria civil e comercial sofreu uma evolução positiva assinalável, tendo em atenção que o tribunal do Estado requerido deixa de fazer o controlo liminar do requerimento de executoriedade[372]. Nessa medida, no lugar de dois graus

---

[372] À luz da Convenção de Bruxelas de 1968, o requerimento de aposição da fórmula executória podia ser indeferido por qualquer dos motivos previstos nos artigos 27º e 28º da Convenção, isto é, "As decisões não serão reconhecidas: 1. Se o reconhecimento for contrário à ordem pública do Estado requerido; 2. Se o ato que iniciou a instância não tiver sido notificado ao réu revel, regularmente e em tempo útil, em termos de lhe permitir a defesa; 3. Se a decisão for incompatível com outra decisão proferida quanto às mesmas partes no Estado requerido; 4. Se o tribunal do Estado de origem, ao proferir a sua decisão, tiver desrespeitado regras de direito internacional privado do Estado requerido na apreciação de questão relativa ao estado ou à capacidade das pessoas singulares, aos regimes matrimoniais, aos testamentos e às sucessões, a não ser que a sua decisão conduza ao mesmo resultado a que se chegaria se tivesse aplicado as regras de direito internacional privado do Estado requerido". E, ainda, nos termos do art. 28º da Convenção, as decisões não eram reconhecidas liminarmente se tivesse sido violado o disposto relativamente a certas regras de competência, como competências especias (art. 5º), competências em matéria de venda e empréstimos a prestações (arts. 13º a 15º), competências exclusivas (art. 16º), bem como violado o disposto no art. 59º, todos da Convenção. Aquando da revisão da Convenção de Bruxelas, este foi um aspeto controverso, com o qual nem toda a doutrina concordou; cfr. ARENAS GARCÍA, R.; JIMÉNEZ BLANCO, P., *Nota a La Propuesta de la Comisión Europea para una Reforma de los Convenios de Bruselas y Lugano*, "La Ley", 1998, pp. 1913 e 1914, em sentido desfavorável; e, SIANI, V., *Il Regolamento CE N. 44/2001 sulla Competenza Giurisdizionale e sull'Esecuzione delle Sentenze. Parte Seconda: Riconoscimento ed Esecutività delle Sentenze e Degli Atti Stranieri*, DCSI 2003, pp. 653 e ss.; TAGARAS, H., *La Révision et Communautarisation de la Convention de Bruxelles par le Règlement 44/2001*, "Cahiers de Droit Europeen", 2003, pp. 399 e ss., em sentido favorável às alterações introduzidas pelo Regulamento.

de controlo, passamos apenas a ter um grau de controlo, cujo impulso cabe à parte requerida, dando lugar, assim, a um sistema de confiança mútua que dispensa essa apreciação na primeira instância. Porém, não deixa de ser necessário um processo prévio para a atribuição de força executiva às decisões proferidas noutro Estado-Membro distinto daquele onde se pretende desencadear a reparação efetiva do direito violado através dos competentes meios executivos. Ou seja, só após a declaração judicial de executoriedade, suscitada por qualquer parte interessada, é que o requerente poderá avançar para a fase executiva.

Vejamos.

Seguindo o disposto no art. 38º, nº 1, do Regulamento 44/2001, *as decisões proferidas num Estado-Membro e que nesse Estado tenham força executiva podem ser executadas noutro Estado-Membro depois de nele terem sido declaradas executórias, a requerimento de qualquer parte interessada.*

Todavia, no Reino Unido, tais decisões são executadas na Inglaterra e no País de Gales, na Escócia e na Irlanda do Norte, depois de registadas para execução, a requerimento de qualquer parte interessada numa dessas regiões do Reino Unido, conforme o caso (art. 38º, nº 2 do Regulamento).

Como condição específica para que seja proferida a declaração de executoriedade exige-se que a decisão tenha força executiva de acordo com a legislação do Estado de origem[373], desde logo se salvaguardando, por efeito deste pressuposto, que a decisão produza apenas os efeitos que lhe são atribuídos no Estado de origem[374]. O caráter executório da decisão no Estado-Membro de origem é uma referência que consta da certidão a que alude o art. 54º do Regulamento (certidão emitida segundo o formulário uniforme constante do anexo V ao regulamento) e é nela que o tribunal se deve basear para conhecimento desse requisito, de conhecimento oficioso[375].

---

[373] Por sua vez, a Convenção de Bruxelas de 1968 exigia, ainda, que a decisão tivesse sido notificada (arts. 31º e 47º da Convenção).
[374] E que podem ser distintos conforme no país de origem e no país de execução vigorem regimes diferentes relativamente aos requisitos de exequibilidades das decisões judiciais, desde logo quanto a ser possível, ou não, executar sentenças com recurso pendente, desde que este tenha efeito meramente devolutivo.
[375] Cfr. PINHEIRO, L. L., *Direito Internacional Privado. Competência Internacional e Reconhecimento de Decisões Estrangeiras, op. cit.*, p. 280.

O processo de declaração de executoriedade desencadeia-se junto do tribunal de primeira instância competente, de acordo com o critério do foro do domicílio do pretenso executado ou do lugar da execução, e assume-se como um processo de mera apreciação formal e não contraditório, no qual a parte contra a qual a execução será promovida não pode apresentar observações; o tribunal, por sua vez, declara imediatamente a executoriedade da decisão, sem apreciação liminar dos motivos que impedem o reconhecimento previstos nos arts. 34º e 35º[376], desde que cumpridas as formalidades previstas no art. 53º, relativas à apresentação da cópia da decisão e da certidão emitida pelo tribunal ou autoridade competente do Estado-Membro onde foi proferida a decisão, conforme formulário V, anexo ao regulamento (cfr. arts. 39º a 41º, 53º a 55º do Regulamento 44/2001)[377]. A celeridade e o efeito surpresa da execução, associado ao facto de estarmos perante uma decisão judicial, cuja obtenção pressupõe um processo declaratório no país de origem, com o devido cumprimento do contraditório nessa fase, justificam a tramitação simplificada e não contraditória

---

[376] Onde se diz: Artigo 34º – Uma decisão não será reconhecida: 1. Se o reconhecimento for manifestamente contrário à ordem pública do Estado-Membro requerido; 2. Se o ato que iniciou a instância, ou ato equivalente, não tiver sido comunicado ou notificado ao requerido revel, em tempo útil e de modo a permitir-lhe a defesa, a menos que o requerido não tenha interposto recurso contra a decisão embora tendo a possibilidade de o fazer; 3. Se for inconciliável com outra decisão proferida quanto às mesmas partes no Estado-Membro requerido; 4. Se for inconciliável com outra anteriormente proferida noutro Estado-Membro ou num Estado terceiro entre as mesmas partes, em ação com o mesmo pedido e a mesma causa de pedir, desde que a decisão proferida anteriormente reúna as condições necessárias para ser reconhecida no Estado-Membro requerido. Artigo 35º – 1. As decisões não serão igualmente reconhecidas se tiver sido desrespeitado o disposto nas secções 3, 4 e 6 do capítulo II ou no caso previsto no artigo 72º. 2. Na apreciação das competências referidas no parágrafo anterior, a autoridade requerida estará vinculada às decisões sobre a matéria de facto com base nas quais o tribunal do Estado-Membro de origem tiver fundamentado a sua competência. 3. Sem prejuízo do disposto no primeiro e segundo parágrafos, não pode proceder-se ao controlo da competência dos tribunais do Estado-Membro de origem. As regras relativas à competência não dizem respeito à ordem pública a que se refere o ponto 1 do artigo 34º.

[377] Na falta de apresentação da certidão, o tribunal ou a autoridade competente pode fixar um prazo para a sua apresentação ou aceitar documentos equivalentes ou, se se julgar suficientemente esclarecida, dispensá-los. Por outro lado, se o tribunal ou a autoridade competente o exigir, deve ser apresentada uma tradução autenticada dos documentos (art. 55º do Regulamento 44/2001).

do processo de declaração de executoriedade que vem previsto no Regulamento Bruxelas I[378].

Uma vez proferida a decisão sobre o pedido de declaração de executoriedade, esta é notificada ao requerente e ao requerido, sendo acompanhada da decisão se esta não tiver sido já notificada, os quais têm a faculdade de interpor recurso dessa decisão, onde haverá lugar ao primeiro grau de avaliação da declaração de executoriedade, restrita à matéria de direito ou tendo apenas por objeto «recurso» levado a cabo pelo tribunal de segunda instância (Tribunal da Relação, no caso português, e *Audiencia Provincial*, em Espanha) que decidirá sem demora, como dispõem o arts. 42º a 45º do Regulamento 44/2001.

Tendo em conta que a declaração de aposição da fórmula executória é quase automática, "o respeito pelos direitos de defesa impõe, todavia, que o requerido possa interpor recurso, examinado de forma contraditória, contra a declaração de executoriedade, se entender que é aplicável qualquer fundamento para a não execução. Também deve ser dada ao requerente a possibilidade de recorrer, se lhe for recusada a declaração de executoriedade"[379], como explica o próprio legislador. Os motivos de recusa ou de revogação, por sua vez, estão limitados aos factos elencados nos arts. 34º e 35º do citado Regulamento, muito embora o tribunal não deva, nem possa, afastar-se do regime integral do *exequatur*, o que lhe impõe considerar os pressupostos gerais de executoriedade, designadamente, verificar que se trate de uma «decisão» na aceção aceite para o Regulamento 44/2001, que se cumpra o âmbito material desse Regulamento e que a decisão tenha força executiva no Estado de origem[380].

Proferida a declaração de executoriedade pelo tribunal de um Estado-Membro, o requerente está em condições de executar a decisão estrangeira nesse Estado, de acordo com a sua legislação, bem como de lançar

---

[378] Como explica o Considerando 17: *A mesma confiança recíproca implica a eficácia e a rapidez do procedimento para tornar executória num Estado-Membro uma decisão proferida noutro Estado-Membro. Para este fim, a declaração de executoriedade de uma decisão deve ser dada de forma quase automática, após um simples controlo formal dos documentos fornecidos, sem a possibilidade de o tribunal invocar por sua própria iniciativa qualquer dos fundamentos previstos pelo presente regulamento para uma decisão não ser executada.*

[379] Considerando 18, do preâmbulo do Regulamento 44/2001.

[380] Cfr. opinião de Pinheiro, L. L., *Direito Internacional Privado. Competência Internacional e Reconhecimento de Decisões Estrangeiras, op. cit.*, p. 283.

mão de medidas provisórias, incluindo cautelares (art. 38º, nº 1 e 47º, nº 2, do Regulamento 44/2001).

O Regulamento Bruxelas I prevê, ainda, uma extensão do processo de declaração de executoriedade aos atos autênticos exarados ou registados num Estado-Membro e que aí tenham força executiva, bem como às transações celebradas perante o juiz no decurso de um processo e que no Estado-Membro de origem tenham força executiva (arts. 57º e 58º do Regulamento 44/2001). Nestes casos, só não haverá lugar à concessão do *exequatur* se for procedente recurso da decisão de declaração, com fundamento no facto de o ato autêntico ou a transação serem manifestamente contrários à ordem pública.

Como se vê, à luz do Regulamento Bruxelas I temos vigente, no espaço europeu, um sistema de reconhecimento automático quanto ao efeito de caso julgado e ao efeito constitutivo das decisões, a par de um reconhecimento individualizado para a concessão de força executiva, ainda que através de um procedimento simplificado e meramente formal.

Este sistema, nos termos em que se encontra construído, leva a que alguma doutrina jusinternacional-privatística se oponha com a alegação de que o Regulamento que aprovou o regime da competência internacional, reconhecimento e execução de decisões estrangeiras teve na sua génese uma motivação política, isto é, a *"utilização do Direito como um instrumento para a integração política europeia, procurando superar, através do ativismo dos titulares dos órgãos comunitários e de alguns autores, os défices de vontade política que se têm verificado nos Estados-Membros. Através da teoria da «constituição europeia» e da unificação de vastos setores do Direito pretende-se não só subordinar os sistemas jurídicos dos Estados-Membros relativamente ao sistema jurídico comunitário mas também reduzir ao mínimo a sua autonomia, segundo um modelo que corresponde necessariamente a um Estado europeu"*[381]. E acrescenta-se, *"esta instrumentalização do Direito é criticável, visto que ignora a autonomia do Direito enquanto subsistema social, não respeita a autonomia legislativa e a identidade cultural dos Estados-Membros e não corresponde a um projeto político claro e definido, baseado na vontade política esclarecida e democraticamente expressa dos cidadãos comunitários sobre o modelo de Europa que desejam"*[382].

---

[381] PINHEIRO, L. L., *ibidem*, p. 182.
[382] Idem, *ibidem*.

Este discurso, apesar de compreensível para aqueles que combatem qualquer sinal de federalização na Europa, não colhe no contexto atual em que a União Europeia – apesar de alguns compassos de espera e algum recuo aquando da controversa questão da Constituição Europeia – caminha num processo de integração, ao nível da cooperação judiciária civil, que parece ser irreversível em todas as suas componentes. Além do mais, já logramos justificar cada passo da evolução da cooperação judiciária civil no espaço europeu, assim como as suas motivações, constatando que, de facto, estão relacionadas com os fins da União Europeia[383].

Quanto à avaliação geral do diploma, "o regulamento é considerado um instrumento com muito êxito, que veio facilitar a resolução de litígios transfronteiras através de um sistema eficaz de cooperação judiciária baseado em normas de competência globais, na coordenação de procedimentos paralelos e na circulação das decisões judiciais[384]". Contudo, não está excluída a possibilidade de lhe serem introduzidas melhorias, como se verá[385].

3.4. Estado atual e perspetiva futura

Concentrando-nos apenas no domínio do Regulamento Bruxelas I, é acertado concluir que na construção do espaço europeu de justiça as instituições têm trabalhado e têm cumprido as metas propostas e que em nenhum momento têm hesitado em dar cumprimento ao propósito de simplificar e facilitar a livre circulação de decisões. Mas não só, empenham-se ainda em criar condições para tornar eficaz a execução das decisões judiciais na União Europeia.

No domínio do reconhecimento e execução de decisões em matéria civil e comercial, a cooperação judiciária na União Europeia evoluiu a um ritmo considerável: a primeira etapa está cumprida, o título executivo euro-

---

[383] Ver Capítulo III, Parte I.

[384] *Report on the Application of Regulation Brussels I in the Member States*, elaborado por Prof. Dr. Burkhard Hess, Prof. Dr. Thomas Pfeiffer, and Prof. Dr. Peter Schlosser, Study JLS/C4/2005/03, setembro 2007, disponível em
http://ec.europa.eu/justice_home/doc_centre/civil/studies/doc_civil_studies_en.htm, p. 1; Relatório da Comissão ao Parlamento Europeu, ao Conselho e ao Comité Económico e Social Europeu sobre a aplicação do Regulamento (CE) nº 44/2001 do Conselho, relativo à competência judiciária, ao reconhecimento e à execução de decisões em matéria civil e comercial, COM(2009) 174 final, 21.4.2009, p. 3.

[385] Cfr., neste Capítulo, ponto 7.3.

peu surgiu como a primeira concretização da «supressão» do *exequatur* em matéria patrimonial, seguiram-se o procedimento europeu de injunção de pagamento e o processo europeu para as ações de pequeno montante, ao que se acrescentou, recentemente, a «supressão» do *exequatur* relativamente às prestações de alimentos; a segunda etapa, igualmente prevista no programa de medidas de aplicação do princípio do reconhecimento mútuo, está em curso, sendo já visíveis os resultados dos trabalhos de revisão do Regulamento 44/2001, cuja proposta de reformulação foi apresentada a 14 de dezembro de 2010[386], no encalço da ampliação dos casos de «supressão» do *exequatur*, assim como estão em desenvolvimento os trabalhos de preparação das medidas destinadas a reforçar os efeitos, no Estado requerido, das decisões obtidas no Estado de origem, designadamente as relacionadas com a «penhora» de contas bancárias e com a transparência do património dos devedores, nos termos já expostos[387].

Para completar a figura do espaço de justiça europeu, estão agora a avançar algumas medidas que nos levam a refletir sobre o rumo e o destino do reconhecimento e execução de decisões em matéria civil e comercial no espaço europeu e a eficácia das execuções.

O Relatório da Comissão ao Parlamento Europeu, ao Conselho e ao Comité Económico e Social sobre a aplicação do Regulamento 44/2001 do Conselho, relativo à competência judiciária, ao reconhecimento e à execução de decisões em matéria civil e comercial[388] e o Livro Verde sobre o funcionamento do Regulamento "Bruxelas I" permitem extrair a ideia de que a União Europeia acredita que chegou o momento de atingir uma livre circulação de decisões judiciais em matéria civil e comercial na União Europeia, com base no mútuo reconhecimento das decisões entre os Estados-Membros. Para alcançar esse objetivo, a Comissão lançou uma larga consulta entre as partes interessadas, através do Livro Verde sobre a revisão do Regulamento Bruxelas I, onde se formulam questões acerca das formas possíveis de melhorar a aplicação do regulamento em relação aos pontos suscitados no relatório, designadamente relacionadas com a supressão de

---

[386] Ver COM (2010) 748 final.
[387] Cfr., supra, ponto 3.7., Capítulo II da Parte I.
[388] Baseado, também, no citado estudo geral sobre a aplicação prática do regulamento encomendado pela Comissão (Cfr. *Report on the Application of Regulation Brussels I in the Member States*, Study JLS/C4/2005/03, 2007).

todas as medidas intermédias para reconhecer e executar decisões estrangeiras, aplicação do Regulamento na ordem jurídica internacional, litispendência e ações conexas, e relação entre o Regulamento e a arbitragem.

Relativamente ao procedimento de *exequatur*, os estudos realizados para elaboração do referido Relatório mostraram que, tendencialmente, os procedimentos em primeira instância perante os tribunais dos Estados-Membros são céleres, sobretudo se o processo estiver completo; no entanto, os pedidos estão muitas vezes incompletos e as autoridades judiciais solicitam informações adicionais, nomeadamente traduções. Contudo, a maior parte dos pedidos com vista a obter declarações de executoriedade são aceites (entre 90% e 100%). Apenas 1% a 5% das decisões são objeto de recurso[389]. Por outro lado, "nos casos em que a declaração de executoriedade é contestada, o motivo de recusa do reconhecimento e execução mais frequentemente invocado é a falta de comunicação ou notificação apropriada nos termos do nº 2, do artigo 34º, do Regulamento 44/2001. Mas, o estudo geral indica que, atualmente, estas contestações raramente são aceites. No que diz respeito à ordem pública, o estudo revela que este motivo é frequentemente invocado, mas raramente aceite. Quando tal acontece, trata-se na maior parte das vezes de casos excecionais em que se procuram proteger os direitos processuais do requerido. Afigura-se extremamente raro, em matéria civil e comercial, que os tribunais apliquem a exceção da ordem pública no que diz respeito ao mérito de uma decisão proferida pelo tribunal estrangeiro. Os outros motivos de recusa são muito poucas vezes invocados. Graças às normas do Regulamento relativas à litispendência e à conexão, é em grande parte evitada a incompatibilidade das decisões, pelo menos a nível europeu. No que diz respeito ao controlo de certas normas de competência judiciária, deve ser analisado se este controlo ainda se coaduna com a proibição do controlo da competência dos tribunais estrangeiros; além disso, a importância prática da norma é limitada, porquanto o tribunal está vinculado, em qualquer caso, pelas conclusões em matéria de facto do tribunal de origem"[390].

Foi com base nestes resultados que a Comissão formou a sua convicção de que a revisão do Regulamento deve passar pela supressão do pro-

---

[389] Cfr. Relatório da Comissão ao Parlamento Europeu, ao Conselho e ao Comité Económico e Social Europeu sobre a aplicação do Regulamento (CE) nº 44/2001, p. 4.
[390] *Ibidem*.

cedimento de *exequatur* em todas as matérias por ele abrangidas. De todo o modo, temos dúvidas de que um passo desta natureza possa assentar em meros dados estatísticos, como se a simples circunstância de haver poucos casos de recusa pudesse justificar a «abolição» – veremos em que termos – de qualquer controlo sobre a atribuição de força executória às decisões estrangeiras. Mas estamos em crer que as alterações nesta matéria foram estudadas e ponderadas com base em critérios de substância e estão acompanhadas das garantias adequadas, designadamente quanto à possibilidade de «reapreciação excecional» da decisão, tal como aconteceu no âmbito das obrigações alimentares, ao abrigo do Regulamento 4/2009, que configurou o primeiro caso de supressão do *exequatur*[391]. Por aqui se vê que existe consciência da necessidade de uma «válvula de segurança» nos novos regimes de *exequatur*[392]. Por outro lado, suprimindo-se o *exequatur* também deve ser adaptado o regime das medidas provisórias, porventura em sentido análogo ao que se estabeleceu para as obrigações alimentares, no art. 18º do Regulamento 4/2009, onde se prevê que "uma decisão executória implica, de pleno direito, a autorização para tomar quaisquer medidas cautelares previstas na lei do Estado-Membro de execução". Mas a seu tempo veremos como o legislador resolveu estas questões na proposta de revisão do Regulamento 44/2001[393].

Conforme se previa desde a apresentação do Projeto de medidas para aplicação do princípio de reconhecimento mútuo, a executoriedade das decisões estrangeiras, proferidas dentro do espaço europeu de justiça, passarão a gozar do regime de «supressão» do *exequatur*, ou seja, "as decisões proferidas num Estado-Membro que sejam executórias nesse país são igualmente executórias noutro Estado-Membro, sem que uma declaração de executoriedade seja necessária" (art. 38º, nº 2, da proposta de revisão do Regulamento 44/2001). Do mesmo modo, os atos autênticos e as transações judiciais beneficiarão da extensão desse regime (arts. 70º e 71º, da citada proposta).

---

[391] Contudo, não nos podemos esquecer que neste caso a abolição do *exequatur* foi acompanhada da harmonização em matéria de lei aplicável.
[392] O Livro Verde sobre o funcionamento do Regulamento "Bruxelas I" faz consulta sobre esta questão. Cfr. pp. 2 e 3 do Livro Verde.
[393] Ver, infra neste Capítulo, ponto 7.2.3.

Porém, sem prejuízo do avanço que esse regime de «supressão» do *exequatur* representa, algumas dúvidas subsistem:

- Essa «supressão» continuará a ser meramente ilusória? Será possível acreditar na real e efetiva «livre circulação» das decisões estrangeiras no espaço europeu e na sua executoriedade automática, em igualdade de circunstâncias em relação às decisões internas, quando não alinhamos a legislação processual executiva dos diversos Estados-Membros? É que podemos não ter o entrave resultante da necessidade de uma declaração de executoriedade, mas «esbarrar» nos meandros da própria execução no Estado de destino se não nos prepararmos do ponto de vista da harmonização mínima necessária. Pois, sabendo que a execução vai seguir os procedimentos previstos em cada um dos ordenamentos nacionais em que o título venha a ser executado, não podemos ser alheios ao facto de os Estados-Membros ainda conviverem numa Europa que «juridicamente», e desse ponto de vista, caminha a diferentes velocidades. Por exemplo, há ordenamentos em que já se operou a desjudicialização da execução, como aconteceu em Portugal e, há mais tempo, em França, enquanto noutros a execução ainda não saiu da direção, nem do controlo formal e material do juiz, como sucede em Espanha. O que quer dizer que a livre circulação das decisões terá que conviver com a legislação interna e com ela se confrontar e mesclar, ainda que nem sempre, talvez, «tire vantagem»;
- Consequentemente, não ficará defraudada a intenção de igualdade no acesso à justiça pelos cidadãos europeus? Não há dúvida de que o acesso à execução no Estado de destino estará facilitado mas, uma vez chegados à fase da execução, as diferenças entre os vários regimes internos colocarão as partes em situação de alguma desigualdade. Só um esforço na obtenção de alguma harmonização ao nível da tramitação e da eficácia da ação executiva poderá minorar esse efeito.

Em matéria de reconhecimento mútuo e execução transfronteira, avança-se ainda no sentido da criação do «*ato autêntico europeu*», com vista à livre circulação de atos autênticos em matéria civil e comercial. A este propósito, o Parlamento Europeu já solicitou à Comissão uma iniciativa legislativa referente ao reconhecimento mútuo e à execução dos atos autênticos[394].

O que o futuro nos reserva, não podemos assegurar, mas é visível que atravessamos grandes progressos, mas esperemos que sejam sempre acompanhados das devidas garantias e cautelas que os princípios gerais de Direito Processual Civil exigem. Caso contrário, dar-se-á razão a quem afirma que "la «*lógica de la integración*», *no sólo económica, sino también social, es el principal motor de las reformas, más que* «*la lógica procesal o de Derecho privado*»"[395/396].

4. Criação do título executivo europeu
4.1. Antecedentes

Já tivemos oportunidade de explorar o contexto em que surgiu o título executivo europeu, ou seja, toda a evolução da cooperação judiciária em matéria civil, bem como de revisitar os marcos que constituíram referências

---

[394] Cfr. Relatório Comissão dos Assuntos Jurídicos, que contém recomendações à Comissão sobre o ato autêntico europeu (2008/2124 (INI)), Relator: Manuel Medina Ortega, A6-0451/2008, 19.11.2008. Aí se conclui: 1. A confiança recíproca no direito, na Comunidade, justifica que os procedimentos associados à verificação da veracidade do ato autêntico em matéria transfronteiriça sejam suprimidos no futuro. 2. Este reconhecimento de um ato autêntico para efeitos da respetiva utilização no Estado-Membro requerido apenas pode ser recusado em caso de sérias dúvidas, motivadas, quanto à sua autenticidade ou se o reconhecimento for contrário à ordem pública do Estado-Membro requerido. 3. O Parlamento solicita à Comissão que lhe apresente, com base no artigo 65º, alínea a), e no nº 5, segundo travessão, do artigo 67º do Tratado CE, uma proposta legislativa referente ao reconhecimento mútuo e à execução dos atos autênticos. 4. O ato que é objeto da proposta legislativa deve ser aplicável a todos os atos autênticos em matéria civil e comercial, com exclusão daqueles que se relacionem com imóveis e devam ou possam ser alvo de inscrição ou menção num registo público; devem ficar excluídas as questões relativas à lei aplicável ao objeto do ato autêntico, assim como as questões relativas à competência, à organização e à estrutura das autoridades e dos agentes públicos, incluindo o processo de autenticação. Realça-se, ainda, que o reconhecimento não pode ter por consequência conferir a um ato estrangeiro efeitos superiores aos de um ato nacional.

[395] SÁNCHEZ LORENZO, S., *Competencia Judicial, Reconocimiento y Ejecución de Resoluciones Judiciales en Materia Civil y Mercantil: El Reglamento 44/2001*, in "La Cooperación Judicial en Materia Civil y la Unificación del Derecho Privado en Europa", SÁNCHEZ LORENZO, S.; MOYA ESCUDERO, M. (Dir.), Madrid, 2003, p. 66.

[396] SÁNCHEZ LORENZO é implacável quando diz que "*El futuro nos deparará sin duda reformas mucho más audaces, y tal vez aún menos meditadas. La integración jurídica es, a nuestro juicio, un proceso que necesita tiempo y reflexión, y que debe estar protagonizado por juristas, y no por tecnócratas, ni por juristas reconvertidos en tecnócratas*". SÁNCHEZ LORENZO, S., *ibidem*, p. 67.

fundamentais na consolidação do espaço europeu de justiça e isso também faz parte dos antecedentes do título executivo europeu[397].

Porém, muito antes da comunitarição da matéria relativa à cooperação judiciária civil, já se conheciam referências à criação de um «título executivo europeu», ainda que, vem-se a concluir, nem sempre com os contornos que o Regulamento 805/2004, posteriormente, lhe conferiu. Aliás, os estudos sobre a harmonização do processo civil europeu indicavam a matéria dos títulos executivos como uma área privilegiada de intervenção, não só através da aproximação das espécies de títulos executivos em vigor em cada ordenamento jurídico, sobretudo ao nível dos títulos executivos extrajudiciais, mas também por efeito da instituição de um título executivo europeu[398]. Mas não era apenas a doutrina que se debruçava sobre esta matéria, os profissionais do foro, designadamente os *Huissiers de Justice*, também procuravam uma solução para a recuperação rápida dos créditos, através de um mecanismo uniforme e com alcance além-fronteiras[399], que veio a ser objeto de uma iniciativa corporativa da *Union Internationale des Huissiers de Justice*, que apresentou uma proposta de título executivo europeu[400].

---

[397] Cfr. supra, Cap. III da Parte I.

[398] Cfr. CAPPONI, B., *Una Prospettiva di Armonizzazione: il Titolo Esecutivo Europeo*, "Documenti Giustizia", 1993, pp. 1390 e ss.; LEVAL, G., *Une Harmonisation des Procédures d'Exécution dans l'Union Européenne Est-Elle Concevable*, in "Trans-National Aspects of Procedual Law", X World Congress on Procedural Law, editado por ANDOLINA, I., Milano, 1998, pp. 729 e ss.; NORMAND, J., *Il Ravvicinamento delle Procedure Civili nell'Unione Europea*, Riv. Dir. Proc., 1998, pp. 696-698; TARZIA, G., *Prospettive di Armonizzazione delle Norme sull'Esecuzione Forzata nella Comunita Economica Europea*, Riv. Dir. Proc. 1994, pp. 205 e ss.; idem, *Modelli Europei per un Processo Civile Uniforme*, Riv. Dir. Proc., 1999, pp. 947 e ss.; idem, *L'ordine Europeo del Processo Civile*, Riv. Dir. Proc., 2001, pp. 902 e ss.

[399] A necessidade de medidas justificava-se nos termos seguintes: *"aujourd'hui, on constate un véritable phénomène d'inadéquation entre les legitimes exigences des acteurs du monde des affaires et les schémas structurels de l'Europe judiciaire. Cette situation a eu pour conséquence d'entraîner une déjudiciarisation du contenteiux des affaires dans l'Union Européenne"*. Cfr. LEVAL, G., *ibidem*, p. 775, nota 94.

[400] Esta proposta foi apresentada no Colóquio Internacional da *Union Internationale des Huissiers de Justice*, sob o tema «Les professionnels du droit au sein du nouvel espace judiciaire européen», realizado em Paris, a 3 e 4 de junho de 1993, sob a presidência de M. Robert Badinter, na sequência de uma outra iniciativa dos *Huissiers de Justice* franceses, por ocasião do seu Congresso Nacional, realizado em Bordéus, no ano de 1992. Sobre estas iniciativas, ver DÍEZ RIAZA, S., *La Propuesta de Reglamento del Consejo por el que se Establece un Título Ejecutivo Europeo para Créditos no Impugnados*, "Revista de Derecho Procesal", 2002, pp. 112, nota 5; NORMAND,

Nessa altura, embora com motivações idênticas, eram apontados caminhos com contornos diferentes para a obtenção de um título executivo com força executória transfronteira: – criação de uma disciplina europeia uniforme do procedimento monitório (procedimento de injunção), válida em todos os países, ainda que em concorrência com os procedimentos nacionais; – adoção de um procedimento interno uniforme, através do qual, *a posteriori*, fosse possível obter um título executivo europeu. Esse procedimento iniciava-se com uma interpelação ao devedor inadimplente (*messi in mora* no Direito italiano), onde constava a causa de pedir e o pedido, com indicação do montante da dívida, cuja notificação era realizada pelo *huissier*, e na sequência disso ou o requerido contestava, sendo necessário dirimir o litígio em juízo, ou na falta de contestação do requerido, o credor ficava em condições de obter a «declaração» do título executivo europeu[401]. A grande vantagem estava no facto de, obtido esse título, avançar-se para a execução, noutro ordenamento, sem necessidade de mais formalidades.

Neste contexto, a doutrina apoiava, maioritariamente, a via da criação de um procedimento de injunção europeu, através do método da diretiva[402], como já perspetivava a Proposta do Projeto Storme, posteriormente abandonado, sobretudo por receio de violação do princípio da subsidariedade.

LEVAL, por sua vez, embora reconhecendo que não era possível alcançar um «direito executivo europeu», admitia a possibilidade de avanços significativos em determinadas matérias, propondo, designadamente, a criação de um «título executivo europeu». A este propósito, afirma: *"la création d'un titre exécutoire européen pour certaines créances bénéficiant d'une présomption d'incontestabilité devrait être envisagée. Il s'agirait d'obtenir du juge du lieu du domicile du débiteur dans le cadre d'une procédure simplifiée (inversion*

J., *Il Ravvicinamento delle Procedure Civili nell'Unione Europea*, op. cit., pp. 696, nota 42; TARZIA, G., *Modelli Europei per un Processo Civile Uniforme*, op. cit., pp. 954 e 955.

[401] Cfr. NORMAND, J., *Il Ravvicinamento delle Procedure Civili nell'Unione Europea*, op. cit., pp. 696 e 697; TARZIA, G., *Prospettive di Armonizzazione delle Norme sull'Esecuzione Forzata nella Comunita Economica Europea*, op. cit., pp. 210-213; ídem, *Modelli Europei per un Processo Civile Uniforme*, op. cit., pp. 954-958; ídem, *L'ordine Europeo del Processo Civile*, Riv. Dir. Proc., 2001, pp. 924-927.

[402] Ver, por todos, CORREA DELCASSO, J. P., *Le Titre Exécutoire Européen et l'Inversion du Contentieux*, RIDC, 2001, 61 e ss.; idem, *Principios del Proceso de Elaboración del Título Ejecutivo Europeo Mediante la Técnica de la Inversión del Contradictorio*, "La Ley", nº 5222, 2001, pp. 1612 e ss.

du contentieux) un titre immédiatement exécutoire dans tous les Etats membres"[403]. Como se vê, já fazia referência à aplicação do dito instrumento a créditos que não tivessem sido contestados, ainda que, dado o contexto, essa menção fosse a propósito de uma figura que mais se aproximava dos processos monitórios.

Por seu lado, as instituições comunitárias cedo revelaram a intenção de promover e criar mecanismos que fossem capazes de agilizar a cobrança de dívidas, com especial acuidade as dívidas emergentes de transações comerciais e, de sobremaneira, as que fossem de quantia determinada. Além disso, dava-se especial relevo às dívidas não contestadas na medida em que já incorporavam uma probalidade séria da assumpção da dívida por parte do alegado devedor. Confiantes de que isso faria parte da fórmula capaz de resolver alguns dos bloqueios ao desenvolvimento e consolidação das relações económicas na União Europeia, sobretudo ao nível das pequenas e médias empresas que se viam, muitas vezes, asfixiadas pela má cobrança a que os sistemas as votavam, vemos as instituições comunitárias a tentar combater os devedores crónicos que, por sua vez, conheciam sempre a melhor forma de «aliviarem» o seu património. Neste contexto, a União

---

[403] LEVAL, G., *Une Harmonisation des Procédures d'Exécution dans l'Union Européenne Est-Elle Concevable, op. cit.*, p. 775. O autor enquadrava esta proposta ao abrigo da Recomendação da Comissão relativa aos prazos de pagamento nas transações comerciais (JO L 127 de 10.06.1995), onde no seu art. 4º já se apelava à agilização dos mecanismos de cobrança, como forma de evitar os atrasos de pagamento nas transações comerciais, nos termos seguintes: Artigo 4º (Processos de recurso) – Convém assegurar que os credores vítimas de atrasos de pagamento tenham à sua disposição meios de recurso rápidos, eficazes e pouco onerosos, com vista a obterem o pagamento e a reparação dos prejuízos sofridos. Para tal, os Estados-Membros são convidados a: a) Promover a aplicação de processos extrajudiciais de resolução dos litígios, que possibilitem uma conclusão rápida, eficaz e pouco onerosa dos litígios relativos a pagamentos; b) Aumentar a eficácia dos processos judiciais simplificados para a resolução dos litígios que incidam sobre montantes limitados. Estes processos deveriam prever modalidades simplificadas e pouco dispendiosas de início da instância. Os limiares de aplicação destes processos deveriam fixar-se a um nível que permitisse abranger um número não negligenciável de transações comerciais. Conviria também que se pudessem garantir condições eficazes de execução das sentenças proferidas no âmbito dos referidos processos; c) Aumentar a eficácia dos processos acelerados de cobrança. Estes processos deveriam permitir, com formalidades reduzidas e prazos limitados, a obtenção de um título executivo em caso de não contestação da dívida. Estes processos deveriam também decorrer de forma acelerada, com um mínimo de formalidades e de encargos financeiros para o credor, e ser aplicáveis sem limites quanto ao montante do litígio.

Europeia preocupou-se em fazer recomendações aos Estados-Membros no sentido de adotarem mecanismos rápidos e eficazes para a cobrança das dívidas[404]. Posteriormente, verificando-se ser necessário utilizar um mecanismo coativo[405], é aprovada uma Diretiva que impõe a criação de instrumentos com essa finalidade[406].

Assim se abriu caminho à necessidade de um título executivo europeu que permitisse ir, além-fronteiras, obter a cobrança de créditos, de forma mais rápida e com menos custos.

Os trabalhos tendentes à criação do título executivo europeu surgem em 1995, momento em que a Comissão iniciou uma *reflexão sobre a oportunidade da manutenção do procedimento de exequatur previsto pela Convenção de Bruxelas e a definição dos eventuais contornos jurídicos de um título executório que circularia sem entraves entre os vários Estados-Membros. Este título executório poderia então ser qualificado de «Título Executório Europeu»*. Posteriormente, o Conselho reitera este propósito, indicando a necessidade de criar um título executivo europeu como uma prioridade nas questões relacionadas com a cooperação judiciária em matéria civil, designadamente nas suas Resoluções de 14 de outubro de 1996[407] e de 18 de dezembro de 1997[408]. Deixa de ter expressão a posição, que até aí vingava, de que a criação do título executivo europeu como um instrumento separado traria mais inconvenientes do que vantagens, sobretudo associados à sobreposição de instrumentos concorrentes, designadamente no seu âmbito de aplicação, o que prejudicaria os «utilizadores» já familiarizados com a, então, Convenção de Bruxelas.

Aquando da preparação da revisão da Convenção de Bruxelas, sob a égide da melhoria da livre circulação das decisões proferidas pelos órgãos jurisdicionais dos Estados-Membros, a Comissão anuncia que esta maté-

---

[404] Cfr. Recomendação da Comissão, de 12 de maio de 1995, relativo aos prazos de pagamento nas transações comerciais, JO L 127, 10.06.1995.

[405] Aquando dos procedimentos tendentes à adoção da referida Recomendação, o Parlamento já havia feito notar esta necessidade, sendo de opinião de que devia seguir-se o método da Diretiva. Cfr. Resolução sobre a recomendação da Comissão relativa aos prazos de pagamento nas transações comerciais (C(95)1075 – C4-0198/95), JO C 211, 22.07.1996.

[406] Esta problemática vem a culminar com a Diretiva 2000/35/CE Do Parlamento Europeu e do Conselho, de 29 de junho de 2000, que estabelece medidas de luta contra os atrasos de pagamento nas transações comerciais (JO L 200/35, 8.8.2000).

[407] JO C 319 26.10.1996.

[408] JO C 11 15.01.1998.

ria devia ser discutida em dois contextos paralelos, mas diferentes: os trabalhos de revisão das Convenções de Bruxelas e de Lugano e os trabalhos relativos à criação de um «Título Executivo Europeu»[409]. A obtenção desse título assentaria na instauração de um procedimento uniforme no Estado de origem e, além disso, que esta seria uma etapa prévia e, aliás, independente da total supressão do procedimento de *exequatur*, que igualmente se desejava alcançar, mas que, nesta fase e por falta de condições, começaria apenas por ser simplificado. Mais uma vez, a alusão é sobretudo a um processo europeu de injunção para pagamento.

Mais adiante, após o Tratado de Amesterdão, sem o qual não teria sido possível criar instrumentos de direito comunitário para concretizar os planos que a União Europeia vinha traçando para a cooperação judiciária civil, houve lugar ao Conselho Europeu de Tampere, onde, de facto, radicam as origens do título executivo europeu. Foi aí que, como já se expôs oportunamente, o Conselho Europeu subscreveu o princípio do reconhecimento mútuo como a pedra angular da cooperação judiciária na União, com incidência nas sentenças e outras decisões das autoridades judiciais. Também aí, a Comissão foi incitada a tomar medidas com vista a uma maior redução dos trâmites intermédios que, ao tempo, eram necessários para o reconhecimento e execução de uma decisão ou sentença no Estado requerido. Atentas as considerações e os pressupostos assumidos, nos termos já vistos, essa foi apontada como área de ação privilegiada, sobretudo no que dizia respeito às pequenas ações do foro comercial ou de consumidores e a certas sentenças no domínio do Direito da família (p. ex., em matéria de pensões de alimentos e direitos de visita). Previa-se que essas decisões fossem automaticamente reconhecidas em toda a União sem quaisquer procedimentos intermédios ou motivos de recusa de execução, complementando-se essa medida com a determinação de normas mínimas sobre aspetos específicos do processo civil, que assegurassem as garantias das partes.

Depois, quando se delineou o projeto de medidas para aplicação do princípio de reconhecimento mútuo das decisões judicias em matéria civil e comercial, de 30 de novembro de 2000, ficou definido de uma forma mais concreta que a supressão do *exequatur* podia dar lugar à criação de um autêntico título executivo europeu, desde logo para os créditos não

---

[409] Comunicação da Comissão ao Conselho e ao Parlamento Europeu «Para uma maior eficácia na obtenção e execução das decisões na União Europeia», JO C 33/03, 31.01.1998, p. 5 e 6.

contestados. A este propósito dizia-se:"*A supressão do exequatur para os créditos não contestados deve constituir uma das prioridades da Comunidade. O conteúdo da noção de créditos não contestados será especificado no âmbito da definição dos limites dos instrumentos elaborados em aplicação do programa. Atualmente, esta noção engloba de um modo geral as situações em que um credor, estabelecida a não contestação do devedor quanto à natureza ou dimensão da dívida, tenha obtido um título executório contra esse devedor. É em si mesmo contraditório o facto de um procedimento de exequatur poder retardar a execução de decisões respeitantes a créditos não contestados. Este mesmo facto justifica plenamente que seja esta uma das primeiras áreas em que o exequatur deva ser suprimido. A cobrança rápida dos montantes não pagos constitui uma necessidade absoluta para o setor comercial e representa uma preocupação constante dos meios económicos interessados no bom funcionamento do mercado interno."*

4.2. Princípios inspiradores

No seio do processo de integração europeia, o título executivo europeu emerge como um instrumento que se coaduna com a política que norteia esse percurso e as várias formas de aprofundamento e consolidação dessa integração, constituindo, naturalmente, expressão de alguns princípios basilares vigentes na União Europeia.

4.2.1. Direito ao Justo Processo

Se o título executivo europeu deu forma a um regime que permite ao credor alcançar de forma mais célere, no próprio Estado de origem, o «passaporte» necessário à efetivação do direito violado, no Estado de execução, sem entraves e com menores custos, então, só pode estar ao serviço do «direito à execução» que é um dos pilares do princípio do Direito ao Justo Processo (*Due Process and Fair Trial*), basilar no Direito Procesual Civil, *maxime* num Estado de Direito Democrático. Este princípio, além de resultar das leis fundamentais de cada um dos ordenamentos dos Estados-Membros, está também previsto em legislação supranacional e constitui um dos direitos fundamentais mais relevantes para uma cidadania integral.

O art. 6º da Convenção Europeia de Proteção dos Direitos do Homem e das Liberdades Fundamentais[410] e os arts. 47º a 50º da Carta dos Direitos

---

[410] A este propósito, ver MATSCHER, F., *L'Equo Processo nella Convenzione Europea dei Diritti dell'Uomo*, Riv. Trim. Dir. Proc. Civ., 2006, pp. 1155 e ss.

Fundamentais da União Europeia[411/412] consagram o direito à tutela judicial efetiva, o direito a um processo equitativo, público e com uma decisão em prazo razoável[413], o direito a um juiz independente e imparcial[414], o direito à assitência jurídica gratuita[415], assim como o direito de defesa[416].

A vertente que aqui queremos destacar, por se encontrar intimamente relacionada com a função do título executivo europeu, é a do direito à tutela

---

[411] A Carta dos Direitos Fundamentais constitui um documento onde pela primeira vez se reúne, num texto único, o conjunto dos direitos cívicos, políticos, económicos e sociais dos cidadãos europeus e de todos os residentes no território da União. Este documento passou a ser mencionado no Tratado Reformador da União Europeia (Tratado de Lisboa) e foi solenemente proclamada no dia 12 de dezembro de 2007, embora não faça parte do seu conteúdo mas de um anexo. Quanto aos seus objetivos, diz o seu preâmbulo: "é necessário, conferindo-lhes maior visibilidade por meio de uma Carta, reforçar a proteção dos direitos fundamentais, à luz da evolução da sociedade, do progresso social e da evolução científica e tecnológica". Sobre a relação entre este diploma e o processo civil, *vide* TROCKER, N., *La Carta dei Diritti Fondamentali dell'Unione Europea ed il Processo Civile*, Riv. Trim. Dir. Proc. Civ., 2002, pp. 1171 e ss.

[412] Para além dos limites da União Europeia, o art. 10º da Declaração Universal dos Direitos do Homem também preceitua que "toda a pessoa tem direito, em plena igualdade, a que a sua causa seja equitativa e publicamente julgada por um tribunal independente e imparcial que decida dos seus direitos e obrigações ou das razões de qualquer acusação em matéria penal que contra ela seja deduzida".

[413] Sobre este direito ver, SENÉS MOTILLA, C., *Derecho a un Processo Equitativo, Público y en un Plazo Razonable*, in "El Espacio Europeo de Libertad, Seguridad y Justicia. Avances y Derechos Fundamentales en Materia Procesal", CALDERÓN CUADRADO, M. P.; IGLESIAS BUHIGUES, J. L. (Coord.), Pamplona, 2009, pp. 133 e ss. Ver, ainda, na jurisprudência do Tribunal Europeu dos Direitos do Homem: Sentença de 2 de setembro de 1998 (TEDH 1998\43); Sentença de 21 de março de 2000 (TEDH 2000\99); Sentença 2 de junho de 2005 (TEDH 2005, 62); Sentença de 15 de junho de 2006 (TEDH 2006\43); Sentença de 28 de maio de 2009 (JUR 2009\230986).

[414] Sobre este direito ver, MONTERO AROCA, J., *Derecho a un Juez Independiente e Imparcial*, *ibidem*, pp. 101 e ss.

[415] Sobre este direito ver, ARANGUENA FANEGO, C., *La Efectividad del Acceso a la Justicia: Autodefensa, Defensa Técnica y Asistencia Jurídica Gratuita*, *ibidem*, pp. 287 e ss. Na jurisprudência do Tribunal Europeu dos Direitos do Homem, ver: Sentença de 20 de abril de 2010 (JUR 2010\120771).

[416] Sobre este direito ver, MUERZA ESPARZA, J., *Derechos de la Defensa*, *ibidem*, pp. 149 e ss.; CÁLDERON CUADRADO, M. P., *La Dimensión Europea de los Derechos de la Defensa, Três Proposiciones para un Debate y un Interrogante sobre su Titularidad*, *ibidem*, pp. 173 e ss.; SANCHIS CRESPO, C., *Derecho a Disponer del Tiempo y de las Facilidades Necesarias para la Preparación de la Defensa*, *ibidem*, pp. 255 e ss. Ver, ainda, na jurisprudência do Tribunal Europeu dos Direitos do Homem: Sentença de 22 de junho de 2000 (TEDH 2000\149).

judicial efetiva, na modalidade de direito de acesso à justiça em sentido amplo, isto é a garantia de acesso aos tribunais, com uma proteção jurídica que implica o direito a uma decisão, em tempo razoável, bem como a possibilidade de a executar.

O Tribunal Europeu dos Direitos do Homem já se pronunciou no sentido de afirmar que o «direito à execução» é inerente ao direito de acesso à justiça[417]. Aí se afirmou, relativamente ao direito de acesso à jurisdição, que *«serait illusoire si l'ordre juridique interne d'un Etat contractant permettait qu'une décision judiciaire définitive et obligatoire reste inopérante au détriment d'une partie. En effet, on ne comprendrait pas que l'article 6 § 1 décrive en détail les garanties de procédure (équité, publicité et célérité) accordées aux parties et qu'il ne protege pas la mise en oeuvre des décisions judiciaires; si cet article devait passer pour concerner exclusivement l'acèss au juge et le déroulement de l'instance, cela risquerait de créer des situations incompatibles avec le principe de la prééminence du droit que les Etats contractants se sont engagés à respecter en ratifiant la Convention... L'exécution d'un jugement ou arrêt, de quelque juridiction que ce soit, doit être considérée comme faisant partie intégrante du «procès» au sens de l'article 6»*[418].

O direito de acesso à justiça traduz-se, numa aceção genérica, no direito à proteção jurídica ou à jurisdição e congrega em si uma série de direi-

---

[417] Cfr. Caso *Hornsby v. Greece*, de 19 de março de 1997, em que se sustentou o seguinte: *The Court held that the execution of a judgment given by any court had to be regarded as an integral part of a 'trial' for the purposes of Article 6*. Ver, também, na jurisprudência do Tribunal Europeu dos Direitos do Homem: Sentença de 21 de abril de 1998, processo Estima Jorge contra Portugal; Sentença de 14 de dezembro de 1999, processo Antonakopoulos, Vortsela e Antonakopoulos contra Grécia; Sentença de 28 de julho de 1999, processo Inmobiliaria Saffi contra Itália; Sentença de 26 de novembro de 2009 (JUR 2009\465913); Sentença de 8 de dezembro de 2009 (JUR 2009\474533).
Sobre a relação entre o art. 6º da Convenção e o direito à execução, ver BAKER, C., *Le Titre Exécutoire Européen. Une Avancée pour la Libre Circulation des Décisions?*, "La Semaine Juridique", nº 22, 2003, pp. 988-989; CARPI, F., *L'ordine di Pagamento tra Efficacia della Tutela e Garanzie della Difesa*, Riv. Dir. Proc. 2002, pp. 691-693; TARZIA, G., *Il Giusto Processo di Ezecuzione*, Riv. Dir. Proc., 2002, pp. 329 e ss. e, especialmente, GUINCHARD, E., *Procès Équitable (Article 6 CESDH) et Droit International Privé in* "International Civil Litigation in Europe and Relations with Third States", NUYTS, A.; WATTÉ, N. (Dir.), Bruxelles, 2005, pp. 199 e ss.
Sobre o conteúdo do direito de acesso ao direito e do direito ao justo processo, sustentado na jurisprudência europeia, ver TARZIA, G., *L'art. 11 Const. e le Garanzie Europee del Processo Civile*, Riv. Dir. Proc. 2001, pp. 1 e ss.

[418] Retirado de GUINCHARD, E., *Procès Équitable (Article 6 CESDH) et Droit International, op. cit.*, pp. 214.

tos inter-relacionados, nomeadamente o direito de acesso ao direito – o "direito ao direito" – que se desdobra no direito à informação e consulta jurídicas – e o direito de acesso aos tribunais, onde se inserem o direito de ação, o direito a uma decisão em prazo razoável e o direito a um processo de execução. E, ainda, como garantia do exercício do direito de acesso aos tribunais a todos os indivíduos, independentemente da sua condição social e económica (em igualdade de oportunidades), o direito ao patrocínio judiciário[419]. Nas palavras de GOMES CANOTILHO, "a proteção jurídica eficaz pressupõe a exequibilidade das sentenças («fazer cumprir as sentenças») dos tribunais através dos tribunais (ou, evidentemente, de outros órgãos), devendo o Estado fornecer todos os meios jurídicos e materiais necessários e adequados para dar cumprimento às sentenças do juiz"[420].

A proteção jurídica só se encontra completa quando o cidadão, depois de ver o seu direito reconhecido e não sendo bastante esse reconhecimento, como acontece nas ações condenatórias, consegue a efetiva satisfação desse direito. Por vezes, esse objetivo é atingido com a colaboração do credor, que cumpre voluntariamente ou por ter sido compelido através de uma medida coerciva, mas, quando assim não acontece, o Estado tem de criar meios adequados a essa satisfação efetiva dos direitos, através dos órgãos judiciais, onde se enquadra a ação executiva.

A questão do acesso à justiça ou do direito à jurisdição atravessa de forma transversal todo o processo civil[421]. Como escreve DINAMARCO, "mais do que um princípio, o acesso à justiça é a síntese de todos os prin-

---

[419] SOUSA, M. T., *Estudos sobre o Novo Processo Civil*, Lisboa, 1997, p. 34.
[420] CANOTILHO, J. J. G., *Direito Constitucional*, Coimbra, 1993, p. 654.
[421] Por isso, os legisladores não estão alheios à sua importância aquando de revisões de natureza processual. Prova disso são as palavras do legislador português no preâmbulo do DL 329-A/95 de 12 de dezembro: *Os princípios gerais estruturantes do processo civil, em qualquer das suas fases, deverão essencialmente representar um desenvolvimento, concretização e densificação do princípio constitucional do acesso à justiça.*
Na verdade, tal princípio não se reduz à mera consagração constitucional do direito da ação judicial, da faculdade de qualquer cidadão propor ações em Tribunal, implicando, desde logo, como, aliás, a doutrina vem referindo, que a todos seja assegurado, através dos Tribunais, o direito a uma proteção jurídica eficaz e temporalmente adequada.
Tal garantia constitucional implica o direito ao patrocínio judiciário, sem limitações ou entraves decorrentes da condição social ou económica, mas, igualmente, a obter, em prazo razoável, decisão judicial que aprecie com força de caso julgado a pretensão regularmente deduzida em juízo, a faculdade de requerer, sem entraves desrazoáveis ou injustificados a providência cautelar que se mostre mais adequada a assegurar

cípios e garantias do processo, seja a nível constitucional ou infraconstitucional, seja em sede legislativa ou doutrinária e jurisprudencial. Chega-se à ideia do acesso à justiça, que é o pólo metodológico mais importante do sistema processual na atualidade, mediante o exame de todos e de qualquer dos grandes princípios"[422].

Tudo isto, entenda-se, com a cautela devida ao equilíbrio entre as diferentes vertentes do direito ao justo processo, considerando os dois opostos intervenientes – o credor e o devedor. Se um, o credor, tem o direito a efetivar o seu direito e a obter a execução judicial do título, como manifestação da tutela judicial efetiva, o outro, o devedor, tem o direito a exercer o contraditório, com o máximo respeito pelas garantias que estão associadas a esse princípio.

O título executivo europeu contribuirá para a livre circulação das decisões e a sua aplicação, eliminando obstáculos à execução transfronteiriça, aprofundará o direito ao justo processo. Como confirma o próprio Regulamento 805/2004, com ele se *pretende promover os direitos fundamentais e tem [-se] em conta os princípios reconhecidos designadamente pela Carta dos Direitos Fundamentais da União Europeia. Em especial, pretende assegurar o pleno respeito do direito a um processo equitativo, tal como reconhecido no artigo 47º da Carta*[423].

4.2.2. Reconhecimento mútuo e confiança recíproca

O princípio do reconhecimento mútuo não só inspira, como é pressuposto do título executivo europeu. Ficou, oportunamente, demonstrado que a declaração do princípio do reconhecimento mútuo na vertente processual foi essencial para toda a evolução da matéria do reconhecimento mútuo e execução das decisões judiciais e extrajudiciais em matéria civil e comercial na União Europeia. A exposição que se fez[424] exime-nos de mais considerações que não sejam as de reiterar o papel fundamental deste princípio,

---

o efeito útil da ação e a possibilidade de, sempre que necessário, fazer executar, por via judicial, a decisão proferida e não espontaneamente acatada.
O direito de acesso aos Tribunais envolverá identicamente a eliminação de todos os obstáculos injustificados à obtenção de uma decisão de mérito, que opere a justa e definitiva composição do litígio, privilegiando-se assim claramente a decisão de fundo sobre a mera decisão de forma.

[422] DINAMARCO, C., *A Instrumentalidade do Processo*, S. Paulo, 1999, p. 304.
[423] Considerando 11, do Regulamento.
[424] Ver, supra, ponto 1, deste Capítulo.

sem o qual não teria sido possível progredir e alcançar, entre os demais objetivos, o título executivo europeu.

A tudo isto subjaz a ideia da confiança recíproca na administração da justiça, único valor ou compromisso que nos permite conceber que um Estado assimile uma decisão de outro Estado, dando-lhe tratamento equivalente às suas próprias decisões, sem que a possa pôr em causa, quando, na realidade, a equivalência entre os respetivos ordenamentos não passa de uma quimera, ainda que se suponha que os princípios básicos são partilhados e se admita que este princípio é também uma convicção de natureza política, indispensável ao processo de integração, impensável num espírito de «desconfiança». Consta do Regulamento 805/2004 que *a confiança mútua na administração da justiça nos Estados-Membros autoriza que o tribunal de um Estado-Membro considere que todos os requisitos de certificação como Título Executivo Europeu estão preenchidos, a fim de permitir a execução da decisão em todos os outros Estados-Membros sem revisão jurisdicional da correta aplicação das normas processuais mínimas no Estado-Membro onde a decisão deve ser executada*[425].

Se bem que todo o exposto pareça fazer sentido e que as bandeiras do reconhecimento mútuo e da confiança recíproca na administração da justiça representem bem a livre circulação de decisões judiciais e extrajudiciais e, de sobremaneira, o título executivo europeu que, dispensando procedimentos de *exequatur* no Estado de execução, torna mais exigente o grau de confiança mútua, a verdade é que esta questão não é pacífica.

No imediato, acredita-se que estamos perante uma manifestação do princípio da confiança recíproca dos Estados Membros, relativamente aos respetivos sistemas processuais, porém, ao mesmo tempo, encontramos uma série de exigências ao nível das garantias mínimas que levantam dúvidas sobre a apregoada confiança. Por outro lado, compreendemos que a União Europeia pretenda respeitar as diferenças (naturais) dos diversos sistemas, ainda que não prescinda de determinados princípios mínimos, sobretudo que possam beliscar o direito de defesa das partes. Digamos que o patamar possível é o da «igualdade na diferença».

Além disso, parece ser intencional a não unificação dos direitos processuais dos Estados-Membros, caso contrário ter-se-ia optado pela via da diretiva – mesmo com as dificuldades que lhe são inerentes – não sendo necessário dispor, no Regulamento do título executivo europeu, sobre

---

[425] Considerando 18, do Regulamento.

normas mínimas processuais, até porque, desta maneira, a aproximação das legislações é apenas incentivada e não vinculada. Tanto assim que não se opera a modificação ou revogação das normas processuais dos Estados-Membros por força das citadas normas mínimas, nem ficam aqueles obrigados a transpô-las para o seu ordenamento interno. Mais a mais, o Regulamento Bruxelas I mantém-se a par do Regulamento do título executivo europeu, em concorrência e como mecanismo alternativo.

Radicalizando, alguma doutrina assegura que o pensamento político da União Europeia vai além do que a realidade atual permite, isto é, consagra o reconhecimento mútuo que se baseia na confiança recíproca na administração da justiça que, por sua vez, pressupõe a equivalência dos sistemas, quando esta não passa, ainda, de um objetivo a atingir progressivamente. Como diz Paula Costa e Silva, "porque o Regulamento [805/2004] parte de uma ficção, acaba por se exigir aos cidadãos comunitários que convivam com um sistema que assenta em falsas premissas"[426]. Deste modo, sugere-se que a base do título executivo europeu está ferida (esperemos que não de morte) e tem pouca sustentabildade porque assenta num «falso princípio». Ainda que assista alguma razão à autora, sabemos que o princípio do reconhecimento mútuo é, em si mesmo, baseado numa espécie de ficção que permitiu ultrapassar e desbloquear situações de livre circulação quando as legislações constituíam um entrave. Depois, esta leitura é transposta para o meio jurídico e este é que é o ponto da discórdia, por razões de relevo, como a segurança jurídica.

Contudo, estamos em crer que a técnica das «normas mínimas» pode manter a sustentabilidade das medidas tomadas pela União Europeia, ainda que as mesmas só se consolidem quando essa base for determinada por um instrumento coativo. A não ser assim, os Estados-Membros e os respetivos ordenamentos vão apresentar-se sempre concorrentes e os instrumentos comunitários de nada servirão porque não serão aplicáveis sempre que não se encontrem cumpridos os requisitos mínimos por parte dos ordenamentos internos onde se pretenda obter a certificação de título executivo europeu.

---

[426] Silva, P. C., *Processo de Execução – Títulos Executivos Europeus*, Coimbra, 2006, p. 19.

4.3. Método e legística

A propósito do método adotado pela União Europeia para tratar a questão da supressão do *exequatur*, razão de ser da criação do título executivo europeu, há duas questões distintas a tratar: i) estratégia para acelerar a cobrança transfronteiriça, concretamente nos créditos não impugnados e nas pequenas quantias; ii) opção pelo instrumento comunitário mais adequado a concretizar a estratégia.

i) Estratégia para acelerar a cobrança transfronteiriça, concretamente nos créditos não impugnados e nas pequenas quantias

A questão da mais adequada estratégia no sentido de melhorar a circulação das decisões em matéria civil e comercial remonta ao momento em que se pensou rever as Convenções de Bruxelas e Lugano. Já aí se expunha que a solução mais radical, mas ainda prematura, seria a da supressão pura e simples do procedimento de *exequatur*. Este caminho seria o mais curto para atingir o objetivo proposto, mas não era prudente atalhar por aí, *sobretudo pelas divergências substanciais entre os regimes processuais dos Estados-Membros quanto à definição de título «executório», às condições de execução das decisões judiciais e, sobretudo, ao estatuto, poderes e responsabilidades dos agentes de execução*[427].

Atentas estas considerações, ficou assente que, pelo menos numa primeira fase, a decisão estrangeira necessitaria de um «passaporte» para poder ter força executória e ser equiparada a uma decisão proferida no Estado requerido. Assim, o rumo era primeiro simplificar, o que veio a suceder através da aprovação do Regulamento Bruxelas I, e só mais tarde suprimir os procedimentos de reconhecimento e de execução de decisões estrangeiras. Nessa mesma altura também se questiona se não seria mais adequado introduzir as alterações através de um instrumento separado que apenas se aplicasse às decisões de natureza monetária e que, no mesmo contexto, abordasse a questão do procedimento de obtenção do título no Estado de origem, com alusão à generalização do processo de injunção para pagamento e a sua associação ao «Título Executório Europeu».

Mais tarde, quando começam a esboçar-se as linhas de aplicação do princípio de reconhecimento mútuo, o legislador assume que as matérias dos créditos não impugnados e das pequenas ações seguem autónomas e

---

[427] Comunicação da Comissão ao Conselho e ao Parlamento Europeu – «Para uma maior eficácia na obtenção e execução das decisões na União Europeia», I.2, p. 8 e ss.

estabelece como prioritária a supressão do *exequatur* para os créditos não contestados[428], estabelecida a dois níveis, independentes entre si: 1) a criação de um procedimento que abrangesse todas as dívidas não impugnadas e que lhes conferisse «guia de marcha» além-fronteiras; 2) a adoção de um procedimento monitório ou de injunção de pagamento europeu. É precisamente na primeira etapa que se desenvolvem todos os trabalhos tendentes à criação do título executivo europeu, tal como veio a nascer nos termos do Regulamento 805/2004, dando início à implementação da chamada estratégia em duas etapas[429].

É que a consciência das dificuldades inerentes à harmonização de uma matéria tão díspare no espaço europeu, como é o processo monitório, determinou a fuga para uma outra forma de procedimento que pudesse, numa fase inicial, desbravar caminho. Por outro lado, admitiu-se que a autonomização dos dois campos de ação facilitaria os trabalhos e permitiria a aplicação do título executivo europeu a um leque de procedimentos mais alargado, pois, de outro modo, ficaria limitado aos processos de natureza injuntiva[430].

Atendendo a este contexto, bem se compreende que já se tenha dito que se tratou de um projeto-piloto e bicéfalo[431].

A decisão de separar em duas fases a matéria respeitante aos créditos não impugnados coincide também com a independência entre os problemas suscitados nos dois campos de ação, ou seja, a supressão do *exequa-*

---

[428] Projeto de programa de medidas destinadas a aplicar o princípio do reconhecimento mútuo das decisões em matéria civil e comercial, I.B.3, p. 4.

[429] Expressão utilizada no Livro Verde relativo a um Procedimento Europeu de Injunção e de Pagamento e a Medidas para Simplificar e Acelerar as Ações de Pequeno Montante, COM (2002) 746 final, 20.12.2002, p. 16.

[430] GARCIMARTÍN ALFÉREZ, F. J., *El Título Ejecutivo Europeo*, Navarra, 2006, p. 36. No Livro Verde relativo a um Procedimento Europeu de Injunção justifica-se: *Esta iniciativa legislativa* [o Regulamento 805/2004] *constitui a primeira etapa da estratégia em duas etapas e prevê a supressão do exequatur para todos os títulos executivos relativos a créditos não contestados, não sendo o seu âmbito de aplicação limitado às decisões resultantes de um procedimento específico*. E ainda se diz: *Esta abordagem permite obter progressos rápidos na supressão do exequatur, em todas as situações caracterizadas pela ausência verificável de qualquer controvérsia quanto à natureza e ao valor de uma dívida (e não apenas nas injunções de pagamento), ao mesmo tempo que prepara cuidadosamente a instituição de um procedimento harmonizado de injunção de pagamento*. Cfr. pp. 16 e 17.

[431] Cfr. VAN DROOGHENBROECK, J.F.; BRIJS. S., *Un Titre Exécutoire Européen*, Les Dossiers du Journal des Tribunaux, Bruxelles, 2006, p. 26.

tur por um lado e a harmonização ou unificação do direito processual por outro[432]. São questões distintas mas intimamente relacionadas. Num caso, apenas se pretende libertar a decisão de processos complexos e morosos a fim de a tornar exequível num ordenamento diferente daquele onde foi proferida, no outro alude-se a um processo partilhado por todos os ordenamentos, aplicável quer se trate, ou não, de decisão que carece de uma declaração de executoriedade[433]. Dada a convergência dos procedimentos, que torna as suas decisões automaticamente reconhecidas e executórias em todos os Estados-Membros, o problema do *exequatur* ficaria, reflexamente, resolvido.

ii) Opção pelo instrumento comunitário mais adequado a concretizar a estratégia

Independentemente dos níveis ou etapas de tratamento da questão dos créditos não impugnados, a União Europeia sempre teve em mãos a questão da opção legística que melhor se coadunava com os objetivos propostos, mantendo todas as cautelas de natureza político-legislativa.

Como se disse, as primeiras referências feitas ao título executivo europeu, designadamente no projeto de programa de medidas destinadas a aplicar o princípio do reconhecimento mútuo, surgiram em face da expectativa de supressão do *exequatur*, que resultaria da criação de um instrumento – um autêntico título executivo europeu – que se obtivesse na sequência de um procedimento específico, *uniforme ou harmonizado*, estabelecido pela então Comunidade. Havia, assim, duas formas de atuar: apresentar-se um procedimento uniforme, estabelecido num Regulamento, ou um procedimento harmonizado, criado por cada Estado-Membro em aplicação de uma Diretiva.

Resumidamente, impunha-se decidir entre o Regulamento e a Diretiva. Ou seja, entre criar um procedimento que fosse introduzido pelos ordenamentos internos e que seguisse determinados parâmetros definidos no instrumento comunitário, com a vantagem de aproximar a legislação e os instrumentos nacionais, acabando com as assimetrias, mas com o risco das

---

[432] AGUILAR GRIEDER, H., *El Proceso Monitorio Europeo en un Contexto de Creciente Comunitarización* in "Hacia la Supresión del Exequatur en el Espacio Judicial Europeo: El Título Ejecutivo Europeo", *op. cit.*, pp. 219 e ss., em especial pp. 223-225.

[433] Esta afirmação pressupunha que esse processo monitório fosse aplicável quer às situações internas, quer às situações plurilocalizadas.

deficientes e deficitárias transposições; ou, aprovar um procedimento de aplicação direta e uniforme, igual em todos os ordenamentos, ainda que sujeito às dificuldades das traduções, que muitas vezes atraiçoam o sentido original e torturam a aplicação prática dos procedimentos, pese embora gozar da vantagem de o Tribunal de Justiça ter competência interpretativa, auxiliando as interpretações autónomas.

Como se sabe, o caminho da Diretiva era apontado pelo Projeto Storme[434] e era apoiado pela maioria da doutrina, mas a verdade é que o legislador comunitário tem usado a via do Regulamento, numa postura claramente intencional e consciente, afastando-se do método adotado noutras matérias relacionadas, como a dos atrasos no pagamento das dívidas comerciais que deu lugar à Diretiva 2000/35, agora substituída pela Diretiva 2011/7/UE. Concretamente no caso do processo monitório a opção justificou-se com a falta de maturação suficiente para harmonizar esta matéria nos vários ordenamentos, nos quais se seguem modelos bastante diferentes[435].

No caso do Regulamento 805/2004, ao invés de obrigar os Estados-Membros a legislar de forma harmonizada relativamente aos processos que dessem origem à criação de títulos executivos de circulação livre no espaço europeu, o legislador comunitário optou por estabelecer um conjunto de condições ou parâmetros que deve ser garantido no ordenamento interno para que nele possam alcançar-se, por intermédio de uma cer-

---

[434] À época, a opção colocava-se entre a Convenção, a Diretiva e a Recomendação. Dada a situação embrionária e também revolucionária do objeto da proposta, o relatório admite a possibilidade do uso da Recomendação como primeiro passo, ainda que manifeste a sua preferência pela Diretiva. Cfr. STORME, M., *Rapprochement du Droit Judiciaire de l'Union Européenne*, Dordrecht, 1994, pp. 60 e 61.

[435] Para análise dos vários modelos de processo de injunção de pagamento nos diferentes países da União Europeia, incluindo uma abordagem histórica, ver CORREA DELCASSO, J. P., *Princípios del Proceso de Elaboracion del Titulo Ejecutivo Europeo Mediante la Tecnica de la Inversion del Contradictorio, op. cit.*, pp. 1612 e ss.; idem, *Le Titre Exécutoire Européen et l'Inversion du Contentieux, op. cit.*. Acrescente-se que o autor defendia a harmonização dos procedimentos monitórios e, também por essa via, a criação simultânea de um título executivo europeu, obviando assim o desdobramento de procedimentos, desde logo com a desvantagem de dificultarmos a escolha do percurso, por parte do credor, que para optar pelo procedimento europeu teria que antever a possibilidade de o devedor possuir bens noutro Estado-Membro, facto normalmente desconhecido no início do processo. Cfr., também de CORREA DELCASSO, J. P., *Análisis de la Propuesta de Reglamento Sobre el Título Ejecutivo Europeo. Incidencia de la Normativa Comunitaria en la LEC*, "La Ley", nº 5657, 2002, p. 1775.

tificação, títulos com a categoria de títulos executivos europeus. Logo, embora criando um regime jurídico de aplicação direta, que se sobrepõe aos regimes jurídicos internos, apesar de se manterem coexistentes, não veio unificar as regras processuais dos Estados-Membros. Relativamente a esta opção, o Parecer do Comité Económico e Social Europeu foi desfavorável, tendo concluído nos termos seguintes: *a liberdade dada aos Estados Membros de adaptarem ou não as respetivas legislações pelas normas processuais mínimas exigidas para a emissão do Título Executivo Europeu constitui o seu ponto fraco. Para que haja um verdadeiro espaço judiciário europeu é necessário proceder a uma maior harmonização das legislações dos Estado Membros*[436].

A União Europeia, aparentemente, não impõe um procedimento, contudo torna reféns os Estados-Membros. Isto é, aqueles que não possuírem, no seu ordenamento interno, um processo parametrizado com as chamadas normas mínimas ou garantias mínimas processuais (Capítulo III do Regulamento 805/2004) veem-se na impossibilidade de certificar ou registar os seus títulos executivos como títulos circuláveis dentro do espaço europeu e, consequentemente, estão juridicamente inferiorizados[437]. Posto isto, tudo leva a crer que teremos, como efeito reflexo, a convergência dos procedimentos internos[438], designadamente no que se refere às regras da citação e aos seus efeitos, assim como no que concerne aos recursos extraordinários. A principal função do Regulamento que criou o título executivo europeu, não pouco relevante, foi «suprimir» o *exequatur* para os créditos não contestados e definir os critérios que presidem à certificação de decisões e documentos com força executiva imediata, direta e incondicional. E com ele a União Europeia implementou o «projeto-piloto» para a supres-

---

[436] Cfr. Parecer do Comité Económico e Social Europeu sobre a "Proposta de Regulamento do Conselho que cria o Título Executivo Europeu para créditos não contestados" (COM (2002) 159 final – 2002/0090 (CNS).

[437] Diz, ainda, o Parecer do Comité Económico e Social Europeu: *espera-se que os Estados Membros compreendam rapidamente que os seus credores só terão a ganhar com o Título Executivo Europeu, pelo que terão toda a conveniência em, se necessário, atualizarem rápida e adequadamente a sua legislação à luz das normas processuais mínimas.*

[438] Neste mesmo sentido vai o Considerando 19 do Regulamento 805/2004, onde se lê: *O presente regulamento não impõe aos Estados-Membros o dever de adaptar a sua lei nacional às normas processuais mínimas nele previstas. Promove um incentivo nesse sentido, instituindo uma execução mais rápida e eficaz das decisões noutros Estados-Membros apenas no caso em que essas normas mínimas forem respeitadas.*

são do *exequatur*, cujos resultados, a longo prazo, certamente influenciarão o rumo desta matéria.

O método adotado tem, necessariamente, consequências. Será, no mínimo, incongruente que o legislador comunitário institua um procedimento de certificação de títulos executivos europeus e anuncie que com isso está a promover os direitos fundamentais, concretamente para assegurar o pleno respeito do direito a um processo equitativo, quando depois a aplicação prática desse procedimento fica à mercê da vontade do legislador interno, que é «incentivado» e não obrigado a parametrizar as suas disposições processuais relativas às notificações, citações e recursos. E enquanto os legisladores dos Estados-Membros não se dão conta dos efeitos negativos, para a economia e para a imagem do seu sistema, operados por essa disfunção sistémica, gozam os seus cidadãos e todos aqueles que são «clientes» no seu sistema judiciário de uma inferioridade ou, até, menoridade processual. Esses mesmos Estados-Membros que não acompanharem os parâmetros mínimos correm o risco de, perante cidadãos mais avisados, verem ser postas em causa as decisões judiciais que eventualmente neguem a certificação, por violação dos já referidos preceitos supranacionais que consagram o direito à execução, também a transfronteiriça.

4.4. Trabalhos preparatórios e processo legislativo do Regulamento 805/2004

O processo legislativo de criação do título executivo europeu, formalmente considerado, pois as discussões e os trabalhos prévios remontam a 2001, durou cerca de dois anos, de 2002 a 2004[439], tendo atravessado o período de transição decorrente da entrada em vigor do Tratado de Nice, a 1 de fevereiro de 2003, razão que determinou uma modificação no seu processo legislativo, cuja proposta se encontrava pendente, passando-se de um processo de consulta do Parlamento Europeu para um processo de codecisão, por aplicação do procedimento previsto no nº 2 do art. 251º do então Tratado CE, sucedendo, aliás, ter sido o primeiro Regulamento a seguir este novo procedimento[440].

---

[439] Sobre este processo, ver, por todos, RODRÍGUEZ VÁZQUEZ, M. A., *El Título Ejecutivo Europeo*, Madrid, 2005, pp. 25-33.

[440] Consultar a Comunicação da Comissão ao Parlamento Europeu e ao Conselho sobre Consequências da entrada em vigor do Tratado de Nice para os processos legislativos em

A Comissão, por proposta apresentada a 18 de abril de 2002[441], deu início ao processo legislativo através do qual nasceu o título executivo europeu, ao que se seguiram os termos adequados ao correspondente processo de legislação, designadamente o Parecer do Comité Económico e Social Europeu sobre a "Proposta de Regulamento do Conselho que cria o Título Executivo Europeu para créditos não contestados", de 12 de dezembro de 2002[442] e o Parecer em primeira leitura do Parlamento Europeu, de 26 de março de 2003[443]. Segue-se proposta alterada da Comissão, de 11 de junho de 2003[444], sobre a qual voltaram a tomar posição o Conselho e o Parlamento Europeu. O Conselho adotou a Posição Comum do Conselho nº 19/2004, de 6 de fevereiro de 2004[445], e o Parlamento Europeu veio a apresentar Recomendação, de 18 de março de 2004, para segunda leitura referente à posição comum adotada pelo Conselho[446], pela mão da comissão dos Assuntos Jurídicos e do Mercado Interno, após Comunicação da Comissão ao Parlamento Europeu, de 9 de fevereiro de 2004, respeitante à referida Posição comum[447]. Por fim, a 21 de abril de 2004, dá-se a assinatura pelo Parlamento Europeu e pelo Conselho, surgindo assim o título executivo europeu, através do Regulamento (CE) nº 805/2004 do Parlamento Europeu e do Conselho, de 21 de abril de 2004, que cria o título executivo europeu para créditos não contestados [448].

Atinge-se, assim, pela mão do referido Regulamento 805/2004, um dos objetivos da primeira etapa da concretização do princípio de reconhecimento mútuo de decisões judiciais – princípio basilar da cooperação judicial em matéria civil na União Europeia, que instituiu o título executivo europeu para créditos não impugnados. Através dele alcança-se, sem

---

curso (COM (2003) 61 final, de 6.2.2003). Esta circunstância deu ainda lugar, naturalmente, à substituição, pela Comissão, da sua proposta de regulamento do Conselho por uma proposta de regulamento do Parlamento Europeu e do Conselho (2002/0090 (COD)).

[441] JO C 203 E de 27.8.2002, COM (2002) 159 final – 2002/0090 (CNS).
[442] JO C 85 de 8.4.2003.
[443] A5-0108/2003.
[444] JO C 76 de 25.3.2004, COM (2003) 341.
[445] JO C 79 E de 30.3.2004.
[446] A5-0187/2004 final.
[447] COM (2004) 90 final, 2002/0090 (COD), JO C 98, 23/04/2004.
[448] JO L 143 de 30.4.2004.

prejuízo da fixação de normas mínimas⁴⁴⁹, a primeira manifestação da livre circulação, entre os Estados Membros, das decisões judiciais, das transações judiciais e dos documentos públicos com força executiva, havendo lugar – e este é que é o «grande» avanço – à supressão dos tradicionais procedimentos intermédios de reconhecimento no Estado Membro onde se pretende que o título seja executado, passando-se, aí, diretamente para a execução. Introduz-se, assim, o primeiro nível da supressão do *exequatur* (arts. 5º, 24º, nº 2 e 25º, nº 2, do Regulamento 805/2004).

Registe-se, ainda, que no ano que antecedeu a formalização da proposta que veio dar origem à criação do título executivo europeu, sob a presidência sueca, foi percorrido um caminho propedêutico e essencial na definição das linhas gerais deste instrumento⁴⁵⁰. Das discussões havidas sob a Presidência Sueca, foram destacadas as seguintes conclusões relativamente aos principais elementos do título executório europeu, que se revelaram de suma importância na elaboração da proposta:

- O âmbito de aplicação deverá ser limitado aos créditos não contestados de natureza pecuniária;
- Os créditos deverão ser considerados não contestados principalmente se o devedor tiver aceite o crédito durante a ação judicial, ou se não tiver feito oposição ao crédito, quer oralmente quer por escrito;
- O instrumento deverá aplicar-se a títulos abrangidos pelo Regulamento Bruxelas I;
- O instrumento não deverá limitar-se a títulos obtidos na sequência de um processo acelerado de caráter específico;

---

⁴⁴⁹ Estas normas mínimas já estavam equacionadas desde que foi elaborado o já citado projeto de programa de medidas destinadas a aplicar o princípio do reconhecimento mútuo das decisões em matéria civil e comercial, onde se dizia: *Como primeiro passo, estes procedimentos intermédios deverão ser abolidos no caso das pequenas ações do foro comercial ou de consumidores e para certas sentenças no domínio do direito da família (por exemplo, em matéria de pensões de alimentos e direitos de visita). Essas decisões seriam automaticamente reconhecidas em toda a União sem quaisquer procedimentos intermédios ou motivos de recusa de execução. Tal passo poderia ser acompanhado da fixação de normas mínimas sobre aspetos específicos do processo civil.*

⁴⁵⁰ Consultar, essencialmente, as notas das Delegações Alemã, Britânica e Sueca ao Comité das Questões do Direito Civil (5259/01 JUSTCIV 5) e as notas da Presidência ao Comité das Questões do Direito Civil (6183/01 JUSTCIV 20, 9577/01 JUSTCIV 82, 10480/01 JUSTCIV 88)). É precisamente com base nestes documentos que tem início a discussão do projeto de criação do título executivo europeu.

- Para que uma decisão seja diretamente executável noutro Estado-Membro, é essencial definir normas mínimas em matéria de citação e notificação de atos judiciais incluindo os que dão início à ação judicial. As normas deverão dar ao requerido garantias de certeza jurídica;
- Quanto a saber se um crédito é ou não contestado, a questão deverá ser decidida no país origem;
- A questão de saber se a citação ou notificação foi ou não corretamente executada deverá ser decidida pelo tribunal ou pela autoridade competente no país de origem.

Será necessário aprofundar os debates particularmente no que se refere aos seguintes temas:

- Como tratar objeções manifestamente sem fundamento e objeções que se prendem apenas com dificuldades de pagamento;
- Nível das normas a estabelecer para a citação ou notificação do ato que determinou o início da instância. Dever-se-á aceitar métodos segundo os quais se parte do princípio que a parte requerida recebeu efetivamente o documento?
- Conteúdo do ato que determinou o início da instância bem como o problema da língua utilizada;
- Prazo considerado suficiente para analisar um crédito;
- Como identificar o Título Executório Europeu. Possível necessidade de prever um "passaporte" para a decisão judicial;
- Necessidade de prever normas específicas respeitantes aos efeitos do recurso e às objeções contra o pagamento, atendendo a que não há exequatur.

Por outro lado, para melhor compreender o texto final, é essencial consultar e percorrer os documentos elaborados ao longo do processo legislativo, dos quais nos socorreremos, oportunamente, na interpretação do regime vigente, sem no entanto deixar de fazer, desde já, uma breve alusão às posições tomadas pelas instituições intervenientes no processo legislativo.

Desde logo, as primeiras palavras da Comissão, de apresentação da proposta, esclareceram que a *proposta visava permitir aos credores que obtivessem uma decisão executória relativa a um crédito nunca contestado pelo devedor, de proceder diretamente à sua execução num outro Estado-Membro, a fim de assegurar a livre circulação das decisões, transações e dos atos autênticos em todos os Estados-Membros. Visa assim a supressão das medidas intermédias como condição prévia à execução noutro Estado-Membro de todas as decisões proferidas na falta manifesta de contestação do devedor relativamente à natureza ou ao montante da dívida. A Comissão coloca assim, pela primeira vez, o princípio segundo o qual os Estados-Membros devem tratar as decisões dos tribunais dos outros Estados-Membros como se tivessem sido proferidas pelos seus próprios tribunais e proporciona uma possibilidade suplementar de execução facilitada, tanto aos Estados-Membros como aos credores, sem, no entanto, os obrigar à sua utilização. Precisa que incumbe aos Estados-Membros decidir adaptar ou não a sua legislação nacional em conformidade com as normas mínimas relativas à citação ou à notificação de atos, no sentido de assegurar que o maior número possível de decisões relativas a créditos não contestados possa ser certificado enquanto título executivo europeu. Além disso, a Comissão preconiza a liberdade do credor de escolher o procedimento para efeitos da execução de uma decisão noutro Estado-Membro, solicitando quer um certificado de título executivo europeu, quer uma declaração de executoriedade ao abrigo do Regulamento (CE) nº 44/2001 do Conselho.*

O Comité Económico e Social Europeu, uma vez ouvido, veio *congratular-se com a proposta de regulamento que supõe a implementação de um sistema mais vinculativo para o devedor, apoia a supressão da necessidade de uma intervenção das autoridades judiciárias e administrativas de um segundo Estado-Membro. Além disso, considerou que a liberdade dada aos Estados-Membros de adaptarem ou não o direito processual interno às normas processuais mínimas exigidas para a obtenção de um título executivo europeu supõe um afastamento da harmonização pretendida nesta matéria, ou seja, do que deveria ser o primeiro passo da criação de um verdadeiro espaço de liberdade, de segurança e de justiça.* Já o parecer do Parlamento Europeu, *foi favorável, sob reserva de várias alterações que visam, designadamente, especificar que o tribunal de origem cita ou notifica o devedor da decisão relativa ao título executivo europeu e que a decisão que delibera sobre um pedido de certificado de título executivo ou a recusa de emissão seja suscetível dos recursos que o direito nacional prevê contra a emissão de títulos executivos, e clarificar os processos sem audiência.*

Já depois da adoção de uma proposta alterada pela Comissão, em 11 de junho, e de nova tomada de posição pelo Conselho, que vem a ser aprovada pelo Parlamento Europeu, o futuro regulamento acaba por ser aprovado pelas duas instituições, com o *objetivo de permitir aos credores que obtiveram uma decisão executória relativa a um crédito nunca contestado pelo devedor, de proceder diretamente à sua execução num outro Estado-Membro, sem que seja necessário recorrer a um procedimento intermediário no Estado-Membro de execução previamente ao reconhecimento e à execução (supressão do procedimento de execução (Exequatur)). Assim, uma decisão que foi certificada como título executivo europeu pelo tribunal de origem deveria ser tratada, para efeitos da execução, como se tivesse sido proferida no Estado-Membro em que a execução é solicitada. Ao criar um título executivo europeu para os créditos não contestados, o futuro regulamento permitirá assim assegurar, graças ao estabelecimento de normas mínimas, a livre circulação das decisões, das transações judiciais e dos atos autênticos relativos aos créditos não contestados em todos os Estados-Membros.*

Mas ao longo das várias audições, o projeto, apesar de ter obtido aprovação, não esteve isento de críticas e notou-se algum recuo naquilo que foram as primeiras perspetivas de um título executivo europeu, numa proposta que na sua versão original pecava por ser mais complexa e algo confusa, com explicações em demasia e alguns excessos na tramitação que, afinal, atraiçoavam os objetivos de simplificação do procedimento de *exequatur*.

Na generalidade, todos os intervenientes no processo legislativo estiveram de acordo quanto à bondade e oportunidade da proposta de Regulamento que cria o título executivo europeu para créditos não contestados, congratulando-se com o facto de ser notório o avanço em relação ao procedimento de *exequatur* vigente ao abrigo do Regulamento 44/2001, assente na dispensa da intervenção do Estado-Membro de execução, causadora de atrasos e de despesas acrescidas. Não foi questionado o procedimento nos seus traços gerais, mas houve alguns pontos de discórdia que acompanharam o processo até ao fim, como sucedeu com as discordâncias relativas à questão do trânsito em julgado da decisão objeto do pedido de certificação; à questão da irrecorribilidade da decisão relativa ao pedido de certidão de título executivo europeu e, associada a esta, a da notificação dessa decisão ao requerido; e, também, às normas processuais mínimas, especialmente no que respeita às modalidades de notificação e citação.

Nos pontos mais sensíveis, destacam-se as modificações seguintes relativamente à proposta final: i) abandonou-se a exigência do trânsito em julgado, bastando que estejam reunidas as condições de executoriedade do título no ordenamento de origem; ii) manteve-se a irrecorribilidade da decisão de certificação, passando a prever-se a possibilidade de retificação ou revogação da certidão de título executivo europeu no caso de erro material ou quando tenha sido emitida de forma claramente errada; iii) foi concedida uma particular proteção aos consumidores, com requisitos adicionais, designadamente quanto à competência do tribunal que proferiu a decisão cetificanda; iv) julgou-se desnecessária a hierarquização dos diferentes modos de citação ou notificação, mas continuou a distinguir-se os casos, conforme há ou não comprovativo de receção pelo devedor.

Sobre estas questões veremos, a seu tempo, como se firmaram na redação final e, sempre que necessário, recorreremos aos textos anteriores para uma melhor interpretação das disposições em vigor.

5. Objetivos, noção e efeitos do título executivo europeu
5.1. Objetivos

O título executivo europeu é um instrumento que serve a estratégia da União Europeia no combate às incobrabilidades transfronteiriças, muitas vezes a coberto de falhas sistémicas e da falta de coordenação entre os vários ordenamentos júridicos, e cerra fileiras no campo dos créditos não contestados, cuja expressividade e especificidades justificam um tratamento especial, com a agilidade e a eficácia suficientes para seguir o rasto patrimonial do devedor. Na verdade, como explica GARCIMARTÍN ALFÉREZ,[451] quando atuamos ao nível do comércio internacional, porque nos encontramos num contexto de «*fraccionamiento jurídico*», pese embora a partilha do princípio da responsabilidade patrimonial, a soberania estadual trava a articulação mundial desse princípio e, por seu lado, a livre circulação do património do devedor atraiçoa, muitas vezes, os intentos do credor.

Por isso, agudizam-se as dificuldades quando o credor tem que fazer um périplo pelos Estados, aí desencadeando os meios adequados até satisfazer o seu crédito, seja através de sucessivos processos declarativos, seja por intermédio da obtenção da declaração de executoriedade, no Estado onde o devedor tem património, sobre uma decisão obtida no Estado competente e que previamente declarou o crédito e condenou o devedor no pagamento. A agravar a situação, pode suceder o azar (sorte do devedor) de o credor ter de se defrontar com sistemas jurídicos que são verdadeiros «paraísos de execução», para onde «por casualidade» o devedor arrastou o

---

[451] GARCIMARTÍN ALFÉREZ, F. J., *El Título Ejecutivo Europeo, op. cit.*, pp. 11-16.

seu património[452]. Nestas circunstâncias, o que poderia parecer uma simples cobrança pode transformar-se numa «odisseia» capaz de pôr em causa o direito à tutela judicial efetiva e o princípio da eficiência[453].

O que move, então, o título executivo europeu?

Desde logo, ocupar-se dos créditos não contestados, que são considerados um nicho considerável dos processos acionados no espaço europeu e cuja expressividade está estatisticamente comprovada, sobretudo nas cobranças emergentes de transações comerciais, acelerar a execução tranfronteiça e iniciar o caminho da supressão do *exequatur*, diminuir custos e combater focos de enfraquecimento das economias[454]. Tudo isto de forma a procurar o correto equilíbrio entre o legítimo interesse do credor em obter a tutela judicial efetiva do seu direito, de forma rápida e eficiente, e o adequado direito do devedor perante eventuais execuções ilegítimas e injustas, concretamente o direito de defesa.

Por outro lado, um sistema de certificação por meio do preenchimento de formulários-tipo multilíngues concede uma vantagem tangível aos credores, permitindo-lhes obter uma execução rápida e eficaz no estrangeiro sem intervenção das autoridades judiciárias do Estado-Membro no qual a execução é requerida, com todos os atrasos e custos que tal implicaria[455].

---

[452] Idem, *ibidem*, p. 13.

[453] Neste sentido, BLANCO-MORALES LIMONES, P.; DURÁN AYAGO, A., *Luces y Sombras del Título Ejecutivo Europeo Sobre Créditos No Impugnados* in "Cuestiones Actuales del Derecho Mercantil Internacional", CALVO CARAVACA y AREAL LUDEÑA (Dir.), Madrid, 2005, p. 43.

[454] As instituições europeias continuam a chamar a atenção para o fenómeno: "*A cobrança rápida dos créditos cuja justificação não suscite qualquer contestação reveste uma importância primordial para os operadores económicos na União Europeia e para o próprio funcionamento do mercado interno. Um quadro jurídico que não garanta aos credores uma rápida recuperação dos créditos não contestados pode proporcionar aos devedores de má-fé um certo grau de impunidade e, por conseguinte, constitui um incentivo à omissão intencional do pagamento em benefício próprio. O atraso dos pagamentos representa uma das principais causas de falência que ameaça a sobrevivência das empresas (em especial as pequenas e médias empresas), e que está na origem da perda de numerosos postos de trabalho*". Cfr. Comunicação da Comissão ao Parlamento Europeu respeitante à posição comum do Conselho sobre a adoção de um regulamento do Parlamento Europeu e do Conselho que cria um procedimento europeu de injunção de pagamento (COM(2006) 374 final, 4.7.2006).

[455] Livro Verde relativo a um Procedimento Europeu de Injunção de Pagamento e a Medidas para Simplificar e Acelerar as Ações de Pequeno Montante, p. 17.

5.2. Noção e efeitos

O título executivo europeu aprovado pelo Regulamento 805/2004 baseia-se num procedimento de certificação e constitui o primeiro título transfronteiriço de natureza europeia, equiparado aos títulos executivos nacionais para efeitos de executoriedade. Através dele são certificados títulos executivos nacionais (decisões judiciais, transações judiciais e instrumentos autênticos) que passam a ter força executiva a nível do espaço europeu, no contexto dos créditos não contestados, tendo em vista a sua execução num outro Estado que não aquele em que se deu a formação do título executivo, sem recurso a mais procedimentos intermédios, ou seja, sem necessidade do tradicional procedimento de *exequatur* no Estado de execução. A criação desse instrumento – o título executivo europeu – vem na sequência da aprovação, pelo Conselho Europeu de Tampere, de 15 e 16 de outubro de 1999, do princípio do reconhecimento mútuo de decisões judiciárias ou de outras decisões emanadas de autoridades judiciárias e não é mais do que uma certificação ou garante de que estão cumpridas as condições de supressão do *exequatur* exigidas pelo Regulamento europeu, facilitada pela utilização de formulários-tipo. Ou seja, constitui um certificado, completo e transparente, de decisões e de transações judiciais, bem como de instrumentos públicos/autênticos, com força executiva, através do qual esses documentos podem dar origem a uma execução em qualquer parte do território da União Europeia, onde devem ser tratados como os títulos executivos nacionais sem apelo a outro procedimento ou a qualquer medida intermédia.

A palavra de ordem nesta matéria, conforme já dispunha o ponto VI. 33 e 34 das Conclusões da Presidência do Conselho de Tampere e se reafirmou no Considerando 8 do Regulamento que aprovou o título executivo europeu, era a celeridade e eficácia da execução de títulos num Estado-Membro diferente daquele em que a decisão fosse proferida. Simplificar e acelerar, suprimindo todas as medidas intermédias a tomar antes da execução no Estado-Membro em que fosse requerida, eram metas desejáveis. Pretendia-se que uma decisão certificada como título executivo europeu pelo tribunal de origem fosse tratada, para efeitos de execução, como se tivesse sido proferida no Estado-Membro em que a execução viesse a ser requerida. Com isso ganham os credores, em tempo e em custos. Poupar em procedimentos e simplificá-los resulta, efetivamente, num ganho de tempo e de dinheiro. Já quanto às garantias das partes, é imperioso que sejam devidamente acauteladas, mesmo tratando-se de créditos não impugnados, desde que seja legítimo presumir que a passividade do devedor resultou de uma decisão consciente baseada na apreciação dos fundamentos do pedido ou de um desprezo deliberado pela ação judicial. Mas essa presunção de omissão voluntária do devedor deve resultar de elementos seguros e por isso se criaram garantias processuais mínimas de proteção do devedor.

Como se vê, a certificação como título executivo europeu tem por efeito conferir força executória, no espaço europeu, à decisão judicial, transação judicial ou instrumento autêntico certificados, dispensando procedimentos de *exequatur* nos potenciais Estados de execução. Mas, além disso, tem-se entendido que os seus efeitos abrangem ainda, no caso das decisões judiciais, o reconhecimento em sentido estrito[456], que se encontra implícito no regime jurídico do título executivo europeu, conforme decorre do art. 5º do Regulamento 805/2004, onde se diz que a decisão certificada como título executivo europeu será *reconhecida e executada* nos outros Estados-Membros *sem necessidade de declaração da executoriedade* ou *contestação do seu reconhecimento*, conjugado com o art. 1º, onde igualmente o legislador se reporta ao *reconhecimento* e à *execução*. As referências ao reconhecimento terão sido, inequivocamente, intencionais e com elas o legislador pretendeu, à semelhança do regime que já estava em vigor ao abrigo do Regulamento Bruxelas I, corroborar o reconhecimento automático e, além disso, blindá-lo contra qualquer impugnação[457]. Estará subjacente a ideia de que *a maiori, ad minus*.

---

[456] Neste sentido, CONSALVI, E., *Il Titolo Esecutivo Europeo in Materia di Crediti non Contestati*, "Judicium", www.judicium.it, ponto 4; GASCÓN INCHAUSTI, F., *El Título Ejecutivo Europeo para Créditos no Impugnados*, Navarra, 2005, p. 36-39.

[457] A evolução do teor do atual art. 5º, do Regulamento 805/2004, não deixa margem para dúvidas. A primeira versão do texto da disposição dizia: *A decisão relativa a um crédito não contestado, certificada enquanto Título Executivo Europeu no Estado-Membro de origem, será reconhecida e executada nos outros Estados-Membros sem necessidade de qualquer processo especial no Estado-Membro de execução.* Ouvido o Parlamento Europeu, veio este alertar que *deve ser conferida, expressamente, ao Título Executivo Europeu a mesma dignidade jurídica que a um título executivo nacional. Desse modo, será dado excluir quaisquer incertezas quanto ao tratamento de situações não reguladas expressamente no presente regulamento.* Com esta justificação, propõe alteração da redação da referida norma, nos termos seguintes: *A decisão relativa a um crédito não contestado, certificada enquanto Título Executivo Europeu no Estado-Membro de origem, é equiparada a um título executivo nacional, o qual será reconhecido e executado nos outros Estados-Membros sem necessidade de qualquer processo especial*

Em conclusão, há alguns elementos essenciais que se encontram na base da criação do título executivo europeu e auxiliam na construção da sua imagem, que podemos resumir nos termos seguintes:

a) Eliminação dos tradicionais procedimentos intermédios para o reconhecimento e a exequibilidade de decisões e transações judiciais e de instrumentos autênticos noutros Estados-Membros. Este efeito é alcançado quando estão em causa obrigações pecuniárias líquidas e o devedor tenha permanecido sem impugnar o crédito, desde que, no caso das decisões judicias, a citação ou notificação tenha sido efetuada nos termos do disposto no Regulamento e o ordenamento de origem proporcione ao devedor mecanismos de recurso extraordinário nas situações especialmente previstas;
b) Inversão do regime da eficácia extraterritorial das decisões judiciais estrangeiras: do princípio segundo o qual as decisões estrangeiras só produzem os seus efeitos executivos quando certificadas pela jurisdição do tribunal de execução, passamos para a regra segundo a qual tais efeitos ficam confiados ao tribunal de origem;
c) Flexibilização e dinamização do reconhecimento e exequibilidade de decisões e transações judiciais e de instrumentos autênticos noutros Estados-Membros relativas a créditos não impugnados, sobretudo por referência ao Regulamento Bruxelas I, mais contido;
d) Autonomização face ao procedimento de injunção europeu, na medida em que apenas se baseou na estipulação de critérios mínimos, sem criar, em si próprio, um mecanismo uniforme;

no Estado-Membro de execução. Quando o Conselho apresenta nova proposta, aceita a alteração quanto ao princípio, mas com uma redação diferente, que veio a ser a que temos hoje. A esse propósito se disse: *O Parlamento propõe uma nova redação para a descrição dos efeitos jurídicos da certificação de uma decisão enquanto título executivo europeu, a supressão do exequatur, mediante a sua equiparação a um «título executivo nacional». A Comissão subscreve o objetivo de clarificar o significado jurídico da certidão de título executivo europeu da forma mais clara e inequívoca possível. No entanto, a Comissão considera que só poderá atingir melhor este objetivo se forem referidas de forma mais direta as consequências práticas da certificação. Para este efeito, a redação deve ser harmonizada com o texto que foi aprovado pelo Conselho acerca da supressão do exequatur para algumas decisões sobre a responsabilidade parental. Assim, há que indicar que uma decisão certificada como título executivo europeu «é reconhecida e executada nos outros Estados-Membros sem necessidade de qualquer declaração de força executiva e sem que seja possível contestar o seu reconhecimento».* Cfr. Doc. A5-0108/2003, de 26 de março de 2003 e Doc. 10630/03, JUSTCIV 91, de 18 de junho de 2003.

e) Permitir, assim, uma válvula de escape para as situações em que se tenha optado por desencadear um procedimento ou processo no Estado de Origem e que, por isso, carece de certificação;
f) Íntima relação com o Regulamento Bruxelas I, cujos parâmetros foram seguidos de perto;
g) Caráter facultativo (não vinculativo), sendo um mecanismo que acresce aos já existentes na obtenção dos mesmos efeitos, como é o caso do Regulamento 44/2001, como resulta expressamente do art. 27º, do Regulamento 805/2004.

Verificados os requisitos exigidos e proferida a certificação, forma-se o título executivo europeu, considerado um título executivo complexo, composto pelo título executivo nacional certificado e a decisão de certificação emitida pela autoridade competente, também do Estado de origem, através da qual aquele título executivo nacional passa a «certificado como título executivo europeu». Mas é a conjugação dos dois elementos que compõe o título executivo europeu[458], o qual goza da prerrogativa de ser executado em qualquer Estado-Membro, com exclusão do tradicional processo de *exequatur*.

E desta maneira acresce mais um título executivo no elenco dos títulos executivos de cada um dos sistemas jurídicos nacionais e cuja fonte, do ponto de vista formal, é uma decisão (certificativa) de outro Estado-Membro, mas que do ponto de vista material nasce do Direito da União Europeia.

5.3. Título executivo europeu: um equívoco terminológico?

O título executivo europeu é uma etapa do processo através do qual se foi simplificando, progressivamente, os trâmites exigidos à obtenção do *exequatur* e que já se desenvolve, como tivemos oportunidade de salientar, desde a transição da Convenção de Bruxelas para o Regulamento Bruxelas I. Mas essa é a noção de "título executivo europeu" em sentido restrito, isto é, a que visa a supressão do *exequatur*[459]. Porém, existe ainda um outro sentido

---

[458] Cfr. GASCÓN INCHAUSTI, F., *El Título Ejecutivo Europeo para Créditos no Impugnados*, op. cit., p. 28.
[459] A expressão «supressão do *exequatur*» é recorrente, mas esta é sobretudo uma meta, para a qual concorrem várias etapas.

que se lhe atribui – esse mais amplo – que se identifica com a criação de um procedimento uniforme de obtenção de uma decisão que será executória sem *exequatur* em todos os Estados Membros[460].

Já vimos que em matéria de créditos não contestados a Comissão caminhou no sentido de atingir esses dois objetivos, embora não o tenha feito através de um único instrumento legislativo. Com o Regulamento 805/2004 alcançou o primeiro objetivo, isto é, a supressão do *exequatur* como condição prévia da execução, noutro Estado Membro, de decisões ou transações judiciais e de atos autênticos, desde que reconhecida a manifesta falta de contestação do devedor relativamente à natureza ou ao montante da dívida, bem como o cumprimento das normas mínimas processuais exigidas no diploma comunitário. Quanto ao segundo objetivo, mais lato, teve a sua génese no livro verde sobre a criação de um procedimento de injunção uniforme ou harmonizado[461] e culminou com a aprovação do Regulamento (CE) nº 1896/2006[462] que cria um procedimento europeu de injunção de pagamento, aplicável a partir de 12 de dezembro de 2008, à exceção de alguns artigos que entraram em vigor a partir de 12 de junho de 2008[463].

O que se pretende aqui questionar é a dúbia utilização do termo «título executivo europeu»[464] no Regulamento 805/2004, que talvez se deva à metamorfose a que se votou o conceito. Utilizado desde o Projeto Storme, foi objeto de uma evolução conturbada e nem sempre linear, onde se podem identificar, pelo menos numa fase mais remota, três momentos[465]: um pri-

---

[460] Parecer do Comité Económico e Social sobre a Proposta de Regulamento que criou o título executivo europeu, ponto 1.3.1., p. 2.

[461] Livro Verde relativo ao um Procedimento Europeu de Injunção de Pagamento e a Medidas para Simplificar e Acelerar as Ações de Pequeno Montante, Bruxelas, 20.12.2002, COM (2002) 746 final.

[462] JO L 399 de 30.12.2006.

[463] A par deste procedimento foi ainda criado o processo europeu para ações de pequeno montante, pelo Regulamento 861/2007, através do qual também se pode obter um título executivo que circula e é diretamente executável no espaço europeu.

[464] Sobre o conceito de título executivo europeu e a sua evolução ao longo do tempo, ver CORREA DELCASSO, J. P., *Análisis de la Propuesta de Reglamento Sobre el Título Ejecutivo Europeo. Incidencia de la Normativa Comunitaria en la LEC*, op. cit., pp. 1774-1776; ver, também, MORA CAPITÁN, B., *Los Títulos Extrajudiciales en la Unión Europea (Convenio de Bruselas de 1968 y Reglamento CE nº 44/2001, Bruselas I)*, "Justicia", 2002, pp. 5 e ss.

[465] Seguimos o texto de MORA CAPITÁN, B., *Los Títulos Extrajudiciales en la Unión Europea (Convenio de Bruselas de 1968 y Reglamento CE nº 44/2001, Bruselas I)*, op. cit., em especial

meiro, em que através do título executivo europeu se fazia alusão a títulos extrajudicias emanados das instituições comunitárias, logo, com origem supranacional, que diziam respeito a decisões do Conselho, da Comissão ou do Tribunal de Justiça que exigissem o cumprimento de obrigações pecuniárias a sujeitos distintos dos Estados-Membros[466]; um segundo, em que se identificava o título executivo europeu com o núcleo de condições e pressupostos comuns a todos os títulos reconhecíveis como títulos executivos em cada um dos ordenamentos; e, finalmente, houve lugar a uma fase em que o título executivo europeu, numa linha que depois teve continuidade, seria produto de uma normativa comunitária, de aplicação direta em todos os Estados-Membros.

Mais recentemente, o termo «título executivo europeu» esteve sobretudo associado à ideia de um procedimento europeu uniforme que culminaria com uma decisão com força executiva (título executivo[467]) em todo o espaço europeu, obtida num processo de origem comunitária (europeu). Neste sentido, a Comissão chegou a afirmar que a *necessidade de um procedimento uniforme de obtenção do título, como condição prévia da supressão total do procedimento de exequatur, foi uma das componentes dos debates realizados a nível dos diversos grupos de trabalho, o que explica a designação de «Título Executório Europeu»*[468]. Nessa mesma altura, porém, concluiu-se que a instauração de um processo uniforme no Estado de origem e a supressão do procedimento de *exequatur* eram duas questões distintas, não sendo a resposta a uma delas condição prévia à solução da outra[469]. No entanto, a

---

pp. 45-48, onde é apresentada, por sua vez, a posição de DE STEFANO, em *Il Titolo Esecutivo Europeo*, "Rivista dell'Esecuzione Forzata", 2000, nº 3, pp. 422-431.

[466] Ver, sobre estes, as considerações de CAPPONI, B., *Una Prospettiva di Armonizzazione: il Titolo Esecutivo Europeo*, op. cit., pp. 1390-1394.

[467] Por definição, título executivo é um documento a que a lei confere força bastante para se alcançar a via executiva; é um documento que exterioriza ou demonstra a existência de um ato constitutivo de uma ou mais obrigações, ao qual a lei confere força executiva.

[468] Comunicação da Comissão, de 1998, sobre a Eficácia das Execuções.

[469] A propósito destas duas questões, CORREA DELCASSO afirmou que, inicialmente, o debate sobre o título executivo europeu estava dividido entre aqueles que defendiam a instauração de um processo uniforme, idêntico ao monitório, para todos os países membros da União Europeia, e os que entendiam dever definir-se os requisitos mínimos processuais a implementar em todos os processos de natureza monitória existente em cada um dos Estados-Membros, que se manteriam com a respetiva autonomia; por último, mas de forma muito menos expressiva, havia quem fosse de opinião de que era inútil a disciplina do título executivo europeu, na medida

dado momento passou a utilizar-se indiferentemente o termo «título executivo europeu» quer para a supressão do *exequatur*, quer para o referido procedimento uniforme, criando equívocos terminológicos. Porque, na verdade, à luz do Regulamento 805/2004 tudo se modifica[470] e passamos a estar na presença de um «certificado de título executivo europeu» que tem por objeto uma decisão interna pré-existente, ela sim título executivo no Estado de origem, e não na presença de um «título» com origem num procedimento comunitária[471]. Esse certificado tem por efeito a extensão dos efeitos da decisão aos demais Estados-Membros, através de um único procedimento de certificação, tal qual acontece com os procedimentos de *exequatur* que, por regra, são exigidos no Estado de execução, normalmente tantos quantos aqueles em que se pretenda a execução e sejam necessários para a efetiva reparação do direito.

BAKER descreve, com pertinência, que é a certificação que permite estender os efeitos executórios das decisões ao território comunitário, o que implica que a certificação rege os efeitos da decisão de maneira retroativa, estendendo os efeitos pré-existentes da decisão. Pelo que, a força executiva do título executivo europeu não decorre de um processo específico de natureza constitutiva. Assim, só um processo de assimilação resultante do título, entre a decisão certificada e uma decisão nacional do Estado requerido, permite – sem haver violação da soberania do Estado requerido – chegar ao resultado desejado pelas autoridades comunitárias, isto é, a supressão do *exequatur*[472].

---

em que o problema que se colocava não era tanto o da necessidade de um procedimento, mas antes o de agilizar o *exequatur*, dada a inoperância dos mecanismos de reconhecimento e *exequatur* existentes. Cfr. CORREA DELCASSO, J. P., *Análisis de la Propuesta de Reglamento Sobre el Título Ejecutivo Europeo. Incidencia de la Normativa Comunitaria en la LEC, op. cit.*, p. 1775.

[470] Como adianta CORREA DELCASSO, J. P., "Y lo más novedoso de la mencionada propuesta [do Regulamento 805/2004] que pasaremos a analizar seguidamente es que, como muy bien subraya su exposición de motivos, cambia radicalmente el concepto que hasta la fecha se había tenido del Título Ejecutivo Europeo: el Título Ejecutivo Europeo ya no es un proceso monitorio europeo sin *exequatur* (armonizado en la legislación procesal de todos los países o uniforme a nivel europeo), sino un cuerpo normativo que fija unos mínimos para que cualquier decisión que los reúna pueda convertirse a Título Ejecutivo Europeo y circular así libremente sin ningún tipo de exequátur, se haya dictado en un proceso monitorio o en cualquier otro proceso ordinário ...". Idem, *ibidem*, p. 1776.

[471] Neste sentido, BAKER, C., *Le Titre Exécutoire Européen. Une Avancée pour la Libre Circulation des Décisions?, op. cit.*, p. 986.

[472] BAKER, C., *ibidem*, pp. 986-987.

Finalmente, o equívoco mantém-se na medida em que se faz referência a um «título europeu», quando, efetivamente, a decisão que profere a certificação é interna, assim como, é também interna a decisão certificada. Na verdade, o caráter «europeu» nem provém do facto de se tratar de uma decisão de uma instância europeia, nem da circunstância de emanar de um procedimento originariamente europeu. O título não poderá ser considerado «título europeu», pelo menos no sentido que a própria designação sugere, de se tratar de um título cuja «fonte» é europeia, pois o mais correto é encararmos o título executivo europeu, conforme veio a ser tratado no Regulamento 805/2004, como um título nacional com efeitos transfronteiriços[473]. O seu caráter «europeu» está sobretudo associado aos limites ou ao «espaço» onde produz os seus efeitos executórios e não à sua origem ou à origem do procedimento que o criou.

Face ao exposto, compreendemos que o legislador comunitário, no cumprimento do projeto de aplicação do princípio do reconhecimento mútuo e envolvido no espírito de criação do primeiro instrumento, ainda que experimental, de suprimento do *exequatur*, o pretendesse brindar com uma designação expressiva e adequada aos objetivos propostos, mas, por outro lado, parece-nos que ter-se-á excedido, não fazendo corresponder, exatamente, a forma com o conteúdo.

6. Exequatur: Mudança de Paradigma?

O *exequatur*, que já vimos ser um procedimento tendente à atribuição de efeitos executivos a uma decisão estrangeira – por efeito de uma prévia «homologação» – representa um grande avanço na superação dos obstáculos impostos pela soberania estatal e uma conquista do Direito Internacional Privado. De toda a maneira, atentas as exigências da globalização, a circunstância de os agentes económicos permanecerem (ainda que justificadamente) condicionados pelo *exequatur* determina ingressarem num sistema onde imperam os interesses estatais e que é caracterizado pela *síndrome do triplo processo*, como o designa CARRASCOSA GONZÁLEZ[474], ou seja, um sistema onde, para a execução de uma decisão estrangeira, é necessário superar três processos: o processo no Estado de origem, onde se obtem a decisão condenatória, o processo de *exequatur* no Estado

---

[473] Idem, *ibidem*, p. 987.
[474] CARRASCOSA GONZÁLEZ, J., *Globalización y Derecho Internacional Privado*, op. cit., p. 135.

recetor e o processo de execução, propriamente dito, também neste Estado.

Olhando para os possíveis sistemas de *exequatur*, em tese encontramos os regimes de controlo muito fechado e de acérrima desconfiança face à Justiça «alheia» – o *exequatur* de revisão – caracterizados por um prévio controlo quer da matéria de facto, quer do Direito aplicável, e onde apenas se concedem os efeitos executivos à decisão na medida em que se conclua que o resultado alcançado pelo juiz estrangeiro é idêntico àquele que se chegaria no Estado requerido, se a causa houvesse de nele ser julgada. A par destes, há regimes mais flexíveis e recetivos à Justiça estrangeira – *exequatur* mediante controlo de requisitos processuais – onde o Estado requerido se limita a proceder a um controlo formal, de natureza processual, apreciando apenas aspetos como competência do juiz de origem, garantias do cumprimento do contraditório, salvaguarda da ordem pública. Consubstancia um regime mais eficiente mas que não afasta o percurso tríptico, nem prescinde totalmente de controlo, como se compreende.

Por outro lado, entre países onde vigore o princípio de confiança mútua – como acontece na União Europeia por efeito do princípio do reconhecimento mútuo – é ainda possível vislumbrar um regime mais aberto, onde de certa forma o poder do juiz de origem extravase os limites naturais, com efeitos que vão além dos limites territoriais[475]. Há também, assim, lugar para um regime de *exequatur* automático (*exequatur de plano*) que assenta numa atribuição imediata da força executória à decisão estrangeira, por efeito de um processo meramente documental e sem que a parte contrária possa contraditar (fase *inaudita parte debitoris*). Na terminologia de CARRASCOSA GONZÁLEZ, estaremos perante um *anti-exequatur* na medida em que do regime originário conserva apenas a designação, afastando-se completamente daquilo que foi a necessidade de um verdadeiro processo de concessão de força executória a decisões estrangeiras[476].

---

[475] CARRASCOSA GONZÁLEZ apresenta alguns exemplos vigentes de *exequatur* automático fora do campo de ação da cooperação judiciária, como sucede com as sentenças do Tribunal de Justiça; com as decisões que fixam o montante das custas, no âmbito do Regulamento (CE) nº 40/94 do Conselho, de 29 de dezembro de 1993, sobre a marca comunitária (art. 82º, nº 1, determina que *qualquer decisão definitiva do instituto que fixe o montante das custas constitui título executivo*). Idem, *ibidem*, pp. 138 e 139.

[476] Idem, *ibidem*, pp. 136 e 137.

Daquilo que já se disse, anteriormente, sobre o reconhecimento e a execução de decisões estrangeiras no espaço europeu, constata-se uma aproximação ao regime de *exequatur* automático, pelo menos ao nível da primeira fase do procedimento previsto no Regulamento Bruxelas I, oportunamente descrito. Ainda assim, não consideramos que essa circunstância seja suficiente para afirmar a real assumpção desse regime.

Vejamos. A verdade é que, ainda que se registe uma maior simplificação dos procedimentos exigidos para o reconhecimento e exequibilidade extraterritorial das decisões, transações e documentos estrangeiros, levada a cabo pelo Regulamento 44/2001, sempre têm que se cumprir alguns procedimentos prévios no Estado de destino, sem os quais os títulos não valem, aí, como documentos com força executiva porque, como sabemos, os títulos executivos constituídos num Estado não são diretamente exequíveis noutro Estado, carecendo de algum controlo prévio à sua execução no estrangeiro (arts. 57º e 58º do Regulamento Bruxelas I), ainda que não seja possível uma revisão de mérito das decisões judiciais (art. 45º do Regulamento Bruxelas I). Numa primeira fase, de facto, resume-se o processo a uma mera formalidade, mas é inegável que «há lugar a um processo» e é preciso superá-lo. Também é verdade, não há dúvida, que nessa fase não há um processo contraditório sobre o *exequatur* e isso vai dotar o regime de um maior grau de eficiência, sobretudo se terminar nessa etapa, porque a parte contrária se conformou. Mas, voltamos a dizê-lo, «há um processo» e isso sempre onera a parte que tem o ónus de o impulsionar e que, ainda por cima, é a parte vencedora.

Falta agora saber de que modo se evoluiu, no que respeita aos regimes de *exequatur*, por efeito da criação de um título executivo europeu para créditos não contestados. É facto que houve uma clara transformação e mesmo inversão do sistema de concessão de *exequatur*, com sinais evidentes de mudança de paradigma nesta matéria. Porém, daí a haver, realmente, abolição do *exequatur* já mantemos algumas dúvidas, pois, podemos estar perante uma falácia.

Ora, o traço inovador do título executivo europeu consistiu, alegadamente, na supressão desses procedimentos simplificados de reconhecimento e concessão de *exequatur*. Ele surge exatamente como reação ao contexto negativo associado ao tradicional procedimento de *exequatur*, abrindo um espaço onde certas decisões e documentos pudessem, de forma direta, desencadear uma ação executiva num qualquer Estado-Membro, sem ser exigível a abertura do referido processo de *exequatur*. Porém, analisado o regime jurídico do título executivo europeu, somos levados a afirmar que, rigorosamente, os procedimentos não foram banidos, apenas «mudaram de mãos». Passa a ser o tribunal de origem a proceder a uma certificação, aferindo da conformidade do sistema interno – concretamente do procedimento que culminou com a decisão certificanda – face às condições e requisitos presentes no Regulamento 805/2004. Como diz JIMENO BULNES, *"de lo que se trata es del traslado que aquí tiene lugar del control sobre la ejecutividad del título al Estado miembro de origen en lugar de aquél donde se desarrollará la concreta ejecución"*[477]. Noutro sentido, como afirma GASCÓN INCHAUSTI[478], não existe um genuíno automatismo da homologação, na medida em que não deixa de ser necessário obter uma certificação, ou seja, uma decisão judicial ou administrativa que expressamente atribua a uma decisão ou transação judicial, ou a um documento autêntico, a condição de título executivo europeu. RODRÍGUEZ VÁZQUEZ, por sua vez, realça que existe uma mudança no *modus operandi*[479]. Também CONSALVI enaltece o papel do novo procedimento de certificação de título executivo europeu, na medida em que ultrapassa o dogma instalado no seio do Direito Internacional Privado, segundo o qual a concessão de força executória a um título executivo estrangeiro é monopólio do Estado requerido[480]. Por fim, como dizem CAMPEIS e DE PAULI, a novidade absoluta do atual sistema identifica-se com a deslocação do controlo a montante, não mais confiado ao juiz *ad quem* (sistema de reconhecimento), mas ao

---

[477] JIMENO BULNES, M., *La Cooperación Judicial Civil en la Unión Europea: Instrumentos Procesales y Últimos Avances*, U. E. Aranzadi, 2005, p. 15.
[478] GASCÓN INCHAUSTI, F., *El Título Ejecutivo Europeo para Créditos no Impugnados, op. cit.*, p. 29.
[479] RODRÍGUEZ VÁZQUEZ, M. A., *A Propósito del Título Ejecutivo Europeo*, "Anuário de Derecho Europeo", 2002, p. 560; idem, *El Título Ejecutivo Europeo, op. cit.*, p. 24.
[480] CONSALVI, E., *La Proposta di Regolamento (CE) che Istituisce il Titolo Esecutivo Europeo in Materia di Crediti non Contestati, op. cit.*. Aí se diz: *Alla luce di tutto ciò, si apprezza la notevole importanza della proposta di regolamento che segna il definitivo superamento della necessità di instaurare la procedura di delibazione nello Stato richiesto e la sua sostituzione con l'esecuzione di una procedura di certificazione nello Stato d'origine destinata a sfociare nell'emissione di un certificato di titolo esecutivo europeo insuscettibile di impugnazione*; e, na nota de rodapé 18: *Viene pertanto per la prima volta a cadere il "dogma", cui sono improntati tutti gli strumenti normativi di diritto internazionale privato (sia di natura convenzionale che nazionale e comunitaria) in materia di riconoscimento ed esecuzione di decisioni straniere, secondo cui l'efficacia esecutiva di un titolo straniero può essere conferita soltanto dallo Stato richiesto.*

juiz *a quo* (sistema de certificação), pois, assumida a confiança a montante, exonera-se o controlo a jusante[481].

Assim, não desaparece o procedimento intermédio, ainda que o seu regime se afaste do sistema tradicional do *exequatur* porque apenas afere da conformidade dos requisitos de certificação que dizem respeito, essencialmente, à regularidade formal do título e não violação dos mínimos processuais, com efeitos gerais de executoriedade em todo o espaço europeu de justiça. Por outro lado, esta circunstância arrasta-nos, necessariamente, para uma forma diferente de encararmos a noção de homologação, por tradição levada a efeito de forma individualizada pelo Estado requerido, que sempre tem que associar-se à circunstância de um Estado soberano aceitar os efeitos, no seu território, de uma decisão proferida noutro Estado. Pois, em face do novo modelo, o sistema tradicional não tem cabimento, mas não deixa de ser imperioso encontrar o fundamento da cedência de soberania com que o Estado de execução é confrontado. E nessa medida, seguindo GASCÓN INCHAUSTI[482], parece correto aceitar uma cedência implícita no próprio processo de integração europeia, assente nos pilares da União Europeia e decorrente quer da aprovação do Regulamento que criou o título executivo europeu, quer da aprovação dos Tratados.

Assim, da regra segundo a qual «quem executa certifica», passamos para um sistema onde «quem julga certifica». Mas não será rigoroso afirmar que se suprimiu todo e qualquer procedimento, pois mantém-se um procedimento – agora de certificação – que foi transferido do Estado de execução para o Estado de origem. O que se pode assegurar, e não é despiciendo, é que, uma vez obtida a certificação de uma decisão como título executivo europeu, se presume que o Estado de origem procedeu em conformidade, que o seu sistema de justiça é de confiança e que foram cumpridas as regras de certificação estabelecidas, as quais, por sua vez, garantem e constituem o capital mínimo da «saúde» judiciária e das garantias das partes, *maxime* do réu. Esta presunção produzirá uma autêntica «inversão do ónus da prova dessas garantias». Este sistema baseia-se num princípio de preclusão, ou seja, ao devedor passivo que, estando em condições de o

---

[481] CAMPEIS, G.; DE PAULI, A., *Prime Riflessioni sul Titolo Esecutivo Europeo (Regolamento (CE) N. 805/2004 del 21 Aprile 2004, che Istituisce il Titolo Esecutivo Europeo per i Crediti non Contestati)*, "Judicium", em www.judicium.it.

[482] GASCÓN INCHAUSTI, F., *El Título Ejecutivo Europeo para Créditos no Impugnados*, op. cit., p. 30.

fazer, não impugnou o crédito no Estado de origem, já não é dada segunda oportunidade no Estado requerido, a qual, aliás, não mostrou merecer[483].

Tudo isto em nome de uma execução pan-europeia ou pan-comunitária[484].

Existe, neste contexto, mais do que um sistema de reconhecimento mútuo, um regime de «equivalência das decisões», conforme já se aludiu a propósito da vertente processual do princípio do reconhecimento mútuo.

A pergunta que agora se impõe é a de saber se esta, aparentemente simples, circunstância de entregarmos a certificação do título ao tribunal de origem terá associada alguma vantagem efetiva ou se deixa tudo como estava, na medida em que continua a ser necessário diligenciar o processo de certificação, mas «em casa»[485].

Em primeiro lugar, convém relembrar que estamos perante casos de créditos não contestados onde faz toda a diferença aferir, corretamente, das condições em que foi efetuada a citação ou notificação do devedor. Para tal, o Estado de origem está em melhores condições de o fazer, desde logo pela proximidade que teve com o caso, bem assim como pela circunstância de conhecer profundamente o ordenamento jurídico onde os factos ocorreram. Por outro lado, ficarão dispensados os custos acrescidos que adviriam do recurso à certificação num Estado diferente daquele onde foi proferida a decisão e que, à partida, muito embora isso dependa das regras relativas à competência do tribunal, será um meio mais conhecido do requerente, pois, pelo menos, nele já se desenrolou a fase declarativa. Além do mais, torna-se bastante e suficiente um único procedimento e uma única certificação para obter o *exequatur* em todo o espaço europeu, o que só por si importa um grau de evolução considerável nesta matéria.

Porém, não há sistemas perfeitos ou, numa linguagem mais economicista, «não há almoços grátis». Se, por um lado, a existência de um controlo posterior – como sucede no regime de reconhecimento tradicional – conduz a atrasos no que respeita à segurança, certeza e estabilidade jurídicas,

---

[483] Virgós Soriano, M.; Garcimartín Alférez, F. J., *Derecho Procesal Civil Internacional. Litigación Internacional*, 2ª ed., Navarra, 2007, p. 734.

[484] Como lhe chamam Campeis, G.; De Pauli, A., *Prime Riflessioni sul Titolo Esecutivo Europeo (Regolamento (CE) N. 805/2004 del 21 Aprile 2004, che Istituisce il Titolo Esecutivo Europeo per i Crediti non Contestati), op. cit.*

[485] Em sentido positivo, cfr. Gascón Inchausti, F., *El Título Ejecutivo Europeo para Créditos no Impugnados, op. cit.*, pp., 27-32.

porque retardará o caso julgado, por outro lado, a eliminação de qualquer controlo pode privar (com perigosidade) a parte perdedora desse último filtro – por vezes salvador – à regularidade da decisão, já em sede estrangeira, ou seja, no Estado de execução. O desaparecimento de todo e qualquer controlo poderá debilitar o sistema nas suas garantias, já que elimina a válvula de segurança que nos salvaguarda (potencialmente) de alguns (possíveis) erros judiciais. É esta, pelo menos, a opinião dos mais céticos em relação aos efeitos positivos de uma total supressão dos procedimentos de *exequatur*[486], os quais apenas assumem na medida em que seja verosímil que o conteúdo das decisões pode ser assumido sem violação dos princípios fundamentais do Estado requerido, ou seja, com a garantia do respeito pela ordem pública. E a verdade é que esse indicador está longe de ser pacífico, como teremos oportunidade de analisar[487].

Com o reconhecimento automático pleno ganha-se em celeridade – sobretudo na construção do espaço europeu de liberdade, segurança e justiça – em eficácia e, eventualmente, em custos, mas também podem beliscar-se algumas garantias, que estariam mais e melhor salvaguardadas com uma dupla tutela e corresponsabilidade na defesa dos direitos fundamentais. Por isso, esperamos não ver desprezados esses direitos e princípios, ainda que a União Europeia continue no caminho, irreversível, da supressão do *exequatur* que, não há dúvida, é um elemento federalizador, muitas vezes combatido, tão só, por motivos políticos[488].

Todavia, a vida faz-se de escolhas e de opções políticas que, deseja-se, possam servir o equilíbrio entre diferentes valores em confronto e, nessa medida, estamos convictos de que a União Europeia não descurará os direitos fundamentais de natureza processual.

---

[486] GUZMÁN ZAPATER, M., *Un Elemento Federalizador para Europa: El Reconocimiento Mutuo en el Ámbito del Reconocimiento de Decisiones Judiciales, op. cit.*, pp. 433-437.
[487] Cfr., infra, ponto 2.3.3., do Capítulo III.
[488] GUINCHARD, E., *Procès Équitable (Article 6 CESDH) et Droit International Privé*, in "International Civil Litigation in Europe and Relations with Third States", *op. cit.*, pp. 199 e ss. Este autor defende, aliás, que a verdadeira e correta aplicação do art. 6º da CEDH pressupõe o *exequatur* automático na União Europeia.

7. O título executivo europeu no contexto da legislação europeia

O Regulamento 805/2004 que criou o título executivo europeu faz parte do conjunto de diplomas europeus que marcaram a comunitarização da matéria inerente à cooperação judiciária civil.

Nesse conjunto de diplomas e considerando apenas aqueles que dizem respeito a direitos patrimoniais, destacamos: o Regulamento 1346/2000, de 29 de maio de 2000[489], relativo aos processos de insolvência, o Regulamento 44/2001, relativo ao reconhecimento e execução das decisões em matéria civil e comercial na União Europeia, o Regulamento 1393/2007, relativo à citação e à notificação dos atos judiciais e extrajudiciais em matérias civil e comercial nos Estados-Membros, o Regulamento 1896/2006, que aprovou o procedimento europeu de injunção de pagamento, o Regulamento 861/2007, que aprovou o processo europeu para ações de pequeno montante e o Regulamento 4/2009, relativo à competência, à lei aplicável, ao reconhecimento e à execução das decisões e à cooperação em matéria de obrigações alimentares.

Em face de toda esta legislação comunitária que faz parte do Direito Processual Civil Europeu, impõe-se uma referência à relação entre o conteúdo desses diplomas e o título executivo europeu.

Por um lado, à exceção do Regulamento 1393/2007, que se refere à prática de atos processuais («citação e notificação de atos») nos Estados-Membros, em todos os demais casos estamos perante diplomas que contribuem, tal como o título executivo europeu, para a circulação de decisões no espaço europeu de justiça. Por outro lado, com exclusão do Regulamento 1346/2000, que tem um âmbito de aplicação muito específico[490] e

---

[489] JO L 160/1, 30.6.2000.

[490] Este diploma é aplicável aos processos coletivos em matéria de insolvência do devedor que determinem a inibição parcial ou total desse devedor da administração ou disposição de bens e a designação de um síndico.
Por princípio previsto no art. 16º desse Regulamento, qualquer decisão que determine a abertura de um processo de insolvência, proferida por um órgão jurisdicional de um Estado-Membro competente, é reconhecida em todos os outros Estados-Membros logo que produza efeitos no Estado de abertura do processo. No que diz respeito ao reconhecimento e caráter executório das decisões relativas à tramitação e ao encerramento de um processo de insolvência proferidas por um órgão jurisdicional cuja decisão de abertura do processo seja reconhecida, regem os artigos 25º e 26º, onde se remete para o regime tradicional do *exequatur*, com referência reforçada às limitações resultantes da cláusula de ordem pública.

não colide com o regime do título executivo europeu, os restantes diplomas podem ser tomados ou como instrumentais do Regulamento 805/2004 ou como seus potenciais concorrentes, ressalvando-se ainda o caso do Regulamento 4/2009 que assumiu expressamente tomar o lugar do Regulamento 805/2004 em matéria de obrigações de alimentos nos termos que se exporão infra[491].

O Regulamento 1393/2007 e o Regulamento Bruxelas I são os diplomas que por disposição expressa se relacionam com o Regulamento 805/2004, como resulta do disposto nos arts. 27º e 28º, deste Regulamento[492]. O primeiro tem uma função instrumental, na medida em que se afigure necessário que um ato seja enviado de um Estado-Membro para outro, para aí ser citado ou notificado o requerido, bem como em relação às disposições aplicáveis à citação ou notificação que constam do próprio Regulamento 805/2004. Nesse caso, aplicar-se-ão as correspondentes regras comunitárias previstas quanto à citação e à notificação dos atos judiciais e extrajudiciais em matérias civil e comercial nos Estados-Membros («citação e notificação de atos»), designadamente o art. 14º, de onde resulta a possibilidade de os Estados-Membros poderem proceder, diretamente pelos serviços postais, à citação ou notificação de atos judiciais a pessoas que residam noutro Estado-Membro, por carta registada com aviso de receção ou equivalente[493].

O Regulamento 44/2001, por sua vez, mantém-se como instrumento alternativo ao Regulamento 805/2004 e, por isso, em nada ficou afetada a possibilidade de, no mesmo âmbito, ser requerido o reconhecimento e a execução de decisões judiciais, transações homologadas ou instrumentos autênticos, através do regime tradicional de exequatur ou através da sua certificação enquanto título executivo europeu. Assim dispõe o art. 27º, do Regulamento 805/2004, determinando que o pedido de certificação

---

[491] Ver, infra, Capítulo II, ponto 3.4.3.1.

[492] No caso do Regulamento relativo à citação e à notificação dos atos judiciais e extrajudiciais em matérias civil e comercial nos Estados-Membros, o texto legal ainda menciona o Regulamento 1348/2000, mas nos termos do art. 25º, nº 2, do Regulamento 1393/2007, as remissões feitas para o Regulamento 1348/2000 devem ser consideradas como sendo feitas para aquele Regulamento e devem ser lidas nos termos da tabela de correspondência constante do seu anexo III.

[493] Sobre a matéria da citação e notificação transfronteiriça de atos judiciais e extrajudiciais, ver ponto 4. 2., Capítulo III, Parte I.

como título executivo europeu para créditos não contestados é uma mera faculdade ao alcance do credor, que continua a poder optar pelo sistema de reconhecimento e de execução previsto pelo Regulamento 44/2001.

E, em certas circunstâncias, esse credor pode proceder à cobrança de dívidas tranfronteiriças através de outros instrumentos comunitários, como por exemplo a injunção europeia e o processo europeu para ações de pequeno montante, que de certo modo entram em concorrência com o título executivo europeu e que se pode dizer serem suas figuras afins.

Comecemos, então, por analisar a relação do título executivo europeu com essas figuras afins, pela proximidade que se lhes assiste, passando depois a concretizar, em mais pormenor, a relação entre o Regulamento Bruxelas I e o Regulamento 805/2004, com vista a perceber a atual articulação entre esses dois diplomas e, ainda, as repercussões que podem resultar da revisão daquele Regulamento face ao regime do título executivo europeu.

7.1. Título executivo europeu e figuras afins

O Regulamento 805/2004 faz parte, juntamente com o Regulamento 1896/2006, que aprovou o procedimento europeu de injunção de pagamento (também designada injunção de pagamento europeia) e com o Regulamento 861/2007, que aprovou o processo europeu para ações de pequeno montante, dos chamados procedimentos de segunda geração, ou seja, aqueles instrumentos através dos quais o legislador comunitário encetou a supressão do *exequatur*, adotando mecanismos de aplicação direta que proporcionam a obtenção, por vias diversas, de um título executivo cujos efeitos executórios se estendem para além das fronteiras do Estado-Membro em que foi formado, podendo circular livremente no espaço europeu de justiça[494]. Através desses mecanismos privilegia-se, claramente, o direito

---

[494] Apesar de se tratar de procedimentos de aplicação direta nos ordenamentos internos, isso não exime os legisladores dos Estados-Membros de colaborarem na boa articulação entre os Regulamentos comunitários e as disposições nacionais, designadamente para colmatar lacunas existentes. Com esse intuito, o legislador espanhol aprovou a Ley 4/2011, de 25 de março (BOE Núm. 72), introduzindo as disposições vigésima terceira e vigésima quarta na LEC para facilitar a aplicação, em Espanha, do procedimento europeu de injunção e do processo europeu para ações de pequeno montante. Foram tratadas questões como a competência judicial, a espécie de decisão a adotar pelo juiz ou pelo secretário judicial e a sua relação com os formulários anexos aos Regulamentos, os recursos admitidos de acordo com a legislação

de acesso à justiça, sendo que alguns desses procedimentos podem mesmo ser usados pelas partes sem necessidade de constituição de mandatário, o que é um sinal evidente da flexibilização e agilização que o legislador pretende imprimir aos procedimentos de cobrança transfronteiriça.

O confronto entre os vários instrumentos permitir-nos-á estabelecer os limites de cada um deles de forma a definir o seu exato âmbito de aplicação, pois sem isso será muito difícil tornar os instrumentos aplicáveis de modo eficaz e rentabilizar o grau de eficácia de cada um ao caso concreto.

O objetivo não é fazer uma análise comparativa exaustiva do regime de cada uma das figuras afins, mas tão-somente encontrar pontos essenciais de convergência e de divergência quanto aos objetivos propostos e aferir da compatibilidade entre os vários processos de origem comunitária, sem esquecer a forma como as partes haverão de optar pelos mesmos. Sabemos, de antemão, que os consumidores serão os mais sacrificados na escolha dos melhores meios e por isso deve haver o máximo possível de informação disponível.

Se analisarmos o âmbito de aplicação destes diplomas, constatamos haver um espaço próprio para o título executivo europeu, desde logo no que concerne aos atos autênticos e às transações comerciais, sendo que neste caso irá concorrer apenas com o Regulamento Bruxelas I.

7.1.1. Procedimento europeu de injunção de pagamento e processo europeu para ações de pequeno montante
7.1.1.1. Noção e efeitos
a) Procedimento europeu de injunção de pagamento

Como se sabe, o título executivo europeu e a injunção europeia fizeram parte, desde o início, do processo de integração europeia em matéria de cooperação judiciária, tendo sido considerados duas etapas desse mesmo processo. No entanto, a Comissão decidiu realizar os dois objetivos – o reconhecimento mútuo das decisões relativas a créditos não contestados,

---

espanhola, assim como as normas supletivas de cada caso. Por outro lado, considerando que os procedimentos europeus só se aplicam aos litígios transfronteiriços e sensível ao facto de daí poderem resultar desigualdades de tratamento, sobretudo tendo atenção o regime por vezes mais vantajoso da legislação comunitária em relação às disposições internas, foram também aprovadas modificações nos regimes internos, a fim de proporcionar o mesmo tratamento processual às partes, independentemente de se tratar de um litígio transfronteiriço (novos arts. 23º.1º.2, 31º.1º.2, 813º e 815º.3 LEC).

por um lado, e a criação de um procedimento específico para obtenção de decisões sobre créditos não contestados, por outro – com base em dois instrumentos legislativos diferentes.

Esta dupla estratégia não implica o risco de sobreposição ou de contradição entre os dois propósitos, pois estes estão claramente definidos graças à estreita limitação das fases anteriores (criação de um procedimento de injunção de pagamento) e posteriores (reconhecimento e execução) à emissão da decisão que se visa executória. Pelo contrário, esta abordagem apresenta uma série de vantagens não negligenciáveis em relação a uma iniciativa legislativa que combine simultaneamente os dois aspetos. Proporciona, por exemplo, um âmbito de aplicação mais amplo para a supressão do *exequatur*, alargando-o a todas as decisões judiciais proferidas na ausência comprovada de qualquer contestação sobre a natureza e o montante de uma dívida, não o limitando apenas às decisões proferidas no contexto de um procedimento específico[495].

Ainda que dotados de autonomia legal, estes dois instrumentos constituem etapas complementares e sucessivas de um mesmo projeto-piloto, ou seja, o da europeização do regime jurídico dos créditos não impugnados, que, ao mesmo tempo, é decisivo na construção do espaço judiciário europeu e da livre circulação dos (alguns) títulos executivos[496].

A injunção europeia[497] veio introduzir um mecanismo idêntico àquele que é vigente em muitos Estados-Membros e através do qual se pretende

---

[495] Proposta de Regulamento do Parlamento Europeu e do Conselho que cria um procedimento europeu de injunção de pagamento, COM (2004) 173 final/3, 25.05.2004.

[496] VAN DROOGHENBROECK, J. F.; BRIJS. S., *Un Titre Exécutoire Européen, op. cit.*, 2006, p. 30.

[497] Sobre a injunção de pagamento europeia (também designada *processo monitório europeu*), ver; ARIAS RODRÍGUEZ, J. M.; CASTÁN PÉREZ, M. J., *Análisis Crítico del Proceso Monitorio Europeo Regulado en el Reglamento (CE) Nº 1896/2006*, RPJ, 2006, pp. 11 e ss.; CARRATTA, A., *Il Procedimento Ingiuntivo Europeo e la «Comunitarizzazione» del Diritto Processuale Civile*, Riv. Dir. Proc. 2007, pp. 1519 e ss.; GARCÍA CANO, S., *Estudio Sobre el Proceso Monitorio Europeo*, Navarra, 2008; GÓMEZ AMIGO, L., *El Proceso Monitorio Europeo*, Navarra, 2008; GONZÁLEZ CANO, M. I., *El Reglamento (CE) Núm. 1896/2006 del Parlamento Europeo y del Consejo, de 12 Diciembre de 2006, por el que se establece un Proceso Monitorio Europeo*, U. E. Aranzadi, 2007, pp. 5 e ss.; idem, *El Proceso Monitorio Europeo*, Valencia, 2008; GONZÁLEZ-CUÉLLAR SERRANO, N., *Aceleración de la Justicia Civil en la Unión Europea*, in "Mecanismos de Cooperación Judicial Internacional", Centro de Estudios Jurídicos, pp. 15 e ss. Navarra, 2006, em especial, pp. 22-31; LORCA NAVARRETE, A. M. *La Ubicación del Proceso Monitorio Español en la Propuesta de Reglamento del Parlamento Europeo y del Consejo por que se Establece un Proceso Monitorio Europeo*,

facilitar a obtenção de um título executivo, neste caso com força executória transfronteiriça, na sequência da interpelação do devedor para o pagamento de uma dívida de origem contratual, dando-lhe oportunidade de evitar esse efeito caso deduza oposição ao requerimento, situação em que o procedimento de injunção se converterá numa ação declarativa para efeitos de conhecimento da existência do crédito (cfr. arts. 12º e 16º a 19º do Regulamento 1896/2006)[498].

Este procedimento proporcionará uma uniformização dos mecanismos «injuntivos», ainda que limitada aos litígios transfronteiriços, e constituirá um meio suplementar e facultativo, pois o requerente mantém a liberdade de recorrer aos procedimentos previstos no Direito interno, que continuam autónomos e não harmonizados (art. 1º, nº 2, do citado Regulamento).

Mesmo sendo controversa, a posição do legislador comunitário foi no sentido de limitar a aplicação do regime da injunção europeia aos litígios transfronteiriços. Assim, só admitiu o recurso a este procedimento quando «pelo menos uma das partes tem domicílio ou residência habitual num Estado-Membro distinto do Estado-Membro do tribunal demandado», conforme definição constante do art. 3º, nº 1 do Regulamento 1896/2006. Por exemplo, se o requente tem domicílio na Alemanha, o requerido em França e o tribunal demandado é o alemão, poderá ser acionada a injunção europeia. Mas, se o requerente tem domicílio na Alemanha, o requerido na Suíça e o tribunal demandado é o alemão, já não se verifica a condição exigida porque apenas uma das partes tem domicílio num Estado-Membro, que é o mesmo do tribunal demandado; porém, se nesse mesmo caso, o tribunal demandado fosse o francês, já uma das partes tinha domicílio em Estado-Membro distinto daquele em cuja demanda será acionada, estando reunidas as condições exigidas para considerar o litígio como transfronteiriço.

Como apontava o Livro Verde relativo a um procedimento europeu de injunção de pagamento e a medidas para simplificar e acelerar as ações de

---

"La Ley", nº 6106, 2004, pp. 1944 e ss.; LUPOI, M. A., *Di Crediti non Contestati e Procedimenti di Ingiunzione: Le Ultime Tappe dell'Armonizzazione Processuale in Europa*, Riv. Trim. Dir. Proc. Civ., 2008, pp. 171 e ss.; PORCELLI, G., *La «Nuova» Proposta di Procedimento Europeo d'Ingiunzione di Pagamento*, Riv. Trim. Dir. Proc. Civ., 2006, pp. 1259 e ss.; SILVA, P. C., *Processo de Execução – Títulos Executivos Europeus*, Coimbra, 2006, pp. 159-217.

[498] A doutrina já reclamava a europeização desse procedimento. Ver, por exemplo, MAGRO SERVET, V., *Hacia un Proceso Monitorio Comun Europeo*, "La Ley", nº 5517, 2002, pp. 1766 e ss.

pequeno montante[499], esta opção pela aplicação exclusiva da injunção europeia aos litígios transfronteiriços pode ser considerada insatisfatória porque a criação de um procedimento específico europeu eficiente só para processos de dimensão internacional pode tornar os requerentes, nos processos puramente internos, reféns de um lento regime processual civil interno, que pode não dar resposta às suas legítimas expectativas, colocando-os em situação de desigualdade. Isto porque não nos podemos esquecer que nem todos os ordenamentos internos dos Estados-Membros comungam dos procedimentos de injunção. Por outro lado, independentemente das questões relativas à exequibilidade e à equidade, um desequilíbrio manifesto em termos de eficiência dos meios processuais à disposição dos credores dos diferentes Estados-Membros para a cobrança dos seus créditos, sejam estes de pequeno montante ou incontestados, pode ter incidência negativa direta no bom funcionamento do mercado interno. Tal efeito existirá se as partes em litígio não tiverem acesso, na União Europeia, a instrumentos de eficácia equivalente, na medida em que a igualdade dos cidadãos e dos parceiros comerciais num espaço integrado pressupõe a igualdade de acesso aos meios de defesa legais. É evidente que uma empresa que opere num Estado-Membro em que o sistema judicial prevê uma execução rápida e eficaz dos créditos tem uma vantagem competitiva significativa sobre uma empresa que desenvolva a sua atividade num ambiente judicial que não dispõe desses meios judiciais eficazes. Estas diferenças podem até ter como consequência que as empresas se sintam dissuadidas de exercerem os seus direitos de liberdade de estabelecimento noutros Estados-Membros. Nesta perspetiva, considerar-se-ia útil aplicar os instrumentos relativos à injunção de pagamento europeia e às ações de pequeno montante europeia também nos litígios puramente internos[500].

Vejamos, agora, os contornos essenciais do procedimento europeu de injunção de pagamento.

O titular de um crédito pecuniário relativo a matéria civil e comercial (no sentido que lhe é dado pelo art. 2º, do Regulamento 1896/2006) pode, quando o litígio seja transfronteiriço e na expectativa de obter mais rapida-

---

[499] COM (2002) 746 final.
[500] A doutrina também se manifesta contra a aplicação da injunção europeia apenas a situações transfronteiriças. Cfr., por todos, VAN DROOGHENBROECK, J.F.; BRIJS, S., *Un Titre Exécutoire Européen, op. cit.*, p. 29.

mente um título executivo que circule no espaço europeu sem necessidade de mais nenhum procedimento adicional, usar da injunção de pagamento europeia.

Para o efeito, apresentará, nos termos do art. 7º, requerimento próprio – com recurso aos formulários anexos ao referido Regulamento – que será analisado pelo tribunal[501] a fim de verificar a conformidade do requerimento com todos os requisitos estabelecidos nos arts. 2º, 3º, 4º, 6º e 7º, do citado Regulamento. Feita a análise do requerimento, o tribunal recusa, nos termos e com os fundamentos indicados no art. 11º, ou recebe o requerimento se todos os pressupostos se verificarem, e, se for este o caso, emitirá a *injunção de pagamento europeia*, juntamente com uma cópia do formulário de requerimento.

Dessa injunção é citado ou notificado o requerido, nos termos da lei do Estado em que tal citação ou notificação deva ser feita e de acordo com as modalidades previstas nos arts. 13º e 14º, do Regulamento 1896/2006, para:

– Pagar ao requerente o montante indicado na injunção; ou
– Deduzir oposição à injunção de pagamento mediante a apresentação de uma declaração de oposição, no prazo de 30 dias a contar da citação ou notificação.

Nessa comunicação, o requerido é advertido de que a injunção de pagamento adquirirá força executiva se não for apresentada uma declaração de oposição, nos termos do art. 16º, ou de que a ação prosseguirá nos tribunais competentes do Estado-Membro de origem se for apresentada oposição ao requerimento, salvo se o requerente tiver solicitado que se ponha termo ao processo em caso de oposição, conforme previsto no art. 17º, do Regulamento 1896/2006.

Expostos os trâmites do procedimento europeu de injunção de pagamento, bem se conclui que após a citação ou notificação do requerido, se este não apresentar oposição será imediatamente declarada executória a injunção de pagamento europeia, através de emissão do respetivo formulário que será enviado ao requerente, ficando este munido de um «*título*

---

[501] Por «Tribunal» entende-se qualquer autoridade de um Estado-Membro competente em matéria de injunções de pagamento europeias ou em quaisquer outras matérias conexas (art. 5º, nº 3, do Regulamento 1896/2006).

executivo europeu», se atendermos a este conceito como sendo um título executivo com força executória no espaço europeu (cfr. art. 18º, do Regulamento1896/2006).

Neste pressuposto, estamos perante mais um caso de abolição do *exequatur*, aqui até em sentido mais próprio, pois no fim do percurso de um único procedimento o credor consegue, sem mais, beneficiar dos efeitos de reconhecimento e execução transfronteiriça da declaração de injunção de pagamento europeia. De acordo com o art. 19º, *a injunção de pagamento europeia que tenha adquirido força executiva no Estado-Membro de origem é reconhecida e executada nos outros Estados-Membros sem que seja necessária uma declaração de executoriedade e sem que seja possível contestar o seu reconhecimento.*

b) Processo europeu para ações de pequeno montante

Na mesma linha de raciocínio da injunção europeia de pagamento surgiu o processo europeu para ações de pequeno montante[502], com o objetivo de simplificar, acelerar e diminuir custos na cobrança de dívidas, também exclusivamente aplicável aos casos transfronteiriços e, neste caso, limitado ao valor de 2.000,00 euros. Associado e sensível à necessidade partilhada por todos os operadores no espaço europeu de haver acesso facilitado a processos simplificados para obtenção de uma decisão rápida e pouco dispendiosa, o legislador cria mais um mecanismo alternativo e facultativo, de origem comunitária, mantendo, no entanto, a hipótese de recurso aos meios oferecidos pelas legislações internas de cada Estado-Membro. À semelhança do que sucede com a injunção de pagamento europeia, as decisões proferidas num Estado-Membro em processo europeu para ações de pequeno montante deverão ser reconhecidas e executadas em qualquer outro Estado-Membro sem necessidade de declaração de executoriedade e sem que seja possível contestar o seu reconhecimento. Mais uma vez, estamos perante a formação de um título executivo com força executória ao nível do espaço europeu.

---

[502] Sobre o processo europeu para ações de pequeno montante, ver GASCÓN INCHAUSTI, F., *Algunas reflexiones acerca de la oralidad y la prueba en el processo europeo de escasa cuantía*, AEDIPr, t. VI, 2006, pp. 285 e ss.; Idem, *La nouvelle procédure européenne pour le règlement des petits litiges*, "Annuaire de Droit Européen", v. IV, 2006, pp. 980 e ss.; GONZÁLEZ CANO, M. I., *Proceso Europeo de Escasa Cuantía*, Valencia, 2009; MIQUEL SALA, R., *El Proceso Europeo de Escasa Cuantía*, Navarra, 2009.

Assim, este procedimento criado para efeitos de cobrança de dívidas configura, processualmente, uma verdadeira ação declarativa, de origem comunitária, com a vantagem de nele se obter uma decisão cujos efeitos executórios se repercutem no espaço europeu de justiça.

De acordo com o regime previsto no Regulamento 861/2007, os créditos pecuniários em matéria civil e comercial – na aceção prevista no art. 2º, do referido Regulamento, e cujo âmbito, aliás, se apresenta mais restritivo do que o dos demais instrumentos de segunda geração – cujo valor não ultrapasse os 2.000,00 euros (excluídos juros, custos e outras despesas) e cujos contornos possam configurar, de acordo com o art. 3º do Regulamento, um caso transfronteiriço, ou seja, em que pelo menos uma das partes tenha domicílio ou residência habitual num Estado-Membro que não seja o Estado-Membro do órgão jurisdicional, configuram um crédito potencialmente cobrável através de um processo europeu para ações de pequeno montante.

A decisão de adotar, ou não, este mecanismo processual caberá ao credor no pressuposto de estarem preenchidos os requisitos exigidos e de pretender beneficiar, designadamente, dos efeitos executórios transfronteiriços da decisão, sem recorrer a mais procedimentos *a posteriori*.

O processo europeu para ações de pequeno montante também se inicia com um requerimento de modelo previamente construído através de formulário próprio, aprovado e anexo ao respetivo Regulamento, apresentado pelo requerente ao órgão jurisdicional competente, de acordo com as regras previstas no Regulamento Bruxelas I (art. 4º do Regulamento 861/2007). Havendo de ser recebido o requerimento, abre-se um processo declarativo com cumprimento do contraditório e caracterizado por ser tendencialmente escrito[503], pois embora esteja prevista a realização de uma audiência, esta só será realizada se o tribunal a considerar necessária ou se uma das partes o requerer. Ainda assim, mesmo neste caso, pode esse

---

[503] Na verdade, passa a prevalecer a escrita sobre a oralidade, numa opção que parece basear-se mais no facto de se entender tratar-se de um instrumento mais eficaz para evitar os custos associados à oralidade nos casos transfronteiriços e, consequentemente, promover o acesso à justiça, do que, propriamente, nas vantagens dessa metodologia processual. Cfr. GASCÓN INCHAUSTI, F., *Algunas Reflexiones Acerca de la Oralidad y la Prueba en el Processo Europeo de Escasa Cuantía*, AEDIPr, t. VI, 2006, pp. 285 e ss., em especial, pp. 292 e ss. O autor alerta, no entanto, para as repercussões que esta opção pode ter ao nível da deficiente formação da convicção do juiz.

pedido ser indeferido se se concluir que a audiência é claramente desnecessária para assegurar um processo equitativo (art. 5º, nº 1, do referido Regulamento). Recebida a resposta do requerido – ou a do requerente, no caso de haver pedido reconvencional – o órgão jurisdicional, se não houver de solicitar esclarecimentos suplementares, de solicitar a produção de prova ou de notificar as partes para comparecerem numa audiência, profere logo decisão no prazo de 30 dias, o que igualmente sucederá, conforme os casos, após a receção dos esclarecimentos, da produção de prova ou da realização da audiência, como dispõe o art. 7º, do Regulamento 861/2007.

A decisão proferida no âmbito do processo europeu para ações de pequeno montante terá força executória mesmo que não tenha transitado em julgado e a sua força executória é extraterritorial, alargando-se ao espaço europeu. Na senda do que já se disse para a injunção de pagamento europeia, também as decisões proferidas num Estado-Membro em processo europeu para ações de pequeno montante são reconhecidas e executadas nos outros Estados-Membros sem necessidade de declaração de executoriedade e sem que seja possível contestar o seu reconhecimento (art. 20º, nº 1, do Regulamento 861/2007).

A execução que venha a ter lugar no Estado de destino basear-se-á na cópia da decisão e em certidão relativa à decisão proferida em processo europeu para ações de pequeno montante, emitida a requerimento de uma das partes e segundo o modelo D constante do anexo IV (cfr. arts. 20º e 21º, do Regulamento). Essa certidão contém os elementos essenciais da decisão (identificação das partes, do órgão jurisdicional e resumo da decisão, com os dados essenciais da decisão, designadamente o valor em que o requerido vai condenado) e nela se faz uma declaração sobre o reconhecimento e caráter executório da mesma, reiterando-se que esses efeitos se produzem sem necessidade de declaração de executoriedade e sem que seja possível contestar o seu reconhecimento.

7.1.1.2. Pontos de convergência em relação ao título executivo europeu

O título executivo europeu, a injunção de pagamento europeia e o processo europeu para ações de pequeno montante unem-se, desde logo, nos efeitos que produzem em relação à tão desejada e apregoada abolição do *exequatur*. Qualquer um destes procedimentos proporciona a obtenção de um título executivo cuja força executória vai além das fronteiras do Estado em que o procedimento decorreu e onde esse título foi emitido,

ENQUADRAMENTO GERAL DO TÍTULO EXECUTIVO EUROPEU

seja por força de uma certificação da decisão obtida num processo que correu internamente, seja diretamente através da decisão proferida num procedimento que é de raíz comunitária. Afasta-se, deste modo, a necessidade de percorrer um procedimento tradicional de *exequatur* no Estado de destino ou de execução, tudo se concentrando no Estado de origem, com exceção, naturalmente, da execução. Por sua vez, os Estados onde sejam desencadeadas execuções com base nestes títulos executivos têm a obrigação de reconhecer as decisões que se lhes encontram subjacentes, não podendo aí contrariar-se o seu reconhecimento, nem pôr-se em causa o caráter executório do título, pois esse título deve ser equiparado aos títulos executivos nacionais.

Acrescente-se que no caso particular da injunção europeia e do processo europeu para ações de pequeno montante, ambos proporcionam um procedimento uniformizado no espaço europeu e criam uma situação de igualdade para os cidadãos europeus, ainda que apenas sejam aplicáveis a casos transfronteiriços.

Procurando, agora, encontrar pontos que possam ser considerados comuns em todos estes procedimentos, salientamos aquilo que no essencial os aproxima[504]. Iremos constatar que o título executivo europeu, enquanto projeto-piloto, deixou muitas sinergias e elementos padrão para os regimes dos procedimentos comunitários de segunda geração. Verifica-se a existência de uma plataforma procedimental muito idêntica em certos aspetos e cuja matriz se encontra no Regulamento 805/2004.

Assim, no essencial são partilhados os aspetos seguintes:

- O Regulamento Bruxelas I mantém-se como elemento comum na definição da competência internacional dos tribunais, qualquer que seja o procedimento de origem comunitária em causa;
- As garantias relativas aos mínimos processuais exigidos quanto às modalidades de citação ou notificação do requerido, consoante são com prova de receção ou sem prova de receção pelo mesmo, também são partilhadas nos vários Regulamentos. Inclusivamente, no caso do processo europeu para ações de pequeno montante há uma

---

[504] Para melhor compreensão e articulação dos pontos de convergência com o título executivo europeu que se expõem, veja-se, a seguir, Capítulos II e III, sobre o âmbito de aplicação e pressupostos do título executivo europeu, bem como sobre a sua certificação e execução.

remissão expressa para as modalidades referenciadas no Regulamento 805/2004 (cfr. art. 13º, nº 2, do Regulamento 861/2007);
- O mesmo sucede com as regras mínimas para a revisão da decisão em casos excecionais, embora com uma divergência que apontaremos no número seguinte.
- A regra segundo a qual é a lei interna do Estado de destino que rege a execução é igualmente comum. Naturalmente, nenhum dos diplomas se afasta do princípio *lex fori regit processum*;
- As garantias oferecidas ao executado em sede de execução são, igualmente, ponto comum. Em qualquer dos procedimentos são encontradas as mesmas causas de recusa da execução e, ainda, a possibilidade de ser requerida a suspensão ou limitação da execução a medidas de garantia patrimonial.

7.1.1.3. Pontos de divergência em relação ao título executivo europeu

A injunção de pagamento europeia e o processo europeu para ações de pequeno montante são, na verdade, procedimentos de cobrança que, dentro do seu âmbito de aplicação, podem ser usados pelos credores em substituição dos meios disponibilizados pelos ordenamentos internos e que se adequam especialmente aos litígios que tenham caráter transfronteiriço desde a sua génese e em relação aos quais o credor sabe que, em princípio, terá de avançar para uma execução noutro Estado-Membro. Neste pressuposto, o credor pode desde logo lançar mão dos referidos mecanismos, findos os quais, com sucesso, sabe que obterá, de imediato e sem mais procedimentos, um título executivo com força executória extraterritorial, válido e exequível no espaço europeu.

Em relação ao título executivo europeu, o percurso é diferente. O credor inicia-se num processo de cobrança interno e só após obter a correspondente decisão de condenação do devedor no pagamento, desde que o crédito haja sido «não contestado» e se verifiquem todos os demais requisitos exigidos pelo Regulamento 805/2004, é que irá desencadear, se for caso disso – ou seja, se chegar à conclusão (independentemente de o saber inicialmente) que há necessidade de acorrer a uma execução noutro Estado-Membro – a certificação da decisão enquanto título executivo europeu, a fim de beneficiar dos efeitos executórios extraterritorias e poder executar imediatamente esse título em qualquer Estado do espaço europeu, obviando ao mecanismo tradicional do *exequatur*.

Assim, os vários instrumentos aparecem em planos diferentes. O título executivo europeu é utilizado depois de um percurso interno, baseado no regime jurídico interno, onde o autor pode, eventualmente, não ter vislumbrado a necessidade de recorrer a mecanismos que possibilitem um «passaporte europeu», ao passo que a injunção de pagamento europeia e o processo europeu para ações de pequeno montante são procedimentos que desde a raíz têm natureza comunitária e já pressupõem a necessidade desse «passaporte europeu».

Mas, além desta diferença de fundo, há algumas outras divergências de regime que se devem apontar[505]:

– O âmbito de aplicação material não é plenamente coincidente nos vários procedimentos. Partindo de uma base comum, que remonta ao Regulamento Bruxelas I, todos os referidos procedimentos são aplicáveis em matéria civil e comercial, independentemente da natureza do tribunal, sem que sejam abrangidas matérias de natureza fiscal, aduaneira ou administrativa, nem a responsabilidade do Estado por atos e omissões no exercício do poder público («*acta jure imperii*»). Quanto ao âmbito de matérias excluídas, algumas são igualmente partilhadas, como é o caso dos direitos patrimoniais decorrentes de regimes matrimoniais ou análogos, de testamentos e de sucessões[506]; da matéria das falências e das concordatas em matéria de falência de sociedades ou outras pessoas coletivas, dos acordos judiciais, dos acordos de credores ou outros procedimentos análogos; da segurança social e da arbitragem. Ainda que na injunção de pagamento europeia não se faça menção à arbitragem, o que bem se compreende dada a natureza do procedimento[507].
Porém, em alguns procedimentos o legislador acrescenta casos de exclusão, para melhor delimitar o âmbito de aplicação material de cada um dos mecanismos, e é neste aspeto que se revelam algumas

---

[505] Para efeitos de melhor análise dos pontos de divergência com o título executivo europeu, que se expõem, veja-se, a seguir, Capítulos II e III, sobre o âmbito de aplicação e pressupostos do título executivo europeu, bem como sobre a sua certificação e execução.

[506] No caso do título executivo europeu ainda se faz referência, a este propósito, ao «estado ou a capacidade das pessoas singulares», mas esta parte, dada a sua inaplicabilidade em casos de obrigações pecuniárias, tem-se por não escrita. Por isso, a exclusão é considerada comum.

[507] Neste sentido, ver também GÓMEZ AMIGO, L., *El Proceso Monitorio Europeo*, op. cit., p. 67.

diferenças. Assim, há matérias especificamente excluídas em certos procedimentos, o que os torna particulares quanto ao âmbito de aplicação material. É o caso do direito do trabalho, do arrendamento de imóveis, exceto em ações pecuniárias, ou das violações da vida privada e dos direitos da personalidade, incluindo a difamação, no que concerne ao processo europeu para ações de pequeno montante. Estas matérias ficam afastadas do objeto deste processo porque podem revestir particularidades que não se coadunam com o procedimento em causa, em especial as matérias laborais[508].

Por sua vez, para a injunção de pagamento europeia o legislador acrescentou que este procedimento só tem aplicação às obrigações emergentes de contrato, como aliás sucede em relação a alguns dos procedimentos de injunção de origem interna, por exemplo em Portugal e em França. De todo o modo, o legislador ainda admitiu algumas exceções a esse critério e, nesse sentido, que a injunção europeia fosse aplicável a créditos resultantes de obrigações não contratuais quando as partes tenham chegado a acordo sobre esses créditos ou tenha havido um reconhecimento da dívida ou quando esses créditos se relacionem com dívidas líquidas decorrentes da compropriedade de bens. A exclusão das obrigações não contratuais, salvo as exceções assinaladas, prende-se com o facto de este procedimento apenas se adequar à cobrança de quantias líquidas ou liquidáveis por cálculo aritmético, e no caso das situações de responsabilidade civil extracontratual acresce ainda que a cobrança carece de prévio acertamento quanto à obrigação. Por esse motivo, não se pode desde logo avançar para a injunção de pagamento[509].

– A injunção de pagamento europeia e o processo europeu para ações de pequeno montante têm a sua aplicação limitada às situações transfronteiriças. No caso do título executivo europeu a questão é duvidosa, mas é defensável a sua aplicação a todos os litígios, independentemente do seu caráter transfronteiriço, como se verá.

---

[508] Contudo, esta questão não estará isenta de dificuldades considerando que os vários ordenamentos internos não se apresentam em sintonia quanto ao que se entende por «Direito Laboral». Cfr. GONZÁLEZ CANO, M. I., *Proceso Europeo de Escasa Cuantía, op.cit.*, p. 55.

[509] Cfr. GÓMEZ AMIGO, L., *El Proceso Monitorio Europeo, op. cit.*, pp. 67 e 68.

- O processo europeu para ações de pequeno montante distingue-se de qualquer dos outros procedimentos porque a sua aplicação está limitada aos casos em que o valor a cobrar não seja superior a 2.000,00 euros. Aproxima-se mais dos procedimentos de cobrança simplificados e de utilização direta pelas partes, em especial pelos consumidores.
- A natureza exigível do crédito, apesar de ser um requisito comum a todos os procedimentos, tem uma particularidade no regime jurídico do título executivo europeu. Neste caso, o legislador admite a certificação ainda que o crédito não se encontre vencido, pois este aspeto só relevará, efetivamente, aquando da execução no Estado de destino.
- A exclusão da exigência de constituição de mandatário, ou seja, a dispensa de patrocínio judiciário obrigatório caracteriza e distingue os procedimentos, sendo que o legislador comunitário expressamente prescindiu desse pressuposto processual no caso do processo europeu para ações de pequeno montante. Porém, dado o valor em causa é muito provável que isso não colida com as regras processuais internas de cada Estado-Membro.
- Como se disse, os mínimos processuais que sustentaram a criação do título executivo europeu foram, adequada e adaptadamente, aproveitados para a injunção de pagamento europeia e para o processo europeu para ações de pequeno montante. Uma dessas garantias mínimas diz respeito à existência de um recurso de revisão para determinadas circunstâncias excecionais definidas, originariamente, no art. 19º, do Regulamento 805/2004. Esse modelo foi transposto para os arts. 20º, do Regulamento 1896/2006, e 18º, do Regulamento 861/2007, mas com uma diferença considerável e justificada. É que nestes procedimentos o recurso de revisão é um direito atribuído diretamente ao devedor por efeito do respetivo Regulamento, independentemente das regras internas do ordenamento jurídico em causa, ao passo que no regime jurídico do título executivo europeu é necessário a existência, no ordenamento jurídico interno dos Estados-Membros, de um recurso desse tipo e com os fundamentos enunciados pelo legislador comunitário para aplicação do próprio regime em causa. Sem isso, fica iniviabilizada a obtenção da certificação das deisões judiciais enquanto títulos executivos europeus.

Considerando a circunstância de a injunção de pagamento europeia e o processo europeu para ações de pequeno montante criarem um procedimento de raíz comunitária, a opção do legislador não poderia ser outra. Em todo o caso, houvesse sido também esta a opção no regime jurídico do título executivo europeu e tinha-se obviado alguma alegada fragilidade do seu regime, pois este aspeto terá sido dos mais controversos e dos que mais terá obstaculizado a aplicação do título executivo europeu, por falta das condições exigidas e, também por falta de uma ação atenta dos legisladores internos que nada fizeram para adaptar a respetiva legislação.
- Os instrumentos autênticos e as transações judiciais, naturalmente, só são abrangidos pelo regime do título executivo europeu.

7.1.2. O título executivo europeu face às suas figuras afins

Tendo em conta que comungamos já de vários procedimentos europeus que apontam, todos eles, no sentido da abolição do *exequatur* e que em certos aspetos parecem consumir o mesmo espaço de atuação, é caso para questionar se a evolução dos mecanismos comunitários condenou o título executivo europeu ao infortúnio.

Ora, esta realidade, só por si, não será causa do desaparecimento do título executivo europeu, tanto assim que o legislador comunitário manteve todos os Regulamentos em vigor e cada um deles exerce a sua função própria e representa uma etapa diferente do caminho definido para a tão pretendida abolição do *exequatur* no espaço europeu. Também é certo, porém, que haverá casos em que os vários procedimentos concorrerão entre si, podendo o credor seguir o caminho que mais lhe aprouver. Um dos fatores já apontados para essa escolha está no facto de caber ao credor concluir se lhe é mais vantajoso, em termos de tempo e de custos, optar por um procedimento interno e depois certificar a decisão como título executivo europeu ou optar logo por um procedimento comunitário, sendo que neste caso só o poderá fazer se a situação for, desde logo, transfronteiriça. Nessa medida, sempre será de aplicar o título executivo europeu quando o credor apenas sabe a final que a execução deverá correr noutro Estado-Membro. Por outro lado, na medida em que os operadores forenses conhecem melhor e têm mais segurança ao lidar com os procedimentos internos, também poderá ser esta uma razão para enveredarem primeiro por um processo de raíz nacional e só depois avançarem para a concessão de força executória extraterritorial ao título em causa, seja através do Regulamento Bruxelas I, seja através do Regulamento 805/2004, desde que todos os seus pressupostos se encontrem preenchidos, designadamente tratar-se de um crédito não contestado.

Também somos sensíveis a algumas dificuldades que advêm da circunstância de o título executivo europeu ter sido o primeiro passo no longo caminho da abolição do *exequatur*. Nessa medida, viu-se constrangido com um âmbito de aplicação muito reduzido, limitado aos créditos não impugnados e, além disso, o facto de coexistir e partilhar o seu campo de aplicação com o Regulamento Bruxelas I foi favorável a algumas complicações e confusões. Acresce, ainda, que o título executivo europeu introduziu algumas soluções que não são isentas de problemas, como se verá na análise do seu regime jurídico. Por tudo isto, a afirmação do título executivo europeu e a sua concreta aplicação terá ficado aquém das expectativas, situação agravada pela natural resistência que os operadores judiciários fazem aos novos procedimentos, sobretudo aos de origem comunitária.

7.2. Coexistência entre o Regulamento que aprova o título executivo europeu e o Regulamento Bruxelas I

7.2.1. Regime de compatibilidade

O Regulamento Bruxelas I continua a ser a matriz no que respeita às questões de cooperação judiciária em matéria civil e comercial. Desde logo, todos os Regulamentos que surgiram nesta área mantiveram-se, no essencial, fiéis aos critérios de competência internacional definidos nesse diploma e também assim sucedeu com o Regulamento que criou o título executivo europeu, à exceção do caso de maior proteção dada ao consumidor previsto no art. 6º, al. d), do Regulamento 805/2004, onde se adotou um desvio às regras da competência internacional.

No que concerne à matéria do reconhecimento e execução de decisões estrangeiras, o título executivo europeu surge com a intenção de ultrapassar o sistema clássico de reconhecimento e execução de decisões estrangeiras para um sistema integrado, de libertação das fronteiras jurídicas, sem controlo *ex post* pelo Estado de destino, sistema esse que se pretendeu apresentasse vantagens significativas em comparação com o procedimento de *exequatur* previsto no Regulamento 44/2001, permitindo dispensar esse procedimento nos tribunais de um segundo Estado-Membro, evitando os atrasos e despesas que isso implicaria.

O Regulamento 44/2001 e o Regulamento 805/2004 partilham o mesmo âmbito de aplicação material – apesar de divergirem na letra da lei, a interpretação é equivalente – e territorial, bem como visam proporcionar a exequibilidade extraterritorial do mesmo tipo de documentos, ou seja, decisões judiciais, transações judiciais e instrumentos autênticos. No entanto, o Regulamento aplicado ao título executivo europeu apenas considera a certificação de um documento enquanto tal quando este contenha um crédito não impugnado, nos termos e com o entendimento que se descreverá adiante[510].

Era inevitável manter em vigor o Regulamento Bruxelas I, tanto assim que o regime jurídico do título executivo europeu tem um campo de aplicação mais reduzido, seja por razões materiais, seja por razões formais. Isto é, o título executivo europeu não resulta, só por si, suficiente para que se tornem exequíveis todas as decisões que se ocupem de uma obrigação pecuniária porque só se destina às não contestadas e, por outro lado, porque essa decisão, quando judicial, apenas será objeto de certificação se tiver sido proferida com respeito aos mínimos processuais exigidos pelo Regulamento, o que pode não se verificar.

Assumida a coexistência dos dois instrumentos e de forma a alcançar a sua articulação, é possível perspetivar vários cenários: – uns onde ambos os diplomas ficam afastados; – outros que potenciam uma relação de partilha entre os dois diplomas aqui em causa[511].

Vejamos.

Há matérias que estão excluídas do âmbito de qualquer dos diplomas comunitários relativos à questão do reconhecimento e execução de decisões estrangeiras e há outras que se encontram abrangidas por diplomas específicos, que não são o Regulamento Bruxelas I, nem o Regulamento 805/2004. Por outro lado, há situações que apenas permitem a obtenção do *exequatur* através no Regulamento Bruxelas I porque não cabem no âmbito (mais reduzido) do regime do título executivo europeu ou, então, não preenchem os requisitos formais exigidos para tal certificação. Por fim, há, ainda, um âmbito comum, partilhado pelos dois diplomas, que fica colocado numa situação de sobreposição. Nesses casos serão as partes a

---

[510] Cfr., infra, Capítulo II.
[511] Cfr. GASCÓN INCHAUSTI, F., *El Título Ejecutivo Europeo para Créditos no Impugnados, op. cit.*, pp. 33 e 34.

tomar a opção pelo instrumento que vão acionar, seja em primeiro lugar, seja simultaneamente, caso se entenda que esta concomitância é possível.

Voltando às situações de exclusão, de facto os diplomas comunitários não se ocupam das questões de natureza sucessória, do regime patrimonial do casamento ou da capacidade das pessoas singulares e nesses casos terão de ser acionadas as respetivas convenções internacionais ou o regime de *exequatur* previsto no Estado requerido.

Acresce que, para aferir a competência, bem como para obter o reconhecimento e a execução das decisões em matéria matrimonial, de responsabilidades parentais e de obrigações alimentares há diplomas comunitários que definem regimes específicos e, por isso, ficam afastados quaisquer outros regimes de *exequatur*. À parte estes grupos de situações, ao que se juntam todos os casos que não possam ser certificáveis como título executivo europeu por falta de condições não relativas à matéria, como seja tratar-se de um crédito impugnado ou de um processo onde não foram cumpridas as regras processuais mínimas formais, a opção do legislador foi, claramente, pela coexistência pacífica entre os dois diplomas, sem qualquer critério de prevalência ou hierarquização. Podemos concluir, até, que todos os casos que caem no âmbito de aplicação do Regulamento 805/2004 também caem no âmbito do Regulamento 44/2001 e, nessa medida, estamos perante diplomas concorrentes. Porém, o inverso já não é verdadeiro.

7.2.2. Articulação entre os diplomas

Teria sido necessário definir algum critério de prevalência ou hierarquização entre o Regulamento Bruxelas I e o Regulamento que criou o título executivo europeu? Possivelmente, não.

Bem se compreende que o regime de certificação do título executivo europeu tivesse sido instituído, nesta fase, apenas como alternativo ao Regulamento 44/2001. Desde logo porque nem todas as decisões sobre créditos pecuniários dizem respeito a «créditos não contestados» e, além disso, mesmo que assim seja, não há absoluta garantia de que se encontrem sempre asseguradas, no respetivo processo e no ordenamento jurídico em causa, as regras processuais mínimas exigíveis. Neste pressuposto, o Regulamento 805/2004 não é autossuficiente nesta fase inicial em que foi criado como projeto-piloto da abolição do *exequatur*.

Assim, os critérios de opção entre o *exequatur* tradicional e o título executivo europeu vão assentar, sobretudo, nas vantagens que o requerente possa, em concreto, retirar de um ou de outro regime, atendendo designadamente aos custos a suportar, à morosidade de cada procedimento, à proximidade face aos atos a praticar. Tendo em conta este tipo de fatores, o regime tendente à obtenção do título executivo europeu parece, em abstrato, ser mais vantajoso, mas em concreto isso pode não se verificar. Por exemplo, na eventualidade de o requerente ter domicílio no Estado de detino, ser-lhe-á mais favorável desencadear o procedimento tradicional de *exequatur*.

Neste cenário de concomitância entre os dois Regulamentos, até se afigura hipoteticamente admissível a duplicação sucessiva, ou mesmo cumulativa, dos procedimentos resultantes dos diplomas concorrentes[512]. Embora, à partida, tudo indique que o percurso mais célere e adequado é a certificação como título executivo europeu da decisão judicial, transação ou documento público, não há garantias, nem certezas, de que tal certificação se consiga alcançar em todos os casos. E pode bem suceder que a negação do título executivo europeu impulsione o requerente, *a posteriori*, para o regime tradicional do *exequatur*, nos termos e para os efeitos do Regulamento Bruxelas I[513]. Se assim acontecer, não será de estranhar porque o crivo do Regulamento 805/2004 é bastante mais apertado, diminuindo a probabilidade de estar sempre assegurada a certificação, sobretudo em casos duvidosos onde, afinal, se conclua que não foram cumpridas as condições processuais mínimas previstas no Capítulo III deste Regulamento. Aliás, não temos dúvidas de que terá sido este um dos motivos que justificou a coexistência entre os dois diplomas, na certeza de que nem todos os casos potencialmente abrangidos pelo referido Regulamento 805/2004 nele veriam resposta positiva para a concessão de força executória.

Essa coexistência, acrescente-se, vem admitida desde a versão originária da proposta do Regulamento e as posteriores alterações, conforme decorre dos trabalhos preparatórios, não afastaram esse propósito[514].

---

[512] Gascón Inchausti, F., *El Título Ejecutivo Europeo para Créditos no Impugnados, op. cit.*, pp. 34-36.
[513] Também admitem que o requerimento de *exequatur* ao abrigo do Regulamento Bruxelas I possa fazer-se após negação da certificação como título executivo europeu: Rodríguez Vázquez, M.A., *El Título Ejecutivo Europeo, op. cit.*, pp. 68 e 69; Sanjuán y Muñoz, E., *El Título Ejecutivo Europeo*, "La Ley", nº 6082, 2004, pp. 1744 e ss.
[514] Na Comunicação da Comissão ao Parlamento Europeu, de 9.2.2004, respeitante à Posição comum adotada pelo Conselho (COM (2004) 90 final) afirmou-se, a propósito das altera-

Por outro lado, há situações que já levantam algumas dúvidas quanto à sua razoabilidade e admissibilidade, porquanto, além de improváveis, não se coadunam com os princípios gerais de Direito Processual, designadamente da Boa-Fé. Isto é, será possível aceitar que o requerente, depois de ter optado pelo procedimento de *exequatur* instaurado no respetivo Estado de execução, de acordo com o regime vigente por força do Regulamento Bruxelas I, e de aí não ter obtido provimento, regresse ao Estado de origem, nele desencadeie o procedimento de certificação enquanto título executivo europeu – que porventura lhe é concedida – e depois, com base nesse título, siga diretamente (e outra vez) para o Estado de execução, o qual, precisamente, lhe negou conceder força executória em anterior processo? No mínimo, começaremos por duvidar da real possibilidade de verificação de um caso destes, quando acabámos de afirmar que os requisitos de certificação do título executivo europeu são mais exigentes[515]. Mas, ainda que assim acontecesse, tratar-se-ia de uma situação em que a certificação como título executivo europeu colide com a decisão proferida no proce-

---

ções aos arts. 30º e 31º, que "O artigo 30º e o artigo 31º, que dizem respeito à relação com os Regulamentos (CE) nº 44/2001 e (CE) nº 1348/2000, foram simplificados e reduzidos ao seu conteúdo fundamental, ou seja, que o regulamento proposto não obriga os credores a escolher o título executivo europeu, dando-lhes a possibilidade de recorrer ao procedimento de exequatur caso considerem preferível, e que tal não prejudica de forma alguma a aplicabilidade do Regulamento (CE) nº 1348/2000 sempre que um ato deva ser citado ou notificado entre os Estados-Membros; se, neste último caso, o credor pretender obter um título executivo europeu, as condições previstas pelo regulamento devem ser igualmente respeitadas. As disposições mais precisas constantes da proposta alterada da Comissão não foram consideradas necessárias pelo Conselho".

E, na verdade, a versão originária dessas disposições eram minuciosas na exposição da relação entre os diplomas. Vejamos, como exemplo, a redação do art. 30º, que deu origem ao atual art. 27º: *Nada obsta a que o credor solicite o reconhecimento e a execução a) de uma decisão relativa a um crédito não contestado, de uma transação homologada por um tribunal ou de um ato autêntico ao abrigo dos capítulos III e IV do Regulamento (CE) nº 44/2001; ou b) de uma decisão nos termos das disposições que regem o reconhecimento e aexecução de decisões em domínios específicos que constam de atos comunitários ou da lei nacional harmonizada em conformidade com tais atos, nos termos do disposto no artigo 67º do Regulamento (CE) nº 44/2001; ou c) de convenções em que sejam partes os Estados-Membros e que, em relação a domínios específicos, rejam o reconhecimento e a execução de sentenças em conformidade com o disposto no artigo 71º do Regulamento (CE) nº 44/2001.*

[515] GASCÓN INCHAUSTI invoca a possibilidade de ter havido uma incorreta aplicação das normas do Regulamento Bruxelas I no Estado requerido, *in El Título Ejecutivo Europeo para Créditos no Impugnados, op. cit.*, p. 35, nota 15.

dimento tradicional de *exequatur*, a qual se apresenta com sinal contrário. O Estado de execução já havia negado a executoriedade de uma decisão estrangeira que vem, posteriormente, a obter o «passaporte» para ser executada diretamente no espaço europeu. Certamente, alguma daquelas decisões andou mal, mas existindo temos que as confrontar e não pode haver outra solução que não seja a de ser rejeitada a execução que venha a ser proposta com base no título executivo europeu porque se afigura aqui uma situação de fraude à lei processual[516].

Por último, é vislumbrável a hipótese de duplicidade simultânea entre os Regulamentos, nos termos seguintes[517]: o credor desencadeia um dos procedimentos que lhe permitirá executar a decisão noutro Estado-Membro, ou seja, começa por requerer a certificação como título executivo europeu no Estado de origem ou por requerer o *exequatur* no Estado de execução, e, em momento posterior mas na pendência do procedimento que acionou em primeiro lugar, atua no outro Estado (de origem ou de execução consoante o caso) através do mecanismo que não havia desencadeado inicialmente. Isto é, o credor requer a certificação como título executivo europeu quando antes havia começado por instaurar procedimento de *exequatur* ou, inversamente, após ter iniciado esta via, vai tentar obter o título executivo europeu, tudo isto nos respetivos Estados competentes. Nestes casos, será eventualmente a morosidade do processo desencadeado em primeiro lugar, por exemplo resultante da interposição de recurso da decisão de *exequatur* proferida em primeira instância, que poderá determinar esta inflexão do credor, com vista a agilizar os mecanismos que tem ao seu alcance.

Contudo, apesar de a situação exposta ser legítima, uma vez obtida uma decisão que permita passar à fase da execução, é forçoso que o credor trate de pôr fim ao outro processo que se encontre pendente, desistindo do pedido.

---

[516] Para análise da questão, no mesmo sentido, ver GASCÓN INCHAUSTI, F., *ibidem*, pp. 35 e 36.
[517] Cfr. Idem, *ibidem*, p. 36; STORSKRUBB também admite esta possibilidade e chega a afirmar que a mesma não dá lugar a uma situação de litispendência, cfr. *Civil Procedure and EU Law. A Policy Area Uncovered*, Oxford, 2008, p. 162.

7.3. A proposta de revisão do Regulamento 44/2001 – Bruxelas I: a morte anunciada do título executivo europeu?

Não estamos alheios aos tempos que se avizinham e nos farão chegar à verdadeira abolição do *exequatur* para todas as decisões judiciais, transações judiciais e documentos autênticos. O Programa de Estocolmo foi o motor desta última etapa, tendo desencadeado a medida de revisão do Regulamento Bruxelas I, agora concretizada na proposta apresentada pela Comissão, em dezembro de 2010[518]. O legislador entendeu que a cooperação judiciária e o nível de confiança entre os Estados-Membros atingiu um grau de maturidade que proporciona a implementação de um sistema de circulação de decisões judiciais menos complexo, menos oneroso e mais automático, suprimindo as formalidades existentes entre os Estados-Membros. Esta medida faz antever a efetiva supressão do *exequatur* e nesta sequência sempre se poderá questionar se se afigura o prenúncio da morte «deste» título executivo europeu.

De facto, se for aprovada a livre circulação das decisões judicias, associada ao reconhecimento mútuo e à concessão automática de força executória às decisões proferidas nos Estados-Membros, o título executivo europeu poderá perder, de certa forma, a sua razão de ser. Contudo, tal como a proposta se apresenta neste momento, ainda vão subsistir regimes de exceção, designadamente em relação às decisões proferidas em proces-

---

[518] Ver proposta de revisão do Regulamento 44/2001 apresentada pela Comissão, a 14 de dezembro de 2010, COM(2010) 748 final, 2010/0383 (COD).
Sobre a proposta, consultar: CUNIBERTI, G.; RUEDA, I., *Abolition of Exequatur Adressing the Comission's Concernes*, Law Working Paper Series, Paper nº 2010-03, Luxembourg, 2010 (http://ssrn.com/abstract=1691001); KESSEDJIAN, C., *Commentaire de la Refonte du Règlement nº 44/2001*, RDT eur, 47, 2011.
Relativamente à proposta apresentada, foi entretanto aprovado parecer do Comité Económico e Social Europeu (CES 0795/2011, de 5 de maio de 2011), que acolhe muito favoravelmente a proposta da Comissão e apoia a adoção de um texto reformulado do atual Regulamento 44/2001. Aí se afirma tratar-se de uma iniciativa necessária para melhorar o funcionamento do espaço de liberdade, segurança e justiça e o mercado interno, que, aliás, só pode ser impulsionado a nível supranacional e que representa, de igual modo, um valioso instrumento jurídico num mundo globalizado, na medida em que favorecerá as transações comerciais internacionais e atenuará os conflitos que surgem nas relações que transcendam o âmbito territorial da União Europeia. No entanto, são apresentadas algumas críticas à proposta, quer quanto às matérias abrangidas pela exceção ao regime de abolição do *exequatur*, quer quanto a alguns aspetos procedimentais desse regime.

sos emergentes de obrigações extracontratuais decorrentes de violações da privacidade e de direitos de personalidade, incluindo a difamação, e nos processos relativos às «ações coletivas» (cfr. art. 37º, da proposta de revisão do Regulamento Bruxelas I). Para estes casos irá permanecer, de acordo com o texto proposto, a aplicação do Regulamento 805/2004 (cfr. art. 92º, nº 2, da proposta).

Naturalmente, os termos em que irá operar a revisão do Regulamento 44/2001 exigem, à semelhança do que sucedeu com o regime do título executivo europeu, a assumpção de um conjunto de garantias de defesa do devedor. A livre circulação de decisões e os objetivos que justificam a sua prossecução não podem, apesar da vigência do princípio de reconhecimento mútuo na vertente processual, sobrepor-se a outros valores igualmente importantes, como sejam as garantias defensionais de quem vai poder ser alvo de uma execução transfronteiriça. A decisão que contra o réu venha a ser proferida tem que ter sido ditada num processo justo e equitativo, do qual o devedor tenha cabal conhecimento e onde tenha sido convenientemente informado do seu conteúdo e efeitos, a fim de usar dos meios de defesa ao seu alcance. Além disso, devem assistir-lhe todos os meios de revisão ordinária e extraordinária da decisão, em especial nos casos em que o devedor possa ter incorrido numa situação de revelia involuntária. Nessa medida, a própria proposta de revisão do Regulamento Bruxelas I assume esse compromisso de não descurar as garantias de defesa do devedor.

A proposta de revisão do Regulamento 44/2001 foi antecedida de um conjunto de consultas e da avaliação do impacto das alterações[519], sendo

---

[519] Veja-se o estudo coordenado pelo Prof. Burkhard Hess da Universidade de Heidelberg, disponível em: http://ec.europa.eu/justice_home/doc_centre/civil/studies/doc_civil_studies_en.htm e o estudo conduzido pelo Prof. Arnaud Nuyts da Universidade de Bruxelas, em: http://ec.europa.eu/justice_home/doc_centre/civil/studies/doc_civil_studies_en.htm.
Estudo sobre a recolha de dados e avaliação de impacto de certos aspetos de uma eventual revisão do Regulamento nº 44/2001 relativo à competência judiciária, ao reconhecimento e à execução de decisões em matéria civil e comercial, realizado pelo Centre for Strategy & Evaluation Services (CSES), 2010, disponível em http://ec.europa.eu/justice/doc_centre/civil/studies/doc_civil_studies_en.htm ; Estudo de avaliação do impacto de uma eventual ratificação pela Comunidade Europeia da Convenção da Haia de 2005 sobre os acordos de eleição do foro, realizado por GHK, 2007, disponível em:
 http://ec.europa.eu/dgs/justice_home/evaluation/dg_coordination_evaluation_annexe_en.htm.

que as conclusões desse trabalho apontaram, no que diz respeito à supressão do *exequatur*, no sentido de dever ser atingido o objetivo de livre circulação das decisões judiciais na União Europeia e de que a supressão do procedimento de *exequatur* seria o meio de alcançar tal objetivo. Sobre a implementação dessa medida, considerou-se que a supressão do *exequatur* devia ser acompanhada de garantias, em especial para proteger os direitos de defesa da parte contra a qual se requer a execução. Porém, quanto ao alcance dessas garantias e ao lugar onde devem estar disponíveis (o Estado-Membro de execução ou o Estado-Membro de origem) não houve total consenso. Também se concluiu que a supressão do *exequatur* suscita preocupações especiais no que diz respeito aos processos de difamação e às ações coletivas.

7.3.1. As linhas gerais da revisão do Regulamento Bruxelas I

A proposta apresentada pela Comissão com vista a rever a matéria relativa à competência judiciária, ao reconhecimento e à execução de decisões no âmbito civil e comercial, na União Europeia, focou-se essencialmente nos elementos seguintes:

- Suprimir o procedimento intermédio de reconhecimento e de execução das decisões judiciais (*exequatur*), excetuando as decisões proferidas nos processos de difamação e no âmbito de ações coletivas de indemnização;
- Alargar as regras de competência do regulamento aos litígios em que participem requeridos de países terceiros, contemplando nomeadamente as situações em que a mesma questão está pendente num tribunal na União Europeia e num tribunal num país terceiro;
- Reforçar a eficácia dos acordos de eleição do foro;
- Melhorar a relação entre o regulamento e a arbitragem;
- Melhorar a coordenação dos processos nos tribunais dos Estados-Membros;
- Melhorar o acesso à justiça para determinados tipos de litígios; e
- Clarificar as condições ao abrigo das quais as medidas provisórias e cautelares podem circular na UE.

Desenvolvendo apenas os aspetos que dizem respeito à supressão do *exequatur*, vejamos o que se perspetiva nesta matéria.

- A principal e mais relevante alteração proposta vai no sentido de ser suprimido o procedimento de *exequatur* para todas as decisões judiciais abrangidas pelo âmbito de aplicação do Regulamento, com exceção das decisões proferidas nos processos de difamação e nas ações coletivas de indemnização.
- De todo o modo, será uma supressão do *exequatur* a «duas velocidades», na medida em que em relação às matérias atrás mencionadas – processos de difamação e nas ações coletivas de indemnização – se entende que não estão reunidas condições para avançar com a concessão automática de força executória, designadamente por falta de harmonização na lei substantiva aplicável, mantendo-se o procedimento de *exequatur* nesses casos[520].

[520] Assim justifica o legislador: *A proposta mantém o procedimento de exequatur para as decisões proferidas nos processos de difamação quando um indivíduo alega que os seus direitos de personalidade ou relativos à sua privacidade foram violados pelos meios de comunicação social. Estes casos são particularmente sensíveis e os Estados-Membros adotaram abordagens divergentes sobre a forma de garantir o cumprimento dos vários direitos fundamentais afetados, designadamente a dignidade humana, o respeito pela vida privada e familiar, a proteção de dados pessoais, a liberdade de expressão e de informação. Estas divergências, conjugadas com a falta de uma norma de conflitos harmonizada a nível da União [ver artigo 1º, nº 2, alínea g), do Regulamento (CE) nº 864/2007 («Roma II»)], tornam prematuro presumir que existe de facto o nível de confiança exigido entre as ordens jurídicas que permite ir mais longe do que a manutenção do status quo nesta matéria. Por conseguinte, parece preferível manter temporariamente o procedimento de exequatur para as decisões proferidas nos processos de difamação, enquanto se aguarda uma maior clareza ou normas materiais e/ou de conflito neste domínio.*
O exequatur é igualmente mantido nas decisões judiciais proferidas em ações instauradas por um grupo de requerentes, uma entidade representativa ou um organismo que atua no interesse público, e que digam respeito à indemnização de danos causados por práticas comerciais ilícitas contra um conjunto de requerentes («ações coletivas»). Os mecanismos existentes para compensar um grupo de vítimas lesadas por práticas comerciais ilícitas varia consideravelmente a nível da UE. No essencial, cada sistema nacional de indemnização é único e não existem dois sistemas nacionais semelhantes neste domínio. Alguns procedimentos aplicam-se apenas em setores muito específicos (por exemplo, a recuperação das perdas do investimento de capital na Alemanha ou os danos causados por práticas anticoncorrenciais no Reino Unido); outros têm um âmbito de aplicação mais amplo (por exemplo, os procedimentos espanhóis de ação coletiva). Uma segunda diferença refere-se à legitimidade de ação nos processos de indemnização: alguns Estados-Membros conferiram poderes às autoridades para instaurar ações em determinados domínios (por exemplo, o Provedor na Finlândia), outros conferem direito de ação a organizações privadas, tais como as associações de consumidores (por exemplo, Bulgária) ou a indivíduos que agem em nome de um grupo (por exemplo, Portugal). Muitos Estados-Membros preveem uma combinação de diversas regras em matéria de legitimidade para instaurar uma ação. Outra diferença refere-se às categorias de vítimas que podem ter acesso a ações coletivas de indemnização. A maioria dos sistemas nacionais acima referidos permite o acesso

- A par da supressão do *exequatur* e à semelhança do que sucede com o regime do título executivo europeu, são criadas garantias processuais tendo em vista assegurar que o direito do requerido a um processo equitativo e os seus direitos de defesa estão adequadamente salvaguardados, com respeito pelo art. 47º da Carta dos Direitos Fundamentais da União Europeia. Essas garantias correspondem a situações que são atualmente contempladas por determinados motivos de recusa existentes, com o objetivo de assegurar a proteção dos direitos da defesa.
- Assim, o requerido terá três possibilidades de impedir, em circunstâncias excecionais, que uma decisão judicial proferida num Estado-Membro produza efeitos noutro Estado-Membro:

  a) «Contestando» a decisão judicial no Estado-Membro de origem, caso não tenha sido corretamente informado do processo nesse Estado.
  b) «Contestar» qualquer outro vício processual eventualmente surgido durante a tramitação no tribunal de origem suscetível de ter violado o seu direito a um processo equitativo, sendo esse pedido apresentado no Estado-Membro de execução.
  c) Requerer a suspensão da execução da decisão judicial caso seja inconciliável com outra decisão proferida no Estado-Membro de execução ou, em determinadas condições, noutro país.

- Alarga-se a utilização de modelos de formulário para facilitar os procedimentos às autoridades competentes.

a ações de indemnização aos consumidores, enquanto alguns apenas permitem o acesso a este tipo de ações a outras vítimas, nomeadamente pequenas empresas. As diferenças relacionam-se igualmente com os efeitos de uma decisão judicial sobre os membros do grupo em causa: na maioria dos Estados-Membros, a decisão só vincula quem deu o seu consentimento expresso à ação («opt-in», por exemplo Suécia e Itália). Em alguns Estados-Membros, a decisão torna-se vinculativa para todos os membros do grupo, salvo se optaram por não participar (Portugal, Dinamarca, Países Baixos). Além disso, há diferenças entre os Estados-Membros relativamente ao momento em que é identificado individualmente quem tem direito de ação; em alguns Estados-Membros, a identificação deve ter lugar quando a ação representativa é instaurada (por exemplo, Reino Unido), enquanto noutros, pode ter lugar ulteriormente (por exemplo, Polónia e Espanha). Há igualmente diferenças sensíveis quanto ao financiamento das ações coletivas, à distribuição do produto das indemnizações e à utilização dos mecanismos alternativos de resolução de litígios.

De acordo com a proposta de revisão do Regulamento 44/2001, a concretização das alterações enunciadas determinará uma reorganização das disposições do Capítulo III do Regulamento, o qual passa a ter a epígrafe «*Reconhecimento, executoriedade e execução*», mais consentânea com o seu efetivo conteúdo. Esse Capítulo integrará duas secções, uma aplicável à generalidade das decisões e que seguirá o regime das «*decisões para as quais não é necessário uma declaração de executoriedade*» (secção 1 – arts. 38º a 46º da proposta); outra destinada a casos de exceção e que disciplina as «*decisões para as quais é necessário, provisoriamente, uma declaração de executoriedade*» (secção 2 – arts. 47º a 69º da proposta). O legislador distingue, assim, as situações em que a atribuição de força executória é automática (art. 38º, nº 2, da proposta) daqueles em que se mantém, excecional e provisoriamente, a necessidade de um procedimento de *exequatur* (art. 50º da proposta). De acordo com o nº 3, do art. 37º, da proposta, ficam sujeitas a este último regime as decisões proferidas noutro Estado-Membro que sejam relativas a obrigações extracontratuais decorrentes de violações da privacidade e de direitos de personalidade, incluindo a difamação, e as ações relativas à indemnização por danos causados por práticas comerciais ilícitas a um grande número de partes lesadas, instauradas por uma entidade estatal, por uma organização sem fins lucrativos, cujo objetivo e atividade principal seja representar e defender os interesses de grupos de pessoas singulares ou coletivas, além de, num base comercial, lhes prestar aconselhamento jurídico ou de os representar em juízo, ou por um grupo de mais de doze queixosos (as designadas «ações coletivas»).

Quanto ao regime a que se sujeitam os casos em que é necessária, provisoriamente e a título execepcional, a prévia obtenção de uma declaração de executoriedade, a proposta mantém em linhas gerais o procedimento de *exequatur*, tal como se encontra previsto nos arts. 33º a 52º do Regulamento 44/2001[521].

A novidade da proposta de revisão do Regulamento Bruxelas I está, na verdade, na criação de um regime regra de acordo com o qual não é necessária uma declaração de executoriedade para que uma decisão proferida num Estado-Membro, e que nele seja executória, possa igualmente ver reconhecido esse efeito noutro Estado-Membro, onde o credor poderá desencadear, diretamente, a competente ação execu-

---

[521] Sobre este regime, ver ponto 3, deste Capítulo I.

tiva[522]. Este sistema aproxima-se daquilo que é hoje o título executivo europeu, trazendo para o tribunal de origem o procedimento (ainda que de simples emissão de uma certidão) que confere a um título executivo nacional efeitos extraterritoriais e transferindo para o tribunal de execução alguns mecanismos de defesa do requerido.

Assim, para efeitos da execução, noutro Estado-Membro, o requerente deve munir-se de uma cópia da decisão[523] que satisfaça as condições necessárias para atestar a sua autenticidade e de uma certidão (conforme formulário do anexo I) emitida pelo tribunal de origem, que ateste que a decisão é executória e que inclua, se necessário, um extrato da decisão e todas as informações relevantes sobre os custos processuais reembolsáveis e o cálculo de juros (art. 42º, nº 1, da proposta). A cópia da decisão e a certidão emitida com base no formulário anexo I, que a acompanha, constituem o título executivo complexo que servirá de base à execução transfronteiriça, num esquema semelhante ao que se aplica à certificação do título executivo europeu. Quem emite a decisão deverá ser o tribunal e não qualquer autoridade, dado que se atestam certos pressupostos processuais como a competência do tribunal e se apresenta um resumo dos factos e fundamentos da decisão[524].

---

[522] Do mesmo modo, podem ser acionadas as medidas provisórias, incluindo medidas cautelares, que hajam sido objeto de decisão proferida por tribunal que, de acordo com o Regulamento, seja competente para conhecer do mérito da causa. Consagrando a posição dominante e já plasmadas na jurisprudência do Tribunal de Justiça, o art. 2º, al. a), da proposta, refere agora expressamente que *para efeitos do capítulo III, o termo «decisão» abrange as medidas provisórias, incluindo as medidas cautelares, decididas por um tribunal que, por força do presente regulamento, é competente para conhecer do mérito da causa. Inclui também medidas decididas sem que o requerido tenha sido convocado para comparecer e cuja execução não depende da citação prévia do requerido, desde que este tenha a possibilidade de contestar subsequentemente a medida nos termos da lei do Estado-Membro de origem*; e a al. b) acrescenta: *as «medidas provisórias, incluindo as medidas cautelares» abrangem as providências cautelares para obtenção de informações ou preservação de provas*. Cfr., ainda, art. 42º, nº 2, da proposta.

[523] Nos termos dos nº 3 e 4, do art. 42º da proposta, a autoridade competente pode, se necessário, exigir uma transliteração ou tradução do conteúdo do formulário anexo I, nos termos do artigo 69º. Quanto à tradução da decisão, as autoridades competentes podem não a exigir ao requerente, no entanto, essa tradução pode ser exigida se a execução da decisão for contestada e a tradução se afigurar necessária.

[524] Confrontando o conteúdo dos formulários anexos à proposta de revisão do Regulamento Bruxelas I com aqueles que constam do Regulamento 805/2004, verifica-se que deixa de haver menção a duas entidades (órgão jurisdicional/tribunal que emitiu a certidão e, se diferente,

Essa ação executiva será regulada pela lei do Estado-Membro de execução e as decisões que aí sejam executórias devem ser executadas nas mesmas condições em que são executadas as decisões tomadas nesse Estado-Membro (art. 41º, nº 1, da proposta, seguindo o que se prevê no art. 20º, nº 1, do Regulamento 805/2004). Não obstante este princípio geral, os motivos de recusa ou de suspensão previstos para as situações referidas nos arts. 43º a 46º, da proposta, prevalecem sobre aqueles que se encontrem previstos na lei do Estado-Membro de execução.

A tomada de decisão sobre a revisão do Regulamento 44/2001 e o princípio da concessão de força executória automática com efeitos transfronteiriços às decisões judiciais impôs, na mesma linha de orientação do título executivo europeu, a blindagem desse regime de supressão do *exequatur* contra eventuais violações de direitos fundamentais, com vista a assegurar as garantias de defesa do requerido, em especial nos casos em que este haja adotado uma posição passiva no processo declarativo. Nesta vertente, a proposta de revisão do Regulamento 44/2001 acaba por proceder, de certa forma, a uma fusão com o Regulamento 805/2004, pois encontramos uma transposição dos mecanismos de defesa que o legislador aí consagrou para os «créditos não contestados»[525]. Inclusivamente, o legislador destacou os casos em que o requerido «não compareceu em juízo no Estado-Membro de origem» e criou, com aplicação direta e vinculativa nos Estados-Membros, um mecanismo excecional de reapreciação da decisão que se pretende executar, através do qual se poderá obter a sua anulação (cfr. art. 45º, da proposta).

Quanto aos mecanismos de salvaguarda das garantias defensionais do requerido, são consagrados os meios seguintes:

a) **De caráter e âmbito geral**
   i) Recusa total ou parcial da execução da decisão, a pedido do requerido, com fundamento na sua inconciliabilidade com uma decisão proferida num litígio entre as mesmas partes no Estado-Membro ou

---

órgão jurisdicional/tribunal que proferiu a decisão) dando azo a que se pudesse entender que a certificação de uma decisão podia ser entregue a entidade diferente daquela que proferiu a decisão. Esta mesma clarificação resulta da alteração introduzida à noção de «tribunal de origem», que agora passa a dizer claramente que é «o tribunal que tiver proferido a decisão». Sobre esta questão, ver, infra, Capítulo III, ponto 1.2.2.

[525] Sobre esses mecanismos de defesa, ver, infra, ponto 2, do Capítulo III.

com uma decisão anteriormente proferida noutro Estado-Membro, ou num país terceiro, numa ação com a mesma causa de pedir e entre as mesmas partes, desde que essa decisão anterior reúna as condições necessárias para ser reconhecida no Estado-Membro de execução (art. 43º, da proposta). Este fundamento já constituía motivo de recurso da decisão sobre o pedido de declaração de executoriedade no âmbito do regime do procedimento de *exequatur* tradicional, ao abrigo do art. 45º, do Regulamento 44/2001, conjugado com os arts. 43º, 44º, 34º e 35º, do mesmo diploma. Do mesmo modo, também no regime jurídico do título executivo europeu se prevê, igualmente, a recusa da execução com base nessa mesma razão (art. 21º, do Regulamento 805/2004), embora esse argumento deva ser invocado em sede de oposição à execução, pois a decisão de certificação do título executivo europeu não é suscetível de recurso. Aliás, tendo em conta a futura desnecessidade de declaração de executoriedade sobre as decisões judicias também se vislumbra que este motivo de recusa apenas possa ser invocado em sede de execução, o que também decorre da inserção sistemática da disposição que o prevê (o referido art. 43º da proposta) na subsecção que se ocupa das normas que regem a execução da decisão no Estado de destino.

ii) Recusa da execução, mediante requerimento, com fundamento na violação dos princípios fundamentais subjacentes ao direito a um tribunal imparcial (art. 46º da proposta)[526].

Esta recusa será deduzida mediante requerimento apresentado pela parte através de formulário próprio (anexo III, junto à proposta) no tribunal do Estado-Membro de execução, devendo o procedimento de apresentação desse pedido ser regulado pela lei desse Estado-Membro (nº 2 e 3 do art. 46º da proposta). O legislador remete para os ordenamentos internos a disciplina do procedimento adequado a fazer valer este pedido de recusa, mas define alguns aspetos desse regime (nº 2 a 8 do art. 46º da proposta):

- que o tribunal territorialmente competente é determinado pelo domicílio da parte contra a qual o reconhecimento ou a execução for requerido ou pelo lugar da execução;

---

[526] Esta disposição é também aplicável aos casos onde apenas esteja em causa o reconhecimento da decisão e se pretenda o afastamento dos respetivos efeitos.

- que se o pedido for manifestamente infundado, o tribunal deve indeferi-lo imediatamente, em qualquer caso no prazo de 30 dias a partir da receção do pedido.
- que se o tribunal considerar que o pedido tem fundamento, deve recusar o reconhecimento ou a execução da decisão.
- que a decisão proferida sobre o pedido de recusa só pode ser contestada por meio do recurso previsto no anexo IV, ou seja, recurso de cassação em Espanha e recurso em matéria de direito em Portugal.
- que o tribunal a que for apresentado um pedido nos termos do presente artigo pode suspender a instância se tiver sido interposto um recurso ordinário contra a decisão no Estado-Membro de origem ou se o prazo para a interposição desse recurso ainda não tiver expirado. Se o prazo de interposição do referido recurso ainda não tiver expirado, o tribunal pode especificar o prazo em que ele deve ser interposto.
- que as despesas processuais decorrentes do procedimento previsto no presente artigo, incluindo as custas judiciais da parte vencedora, ficam a cargo da parte vencida.

Tendo em conta que foi afastado o motivo de recusa com fundamento em violação do princípio da ordem pública e considerando que as razões que maioritariamente eram invocadas a esse propósito no âmbito do procedimento de *exequatur* tradicional diziam respeito ao desrespeito por princípios de natureza adjetiva, o legislador terá entendido salvaguardar esses direitos fundamentais através deste mecanismo. No entanto, estamos em crer que este ponto continuará a provocar a discórdia entre as instituições europeias, bem como entre a doutrina.

b) De caráter e âmbito restrito aos casos de «não comparência» do requerido em juízo no Estado-Membro de origem
No intuito de criar um maior grau de segurança em relação à exequibilidade extraterritorial de decisões proferidas no âmbito de processos declarativos que correram termos à «revelia» do réu, a proposta prevê, à semelhança do que sucede com o título executivo europeu, um conjunto de fundamentos que legitimam o requerido a obter uma reapreciação da decisão, tentando assim obviar à sua execução (art. 45º da proposta). Tendo como objetivo

a salvaguarda do princípio fundamental do direito a um «justo processo» e em particular à proibição de indefesa, foi criado um procedimento, de aplicação direta e imediata, sem necessidade de apoio no ordenamento interno, de acordo com o qual o requerido pode, em circunstâncias consideradas excecionais, ver reapreciada a decisão.

Assim, nos termos da proposta, *o requerido que não tiver comparecido em juízo no Estado-Membro de origem pode apresentar um pedido de reapreciação da decisão no tribunal competente desse Estado, se:*

a) *Não lhe tiver sido notificado o ato que inicia a instância, ou ato equivalente, em tempo útil para apresentar a sua defesa; ou*
b) *Lhe tiver sido impossível apresentar a contestação por motivo de força maior ou devido a circunstâncias excecionais, sem que tal facto lhe possa ser imputável;*

salvo se *não tiver contestado a decisão embora tivesse a possibilidade de o fazer.*

Considerando o âmbito de aplicação deste pedido de reapreciação da decisão e os fundamentos invocáveis, estamos na presença de um mecanismo análogo ao do art. 19º do Regulamento 805/2004[527], embora com a diferença de que no regime do título executivo europeu estamos na presença de uma condição da própria certificação e teriam de ser os próprios ordenamentos internos a dispor desse recurso extraordinário na respetiva legislação interna, criando assim um desequilíbrio na aplicação do diploma, que ficaria dependente dos regimes nacionais.

Algumas notas sobre os elementos essenciais de natureza procedimental em relação a este mecanismo:

– Constitui um procedimento autónomo ao qual o devedor deve recorrer, mediante apresentação de formulário próprio (anexo II, à proposta) diretamente ao tribunal do Estado-Membro de origem competente para a reapreciação nos termos do presente artigo ou ao tribunal competente do Estado-Membro de execução, que deve remetê-lo sem demora ao tribunal competente do Estado-Membro de origem, utilizando os meios de comunicação nele aceites (nº 2 e 3, do art. 45º, da proposta). Esta faculdade, atribuída ao requerente,

---

[527] Cfr., infra, Capítulo II, ponto 4.1.3.5.

de escolha da entidade competente para receber o pedido deveu-se a divergências quanto à atribuição desta competência, relacionadas com dúvidas sobre o lugar onde deviam ser disponibilizados os mecanismos de segurança do exercício das garantias atribuídas ao requerido. Para obviar a questão, o legislador optou por permitir que o requerimento dê entrada tanto no tribunal de origem, onde será apreciado, como no tribunal de execução, de onde será remetido para apreciação por aquele tribunal de origem. Esta solução determinará uma triangulação algo complexa e possivelmente demorada, mas assegura a maior acessibilidade dos meios ao requerente, podendo optar por aquele que lhe cause menos transtorno.
- Uniformizam-se os prazos procedimentais, quer de apresentação do pedido de reapreciação[528], quer de atuação do tribunal para proferir decisão[529] (nº 4 e 5, do art. 45º, da proposta).
- O pedido de reapreciação poderá ser indeferido liminarmente se for manifestamente infundado ou determinar que a decisão seja declarada nula se se verificar algum dos fundamentos permitidos para o efeito. No entanto, a parte que obteve a decisão no tribunal de origem não perde o benefício da interrupção da prescrição ou dos respetivos prazos, adquirido no processo inicial (nº 5, do art. 45º, da proposta).

Ao mesmo tempo que são criados mecanismos de salvaguarda das garantias defensionais do requerido, nos termos expostos, também se faz a articulação entre esses pedidos de reapreciação e a execução que haja sido proposta.

Considerando que os mecanismos de defesa que o devedor pode acionar contra a concessão de força executória à decisão assentam no ataque à decisão judicial proferida no processo de origem e tem fundamento na

---

[528] Este pedido deve ser apresentado o mais rapidamente possível, mas imperativamente no prazo de 45 dias a partir do dia em que o requerido tiver tomado conhecimento do conteúdo da decisão e esteja em condições de reagir. Se o requerido apresentar um pedido de reapreciação no âmbito do procedimento de execução, o prazo começa a correr, o mais tardar, na data da primeira medida de execução que tenha por efeito tornar os seus bens indisponíveis no todo ou em parte. Considera-se que o pedido foi apresentado no momento em que foi recebido por um dos tribunais referidos no nº 3 (art. 45º, nº 4, da proposta).

[529] Prazo de 30 dias a partir da receção do pedido (art. 45º, nº 5, da proposta).

falta de cumprimento de princípios processuais fundamentais e, ainda, que esses procedimentos são autónomos em relação à execução que entretanto pode ter sido intentada pelo credor, houve que criar mecanismos de articulação desses procedimentos com a referida execução, possibilitando que a mesma se suspenda ou que se limite à garantia patrimonial necessária a salvaguardar o interesses do exequente. Este regime, aliás, tem paralelo com o do título executivo europeu[530].

Assim, nos termos do art. 44º da proposta de revisão do Regulamento 44/2001, *no caso de ser apresentado um pedido de reapreciação nos termos dos artigos 45º ou 46º, a autoridade competente do Estado-Membro de execução pode, a pedido do requerido:*

a) *Limitar os procedimentos de execução a medidas cautelares;*
b) *Sujeitar a execução à constituição de uma garantia que determinará; ou*
c) *Suspender, no todo ou em parte, a execução da decisão.*

Além disso, *a autoridade competente deve suspender, a pedido do requerido, a execução da decisão se a sua executoriedade tiver sido suspensa no Estado-Membro de origem.*

E, *se forem decretadas medidas cautelares sem que o requerido tenha sido citado para comparecer e executadas sem notificação prévia ao requerido, a autoridade competente pode, a pedido do requerido, suspender a execução se o requerido as tiver contestado no Estado-Membro de origem.*

Em face das linhas gerais gizadas para a supressão do *exequatur*, tal como resultam da proposta de revisão do Regulamento, constatamos a existência de um natural paralelismo entre o novo regime proposto e o procedimento do título executivo europeu. Contudo, não deixa de haver algumas diferenças, designadamente:

– Deixaram de ser sindicados, *a priori*, os modos de citação e notificação nos casos em que o devedor «não compareceu»[531] em juízo no

---

[530] Cfr., infra, Capítulo III, ponto 3.2.3.

[531] Este conceito, que pelo menos de acordo com a letra da lei se afasta do termo utilizado no Regulamento 805/2004, onde se fazia alusão a «créditos não contestados», não ficará certamente isento de dificuldades na sua interpretação. Além do mais, o legislador continua com algumas deficiências e incoerências terminológicas pois no formulário do anexo II (relativo ao pedido de reapreciação) faz constar o termo «revelia» para se referir à mesma realidade.

Estado-Membro de origem. Mas bem se compreende, dada a opção pela supressão de um ato formal de certificação no Estado de origem, remetendo o ónus de impugnação para o requerido que tem o dever de impulsionar os mecanismos de reapreciação da decisão. Por outro lado, revela intenção de procurar harmonização nas formalidades da citação, por forma a assegurar igualdade de tratamento aos cidadãos europeus.
- Não há mecanismos de revogação ou retificação da decisão da certificação porque também deixou de haver uma certificação realizada em moldes formais. Isto poderá, no entanto, gerar algumas dificuldades em face de erradas concessões de força executória automática, por exemplo nos casos em que a matéria em causa não seja abrangida pelo Regulamento Bruxelas I. Estamos em crer, no entanto, que esse controlo nascerá com a regulamentação de procedimentos complementares pelos ordenamentos internos ou, então, na fase da execução, como fundamento de oposição. Nesta última solução, porém, o requerido ficará mais onerado.
- Como já se disse, o recurso da decisão em situações extraordinárias passa a poder ser usado independentemente da legislação interna em vigor porque decorre diretamente do Regulamento. Não obstante, se os legisladores dos Estados-Membros nada fizerem para adequar o respetivo regime interno de recursos a estes fundamentos, vão criar-se situações de desigualdade entre casos idênticos, apenas pelo facto de um ter sido submetido ao crivo da executoriedade transfronteiriça, e isso é desaconselhável.

7.3.2. Alargamento do paradigma do título executivo europeu

Todo o exposto sobre a proposta de revisão do Regulamento Bruxelas I e a consequente supressão do *exequatur*, associado ao facto de as disposições transitórias (art. 92º, nº 2, da proposta) determinarem que o Regulamento 805/2004 é substituído pelo Regulamento 44/2001, com exceção das decisões previstas no artigo 37º, nº 3 – que continuam a reger-se pelo regime tradicional – conduzem a uma mais reduzida aplicação e utilização do título executivo europeu. Contudo, isto configura apenas uma substituição formal dos diplomas, porque na verdade o que acontece é uma confusão ou fusão do regime do título executivo europeu com este novo regime proposto da concessão automática de força executória transfronteiriça

Será legítimo, então, perguntar se haverá morte ou sobrevivência do título executivo europeu.

«*Este*» título executivo europeu, tal como o conhecemos hoje, receia-se que não sobreviva nos exatos termos em que foi criado, mas deixará a sua essência e a sua marca, como projeto-piloto que foi na tarefa da supressão do *exequatur*. Vislumbra-se, aliás, o alargamento do paradigma em que assentou toda a sua filosofia, designadamente no que se refere aos «mínimos processuais» exigidos.

Podemos dizê-lo: o «título executivo europeu», na sua essência, renasce e ganha espaço, pois deverá ser alargado à generalidade das situações, com preservação dos mínimos processuais, com a vantagem de abranger qualquer decisão, independentemente do seu conteúdo, deixando de se aplicar apenas a decisões proferidas sobre obrigações pecuniárias.

Além do mais, o título executivo europeu nunca poderá deixar de ser uma referência nesta matéria. A interpretação do diploma que venha a aprovar a revisão do Regulamento Bruxelas I vai necessariamente assentar no seu antecedente mais próximo que é o Regulamento 805/2004. Ter-se-á de recorrer aos estudos sobre o título executivo europeu para interpretar conceitos onde o legislador possa não ter sido claro, pois a avaliar pela proposta de revisão apresentada já se conclui que houve pouco cuidado e algum aligeirar nos conceitos utilizados, enquanto no Regulamento 805/2004 houve alguns excessos de pormenor na definição do regime aplicável à certificação do título executivo europeu.

7.4. Considerações finais

Quando avaliamos a situação atual da cooperação judiciária em matéria civil e comercial, reconhecemos os esforços da União Europeia e identificamos um estado evolutivo muito apreciável. Porém, a dada altura encontramo-nos a laborar num paradoxo. As medidas não podem ser todas criadas em simultâneo e os tempos de umas não são equivalentes aos tempos de outras, sendo que só quando todas estiverem operacionais é que se poderá retirar rentabilidade e eficácia do sistema. E, nesse entretanto, as medidas parece que se foram atropelando e sobrepondo sem qualquer sentido lógico ou eficaz.

Em consequência, a maioria das pessoas e mesmo os profissionais do foro dificilmente se consciencializaram ou sensibilizaram para este fenómeno, pelo menos nos nossos ordenamentos. Estatisticamente está comprovado que em matéria de reconhecimento e execução de sentenças estrangeiras apenas na Europa central e sobretudo nas zonas fronteiriças se têm desencadeado processos de declaração de executoriedade, mercê, certamente, do maior número de relações económicas, associado, porventura, a uma maior credibilidade na justiça e na cobrança judicial. Portugal, por sua vez, é o país com menor expressão nesta matéria. De acordo com o relatório da Comissão sobre a aplicação do Regulamento Bruxelas I, *as normas relativas ao reconhecimento e execução das decisões são aplicadas com mais frequência* [do que as normas sobre a competência judiciária], *mas não foi possível obter dados exaustivos sobre o número de declarações de executoriedade proferidas pelos tribunais. O número de declarações pode ser muito baixo (por exemplo, 10 declarações em 2004 em Portugal) ou muito elevado (por exemplo, 420 declarações em 2004 no Luxemburgo), situando-se o pico nas regiões fronteiriças (por exemplo, 301 declarações pelos tribunais da circunscrição judicial de Traunstein na Alemanha, situada perto da fronteira austríaca)*[532].

A União Europeia está a trilhar um caminho irreversível, mas cada vez que avança parece, pelo menos formalmente, que nada de relevante aconteceu e não se consegue ter a clara perceção dos resultados e vantagens retirados, efetivamente, pelos profissionais do foro. Quase nos atrevemos a dizer que eles não se reveem e não compreendem este processo evolutivo. E talvez só o possam compreender e dele tirar partido quando todas as peças estiverem encaixadas e, como num puzzle, tudo de repente passe a fazer sentido. Até lá, a União Europeia vai teimando em conduzir o sistema a atingir as metas que há muito tempo estão traçadas, na esperança de construir um espaço europeu sem fronteiras jurídicas.

E no caso concreto do título executivo europeu, os objetivos ter-se-ão cumprido?

O título executivo europeu, mais do que cumprir objetivos definitivos concretos, cumpriu uma etapa na escalada da supressão do *exequatur*. Mas, pensamos, com ele não foi absolutamente superado o *exequatur*, como se proclamou. Ter-se-ão atenuado ou simplificado os procedimen-

---

[532] Relatório da Comissão sobre a aplicação do Regulamento (CE) nº 44/2001 do Conselho, relativo à competência judiciária, ao reconhecimento e à execução de decisões em matéria civil e comercial, p. 3. Para acompanhamento do resumo das respostas ao questionário enviado aos Estados-Membros e que suportou o estudo apresentado, consultar: http://ec.europa.eu/civiljustice/news/docs/study_bxl1_compilation_quest_1_en.pdf.

tos e, sobretudo, aligeirado os fundamentos de recusa, sem que, com isso, se tenha conseguido uma total «livre circulação» ou uma «via verde» para os títulos formados e certificados ao abrigo do Regulamento 805/2004. Mas este instrumento cumpriu o seu papel, está a cumprir a sua função e cumpri-la-á até que se julgue essencial para atingir os objetivos da União Europeia no que ao espaço europeu de justiça diz respeito.

É oportuno constatar que neste momento o caminho já não está muito longe de se encontrar percorrido, mas há sempre muito a fazer. CARRASCOSA GONZÁLEZ já havia afirmado que, em pleno século XXI, o Regulamento 44/2001 parece ser antiquado na medida em que o regime nele plasmado continua assente nos institutos herdados do século XIX: o reconhecimento e o *exequatur*. E estes institutos em nada contribuem para a eficiente circulação das decisões estrangeiras, muito menos ao nível da exigência imprimida, atualmente, pela globalização[533]. Enaltecendo o pressuposto de comungabilidade das garantias processuais, *maxime* as de defesa das partes, que ao menos formalmente se encontram asseguradas, o autor defende que é possível prescindir de qualquer controlo adicional, designadamente por ocasião do reconhecimento dos efeitos da decisão estrangeira, incluindo os de executoriedade[534].

Considerando o ceticismo humano, será interessante refletir, a título de conclusão, sobre a circunstância de, em cada momento e a cada etapa anunciada no progresso da cooperação judiciária civil, os objetivos comunitários nos parecerem sempre utópicos, quando, mais tarde, essa utopia, afinal, vem a revelar-se uma «verdade prematura». Isso mesmo já sucedeu em relação às comunicações que a União Europeia fez na década de 90, que

---

[533] Nesta matéria, o autor considera, até, a possibilidade de uma *Global-Convention*, à escala mundial, que fosse capaz de impulsionar o sistema de reconhecimento e *exequatur* automático em matéria patrimonial. Designadamente ao nível das grandes multinacionais, são elevados os níveis de satisfação perante esta ideia, a qual facilitaria uma «justiça veloz de alcance mundial» e constituiria um motor para o comércio internacional, acabando com as barreiras políticas que aprisionam os fluxos económicos. Porém, como conclui, são muitos os inconvenientes associados a este cenário, sobretudo relacionados com questões de *fórum shopping*, de onde beneficiariam as empresas com mais poder económico, e de incompatibilidades dos sitemas de matriz diversa. Cfr. CARRASCOSA GONZÁLEZ, J., *Globalización y Derecho Internacional Privado*, *op. cit.*, p. 144. Sobre este assunto, ver, também, FORNER DELAYGUA, J. J., *Hacia un Convenio Mundial de "Exequatur"*, Barcelona, 1999.

[534] CARRASCOSA GONZÁLEZ, J., *ibidem*, p. 143.

agora verificamos terem sido possíveis de concretizar. Neste pressuposto, tudo o mais que agora se anuncia e perspetiva será, certamente, possível (ou, pelo menos, assim se espera).

O caminho da supressão do *exequatur* tem sido longo e tortuoso e o título executivo europeu foi um passo nesse caminho e desde sempre foi encarado como um projeto-piloto. Teve a sua função de encabeçar o processo de desenvolvimento e concretização do princípio de reconhecimento mútuo e só isso já lhe confere valor.

Resta acrescentar que a interpretação restritiva do art. 81º do TFUE, concretamente quanto às expressões *"incidência transfronteiriça"* e *"na medida do necessário ao bom funcionamento do mercado interno"*, tem criado alguma dificuldade no desenvolvimento harmonioso dos instrumentos comunitários criados ao abrigo da cooperação judiciária civil, na medida em que o legislador tende a atribuir-lhes um âmbito de aplicação limitado aos «litígios transfronteiriços».

Na opinião de TENREIRO, que nos parece acertada, enveredar-se por esse caminho poderá acarretar prejuízos irreparáveis à construção do espaço europeu de justiça, inviabilizando, a prazo, que sejam adotados padrões mínimos relativos a garantias processuais, que parecem ser um requisito essencial à realização plena do princípio do reconhecimento mútuo[535].

---

[535] Cfr. TENREIRO, M., *O Espaço Europeu de Justiça Civil in* PINHEIRO, L. L. (Dir.), "Seminário Internacional sobre a Comunitarização do Direito Internacional Privado", Coimbra, 2005, pp. 39-42.

Capítulo II
Âmbito de Aplicação e Pressupostos do Título Executivo Europeu

1. Nota prévia

No universo dos mecanismos que auxiliam a aplicação do princípio de reconhecimento mútuo, importa agora fixarmo-nos no título executivo europeu para créditos não impugnados[536], procurando os limites e os pressupostos a que fica condicionada a aplicação e o recurso ao Regulamento 805/2004.

---

[536] Os estudos sobre o título executivo europeu não abundam, mas já se encontram referências significativas. Para análise desta matéria, ainda em fase de projeto, ver: BAKER, C., *Le Titre Exécutoire Européen. Une Avancée pour la Libre Circulation des Décisions?*, "La Semaine Juridique", nº 22, 2003, pp. 985 e ss.; BIAVATI, P., *Europa e Processo Civile. Metodi e Prospettive*, Torino, 2003, pp. 138 e ss.; BOSCHIERO, N., *The Forhcoming European Enforcement Order. Towards a European Law Enforcement Area*, RDI, 2003, pp. 394 e ss.; CARPI, F., *L'ordine di Pagamento tra Efficacia della Tutela e Garanzie della Difesa*, Riv. Dir. Proc., 2002, pp. 688 e ss.; CONSALVI, E., *Il Titolo Esecutivo Europeo in Materia di Crediti non Contestati*, "Judicium" (www.judicium.it); CORREA DELCASSO, J. P., *Análisis de la Propuesta de Reglamento Sobre el Título Ejecutivo Europeo. Incidencia de la Normativa Comunitaria en la LEC*, "La Ley", nº 5657, 2002, pp. 1773 e ss.; idem, *Le Titre Exécutoire Européen et l'Inversion du Contentieux*, RIDC, 2001, pp. 61 e ss.; idem, *Principios del Proceso de Elaboración del Título Ejecutivo Europeo Mediante la Técnica de la Inversión del Contradictorio*, "La Ley", nº 5222, 2001, pp. 1612 e ss.; DÍEZ RIAZA, S., *La Propuesta de Reglamento del Consejo por el que se Establece un Título Ejecutivo Europeo para Créditos no Impugnados*, "Revista de Derecho Procesal", 2002, pp. 111 e ss.; GONZÁLEZ CANO, M. I., *Reconocimiento y Ejecución de Resoluciones Judiciales y Documentos Públicos con Fuerza Ejecutiva en el Ámbito Comunitario,*

"InDret", 2003 (www.indret.com); idem, *Reconocimiento y Ejecución de Resoluciones Judiciales y Documentos Públicos con Fuerza Ejecutiva en el Ámbito Comunitário*, U. E. Aranzadi, 3, 2004, pp. 5 e ss.; GIACALONE, G., *Verso il Titolo Esecutivo Europeo Per i Crediti non Contestati*, e BALLARINO, T., *Problematiche Internazional-Privatistiche poste dal Progetto di Regolamento*, ambos in "Quaderni del Consiglio Superiore della Magistratura", 2002, pp. 49 e ss. e 95 e ss., respetivamente; NORMAND, J., *Le Titre Exécutoire Européen*, in "Diritto Contrattuale Europeo e Diritto dei Consumatori. L'Integrazione Europea e il Processo Civile", ALPA, G. e DANOVI, R. (Coord.), pp. 237 e ss.. Milan, 2003; RODRÍGUEZ VÁZQUEZ, M. A., *A Propósito del Título Ejecutivo Europeo*, "Anuario de Derecho Europeo", 2002, pp. 553 e ss.; idem, *Los Efectos de la Globalización en el Sector de la Eficacia Extraterritorial de Resoluciones Judiciales Extranjeras: La Superación del Exequátur* in "Globalización y Derecho", CALVO CARAVACA, A. L.; BLANCO-MORALES LIMONES, P. (Dir.), Madrid, 2003, pp. 537 e ss.; TARZIA, G., *L'ordine Europeo del Processo Civile*, Riv. Dir. Proc., 2001, pp. 902 e ss.
Já na vigência do Regulamento 805/2004, vide: BASTIANON, S., *Brevi Note sul Regolamento (CE) N. 805/2004, che Istituisce il Titolo Esecutivo Europeo per i Crediti Non Contestati*, DUE, 2005, pp. 473 e ss.; BELTZ, K. H., *Le Titre Exécutoire Européen*, "Recueil Dalloz", 2005, pp. 2707 e ss.; BLANCO-MORALES LIMONES, P.; DURÁN AYAGO, A., *Luces y Sombras del Título Ejecutivo Europeo sobre Créditos no Impugnados* in "Cuestiones Actuales del Derecho Mercantil Internacional, CALVO CARAVACA y AREAL LUDEÑA (Dir.), Madrid, 2005, pp. 41 e ss.; BONACHERA VILLEGAS, R.; SENÉS MOTILLA, C., *La Aplicación del Título Ejecutivo Europeo en el Sistema Procesal Español*, "La Ley", nº 6341, 2005; CAMPEIS, G.; DE PAULI, A., *Prime Riflessioni sul Titolo Esecutivo Europeo (Regolamento (CE) N. 805/2004 del 21 Aprile 2004, che Istituisce il Titolo Esecutivo Europeo per i Crediti non Contestati*, "Judicium" www.judicium.it; CAMPUZANO DÍAZ et alt. (Dir.), *Hacia La Supresión del Exequátur en el Espacio Judicial Europeo: el Título Ejecutivo Europeo*, Sevilla, 2006; CORNO, G., *Il Regolamento N. 805/2004/CE Istitutivo del Titolo Esecutivo Europeo per i Crediti Non Contestati*, DCSI, 2005, pp. 309 e ss.; DAGNA, P., *Libera Circolazione delle Decisioni Giudiziarie con il Nuovo Titolo Esecutivo Europeo*, www.altalex.com, 2006; FUMAGALLI, L., *Il Titolo Esecutivo Europeo per i Crediti Non Contestati nel Regolamento Comunitario Nº 805/2004*, Riv. Dir. Int. Priv. Proc., 2006, pp. 23 e ss.; GARCIMARTÍN ALFÉREZ, F. J., *El Título Ejecutivo Europeo*, Navarra, 2006; GARCIMARTÍN ALFÉREZ, F. J.; PRIETO JIMÉNEZ, M. J., *La Supresión del Exequatur en Europa: el Título Ejecutivo Europeo*, "La Ley", nº 6151, 2004, pp. 1619 e ss.; GASCÓN INCHAUSTI, F., *El Título Ejecutivo Europeo para Créditos no Impugnados*, Navarra, 2005; MARINHO, C. M., *Os Títulos Executivos Europeus Emergentes de Decisões Judiciais Proferidas em Acções sem Oposição – Regime e Problemas* in "Textos de Cooperação Judiciária Europeia em Matéria Civil e Comercial", Coimbra, 2008, pp. 129 e ss.; OLIVIERI, G., *Il Titolo Esecutivo Europeo (Qualche Considerazione sul Reg. CE 805/2004 del 21 Aprile 2004*, "Judicium", www.judicium.it; PALOMO HERRERO, M. Y., *Reconocimiento y Ejecución de Resoluciones Judiciales en Materia Civil y Mercantil. El Título Ejecutivo Europeo* in "La Cooperación Judicial Civil y Penal en el Ámbito de la Unión Europea: Instrumentos Procesales", JIMENO BULNES (Dir.), Barcelona, 2007, pp. 127 e ss.; PUIG BLANES, F. P., *La Cooperación Judicial Civil en la Unión Europea*, Barcelona,

O enquadramento geral do título executivo europeu, que antecedeu este capítulo, proporcionou a introdução desta temática. Cumprida essa tarefa, vejamos agora questões mais específicas, relacionadas com o âmbito de aplicação do Regulamento 805/2004, os pressupostos da certificação do título executivo europeu, bem como os procedimentos de certificação, sem esquecer alguns temas essenciais relativos à execução fundada no título executivo europeu. Faremos também, sempre que se julgue oportuno, algumas considerações de ordem crítica no que respeita à bondade de algumas das disposições do regime jurídico do título executivo europeu, especialmente na articulação deste regime com os ordenamentos jurídicos internos português e espanhol.

2. Âmbito de aplicação do regime jurídico do título executivo europeu
2.1. Aplicação no espaço
O âmbito de aplicação territorial do Regulamento que criou o título executivo europeu não difere daquele que vigora em matéria de reconhecimento e execução de sentenças estrangeiras na União Europeia, na medida em que também produz os seus efeitos e se encontra vigente em todo o território da União Europeia, com exceção da Dinamarca.

Conforme se retira da conjugação do art. 1º com o art. 2º, nº 3, do Regulamento 805/2004, o título executivo europeu é criado para certificar decisões, transações judiciais e instrumentos autênticos que, após a certificação, possam circular em todos os Estados-Membros e neles serem executados sem necessidade de ser efetuado qualquer procedimento intermédio,

---

2006, pp. 161 e ss.; RAMOS ROMEU, F., *El Título Ejecutivo Europeo*, Navarra, 2006; RODRÍGUEZ VÁZQUEZ, M. A., *El Título Ejecutivo Europeo*, Madrid, 2005; SANJUÁN Y MUÑOZ, E., *El Título Ejecutivo Europeo*, "La Ley", nº 6082 e 6083, 2004, pp. 1744 e ss.; SILVA, P. C., *O Título Executivo Europeu*, Coimbra, 2005; *Processo de Execução – Títulos Executivos Europeus*, Coimbra, 2006; STORSKRUBB, E., *Civil Procedure and EU Law. A Policy Area Uncovered*, Oxford, 2008, pp. 153 e ss.; TAGARAS, H., *The "European Enforcement Order" (Regulation 805/2004) in* "International Civil Litigation in Europe and Relations with Third States", NUYTS, A.; WATTÉ, N. (Dir.), Bruxelles, 2005, pp. 563 e ss.; VAN DROOGHENBROECK, J. F.; BRIJS, S., *La Pratique Judiciaire au Défi du Titre Exécutoire Européen*, ERA Forum, 2007, pp. 49 e ss.; idem, *Un Titre Exécutoire Européen*, Les Dossiers du Journal des Tribunaux, Bruxelles, 2006; XAVIER, L. B., *O Título Executivo Europeu e o Princípio do Reconhecimento Mútuo*, "Europa-Novas Fronteiras", Revista do Centro de Informação Jacques Delors, nº 16/17, 2004/2005, pp. 145 e ss.; ZILINSKY, M., *Abolishing Exequatur in the European Union: The European Enforcement Order*, "Netherlands International Law Review", 2006, pp. 471 e ss.

sendo que se entende por Estado-Membro qualquer Estado-Membro da União Europeia, à exceção da Dinamarca.

Com efeito, aquando da aprovação do Regulamento 805/2004, vigoravam para o Reino Unido, a Irlanda e a Dinamarca os respetivos Protocolos anexos ao Tratado da União Europeia e ao Tratado que institui a Comunidade Europeia de acordo com os quais esses países não participavam nas medidas decorrentes do Título IV do TCE[537] (em vigor à data). Por seu lado, em relação ao Reino Unido e à Irlanda, assiste-lhes a faculdade de, se assim o desejarem, participarem na adoção e aplicação de uma qualquer medida proposta naquele âmbito, devendo para isso informar o presidente do Conselho, num prazo de três meses a contar da data da apresentação ao Conselho da proposta ou da iniciativa. Poderão igualmente adotar a medida a qualquer momento, após a sua aprovação.

Sucede que, neste contexto, a Dinamarca manteve-se alheia a esta medida[538], à semelhança do que aconteceu com outros instrumentos criados nesta matéria, e o Reino Unido e a Irlanda procederam à notificação por escrito da intenção de participar na aprovação e aplicação do Regulamento que criou o título executivo europeu, que por isso lhes é aplicável (cfr. considerando 24 do Regulamento 805/2004).

Ainda no que concerne à aplicação espacial do Regulamento 805/2004, pode suscitar-se a questão de saber qual o âmbito pessoal de aplicação, ou seja, quais os cidadãos que podem lançar mão do mecanismo dele decorrente. Como não podia deixar de ser, entende-se que estamos perante um instrumento de aplicação universal, que se aplica a todos os indivíduos, independentemente da nacionalidade e do domicílio das partes. De facto, não podíamos estar perante uma prerrogativa dos cidadãos europeus, nem por força de um elemento de conexão subjetivo, nem de um elemento objetivo.

Nesta matéria, o que está em causa é a concretização do princípio de mútuo reconhecimento e este princípio, reportando-se unicamente às instituições dos Estados-Membros, é indiferente ao sujeito em causa, não se

---

[537] Art. 3º do Protocolo relativo à posição do Reino Unido e da Irlanda e arts. 1º e 2º do Protocolo relativo à posição da Dinamarca, ambos anexos aos então Tratado da União Europeia e Tratado que institui a Comunidade Europeia.

[538] Não obstante a posição tomada pela Dinamarca neste tipo de questões, quanto ao Regulamento 44/2001 vigora o acordo de alargamento das respetivas disposições, como se viu (cfr., supra, nota 377).

vislumbrando, assim, que esse facto pudesse servir de critério excludente ou vinculante.

Pela mesma razão de respeito pelo princípio do reconhecimento mútuo e porque apenas no seio da União Europeia é exigível e, simultaneamente, sindicável a verificação dos requisitos mínimos processuais consagrados no Regulamento 805/2004, só podem estar em causa decisões emanadas de tribunais e entidades competentes dos diferentes Estados-Membros ou por eles homologadas ou, ainda, por elas redigidos ou registados os instrumentos autênticos (Estado-Membro de origem, nos termos do art. 4º, nº 4) e, por outro lado, só os Estados que compõem a União Europeia podem receber execuções sustentadas no título executivo europeu (Estado-Membro de execução, nos termos do art. 4º, nº 5). A opção não foi, nem podia ser, neste contexto, pela criação de um sistema comum de homologação de decisões estrangeiras independentemente do Estado de origem. Mais do que harmonizar procedimentos de *exequatur*, o que se pretendeu foi criar um sistema específico (mas de simplificação) que se aplicasse exclusivamente no espaço europeu, dirigido às decisões das respetivas autoridades e capaz de agilizar a circulação das decisões, desonerando, tanto quanto possível, os seus destinatários.

A vinculação territorial ao espaço europeu é exigida através da verificação de um elemento de conexão que se concretiza numa dupla vertente: o do lugar onde a decisão foi proferida, a transação foi homologada ou o documento foi elaborado ou registado, por um lado, e, por outro, o do lugar onde se pretende que esses mesmos títulos sejam executados[539].

Porém, há uma ressalva a considerar, que passa pela chamada proibição do duplo *exequatur*, regra que garante a inaplicabilidade, ainda que indireta, do Regulamento comunitário a decisões de terceiros Estados[540]. Não

---

[539] Ver, por todos, GASCÓN INCHAUSTI, F., *El Título Ejecutivo Europeo para Créditos no Impugnados*, op.cit., pp. 41-43.

[540] Esta regra da proibição do duplo *exequatur* foi reiterada pelo Tribunal de Justiça, no Acórdão de 20 de janeiro de 1994, *Case Owens Bank Ltd v. Fulvio Bracco e Bracco Industria Chimica SPA*, Processo C-129/92, Coletânea da Jurisprudência 1994 página I-001178. Sucedeu o seguinte: considerando que o litígio suscitava problemas de interpretação da Convenção, a House of Lords, chamada a decidir em última instância sobre a situação que opunha as partes, suspendeu a instância até que o Tribunal de Justiça se pronunciasse a título prejudicial sobre as seguintes questões: "1) A Convenção de Bruxelas de 1968 relativa à competência judiciária e à execução de decisões em matéria civil e comercial (Convenção de 1968) aplica-se a ações

é possível, assim, obter certificação como título executivo europeu de uma decisão, ainda que proferida por um tribunal de um Estado-Membro, se esta tiver tido como objeto a concessão de força executória a uma decisão originária de um Estado terceiro. Digamos que o título executivo europeu é um mecanismo exclusivamente intracomunitário[541].

Quando no Regulamento se alude a *decisões proferidas por um órgão jurisdicional de um Estado-Membro* não podemos desconsiderar o conceito *autónomo* de decisão que para esse efeito vigora, a explorar infra, sendo esse o limite que se impõe na aferição do elemento de conexão do lugar onde a decisão foi proferida[542].

ou a questões suscitadas em ações que correm seus termos em Estados contratantes relativamente ao reconhecimento e à execução de decisões em matéria civil e comercial proferidas em Estados não contratantes? 2) Os artigos 21º, 22º ou 23º da Convenção de 1968, ou algum destes artigos, aplicam-se a ações ou a questões suscitadas em ações propostas em mais do que um Estado contratante para execução de uma decisão proferida num Estado não contratante? Consequentemente, aí se decidiu:
a) A Convenção de 27 de setembro de 1968 relativa à competência judiciária e à execução de decisões em matéria civil e comercial e, especificamente, os seus artigos 21º, 22º e 23º não se aplicam às ações nem a questões suscitadas em ações que correm seus termos em Estados contratantes relativamente ao reconhecimento e à execução de decisões em matéria civil e comercial proferidas em Estados terceiros.
b) Com efeito, por um lado, resulta dos artigos 26º e 31º da Convenção, que devem ser interpretados em conjugação com o seu artigo 25º, que os processos previstos no título III da Convenção, que respeita ao reconhecimento e à execução, apenas são aplicáveis às decisões proferidas por um órgão jurisdicional de um Estado contratante. Por outro lado, as regras de competência do título II da Convenção não determinam o local do foro para os processos de reconhecimento e execução de sentenças proferidas num Estado terceiro, tendo em conta que o artigo 16º, nº 5, que, em matéria de execução de decisões, prevê a competência exclusiva dos tribunais do Estado contratante do lugar de execução, deve também ser interpretado em conjugação com a definição do conceito de decisão constante do artigo 25º. Não se pode, a este respeito, proceder a uma distinção entre um simples despacho de *exequatur* e uma decisão de um órgão jurisdicional de um Estado contratante que se pronuncia sobre uma questão suscitada no decurso de um processo de reconhecimento de uma sentença proferida num Estado terceiro, pois que, se, pelo seu objeto, um litígio é excluído do âmbito de aplicação da Convenção, a existência de uma questão prévia, sobre a qual o juiz se deve pronunciar para decidir esse litígio, não pode, seja qual for o conteúdo dessa questão, justificar a aplicação da Convenção.

[541] Cfr. VAN DROOGHENBROECK, J. F.; BRIJS, S., *Un Titre Exécutoire Européen*, op.cit., pp. 43-45.
[542] Ainda que se deva atender à restrição decorrente do art. 6º, al. d), para os casos específicos em que o devedor seja consumidor, pois nessas situações não basta que a decisão tenha

2.2. Aplicação no tempo

O Regulamento 805/2004 do Parlamento Europeu e do Conselho foi aprovado a 21 de abril de 2004 e entrou em vigor a 21 de janeiro de 2005, de acordo com o seu art. 33º, do referido Regulamento. Porém, nesta data apenas passaram a ser aplicáveis os arts. 29º, 31º e 32º, ou seja, as disposições que se reportam à obrigatoriedade de prestação de informação sobre os trâmites de execução, que incumbe aos Estados-Membros, necessária à adequada aplicação do Regulamento. No seu essencial, o diploma só teve aplicabilidade a partir de 21 de outubro de 2005, como se extrai do 2º parágrafo do art. 33º.

Temos, assim, dois marcos temporais – 21 de janeiro e 21 de outubro de 2005 – que separam, respetivamente, o momento a partir do qual são «proferidas» decisões, são «homologadas» ou «celebradas» transações judiciais, ou são «formalmente redigidos» ou «registados» instrumentos autênticos suscetíveis de serem certificados como título executivo europeu (cfr. disposição transitória do art. 26º) e o momento a partir do qual podem ser requeridos, emitidos e executados os certificados de título executivo europeu sobre essas mesmas decisões, transações judiciais e instrumentos autênticos.

Com base neste critério, podemos desde já tirar algumas conclusões:

i) Decisões proferidas, transações judiciais homologadas ou celebradas, ou instrumentos autênticos redigidos ou registados antes de 21 de janeiro de 2005, nunca serão certificados como título executivo europeu;

ii) Entre 21 de janeiro e 21 de outubro de 2005, decorreu um período de carência, em que o diploma já estava em vigor, mas onde ainda não era possível obter, nem requerer a competente certificação de título executivo europeu;

iii) Só no período pós 21 de outubro de 2005 estão reunidas condições para materializar os efeitos do Regulamento 805/2004;

iv) Só neste período podem ser objeto de certificação decisões, transações e instrumentos autênticos, ainda que a sua prolação, homolo-

---

sido proferida num Estado-Membro, na medida em que terá de o ser no Estado-Membro do domicílio do devedor (na aceção do art. 59º do Regulamento Bruxelas I). Esta solução é um reflexo do princípio da proteção do consumidor.

gação, celebração, redação ou registo, respetivamente, se reportem à data de 21 de janeiro de 2005 ou a data posterior[543].

Esclareça-se, então, que podemos estar perante uma situação em que o processo ou o procedimento que deu origem ao documento que se pretende certificar teve o seu início em data anterior a 21 de janeiro de 2005 e, não obstante isso, poderá ser certificado como título executivo europeu, desde que a prolação da decisão, a homologação ou celebração da transação, ou a redação ou registo do documento autêntico tenha ocorrido em data posterior àquela[544]. Tudo isto, naturalmente, sem prejudicar os demais

---

[543] Neste sentido, BLANCO-MORALES LIMONES, P.; DURÁN AYAGO, A., *Luces y Sombras del Título Ejecutivo Europeo Sobre Créditos no Impugnados, op.cit.*, p. 55; BONACHERA VILLEGAS, R.; SENÉS MOTILLA, C., *La Aplicación del Título Ejecutivo Europeo en el Sistema Procesal Español, op.cit.*, p. 2.; GASCÓN INCHAUSTI, F., *El Título Ejecutivo Europeo para Créditos no Impugnados, op. cit.*, pp. 43-46; SANJUÁN Y MUÑOZ, E., *El Título Ejecutivo Europeo, op.cit.*, p. 1750; VAN DROOGHENBROECK, J. F.; BRIJS, S., *Un Titre Exécutoire Européen, op.cit.*, pp. 275-277. Por este motivo, GARCIMARTÍN ALFÉREZ, F.J. e PRIETO JIMÉNEZ, M. J. falam de uma "cierta eficacia retroactiva" dos efeitos do Regulamento, in *La Supresión del Exequátur en Europa: El Título Ejecutivo Europeo, op.cit.*, p. 1623.
Em sentido contrário, PUIG BLANES, F. P., *La Cooperación Judicial Civil en la Unión Europea*, Barcelona, 2006, p. 164; XAVIER, L. B., *O Título Executivo Europeu e o Princípio do Reconhecimento Mútuo*, "Europa – Novas Fronteiras", *op.cit.*, p. 149. Compaginando os artigos 26º e 33º do Regulamento, o autor conclui que: "Admite-se, todavia, por razões de coerência sistemática e lógica e por razões de ordem prática, que o artigo 26º se reporta à data do início de aplicação das regras do Regulamento (21 de outubro de 2005)".

[544] A primeira versão do diploma que aprovou a criação do título executivo europeu estabelecia um critério diferente, reportando a aplicação do diploma «*às ações judiciais intentadas e aos atos autênticos formalmente redigidos ou registados após a sua entrada em vigor*», conforme dispunha o art. 29º, nº 1, da proposta. Sucede que esse critério obrigava a que fosse o próprio diploma a definir, ainda, os momentos em que se considerava a ação judicial como intentada (o que previa no nº 2 da referida disposição), não se podendo correr o risco de deixar isso a cargo dos regimes internos, dada a falta de harmonização dos diferentes ordenamentos jurídicos. Na versão final, o legislador abandonou este critério, simplificando-o e esclarecendo que «*o artigo 29º foi simplificado e associa doravante a aplicabilidade do regulamento à data de emissão da decisão, da transação judicial ou do ato autêntico a certificar enquanto título executivo europeu, sem que sejam necessárias outras definições suplementares*» (cfr. Comunicação da Comissão ao Parlamento Europeu respeitante à Posição comum adotada pelo Conselho tendo em vista a adoção de um regulamento do Parlamento Europeu e do Conselho que cria o Título Executivo Europeu para créditos não contestados, COM (2004) 90 final, 9.2.2004, p. 12).

requisitos exigidos pelo diploma, designadamente os relacionados com os «mínimos processuais».

A hipótese atrás referida revela, aparentemente, algum grau de insegurança, mas essa situação vislumbra-se sustentável e o legislador te-la-á entendido como marginal. Tratar-se-ia de casos em que o réu não impugnou o crédito por razões estratégicas e contava com a aplicação do Regulamento Bruxelas I, vindo depois a ser «surpreendido» com o regime do Regulamento 805/2004, sendo que os dois regimes contêm entre si diferenças, designadamente ao nível da possibilidade de impugnação com base em violação da ordem pública[545].

Relativamente às razões tendentes ao estabelecimento de um período de carência, é compreensível que o legislador tivesse pretendido introduzir progressivamente o novo «instrumento», permitindo uma adaptação dos sistemas, bem como dos operadores judiciários à nova realidade[546]. Em especial, atendendo aos «mínimos processuais» de que depende o efetivo acesso a este mecanismo de certificação por parte dos cidadãos europeus, era conveniente dar tempo aos Estados-Membros para adaptarem a sua legislação interna, se assim o entendessem.

Agora, falta identificar o ato que serve de referência para colocar o respetivo título executivo na qualidade de potencial título executivo europeu, havendo de ser realizado nos períodos supra referidos.

Assim, há que identificar o elemento que, em cada caso, os autonomiza[547]:

- Sendo uma decisão judicial, será a data em que a decisão foi proferida e que dela, necessariamente, constará.
- Sendo uma transação judicial, o legislador invoca o momento da sua *homologação* ou da sua *celebração*, por referência ao que dispõe o art. 3º, nº 1, al. a), onde, a propósito dos requisitos de certificação dos títulos executivos como título executivo europeu, se diz que um dos casos em que o crédito é considerado «não contestado» é aquele em que o devedor tenha admitido expressamente a dívida, por meio de

---

[545] Cfr. GARCIMARTÍN ALFÉREZ, F. J., *El Título Ejecutivo Europeo, op.cit.*, pp. 98-101.
[546] A favor desta opção legislativa, GASCÓN INCHAUSTI, F., *El Título Ejecutivo Europeo para Créditos no Impugnados, op. cit.*, p. 46.
[547] Trata este tema: GASCÓN INCHAUSTI, F., *ibidem*, pp. 44 e 45.

confissão ou de transação *homologada* por um tribunal, ou *celebrada* perante um tribunal no decurso de um processo. Ora, com isto pretendeu o legislador distinguir as situações em que a transação é realizada extrajudicialmente, e depois homologada pelo juiz, e aquelas em que a transação é obtida perante o juiz e no decurso de um processo. No entanto, não deixa de, em ambos os casos, ser sempre relevante, para efeitos de aplicação no tempo do Regulamento, o ato da respetiva homologação. Por uma questão de coerência sistemática e igualdade de tratamento, deve ser sempre por efeito do exercício da atividade jurisdicional que se resolverá a questão de saber se uma determinada transação pode ou não ser certificada como título executivo europeu, consoante essa atuação tenha ocorrido, ou não, depois da data de 21 de janeiro de 2005.

- Sendo um instrumento autêntico, faz-se alusão ao momento em que o mesmo tenha sido *formalmente redigido* ou *registado*. Neste caso, o legislador mencionou os atos que, de acordo com os regimes dos diferentes ordenamentos jurídicos, determinam a exequibilidade (interna) destes títulos[548]. Consoante os regimes, será o momento da outorga do documento ou o do seu registo a valer como critério de aplicação do Regulamento no tempo.

Como última nota, resta constatar que, sem que se encontrem registos de discussão sobre este assunto, a verdade é que o regime transitório de aplicação no tempo do Regulamento 805/2004, tal como veio a ser aprovado, não coincide com aquele que constava da primeira versão da proposta[549]. Concretamente, no que respeita às decisões e transações judiciais, abandonou-se o critério do momento em que a ação judicial se considera intentada para o da data em que a decisão é proferida. Este recuo, ainda

---

[548] Nos ordenamentos português e espanhol valerá o ato de outorga do documento.
[549] Onde o art. 29º (Disposições transitórias) dispunha: *1. O presente regulamento só é aplicável às ações judiciais intentadas e aos atos autênticos formalmente redigidos ou registados após a sua entrada em vigor.*
2. Para efeitos do nº 1, considera-se que a ação judicial é intentada: a) na data em que o ato que der início à instância, ou ato equivalente, for apresentado no tribunal, se o credor tiver requerido a citação ou notificação;
b) na data de receção pela entidade competente para a citação ou notificação, se o ato tiver que ser notificado antes de ser apresentado ao tribunal e o credor o tiver apresentado.

que aparentemente de última hora, terá evitado dúvidas que, certamente, iriam surgir em virtude das divergências nos vários regimes processuais nessa matéria (o do início da instância) e, por outro lado, permitiu que se beneficiasse mais cedo do regime de certificação do título executivo europeu, pois se o universo fosse reduzido aos processos «entrados» depois de 2005, não temos dúvidas de que isso arrastaria no tempo a real possibilidade de obter uma certificação.

Imperou, e bem, a simplicidade e a celeridade.

2.3. Aplicação quanto à matéria

Importa, agora, saber que matérias podem ser objeto dos títulos executivos certificáveis como títulos executivos europeus. Isto é, além de ter que estar sempre em causa um «crédito não contestado», qual poderá ser a natureza ou fonte desse crédito? Neste assunto, o legislador optou por uma dupla referência – positiva e negativa – que evitasse equívocos e conflitos de natureza material. Assim, além de afirmar o âmbito natural de aplicação do Regulamento 805/2004 em razão da matéria, também enumera aquelas questões às quais o mesmo não se aplica.

Assim, vejamos.

As matérias civis e comerciais, independentemente da natureza da jurisdição, isto é, sem atender à natureza do tribunal que internamente proferiu a decisão certificanda, constituem o âmbito geral de aplicação do citado Regulamento. Mas, dessas são excluídas: a) O estado ou a capacidade das pessoas singulares[550], os direitos patrimoniais decorrentes de regimes matrimoniais, de testamentos e de sucessões; b) As falências e as concordatas em matéria de falência de sociedades ou outras pessoas coletivas, os acordos judiciais, os acordos de credores ou outros procedimentos análogos; c) A segurança social; d) A arbitragem (art. 2º, nº 2). Para além disso, o Regulamento que criou o título executivo europeu também não abrange, nomeadamente, as matérias fiscais, aduaneiras e administrativas, nem a responsabilidade do Estado por atos e omissões no exercício do poder público («*acta iure imperii*»).

---

[550] Como refere SILVA, P. C., se só podem ser certificados títulos que representem créditos não contestados, não se vislumbra como poderia uma decisão sobre o estado e a capacidade das pessoas ser certificada. Tal circunstância apenas se compreende por uma razão de paralelismo com o art. 1º, nº 2, al. a) do Regulamento 44/2001, cfr. *O Título Executivo Europeu*, *op.cit.*, p. 10.

No essencial, podemos concluir que:

i) Ficam abrangidas as questões de direito privado patrimonial, com exclusão daquelas que têm tratamento próprio noutros diplomas como sucede com a matéria de Direito da Família (patrimonial), a matéria da insolvência e a arbitragem[551]. Fica igualmente abrangida a matéria laboral, apesar da ausência de referência expressa, na esteira do entendimento adotado à luz da Convenção de Bruxelas e do Regulamento Bruxelas I[552];

ii) Cumprindo-se esse requisito material e tratando-se de decisões ou transações judiciais, o facto de estar em causa jurisdição não civil (administrativa, penal ou laboral) não afasta a possibilidade de certificação da decisão como título executivo europeu. Logo, ficam abrangidas, por exemplo, as condenações no pagamento de quantia indemnizatória por responsabilidade civil, ainda que a decisão seja proferida no âmbito de uma sentença penal;

iii) Ficam afastadas as matérias de Direito Público. Os títulos que reconheçam créditos resultantes de relações jurídicas fiscais, aduaneiras e administrativas são insuscetíveis de certificação como título executivo europeu[553]. Por outro lado, quaisquer decisões que con-

---

[551] Estas matérias, por sua vez, são objeto de tratamento em diploma próprio, designadamente o Regulamento Bruxelas II, o Regulamento 1346/2000 do Conselho, de 29 de maio de 2000, relativo aos processos de insolvência, e a Convenção de Nova York, de 10 de Junho de 1958.

[552] Neste sentido, cfr. BONACHERA VILLEGAS, R.; SENÉS MOTILLA, C., *La Aplicación del Título Ejecutivo Europeo en el Sistema Procesal Español*, op.cit., ponto I.; GARCIMARTÍN ALFÉREZ, F. J.; PRIETO JIMÉNEZ, M. J., *La Supresión del Exequátur en Europa: el Título Ejecutivo Europeo*, op.cit., p. 1620; RODRÍGUEZ VÁZQUEZ, M. A., *El Título Ejecutivo Europeo*, op.cit., p. 51.

[553] As questões relacionadas com a Segurança Social estão a coberto do Regulamento (CEE) 1408/71 do Conselho, de 14 de junho de 1971, relativo à aplicação dos regimes de segurança social aos trabalhadores assalariados e aos membros da sua família que se deslocam no interior da Comunidade, onde se dispõe sobre a cobrança de contribuições (art. 92º), nestes termos: 1. A cobrança das contribuições devidas a uma instituição de um Estado-Membro pode ser efetuada no território de outro Estado-Membro, segundo o processo administrativo e com as garantias e privilégios aplicáveis à cobrança das contribuições devidas à instituição correspondente deste último Estado. 2. As modalidades de aplicação do nº 1 serão estabelecidas, na medida em que tal for necessário, pelo regulamento de execução referido no artigo 97ºou por acordos entre Estados-Membros. Essas modalidades de aplicação podem também englobar os processos de cobrança coerciva.

denem o Estado no pagamento de indemnização decorrente da prática de ato ou omissão ilícita no âmbito do exercício de poderes de autoridade ficam também afastadas dessa mesma certificação.
iv) O campo de ação do Regulamento 805/2004 é em tudo idêntico ao do Regulamento 44/2001.

Relativamente a esta última conclusão, comparado com o âmbito de aplicação do Regulamento 44/2001, o Regulamento 805/2004 apenas veio acrescentar que ficam excluídos os casos em que o Estado incorra em responsabilidade por ação ou omissão do exercício da sua autoridade (art. 2º, nº 1 e 2). Todavia, confirma-se que se tratou de uma referência desnecessária, na medida em que imperava já a interpretação restritiva do art. 1º, nº 1, do Regulamento 44/2001, emanada do Tribunal de Justiça, segundo a qual este regulamento não se aplicava à determinação da competência nas ações resultantes de atos praticados pelo Estado ao abrigo do *ius imperii*[554]. Apesar disso, bem se compreende que o legislador tenha pretendido transpôr para a letra da lei o entendimento jurisprudencial dominante, a fim de pôr fim à querela.

Importa, ainda, realçar que o paralelismo entre o Regulamento 805/2004 e o Regulamento 44/2001 determina que o conceito de «matéria civil e comercial» tenha, necessariamente, uma leitura própria, adequada aos cânones da União Europeia, e não possa ser objeto de uma interpreta-

---

Por sua vez, em matéria fiscal foi adotada a Diretiva 2001/44/CE do Conselho, de 15 de junho de 2001, relativa à assistência mútua em matéria de cobrança de créditos respeitantes a certas quotizações, direitos, impostos e outras medidas.
Sobre estas questões, ver LEVAL, G. de, *L'Evanescence de l'Exequatur dans l'Espace Judiciaire Européen, in* "Studi di Diritto Processuale Civile in Onore di Giuseppe Tarzia", Milano, 2005, pp. 431 e ss. (em especial, pp. 446-449).
[554] Cfr., designadamente, as seguintes decisões do Tribunal de Justiça: Sentença de 14 de outubro de 1976, Assunto 29/76 – LTU Lufttransportunternehmen GmbH & Co. KG contra Eurocontrol (concretamente a segunda conclusão que afirma: *Están excluídas del ámbito de aplicación del Convénio las resoluciones dictadas en los litígios entablados entre autoridades públicas y particulares, en los que la autoridad pública haya atuado en ejercicio del poder público*); Sentença de 16 de dezembro de 1980, Processo 814/79 – Staat der Nederlanden contra Reinhold Rüffer; Sentença de 15 de maio de 2003, Assunto C-266/01 – Préservatrice foncière Tiard SA contra Staat der Nederlanden *in* VIRGÓS SORIANO, M.; RODRÍGUEZ PINEAU, E., *Espacio Judicial Europeo en Materia Civil y Mercantil: Jurisprudencia del Tribunal de las Comunidades Europeas*, Navarra, 2005, pp. 11 e ss., 505 e ss. e pp. 775 e ss., respetivamente.

ção exclusivamente consentânea com os ordenamentos jurídicos internos de cada Estado-Membro[555].

Por outro lado, como aliás se conclui no Relatório da Comissão sobre a aplicação do Regulamento 44/2001, *as decisões interpretativas do Tribunal de Justiça oferecem orientações adequadas para a interpretação da expressão "em matéria civil e comercial" e para as exclusões do âmbito de aplicação do regulamento*[556].

A corrente jurisprudencial já está firmada e por isso não haverá dificuldades de interpretação dos conceitos. Naturalmente, está aqui em causa assegurar a igualdade e uniformidade dos direitos e obrigações que derivam do Regulamento.

Por último, uma nota sobre a exclusão da arbitragem, ou seja, sobre a impossibilidade de certificação como título executivo europeu das decisões proferidas por tribunais arbitrais quando estejam em causa créditos não contestados. Potencialmente, esta seria uma área de atuação do título executivo europeu no ordenamento jurídico português, desde que verificados os requisitos mínimos de certificação, pelo facto de à luz das normas internas portuguesas as decisões dos tribunais arbitrais serem exequíveis no Estado de origem, sem necessidade de qualquer procedimento de concessão do *exequatur* (art. 26º, nº 2, da Lei 31/86, de 29 de agosto)[557]. Mas, a verdade é que à semelhança do que sucede com o âmbito de aplicação do Regulamento Bruxelas I, a arbitragem continuou excluída também neste novo procedimento, certamente pelos mesmos motivos que presidiram ao seu afastamento do regulamento que disciplina o reconhecimento e execução de decisões estrangeiras, já ao tempo da elaboração da Convenção de Bruxelas, ou seja, a circunstância de *já existirem muitos acordos interna-*

---

[555] Ver, em especial a primeira conclusão da Sentença de 14 de outubro de 1976, onde se diz: *Para la interpretación del concepto de «matéria civil y mercantil» a fin de aplicar el Convénio de 27 de septiembre de 1968, relativo a la competência judicial y a la ejecución de resoluciones judiciales en matéria civil y mercantil, en particular su Título III, procede referirse, por una parte, a los objetivos y al sistema del Convénio y, por outra parte, a los princípios generales que se deducen de todos los sistemas jurídicos nacionales y no remitirse al Derecho de uno cualquiera de los Estados interesados*. Idem, *ibidem*.

[556] Sobre esta matéria ver, ainda, as seguintes decisões do Tribunal de Justiça: Sentença de 14 de julho de 1977, Assunto 9/77 e 10/77 – Bavaria Fluggesellschaft Schwabe & Co., KG e Germanair Bedarfsluftfahrt GmbH & Co., KG contra Eurocontrol; Sentença de 21 de abril de 1993, Assunto C-172/91 – Volker Sonntag contra Hans Waidmann e outros; Sentença de 17 de novembro 1998, Assunto C-391/95 – Van Uden Maritime BV contra Kommanditgesellschaft in Firma Deco-Line e outros. Idem, *ibidem*, pp. 31 e ss, pp. 363 e ss., e pp. 551, respetivamente.

[557] Sobre este reparo, cfr. SILVA, P. C., *O Título Executivo Europeu, op.cit*., p. 11.

cionais sobre arbitragem e de ser previsível, por iniciativa do Conselho da Europa, a aprovação de uma Convenção, acompanhada de protocolo, que facilitaria o reconhecimento e a execução de decisões arbitrais, com um alcance ainda maior do que a Convenção de Nova Iorque.

Por sua vez, o Tribunal de Justiça das Comunidades Europeias já se pronunciou no sentido seguinte: "ao excluírem a arbitragem do âmbito de aplicação da Convenção com o fundamento de que já estava abrangida por convenções internacionais, as Partes Contratantes pretenderam excluir a arbitragem na totalidade, incluindo procedimentos intentados nos tribunais nacionais" (cfr. acórdão de 25.7.1991, *March Rich & Cº.AG v Società Italiana Impianti PA*, Case C-190/89). E noutra decisão determinou que a "Convenção não se aplica a procedimentos e a decisões judiciais respeitantes a pretensões de revogação, alteração, reconhecimento ou execução de sentenças arbitrais" (cfr. Acordão *Van Uden Maritime B.V.* do Tribunal de Justiça, de 17.11.1998, Processo. C-391/95).

Como se compreende, os Estados-Membros, por seu lado, seguem a jurisprudência comunitária, não conferindo força executória às decisões arbitrais[558].

No contexto atual, em que na União Europeia impera um movimento pró-resolução alternativa de litígios, conforme tivemos oportunidade de referir[559], não faz sentido permanecer esta exclusão da arbitragem do âmbito de aplicação dos diplomas que regulam a concessão de força executiva a decisões externas. E a União Europeia está consciente desse desfasamento, tanto assim que esta questão foi já objeto de avaliação no Relatório da Comissão sobre a aplicação do Regulamento nº 44/2001. Mas, para já,

---

[558] Por exemplo, o acórdão do Tribunal da Relação de Lisboa, de 27.09.2007, decidiu nesse sentido quando negou o *exequatur* a uma decisão arbitral proferida por um tribunal arbitral italiano e concluiu: *o Regulamento (CE) nº 44/2001 do Conselho, de 2000/12/22, relativo à competência judiciária, ao reconhecimento e à execução de decisões em matéria civil e comercial, não é aplicável às decisões arbitrais, pelo que deve ser negada a declaração de executoriedade de sentença judicial estrangeira requerida ao abrigo do Regulamento, na parte em que se limita a confirmar decisão arbitral estrangeira.* Decisão disponível em www.dgsi.pt.
Sobre o reconhecimento e execução de «laudos» estrangeiros em Espanha, *vide* ESPLUGUES MOTA, C., *Presente y Futuro del Reconocimiento y Ejecución de Laudos Extranjeros en España, in* "Pacis Artes – Obra Homenaje al Profesor Julio D. González Campos", pp. 1471 e ss., Madrid, 2005.
[559] Ver ponto 4.7., Capítulo III, da Parte I.

os estudos revelam alguma dificuldade na *interface* entre o regulamento e a arbitragem[560].

Na exposição de motivos da proposta de revisão do Regulamento 44/2001 manteve-se esta posição, apenas criando uma melhor relação entre a arbitragem e os processos judiciais (cfr. arts. 1º, nº 1, al. d), 29º, nº 4 e 33º, nº 3, da proposta), esclarecendo-se que «*no que diz respeito à relação entre o regulamento e a arbitragem, enquanto numerosos intervenientes reconheceram que existe um problema e apoiaram a adoção de uma ação futura, várias associações de árbitros exprimiram preocupação com o impacto negativo de uma eventual regulamentação sobre o papel de liderança dos centros europeus de arbitragem a nível mundial. Houve desacordo sobre a melhor forma de proceder, ou seja, por um lado promover ativamente as convenções de arbitragem evitando assim procedimentos judiciais paralelos e expedientes de litigância abusivos ou, por outro, excluir de forma mais ampla a arbitragem do âmbito de aplicação do regulamento. Em qualquer caso, a maioria dos intervenientes expressou satisfação geral com o funcionamento da Convenção de Nova Iorque de 1958, que não desejam ver afetado por uma eventual ação da União nesta matéria*». Porém, *a proposta compreende uma disposição específica sobre a relação entre arbitragem e processos judiciais. Obriga um tribunal ao qual foi submetido o litígio a suspender a instância se a sua competência for contestada com base num acordo de arbitragem e se a ação tiver sido submetida a um tribunal arbitral ou se uma ação relacionada com a convenção de arbitragem tiver sido instaurada no Estado-Membro da sede da arbitragem. Esta alteração reforçará a eficácia dos acordos de arbitragem na Europa, evitará procedimentos judiciais e arbitrais paralelos e desencorajará expedientes de litigância abusivos.*

---

[560] Cfr. o citado Relatório, onde se diz: *Em especial, apesar de se considerar que, de um modo geral, a Convenção de Nova Iorque de 1958 funciona satisfatoriamente, por vezes são instaurados processos judiciais e de arbitragem paralelos, quando a validade da cláusula de arbitragem é confirmada pelo tribunal de arbitragem, mas não pelo tribunal judicial; os dispositivos processuais existentes ao abrigo da legislação nacional destinados a reforçar a eficácia dos acordos de arbitragem (como as «antissuit injunctions») são incompatíveis com o regulamento se entravarem a determinação pelos tribunais de outros Estados-Membros da sua competência ao abrigo do regulamento; não há uma repartição uniforme de competências em processos acessórios aos processos de arbitragem; o reconhecimento e execução das decisões proferidas pelos tribunais em violação de uma cláusula de arbitragem são incertos; o reconhecimento e execução das decisões sobre a validade de uma cláusula de arbitragem ou a anulação de uma decisão arbitral são incertos; o reconhecimento e execução de decisões incorporadas numa decisão arbitral são incertos; por último, o reconhecimento e execução das decisões arbitrais, regidas pela Convenção de Nova Iorque, são considerados menos rápidos e eficazes que o reconhecimento e execução das decisões judiciais.*

2.4. A (des) necessidade da natureza transfronteiriça do litígio

Reconhecer o campo de aplicação do título executivo europeu é também questionar se as situações em que possa obter-se essa certificação devem ser originariamente transfronteiriças. À primeira vista, é sobretudo nesse tipo de situações, designadamente naquelas em que, *ab initio*, pelo menos uma das partes tem domicílio ou residência habitual num Estado-Membro diferente daquele a que pertence o tribunal demandado, que se vislumbra aplicável o regime jurídico do Regulamento 805/2004, o qual, nessa medida, seria unicamente aplicável aos processos transfronteiriços. Porém, a dimensão transfronteiriça de um litígio pode manifestar-se só depois de o credor avançar para a fase da execução e se dar conta de que essa execução se deve realizar noutro Estado-Membro, por o devedor ter entretanto mudado a sua residência para esse Estado-Membro ou porque só aí possui bens suscetíveis de apreensão.

A criação de um procedimento exclusivo para processos de dimensão internacional pode tornar-se insatisfatório para os credores que enquanto operadores económicos pretendem ter acesso aos meios judiciais mais eficazes, sem terem de se resignar aos mecanismos tradicionais, mais morosos e dispendiosos.

VAN DROOGHENBROECK e BRIJS, acompanhando LEVAL, aceitam que o Regulamento 805/2004 tem vocação para ser aplicado quer às situações internas, quer às situações transfronteiriças[561], sendo que esta parece ser a solução mais razoável e consentânea com a criação de um mecanismo que se pretende eficaz e ao serviço da circulação dos títulos executivos no espaço europeu. Tanto assim, que o legislador não restringiu a aplicação do diploma aos litígios transfronteiriços, como fez a propósito da injunção europeia e do processo europeu para ações de pequeno montante, e, por outro lado, a *ratio* subjacente ao título executivo europeu aconselha a sua aplicação a qualquer litígio desde que se torne necessário passar a fronteira do Estado de origem para proceder à efetiva cobrança do crédito pecuniário pela via executória.

Na verdade, um título executivo terá sempre, potencialmente e independentemente da relação de origem ser ou não transfronteiriça, propensão para ser «expatriado», na medida em que necessita de acompanhar

---

[561] Cfr. VAN DROOGHENBROECK, J. F.; BRIJS, S., *Un Titre Exécutoire Européen*, *op.cit.*, pp. 45 e 46.

a mobilidade do devedor e do seu património, e é assim que o devemos encarar.

3. Pressupostos gerais da certificação do título executivo europeu
3.1. Nota prévia

A obtenção de um título executivo europeu depende da verificação de determinados requisitos. Por todas as circunstâncias que estiveram envolvidas na criação deste instrumento inovador, que permite ultrapassar a barreira do *exequatur* tradicional e que constitui o primeiro reflexo da livre circulação de documentos em matéria civil com força executiva no espaço europeu, bem se compreende não ser exequível a criação de um modelo que, de imediato, abrangesse toda e qualquer situação. Houve que delimitar, necessariamente, os parâmetros dentro dos quais seria plausível a aquisição deste «passaporte» jurídico.

Esses contornos podem dividir-se em dois grupos: o dos requisitos gerais da certificação do título executivo europeu e o dos requisitos específicos da certificação do título executivo europeu. No primeiro grupo, tomam lugar as condições que em qualquer caso têm de verificar-se para ser aplicável o regime jurídico do título executivo europeu. Assim, em todas as situações, o credor que pretenda munir-se de um título com força executória transfronteiriça terá que ser titular de um crédito cujo objeto seja uma obrigação pecuniária, certa, líquida e exigível, esse crédito tem que ser considerado não contestado e tem que constar de um documento certificável – uma decisão judicial, uma transação judicial ou um documento autêntico – devendo esse documento constituir, necessariamente, título executivo no Estado de origem, de acordo com as suas disposições internas, sendo nas suas instituições, aliás, que reside a competência para, por meio dos formulários anexos ao Regulamento 805/2004, conceder a referida certificação como título executivo europeu.

Mas não bastam estes requisitos ditos gerais, será ainda necessário que, conforme o tipo de título executivo que está a ser objeto da certificação, se cumpram os respetivos requisitos específicos, que têm sobretudo que ver com a forma como se materializa o caráter não contestado do crédito em causa e ainda, no caso particular das decisões judiciais, com as exigências relacionadas com os «mínimos processuais» que devem estar garantidos no ordenamento de onde emana a decisão, por forma a assegurar, sobretudo, os direitos de defesa do devedor.

3.2. Quanto ao objeto da obrigação

Quando foi pensada a criação de um instrumento-piloto que permitisse a livre circulação dos títulos executivos, a cautela aconselhava que fossem abrangidas apenas as situações que revelassem um grau suficiente de segurança na atribuição deste efeito. Os dados estatísticos aliados aos objetivos económicos fizeram recair a escolha sobre situações caracterizadas pela ausência verificável de qualquer controvérsia quanto à natureza e ao valor de uma dívida.

Nesta fase inicial, o que se pretendeu foi a «supressão» do *exequatur* para todos os títulos executivos relativos a créditos não contestados, não sendo o seu âmbito de aplicação limitado às decisões resultantes de um procedimento específico, embora ficasse condicionado à observância de várias normas processuais mínimas relativas à citação ou à notificação de atos, as quais abrangem os métodos de citação ou de notificação admissíveis, os prazos entre a citação ou a notificação e a decisão, de forma a permitir a preparação da defesa, e a informação adequada do devedor aquando da realização do ato de chamamento ao processo. Apenas a observância destes requisitos, certificada pelo tribunal de origem, justificaria a supressão de um controlo do respeito dos direitos da defesa no Estado-Membro onde a decisão deva ser executada[562].

Os créditos abrangidos por este procedimento resumem-se àqueles que respeitam a prestações pecuniárias, cujo montante seja exigível, devendo o montante do crédito ser líquido ou liquidável por simples cálculo aritmético, tudo conforme os arts. 3º, nº 1, 4º, nº 2, 16º al. c), do Regulamento 805/2004[563].

Assim, só está assegurada a certificação de títulos executivos europeus quando ficar confirmado que se trata de um crédito pecuniário, vencido e exigível e de quantia certa (líquida), ficando afastadas as obrigações de prestação de facto e as de entrega de coisa, bem como as pecuniárias ilíquidas e não liquidáveis por simples cálculo aritmético. Ou seja, só nestes termos estará cumprida a noção de crédito prevista no Regulamento,

---

[562] Livro Verde relativo a um Procedimento Europeu de Injunção de Pagamento e a Medidas para Simplificar e Acelerar as Ações de Pequeno Montante, p. 17.
[563] Sobre este assunto, ver, por todos, GARCIMARTÍN ALFÉREZ, F. J.; PRIETO JIMÉNEZ, M. J., *La Supresión del Exequátur en Europa: El Título Ejecutivo Europeo*, *op.cit.*, p. 1620; GASCÓN INCHAUSTI, F., *El Título Ejecutivo Europeo para Créditos no Impugnados*, *op.cit.*, pp. 47 e ss.; SANJUÁN Y MUÑOZ, E., *El título ejecutivo europeo*, *op.cit.*, pp. 1747 e 1748.

segundo a qual «crédito» é *a reclamação do pagamento de um montante específico de dinheiro que se tenha tornado exigível ou para o qual a data em que é exigível seja indicada na decisão, transação judicial ou instrumento autêntico* (4º, nº 2, do Regulamento 805/2004).

Cumprindo a tradição legislativa da União Europeia e porque a diversidade de ordenamentos em que se trabalha podia pôr em causa a interpretação do conceito, o legislador não se eximiu de balisar os limites, no que ao objeto da prestação diz respeito, dentro dos quais podem obter-se títulos executivos europeus.

3.2.1. Certeza, liquidez e exigibilidade da obrigação exequenda

A certeza, a liquidez e a exigibilidade da obrigação exequenda são pressupostos processuais específicos de uma qualquer ação executiva, sem os quais não é possível desencadear os meios adequados a tornar a obrigação efetiva. Não é, por isso, de estranhar que aqui sejam trazidos como requisitos necessários à executoriedade da obrigação que se visa executar alémfronteiras. A verdade, porém, é que há algumas particularidades destes pressupostos processuais quando associados ao título executivo europeu, ou seja, ao Regulamento 805/2004.

Vejamos.

Relativamente à certeza da obrigação, o Regulamento 805/2004 não faz nenhuma referência expressa, mas, naturalmente, este requisito está implícito ao caráter executório da obrigação. A circunstância de ser imperativo tratar-se de uma obrigação pecuniária, facilita a exigência da determinação qualitativa da obrigação, podendo adiantar-se que perante uma obrigação alternativa – que, em concreto, pode conduzir à incerteza da obrigação – só faz sentido obter a certificação se a escolha já se encontrar previamente efetuada e tiver recaído, necessariamente, naquela que tem por objeto uma quantia pecuniária.

Operada a determinação qualitativa da obrigação, é necessário estabelecer o seu quantitativo e neste aspeto – o da liquidez da obrigação – valem algumas regras específicas no que respeita à certificação do título executivo europeu.

Em primeiro lugar, para uma cabal interpretação do requisito da liquidez da obrigação exequenda, é útil uma breve referência aos trabalhos preparatórios de elaboração da proposta do Regulamento que aprovou o título executivo europeu.

As primeira e segunda versões da proposta de criação do título executivo europeu continham a seguinte definição de crédito: *"entende-se por «crédito», um crédito pecuniário líquido e exigível"* (art. 3º, nº 3 da proposta[564]). Na versão final, que veio a ser aprovada pelo Regulamento 805/2004, o texto da definição de crédito passou a ser o seguinte: *"«Crédito»: a reclamação do pagamento de um montante específico de dinheiro que se tenha tornado exigível ou para o qual a data em que é exigível seja indicada na decisão, transação judicial ou instrumento autêntico"* (art. 4º, nº 2).

No decurso do processo legislativo e no que concerne à primeira versão da definição, o parecer do Comité Económico e Social, salientava que: *"A noção de "crédito" é definida na proposta de regulamento de uma forma relativamente concisa como "um crédito pecuniário líquido e exigível", o que implica que o seu montante deve estar já fixado antes do início da ação judicial, ou ser indicado com precisão no ato autêntico, com base no qual poderá, em seguida, ser pedida a certidão de Título Executivo Europeu. Atendendo às numerosas garantias requeridas para a obtenção do Título Executivo Europeu, a questão que se pode suscitar é se não seria oportuno alargar o âmbito de aplicação aos créditos exigíveis de montante quantificável. Neste caso, bastaria que o ato ou os atos em que o crédito se baseia permitissem definir a importância exata"*.

Ainda que não se encontre uma justificação expressa para a alteração do conceito, das primeiras versões para o texto final, a verdade é que ela foi tendencialmente ao encontro da recomendação adotada no referido parecer do Comité Económico e Social, embora se deva assegurar que a aferição dos requisitos deve ser feita com base no conteúdo da decisão. E isso legitima algumas das conclusões que a seguir se retiram e que se podem entender adequadas a uma leitura mas alargada do conceito de crédito, designamente no que diz respeito ao requisito da liquidez[565].

Assim, desde logo, é o requerente que procede à liquidação da quantia exequenda e apenas se aceita que a liquidação tenha por base o cálculo aritmético. Em termos gerais, temos que estar perante uma quantia determinada ou determinável por simples cálculo aritmético. Contudo, é conveniente distinguir dois momentos, o do requerimento de certifica-

---

[564] COM (2002) 159 final, JO C 203 E, 27.08.2002.
[565] Sobre este requisito, ver Consalvi, E., *La Proposta di Regolamento (CE) che Istituisce il Titolo Esecutivo Europeo in Materia di Crediti non Contestati*, op.cit.; Gascón Inchausti, F., *El Título Ejecutivo Europeo para Créditos no Impugnados*, op.cit., pp. 49-57.

ção no Estado de origem e o da execução do título executivo europeu no Estado de execução. No primeiro momento, admite-se que a quantia não esteja determinada, mas que seja determinável por cálculo aritmético[566]; no segundo, o capital já estará determinado e constará do respetivo formulário, podendo as quantias devidas a título de juro serem agora determinadas, desde que os elementos necessários constem do certificado, ou seja, a respetiva taxa aplicável.

O âmbito de exequibilidade das quantias ilíquidas que não liquidáveis por simples cálculo aritmético é, já por si, pouco significativo. No ordenamento português, por exemplo, abrange apenas os documentos autênticos ou autenticados (art. 46º, al. b, C.P.C.), pois no caso das sentenças de condenação genérica, estas só preenchem os requisitos de exequibilidade após a liquidação da quantia, em sede declarativa, por via do incidente de liquidação, ainda que para isso seja necessário operar a renovação da instância (art. 47º, nº 5 e 378º, C.P.C.).

Posto isto, a certificação de um título executivo europeu está também dependente da liquidez da obrigação exequenda, aferida pelo conteúdo do próprio título ou alcançada por operação aritmética, caso seja necessário, de modo a que no Estado de destino, onde já não haverá condições de operar a liquidação, se possa avançar diretamente para a execução.

Por fim, em relação à exigibilidade da obrigação exequenda[567], estamos perante um pressuposto que não é exatamente equivalente ao que vigora nos ordenamentos internos, identificado-se alguns desvios ao conceito, no sentido que lhe é dado pelo legislador comunitário. Conforme o que dispõe o Regulamento, exige-se que a certificação tenha por base a reclamação do pagamento de um montante específico de dinheiro *que se tenha tornado exigível ou para o qual a data em que é exigível seja indicada na decisão, transação judicial ou instrumento autêntico* (art. 4º, nº 2).

O que se extrai do dispositivo é a necessidade de a certificação ter por objeto um título cuja obrigação dele emergente já seja exigível à data da mesma ou cuja exigibilidade resulte de elementos constantes do próprio título, ainda que não se tenha verificado no momento da certificação. É

---

[566] Podem estar aqui em causa situações em que seja necessário liquidar a quantia por referência a uma grandeza universal ou por conversão de uma outra moeda para euros, por exemplo.
[567] Sobre esta questão, *vide* GASCÓN INCHAUSTI, F., *El Título Ejecutivo Europeo para Créditos no Impugnados*, op. cit., pp. 57-60.

uma formulação algo complexa, sobretudo porque parece desarticulada das regras gerais de exigibilidade da obrigação exequenda, podendo perspetivar-se os vários cenários que se seguem.

As obrigações a prazo, cujo prazo já tenha decorrido, não levantam qualquer problema de enquadramento no conceito. São exigíveis e já se venceram.

As obrigações puras, exigíveis mas que carecem de interpelação para o seu vencimento, necessitam de alguma reflexão. Aparentemente, não há qualquer referência a estes casos, mas se estiverem reunidos os requisitos de exequibilidade exigidos pelos ordenamentos internos, nada parece afastar a possibilidade de constituírem o conteúdo de um título executivo europeu, na medida em que o requisito da exigibilidade (propriamente dito) se encontra verificado. Porém, considerando que o conceito de exigibilidade da obrigação utilizado no Regulamento se aproxima mais do conceito de vencimento da obrigação, parece-nos ser necessário demonstrar a prévia interpelação extrajudicial do devedor, aquando do requerimento de certificação do título executivo europeu, porquanto o devedor não será ouvido nesse procedimento. É certo que de acordo com o ordenamento jurídico português o exequente pode obter a execução dessas obrigações sem carecer de demonstrar a interpelação extrajudicial do devedor, o que apenas fará para evitar a possível condenação em custas. Mas sendo a execução transfronteiriça é difícil admitir uma solução idêntica.

O mesmo se poderá dizer sobre as obrigações sujeitas a condição, cabendo ao credor demonstrar que a condição se verificou.

As obrigações que ainda não sejam exigíveis à data da certificação do título, mas que constituam obrigações a prazo, integram igualmente o conceito de «exigibilidade» para efeitos de certificão de título executivo europeu, à luz do art. 4º, nº 2, do diploma, desde que a data em que se vence a obrigação resulte de indicação constante do próprio título.

Ainda que esta situação pareça duvidosa, é compreensível. Tendo em conta o espírito de livre circulação das decisões e considerando que o Estado de origem tem o dever de certificar as condições de exequibilidade, admite-se que possa verificar essas condições, ainda que reportadas a momento ulterior, desde que esse prognóstico assente em critérios unicamente objetivos. E, na verdade, se a obrigação é a prazo, a verificação do requisito não carece de qualquer juízo de avaliação subjetivo. A ser assim, como parece ter sido a posição do legislador, o Estado de origem pode proceder à certificação, mesmo sabendo que à data da mesma o título não será imediatamente executório nesse ordenamento. Mas, há uma cedência a esta regra do caráter executório do título executivo no Estado de origem até por uma questão de celeridade, porque quem depois terá que fazer o controlo sobre este elemento é o Estado de execução. Se fosse necessário aguardar que se atingisse a data de vencimento para efeitos de certificação, este compasso de espera era inútil e, por vezes, poderia até prejudicar o credor. Assim, este mecanismo permite que à data aprazada para o vencimento da obrigação, o credor já esteja em condições de propor a execução no Estado de destino, tendo obtido a certificação em momento anterior.

Como se sabe, o conceito de exigibilidade e de vencimento da obrigação não são sempre coincidentes, decorrendo daí a necessidade de articular os dois conceitos, nos termos expostos, devendo prevalecer o requisito da exigibilidade, verdadeiro pressuposto processual da ação executiva, ainda que, para evitar o recurso desnecessário a processos judiciais, sempre que se torne imprescindível demonstrar que a obrigação se venceu e que o devedor está em mora, deve fazer-se prova complementar desse requisito. Contudo, essa demonstração terá que ocorrer à data do requerimento de certificação e deverá sustentar-se em dados objetivos.

3.2.2. Prestação pecuniária

A certificação de um título executivo europeu exige que estejamos na presença da *"reclamação do pagamento de um montante de dinheiro"*, que é como quem diz, o credor requerente terá que figurar como beneficiário de uma *prestação pecuniária*, independentemente da quantia em causa.

Ainda que seja comum, no âmbito da matéria do título executivo europeu, fazer-se referência a «créditos» não contestados e ainda que o termo «crédito», só por si, tenha amplitude suficiente para ser equiparado ao termo «obrigação», favorecendo, assim, a interpretação segundo a qual poderíamos enquadrar aqui todos os casos em que o devedor ficasse adstrito para com o credor à realização de uma qualquer prestação – que, em geral, pode ser de *dare* (quantia em dinheiro ou outra coisa) ou *facere* (positivo ou negativo) – a verdade é que a conceção adotada afasta, de todo, esta interpretação.

Não restam dúvidas de que apenas se pretendeu contemplar, numa aceção mais restrita de «crédito», as prestações que têm por objeto uma obrigação pecuniária, ou seja, aquelas que têm como objeto imediato uma prestação de *dare* e como objeto mediato uma quantia em dinheiro[568]. A obrigação pecuniária é doutrinalmente definida como aquela cuja prestação tem por objeto a entrega de uma quantia em dinheiro[569], visando «proporcionar ao credor o valor que as respetivas espécies possuam como tais»[570], constituindo tais obrigações (pecuniárias) uma espécie de obrigação genérica submetida, no entanto, a um regime próprio (arts. 550º a 558º C.C.).

Houve uma clara opção por restringir o âmbito de aplicação do título executivo europeu às obrigações pecuniárias, desde logo porque não determinam situações menos seguras, nem acarretam ambiguidades. Como se disse, ao tempo da discussão deste novo instrumento, *a formulação do Título Executório Europeu requer particular atenção. Não deve haver margem para ambiguidades. O ato deve permitir determinar com suficiente clareza o conteúdo, a natureza e o âmbito do que há a executar. Assim, o ato deve bastar, por si só, para depreender claramente o que o devedor tem de fazer para cumprir a decisão judicial. As decisões de natureza pecuniária devem ser descritas com exatidão e ter em conta, nomeadamente, os eventuais juros a aplicar. As decisões que não tenham uma natureza pecuniária devem também ser descritas com clareza. Deve ficar bem claro que o título é executável, quem assume as custas do processo e como são determinadas essas custas (se ainda o não foram). Deverá ser dada mais atenção à questão da constituição de uma garantia*[571]. Na evolução dos trabalhos de discussão do título executivo europeu voltou a apontar-se que *no intuito de reduzir o âmbito e, desde logo, algumas das dificuldades, poder-se-á preconizar que o projeto-piloto seja inicialmente limitado aos créditos de natureza pecuniária*, e numa fase final todas as delegações acordaram nessa necessidade[572].

---

[568] De acordo com o princípio nominalista previsto no art. 550º C. C., o cumprimento das obrigações pecuniárias faz-se em moeda que tenha curso legal no País à data em que for efetuada e pelo valor nominal que a moeda nesse momento tiver, salvo estipulação em contrário. Como se verá, a seguir, no caso do título executivo europeu não é especialmente exigido que se utilize o «euro» como moeda de referência.

[569] Relativamente à moeda utilizada, o Regulamento não exige que tenha sido utilizado o «euro» como moeda de referência. Assim o comprova a circunstância de os Anexos ao diploma fazerem menção, na rubrica de identificação da moeda, quer ao euro, quer à coroa sueca, à libra esterlina ou «outra», a especificar.

[570] VARELA, J. M. A., *Das Obrigações em Geral*, vol. I., 10ª ed., Coimbra, 2000, p. 816.

[571] Doc. 5259/01, Limite, JUSTCIV 5, p. 6.

[572] Doc. 6183/01, Limite, JUSTCIV 20, p. 2 e Doc. 10480/01, JUSTCIV 88, pp. 2 e 3.

Neste pressuposto, ficam afastadas as obrigações de prestação de facto e as obrigações de entrega de coisa, cuja possibilidade de *exequatur* das decisões que as comportem se confina ao regime tradicional do Regulamento Bruxelas I.

A circunstância de se exigir tratar-se de uma obrigação pecuniária, não impede, no entanto, a possibilidade de obtenção de certificado de título executivo europeu *parcial* quando se verifique, perante o título executivo que se pretende certificar, que apenas uma parte da decisão respeita a uma quantia pecuniária. Se a obrigação em causa é, cumulativamente, pecuniária e para prestação de um facto ou para entrega de coisa certa, a certificação não poderá ser negada, mas antes emitida apenas quanto à parte que preencha os requisitos do Regulamento, ou seja, na parte que respeita à obrigação pecuniária, conforme decorre do art. 8º, do diploma. Nesse caso, há lugar à chamada certidão de título executivo europeu parcial.

Admite-se que as quantias pecuniárias peticionadas correspondam quer ao capital, quer aos juros, quer, ainda, às custas ou despesas do processo. Para o efeito, o requerimento de certificação terá de ser bem instruído com todos os elementos essenciais e complementares, necessários para a sua apreciação e, sobretudo, contabilização dos valores peticionados, para que no Estado de execução não se levantem problemas por omissão de dados. Na verdade, não se afastando do conceito de título executivo, o título executivo europeu é, igualmente, essencial para delimitação do fim e do objeto da execução.

No Regulamento que aprova o título executivo europeu, a referência a juros não é expressa, com exceção daquela que se faz a propósito dos juros devidos pelo não pagamento dos custos das ações judiciais (art. 7º, do Regulamento 805/2004), mas é pacificamente aceite que a certificação do título executivo europeu pode abranger a quantia pecuniária em dívida, acrescida dos juros que sobre ela se vençam. Desde logo, os próprios formulários[573] incluem uma rubrica destinada a juros e, por outro lado, a circunstância de estarmos sempre perante obrigações pecuniárias vencidas não deixa margens para dúvidas quanto ao direito a exigir as quantias

---

[573] Cfr. Formulários I, II, III e V, referentes, respetivamente, a certidão de título executivo europeu de decisão, certidão de título executivo europeu de transação judicial, certidão de título executivo europeu de instrumento autêntico e certidão de substituição de título executivo europeu na sequência de impugnação.

devidas a título de juros. Haverá necessidade, no entanto, de estarem reunidos os elementos essenciais para a liquidação dessa quantia, designadamente a indicação da taxa de juro aplicável e da data a partir da qual são os mesmos devidos.

O mesmo já não se pode dizer das quantias devidas a título de *sanção pecuniária compulsória*, em particular da medida compulsória ou coercitiva que, no ordenamento português, é devida em relação a obrigações pecuniárias. Na verdade, o nº 4 do art. 829º-A, do Código Civil Português, fixa (*ope leges*) uma sanção pecuniária compulsória aplicável às obrigações pecuniárias, que se concretiza na cobrança de juros à taxa de 5% ao ano, a contar desde a data em que a sentença de condenação transitar em julgado, os quais acrescerão aos juros de mora, se estes forem também devidos, ou à indemnização a que houver lugar. Por outro lado, preceitua o nº 3 do referido art. 829º-A, que o montante da sanção pecuniária compulsória se destina, em partes iguais, ao credor e ao Estado[574].

De facto, temos alguma dificuldade em admitir que a certidão de título executivo europeu possa abranger estas quantias[575]. Desde logo, os for-

---

[574] A coerção ao cumprimento é, inequivocamente, para proteção do credor, mas não de forma isolada. O instituto salvaguarda, também, o respeito pelas decisões judiciais e a dignidade da Justiça. É razoável, por isso, que seja feita a repartição igualitária pelos entes cuja proteção o legislador quis acautelar, isto é, o credor e o Estado. Digamos que se trata de um misto entre *astreintes* e *contemp of court*.

[575] Ressalve-se, no entanto, que nos ordenamentos em que vigora um regime de *astreintes* puras, ou seja, em que o beneficiário é apenas o credor, desde que o montante já se encontre definitivamente determinado e possam enquadrar-se no conceito de «crédito não impugnado», não será de excluir a possibilidade de obter a sua cobrança por via do título executivo europeu, ainda que essas quantias se encontrem, como acontece por definição, associadas a uma obrigação de prestação de facto. A omissão do Regulamento 805/2004 em relação a essas quantias aplicadas a título de astreintes tem sido criticada pela doutrina, sobretudo porque o Regulamento 44/2001 as abrangeu, como se retira do art. 49º, onde se diz: *as decisões estrangeiras que condenem em sanções pecuniárias compulsórias só são executórias no Estado-Membro requerido se o respetivo montante tiver sido definitivamente fixado pelos tribunais do Estado-Membro de origem*. Sobre esta questão, ver VAN DROOGHENBROECK, J. F.; BRIJS, S., *Un Titre Exécutoire Européen, op.cit.*, pp. 48 e ss. O autor vai ao ponto de afirmar que a omissão do legislador não quer significar o afastamento da possibilidade de cobrar as *astreintes*, mas antes que foi reforçado o seu campo de aplicação, isto é, a disposição do Regulamento 44/2001 só se justificava por força da limitação que impunha, logo, ao ser afastada, quer dizer que será possível obter a sua cobrança ainda que o seu valor não se encontre determinado. Neste último aspeto, em particular, pensamos que essa possibilidade será pouco ou nada compatível com o espírito do

mulários não se adaptam a tal pedido (o que mostra a fragilidade deste método, ainda que se reconheçam virtualidades dos formulários para efeitos de harmonização) e, além disso, como um dos beneficiários das quantias devidas por aplicação da sanção pecuniária compulsória é o Estado, não se vislumbra exequível a efetiva repartição desses valores[576]. Se o Estado de execução (de destino) é, naturalmente, diverso daquele onde a decisão foi proferida, decai a filosofia que está subjacente ao modo de operar da sanção pecuniária compulsória, ainda que não se possa prescindir dos princípios que a assistem. Nestes termos, ficará em vantagem um devedor cuja execução deva ter lugar além-fronteiras, mais uma vez se demonstrando que as divergências nos regimes jurídicos dos vários ordenamentos dos Estados-Membros criam desajustes nos mecanismos comunitários e, pior, potenciam discriminações negativas entre os devedores.

Os «*custos*» *das ações judiciais* é outra das quantias pecuniárias que pode vir a ser cobrada ao devedor numa execução no Estado de destino, desde que certificada no título executivo europeu.

O legislador comunitário considerou «decisão» como sendo qualquer decisão proferida por um órgão jurisdicional de um Estado-Membro, (...), *bem como a fixação, pelo secretário do tribunal, do montante das custas ou despesas do processo* (art. 4º, nº 1, do Regulamento 805/2004). Por sua vez, o art. 7º, sob a epígrafe «custos das ações judiciais», prevê que *sempre que uma decisão inclua uma decisão com força executória sobre o montante dos custos das ações judiciais, incluindo as taxas de juro, essa decisão será certificada como Título Executivo Europeu igualmente no que respeita aos custos, a não ser que o devedor tenha especificamente contestado a sua obrigação de suportar esses custos durante a ação judicial, em conformidade com a legislação do Estado-Membro de origem.*

Conjugando as referidas disposições com o regime geral do título executivo europeu, extraiem-se alguns requisitos para efeitos de inclusão dessas quantias: – podem tratar-se de custas ou despesas com o processo, desde que constem da decisão e o seu montante se encontre claramente determinado, ainda que se admita que possam constar de uma decisão diferente da principal; – não se prescinde do caráter não contestado do crédito, pelo

---

Regulamento. Ver, também, ainda que por referência ao Regulamento 44/2001, Leval, G., *L'Evanescence de l'Exequatur dans l'Espace Judiciaire Européen*, *op.cit.*, pp. 432 e 433.

[576] Nas execuções que correm termos em Portugal, esses valores são arrecadados pelo agente de execução, que opera à repartição.

que o devedor não pode ter objetado a quantia a que foi condenado a título de custas ou despesas; – não será exigível que a decisão de fundo partilhe dos mesmos requisitos de certificação como título executivo europeu, ou seja, é encarada a possibilidade de obter a certificação apenas para a quantia devida a título de custos do processo, mesmo que o crédito principal não o possa integrar, em virtude de não se verificarem os pressupostos exigidos, designadamente por ter ocorrido impugnação quanto a este[577]. Por outro lado, atento o direito de informação, o documento que der início à instância deverá dar conta ao demandado de que poderá incorrer em responsabilidade pelos custos da ação judicial (cfr. art 17º, al. b) do Regulamento 805/2004).

Atente-se, no entanto, que a aplicação deste regime pode encontrar dificuldades nos ordenamentos jurídicos onde a quantia das custas a pagar só fica determinado em momento posterior ao da prolação da sentença e decorre de um procedimento de natureza administrativa[578].

3.3. Caráter não contestado do crédito

A matriz do título executivo europeu, mesmo na sua configuração inicial – não exatamente coincidente com aquilo que veio a assumir-se no Regulamento 805/2004 – sempre foi a incontestabilidade do crédito exequendo. Assumido como nicho privilegiado para o projeto-piloto de abolição do *exequatur*, os «créditos não contestados» foram abraçados pelo título executivo europeu porque garantiam alguma segurança face aos efeitos extraterritoriais dele decorrentes. Precisamente nos casos em que o devedor está consciente da existência da dívida, porque a reconhece ou não a impugna, nada justifica que se onere o credor com mais um processo no Estado de destino ou de execução, sendo razoável assumir-se a direta exequibilidade do título executivo europeu. Ainda que, para tal efeito, houvesse que aferir e atestar alguns requisitos mínimos no Estado de origem, através de um procedimento de certificação.

---

[577] Assim decidiu o Tribunal Superior de Munique, decisão 6W 687/07, de 30 de abril e o Tribunal Superior de Estugarda, decisão 8W 184/07, de 24 de maio, *in* NJW-RR (Neue Juristische Wochenschrift – Rechtsprechungs-Report Zivilrecht) 22/2007, pp. 1582-1584.
[578] Sobre esta desfuncionalidade, ver GARCIMARTÍN ALFÉREZ, F. J.; PRIETO JIMÉNEZ, M. J., *La Supresión del Exequátur en Europa: El Título Ejecutivo Europeo, op.cit.*, p. 1622.

Um dos critérios delimitativos da aplicabilidade do título executivo europeu é, exatamente, dever tratar-se de decisões, transações judiciais e instrumentos autênticos sobre créditos não contestados, conforme impõe o art. 3º, nº 1 do Regulamento 805/2004. Ou seja, a obrigação exequenda *deverá abranger todas as situações em que o credor, estabelecida a não contestação pelo devedor quanto à natureza ou dimensão de um crédito pecuniário, tenha obtido uma decisão judicial ou título executivo contra o devedor que implique a confissão da dívida por parte deste, quer se trate de transação homologada pelo tribunal, quer de um instrumento autêntico. A falta de contestação por parte do devedor pode assumir a forma de não comparência na audiência, ou de falta de resposta a um convite do tribunal para notificar por escrito a sua intenção de contestar*[579].

A «incontestabilidade do crédito» é um conceito cujos traços gerais são extraídos do regime jurídico do título executivo europeu e resultam do art. 3º, nº 1 do Regulamento 805/2004, mas só conjugado com as disposições processuais do ordenamento interno de cada Estado-Membro se pode afirmar, perante um caso concreto, que o crédito é «não contestado».

De acordo com os parâmetros definidos, em geral, pelo citado Regulamento, um crédito é considerado «não contestado» se o devedor:

a) Tiver admitido expressamente a dívida, por meio de confissão ou de transação homologada por um tribunal, ou celebrada perante um tribunal no decurso de um processo; ou
b) Nunca tiver deduzido oposição, de acordo com os requisitos processuais relevantes, ao abrigo da legislação do Estado-Membro de origem; ou
c) Não tiver comparecido nem feito representar na audiência relativa a esse crédito, após lhe ter inicialmente deduzido oposição durante a ação judicial, desde que esse comportamento implique uma admissão tácita do crédito ou dos factos alegados pelo credor, em conformidade com a legislação do Estado-Membro de origem; ou
d) Tiver expressamente reconhecido a dívida por meio de instrumento autêntico.

A densificação do conceito far-se-á, mais adiante, por referência aos pressupostos específicos da certificação do título executivo europeu para

---

[579] Considerandos 5 e 6 do Regulamento 805/2004.

cada categoria de título executivo certificável. Aí se dirá, caso a caso, como se afere o requisito de «incontestabilidade do crédito».

Por ora, ficam algumas considerações gerais, extraídas dos trabalhos preparatórios do diploma que aprovou o título executivo europeu, que se tornam úteis na interpretação do seu regime jurídico[580]:

- O título executivo europeu é aplicável a créditos de natureza pecuniária se tais créditos não tiverem sido contestados;
- Incluem-se neste conceito de *incontestabilidade do crédito*, todas as situações em que um credor tenha obtido uma decisão contra um devedor na falta objetivamente comprovável de qualquer contestação efetiva ou objeção por parte do devedor;
- Um crédito deve considerar-se não contestado se:
  i. O devedor tiver aceite o crédito;
  ii. O devedor não tiver feito oposição ao crédito;
  iii. O devedor não tiver comparecido em juízo;
  iv. O devedor apenas tiver feito oposição ao crédito no que diz respeito a dificuldades de pagamento do mesmo; ou se,
  v. O devedor tiver feito oposição ao crédito manifestamente sem fundamento.

A formulação que veio a consagrar-se, conforme supra citada, é mais genérica e garante uma maior flexibilidade face à variedade de ordenamentos jurídicos onde o Regulamento será aplicado, todavia, não será de excluir o sentido que apontam estas considerações, que logo na fase inicial de criação do título executivo europeu mostraram a intenção subjacente ao conceito de crédito não impugnado.

Uma conclusão é certa, o legislador comunitário estabeleceu o critério de «incontestabilidade do crédito» assente numa dupla vertente, por forma a blindar o conceito. Assim, tanto uma atitude positiva (ativa) como uma atitude negativa (passiva) poderão determinar que um crédito seja considerado não contestado:

- Por ação, quando o devedor reconhece e aceita o crédito, seja por declaração expressa num documento público com força executiva, seja no âmbito de um processo judicial, por confissão ou através de transação judicial.

---

[580] Cfr. Documento 9577/01, LIMITE, JUSTCIV 82, pp. 1 e 2.

– Por omissão, quando o devedor não contraria o crédito, ou seja, não exerce o seu direito de defesa no âmbito de um processo, desde que seja legítimo concluir que o devedor dele teve conhecimento, assim como de todo o conteúdo do crédito reclamado.

Naturalmente, gerir e construir os critérios de aplicabilidade do conceito de «crédito não impugnado» por omissão é uma tarefa de grande responsabilidade e complexidade, sobretudo quando estão em causa 27 ordenamentos jurídicos diferentes e, a acrescer, o legislador comunitário não pretendeu harmonizar as disposições processuais, deixando aos Estados-Membros a opção pela correspondente adaptação dos seus ordenamentos jurídicos aos requisitos previstos no Regulamento 805/2004.

Entre a intenção de abolir o *exequatur* e a de garantir o direito de defesa do devedor, houve que assegurar o equilíbrio de interesses. Nesse sentido, foi assumido um conjunto de requisitos mínimos de natureza processual, do qual dependerá a integração do conceito de «crédito não impugnado», para efeitos de certificação do título executivo europeu nos casos de omissão do devedor em sede de um processo. Esse «mínimo processual» é abrangido, por sua vez, pelos pressupostos processuais específicos da certificação, concretamente no caso das decisões judiciais e que, por razões de sistematização das matérias, abordaremos infra[581].

Resta uma última consideração sobre a limitação do âmbito de aplicação do título executivo europeu aos créditos «não contestados». Na verdade, isso tem uma explicação histórica, relacionada com o contexto em que surgiu o título executivo europeu – e que já revisitamos – que o tornou refém da sua conceção inicial, em que se confundia com a «injunção europeia» e onde só fazia sentido, na verdade, associar esse mecanismo a situações em que o devedor tivesse um comportamento omissivo. Alterados, porém, os contornos do título executivo europeu, não se foi capaz de adaptar o seu âmbito de aplicação, que continuou a ter como objeto os créditos «não contestados», sem que haja uma explicação de fundo que o justifique. Nos casos em que tenha havido, porventura, oposição e/ou comparência do devedor e, ainda assim, houve condenação, por que razão não poderão essas decisões ser executáveis além-fronteiras, se, além disso, não há dúvidas sobre o cumprimento dos direitos de defesa do devedor, que foi

---

[581] Ver ponto 4.1.3.

sempre a maior preocupação do regime jurídico do título executivo europeu, precisamente porque atua no campo dos créditos «não contestados»?[582]

De futuro, este paradoxo será ultrapassado, pois a filosofia do título executivo europeu será aplicável a toda a matéria civil e comercial, independentemente deste critério do reconhecimento do crédito, conforme se anunciou nas orientações do Programa de Estocolmo e se prevê na proposta de revisão do Regulamento Bruxelas I.

3.4. Quanto à forma

Mas não basta estarmos na presença de uma obrigação pecuniária, certa, líquida e exigível. Essa obrigação tem que constar de um documento que, de acordo com as regras do regime jurídico do título executivo europeu, seja suscetível de certificação. E não se trata, então, de todo e qualquer documento. O diploma que aprovou o título executivo europeu admite, no seu art. 3º, nº 1, a certificação de decisões judiciais, de transações judiciais e, também, de documentos autênticos. São estes os documentos ou instrumentos que, quanto à forma, podem constituir títulos executivos europeus, bastando para tanto que as suas características integrem o conceito adotado pelo diploma comunitário para cada um deles e que respeitem os demais requisitos exigíveis.

3.4.1. Decisões judiciais
3.4.1.1. Em busca do conceito de decisão judicial

De acordo com o conceito consagrado no Regulamento 805/2004, entende-se por «decisão judicial» todas as decisões proferidas *por um órgão jurisdicional de um Estado-Membro, independentemente da designação que lhe for dada, tal como acórdão, sentença, despacho judicial ou mandado de execução, bem como a fixação, pelo secretário do tribunal, do montante das custas ou despesas do processo* (art. 4º nº 1).

Atendendo às origens do diploma que aprovou o título executivo europeu, a interpretação deste conceito passa, necessariamente e em primeira linha, pelo conceito de «decisão judicial» que vigorava à luz da Convenção de Bruxelas e que, posteriormente à sua revisão, veio a integrar o Regula-

---

[582] Neste sentido, GARCIMARTÍN ALFÉREZ, F. J.; PRIETO JIMÉNEZ, M. J., *La Supresión del Exequatur en Europa: el Título Ejecutivo Europeo, op.cit.*, pp. 1620 e 1621.

mento Bruxelas I[583]. Trata-se de uma noção despretensiosa, alheia a critérios absolutos e formalistas, privilegiando o critério substancial, assente na existência da solução dada a um conflito intersubjetivo com relevância jurídica, onde não se deixa de exigir o respeito pelo contraditório e a proibição de indefesa[584]. Esse conceito, já explorado pela doutrina[585] e pela jurisprudência comunitária[586], reune alguns parâmetros estabilizados quanto à definição de decisão judicial, quais sejam:

– A decisão tem que emanar de um Estado-Membro;

---

[583] No art. 32º do Regulamento 44/2001, diz-se: "considera-se «decisão» qualquer decisão proferida por um tribunal de um Estado-Membro independentemente da designação que lhe for dada, tal como acórdão, sentença, despacho judicial ou mandado de execução, bem como a fixação pelo secretário do tribunal do montante das custas do processo".
Na proposta de revisão deste Regulamento, o art. 2º, al. a) passa a definir *qualquer decisão proferida por um tribunal de um Estado-Membro, independentemente da designação que lhe for dada, incluindo a fixação pelo secretário do tribunal do montante das custas do processo*. E acrescenta: *Para efeitos do capítulo III, o termo «decisão» abrange as medidas provisórias, incluindo as medidas cautelares, decididas por um tribunal que, por força do presente regulamento, é competente para conhecer do mérito da causa. Inclui também medidas decididas sem que o requerido tenha sido convocado para comparecer e cuja execução não depende da citação prévia do requerido, desde que este tenha a possibilidade de contestar subsequentemente a medida nos termos da lei do Estado-Membro de origem*.
Por sua vez, o art. 25º da Convenção de Bruxelas apresentava a seguinte definição de «decisão»: *Considera-se decisão, na aceção da presente Convenção, qualquer decisão proferida por um órgão jurisdicional de um Estado contratante independentemente da denominação que lhe for dada, tal como sentença, acórdão, despacho judicial ou mandato para execução, bem como a fixação pelo escrivão do montante das custas do processo*.
Como se vê, no geral as definições são coincidentes.
[584] Cfr. CONSALVI, E., *Il Titolo Esecutivo Europeo in Materia di Crediti non Contestati*, op. cit., nº 3.
[585] Na doutrina, ver, designadamente, BARIATTI, S., *What are Judgments under the 1968 Brussels Convention?*, Riv. Dir. Int. Priv. Proc., 2001, pp. 5 e ss.; SABATER MARTÍN, A., *Normas Comunitarias de Derecho Procesal Civil Comentadas*, Madrid, 2004; VITTORIA, P., *La Competenza Giurisdizionale e l'Esecuzione delle Decisioni in Materia Civile e Commerciale nella Giurisprudenza della Corte di Giustizia (Dalla Convenzione di Bruxelles al Regolamento CE nº 44/2001)*, Milano, 2005.
[586] Na jurisprudência, consultar os seguintes acórdãos do Tribunal de Justiça: Processo C-414/92, de 2 de junho de 1994, *Solo Kleinmotoren GmbH* contra *Emilio Boch* (*para poder ser qualificado como "decisão" na aceção da Convenção, o ato deve emanar de um órgão jurisdicional pertencente a um Estado contratante e que decide por sua própria autoridade sobre as questões controvertidas entre as partes*); Processo C-39/02, de 14 de outubro de 2004, *Mærsk Olie & Gas A/S* contra *Firma M. de Haan en W. de Boer*, na pessoa dos seus sócios Martinus de Haan e Willem, que reiterou a mesma afirmação.

- O objeto do litígio sobre o qual a decisão se pronunciou tem que ter enquadramento nas matérias que compõem o âmbito de aplicação material do Regulamento (ainda que se admita que o possa ser apenas parcialmente);
- É indiferente o termo de qualificação da decisão, como por exemplo acórdão, sentença, despacho judicial ou mandado de execução, devendo tomar-se esta enumeração como não exaustiva[587];
- Não pode tratar-se de uma decisão que tenha reconhecido uma outra decisão emanada de um Estado não comunitário (proibição do duplo *exequatur*);
- Ficam afastadas as decisões homologatórias de transação judicial, até porque este documento tem tratamento autonomizado no próprio Regulamento[588];
- Estão compreendidas tanto as decisões de natureza definitiva, como as de natureza provisória ou cautelar[589]. No entanto, já não são admis-

---

[587] Apesar disso, não é apenas o critério formal que conta. Por exemplo, os despachos através dos quais se aplicam cominações pecuniárias aos intervenientes processuais (partes, advogados, terceiros) não reúnem os critérios de certificação, não por razões formais mas antes por razões de ordem material, pois estão excluídas as matérias de natureza administrativa; Cfr. GASCÓN INCHAUSTI, F., *El Título Ejecutivo Europeo para Créditos no Impugnados, op. cit.*, p. 64.

[588] Mesmo assim, sob a vigência da Convenção de Bruxelas, o Tribunal de Justiça teve oportunidade de se pronunciar nos termos seguintes: *1. O conceito de "decisão" definido no artigo 25º da Convenção relativa à competência judiciária e à execução de decisões em matéria civil e comercial visa, para efeitos de aplicação das diversas disposições da Convenção nas quais este termo é utilizado, unicamente as decisões judiciais efetivamente proferidas por um órgão jurisdicional dum Estado contratante, decidindo por sua própria autoridade questões controvertidas entre as partes. Tal não é o caso de uma transação, mesmo que tenha sido efetuada perante um juiz dum Estado contratante e posto termo a um litígio, pois as transações judiciais revestem um carácter essencialmente contratual, no sentido de que o seu conteúdo depende antes de tudo da vontade das partes. 2. O artigo 27º da Convenção deve ser objeto de uma interpretação estrita, na medida em que constitui um obstáculo à realização de um dos objetivos fundamentais daquela, que visa facilitar, em toda a medida do possível, a livre circulação das decisões prevendo um processo de exequatur simples e rápido. Por isso, o artigo 27º, nº 3, da Convenção deve ser interpretado no sentido de que uma transação com força executiva celebrada perante um juiz do Estado requerido com vista a pôr termo a um litígio pendente não constitui uma "decisão proferida quanto às mesmas partes no Estado requerido", prevista nesta disposição, que possa constituir obstáculo, em conformidade com as disposições da mesma Convenção, ao reconhecimento e à execução de uma decisão judicial proferida num outro Estado contratante* (Processo C-414/92, de 2 de junho de 1994).

[589] Sobre esta problemática, à luz da Convenção de Bruxelas, ver CONSOLO, C., *La Tutela Sommaria e la Convenzione di Bruxelles: La «Circolazione» Comunitaria dei Provvedimenti Cautelari e dei Decreti Ingiuntivi*, Riv. Dir. Int. Priv. Proc., 1991, pp. 593 e ss.

síveis as decisões judiciais através das quais tenham sido ordenadas medidas cautelares sem audição da parte contrária, ou seja, sem que o requerido tenha sido citado para se pronunciar[590].
- Acresce, ainda, que estão contempladas quer as decisões transitadas em julgado, quer aquelas que tenham sido objeto de recurso pendente, conforme as partes tenham, ou não, esgotado as possibilidades de recurso ordinário no país de origem.

Nesta matéria, a nova vertente processual do reconhecimento mútuo optou por reforçar esta orientação, sob pena de se desvirtuar este instituto e toda a sua teleologia.

Já na vigência da Convenção de Bruxelas se havia decidido neste sentido, surgindo jurisprudência firmada sobre situações onde se admitiu a possibilidade de reconhecimento quer a decisão constituísse caso julgado ou não, ainda que neste caso fosse admissível desencadear medidas que permitissem suspender a obtenção do efeito executório até que a decisão transitasse em julgado, como dispunha o art. 38º da Convenção[591].

Saliente-se, a este propósito, que a versão da proposta inicial do diploma que criou o título executivo europeu exigia que a decisão certificanda já tivesse transitado em julgado. No âmbito do competente processo legislativo este requisito foi afastado para se evitar o aproveitamento deste critério como mero expediente dilatório[592] e para antecipar a obtenção do título executivo europeu.

Há autores que já afirmaram esta realidade a propósito do título executivo europeu, como por exemplo: CONSALVI, E., *Il Titolo Esecutivo Europeo in Materia di Crediti non Contestati*, op. cit.; OLIVIERI, G., *Il Titolo Esecutivo Europeo (Qualche Considerazione sul Reg. CE 805/2004 del 21 Aprile 2004)*, op. cit., nº 3.

[590] Assim decidiu o Tribunal de Justiça no Acórdão de 21 de maio de 1980, em relação ao Processo 125/79, no caso *Bernard Denilauler* contra *SNC Couchet Frères*.

[591] Cfr. Acórdão do Tribunal de Justiça, Processo C-183/90, de 4 de outubro de 1991.

[592] A este propósito, assim se justificou o Conselho, na Posição Comum adotada: *Na proposta inicial de regulamento, só as decisões transitadas em julgado no Estado-Membro de origem poderiam ser certificadas enquanto Título Executivo Europeu. No texto da posição comum adotada pelo Conselho foi suprimida esta condição: para efeitos de certificação, bastará que a decisão seja executória no Estado-Membro de origem. Do mesmo modo e por uma questão de coerência e de eficácia do sistema, se a decisão certificada for objeto de recurso, a decisão proferida sobre o recurso poderá, por sua vez, ser certificada, mesmo no caso de o recurso ter sido introduzido pelo devedor. Esta alteração permite evitar que a introdução de um recurso pelo devedor seja suficiente para privar o credor do benefício que é conferido pelo*

E outras razões são, ainda, apontadas para este recuo, como sejam: i) só a inexigibilidade do trânsito em julgado da decisão permitia cumprir o objetivo – sempre associado à criação do título executivo europeu – de criar um instrumento mais vantajoso relativamente ao Regulamento Bruxelas I, pois neste regime não se prevê que a decisão à qual se vai conferir o *exequatur* tenha que ter força de caso julgado; ii) a expressão «caso julgado» cria equívocos interpretativos ao nível do direito comparado, na medida em que há dificuldade em encontrar um conteúdo idêntico para esse conceito nos vários ordenamentos jurídicos do espaço europeu[593].

Acresce que, em consequência da opção pela inexigibilidade do trânsito em julgado da decisão, houve alguns efeitos colaterais sobre a harmonia do regime, mas que o legislador tentou contornar. Em primeiro lugar, ficou comprometido um dos requisitos essenciais do título executivo europeu, na medida em que uma decisão de que se interpõe recurso deixa de ser, do ponto de vista estrito, uma decisão «não impugnada» e, além disso, houve necessidade de criar mecanismos que permitissem dar resposta às situações decorrentes da alteração da decisão obtida em primeira instância.

Foi assim que surgiu a necessidade de introduzir uma via de certificação de decisões de instâncias superiores que se pronunciem sobre o objeto de uma decisão já certificada como título executivo europeu (caso do art. 3º, nº 2). Assunto a que voltaremos adiante, desenvolvendo os aspetos mais relevantes para a sua compreensão e aplicação[594].

Do mesmo modo, houve que ajustar as medidas que acautelam a posição do devedor-executado, quando o título executivo europeu tem como objeto uma decisão não transitada em julgado e com recurso pendente, de modo a, nesses casos, limitar a execução a providências cautelares ou a exigir constituição de garantia por parte do credor-exequente ou, até, suspender a execução (art. 23º).

Também desapareceu, naturalmente, a disposição que na versão inicial se ocupava da certidão de título executivo europeu para efeitos de pro-

---

título executivo (Posição Comum (CE) nº 19/2004, adotada pelo Conselho em 6 de fevereiro de 2004, JO C 79 E, 30.3.2004, p. 80).
[593] Sobre estes argumentos, ver GARCIMARTÍN ALFÉREZ, F. J., *El Título Ejecutivo Europeo*, *op. cit.*, pp. 84-86.
[594] Ver, neste Capítulo, ponto 3.4.1.3.

vidências cautelares[595], talhada para os casos em que o credor pretendia tomar medidas para acautelar a garantia do pagamento da dívida, quando não podia avançar logo para a execução, por falta de requisitos, ou seja, porque a decisão não tinha ainda transitado em julgado.

3.4.1.2. O caso dos processos simplificados para cobrança de obrigações pecuniárias

Sem prejuízo do que se disse antes, o conceito de «decisão» para efeitos de certificação como título executivo europeu levanta, no entanto, algumas questões. Em especial, há alguns processos simplificados que suscitam dúvidas sobre a possibilidade de certificação das decisões neles obtidas, como sucede com o processo monitório em Espanha e com o procedimento de injunção em Portugal.

Concretizando a questão no caso português e cingindo-nos, como não pode deixar de ser quando estamos no âmbito do Regulamento 805/2004, às situações de créditos incontestados, serão certificáveis os requerimentos de injunção onde foi aposta fórmula executória ao abrigo do art. 14º, do anexo ao DL 269/98, de 1 de setembro[596], ou a petição inicial à qual foi conferida força executiva, nos termos do art. 2º, do anexo ao mesmo

---

[595] Artigo 9º – Certidão de Título Executivo Europeu para efeitos de providências cautelares: 1. Sempre que a decisão relativa a um crédito não contestado ainda não tiver transitado em julgado, estando embora reunidos todos os outros requisitos previstos no artigo 5°, o tribunal de origem emitirá, a pedido do credor, a certidão de Título Executivo Europeu para efeitos de providências cautelares utilizando o formulário constante do Anexo II. 2. A certidão de Título Executivo Europeu para efeitos de providências cautelares permite tomar todas as medidas cautelares contra os bens do devedor no Estado-Membro de execução. 3. Nada obsta a que o credor possa recorrer a medidas provisórias, nomeadamente cautelares, em conformidade com o direito do Estado-Membro de execução, sem necessidade do Título Executivo Europeu.
[596] Este diploma aprovou o regime dos procedimentos destinados a exigir o cumprimento de obrigações pecuniárias emergentes de contrato de valor não superior a € 15.000,00, os quais são a ação declarativa especial e o procedimento de injunção. Na ação declarativa especial, de acordo com o art. 2º do anexo ao diploma, *Se o réu, citado pessoalmente, não contestar, o juiz, com valor de decisão condenatória, limitar-se-á a conferir força executiva à petição, a não ser que ocorram, de forma evidente, exceções dilatórias ou que o pedido seja manifestamente improcedente*. No caso do procedimento de injunção, em conformidade com o disposto no art. 14º, nº 1, do mesmo anexo, *Se, depois de notificado, o requerido não deduzir oposição, o secretário aporá no requerimento de injunção a seguinte fórmula: "Este documento tem força executiva"*. (sublinhado nosso). Em nota adicional, diga-se que o âmbito de aplicação do procedimento de injunção foi entretanto alargado, podendo ser utilizado, independentemente do valor em causa, no caso de a obrigação pecuniária ter

diploma? Ou então, no caso espanhol, serão certificáveis as decisões obtidas no âmbito do processo monitório?

O problema poder-se-á colocar, desde logo, por duas ordens de razões: uma que se prende com a natureza do órgão que intervem no respetivo procedimento, sobretudo no caso português, e outra relacionada com o tipo de «decisão» que o legislador comunitário pretendeu alcançar com a certificação de título executivo europeu.

Numa aceção tradicional, a noção de decisão judicial revestia um carácter restritivo e entendia-se que tinha de se tratar de decisão proferida por uma autoridade jurisdicional nacional no exercício das respetivas funções jurisdicionais e em relação a um processo ou procedimento judicial onde as funções fossem exercidas com autonomia e independência, com respeito pela estrita legalidade e com respeito pelo princípio da proibição de indefesa.

No entanto, com a adesão de novos Estados-Membros e também por força da Convenção de Lugano, houve necessidade de flexibilizar o conceito e até admitir a possibilidade de estarmos na presença de uma decisão de uma autoridade administrativa[597]. Por esse motivo, veio a ser introduzida uma referência expressa ao caso da Suécia, entretanto transposta para o art. 62º do Regulamento Bruxelas I[598] e para o nº 7 do art. 4º, do Regulamento 805/2004[599], de onde resultava o alargamento do conceito. Em face desta referência expressa, houve interpretações no sentido de tomar essa indicação como sendo de carácter geral e outras, diversamente, no sentido de se tratar de uma situação excecional[600].

Também se verifica que o legislador comunitário não teve o cuidado (ou a necessidade) de acautelar, como fez no caso do Regulamento 1346/2000

---

origem numa transação comercial, conforme resulta da conjugação do art. 7º do já citado DL 269/98 e o art. 7º do DL 32/2003, de 17 de fevereiro.

[597] Sobre este assunto, ver BARIATTI, S., *What are Judgments under the 1968 Brussels Convention?*, op. cit., em especial, pp. 5-8.

[598] Onde se lê: *Na Suécia, nos processos simplificados de «injunção de pagar» (betalningsföreläggande) e nos «pedidos de assistência» (handräckning), os termos «juiz», «tribunal» e «órgão jurisdicional» abrangem igualmente o serviço público sueco de cobrança forçada (kronofogdemyndighet).*

[599] Onde se diz: *Na Suécia, nos processos sumários de injunção de pagamento (betalningsföreläggande), a expressão «tribunal» inclui o «Serviço Público Sueco de Cobrança Forçada» (kronofogdemyndighet).*

[600] Ver referências em BARIATTI, S., *What are Judgments under the 1968 Brussels Convention?*, op. cit..

do Conselho, de 29 de maio de 2000, relativo aos processos de insolvência, a circunstância de poderem intervir na formação das «decisões», outros órgãos que não apenas os judiciais, passando a tomar-se por *«órgão jurisdicional», o órgão judicial ou qualquer outra autoridade competente de um Estado--Membro habilitado a abrir um processo de insolvência ou a tomar decisões durante a tramitação do processo* (art. 2º, al. d), do referido Regulamento 1346/2000).

Retomando as questões acima formuladas, o problema que anunciámos não se coloca exatamente pela circunstância de estarmos em face de uma decisão administrativa, como acontece na Suécia. A questão coloca-se antes, como se disse, por duas ordens de razões:

– Por um lado, pelo facto de a intervenção judicial, ainda que exista, limitar-se à aposição de uma fórmula executória;
– Por outro lado, por nos confrontarmos com situações em que não chega a haver intervenção do juiz, especialmente em relação ao caso português, em consequência de o sistema adotado ser o da injunção pura ou não documental.

Qualquer um destes problemas tem suscitado dúvidas, mas a situação acaba por se mostrar ultrapassável, ainda que provoque divergência doutrinária[601].

---

[601] Na doutrina portuguesa: FERREIRA, F. A., afirma que não ficam abrangidas pelo Regulamento do título executivo europeu as obrigações de pagamento originadas nos procedimentos injuntivos portugueses, por não proviram de ordens judiciais, uma vez que a aposição da fórmula executória é da responsabilidade do secretário de justiça. Cfr. FERREIRA, F. A., *Curso de Processo de Execução*, 11ª ed., Coimbra, p. 52. Também MARINHO, C. M., conclui do mesmo modo, in *Textos de Cooperação Judiciária Europeia em Matéria Civil e Comercial*, op. cit., pp. 149 e 150; assim como, RIBEIRO, A. C. N., *Processo Civil da União Europeia*, vol. II, Coimbra, 2006, pp. 37-39 e 45.
SILVA, P. C., por sua vez, pronuncia-se sobre os dois tipos de «decisões» obtidas no âmbito dos processos simplificados para cobrança de obrigações pecuniárias emergentes de contrato, até € 15.000,00, e conclui, ainda que por razões diferentes, que ambas podem ser certificadas como título executivo europeu. Para o caso da petição inicial na qual foi aposta a fórmula executória, na verdade o título não é propriamente a «decisão judicial», mas a «petição inicial» à qual foi conferida força executiva. É claro que o ato de concessão de força executória tem «o valor de decisão condenatória», mas não é uma decisão em si mesma, embora também se possa sustentar que a intervenção judicial pela via da qual esse efeito ocorre, não deixa de ser uma sentença, apesar da sua forma simplificada. Porém, para concessão da força executiva à petição

Quanto ao primeiro, ainda que historicamente e à luz das interpretações jurisprudenciais feitas na vigência da Convenção de Bruxelas sejamos confrontados com noções aparentemente restritivas, de onde parece emanar a ideia de que a decisão deve sempre resultar da apreciação e resolução de um litígio cometido ao poder e exercício jurisdicional, a verdade é que desde muito cedo, ainda antes do título executivo europeu, já o legislador comunitário alargava o conceito. Desde logo, da enumeração exemplificativa que o legislador associou à noção de «decisão» já se pode concluir que o conceito extravasa a decisão proferida na sequência de uma pronúncia de mérito obtida em sede declarativa, através da qual se põe fim a um litígio[602].

inicial, não deixou de haver intervenção judicial manifestada no controlo da regularidade da instância e da aparente procedibilidade da pretensão, onde está implícito o reconhecimento do crédito como existente. Relativamente ao requerimento de injunção no qual foi aposta fórmula executória, a autora admite a sua certificação como título executivo europeu na medida em que estamos perante um mandado de execução, os quais estão expressamente abrangidos no conceito de «decisão» consagrado no Regulamento 805/2004. Cfr. SILVA, P. C., *Processo de Execução – Títulos Executivos Europeus*, Coimbra, 2006, pp. 105-155.

Na doutrina espanhola, a favor de que as decisões proferidas em sede de «processo monitório» podem ser objeto de certificação, ver: GASCÓN INCHAUSTI, F., *El Título Ejecutivo Europeo para Créditos no Impugnados*, *op.cit.*, pp. 88-92; GARCIMARTÍN ALFÉREZ, F. J., *El Título Ejecutivo Europeo*, *op.cit.*, pp. 70-75, acrescentando que pode ser objeto de certificação «el auto por el que se despacha la ejecución»; PUIG BLANES, F. P., *La Cooperación Judicial Civil en la Unión Europea*, *op. cit.*, p. 166; RODRÍGUEZ VÁZQUEZ, M. A., *El Título Ejecutivo Europeo, op.cit.*, pp. 47-49, *El Título Ejecutivo Europeo como Primera Manifestación de la Supresión del Exequátur en Materia Patrimonial*, "Decita: Derecho del Comercio Internacional", 2005, pp. 342 e 343; VIRGÓS SORIANO, M., e GARCIMARTÍN ALFÉREZ, F. J., *Derecho Procesal Civil Internacional. Litigación Internacional*, 2ª ed., Navarra, 2007, p. 739. Em sentido contrário, BONACHERA VILLEGAS, R.; SENÉS MOTILLA, C., *La Aplicación del Título Ejecutivo Europeo en el Sistema Procesal Español*, *op.cit.*, Ponto II.1. Após a reforma operada pela Lei 13/2009, de 3 de novembro, ainda que se atribua ao «secretario judicial» a emissão de «decreto» que põe fim ao «juicio monitorio» perante a falta de pagamento por parte do devedor, continua a ser necessário que o juiz dite «auto» despachando a execução, a instância do credor.

Também a favor da inclusão das decisões emanadas de processos monitórios, qualquer que seja o modelo adotado: CONSALVI, E., *Il Titolo Esecutivo Europeo in Materia di Crediti non Contestati*, nº 3, *op.cit.*

[602] GASCÓN INCHAUSTI, em sentido diverso, não aceita que possam ser consideradas «decisões» quaisquer ordens emanadas de um «secretario judicial», à exceção do caso de condenação em custas, porque vem previsto expressamente. Acrescenta, ainda, que a referência expressa a «tribunal», no art. 4º, nº 1, pressupõe que a decisão proceda do titular de um órgão jurisdicional. Cfr. GASCÓN INCHAUSTI, F., *El Título Ejecutivo Europeo para Créditos no Impugnados*,

No decurso do processo legislativo do Regulamento 805/2004 houve sinais evidentes de preocupação com a eventual possibilidade de exclusão das decisões obtidas em sede de procedimentos simplificados de cobrança de dívidas. A apreciação pelo Parlamento Europeu da primeira versão apresentada pela Comissão teve especial cuidado com as implicações do diploma em relação aos «procedimentos simplificados de recuperação de créditos pecuniários», onde se enquadram os procedimentos de injunção.

A esse propósito, propôs alterações ao articulado e fez considerações de ordem geral[603], sempre no intuito de evitar quaiquer equívocos que impedissem a certificação de «decisão» obtida no âmbito desses procedimentos. Em especial, foi sugerida uma alteração à al. d) do art. 16º[604] (versão original do diploma proposto) que se justificou do modo seguinte: *Deveria igualmente ser possível obter um Título Executivo Europeu no quadro de um processo pré-contencioso simplificado, como seja o procedimento de injunção. A presente alteração visa fundamentar esta possibilidade.* E a Comissão, embora não tenha adotado a redação proposta, acolheu as razões invocadas, nos termos seguintes: *O Parlamento pretende assegurar que a descrição muito breve*

---

op. cit., pp. 64 e 65. No mesmo sentido, na doutrina portuguesa, MARINHO, C. M., *Textos de Cooperação Judiciária Europeia em Matéria Civil e Comercial, op.cit.*, pp. 147 e 148.

[603] Nas considerações finais do I Relatório sobre a proposta de regulamento do Parlamento Europeu e do Conselho que cria o Título Executivo Europeu para créditos não contestados (Doc. A5-0108/2003, de 26 de março de 2003), dizia-se: *Todos os Estados-Membros preveem nas suas ordens jurídicas procedimentos sumários, simplificados, de recuperação de créditos pecuniários, designados procedimentos de injunção. Trata-se de procedimentos extremamente formalizados e simplificados, que se destinam a evitar o recurso litigioso aos tribunais e a resolução rápida do processo sem custos elevados. Segundo a Comissão Europeia, a definição de "processo" nos termos da alínea b) do nº 4 do artigo 3º também inclui o procedimento de injunção. Ora, a aplicação do Título Executivo Europeu é impedida pela contestação de uma decisão de injunção que, em regra, conduz automaticamente à instauração de um processo judicial formal. O mesmo se aplica quando, posteriormente, no processo judicial propriamente dito, o crédito não é contestado. Neste contexto, o Título Executivo Europeu afigura-se igualmente aplicável nas situações em que o processo judicial é considerado separadamente. Importa apresentar uma alteração destinada a esclarecer que, embora a contestação de um procedimento de injunção se traduza automaticamente no acionamento judicial do litígio, tal não exclui a aplicação do Título Executivo Europeu, desde que o crédito não seja contestado no âmbito do processo judicial.*

[604] O Parlamento Europeu propôs que na al. d), do art. 16º, passasse a dizer-se: *A causa de pedir, incluindo pelo menos uma breve descrição das circunstâncias, ou o objeto do crédito, incluindo uma identificação da justificação, invocados como fundamento do crédito,* em vez de *A causa de pedir, incluindo pelo menos uma breve descrição das circunstâncias invocadas como fundamento do crédito* (sublinhado nosso).

da justificação do crédito em causa que é normalmente suficiente em procedimentos simplificados de cobrança de dívidas (injonction de payer, Mahnverfahren) também cumpre os requisitos para certificação do título executivo europeu. A Comissão concorda plenamente com a lógica que está subjacente à alteração. No entanto, em vez de acrescentar mais terminologia jurídica à já existente, o que dificultaria a compreensão da disposição, a Comissão prefere simplificar e alargar a formulação de forma a eliminar qualquer eventual dúvida a esse respeito, fazendo referência a «uma declaração dos motivos do crédito» A Comissão pode, pois, aceitar a alteração 14, mas com uma redação simplificada[605].

Por outro lado, quando encontramos referências aos vários modelos de procedimento de injunção[606], designadamente em documentos de trabalho da União Europeia, verificamos que a menção aos dois modelos – o procedimento de injunção de pagamento «probatório»[607] e o «não probatório»[608] – é feita com o cuidado de esclarecer que no modelo de injunção «não probatório», *se não se procede a qualquer exame, obviamente não é necessária qualquer prova documental do crédito, já que esta é válida apenas enquanto instrumento para permitir esse controlo. Além disso, se o pedido não é apreciado pelo tribunal e, por conseguinte, todo o processo assume um caráter mais administrativo, não parece ser necessário envolver um juiz; consequentemente, em todos os Estados-Membros que integram este grupo, a competência para emitir uma injunção de pagamento é dele-*

---

[605] No texto final passou a dizer-se: *Uma declaração sobre a causa de pedir.*

[606] Para conhecimento dos vários modelos adotados na União Europeia, designadamente os casos da Alemanha, Itália, França, Espanha, consultar CRIFÒ, C., *Cross-Border Enforcement of Debts in the European Union, Default Judgments, Summary Judgments and Orders for Payment*, Netherlands, 2009. Ver, ainda, PEREZ RAGONE, A. J., *En Torno al Procedimiento Monitorio desde el Derecho Procesal Comparado Europeo: Caracterización, Elementos Esenciales y Accidentales*, "Revista de Derecho" (Valdivia), 2006, pp. 205 e ss.

[607] O traço essencial deste modelo é a exigência de o requerente apresentar uma prova escrita (documental) que fundamente o seu pedido, sem a qual o pedido de injunção de pagamento será considerado inadmissível. Esta condição constitui uma salvaguarda contra os pedidos infundados e é típica dos sistemas em que só se permite a emissão de uma injunção de pagamento após um exame sumário do mérito da causa por parte de um juiz, modelo esse que foi adotado na Bélgica, França, Grécia, Luxemburgo, Itália, Espanha.

[608] Caracteriza-se pela total ausência de uma apreciação por parte do tribunal relativamente ao mérito do pedido. Sempre que um pedido seja admissível e satisfaça os requisitos formais de base, o tribunal emite uma injunção de pagamento sem proceder a qualquer outra apreciação do fundamento do pedido. Este modelo vigora na Áustria, Finlândia, Alemanha, Suécia e Portugal.

gada quer nos funcionários judiciais quer, como se verifica na Suécia, nas autoridades responsáveis pela execução, que são organismos administrativos situados fora da esfera judicial. Porém, também se acrescenta que *a utilização do termo "administrativo" refere-se à falta da apreciação do fundamento do pedido. Não deve ser entendida como pondo em questão a natureza judicial do procedimento em si mesmo. Só a Suécia chegou ao ponto de confiar a um organismo administrativo a condução do processo de injunção de pagamento*[609].

A acrescer ao exposto, relembre-se que chegou a ser discutido se seria ou não conveniente limitar o âmbito do título executivo europeu a títulos executórios obtidos na sequência de um processo específico e rápido, designadamente procedimentos especiais em que se espera não sejam impugnados pelo devedor, ou seja, o procedimento de injunção ou o processo monitório. Porém, prevaleceu a opção por um âmbito de aplicação mais vasto, incluindo todas as situações em que um credor obteve um título executório contra um devedor, havendo falta objetivamente comprovável de qualquer contestação ou objeção por parte do devedor. As vantagens deste caminho estavam no facto de ser abrangido um número mais alargado de decisões e de se ter mais adequadamente em conta os sistemas em que não existem procedimentos especiais para a reclamação destes créditos[610]. Por aqui bem se vê que também estiveram na mira do título executivo europeu os procedimentos que correspondem à injunção de pagamento.

Tudo isto dá-nos ainda mais segurança quanto às conclusões anteriormente alcançadas.

Ora, neste contexto, parece aconselhável fazer uma leitura adaptada e atualista do conceito de «decisão», sobretudo para combater a inexistência de uniformização da legislação processual no espaço europeu e procurar nivelar as assimetrias subsistentes[611]. Para auxiliar neste exercício

---

[609] Livro Verde relativo a um Procedimento Europeu de Injunção de Pagamento e a medidas para simplificar e acelerar as ações de pequeno montante, COM (2002) 746 final, 20.12.2002, p. 19.

[610] Cfr. Doc. 6183/01, Limite, JUSTCIV 20, p. 2 e Doc. 10480/01, JUSTCIV 88, onde esta ideia é já apresentada como conclusão.

[611] Como diz GARCIMARTÍN ALFÉREZ, F. J., *A los efectos de aplicación o no del Reglamento es indiferente el tipo de monitorio, e incluso además del requerimiento de pago hay una resolución de condena (distinta del despacho a ejecución). No hay que olvidar que el Reglamento es una norma supranacional llamada a aplicarse sobre una pluralidad de Estados, cada uno con su propio ordenamiento procesal. Las reglas que establece la norma comunitaria deben leerse a partir de sus sentidos y fin y, por lo tanto, suscep-*

de elevação dos conceitos a um nível supranacional, pense-se na noção de *título executivo* presente na Diretiva 2000/35/CE do Parlamento Europeu e do Conselho, de 29 de junho de 2000, que estabeleceu medidas de luta contra os atrasos de pagamento nas transações comerciais. Aí se dizia, no art. 2º, nº 5, *«Título executivo»: qualquer decisão, sentença, injunção ou ordem de pagamento da dívida, de uma só vez ou em prestações, decretada por um tribunal ou outra entidade competente, e que permita ao credor cobrar o seu crédito junto do devedor, mediante execução coerciva; inclui qualquer decisão, sentença, injunção ou ordem de pagamento executória e que mantenha essa natureza, mesmo que o devedor interponha recurso dela*[612].

É neste conceito alargado que temos de pensar o título executivo europeu e é neste pressuposto que não vemos impedimento para considerar certificáveis, como tal e quer no caso português, quer espanhol, os requerimentos de injunção nos quais haja sido aposta fórmula executória, qualquer que seja o sistema monitório adotado[613].

3.4.1.3. Decisões de instâncias superiores

A primeira versão da proposta de criação do título executivo europeu previa, como pressuposto adicional para obtenção da certificação de uma decisão, que essa decisão tivesse força de caso julgado no Estado-Membro de origem (cfr. art. 5º, al. a), da versão original da proposta). Tal circunstância – o trânsito em julgado da decisão – prejudicava a questão que ora se coloca, ou seja, a possibilidade de certificação da decisão de uma instância

---

tibles de adaptación a diferentes sistemas. Cfr. GARCIMARTÍN ALFÉREZ, F. J., *El Título Ejecutivo Europeo, op.cit.*, p. 70, nota 29.

[612] A Diretiva 2011/7/EU, que substitui a Diretiva 2000/35/CE, mantém os elementos essenciais desta definição, tornando-a até mais clara e simples, nos termos seguintes: «Título executivo» é *qualquer decisão, sentença, injunção ou ordem de pagamento da dívida, de uma só vez ou em prestações, decretada por um tribunal ou outra entidade competente, incluindo as que são provisoriamente executórias, e que permita ao credor cobrar o seu crédito junto do devedor, mediante execução coerciva.*

[613] A propósito, refira-se que em Acórdão da Relação do Porto, de 25 de janeiro de 2011, já se decidiu nos termos seguintes: *A partir da plena vigência do Regulamento CE nº 805/2004 do Parlamento Europeu e do Conselho, de 21 de abril de 2004, que criou o título executivo europeu para créditos não contestados, não tendo o requerimento injuntivo sido objeto de oposição, encontra-se o ora Exequente em condições de obter, no próprio tribunal onde foi requerida a decisão injuntiva, no caso, em Portugal, uma certidão de Título Executivo Europeu, nos termos dos artºs 6º e 9º do Regulamento citado, para que a execução tenha lugar, com base nesse Título, no tribunal do Estado-Membro onde se encontrem os bens a executar* (em www.dgsi.pt).

superior (em regime de substituição) proferida na sequência de impugnação de decisões judiciais, transações judiciais ou instrumentos autênticos certificados como título executivo europeu, conforme previsto no art. 3º, nº 2, do Regulamento 805/2004.

Sucede, porém, que na versão final conjunta o legislador prescindiu desse requisito para evitar que a interposição de recurso pelo devedor fosse suficiente para privar o credor do benefício que é conferido pelo título executivo, exigindo apenas que a decisão tenha força executória no Estado-Membro de origem. Logo, nos ordenamentos em que as decisões constituem título executivo ainda que se encontre recurso pendente[614], será possível obter a certificação como título executivo europeu da decisão não transitada em julgado. Consequentemente, por uma questão de coerência e de eficácia do sistema, se a decisão certificada tiver sido objeto de recurso, a decisão proferida sobre o recurso, por sua vez, poderá ser certificada, mesmo no caso de o recurso ter sido interposto pelo devedor[615]. Constrói-se, assim, uma extensão dos efeitos da certificação como título executivo europeu obtida sobre a decisão da primeira instância. A materialização deste certificado faz-se por efeito da emissão de uma certidão de substituição mediante pedido apresentado a qualquer momento, utilizando-se para tal o formulário-tipo constante do Anexo V, desde que a decisão sobre a impugnação tenha força executória no Estado-Membro de origem (art. 6º, nº 3 do Regulamento).

Por outro lado, o art. 12º, nº 2, do Regulamento 805/2004, acrescenta que *aplicar-se-ão os mesmos requisitos à emissão de uma certidão de Título Executivo Europeu ou de uma certidão de substituição, na aceção do nº 3 do artigo 6º, relativamente a uma decisão proferida na sequência da impugnação de outra decisão quando, no momento em que é proferida aquela decisão, estejam preenchidas as condições previstas nas alíneas b) ou c) do nº 1 do artigo 3º*.

Em face do que ficou dito é fácil constatar alguma aparente contradição entre esta possibilidade oferecida pelo legislador e os requisitos exigidos

---

[614] No caso português isso acontece quando o recurso interposto tem efeito meramente devolutivo (cfr. art. 47º, nº 1, C.P.C.). No ordenamento espanhol está prevista a possibilidade de usar a execução provisória nos casos das decisões judiciais que não constituem caso julgado (art. 524º e 525º, LEC).

[615] Esta explicação é dada na Nota Justificativa do Conselho, proferida no âmbito da Posição Comum (CE) 19/2004, de 6 de fevereiro, tendo em vista a aprovação do Regulamento que cria o título executivo europeu (JO C 79 E, de 30.03.2004).

para a certificação de um título executivo europeu, em especial quanto à questão da «incontestabilidade» do crédito, gerando uma certa dificuldade na interpretação deste regime. Isto porque é legítimo perguntar se não terá que ser considerado «impugnado» um crédito declarado numa decisão relativamente à qual foi interposto recurso pelo réu. Na verdade, assim será. Então, como se articula esta afirmação com o regime de certificação das decisões proferidas por instâncias superiores após a obtenção da certificação da decisão de primeira instância?

Ora, bem se vê que é imperioso fazer uma interpretação criteriosa deste regime, com apelo ao elemento histórico e sistemático, sem esquecer que estamos perante um instituto que deve ser analisado numa perspetiva supraestadual.

Alguma doutrina resolve a questão através de uma aplicação restritiva deste regime, assumindo que o mesmo só é aplicável aos casos em que a oposição apresentada em sede de impugnação da decisão não se baseie em argumentos de oposição ao próprio crédito, pois se assim acontecer deixamos de estar perante um crédito não impugnado e sem isso fica a faltar um requisito essencial para a certificação da decisão como título executivo europeu. Por isso, nessa perspetiva, esta possibilidade ficará reduzida aos casos em que a oposição se baseie em questões processuais, através da apresentação de exceções dilatórias[616].

Esta posição, ainda que congruente do ponto vista conceptual, não parece ter em conta o contexto em que se introduziu este regime, nem a *ratio* que a ele se encontra subjacente. Dos trabalhos preparatórios da redação final do diploma conseguem extrair-se sinais evidentes de que a criação deste regime não teve a intenção de pôr em causa as vantagens inerentes à obtenção do título executivo europeu.

Na Comunicação da Comissão ao Parlamento Europeu respeitante à posição comum adotada pelo Conselho tendo em vista a adoção de um regulamento do Parlamento Europeu e do Conselho que cria o Título Executivo Europeu para créditos não contestados[617] foi afirmado que *em caso de recurso ou outro tipo de impugnação, a decisão proferida na sequência deste*

---

[616] Neste sentido, FERREIRA, F. A., *Curso de Processo de Execução, op.cit.*, pp. 52 e 53; MARINHO, C. M., *Textos de Cooperação Judiciária Europeia em Matéria Civil e Comercial op.cit.*, pp. 152 e 153; RIBEIRO, A. C. N., *Processo Civil da União Europeia*, Vol. II, *op.cit.*, p. 46; SILVA, P. C., *Processo de Execução – Títulos Executivos Europeus, op.cit.*, p. 35.

[617] COM (2004) 90 final, 09.02.2004.

recurso é executória nos outros Estados-Membros nas mesmas condições, ou seja, sem exequatur, mesmo que o crédito em causa tenha deixado de ser não contestado, pois seria inaceitável anular o título executivo europeu e obrigar o credor a iniciar todo o procedimento desde o início com o início de um procedimento de exequatur neste caso. Com efeito, se esta fosse a solução adotada, qualquer devedor contra o qual tivesse sido emitido uma certidão, poderia adiar a execução da decisão interpondo um recurso, mesmo manifestamente infundado, no país de origem, anulando o efeito benéfico da utilização do título executivo europeu. Seria assim subvertido o próprio objetivo do regulamento que consiste na simplificação e aceleração da execução transfronteiras, a ponto de tornar o instrumento contraproducente. Os interesses legítimos do devedor em caso de recurso subsequente à emissão de um certificado de título executivo europeu estão devidamente salvaguardados pelos artigos 8º-Y e 23º, relativos à suspensão ou à limitação da execução.

Tentando ir ao encontro das várias situações que podem surgir neste contexto, vejamos os possíveis cenários[618].

Obtida decisão sobre crédito pecuniário «não impugnado» em sede de procedimento onde estão reunidas as condições mínimas processuais exigidas pelo Regulamento 805/2004:

i) Se o réu interpõe recurso e por via disso a decisão deixa de ser executória no Estado-Membro de origem, porque as regras processuais nele vigentes fazem depender a exequibilidade da decisão desse critério, fica impossibilitada a certificação, por razões de ordem interna, ainda que conjugadas com o regime do título executivo europeu, mas que transcendem este contexto específico.

ii) Se o réu interpõe recurso antes da certificação como título executivo europeu, deixamos de estar na presença de um crédito «não impugnado» e já não é possível conceder força executória à decisão pela via daquele procedimento interno, restando ao credor a possibilidade de requerer o *exequatur* no Estado de destino, através do regime plasmado no Regulamento 44/2001.

iii) Se o réu interpõe recurso em momento posterior à certificação da decisão como título executivo europeu, ainda que do ponto de vista conceptual tenhamos que aceitar que o crédito deixou de ser «não impugnado», o regime jurídico do título executivo europeu

---

[618] Seguimos, embora com alguns desvios, GARCIMARTÍN ALFÉREZ, F. J., *El Título Ejecutivo Europeo*, op. cit., pp. 75-79.

não é preterido. Foi isso que o legislador comunitário pretendeu quando acrescentou o disposto no art. 6º, nº 3. Por isso, prevendo os vários desfechos, pode suceder o seguinte:

a) O recurso mantém a decisão recorrida e nesse caso o título executivo europeu mantém os seus efeitos, sem necessidade de qualquer outra diligência;
b) O recurso altera parcialmente a decisão recorrida e o devedor fica em condições de alterar a execução para os limites da condenação, através da obtenção de uma certidão de substituição de título executivo europeu na sequência de impugnação, conforme o formulário do Anexo V[619];
c) O recurso revoga a decisão recorrida, provocando a cessação dos efeitos do título executivo europeu. Consequentemente, haverá que requerer-se uma certidão que declare a não existência da força executiva desse título, a emitir no Estado de origem, através do formulário do Anexo IV, isto é, certidão de ausência da força executória. Munido desta certidão, o devedor poderá pôr fim à execução que corra termos no Estado de destino e que eventualmente se encontra suspensa.

Tratámos as situações em que o recurso vem pela mão do réu, mas também podemos alinhar as situações em que é o autor a recorrer. A ser assim:

---

[619] Em nosso entender, seria mais adequado que esta situação desse azo a uma declaração próxima daquela que é emitida nos casos de ausência ou limitação da força executória do título executivo europeu, desde logo porque o interesse na obtenção de um título executivo europeu, quer seja certidão original, quer seja certidão de substituição, é verdadeiramente do credor/exequente e não do devedor/executado. Este terá, antes, interesse na obtenção de uma certidão que possa fazer extinguir ou limitar (designadamente no seu objeto) a força executória do título executivo europeu e não numa certidão pela qual se obtém o documento que impulsiona a execução (o título executivo). No entanto, consultando o anexo IV ao Regulamento apenas encontramos como motivos de «limitação da força executória», de forma expressa, o facto de a execução estar provisoriamente suspensa ou limitada a providências cautelares ou dependente da prestação de uma caução ainda pendente. Não obstante, o ponto 5.2.4 abre a possibilidade de invocar e especificar «outro» motivo. A dificuldade que acresce neste assunto é que, olhando para os casos expressos na citada «limitação da força executória», esta parece estar associada a um critério temporal e não a um critério substancial, como sucede no caso que invocámos.

iv) Se o autor interpõe recurso na sequência de uma decisão que absolveu o réu, a primeira vez que, eventualmente, irá requerer a certificação será após a pronúncia em sede de recurso, se este vier a revogar a decisão do tribunal *a quo*, condenando o réu. Por isso, nesta situação estamos fora do âmbito de aplicação do art. 6º, nº 3, porque nele é pressuposto ter havido impugnação de uma decisão «certificada como título executivo europeu» e essa certificação ainda não sucedeu, naturalmente, pois o réu não tinha sido sequer condenado.

v) Se o autor interpõe recurso na sequência de uma decisão que lhe foi apenas parcialmente favorável, mas cuja certificação foi de imediato requerida (porque já tinha força executiva no Estado de origem), e vem a obter decisão mais favorável, proferida pelo tribunal superior, esta poderá igualmente ser certificada (se também for executória no Estado de origem), agora através de uma «certidão de substituição», nos termos do formulário do Anexo V[620]. Porém, o título executivo europeu «substituto» só será emitido se, em sede de recurso, tiverem sido cumpridos os pressupostos necessários para que o crédito possa ser considerado «não contestado», nos termos do art. 3º, nº 1, als. b) e c). É precisamente esta situação que julgamos adequada a integrar o disposto no art. 12º, nº 2, pois só nela faz sentido, verdadeiramente, exigir esta «dupla impugnabilidade» do crédito.

Concluímos, assim, por uma interpretação restritiva do regime que se extrai da conjugação do disposto no nº 3 do art. 6º e no nº 2 do art. 12º, do Regulamento 805/2004, aplicável à certificação de decisões proferidas por tribunais superiores como títulos executivos europeus, ou seja, após ter sido proferida uma decisão na sequência de impugnação de uma decisão certificada como título executivo europeu. Naturalmente, para a válida certificação destas decisões ter-se-ão ainda que verificar os demais pressupostos ou requisitos legais exigíveis nos termos das demais alíneas do nº 1 do art. 6º, mas quanto a esses, por uma questão de metologia, pronunciar-nos-emos oportunamente, visto que por ora não se suscitam mais questões.

---

[620] Aqui, sim, faz sentido falar-se em «certidão de substituição» pois já havia uma certidão originária, que agora se pretende substituir, e essa certidão é requerida por quem tem interesse na obtenção do título executivo.

3.4.2. Transações judiciais
3.4.2.1. Noção e evolução do conceito de transação judicial (um conceito mais extenso)

Além das decisões judiciais, também as transações judiciais proporcionam a obtenção de um título executivo europeu. A concessão de força executória com efeitos «transfronteiriços», ainda que limitados ao espaço europeu, através de um procedimento desencadeado no Estado de origem não é uma prerrogativa exclusiva das decisões judiciais e pode ser usado igualmente para as transações judiciais.

Tal como sucede com as decisões judiciais, também as transações que sejam certificadas como título executivo europeu no Estado-Membro de origem podem ser executadas nos outros Estados-Membros sem necessidade de declaração de executoriedade e sem que seja possível contestar a sua força executória (art. 24º, nº 2). Para o efeito, o seu conteúdo tem que dizer respeito a um «crédito» – na aceção que é dada a este conceito no próprio Regulamento e que já explorámos[621] – e deverá ter sido *homologada pelo tribunal ou celebrada perante um tribunal no decurso de um processo.*

Atendendo ao nicho de situações que foram privilegiadas com este novo instrumento – os créditos não impugnados – não nos pode surpreender que as transações judiciais tenham ficado por ele abrangidas. Quando as partes optam por transigir[622], estão simultaneamente a fazer cedências e a assumir compromissos recíprocos, logo, daí vai resultar, necessariamente, o reconhecimento do crédito por parte do devedor, dando lugar a uma situação de «não contestabilidade ativa», nos termos do disposto no art. 3º, nº 1, al. a), ou seja, pelo facto de o devedor ter *admitido expressamente a dívida, por meio (de confissão ou) de transação homologada por um tribunal, ou celebrada perante um tribunal no decurso de um processo.*

Conceptualmente, confissão e transação são conceitos diferentes, bastando dizer que num caso estamos perante um ato unilateral (a confis-

---

[621] Ou seja, *a reclamação do pagamento de um montante específico de dinheiro que se tenha tornado exigível ou para o qual a data em que é exigível seja indicada na decisão, transação judicial ou instrumento autêntico* (art. 4º, nº 2, do Regulamento 805/2004).

[622] No ordenamento jurídico português, a transação é um contrato com efeitos processuais, previsto no art. 1248º do C.C., *pelo qual as partes previnem ou terminam um litígio mediante recíprocas concessões.* Na legislação espanhola, o art. 1809º do Código Civil Espanhol dispõe que "*La transacción es un contrato por el cual las partes, dando, prometiendo o reteniendo cada una alguna cosa, evitan la provocación de un pleito o ponen término al que había comenzado*".

são) e no outro estamos em face de um ato bilateral (a transação). Mas, em ambos os casos há um claro reconhecimento do direito invocado pelo autor (por força de uma declaração unilateral nesse sentido ou por efeito de um encontro de declarações das partes, de onde resulta essa consequência). O legislador comunitário faz menção na mesma alínea (al. a), do nº 1 do art. 3º) às duas situações (confissão e transação), mas apenas a transação é enquadrável no regime consagrado no art. 24º, tanto assim que a partir daí todas as referências aos tipos ou formas de documentos que podem ser certificados reforçam sempre a tónica na trilogia "decisões judiciais, transações judiciais e instrumentos autênticos". Além do mais, a confissão só por si não tem autonomia, o que sucede é que, uma vez obtida no processo, vai determinar a condenação do réu, mas por decisão judicial proferida no processo. Portanto, a referência sequencial de «confissão» e «transação», que além do mais é feita apenas a propósito da definição de «crédito não contestado», não nos pode induzir em erro, pois do ponto de vista dos requisitos gerais de certificação do título executivo europeu quanto à forma, consideramos apenas, e no que agora nos importa, as transações judiciais.

Também neste caso estamos perante uma herança do Regulamento Bruxelas I, que no seu art. 58º trata esta matéria[623]. Contudo, é percetível uma evolução do conceito de «transação judicial» plasmado no diploma que criou o título executivo europeu, pois já não se fala apenas de *transações celebradas perante o juiz no decurso de um processo*, mas, como já se disse, de transação *homologada pelo tribunal ou celebrada perante um tribunal no decurso de um processo*[624]. A diferença essencial está no facto de o legislador pretender realçar a possibilidade de certificação quer de transações celebradas no próprio processo, quer daquelas que são celebradas extrajudicialmente

---

[623] Nos termos seguintes: *As transações celebradas perante o juiz no decurso de um processo e que no Estado-Membro de origem tenham força executiva são executórias no Estado-Membro requerido nas mesmas condições que os atos autênticos. O tribunal ou a autoridade competente de um Estado-Membro emitirá, a pedido de qualquer das partes interessadas, uma certidão segundo o formulário uniforme constante do anexo V ao presente regulamento.*

[624] Esta evolução, contudo, só se consolidou na versão final, pois na primeira e segunda versões ainda se dizia, a este propósito, no então art. 25º: *As transações relativas a créditos pecuniários líquidos que tenham sido homologadas pelo tribunal no processo e sejam executórias no Estado-Membro onde tiverem sido concluídas, serão certificadas, a pedido do credor, enquanto Título Executivo Europeu, pelo tribunal que as homologou.*

e depois são levadas ao tribunal para homologação pelo juiz[625]. Este tipo de situações pode, na verdade, suceder, na medida em que os diferentes ordenamentos jurídicos prevejam ambas as formas de concretização das transações judiciais[626]. Com esta solução alarga-se o âmbito formal de aplicação do Regulamento 805/2004 e o leque de documentos potencialmente certificáveis como título executivo europeu.

Temos, então:

a) Transação homologada pelo tribunal

Ficam aqui abrangidas, num visível alargamento dos documentos certificáveis, as transações celebradas em sede extrajudicial, independentemente da pendência de um processo judicial, que vêm depois a ser homologadas por sentença. Naturalmente, ainda que o Regulamento 805/2004 disponha em termos gerais sobre esta situação, a sua aplicabilidade depende do regime jurídico interno de cada Estado-Membro, ou seja, da circunstância de estar prevista a possibilidade de homologação judicial de uma transação celebrada fora do ambiente judicial e com caráter autónomo, designadamente na sequência de procedimentos de mediação, o que não é certo suceder em todos os ordenamentos jurídicos.

No ordenamento português não havia, até há pouco tempo, qualquer precedente de uma situação que pudesse configurar este caso, pelo menos que fosse de caráter geral. As transações obtidas através dos serviços de mediação associados aos Julgados de Paz, embora homologáveis pelo Juiz de Paz mesmo que o litígio não corresse termos nesse tribu-

---

[625] Pelo menos assim indica a letra da lei e também o esclarecimento prestado na já referida Comunicação da Comissão ao Parlamento Europeu sobre a Posição comum adotada pelo Conselho (p. 11), quando acrescenta: *O artigo 25º, através da combinação das versões linguísticas inglesa ("approved by a court") e francesa ("conclues devant le juge") do artigo 58º do Regulamento (CE) nº 44/2001, compreende expressamente as transações judiciais tornadas executórias por força de uma decisão judicial denominada "homologation" em francês.*
Transcrevemos aqui as versões inglesa e francesa, que bem elucidam o que se disse: «*approved by a court or concluded before a court in the course of proceedings*»; «*approuvée par une juridiction ou conclue devant une juridiction au cours d'une procédure judiciaire*».

[626] Sobre o regime da transação, ver, no caso espanhol, o art. 1089º, do Código Civil espanhol, e os arts. 19º, 414º, 415º e 428º, da LEC; na legislação portuguesa, consultar o art. 1248º, do C.C., e os arts. 287º, al. d), 293º, 294º e 297º a 300º, do C.P.C.

nal[627] (estadual, mas não judicial), só podiam ser homologadas quando o litígio coubesse no âmbito de competência dos Julgados de Paz, em razão da matéria e do valor[628]. Tudo o mais constituiriam situações em que as transações, porque não obtiveram o crivo judicial, não seriam certificáveis como título executivo europeu.

Sucede que a Lei 29/2009[629], de 29 de junho, através da qual se operou à transposição da Diretiva 2008/52/CE, do Parlamento e do Conselho, de 21 de março, aditando ao Código de Processo Civil os artigos 249º-A, 249º-B, 249º-C e 279º-A[630], com o objetivo de associar os meios de reso-

---

[627] À luz do regime previsto nos artigos 16º, 56º da Lei dos Julgados de Paz – Lei 78/2001, de 13 de julho, e 14º do Regulamento dos Serviços de Mediação dos Julgados de Paz – Portaria 1112/2005, de 28 de outubro.

[628] Os Julgados de Paz só têm competência para julgar causas de valor igual ou inferior à alçada dos tribunais de 1ª instância (atualmente fixada em € 5.000,00) e que respeitem às matérias elencadas no art. 9º da Lei dos Julgados de Paz, a maior parte delas relacionadas com questões de vizinhança.

[629] Aprova o Regime Jurídico do Processo de Inventário e altera o Código Civil, o Código de Processo Civil, o Código do Registo Predial e o Código do Registo Civil, no cumprimento das medidas de descongestionamento dos tribunais previstas na Resolução do Conselho de Ministros nº 172/2007, de 6 de novembro, o Regime do Registo Nacional de Pessoas Coletivas, procede à transposição da Diretiva 2008/52/CE, do Parlamento e do Conselho, de 21 de março, e altera o Decreto-Lei 594/74, de 7 de novembro.

[630] *Artigo 249º-A – Mediação pré-judicial e suspensão de prazos*: 1-As partes podem, previamente à apresentação de qualquer litígio em tribunal, recorrer a sistemas de mediação para a resolução desses litígios. 2– A utilização dos sistemas de mediação pré-judicial previstos em portaria do membro do Governo responsável pela área da Justiça suspende os prazos de caducidade e prescrição a partir da data em que for solicitada a intervenção de um mediador. 3 -Os prazos de caducidade e prescrição retomam-se a partir do momento em que uma das partes recuse submeter-se ou recuse continuar com o processo de mediação, bem como quando o mediador determinar o final do processo de mediação. 4 – A falta de acordo e a recusa de submissão a mediação referidas no número anterior são comprovadas pelas entidades gestoras dos sistemas previstos na portaria referida no nº 2. 5 – A inclusão dos sistemas de mediação na portaria referida no nº 2 depende da verificação da idoneidade do sistema bem como da respetiva entidade gestora. Artigo *249º-B – Homologação de acordo obtido em mediação pré-judicial*: 1 – Se da mediação resultar um acordo, as partes podem requerer a sua homologação por um juiz. 2 – O pedido é apresentado em qualquer tribunal competente em razão da matéria, preferencialmente por via eletrónica, nos termos a definir em portaria do membro do Governo responsável pela área da Justiça. 3 – A homologação judicial de acordo obtido em mediação pré-judicial visa a verificação da sua conformidade com a legislação em vigor. 4 – O pedido referido no número anterior tem natureza urgente, sendo decidido sem necessidade de prévia distribuição. 5 – No

lução alternativa de litígios, concretamente a mediação, aos meios judiciais, veio abrir espaço e generalizar esta possibilidade. Permite-se, agora, que as partes recorram à mediação pré-judicial, ou seja, que entreguem o litígio a um sistema de mediação, antes ainda de o apresentarem em tribunal, e se da mediação resultar a obtenção de um acordo, podem requerer a sua homologação por um juiz (art. 249º-A, nº 1 e 249º-B do C.P.C.). Quando assim acontecer, a transação que havia sido celebrada extrajudicialmente vai, por via da homologação judicial, poder ser certificada como título executivo europeu.

No ordenamento jurídico espanhol, não cabe aos órgãos jurisdicionais homologar ou aprovar transações que não hajam sido celebradas na pendência de um processo, esvaziando-se, assim, o âmbito de aplicação da disposição ora em causa, na parte que atribui a possibilidade de certificação como título executivo europeu de uma transação celebrada extrajudicialmente quando não há processo pendente.[631].

b) Transação celebrada perante um tribunal no decurso de um processo
Esta é a situação clássica de uma transação conseguida no âmbito de um processo pendente e que, uma vez formalizada, é homologada pelo juiz. Não basta, portanto, a celebração da transação, é ainda necessário que a mesma seja objeto de homologação judicial[632]. Na verdade, só assim faz sen-

---

caso de recusa de homologação o acordo é devolvido às partes podendo estas, no prazo de 10 dias, submeter um novo acordo a homologação. *Artigo 249º-C – Confidencialidade*: Exceto no que diz respeito ao acordo obtido, o conteúdo das sessões de mediação é confidencial, não podendo ser valorado como prova em tribunal salvo em caso de circunstâncias excecionais, nomeadamente quando esteja em causa a proteção da integridade física ou psíquica de qualquer pessoa. *Artigo 279º-A – Mediação e suspensão da instância*: 1-Em qualquer estado da causa, e sempre que o entenda conveniente, o juiz pode determinar a remessa do processo para mediação, suspendendo a instância, salvo quando alguma das partes expressamente se opuser a tal remessa.
Esta matéria veio a ser regulamentada pela Portaria 203/2011, de 20 de maio, que define quais os sistemas de mediação pré-judicial cuja utilização suspende os prazos de caducidade e prescrição dos direitos e procede à regulamentação do seu regime e os sistemas de mediação judicial que suspendem a instância.
[631] Neste sentido, GASCÓN INCHAUSTI, F., *El Título Ejecutivo Europeo para Créditos no Impugnados, op. cit.*, p. 207.
[632] Aceitando a necessidade de homologação judicial, ver GASCÓN INCHAUSTI, F., *ibidem.*, p. 206.

tido a equiparação do regime das transações «judiciais» relativamente ao das decisões «judicias», para efeitos de certificação como título executivo europeu. Na verdade, uma transação que não seja homologada judicialmente, ainda que celebrada na pendência de um processo, só poderá ter o valor que resulta da forma que ela própria adotou, como por exemplo o de um documento autêntico ou de um documento particular autenticado.

De acordo com a legislação portuguesa, se as partes acordarem transigir, estarão a acordar em concessões recíprocas, para pôr fim ao litígio (art. 1248º, do C.C. e art. 293º, nº 2, C.P.C.) podendo a transação ocorrer por termo no processo – documento integrado no processo, por elaboração da secretaria, conforme dispõe o art. 300º, nº 2 e 4, C.P.C. – ou por documento autêntico ou particular, que será junto pelas partes ao processo. Seguir-se-á uma sentença de mérito, mas de natureza homologatória, isto é, o tribunal limita-se a verificar se as partes no negócio eram capazes e se tinham legitimidade para tratar do objeto do negócio e se este versa sobre direitos disponíveis.

Acresce, atualmente, uma situação nova, também introduzida pela já citada Lei 29/2009 e concretizada no art. 279º-A do C.P.C.[633], pela qual se permite a suspensão da instância, por determinação do juiz e sem oposição das partes ou por iniciativa das próprias partes, com vista à resolução do litígio através da mediação. Verificada a suspensão da instância, o processo é remetido para mediação e, se aí for obtido um acordo, é devolvido ao tribunal para homologação do mesmo. Ora, se assim acontecer, vamos também estar na presença de um acordo obtido no âmbito de um processo que já tinho sido entregue à via judicial, o qual se encontra pen-

---

[633] Artigo 279º-A – *Mediação e suspensão da instância*: 1 – Em qualquer estado da causa, e sempre que o entenda conveniente, o juiz pode determinar a remessa do processo para mediação, suspendendo a instância, salvo quando alguma das partes expressamente se opuser a tal remessa. 2 – Sem prejuízo do disposto no número anterior, as partes podem, em conjunto, optar por resolver o litígio por mediação, acordando na suspensão da instância nos termos e pelo prazo máximo previsto no nº 4 do artigo anterior. 3 – A suspensão da instância referida no número anterior verifica-se, automaticamente e sem necessidade de despacho judicial, com a comunicação por qualquer das partes do recurso a sistemas de mediação. 4 – Verificando--se na mediação a impossibilidade de acordo, o mediador dá conhecimento ao tribunal desse facto, preferencialmente por via eletrónica, cessando automaticamente e sem necessidade de qualquer ato do juiz ou da secretaria, a suspensão da instância. 5 – Alcançando-se acordo na mediação, o mesmo é remetido a tribunal, preferencialmente por via eletrónica, seguindo os termos definidos na lei para a transação.

dente e cuja instância está suspensa, com a diferença de que esse acordo é obtido através da intervenção de um terceiro neutro e imparcial – o mediador – ao qual as partes recorreram por sua livre vontade e que as auxiliou através das técnicas da mediação, levando as partes a encontrar, por si, um entendimento que é reduzido a escrito e assinado por elas. O juiz, em face disso, afere da validade do acordo e procede à sua homologação. Ora, ainda que tenha contornos específicos em virtude da sua associação à mediação, julgamos que o acordo aqui obtido se enquadra, para efeitos de certificação como título executivo europeu, no regime das transações celebradas perante um tribunal no decurso de um processo.

Do mesmo modo, um acordo obtido em sede de tentativa de conciliação, promovida nos termos do art. 509º, do C.P.C., o qual está igualmente sujeito à homologação judicial, beneficiará do mesmo regime. Aliás, a única diferença a apontar nesta situação é o facto de o acordo ser promovido por uma intervenção do próprio juiz, que convoca a tentativa de conciliação, embora a partir daí sejam as partes a encontrar os termos do acordo e a aceitá-lo voluntariamente.

No enquadramento jurídico espanhol, as transações celebradas do decurso de um processo podem submeter-se, ou não, à homologação por parte do tribunal, mas só no caso de o serem é que constituem título executivo (arts. 19º, nº 2 e 517º, nº 2, § 3º, da LEC). Assim, por uma dupla razão, só estas poderão partilhar do regime das transações celebradas perante um tribunal no decurso de um processo, com vista à sua certificação como título executivo europeu[634]. De igual regime beneficiam, ainda, os acordos realizados em sede de conciliação, quando homologados, que podem ser alcançados, por exemplo, em sede de audiência prévia no processo ordinário, seja no seu início, seja em momento mais adiantado do processo[635] (arts. 415º e 428º, nº 2, da LEC).

Repare-se, então, que, para efeitos de certificação como título executivo europeu, a «transação» está qualificada como «judicial». Quer isto dizer que estão afastadas, por esta via, todas as situações em que porventura se obtenha um acordo das partes sem intervenção judicial. Pensemos, por exemplo, nos casos em que as partes recorrem aos serviços de mediação e

---

[634] Cfr. GASCÓN INCHAUSTI, F., *El Título Ejecutivo Europeo para Créditos no Impugnados*, op. cit., p. 206.

[635] Idem, *ibidem*, pp. 206 e 207.

aí encontram uma forma de pôr fim ao litígio, celebrando o competente acordo, ou seja, uma transação[636]. Do mesmo modo, qualquer acordo celebrado por documento particular assinado pelas partes, ainda que o tenham feito com auxílio de um profissional do foro, também não valerá para este efeito[637]. Se, por outro lado, o acordo celebrado pelas partes vem a ser aprovado por uma outra entidade, que não judicial, mas administrativa por exemplo, já será possível equacionar a possibilidade de certificação de título executivo europeu, mas pela via da certificação de um documento público.

Contudo, apesar do caráter «judicial» da transação – aspeto muito relevante – isso não lhe retira autonomia face ao regime das decisões judiciais, pois o Regulamento deixa bem claro que estamos perante situações diferentes e com requisitos distintos.

Como se constata da leitura da lista de definições do art. 4º do Regulamento 805/2004, o legislador comunitário optou por não inserir o conceito de transação nesse conjunto de conceitos[638], circunstância criticável

---

[636] Este é um caso possível no ordenamento português. Os serviços de mediação que se encontram associados aos Julgados de Paz são competentes para mediar quaisquer litígios, ainda que excluídos da competência dos Julgados de Paz, com exceção dos que tenham por objeto direitos indisponíveis (cfr. art. 16º, nº 3, da Lei 78/2001, de 13 de julho – Lei dos Julgados de Paz, e art. 14º, da Portaria 1112/2005, de 28 de outubro). Naturalmente, nos casos em que se obtém acordo em sede de mediação, mas o litígio está excluído da competência do Julgado de Paz – por se tratar de valor superior à alçada do Tribunal de Primeira Instância (€ 5.000,00) ou por se tratar de matéria não incluída no art. 9º da Lei dos Julgados de Paz – não haverá lugar à homologação do acordo pelo Juiz de Paz. Em consequência, já não estaremos na presença de uma transação «judicial». Contudo, esta situação poderá ficar prejudicada pelo recente regime aprovado pela já referida Lei 29/2009, cuja aplicação ainda não está totalmente regulamentada.

[637] Cita-se este exemplo por se tratar de uma situação de onde resultaria, no caso do ordenamento português, um documento com força executória no Estado de origem, na medida em que estamos perante um título executivo nos termos do art. 46º, nº 1, al. c) do C.P.C. (onde se diz: *os documentos particulares, assinados pelo devedor, que importem constituição ou reconhecimento de obrigações pecuniárias, cujo montante seja determinado ou determinável por simples cálculo aritmético de acordo com as cláusulas dele constantes, ou de obrigação de entrega de coisa ou de prestação de facto*), mas que não podia constituir título executivo europeu porque não reúne as condições exigidas pelo Regulamento 805/2004. E no caso concreto, nem como transação judicial, naturalmente, nem como documento público.

[638] Ausência que chegou a ser criticada pelo Comité Económico e Social no seu parecer sobre a proposta de criação do título executivo europeu, onde sugeria que a expressão «transações judiciais» fosse incluída nas definições, ainda que a mesma já resultasse implicitamente do art. 3º, nº 1, al. a), na versão final do diploma. Cfr. p. 6 do referido parecer (JO C 85, 08.04.2003).

– desde logo por uma questão de coerência – na medida em que qualquer um dos outros documentos (decisões judiciais e instrumentos autênticos) consta da lista de definições do referido art. 4º. A opção por uma referência clara ao conteúdo desse conceito evitaria equívocos interpretativos, ainda que se perceba que o legislador confiou numa já (por ele) presumida harmonização deste conceito em sede de direitos internos, não vendo (ao que parece) necessidade de criar mais um conceito autónomo.

Pode dizer-se, em consequência, que o legislador comunitário deixou aqui mais espaço ao direito interno pois, na falta de um conceito autónomo, será à luz do ordenamento jurídico de cada Estado-Membro que se determinarão os pressupostos e os limites da obtenção de uma transação judicial[639].

É possível, face ao exposto, individualizar os principais elementos que auxiliam na interpretação da noção de *transação judicial*, por ora no que respeita ao aspeto formal, salientando os elementos que se extraem da conjugação dos artigos 24º, nº 1 e 3º, nº 1, al. a), do Regulamento 805/2004[640]:

- A transação será celebrada de acordo com as normas do ordenamento jurídico interno;

---

[639] Neste sentido, GONZÁLEZ CANO, M. I., *Reconocimiento y Ejecución de Resoluciones Judiciales y Documentos Públicos con Fuerza Ejecutiva en el Ámbito Comunitario*, op.cit., p. 18. Conforme diz a autora: "...al no contener el art. 26º [atualmente 24º] ninguna prescripción adicional respecto a la transacción, esta deberá acomodarse a los presupuestos y límites del Derecho interno del Estado de origen en orden a su homologación judicial, paso previo a la certificación como TEE". E, ainda, RODRÍGUEZ VÁZQUEZ, M.A., *El Título Ejecutivo Europeo*, op.cit., p. 74.

[640] Aos aspetos aqui referenciados, GONZÁLEZ CANO acrescenta que o devedor deve ficar totalmente informado de que o acordo que foi objeto da transação judicialmente homologada terá efeitos executórios imediatos em qualquer Estado-Membro, sendo necessário fazer menção disso no clausulado da transação e no certificado de título executivo europeu; cfr. GONZÁLEZ CANO, M. I., *Reconocimiento y Ejecución de Resoluciones Judiciales y Documentos Públicos con Fuerza Ejecutiva en el Ámbito Comunitario*, op.cit., p. 18. Contudo, não nos parece que decorra essa intenção do preceito legal, nem que se extraia essa necessidade, sobretudo porque existe sempre uma intervenção judicial que aproxima as transações judiciais, ainda que mantenham a sua autonomia, das decisões judiciais. Ou seja, quem tem um litígio que já corre num tribunal e lhe põe fim através de transação homologada por sentença, deverá contar com os mesmos efeitos de uma decisão judicial, pois são documentos equiparados. Se numa sentença, naturalmente, não se tem que mencionar este efeito de executoriedade transfronteiriça, parece-nos que aqui também não carece essa menção.

- O seu conteúdo deve respeitar a créditos pecuniários, líquidos e exigíveis, de acordo com os critérios estipulados no Regulamento 805/2004;
- A transação deve ser celebrada perante um tribunal no decurso de um processo ou ser celebrada extrajudicialmente;
- A transação terá sempre que ser objeto de homologação judicial;
- Essa transação deverá, também, constituir título executivo no Estado de origem.

3.4.2.2. Certificação apenas para concessão de «força executória»

No caso das decisões judiciais, como se viu, a certificação como título executivo europeu tem como efeitos quer a concessão de força executória, quer os inerentes ao reconhecimento judicial, ou seja, uma decisão judicial certificada não só passa a ser executória no espaço europeu, como tem o valor de sentença para todos os efeitos que vão além da sua executoriedade, como seja o valor de caso julgado e de título de transmissibilidade, para efeitos de registo, se for o caso. Por isso é que a formulação utilizada no art. 5º do Regulamento 805/2004, a propósito da supressão do *exequatur* foi construída de forma ampla e abrangente, dizendo-se que as decisões certificadas como título executivo europeu serão «reconhecidas» e «executadas» nos outros Estados-Membros, sem que careçam de declaração de executoriedade e sem que se possa contrariar o seu reconhecimento. Ora, esta formulação é especificamente construída para o caso das decisões judiciais, pois só a estas é aplicável a parte que respeita aos efeitos do «reconhecimento».

Porém, aquando da primeira proposta do Regulamento que criou o título executivo europeu, a única disposição que se pronunciava sobre os efeitos da obtenção da certificação – nos termos já enunciados – era o referido art. 5º, o que provocaria algum equívoco quanto aos efeitos dessa certificação relativamente às transações judiciais, sobretudo no que respeita à questão do caso julgado. Por isso, para afastar interpretações menos claras, na elaboração da versão final foi aditado o nº 2, do art. 24º, do Regulamento que criou o título executivo europeu, com a advertência de que, no que respeita aos efeitos da certificação (supressão do *exequatur*), era necessário fazer uma menção expressa e adaptada às transações judiciais, pois aquela que constava do art. 5º não se adequava, precisamente por falar em «reconhecimento», que não é um conceito aplicável nem às transações, nem aos instrumentos autênticos[641].

E assim ficou claro que a certificação de uma transação judicial como título executivo europeu no Estado de origem permite que a mesma passe a ser executável no espaço europeu, sem necessidade de qualquer declaração de executoriedade e sem possibilidade de contestação da sua força executória, ficando afastado qualquer outro efeito.

3.4.3. Instrumentos autênticos

O Regulamento 805/2004, à semelhança do que sucede no Regulamento 44/2001[642], aplica-se à trilogia decisões judiciais, transações judiciais e instrumentos autênticos. Assim, o título executivo europeu abrange, também, aos «*instrumentos autênticos*», conforme ficou traduzido na versão portuguesa, ou aos «*documentos públicos*», na versão espanhola[643].

---

[641] Cfr. Comunicação da Comissão ao Parlamento Europeu sobre a Posição comum adotada pelo Conselho tendo em vista a adoção do Regulamento que cria o título executivo europeu, COM (2004) 90 final, de 09.02.2004, p. 11, onde se diz: *Teve de ser aditado um novo nº 2-bis, como no caso do artigo 26º, devido à diferença conceptual entre as decisões, por um lado, e as transações judiciais e os atos autênticos, por outro, que não permite fazer referência ao "reconhecimento" destes últimos.*

[642] Ver art. 57º do Regulamento 44/2001, onde se prevê: *1. Os atos autênticos exarados ou registados num Estado-Membro e que aí tenham força executiva são declarados executórios, mediante requerimento, noutro Estado-Membro, segundo o processo previsto nos artigos 38º e seguintes. O tribunal onde é interposto um recurso nos termos do artigo 43º ou 44º só indefere ou recusa a declaração de executoriedade se a execução do ato autêntico for manifestamente contrária à ordem pública do Estado-Membro requerido. 2. São igualmente considerados atos autênticos, na aceção do nº 1, os acordos em matéria de obrigações alimentares celebrados perante autoridades administrativas ou por elas autenticados. 3. O ato apresentado deve preencher os requisitos necessários para a sua autenticidade no Estado-Membro de origem. 4. É aplicável, se necessário, o disposto na secção 3 do capítulo III. A autoridade competente do Estado-Membro em que foi recebido um ato autêntico emitirá, a pedido de qualquer das partes interessadas, uma certidão segundo o formulário uniforme constante do anexo VI ao presente regulamento.*

[643] O uso de terminologia diferente e, por vezes, equívoca é um problema recorrente na legislação comunitária, em geral, e neste caso em particular. No texto português, por exemplo, da 1ª versão da proposta do Regulamento que criou o título executivo europeu para a versão final houve alteração dos termos utilizados, de «atos autênticos» para «instrumentos autênticos». Constata-se, por outro lado, que no Regulamento 44/2001 usa-se o termo «ato autêntico» e no Regulamento 805/2004 a expressão «instrumento autêntico», quando respeitam aos mesmos documentos.
Sobre estas dificuldades terminológicas já se pronunciou MORA CAPITÁN, B., *in Los títulos extrajudiciales en la Unión Europea (Convenio de Bruselas de 1968 y Reglamento CE N. 44/2001,*

Sem perder de vista os demais pressupostos gerais de certificação, também aqui aplicáveis, será possível obter um título executivo europeu com base num instrumento autêntico desde que dele conste uma obrigação pecuniária, líquida e exigível, nos exatos termos em que estes requisitos valem no contexto do Regulamento 805/2004[644]. O art. 25º do Regulamento estipula que *um instrumento autêntico relativo a um crédito, na aceção do ponto 2 do artigo 4º, que seja executório num Estado-Membro, será, mediante pedido apresentado à autoridade designada pelo Estado-Membro de origem, certificado como Título Executivo Europeu, utilizando o formulário-tipo constante do Anexo III*. E com base nessa certificação, obtida no Estado de origem, poderá ser executado nos outros Estados-Membros sem necessidade de declaração de executoriedade e sem que seja possível contestar a sua força executória.

3.4.3.1. Noção de instrumento autêntico

O que se entende por instrumento autêntico resulta, desde logo, da definição constante do art. 4º, nº 3, do Regulamento que criou o título executivo europeu. A consagração legal de uma definição «autónoma» de «instrumento autêntico» constitui um passo adiante em relação à Convenção de Bruxelas de 1968 e ao Regulamento Bruxelas I, onde nada se concretiza sobre esse conceito, havendo que recorrer à doutrina e à jurisprudência

---

Bruselas I), "Justicia", 2002, pp. 10-12. A autora chamou a atenção, em especial e a propósito da Convenção de Bruxelas, para a circunstância de se usar de modo indiferente, nas várias traduções, os termos «ato ou instrumento autêntico» e «documento público», sem ter o cuidado de os adequar à legislação interna dos vários Estados-Membros. Pois, se há casos em que o qualificativo «autêntico» é usado corretamente, porque de acordo com as normas internas quer significar um ato praticado por Notário ou outra entidade autorizada, noutros essa expressão não coincide com o termo jurídico que do ponto de vista do direito interno seria correspondente àquela definição. É, por exemplo, o caso de Itália, em que «atto autentico» não corresponde, no seu conteúdo, ao termo «atto pubblico», que seria o correto. Posteriormente, no Regulamento Bruxelas I, já se passou a usar o termo «atti pubblici».

[644] Acerca da certificação de «instrumentos autênticos» como título executivo europeu, *vide* FERNÁNDEZ-TRESGUERRES, A., *La Escritura Pública Notarial: un Título Ejecutivo Europeo*, "Escritura Pública" (www.notariado.org), 2004, pp. 1 e ss.; idem, *El Título Ejecutivo Europeo para Créditos no Impugnados y en Especial el Titulo Ejecutivo Europeo Notarial*, NUE, 2007, pp. 39 e ss.; GÓMEZ SALAZAR, J. M., *Derecho Notarial: El Título Ejecutivo Europeo Notarial en Materia de Créditos no Impugnados*, NUE, 2007, pp. 25 e ss.; MORA CAPITÁN, B., *Los Títulos Ejecutivos Extrajudiciales: del Reconocimiento de los Títulos Ejecutivos al Título Ejecutivo Europeo*, in "Studi di Diritto Processuale Civile in onore di Giuseppe Tarzia", Milano, 2005, pp. 531 e ss.

comunitária[645]. Cria-se, com esta nova opção legislativa, mais segurança e estabilidade na utilização deste mecanismo, além de se combater a falta de harmonização desta matéria no espaço europeu[646]. Este problema, aliás, não está esquecido pelas instituições europeias e atinge também os próprios procedimentos europeus, encontrando-se já em desenvolvimento iniciativas no sentido de criar o chamado «ato autêntico europeu» como forma de agregar e harmonizar os procedimentos europeus tendentes a melhorar a circulação destes documentos no espaço europeu[647].

De acordo com a referida disposição e para efeitos de certificação como título executivo europeu, é considerado instrumento autêntico todo o documento que reúna as condições seguintes:

---

[645] Para análise destes elementos interpretativos, ver MORA CAPITÁN, B., *Los Títulos Extrajudiciales en la Unión Europea (Convenio de Bruselas de 1968 y Reglamento CE N. 44/2001, Bruselas I)*, *op.cit.*, pp. 12-33.

[646] Sobre este problema da harmonização dos atos notariais no espaço europeu, em especial sobre a forma de autenticação de documentos e a organização da profissão num modelo privatizado ou publicizado, ver STÜRNER, R., *L'Acte Notarié dans le Commerce Juridique Européen*, RIDC, 1996, pp. 515 e ss.

[647] Consultar relatório da Comissão dos Assuntos Jurídicos que contém recomendações à Comissão sobre o ato autêntico europeu (2008/2124 (INI)), em que foi relator Manuel Medina Ortega, documento A6-0451/2008, de 19.11.2008. Aí se expôs que, ainda que seja verdade que existe um certo número de instrumentos comunitários (Bruxelas I, Bruxelas II bis, Regulamento sobre o título executório europeu), estando outros a ser preparados (trabalhos sobre as obrigações em matéria de alimentos, as sucessões e os regimes matrimoniais), esta abordagem é meramente sectorial e pouco satisfatória. Por outro lado, os procedimentos até ao presente criados pelos regulamentos comunitários não são idênticos. Ora, esta ausência de harmonização é prejudicial para os cidadãos europeus e as empresas, porquanto é difícil identificar com certeza de que tipo de procedimento se trata e, por conseguinte, saber quais os meios que devem ser utilizados para que o ato autêntico seja executado no estrangeiro. A ausência de homogeneidade tem por consequência factual que a circulação dos atos autênticos seja presentemente difícil e restrita, tanto em número como em tipologia de atos. Ora, os cidadãos e os agentes da vida económica aguardam uma melhor circulação dos atos autênticos, enquanto garantia de maior segurança nas transações. O benefício que se espera da reforma seria triplo: economia de tempo, redução de custos e simplificação processual. Assim, foi solicitado à Comissão que apresentasse uma proposta legislativa referente ao reconhecimento mútuo e à execução dos atos autênticos.
Entretanto foi publicada a Resolução do Parlamento Europeu, de 18 de dezembro de 2008, que formalizou as recomendações à Comissão sobre o ato autêntico europeu, em JO C 45E/60, 23.2.2010.

a) Tenha sido formalmente redigido ou registado como autêntico e cuja autenticidade:

   i) esteja associada à assinatura e ao conteúdo do instrumento; e
   ii) tenha sido estabelecido por uma autoridade pública ou outra autoridade competente para o efeito no Estado-Membro em que tiver origem;

ou

b) Seja uma convenção em matéria de obrigações alimentares celebrada perante autoridades administrativas ou por elas autenticada.

Na verdade, esta definição – no que respeita à alínea a) – não é mais do que o culminar do percurso interpretativo que se fez do conceito de «ato autêntico» à luz da Convenção de Bruxelas e, mais tarde, do Regulamento Bruxelas I.

Quando, nesses diplomas, o legislador se limitava a dizer que *os atos autênticos exarados ou registados num Estado-Membro e que aí tenham força executiva são declarados executórios, a requerimento da parte interessada, noutro Estado-Membro* e que *o ato apresentado deve preencher os requisitos necessários para a sua autenticidade no Estado-Membro de origem*, a questão que sempre se colocou foi a de saber quais os requisitos de «autenticidade» do documento, dado que os vários ordenamentos internos não partilhavam de igual regime jurídico. Ou seja, se o caráter autêntico do documento deveria resultar apenas das regras de direito interno do Estado de origem (independentemente de serem diferentes de Estado para Estado) ou se haveria de ser definido um parâmetro comum que, indiretamente, harmonizasse o conceito e, por outro lado, definisse qual o grau de autenticidade exigível.

Nesta tarefa, foi fundamental a jurisprudência comunitária, através do Acórdão do Tribunal de Justiça, de 17 de junho de 1999, no Processo C-260/97, *Unibank A/S* contra *Flemming G. Christensen*[648], onde se ditou a

---

[648] A questão prejudicial colocada ao Tribunal de Justiça, para a devida interpretação do arts. 32º, 36º e 50º da Convenção de Bruxelas, foi a seguinte: *Um documento de reconhecimento de dívida assinado por um devedor sem a participação de um oficial público – como o Gaeldsbrev de direito dinamarquês (§ 478, nº 1, subnúmero 5 da lei dinamarquesa sobre a administração da justiça) é um ato autêntico na aceção do artigo 50º da referida convenção quando no documento de reconhecimento de dívida se estabelece expressamente que este pode ser utilizado como fundamento para a execução coerciva e quando, segundo o direito do Estado em que o mesmo foi emitido, pode servir de fundamento para uma execução, em qualquer caso sob reserva de que o tribunal competente para a execução pode indeferir o requerimento de*

conclusão seguinte: *"um título de crédito executório por força do direito do Estado de origem, cuja autenticidade não foi estabelecida por uma autoridade pública ou por qualquer outra autoridade habilitada por esse Estado a fazê-lo, não constitui um ato autêntico na aceção do artigo 50º da Convenção de 27 de setembro de 1968"*. Esclareceu-se, assim, que a intervenção de uma autoridade pública ou outra autoridade habilitada para o efeito era essencial para a obtenção de um documento que pudesse ser objeto de *exequatur*, ao que acrescia a necessidade de o documento ter força executória no Estado de origem, de estarem satisfeitos os requisitos de autenticidade nele exigidos e de a execução desse título não ser contrária à ordem pública do Estado requerido.

Foi igualmente importante o Relatório JENARD[649] que, aliás, parece ter inspirado as conclusões do referido acórdão *Unibank A/S* contra *Flemming*

---

execução do credor no caso de, na sequência de oposição à execução, se revelar duvidoso que deva proceder-se aos atos executivos? Ou seja, o órgão jurisdicional de reenvio perguntava, em substância, se um título de crédito executório que foi estabelecido sem intervenção de uma autoridade pública constitui um ato autêntico na aceção do artigo 50º da Convenção de Bruxelas.

O litígio em causa enquadrava-se, para o que ora importa, nos factos seguintes: *Entre 1990 e 1992, F. G. Christensen assinou a favor da Unibank, que é um banco de direito dinamarquês estabelecido em Arhus (Dinamarca), três títulos de crédito (Gældsbrev) que ascendem respetivamente a 270 000 DKR, 422 000 DKR e 138 000 DKR, além dos respetivos juros. Esses três títulos estão datilografados e comportam a assinatura de um terceiro, aparentemente um empregado da Unibank, que interveio na qualidade de testemunha da assinatura do devedor. É expressamente previsto nos referidos títulos que podem, em conformidade com o disposto no § 478º do retsplejelov, servir de fundamento à execução.*

Cfr. texto do acórdão *in* VIRGÓS SORIANO, M; RODRÍGUEZ PINEAU, E., *Espacio Judicial Europeo en Materia Civil y Mercantil: Jurisprudencia del Tribunal de las Comunidades Europeas, op. cit.*, pp. 599-603.

[649] Elaborado por JENARD, P. e MOLLER, G., sobre a Convenção relativa à competência judicial ao reconhecimento e execução de decisões em matéria civil e comercial celebrada em Lugano, a 16 de setembro de 1988, publicado em JO C 189, 28.07.1990.

No referido relatório (ponto 72) e a propósito da disposição da Convenção que versava sobre os documentos autênticos (art. 50º), comentava-se: *The representatives of the EFTA Member States were able to agree to the text of Article 50, although the concept of an authentic instrument is contained only in Austria's legislation. However, they did request that the report should specify the conditions which had to be fulfilled by an authentic instrument in order to be regarded as authentic within the meaning of Article. The conditions are as follows: – the authenticity of the instrument should have been established by a public authority; – this authenticity should relate to the content of the instrument and not only, for example, the signature; – the instrument has to be enforceable in itself in the State in which it originates. Thus, for example, settlements occurring outside courts which are known in Danish law and enforceable under that law (udenretlig forlig) do not fall under Article 50. Likewise, commercial bills and cheques are not covered by Article 50. As in Article 31 (see point 69), the phrase 'have an order for its enforcement*

G. Christensen. Aí se dizia, expressamente, que não era apenas necessário que o ato fosse celebrado perante uma autoridade pública, mas ainda que o grau de autenticidade do documento abrangesse o conteúdo do ato e não só, por exemplo, a assinatura nele aposta. Nessa medida, ficavam excluídos os documentos em relação aos quais tivesse havido intervenção de uma autoridade pública, mas em que essa intervenção se limitasse ao reconhecimento da assinatura, como acontece, por exemplo, com os documentos particulares com reconhecimento presencial da assinatura, mesmo que esses documentos tenham força executória de acordo com as normas internas, como sucede, aliás, no ordenamento jurídico português. Desta feita, a exigência legal de que *o ato apresentado deve preencher os requisitos necessários para a sua autenticidade no Estado-Membro de origem* seria, de acordo com as conclusões do citado relatório, interpretada restritivamente.

Alguma doutrina[650], por sua vez, reagiu negativamente à interpretação restritiva do conceito de documento autêntico, alegando que o sentido dado à citada disposição excedia a letra da lei sem que houvesse uma razão válida para sustentar tal interpretação. Na medida em que os normativos comunitários remetiam para a legislação interna dos diversos Estados para efeitos de qualificação do ato como documento autêntico e confiando que a força executória que lhes é atribuída, como requisito adicional que também tem de estar presente, só se associa a atos que contém direitos dignos de tutela, isso seria bastante, à luz da confiança mútua, para identificar os documentos merecedores do regime instituído para o reconhecimento e execução de documentos autênticos no espaço europeu.

Mas isso não impediu, como se vê pela redação do nº 3 do art. 4º, do Regulamento 805/2004, que o legislador comunitário adotasse uma definição de «instrumento autêntico» exatamente coincidente com a corrente interpretativa prevalecente no meio comunitário.

O conceito de «instrumento autêntico» teve em consideração a jurisprudência comunitária que se formou em relação aos diplomas que são os seus antecedentes naturais – a Convenção de Bruxelas e o Regulamento

---

issued there' has been replaced by the words 'be declared enforceable'. It should be noted that the application of Article 50 of the Brussels Convention appears to be relatively uncommon.

[650] Ver, MORA CAPITÁN, B., *Los Títulos Extrajudiciales en la Unión Europea (Convenio de Bruselas de 1968 y Reglamento CE N. 44/2001, Bruselas I), op.cit.*, pp. 21-26; ídem, *Los Títulos Ejecutivos Extrajudiciales: del Reconocimiento de los Títulos Ejecutivos al Título Ejecutivo Europeo, op.cit.*, pp. 537-538.

Bruxelas I. Na medida em que o Regulamento que aprovou o título executivo europeu não deixa de ser uma decorrência da revisão da Convenção de Bruxelas, os conceitos que dela tenham sido «importados» devem ter uma leitura idêntica, desde logo por uma questão de segurança e coerência jurídica e igualdade de tratamento.

Conhecidos os contornos do conceito de «instrumento autêntico» é conveniente aferir quais os documentos que, sendo títulos executivos extrajudicias no ordenamento interno português e espanhol, se compadecem com o regime previsto no Regulamento que criou o título executivo europeu, na parte prevista para o reconhecimento e execução de instrumentos autênticos.

No que respeita ao caso português, esta questão ganha contornos complexos por várias razões. Primeiro, porque o ordenamento português é muito generoso na consagração de títulos executivos, sobretudo ao nível dos títulos negociais, conforme resulta da enumeração (taxativa) prevista no art. 46º C.P.C., onde se consideram títulos: a) as sentenças condenatórias; b) os documentos elaborados ou autenticados, por notário ou por outras entidades ou profissionais com competência para tal, que importem constituição ou reconhecimento de qualquer obrigação; c) os documentos particulares, assinados pelo devedor, que importem constituição ou reconhecimento de obrigações pecuniárias, cujo montante seja determinado ou determinável por simples cálculo aritmético de acordo com as cláusulas dele constantes, ou de obrigação de entrega de coisa ou de prestação de facto[651]; d) os documentos a que, por disposição especial, seja atribuída força executiva.

Como se vê, um simples documento particular é título executivo, desde que se encontre assinado pelo devedor e através dele se tenha constituído ou reconhecido uma obrigação pecuniária líquida ou liquidável por simples cálculo aritmético, uma obrigação de prestação de facto ou uma obrigação de entrega de coisa (art. 46º, al. c), C.P.C.).

Segundo, porque foram aprovadas, há relativamente pouco tempo, medidas de desformalização de atos e processos na área do registo predial e de atos notariais conexos, através do DL 116/2008, de 4 de julho, onde

---

[651] Embora a atual enumeração do art. 46º não refira expressamente os cheques, letras e livranças, estes continuam a ter aqui cabimento, sendo considerados títulos executivos, precisamente por força da alínea c).

destacamos a criação de condições para que, além dos notários, também os advogados, câmaras de comércio e indústria, serviços de registo e solicitadores prestem serviços relacionados com negócios relativos a bens imóveis e a equiparação da escritura pública (documento autêntico, ou seja, exarado por notário) aos documentos particulares autenticados (documentos elaborados pelas partes, mas que são objeto de termo de autenticação). A esta desformalização associa-se a competência que passou a ser atribuída a advogados e solicitadores para efeitos de autenticação de documentos, nos termos do art. 38º do DL 76-A/2006, de 29 de março[652].

Terceiro, porque a classificação de documentos feita pelo direito substantivo português, entre documentos autênticos, documentos particulares autenticados e documentos particulares simples, exige alguma reflexão sobre o respetivo enquadramento no conceito de «instrumento autêntico».

---

[652] Onde encontramos, para efeitos de competência para os reconhecimentos de assinaturas, autenticação e tradução de documentos e conferência de cópias, o regime seguinte: 1 – Sem prejuízo da competência atribuída a outras entidades, as câmaras de comércio e indústria, reconhecidas nos termos do Decreto-Lei nº 244/92, de 29 de outubro, os conservadores, os oficiais de registo, os advogados e os solicitadores podem fazer reconhecimentos simples e com menções especiais, presenciais e por semelhança, autenticar documentos particulares, certificar, ou fazer e certificar, traduções de documentos, nos termos previstos na lei notarial, bem como certificar a conformidade das fotocópias com os documentos originais e tirar fotocópias dos originais que lhes sejam presentes para certificação, nos termos do Decreto-Lei nº 28/2000, de 13 de março. 2 – Os reconhecimentos, as autenticações e as certificações efetuados pelas entidades previstas nos números anteriores conferem ao documento a mesma força probatória que teria se tais atos tivessem sido realizados com intervenção notarial. 3 – Os atos referidos no nº 1 apenas podem ser validamente praticados pelas câmaras de comércio e indústria, advogados e solicitadores mediante registo em sistema informático, cujo funcionamento, respetivos termos e custos associados são definidos por portaria do Ministro da Justiça. 4 – Enquanto o sistema informático não estiver disponível, a obrigação de registo referida no número anterior não se aplica à prática dos atos previstos nos Decretos-Leis nº 237/2001, de 30 de agosto, e 28/2000, de 13 de março. 5 – O montante a cobrar, pelas entidades mencionadas no nº 3, pela prestação dos serviços referidos no nº 1, não pode exceder o valor resultante da tabela de honorários e encargos aplicável à atividade notarial exercida ao abrigo do Estatuto do Notariado, aprovado pelo Decreto-Lei nº 26/2004, de 4 de fevereiro. 6 – As entidades referidas no nº 1, bem como os notários, podem certificar a conformidade de documentos eletrónicos com os documentos originais, em suporte de papel, em termos a regulamentar por portaria do membro do Governo responsável pela área da justiça. 7 – As entidades mencionadas no número anterior podem proceder à digitalização dos originais que lhes sejam apresentados para certificação.

Assim, nos termos do art. 363º, do C.C., os documentos escritos podem ser autênticos ou particulares. São autênticos os documentos exarados, com as formalidades legais, pelas autoridades públicas nos limites da sua competência ou, dentro do círculo de atividades que lhe é atribuído, pelo notário ou outro oficial público provido de fé pública; todos os outros documentos são particulares. Os documentos particulares, por sua vez, são havidos por autenticados, quando confirmados pelas partes, perante notário, nos termos prescritos nas leis notariais. Ou seja, os documentos particulares passam a ter a natureza de documentos autenticados desde que as partes confirmem o seu conteúdo perante o notário, devendo a autenticação ser reduzida a termo. Aí se deve fazer menção de que as partes já leram o documento ou estão perfeitamente cientes do seu conteúdo e que este é expressão da sua vontade (art. 150º e 151º, do Código do Notariado). Por outro lado, os documentos particulares autenticados nos termos da lei notarial têm a força probatória dos documentos autênticos (art. 377º, do C.C.).

Neste contexto, a questão que nos importa resolver é a de aferir quais dos referidos documentos cabem no conceito de «instrumento autêntico» para efeitos de certificação como título executivo europeu, em especial por referência às als. b) e c) do citado art. 46º, do C.P.C.. Em face do que já se disse sobre o que se entende por «instrumento autêntico» e do que se expôs sobre a classificação dos documentos no ordenamento português, duas conclusões se podem dar como certas: – os documentos autênticos são, sem dúvida, objeto de certificação como título executivo europeu; – os documentos particulares simples, onde se incluem os títulos de crédito (cheques, letras e livranças), não são passíveis de certificação, mesmo que a assinatura neles aposta tenha sido objeto de reconhecimento presencial.

O único caso que suscita alguma dúvida é o dos documentos particulares autenticados, ou seja, aqueles que, não sendo exarados pelas entidades públicas ou equiparadas, são por elas autenticados, através de termo de autenticação, através do qual a entidade certificadora – que é autorizada pela lei notarial para o efeito – afere da conformidade do conteúdo do documento com a vontade das partes, ao mesmo tempo que reconhece as respetivas assinaturas. Serão estes documentos certificáveis como título executivo europeu?

Retomando o que se disse sobre o conceito de «instrumento autêntico» para efeitos de título executivo europeu, constatamos que deve haver a intervenção de uma autoridade (pública ou privada) e que através dessa intervenção se confira autenticidade ao documento, cujo grau não se limita à assinatura, mas também ao conteúdo do documento. Parece, assim, que para os referidos documentos estão verificados os requisitos exigidos pela legislação comunitária. Mas, se enveredarmos por uma interpretação mais restritiva e entendermos que a intervenção das autoridades notariais ou equiparadas tem que estar relacionada, necessariamente, com a elaboração do próprio documento, que por ela tem que ser exarado, então, nesse caso, ficam excluídos os documentos particulares autenticados e apenas os documentos autênticos vão poder tornar-se títulos executivos europeus[653].

Porém, no atual panorama legislativo português, onde foram desencadeados fenómenos como o da privatização dos serviços de notariado, a par da criação de balcões únicos, quer a título de serviço público (onde são levados a cabo uma série de atos conjugados, notariais e registrais), quer a título de serviço privado (alargado, por exemplo, aos advogados e solicitadores, mas apenas competentes para realizar atos de autenticação de documentos), com o consequente desaparecimento da obrigatoriedade de celebração de escritura pública para uma série de atos e, ainda, a equiparação da escritura pública aos documentos particulares autenticados, não estamos certos de que a restrição do regime de certificação de títulos executivos europeus às escrituras públicas (que são os documentos autênticos no conceito dado pelo direito substantivo português) seja a opção mais correta.

Por outro lado, como já se referiu, ambos os documentos têm força probatória plena e isso também releva na caracterização dos documentos certificáveis como título executivo europeu.

Ora, para dar resposta à questão formulada e procurando a verdadeira *ratio* que presidiu ao conceito de «instrumento autêntico» consagrado no Regulamento 805/2004, vejamos os dados que se seguem, fundamentais nessa tarefa[654]:

– Nesta matéria, a legislação comunitária sempre remeteu para os regimes de autenticidade previstos nos ordenamentos internos;

---

[653] Neste sentido, RIBEIRO, A. C. N., *Processo Civil da União Europeia*, vol. II, *op. cit.*, p. 46; SILVA, P. C., *Processo de execução – Títulos Executivos Europeus*, *op. cit.*, pp. 68 e 69.
[654] Seguimos a posição de GASCÓN INCHAUSTI, F., in *El Título Ejecutivo Europeo para Créditos no Impugnados*, *op. cit.*, pp. 215 e 216.

- Por razões de certeza e segurança jurídica optou, agora, por indicar os elementos que definem o grau de autenticidade exigido;
- Contudo, o que mais importa é a circunstância de esse documento estar associado, quanto à sua força probatória, ao efeito de força probatória plena;
- De todo o modo, o Regulamento pretende que a autenticidade dos documentos respeite à assinatura nele aposta e ao conteúdo do mesmo. Tanto deve ser confirmada a autenticidade da assinatura das partes (sobretudo do devedor) como da identificação da entidade ou serviço certificadores. E quanto ao conteúdo, deve aferir-se da conformidade das declarações e dos factos com a vontade dos declaratários.
- Por último, exige-se que a apreciação da autenticidade do documento seja feita por uma autoridade pública (ou serviço público) ou outra autoridade autorizada pelo Estado, para o mesmo efeito. O legislador comunitário utilizou uma fórmula suficientemente abrangente, de maneira a salvaguardar todas as possibilidades resultantes dos diferentes sistemas de organização do Notariado nos ordenamentos jurídicos internos.
- Assim, ficam afastados os documentos em que só intervêm os particulares[655], mas não se exige que o documento tenha sido materialmente elaborado ou exarado pela entidade certificadora, bastando a sua intervenção e que através dela se assegure a autenticidade do documento, nos termos expostos.

---

[655] RAMOS ROMEU entende que se perdeu uma importante oportunidade para introduzir os documentos particulares no elenco dos documentos certificáveis, o que corresponderia a um significativo avanço ao nível da livre circulação de título executivos, com o correspondente contributo para o desenvolvimennto e incremento das relações económicas. Neste sentido, seriam certificáveis mesmo os títulos de crédito. Cfr. RAMOS ROMEU, F., *El Título Ejecutivo Europeo, op. cit.*, pp. 24 e 25. Compreendemos a boa vontade do autor e reconhecemos as vantagens inerentes a essa opção, contudo, a incerteza relativa ao contexto em que esses títulos são formados e a constatação de que na maioria dos casos as execuções baseadas nesses títulos determina oposições à execução faz prevalecer o sentido de responsabilidade e a escolha de mais cautelas na circulação desses títulos sem que haja um controle prévio, em que seja dada a oportunidade de defesa ao devedor. Por outro lado, a circunstância de o diploma ora em causa se aplicar apenas a créditos não contestados dificultaria de sobremaneira um regime tão aberto quanto aquele que o autor defende.

Não se vê, por isso, motivo para fazer uma correspondência direta entre o conceito de «instrumento autêntico», previsto no Regulamento, e o de «documento autêntico», previsto no direito substantivo português, de forma a que aquele conceito se esgote neste outro. Estamos convictos de que o conceito previsto no âmbito do regime do título executivo europeu é mais abrangente do que isso e, nessa medida, também os documentos particulares autenticados, porque além do mais têm força executória no ordenamento jurídico português, estarão em condições de se tornarem exequíveis além-fronteiras, pela mão do título executivo europeu.

No caso espanhol, o sistema jurídico vigente enumera, no art. 517º. 2, da LEC, quais os títulos executivos que podem servir de base à ação executiva, existindo títulos judiciais e títulos extrajudiciais[656]. Como títulos extrajudiciais, nos termos do art. 517º.2, nº 2º, 4º a 7º e 9º, encontramos os seguintes: 2º) *Los laudos o resoluciones arbitrales*; 4º) *Las escrituras públicas, con tal que sea primera copia; o si es segunda que esté dada en virtud de mandamiento judicial y con citación de la persona a quien deba perjudicar, o de su causante, o que se expida con la conformidad de todas las partes*; 5º) *Las pólizas de contratos mercantiles firmadas por las partes y por corredor de comercio colegiado que las intervenga, con tal que se acompañe certificación en la que dicho corredor acredite la conformidad de la póliza con los asientos de su libro registro y la fecha de éstos*; 6º) *Los títulos al portador o nominativos, legítimamente emitidos, que representen obligaciones vencidas y los cupones, también vencidos, de dichos títulos, siempre que los cupones confronten con los títulos y éstos, en todo caso, con los libros talonarios*; 7º) *Los certificados no caducados expedidos por las entidades encargadas de los registros contables respecto de los valores representados mediante anotaciones en cuenta a los que se refiere la Ley del Mercado de Valores, siempre que se acompañe copia de la escritura pública de representación de los valores o, en su caso, de la emisión, cuando tal escritura sea necesaria, conforme a la legislación vigente*; 9º) *Los demás documentos que, por disposición de esta u otra ley, lleven aparejada ejecución.*

Em relação aos títulos dos parágrafos 4º, 5º, 6º e 7º, do art. 517º.2 LEC, deve ter-se em conta que, de acordo com o art. 520º LEC, só terão força exe-

---

[656] Sobre a matéria dos títulos executivos no Direito espanhol, ver MORENO CATENA, V., *Algunas Notas Sobre Ejecución Forzosa*, in "Seminario Sobre la Nueva Ley de Enjuiciamiento Civil 1/2000", Vigo, 2001, pp. 523 e ss.; idem, *Los Títulos Ejecutivos y las Disposiciones Generales de la Ejecución*, in "III Jornadas Sobre la Nueva Ley de Enjuiciamiento Civil. La Ejecución.", GONZÁLEZ PILLADO, E.; CARRAZONI FUETES, M. (Coord.), Vigo, 2003, pp. 1 e ss.

cutiva se forem de quantia líquida que exceda 300,00 euros, em dinheiro efetivo, moeda estrangeira convertível ou coisa ou espécie quantificável em dinheiro.

Uma palavra sobre a possibilidade de cada um daqueles títulos se tornar um título executivo europeu, excluindo os «laudos arbitrales» tendo em conta o âmbito de aplicação material do Regulamento 805/2004[657]:

a) As escrituras públicas reúnem os requisitos exigidos, pois são documentos públicos, formalizados por um funcionário público, que lhes confere autenticidade sempre que cumpram os requisitos estabelecidos pelo ordenamento espanhol para que tenham força executiva[658];

b) As apólices de contratos comerciais, com intervenção de notário, também são documentos públicos. Ainda que se trate de um título complexo, ambos os documentos foram objeto de intervenção e fiscalização por entidade com poderes para o efeito, podendo considerar-se documentos públicos;

c) Os títulos ao portador ou nominativos não poderão ser certificados como título executivo europeu porque não reúnem, por si mesmos, os requisitos exigidos para os «documentos públicos».

d) Os certificados de valores anotados em conta também não reúnem as condições de «documento público». Neste caso, o documento onde o devedor assume a dívida não tem os requisitos necessários, pois apenas se exige a cópia da escritura.

e) Em relação a outros títulos previstos em legislação avulsa, não se conhecem casos de documentos que preencham os requisitos necessários.

Ainda em relação à noção de «instrumento autêntico», também são consideradas como tal, para efeitos de certificação como título executivo europeu, qualquer *convenção em matéria de obrigações alimentares celebrada perante autoridades administrativas ou por elas autenticada* (al. b), do nº 3, do

---

[657] Cfr. GASCÓN INCHAUSTI, F., *El Título Ejecutivo Europeo para Créditos no Impugnados, op. cit.*, pp. 220 a 223.

[658] De acordo com o art. 235º.2 do «*Reglamento Notarial*» deve tratar-se de uma 1ª cópia e se for 2ª que tenha sido dada através de «*mandamiento judicial*» e com citação da pessoa a quem vá prejudicar ou ao seu «*causante*» ou que seja apresentada com o acordo de todas as partes.

art. 4º). Esta foi uma novidade introduzida aquando da aprovação do Regulamento Bruxelas I, motivada sobretudo pela frequência com que surgem as execuções transfronteiriças de obrigações de alimentos, acrescendo, no caso do título executivo europeu, a necessidade de se tratar de um crédito não impugnado, ou seja, que o mesmo seja expressamente assumido pelo devedor nesse documento.

A inclusão destes documentos no regime do título executivo europeu, com uma formulação bastante alargada, contribui para abranger os mais diversos modelos e regimes em matéria de obrigações de alimentos.

Entretanto, com a entrada em vigor e futura aplicação do Regulamento 4/2009 do Conselho, relativo à competência, à lei aplicável, ao reconhecimento e à execução das decisões e à cooperação em matéria de obrigações alimentares, adotado em 18 de dezembro de 2008, cujo artigo 68º, nº 2, determina que esse Regulamento substitui, em matéria de obrigações alimentares, o Regulamento 805/2004, exceto no que se refere aos títulos executivos europeus relativos a obrigações alimentares emitidos num Estado-Membro não vinculado pelo Protocolo da Haia de 2007, ficará reduzida a utilidade prática deste dispositivo do Regulamento 805/2004, ressalvando-se, no entanto, os instrumentos formados em data anterior à da aplicação do Regulamento 4/2009[659].

3.5. Caráter executório do título no Estado de origem

Outra *conditio sine qua non* da certificação de um título executivo como título executivo europeu é o seu caráter executório no Estado de origem. Apesar do princípio do reconhecimento mútuo, não é admissível que uma decisão de natureza interna – a certidão do título executivo europeu – possa conceder determinado efeito (o caráter executório) a uma decisão judicial, uma transação judicial ou um instrumento autêntico, quando ele próprio não produz esse efeito no Estado emitente, sob pena de com isso se incorrer num sistema incongruente onde, não só se concedia um «passaporte» mas também um «cheque em branco» ao credor. De outro modo não seria seguro que o Estado de origem pudesse controlar o caráter executório desses pretensos títulos executivos à luz das regras dos diferentes

---

[659] O art. 68º, nº 1, deste Regulamento, determina ainda, sob reserva do nº 2 do artigo 75º, a alteração do Regulamento 44/2001 substituindo as disposições desse regulamento aplicáveis em matéria de obrigações alimentares.

Estados-Membros, ao passo que, se esse requisito for reportado ao Estado de origem, é perfeitamente controlável e a sua falta pode ser motivo de recusa do título executivo europeu. Também a regra *lex fori regit processum* reforça o critério adotado pelo Regulamento 805/2004, no sentido de que será de acordo com a lei processual do Estado de origem que se vai aferir do caráter executório do pretenso título executivo que se quer ver certificado como título executivo europeu.

O citado Regulamento prevê, para qualquer dos títulos certificáveis, a necessidade de estarmos perante um título executivo que reúna todas as condições de exequibilidade exigidas pelo ordenamento jurídico do Estado onde foi requerida e onde será emitida a certidão de título executivo europeu. O caráter executório do título é uma condição necessária para a certificação como título executivo europeu, ainda que não seja uma condição suficiente, pois têm que ser respeitados, cumulativamente, os demais requisitos processuais exigidos pelo Regulamento. Por isso, não se pode afirmar, para este efeito, uma total equivalência entre a força executória interna e a força executória supranacional de um título executivo.

O requisito do caráter executório do título executivo no Estado de origem determina que o alcance da força executória supranacional seja aferido pela eficácia «*ad intra*» do título certificado, conforme o princípio previsto no art. 11º, do Regulamento 805/2004[660].

3.5.1. Decisões judiciais

O pressuposto do caráter executório das decisões judiciais vem previsto no nº 1, do art. 6º, do Regulamento que criou o título executivo europeu, onde se diz: «uma decisão sobre um crédito não contestado proferida num Estado-Membro será (...) certificada como título executivo europeu se a decisão for executória *no Estado-Membro de origem*». Enquanto a decisão judicial não for capaz de fazer desencadear uma ação executiva no Estado onde foi proferida, por falta de requisitos de exequibilidade, não haverá condições para a sua execução em nenhum outro ordenamento jurídico. Só depois de se tornar executória é que a decisão judicial tem vida própria, podendo atestar-se que o é e, simultaneamente, permitir-se que esse efeito executório se prolongue além-fronteiras, desde que obtida a devida

---

[660] Cfr. BONACHERA VILLEGAS, R.; SENÉS MOTILLA, C., *La Aplicación del Título Ejecutivo Europeo en el Sistema Procesal Español*, *op. cit.*, ponto I.

certificação como título executivo europeu. Não se deixe, no entanto, de atentar ao que já se disse sobre o requisito da exigibilidade da obrigação exequenda e ao desvio que se pode verificar em relação a esse aspeto entre a legislação interna e o regime previsto para o título executivo europeu[661].

O caráter executório das decisões judicias é aferido pela entidade certificadora, de acordo com a legislação interna, e deve ser avaliado no momento em que o pedido de certidão de título executivo europeu está a ser apreciado, ou seja, a decisão judicial tem que ser executória à data da sua certificação, pois é isso que aí vai atestado, mesmo que a sua força executória possa vir a extinguir-se ou a ficar limitada. Portanto, no momento da certificação não se fazem juízos de prognose, mas apenas se confirma a verificação dos requisitos necessários à emissão do título executivo europeu por referência ao momento da sua análise e tendo em conta apenas o caráter executório da decisão.

Conjugando isto com a circunstância de se ter deixado de exigir o trânsito em julgado da decisão, vai ser possível certificar decisões que tenham recurso pendente desde que a ordem jurídica de origem confira força executiva a decisões judiciais não transitadas em julgado e que, por conseguinte, reúnem condições de exequibilidade, ainda que seja apenas para uma execução provisória e condicionada ao desfecho do recurso e não para uma execução definitiva.

Fazendo, novamente, referência à dispensa do caso julgado, relembramos que o legislador retirou da versão final do Regulamento 805/2004 a exigência, a par do caráter executório da decisão judicial, de que essa decisão tivesse força de caso julgado. Essa circunstância tornava mais complexo o regime do título executivo europeu e fragilizava (ou, até, inferiorizava) o seu regime jurídico. Fragilizava-o por comparação com o regime tradicional do *exequatur*, obtido através do mecanismo previsto no Regulamento

---

[661] Ver, supra, ponto 3.2.1., onde se disse: *As obrigações que ainda não sejam exigíveis à data da certificação do título, mas que constituam obrigações a prazo, integram igualmente o conceito de «exigibilidade» para efeitos de certificão de título executivo europeu, à luz do art. 4º, nº 2, desde que a data em que se vence a obrigação resulte de indicação constante do próprio título.* Neste tipo de situação, a falta de exigibilidade pode afetar o caráter executório da decisão para efeitos internos, isto é, para a propositura de uma ação executiva interna, mas não interfere com o caráter executivo necessário para cumprimento dos requisitos exigidos para a obtenção de um título executivo europeu. Neste sentido, GASCÓN INCHAUSTI, F., *El Título Ejecutivo Europeo para Créditos no Impugnados*, op. cit., p. 108; SANJUÁN Y MUÑOZ, E., *El Título Ejecutivo Europeo*, op. cit., p. 1748.

Bruxelas I, onde não se exigia o trânsito em julgado da decisão. Tornava-o mais complexo porque impunha a consagração de medidas alternativas, baseadas na obtenção de uma certidão de título executivo europeu para efeitos de providências cautelares, com vista a serem tomadas medidas cautelares contra os bens do devedor no Estado-Membro de execução[662] (cfr. art. 9º da versão original do Regulamento que aprovou o título executivo europeu). Para além disso, a referida solução ía ainda debater-se com as dificuldades associadas à noção de trânsito em julgado, pois, pese embora seja assumido por todos que o caso julgado se forma face à impossibilidade de ser interposto recurso ordinário da decisão, a verdade é que há divergentes entendimentos quanto ao momento em que se inicia a contagem do prazo para a interposição do recurso[663].

---

[662] GONZÁLEZ CANO chama ainda a atenção para as dificuldades que estariam associadas ao decretamento dessas medidas cautelares em face da ausência de critérios de valoração dos respetivos pressupostos, bem como para a circunstância de não se encontrar esclarecido se é o Estado de origem ou o Estado de execução a fazer essa avaliação; cfr. GONZÁLEZ CANO, M. I., *Reconocimiento y Ejecución de Resoluciones Judiciales y Documentos Públicos con Fuerza Ejecutiva en el Ámbito Comunitário, op. cit.*, pp. 24 e 25.

[663] Cfr. pontos 4.1. e 4.1.1. do Parecer do Comité Económico e Social, cit., p. 5, onde se disse: *Uma decisão judicial só pode ser certificada enquanto Título Executivo Europeu se for executória e tiver força de caso julgado no Estado-Membro de origem (alínea a) do artigo 5º). O conceito de «recurso ordinário», tal como definido no nº 6 do artigo 3º da proposta, adquire um significado comunitário próprio por força da interpretação dada pelo Tribunal de Justiça no processo Industrial Diamond Supplies v/ Luigi Riva. Esta interpretação remete para o direito nacional no que respeita o prazo legalmente estabelecido para a interposição de recurso. Esta definição não oferece segurança jurídica bastante sobre o momento a partir do qual o prazo começa a correr, pelo que será oportuno reformulá-la à luz do referido acórdão, conferindo-lhe a seguinte redação: «Entende-se por "recurso ordinário" qualquer recurso de que possa resultar a anulação ou a alteração da decisão que é objeto principal do processo de certificação enquanto Título Executivo Europeu, cuja aplicação está associada a um prazo fixado por lei que comece a correr a partir da própria decisão a executar ou da sua citação ou notificação».*
A fim de definir mais claramente quais os recursos abrangidos, será oportuno incluir na definição constante da proposta de regulamento informações adicionais, aliás já enunciadas no suprarreferido acórdão do Tribunal de Justiça. Trata-se de «qualquer recurso que faça parte da tramitação normal de um processo e que, enquanto tal, constitui um desenvolvimento do processo judicial, o qual logicamente todas as partes deverão ter em conta». A inclusão na proposta de regulamento da interpretação negativa, tal como ela é formulada pelo Tribunal de Justiça no acórdão supramencionado, pode também evitar discussões e dificuldades no que respeita a certificação enquanto Título Executivo Europeu. Com efeito, o Tribunal esclarece ainda que não se podem classificar de recursos ordinários «os recursos dependentes quer de acontecimentos imprevisíveis ao tempo da decisão original, quer da intervenção de terceiros no caso de os prazos com início à data da decisão original não lhes serem oponíveis». A definição, assim completada, corresponde ao objetivo

O certo é que acabou por vingar a opção pela dispensa do requisito do caso julgado da decisão certificanda, ultrapassando-se as referidas dificuldades e evitando-se, ainda, que a interposição de recurso pudesse funcionar como um expediente meramente dilatório. Consequentemente, por uma questão de coerência do sistema, houve que criar, ao serviço do devedor, mecanismos de obtenção da certificação da falta ou limitação de força executiva, com vista a poder travar a execução entretanto proposta no Estado de destino.

É neste sentido que o art. 11º, do Regulamento 805/2004, estatui que a certidão de título executivo europeu só produz efeitos dentro dos limites da força executória da decisão. Aqui se *enuncia o princípio simples nos termos do qual a supressão do exequatur, que visa colocar as decisões proferidas no estrangeiro em pé de igualdade no Estado-Membro de execução com as decisões proferidas neste Estado-Membro, não deve ter por efeito que a decisão certificada possa ser mais facilmente executada no estrangeiro do que no Estado-Membro de origem. (...) Se a decisão deixa de ser executória ou só é executória mediante determinadas limitações no Estado-Membro de origem, a existência de um título executivo europeu não pode ser interpretado incorretamente no sentido de autorizar o credor a invocar uma execução permanente (ilimitada) noutros Estados-Membros. Se necessário, o devedor pode obter uma certidão que comprove a falta ou a limitação do caráter executório a título do nº 2 do artigo 5º* [atual art. 6º, nº 2][664].

Se, em momento posterior à certificação, a decisão judicial certificada perder ou vir limitado o seu caráter executório, existem mecanismos que impedem que o título executivo europeu ganhe vantagem em relação à decisão que lhe está subjacente, evitando que essa decisão possa ser mais facilmente executada no estrangeiro do que no Estado de origem. Esses mecanismos estão previstos no art. 6º, nº 2, do Regulamento que criou o título executivo europeu, e tomam a forma de «*certidão de ausência*» ou «*certidão de limitação*» da força executória, conforme os casos. Essas certidões serão emitidas pelo tribunal de origem, a requerimento do devedor interessado em travar os efeitos do título executivo europeu, apresentado a qualquer momento e desde que feita a alegação e prova da não existência

---

do regulamento, designadamente, uma execução rápida das decisões, tendo, ao mesmo tempo, em conta o resultado final da decisão a executar.

[664] Comunicação da Comissão ao Parlamento Europeu sobre a posição comum adotada pelo Conselho, cit., p. 9.

ou da limitação da força executiva da decisão certificada. Em consequência, e no caso de o tribunal se convencer da alegação, emitirá a respetiva certidão, com base no formulário do Anexo IV. Na posse de uma dessas certidões, o devedor estará em condições de deduzir oposição à execução que o credor lhe moveu ou que lhe irá mover no Estado de destino.

Tendo em conta que o título executivo europeu, uma vez obtido, não é suscetível de reclamação ou recurso, houve que criar instrumentos que permitissem comprovar a perda ou a limitação do caráter executório de uma decisão anteriormente certificada enquanto título executivo europeu. Do mesmo modo que é o Estado de origem que comprova a executoriedade da decisão e que proporciona a extensão desses efeitos além-fronteiras, pela mão do título executivo europeu, é também ele que retira ou diminui esses efeitos, concedendo à parte contrária um documento análogo ao que o credor obteve – a certidão de título executivo europeu *versus* a certidão de ausência ou limitação de força executória – de maneira a estar em condições de, no Estado de execução, invocá-los em sede de defesa[665].

Sobre a declaração de falta de caráter executório da decisão certificada já houve oportunidade de tecer as devidas considerações, a propósito da certificação de decisões de instâncias superiores[666]. Falamos dos casos em que a decisão tinha caráter executório aquando da sua certificação mas deixou de o ter por força, por exemplo, da procedência do recurso interposto contra a decisão que havia sido objeto de certificação enquanto título executivo europeu (se admitirmos, como se explicou, que se aplique aqui a certidão de ausência de força executiva e não a de substituição), ou de outra razão que resulte das regras internas do Estado de origem, como sucede, no ordenamento espanhol, com o decurso do prazo de caducidade do direito de ação executiva, ao fim de cinco anos contados do trânsito em julgado da decisão[667] (art. 518º, LEC).

Acerca da limitação da força executiva e dos motivos que podem justificar a obtenção da correspondente certidão, olhando para o formulário do Anexo IV encontram-se as possibilidades seguintes, quanto aos fundamentos: a decisão foi certificada como título executivo europeu mas a *execução*

---

[665] Sobre estas considerações, ver GASCÓN INCHAUSTI, F., *El Título Ejecutivo Europeo para Créditos no Impugnados, op. cit.*, pp. 108, 109 e 202 a 204.
[666] Ver supra, neste Capítulo, ponto 3.4.1.3.
[667] Cfr. GASCÓN INCHAUSTI, F., *ibidem*, p. 109.

está *provisoriamente suspensa* (5.2.1., do anexo) ou *limitada a providências cautelares* (5.2.2., do anexo) ou *dependente da prestação de uma caução ainda pendente* (5.2.3., do anexo) ou, ainda, *outro motivo a especificar* (5.2.4., do anexo).

À parte a possibilidade de se especificar uma razão avulsa, resultante das regras do ordenamento jurídico de origem, o legislador comunitário avançou com três motivos que podem determinar a obtenção de uma certidão de limitação da força executória da decisão, os quais não são totalmente claros, nem intelegíveis, pelo menos nos ordenamentos jurídicos português e espanhol. As alternativas enumeradas dizem respeito, face ao seu enquadramento, a causas de suspensão ou limitação da «força executória» do título executivo que foi objeto de certificação enquanto título executivo europeu. Ora, por regra, as condições de exequibilidade de um título ou se verificam, dando acesso à fase executiva, ou não se verificam, não havendo possibilidade de recorrer a expedientes que condicionem essa força executória[668], à exceção dos casos em que o devedor interponha recurso de apelação e requeira, ao abrigo do disposto no art. 692º, nº 4, do C.P.C., que a apelação tenha efeito suspensivo, invocando que a execução da decisão lhe causa prejuízo considerável e se oferece para prestar caução, ficando a atribuição desse efeito condicionada à efetiva prestação da caução no prazo fixado pelo tribunal[669].

Porém, o que entre nós sucede – constituindo, em bom rigor, um cenário diferente – é a consagração de causas de suspensão da ação executiva. O legislador nacional prevê, em certos casos, que o credor possa avançar para

---

[668] GARCIMARTÍN ALFÉREZ refere, no entanto, que há ordenamentos onde as decisões provisórias têm a sua força executória condicionada pela prestação de caução. Nestes casos, já fará sentido o regime previsto no Regulamento 805/2004. Contudo, o autor critica o facto de o diploma não definir qual o ordenamento jurídico aplicável e onde deve ser prestada a caução. Cfr. GARCIMARTÍN ALFÉREZ, F. J., *El Título Ejecutivo Europeo*, op. cit., p. 120.

[669] Procurando fazer o enquadramento da situação, acrescente-se que no ordenamento jurídico português, as sentenças condenatórias só são exequíveis depois do trânsito em julgado ou, quando ainda não constituam caso julgado, o recurso contra ela interposto tiver efeito meramente devolutivo (art. 47º, nº 1, C.P.C.). Neste caso, a execução terá carácter provisório, pois a execução iniciada na pendência de recurso extingue-se ou modifica-se em conformidade com a decisão definitiva comprovada por certidão. *A contrario*, se o recurso interposto tiver efeito suspensivo, a sentença não reúne os requisitos de exequibilidade exigidos por lei e não tem força executiva. O efeito suspensivo do recurso de apelação, por sua vez, é aplicável aos casos previstos na lei (art. 692º, nº 2 e 3, C.P.C.) ou, fora deles, quando o recorrente o requeira nos termos e condições previstas no referido art. 692º, nº 4.

a fase executiva com base num título executivo que apenas suporta uma execução provisória, como sucede com uma decisão judicial com recurso pendente, logo, teve que assegurar que o devedor/executado pudesse usar de mecanismos que evitassem o prosseguimento da execução ou, então, consagrar esse efeito suspensivo *ope legis*.

Ora, não é isto que se extrai, literalmente, do regime previsto nas disposições aplicáveis do Regulamento 805/2004, na medida em que não se pode confundir a suspensão ou limitação do efeito executório da decisão com a suspensão do processo executivo e, por isso, levando os conceitos à letra, o art. 6º, nº 2 do regime do título executivo europeu, não resultaria acionável nas referidas situações. Contudo, apesar do que já se disse, não afastamos a posição adotada por GARCIMARTÍN ALFÉREZ[670], de acordo com a qual aquelas circunstâncias, que não retiram em abstrato a força executiva das decisões mas valem (em sede interna) como causas de suspensão de uma execução, também podem servir de fundamento à obtenção de uma certidão de ausência ou limitação da força executória da decisão certificada como título executivo europeu. Se estamos perante factos que poderiam afetar o andamento da execução interna e se, de acordo com o princípio geral previsto no art. 11º, a força executória do título certificado não deve extravasar os efeitos que por ele seriam produzidos no ordenamento interno, é aceitável que esses mesmos fundamentos possam ser invocados nos termos e para os efeitos do art. 6º, nº 2, do Regulamento 805/2004.

Nestes termos, o devedor não seria relegado, necessariamente, para o mecanismo previsto no art. 23º (suspensão ou limitação da execução proposta no Estado de destino) e teria à sua disposição os dois tipos de mecanismos – suspender ou limitar o efeito executório e suspender ou limitar a execução. Desta feita, retirava-se mais utilidade do regime previsto, conferindo mais instrumentos de defesa ao devedor, sem afetar a coerência do regime.

3.5.2. Transações judiciais

O que se disse para as decisões judiciais também se aplica, com as necessárias adaptações e desde que não seja incompatível, às transações judiciais. O Regulamento 805/2004 também afirma que só «as transações relativas

---

[670] GARCIMARTÍN ALFÉREZ, F. J., *El Título Ejecutivo Europeo*, op. cit., pp. 118 e 119.

a créditos (...) que tenham sido homologadas pelo tribunal ou celebradas perante um tribunal no decurso de um processo e sejam executórias *no Estado-Membro onde tiverem sido homologadas ou celebradas*, serão (...) certificadas como título executivo europeu ...».

3.5.3. Instrumentos autênticos

Não obstante tudo o que se disse a propósito deste requisito da força executória do título executivo, no caso dos instrumentos autênticos somos confrontados com uma redação legal diferente, que pode induzir em erro na sua interpretação. O nº 1, do art. 25º, do Regulamento 805/2004, começa por dizer: «um instrumento autêntico relativo a um crédito (...) que seja executório *num Estado-Membro*, será (...) certificado como título executivo europeu...». A disposição refere que o instrumento autêntico tem que ser executório «num Estado-Membro» e não «no Estado-Membro de origem», como o legislador usa dizer nos demais casos[671].

Em face desta discrepância, há razões para questionar se estamos perante um sinal de que o legislador pretenderia diferenciar esta situação, desviando para o ordenamento de destino (ou de execução) o critério para aferir da força executória do documento. Neste pressuposto, um documento que não reunisse condições de exequibilidade no Estado de origem mas que tivesse força executória em qualquer outro Estado-Membro – potencial Estado de execução – era igualmente suscetível de ser certificado enquanto título executivo europeu.

Esta questão interpretativa ganha ainda mais acuidade quando verificamos que os antecedentes naturais do diploma pelo qual se aprovou o título executivo europeu para créditos não contestados – a Convenção de Bruxelas e o Regulamento Bruxelas I – não apresentam dúvidas na redação das disposições correspondentes que tratam o caso dos «documentos autênticos». Aí se diz, respetivamente: «Os atos autênticos num Estado contratante *e aí executórios* obterão, mediante requerimento, a fórmula executória em outro Estado contratante» (art. 50º da Convenção de Bruxelas); e, «Os atos autênticos exarados ou registados num Estado-Membro *e que aí tenham força executiva* são declarados executórios, mediante requerimento, noutro Estado-Membro» (art. 57º do Regulamento 44/2001).

---

[671] O art. 70º da proposta de revisão do Regulamento Bruxelas I manteve a redação e continua a afirmar «os atos autênticos que tenham força executiva num Estado-Membro ...».

Estes sinais não podem, contudo, ser levados à letra, pois prevalecem as razões que nos levam a manter o sentido mais racional do texto legal, segundo o qual o caráter executório do documento deve ser aferido de acordo com as regras do Estado de origem, do que o inverso[672]. Desde logo, por motivos que se prendem com a segurança e certeza jurídicas e, também, com a coerência do regime jurídico do título executivo europeu e do próprio sistema de cooperação judiciária em matéria civil e comercial.

Vejamos alguns motivos que podem sustentar esta posição:

- A metodologia que sustentou a criação do título executivo europeu e que proporcionou a supressão do *exequatur* – assente na extensão dos efeitos executórios do título executivo nacional – cai por terra quando aplicada a uma situação em que a força executória do título é aferida pelas regras do Estado de destino. Na verdade, não se pode conceber a extensão desses efeitos quando os mesmos não se produzem no Estado de origem.
- A interpretação do teor do art. 25º, do Regulamento 805/2004, baseada única e exclusivamente na letra da lei criaria problemas de sustentabilidade e coerência sistemática do próprio Regulamento que criou o título executivo europeu, pois contraria, desde logo, as correspondentes disposições que se referem às decisões judiciais e às transações judiciais, sem qualquer motivo que possa justificar divergência de regime de certificação.
- Na tradução do texto espanhol, acresce a contrariedade com a redação do art. 4º, nº 3, onde se refere a noção de «documento público», indicando que o ato havia sido registado ou formalizado «com força executória», indiciando que esse requisito já existe e é aferido no ato de formação ou registo do documento.
- Um requisito geral e comum à certificação dos vários tipos de títulos executivos a que o Regulamento 805/2004 é aplicável não pode aplicar-se com sentidos diferentes consoante o documento subjacente, salvo se razões ponderosas o exigissem, o que não se vislumbra no caso.

---

[672] Neste sentido, FERNÁNDEZ-TRESGUERRES, A., *La Escritura Pública Notarial: Un Título Ejecutivo Europeo, op. cit.*; GASCÓN INCHAUSTI, F., *El Título Ejecutivo Europeo para Créditos no Impugnados, op. cit.*, pp. 216 a 219; RODRÍGUEZ VÁZQUEZ, M. A., *El Título Ejecutivo Europeo, op. cit.*, p. 77.

- Na medida em que a certificação do título executivo europeu é operada no Estado de origem, é aí que vão ser fiscalizados os respetivos requisitos. Porém, se o caráter executório do documento tiver que ser aferido pelo regime aplicável no Estado de execução, a entidade certificadora não estará em condições de exercer essa tarefa. Esse requisito situar-se-ia numa espécie de «limbo», porque potencialmente ou pretensamente o documento seria sempre exequível «num Estado-Membro» ou, então, o credor teria que ser obrigado a alegar e justificar a executoriedade do documento, cabendo à entidade certificadora aceitar ou não a alegação, sendo certo que não lhe é exigível que domine o regime jurídico dos demais ordenamentos. Além do mais, este raciocínio determinaria que a certificação fosse feita para a execução do título em determinado Estado-Membro, quando por definição o «passaporte» a que o título executivo europeu dá direito é para todo o espaço europeu.
- Não é aceitável que o devedor incorra na possibilidade de arcar com certos efeitos, designadamente ser diretamente visado numa ação executiva, quando essa circunstância não é expectável à luz do ordenamento jurídico em que o documento foi celebrado. O devedor poderá e deverá estar alerta para os efeitos decorrentes do ato negocial em que participou, mas essa perceção esgota-se nas consequências internas do mesmo. Não se pode exigir que o devedor espere os efeitos que o documento acarreta à luz de outros regimes jurídicos, como seja o facto de poder vir a ser alvo de atos coercivos em execução transfronteiriça. A ser assim, o grau de segurança e estabilidade nos negócios ver-se-ia irremediavelmente afetado.
- Ficaria abalada, por outro lado, a relação de alternatividade entre o Regulamento 805/2004 e o Regulamento 44/2001 se não nos basearmos nos mesmos requisitos quanto à matriz do regime jurídico a que pertence o caráter executório da decisão. Não faz sentido que num caso ele seja aferido por referência ao Estado de origem e no outro ao Estado de execução, porque isso conduzirá a resultados completamente diferentes.

Ultrapassada esta questão, resta remeter, quanto ao mais, para o que já se disse a propósito da decisão judicial, com as devidas adaptações.

3.5.4. Considerações finais

O requisito da exequibilidade do título de acordo com as normas jurídicas do Estado de origem não é, de todo, dispensável, mas a ele se associa uma consequência que, irremediavelmente, vai deixar os cidadãos europeus em situação de desigualdade, apesar de estarmos perante uma legislação que se aplica diretamente em todos os Estados-Membros. Mas, essa desigualdade é apenas um resultado indireto do diploma comunitário pois, na verdade, a sua causa está na, já tantas vezes aqui referenciada, falta de harmonização jurídica no espaço europeu.

O que é facto – e isso importa constatar – é que nem todos os cidadãos vão ter a mesma possibilidade de certificar um documento como título executivo europeu, pois isso dependerá do seu caráter executório (ou não) no Estado emitente. Em resumo, um mesmo documento pode ser certificado, por exemplo, em Portugal e não o ser em Espanha, pela simples razão de que o ordenamento português o inclui no seu elenco de títulos executivos, ao contrário do ordenamento jurídico espanhol, que os exclui – isto sem prescindir, naturalmente, de todos os demais requisitos de certificação como título executivo europeu que ter-se-ão de verificar em ambos os casos. Em conclusão, as divergências na legislação dos vários países poderá determinar assimetrias na obtenção de um título executivo europeu[673].

Inversamente, um documento que, na sua condição original, não teria condições para abrir a fase executiva à luz das regras do Estado de destino, passará a ter esse poder por força da extensão (ou repercussão) transfronteiriça dos seus efeitos (internos), concretamente a extensão da sua força executória, motivada pela sua certificação como título executivo europeu. Uma vez emitido um título executivo europeu, ele passa a valer por si próprio, ganhando um caráter de autonomia e abstração relativamente ao título executivo que através dele se certificou e que se encontra subjacente. No Estado de destino ou de execução o que tem valor de título executivo (complexo) é a conjugação do título executivo (originário) com a respetiva certificação (através da emissão de formulário próprio), formando-se, assim, o título executivo europeu que se mostra autossuficiente e se autonomiza em relação ao título executivo que motivou a sua existência.

---

[673] Sobre este assunto, ver GASCÓN INCHAUSTI, F., *El Título Ejecutivo Europeo para Créditos no Impugnados*, op. cit., p. 220.

Naturalmente, em face do princípio do reconhecimento mútuo e da supressão do *exequatur*, o título executivo europeu pode ser diretamente executado no Estado de destino, sem que seja possível qualquer ato de oposição a esse efeito, ainda que o título executivo certificado se encontre na situação supra descrita, pois o que estará a ser executado é o título executivo europeu, por si e em si mesmo executável em qualquer Estado pertencente ao espaço europeu de justiça[674].

4. Pressupostos específicos da certificação do Título executivo europeu

Para a obtenção de um título executivo europeu, tem que se conjugar os pressupostos gerais e comuns a todos os tipos de títulos executivos certificáveis com os pressupostos que no caso específico sejam aplicáveis, consoante se esteja na presença de uma decisão judicial, de uma transação judicial ou de um documento autêntico.

Por isso, a acrescer aos requisitos de aplicação geral, já enunciados, existem alguns requisitos específicos, exigíveis de acordo com o caso concreto, com especial relevância nas decisões judiciais, em virtude das exigências decorrentes dos «mínimos processuais».

4.1. Nas decisões judicias

De acordo com regime extraído do disposto no art. 6º, nº 1, do Regulamento que criou o título executivo europeu, uma decisão sobre um crédito não contestado apenas poderá ser certificada como título executivo europeu pelo tribunal de origem, a requerimento do interessado, apresentado a qualquer momento, se forem confirmados os seguintes requisitos:

i) a decisão seja executória no Estado-Membro de origem;
ii) não se tenha verificado violação, no processo de onde emana a decisão certificanda, das regras de competência enunciadas nas Secções 3 e 6 do Capítulo II do Regulamento 44/2001, isto é, das regras de competência em matéria de seguros e das regras de competências exclusivas;

---

[674] Neste sentido, embora o afirme com motivações diferentes, ver RAMOS ROMEU, F., *El Título Ejecutivo Europeo*, op. cit., pp. 46-48. O autor defende, a propósito dos títulos executivos extrajudiciais, que um título executivo desse tipo certificado enquanto título executivo europeu pode servir de base a uma ação executiva num tribunal espanhol, ainda que não reúna o requisito do valor exigido pela lei espanhola (não exceder os 300,00 euros que exige o art. 520º LEC).

iii) no processo judicial que correu termos no Estado-Membro de origem, cujo objeto seja um crédito não contestado na aceção vertida no Regulamento 805/2004, terem sido cumpridas as normas mínimas enunciadas nos arts. 12º a 19º desse diploma;
iv) tratando-se de dívida (não contestada passivamente) contraída por consumidor, isto é, cuja fonte haja sido contrato celebrado por uma pessoa – o consumidor – com um fim que possa ser considerado estranho à sua atividade comercial ou profissional, é exigível (em consonância com o estabelecido no art. 16º, nº 2, do Regulamento Bruxelas I) que a decisão tenha sido proferida pelo Estado-Membro do domicílio do devedor.

Do elenco dos requisitos consta uma exigência já analisada – o caráter executório da decisão judicial no Estado de origem – e que é considerada um pressuposto geral, a que acrescem outros requisitos cumulativos, necessários para que a entidade competente possa proceder à certificação de uma decisão judicial como título executivo europeu. Esses outros requisitos agrupam-se a dois níveis e estão intimamente ligados à circunstância de estarmos perante a certificação de um título executivo obtido em sede de um processo declarativo que antecedeu a sua formação. Por um lado, dizem respeito ao controlo (moderado) da competência do tribunal de origem e, por outro, aos parâmetros mínimos exigidos em relação às regras processuais aplicáveis em certos aspetos considerados fundamentais para salvaguarda dos direitos de defesa do devedor.

Os pressupostos específicos só se questionam e apenas fazem sentido na medida em que já se tenha, previamente, concluído pela verificação de todos os pressupostos gerais. As perguntas sobre as questões de competência e dos mínimos processuais ocorrem numa segunda escala, depois de já se ter repondido afirmativamente ao seguinte:

- O título executivo que se pretende certificar como título executivo europeu respeita a forma exigida pelo Regulamento 805/2004? Ou seja, trata-se de uma decisão judicial, de uma transação judicial ou de um documento autêntico, conforme as noções nele adotadas?
- Esse título executivo tem por objeto um crédito pecuniário, líquido e exigível, segundo os conceitos aplicáveis?

- Esse crédito pode ser considerado não contestado, de acordo com o entendimento que dessa expressão se faz, à luz do regime jurídico do título executivo europeu?
- E, o título executivo em causa tem caráter executório no Estado de origem?

Há, contudo, um pressuposto geral que apresenta algumas especificidades conforme o título executivo que está a ser certificado, em especial no caso da decisão judicial, sendo necessário que fique bem esclarecido o que se entende por «crédito não contestado». Na medida em que à certificação antecedeu um processo declarativo, é conveniente averiguar em que situações e em que circunstâncias se pode dar um crédito como «não impugnado».

4.1.1. Crédito não contestado

Conforme já se explicou, a supressão do *exequatur* em matéria civil e comercial começou por ser aplicada a um nicho de casos, considerado estatisticamente relevante no âmbito da cobrança de dívidas, que se caracteriza precisamente pelo reconhecimento do crédito (expresso ou tácito) por parte do devedor. Por isso, na definição do seu âmbito de aplicação, o Regulamento 805/2004 diz-se destinado aos «créditos não contestados» (art. 3º, nº 1), o que resultará sempre como consequência de comportamentos adotados pelo devedor dos quais resulta o reconhecimento do dever de prestar, seja pela emissão de declaração expressa de reconhecimento, seja pela omissão relevante da prática de um ato[675].

Tratando-se de decisão judicial, o conceito de crédito «não contestado» revela-se mais complexo, na medida em que, para além dos casos em que o reconhecimento da dívida é ativamente manifestado, pode também resultar de uma atitude passiva (omissão) do devedor, sendo necessário encontrar os parâmetros dentro dos quais essa passividade integra aquele conceito.

---

[675] SILVA, P. C., sintetiza deste modo as causas da «não contestação do crédito», *in Processo de Execução – Títulos Executivos Europeus, op. cit.*, p. 34.

Do texto legal extraem-se as possibilidades seguintes, no que respeita aos tipos de situações que determinam a «não contestação do crédito», conforme as als. a), b) e c) do n.º 1 do art. 3.º[676]:

i) O devedor ter admitido expressamente a dívida, por meio de confissão; ou
ii) O devedor nunca ter deduzido oposição, de acordo com os requisitos processuais relevantes, ao abrigo da legislação do Estado-Membro de origem; ou
iii) O devedor não ter comparecido nem feito representar na audiência relativa a esse crédito, após lhe ter inicialmente deduzido oposição durante a ação judicial, desde que esse comportamento implique uma admissão tácita do crédito ou dos factos alegados pelo credor, em conformidade com a legislação do Estado-Membro de origem.

[676] A redação destas alíneas corresponde, com alguns ajustamentos, ao texto da primeira versão da proposta do Regulamento que criou o título executivo europeu. Nessa altura, foram apresentadas as notas justificativas seguintes, que nos auxiliam na compreensão da *ratio legis*: *As diferentes situações em que um crédito é considerado não contestado podem ser classificadas em duas categorias. A primeira, compreende os casos em que o devedor participou ativamente num processo judicial ou (através de atos autênticos) num processo extrajudicial e confessou expressamente que o crédito é justificado. Esta confissão pode assumir a forma de reconhecimento do crédito no âmbito de um processo judicial seguido de uma decisão baseada nesse reconhecimento, de transação homologada pelo tribunal ou de documento redigido sob forma de ato autêntico. As alíneas a) e d) do n.º 4 abrangem todas estas hipóteses. A segunda categoria caracteriza-se pelo facto de o devedor ter ignorado uma decisão do tribunal para reagir ao pedido apresentado e, portanto, pode presumir-se que não tem objeções. A alínea b) exige a não apresentação de qualquer oposição ao pedido durante o processo, quer seja no quadro de um procedimento meramente escrito ou de um procedimento que compreenda uma audiência na qual o devedor não compareceu ou, se compareceu, não contestou o pedido. A mera declaração do devedor indicando a sua dificuldade em pagar e o seu pedido destinado a obter um adiamento ou um escalonamento do pagamento, sem contestar o direito a esse pagamento, não pode ser considerada uma objeção, pois não coloca minimamente em causa a justificação do crédito. Essa declaração refere-se exclusivamente à incapacidade material de pagar ou, por outras palavras, à probabilidade que a execução seja concretizada. A alínea c), por outro lado, refere-se à situação específica do devedor que não compareceu no processo para o qual tinha sido citado no caso de a oposição ter sido expressa anteriormente pelo devedor. Esta falta de comparência pode justificadamente ser interpretada como resultando da sua decisão de deixar de contestar o crédito. As alíneas b) e c) referem-se tanto às decisões proferidas à revelia, como às injunções obtidas no âmbito de procedimentos rápidos específicos que requerem a falta de contestação por parte do devedor, como é o caso da "injonction de payer" do direito francês ou do "Mahnverfahren" do direito alemão ou austríaco.* [Esta última afirmação corrobora o que já se disse sobre a possibilidade de certificação das decisões proferidas em sede de procedimentos de injunção].

Passemos a analisar cada uma dessas situações:

i) O devedor ter admitido expressamente a dívida, por meio de confissão

Esta situação não causa problemas de aplicação. Se no decurso de uma ação judicial em que o litígio se reporta a um crédito pecuniário, o réu vier aos autos reconhecer a existência do crédito peticionado, por meio de confissão[677] – que é o meio processual adequado para o efeito – a decisão que aí vier a ser proferida terá condições de constituir um título executivo europeu, caso o autor entenda requerer a sua certificação, nos termos e para os efeitos do Regulamento 805/2004. O mesmo sucede se se tratar de confissão parcial que se refira a factos perfeitamente autonomizáveis, podendo admitir-se a certificação dessa parte da condenação[678], por exemplo, se tendo sido peticionados dois créditos em cumulação de pedidos, o réu confessa um deles.

ii) O devedor nunca ter deduzido oposição, de acordo com os requisitos processuais relevantes, ao abrigo da legislação do Estado-Membro de origem

A interpretação desta disposição dever ser feita com o devido (mas não total) distanciamento dos ordenamentos internos, na medida em que a noção adotada não tem uma direta correspondência com os sistemas internos de cada Estado-Membro no que concerne aos efeitos da omissão de impugnação por parte do devedor. A opção que o legislador comunitário fez foi no sentido de ligar um comportamento processual omissivo do devedor à natureza «não contestada» do crédito, logo, ao seu reconhecimento tácito, para efeitos de certificação da decisão enquanto título executivo europeu. Nota-se aqui uma aproximação do regime do título executivo europeu aos sistemas da *ficta confessio*, mas sem prejuízo dos sistemas da

---

[677] Os termos em que a confissão (ou *allanamiento*, no ordenamento espanhol) se materializa, bem como os seus efeitos e forma de pronúncia do juiz sobre a mesma, serão definidos pelo ordenamento interno. Ver os arts. 287º, al. d), 293º, 294º, 300º, do C.P.C., e os arts. 19º, nº 1 e 21º, da LEC.

[678] Neste sentido, GASCÓN INCHAUSTI, F., *El Título Ejecutivo Europeo para Créditos no Impugnados, op. cit.*, p. 69; GONZÁLEZ CANO, M. I., *Reconocimiento y Ejecución de Resoluciones Judiciales y Documentos Públicos con Fuerza Ejecutiva en el Ámbito Comunitário, op. cit.*, p. 15; SANJUÁN Y MUÑOZ, E., *El Título Ejecutivo Europeo, op. cit.*, pp. 1749.

*ficta contestatio*⁶⁷⁹, não se impondo que os Estados-Membros partilhem do mesmo regime quanto à matéria da revelia. O que o Regulamento prevê é que, nessa circunstância omissiva do devedor, o crédito seja considerado «não contestado» e que a decisão que venha a proferir-se possa ser executada no espaço europeu, mediante a respetiva certificação. E isso sucederá sem que esse requisito se confunda com o regime da revelia adotado em cada ordenamento jurídico.

Quanto à hipótese prevista, a sua adequada interpretação dependerá de serem tomados em consideração os aspetos seguintes:

- A referência à circunstância de «o devedor nunca ter deduzido oposição» reporta-se ao instituto da revelia, mas não se confunde com ele. Embora a forma como o regime está construído possa induzir o intérprete a pensar que só se confere a natureza de «não contestado» ao crédito quando nos encontrarmos perante uma situação de revelia operante, em que os factos alegados pelo autor são dados como confessados, isso não sucede e não há quaisquer sinais de haver essa correspondência direta. Antes pelo contrário, o legislador comunitário pretendeu respeitar o regime adotado pelos ordenamentos nacionais. Assim, em face de uma situação de revelia do réu, essa circunstância pressupõe a aceitação tácita do crédito para efeitos de certificação enquanto título executivo europeu, mesmo que isso não implique, à luz da *lex fori*, a confissão dos factos alegados pelo autor⁶⁸⁰. Logo, se nesse processo vier a ser proferida decisão favorá-

---

⁶⁷⁹ Sobre as diferentes soluções adotadas por vários ordenamentos europeus no que respeita às consequências da omissão de defesa, ver FREITAS, J. L., *Le Respect des Droits de la Défense lors de l'Introduction de l'Instance*, in "L'Efficacité de la Justice Civile en Europe", LEVAL, G.; CAUPAIN, M. T. (Dir.), Bruxelles, 2000, pp. 24-30.

⁶⁸⁰ No ordenamento português, o regime da revelia está previsto nos arts. 483º a 485º. De acordo com o aí disposto, a falta de contestação do réu determina a confissão dos factos articulados pelo autor (revelia operante), à exceção dos casos previstos no art. 485º, os quais estão excluídos do regime regra e sujeitos ao regime da revelia inoperante, ou seja, em que o autor não fica desobrigado de fazer prova dos factos. Porém, mesmo no caso da revelia operante, não vigora a chamada «condenação de preceito» e o juiz julgará a causa conforme for de direito. No caso da ação declarativa especial para cumprimento de obrigação pecuniária emergente de contrato, até € 15.000,00, a formulação que o legislador utilizou aproxima-se mais deste efeito, sem que no entanto o permita *contra legem*. Assim, diz o art. 2º, do DL 269/98, de 1 de setembro: *Se o réu, citado pessoalmente, não contestar, o juiz, com valor de decisão condenatória, limi-*

vel ao autor, porque logrou fazer prova dos factos como porventura exige o ordenamento interno, essa decisão pode ser certificada como título executivo europeu. Independentemente dos efeitos internos da falta de contestação, o que se exige é uma postura omissiva do réu para que uma decisão judicial seja suscetível de ser certificada enquanto título executivo europeu[681].

– A expressão adotada, em especial no que se refere ao advérbio «nunca», não deve ser tomada à letra. A ser assim, estar-se-ia a impedir a possibilidade de certificar decisões de instâncias superiores quando o réu, não a tendo contestado na primeira instância, vem depois interpor recurso da decisão já certificada e esta é confirmada pela instância superior, inviabilizando tudo o que já se disse sobre este assunto[682]. Assim, se o devedor apresentou, na primeira instância, contestação em que impugnou o crédito e foi condenado mas não interpôs recurso, isso não retira o caráter «incontestado» ao crédito. Porém, no caso de ter sido o credor a recorrer após uma decisão que absolveu o réu do pedido e onde este não tenha impugnado o crédito, a circunstância de o crédito ser ou não considerado contestado vai depender da postura do devedor em sede de recurso. Se nesta fase mantém uma atitude omissiva, naturalmente que o crédito vai ter de ser considerado não contestado, mas se, pelo contrário, apresentar alegações que ponham em causa o crédito, este terá

---

tar-se-á a conferir força executiva à petição, a não ser que ocorram, de forma evidente, exceções dilatórias ou que o pedido seja manifestamente improcedente.

No ordenamento espanhol, o regime regra da revelia é divergente, conforme se extrai do art. 496º, da LEC. De acordo com esse preceito, *será declarado en rebeldía el demandado que no comparezca en forma en la fecha o en el plazo señalado en la citación o emplazamiento*. Porém, *la declaración de rebeldía no será considerada como allanamiento ni como admisión de los hechos de la demanda, salvo los casos en que la ley expresamente disponga lo contrario*.

Para análise dos casos que, à luz da legislação espanhola, são subsumíveis na noção de crédito «não contestado», ver Bonachera Villegas, R.; Senés Motilla, C., *La Aplicación del Título Ejecutivo Europeo en el Sistema Procesal Español*, op. cit., ponto II.3.; Gascón Inchausti, F., *El Título Ejecutivo Europeo para Créditos no Impugnados*, op. cit., pp. 74-79.

[681] Neste sentido, Garcimartín Alférez, F. J.; Prieto Jiménez, M. J.; *La Supresión del Exequatur en Europa: el Título Ejecutivo Europeo*, op. cit., p. 1621; Marinho, C. M., *Textos de Cooperação Judiciária Europeia em Matéria Civil e Comercial*, op. cit., p. 151.

[682] Ver, supra, neste Capítulo, ponto 3.4.1.3.

que ser considerado impugnado e a decisão já não poderá ser certificada enquanto título executivo europeu.
- A remissão para «*os requisitos processuais relevantes ao abrigo da legislação do Estado-Membro de origem*» reporta-se às regras formais de defesa e tem como finalidade limitar o regime ao comportamento processual do réu. Ou seja, qualquer ato de oposição que não cumpra as regras processuais impostas pelo regime jurídico do Estado de origem em matéria de contestação, nomeadamente quanto a prazo e forma da defesa, não poderá ser considerado. Esta remissão foi introduzida na sequência de uma emenda do Parlamento Europeu, parcialmente aceite, com o *intuito de clarificar que, para constituir um fundamento válido de oposição a um crédito, o comportamento do devedor deve estar em conformidade como os requisitos processuais do Estado-Membro de origem*[683].
- A oposição, naturalmente, tem que ocorrer durante a tramitação do procedimento judicial. Estranhamente, esta indicação não consta da versão portuguesa do Regulamento 805/2004, mas faz parte de outras versões da al. b) do nº 1 do art. 3º, como a espanhola, a italiana, a francesa e a inglesa[684]. Isto para não haver confusão com situações pré-contenciosas, que não relevam para o efeito.

---

[683] A Comissão subscreveu a intenção que inspirou esta alteração, mas optou por uma redação que evita a referência a um "requerimento formal" que pode não se adequar a todos os Estados-Membros e a todos os tipos de procedimentos e não cobre todas as situações que deveriam ser contempladas (por exemplo, a situação de um devedor que apresente pessoalmente uma contestação apesar de ser obrigatório fazer-se representar por um advogado). A referência à "conformidade com os requisitos processuais do Estado-Membro de origem" da proposta alterada foi integrada na posição comum. O Conselho decidiu, contudo, suprimir a parte do parágrafo que previa que as dificuldades materiais para honrar a dívida não podiam ser invocadas para fundamentar uma contestação neste contexto. Cfr. Comunicação da Comissão ao Parlamento Europeu sobre a posição comum adotada pelo Conselho, cit., p. 4.

[684] Vejam-se alguns exemplos: El deudor nunca lo ha impugnado, con cumplimiento de los pertinentes requisitos procesales de la ley del Estado miembro de origen, en el marco de un procedimiento judicial; Si le débiteur ne s'y est jamais opposé, conformément aux règles de procédure de l'État membre d'origine, au cours de la procédure judiciaire; The debtor has never objected to it, in compliance with the relevant procedural requirements under the law of the Member State of origin, in the course of the court proceedings; Il debitore non l'ha mai contestato nel corso del procedimento giudiziario, in conformità delle relative procedure giudiziarie previste dalla legislazione dello Stato membro di origine.

– A oposição do devedor não pode ser uma oposição meramente formal. O devedor tem que ter atacado o crédito com argumentos que ponham em causa a pretensão do autor, ou seja, através de defesa por impugnação (de facto ou de direito) ou de defesa por exceção perentória, invocando factos impeditivos, extintivos ou modificativos do direito invocado pelo autor. E, acrescente-se, a alegação de exceções perentórias impede sempre que se verifique a natureza «não contestada» do crédito, mesmo naquelas situações em que a defesa do réu tem implícita a existência do crédito mas é invocado um argumento material que impede a sua cobrança, porque se extinguiu a obrigação pelo decurso do prazo, como sucede com a prescrição, ou porque caducou o direito de agir, como acontece com os prazos de caducidade do direito de agir. Entende-se que o devedor usou argumentos que determinariam a absolvição do pedido e isso é relevante para considerar o crédito como impugnado[685]. Aliás, o que importa é que o devedor use argumentos de cuja avaliação resulte a apreciação do mérito da causa, o que sucede com o conhecimento de exceções perentórias[686].

O mesmo raciocínio é aplicável ao caso de apresentação de contestação-reconvenção em que seja invocada a compensação.

– Se, por outro lado, a contestação do réu se baseia apenas na invocação de exceções dilatórias, não se pode afirmar que o devedor esteja a pôr em causa o crédito em si. As razões de ordem processual só impedem o juiz de se pronunciar sobre o mérito da causa e não determinam, em caso algum, a absolvição do pedido, mas ape-

---

[685] Neste sentido, GASCÓN INCHAUSTI, F., *El Título Ejecutivo Europeo para Créditos no Impugnados*, *op. cit.*, p. 72.

[686] Relativamente a esta conclusão é oportuno assinalar que até à reforma de 1996/97 do Código de Processo Civil havia controvérsia, doutrinal e jurisprudencial, sobre a circunstância de saber se uma decisão que se pronunciasse acerca da procedência ou improcedência de alguma exceção perentória constituía uma decisão sobre o mérito da causa, sobretudo para efeitos de aplicação da espécie de recurso adequada, tendo em consideração o disposto nos arts. 510º, nº 4, e 691º, nº 2, na redação anterior à referida reforma. Posteriormente, no Código de Processo Civil de 1997, foi resolvida a questão e é agora pacífico que a decisão que se pronuncia sobre uma exceção perentória, ainda que a julgue improcedente, é uma decisão de mérito (cfr. art. 510º, nº 3, conjugado com o art. 510º, nº 1, al. b, do C.P.C.). Sobre este assunto, cfr. PIMENTA, P., *A Fase do Saneamento do Processo Antes e Após a Vigência do Novo Código de Processo Civil*, Coimbra, 2003, pp. 278 a 282, em especial pp. 281 e 282 e nota 689.

nas uma absolvição da instância. Nessa medida, se a defesa do réu apenas se baseia nesses factos e as exceções são julgadas improcedentes, vindo o réu a ser condenado, este crédito pode ser considerado «não contestado» e a decisão pode ser certificada para efeitos de título executivo europeu[687].

iii) **O devedor não ter comparecido nem feito representar na audiência relativa a esse crédito, após lhe ter inicialmente deduzido oposição durante a ação judicial, desde que esse comportamento implique uma admissão tácita do crédito ou dos factos alegados pelo credor, em conformidade com a legislação do Estado-Membro de origem**

Neste caso, a natureza «não contestada» do crédito é resultado de uma situação excecional, onde o devedor, tendo embora começado por deduzir oposição à pretensão do autor, vem a faltar à audiência e não se faz representar, desde que o Estado de origem determine essa consequência.

Como se vê, a aplicação da al. c), do n.º 1, do art. 3.º, está dependente da circunstância de esse comportamento implicar uma admissão tácita do crédito ou dos factos alegados pelo credor, de acordo com a legislação do Estado-Membro de origem. Neste caso, há uma remissão direta para o regime previsto no ordenamento de origem, que condiciona a estatuição da referida al. c). Ou seja, uma oposição inicial seguida da falta de comparência à audiência só equivale a reconhecimento (tácito) do crédito se for essa a consequência prevista pela *lex fori* para esse caso.

---

[687] No mesmo sentido GASCÓN INCHAUSTI, F., *El Título Ejecutivo Europeo para Créditos no Impugnados*, op. cit., pp. 73 e 74; , SILVA, P. C., *Processo de Execução – Títulos Executivos Europeus*, op. cit., p. 35. Em sentido contrário, GARCIMARTÍN ALFÉREZ, F. J., *El Título Ejecutivo Europeo*, op. cit., pp. 60 e 61. O autor adverte ainda para a circunstância de haver exceções dilatórias que atacam a matéria de fundo, como seja o caso julgado.
A este propósito, note-se que a exceção de caso julgado já foi classificada como exceção perentória no ordenamento português, até à reforma de 1996/97, altura em que passou a inserir-se nas exceções dilatórias. No entanto, mesmo nessa altura já se defendia que "o facto de ser classificada como perentória não dá à exceção de caso julgado uma natureza substancial paralela à que têm outras, como o pagamento, a prescrição, e a moratória; na verdade, esta exceção tem apenas caráter processual". Cfr. PIMENTA, P., Processo Civil, Vol. III, Porto, 1995, p. 96; MACHADO, A. M.; PIMENTA, P., *O Novo Processo Civil*, 12.ª ed., Coimbra, 2010, p. 166, nota 374.
Mas, na verdade, podemos estar perante uma falsa questão, na medida em que a decisão só será certificada se a exceção de caso julgado for julgada improcedente.

Em face da remissão para o direito interno, é conveniente acrescentar que no ordenamento português não se vislumbra a existência de regime processual civil que possa proporcionar a aplicação desta previsão[688]. Apenas em matéria laboral, ou seja no processo do trabalho, vigora um efeito cominatório semipleno para a falta de comparência das partes (pessoalmente ou por representante) em julgamento[689].

Já no Direito espanhol, com respeito a processos de cobrança de quantias pecuniárias, há dois casos enquadráveis no esquema apresentado[690]:

i) no «juicio verbal» previsto no art. 250º, 10º, da LEC, para as ações em que «*pretendan que el tribunal resuelva, con caráter sumario, sobre el incumplimiento por el comprador de las obligaciones derivadas de los contratos inscritos en el Registro de Venta a Plazos de Bienes Muebles y formalizados en el modelo oficial establecido al efecto, al objeto de obtener una sentencia condenatoria que permita dirigir la ejecución exclusivamente sobre el bien o bienes adquiridos o financiados a plazos*». Neste caso, o art. 441º.4.3 prevê a condenação do demandado perante a sua não comparência à audiencia quando o devedor tiver anunciado previa-

---

[688] Porém, no Código de Processo Civil que vigorou até 31 de dezembro de 1996, para as ações declarativas que seguiam a forma de processo comum sumaríssimo encontrava-se vigente um regime desse tipo. Dispunha o então art. 796º, C.P.C., que *se o réu, tendo contestado, não comparecer na audiência de julgamento nem se fizer representar, será condenado no pedido, a não ser que justifique a falta ou tenha provado, por documento suficiente, que a obrigação não existe*.
Atualmente, o regime aparentemente mais aproximado vigora nos processos que correm termos nos Julgados de Paz, onde as partes têm que comparecer pessoalmente, ainda que possam fazer-se acompanhar por advogado, advogado-estagiário ou solicitador. Contudo, a falta do demandado à audiência não tem efeito cominatório, a não ser quando também não tenha (cumulativamente) apresentado contestação escrita, caso em que se consideram confessados os factos articulados pelo autor (art. 58º, da Lei 78/2001, de 13 de julho). Assim, mesmo nesta situação, a falta de oposição será enquadrável na al. b), do art. 3º, nº 1, do Regulamento 805/2004.
[689] Cfr. Artigo 71º do Código de Processo do Trabalho – *Consequências da não comparência das partes em julgamento*: 1 – O autor e o réu devem comparecer pessoalmente no dia marcado para o julgamento. 2 – Se alguma das partes faltar injustificadamente e não se fizer representar por mandatário judicial, consideram-se provados os factos alegados pela outra parte que forem pessoais do faltoso.
[690] Cfr. GARCIMARTÍN ALFÉREZ, F. J.; PRIETO JIMÉNEZ, M. J; *La Supresión del Exequátur en Europa: el Título Ejecutivo Europeo*, op. cit., pp. 1621 e 1622; GASCÓN INCHAUSTI, F., *El Título Ejecutivo Europeo para Créditos no Impugnados*, op. cit., pp. 79 e 93.

mente a sua oposição à reclamação. Naturalmente, a necessidade de certificar como título executivo europeu uma decisão obtida num processo destes só surgirá se o bem se situar fora de Espanha, mas no espaço europeu.

ii) no «juicio cambiario»[691], que é uma forma de processo onde a não comparência à audiência, ainda que antecedida de oposição ao crédito, determina o reconhecimento do crédito. Assim ditam as regras previstas nos arts. 821º e 824º a 826º, da LEC, que se resumem nos termos seguintes: – *en los diez días siguientes al del requerimiento de pago el deudor podrá interponer demanda de oposición al juicio cambiário;* – *presentado por el deudor escrito de oposición, se dará traslado de él al acreedor con citación para la vista conforme a lo dispuesto en el apartado primero del artículo 440º para los juicios verbales; si no compareciere el deudor, el tribunal le tendrá por desistido de la oposición y adotará las resoluciones previstas en el artículo anterior, es decir, se despachará ejecución por las cantidades reclamadas.*

4.1.2. Competência do tribunal de origem

Ao nível do controlo da competência internacional do tribunal que proferiu a decisão que se pretende certificar como título executivo europeu, o legislador não estabeleceu um critério geral de cumprimento das regras previstas, nessa matéria, no Regulamento Bruxelas I. Neste pressuposto, o princípio estabelecido é o da livre circulação do título executivo europeu independentemente do cumprimento das regras da competência por parte do tribunal que proferiu a decisão[692], o que vai ao encontro, aliás, da regra processual de acordo com a qual a competência fixa-se no momento em que a ação se propõe, sendo em sede declarativa que a questão da competência do tribunal se deve ver resolvida[693].

---

[691] Conforme dispõe o art. 819º LEC, *sólo procederá el juicio cambiario si, al incoarlo, se presenta letra de cambio, cheque o pagaré que reúnan los requisitos previstos en la Ley cambiaria y del cheque.*

[692] Cfr. OLIVIERI, G., *Il Titolo Esecutivo Europeo (Qualche considerazione sul Reg. CE 805/2004 del 21 aprile 2004)*, op. cit., ponto 5; RODRÍGUEZ VÁZQUEZ, M. A., *El Título Ejecutivo Europeo*, op. cit., p. 63.

[693] Note-se, a propósito do controlo da competência internacional, que a proposta de revisão do Regulamento Bruxelas I suprimiu este controlo quer para os casos de reconhecimento e executoriedade de decisões para as quais não é necessário uma declaração de executoriedade, quer para os casos em que se mantém a necessidade dessa declaração, propondo a revogação

Naturalmente, só faz sentido questionar este tipo de controlo quando estamos perante situações de caráter transfronteiriço o que, de todo o modo, já vimos não ser uma condição necessária para a aplicação do regime do título executivo europeu.

Contudo, há algumas exceções e, neste aspeto, o regime do título executivo europeu acompanhou, em termos gerais, o que se dispõe, a este propósito, no Regulamento Bruxelas I[694]. Aliás, na primeira versão do texto do Regulamento 805/2004 havia uma total correspondência entre os dois regimes, dizendo-se no art. 5º, al. b), da proposta, acerca dos requisitos de certificação de uma decisão judicial, que esta não devia ser *incompatível com o disposto nas secções 3, 4 ou 6 do capítulo II do Regulamento (CE) nº 44/2001*. E na primeira proposta apresentada para criação do título executivo europeu explicava-se: *A alínea b) do artigo 5º impõe o respeito das disposições do Regulamento (CE) nº 44/2001 do Conselho relativas à competência em matéria de seguros, de contratos celebrados pelos consumidores e à competência exclusiva. A inobservância destas disposições em matéria de competência, que constitui um motivo de recusa da declaração de executoriedade, por força dos artigos 35º e 45º do referido regulamento, impede a certificação enquanto Título Executivo Europeu por força da presente proposta.*

Depois, na versão final, a al. b) foi desdobrada em duas (as als. b e d), retirando-se do seu âmbito de aplicação a competência em matéria de contratos celebrados por consumidores (secção 4 do capítulo II do Regulamento (CE) nº 44/2001), que passou a ser tratada de forma ainda mais protetora, na al. d).

Em termos gerais, o regime estabelece o controlo da competência internacional do tribunal de origem em casos pontuais e não o controlo abso-

---

do atual art. 35º do Regulamento 44/2001. Estranha-se, no entanto, que o Regulamento 805/2004 se mantenha em vigor para algumas matérias (as referidas no art. 37º, nº 3) e nada se tenha alterado a esse respeito.

[694] Concretamente, no artigo 35º, onde se lê: 1. As decisões não serão igualmente reconhecidas se tiver sido desrespeitado o disposto nas secções 3, 4 e 6 do capítulo II [regras de competência em matéria de seguros, em matéria de contratos celebrados por consumidores e competências exclusivas] ou no caso previsto no artigo 72º; 2. Na apreciação das competências referidas no parágrafo anterior, a autoridade requerida estará vinculada às decisões sobre a matéria de facto com base nas quais o tribunal do Estado-Membro de origem tiver fundamentado a sua competência. 3. Sem prejuízo do disposto nos primeiro e segundo parágrafos, não pode proceder-se ao controlo da competência dos tribunais do Estado-Membro de origem. As regras relativas à competência não dizem respeito à ordem pública a que se refere o ponto 1 do artigo 34º.

luto dessa competência. Apenas se tem que averiguar o cabal cumprimento das regras de competência referidas no art. 6º, do Regulamento 805/2004, quando aplicáveis.

Trata-se das poucas situações em que se permite verificar a competência do tribunal do Estado de origem, com fundamento na imperatividade dos foros consagrados para as matérias abrangidas, que têm que ser preservados. A violação dessas regras imperativas determina que a decisão proferida no âmbito de um processo que correu termos num tribunal «internacionalmente incompetente» não possa fazer valer os seus efeitos executórios além-fronteiras.

Resumindo, aquando da certificação de uma decisão judicial como título executivo europeu, a entidade certificadora irá fazer o controlo da competência do tribunal que proferiu a decisão sempre que na ação em causa seja obrigatória a aplicação dos foros de competência previstos em matéria de seguros (arts. 8º a 14º, do Regulamento Bruxelas I) ou quando fosse aplicável algum dos foros de competência exclusiva (art. 22º, do Regulamento Bruxelas I). Caso se conclua que não foi cumprido o foro competente, é recusada a certificação.

Vejamos os foros protegidos.

i) Competência em matéria de seguros e competência exclusiva

Ao incluir a matéria dos seguros nos foros protegidos, o legislador comunitário pretendeu defender a parte mais débil na relação jurídica em causa, quer este seja o tomador do seguro, o segurado ou o beneficiário, obrigando a que se respeite o estipulado no art. 12º do Regulamento Bruxelas I. No caso inverso, de ser o tomador do seguro, o segurado ou o beneficiário a acionar o segurador, já há mais flexibilidade, podendo usar-se dos foros previstos nos arts. 9º a 11º do referido diploma, sendo mais difícil que aconteça uma situação que inviabilize a certificação, o que se justifica na medida em que neste caso o demandado é a parte mais forte.

Sobre os foros de competência exclusiva, atendendo ao facto de o título executivo europeu estar restringido aos créditos pecuniários, será pouco provável que esteja em causa uma das situações previstas no art. 22º do Regulamento Bruxelas I.

Quanto ao regime de conhecimento da incompetência pelo tribunal, à luz do disposto nos arts. 25º e 26º do referido Regulamento Bruxelas I, o juiz deve sempre conhecer oficiosamente a violação das regras de competência quando estiver em causa o não cumprimento dos foros de competência exclusiva. Fora desse âmbito, o juiz declarar-se-á incompetente apenas quando o requerido domiciliado no território de um Estado-Membro for demandado perante um tribunal de outro Estado-Membro e não compareça. Isto é, se comparecer e não invocar a incompetência, fica sanado o vício. Ora, este é o regime que se aplica no primeiro grau de controlo, efetuado pelo tribunal que proferiu a decisão e que deve ser igualmente aplicável ao segundo grau de controlo, seja efetuado pelo Estado de execução (quando estamos no âmbito do Regulamento Bruxelas I), seja pelo Estado de origem (se estamos a laborar no regime jurídico do título executivo europeu). Neste caso, obviamente, porque se trata sempre de créditos não impugnados, serão menos frequentes os casos em que o vício fica sanado, mas podem suceder.

ii) Consumidores como demandados

Em matéria de contratos celebrados por consumidores – entendendo-se como tal aqueles que celebram o contrato para fim alheio à sua atividade comercial ou profissional – o legislador optou por consagrar um regime mais protetor.

Sempre que, tratando-se de contratos celebrados por consumidores, estes forem demandados e condenados num processo em que o crédito não tenha sido contestado (na aceção das als. b) ou c) do art. 3º, do Regulamento 805/2004) a decisão só é certificada se tiver sido proferida no Estado-Membro do domicílio do devedor[695]. Assim, *os consumidores, na qualidade de devedores, beneficiam de uma proteção especial mais ampla do que o controlo do respeito das normas jurisdicionais previstas pelo Regulamento (CE) nº 44/2001 do Conselho ("Bruxelas I"). Uma decisão judicial proferida contra um consumidor na falta de reconhecimento expresso do crédito em causa só pode ser certificada enquanto título executivo europeu se o consumidor tiver domicílio no Estado-Membro de origem*[696].

---

[695] Domicílio entendido nos termos do art. 59º, do Regulamento 44/2001, ou seja: 1. Para determinar se uma parte tem domicílio no território do Estado-Membro a cujos tribunais é submetida a questão, o juiz aplica a sua lei interna. 2. Quando a parte não tiver domicílio no Estado-Membro a cujos tribunais foi submetida a questão, o juiz, para determinar se a parte tem domicílio noutro Estado-Membro, aplica a lei desse Estado-Membro.

[696] Comunicação da Comissão ao Parlamento Europeu sobre a posição comum adotada pelo Conselho, cit., p. 3.

Mas essa proteção especial, como se vê, não funciona em matéria de consumo em geral. Aplica-se apenas no caso em que o consumidor é devedor – havendo um conceito de «consumidor» consagrado para o efeito – e já não quando é o consumidor a demandar; por outro lado, também só se aplica – o que é próprio do regime do título executivo europeu – quando o crédito é considerado não impugnado. Porém, relativamente a este requisito, ficam afastados os casos em que o consumidor, ainda que demandado num tribunal que não era o do seu domicílio, aceitou expressamente o crédito.

Inversamente, neste contexto, o consumidor só será atingido por uma execução transfronteiriça com base num título executivo europeu, no caso de ter sido demandado no tribunal do Estado onde tem domicílio e não tiver impugnado o crédito ou, ainda que demandado noutro Estado, tenha reconhecido expressamente o crédito.

A justificação que, tradicionalmente, é apontada para a consagração do regime de controlo da competência internacional do tribunal, nos termos expostos, é a necessidade de se proceder a um «duplo controlo»[697]. Para a eventualidade de ter ocorrido erro na aplicação das disposições que definem a competência internacional em matéria de seguros ou a competência exclusiva, há uma segunda oportunidade para aferir da sua conformidade. Se for detetada alguma falha, nega-se a concessão de força executória à decisão em causa.

Em abstrato, é compreensível este regime se o objetivo for o de impedir, a todo o custo, que se abra mão dos foros em causa. Melhor se percebe, se o regime de controlo estiver em entidades diferentes, como acontece no regime tradicional de *exequatur*. Só que a correspondência de regimes entre o Regulamento Bruxelas I e o Regulamento 805/2004, a que aludimos, tem uma diferença – não despicienda – que resulta da própria diversidade de procedimentos neles consagrada e que inviesa a coerência do regime. Enquanto que no regime tradicional do *exequatur* quem faz o controlo da competência do tribunal do Estado de origem, ou seja, quem afere se foram efetivamente cumpridas as regras do Regulamento 44/2001, é o Estado de destino (ou de execução), no caso do título executivo europeu é sempre o Estado de origem que tem intervenção, seja na definição inicial da competência internacional, seja no seu controlo posterior, no momento da certificação.

---

[697] GARCIMARTÍN ALFÉREZ, F. J., *El Título Ejecutivo Europeo, op. cit.*, p. 124.

Ora, esta situação não deixa de ser pouco ortodoxa. Se for o próprio tribunal que julgou que vai certificar – o que constitui a solução mais aceitável e sucede claramente quando o legislador interno define que é o mesmo tribunal que tem competência para proceder à certificação do título executivo europeu – o controlo está, repetidamente, nas mesmas mãos. Nesse caso, será um paradoxo ter-se considerado competente e agora não proceder à emissão do título executivo europeu com fundamento na falta de respeito pelas regras de competência.

Uma última consideração em relação ao regime protetor dos consumidores devedores. Neste âmbito, a utilidade do título executivo europeu contra devedores consumidores fica fragilizada pois, atendendo ao facto de a ação declarativa ter de correr termos no Estado do domicílio do consumidor, não será frequente que o credor tenha necessidade de obter certificado para executar a decisão noutro Estado, que não esse mesmo, onde mais provavelmente se encontrarão os respetivos bens executáveis[698].

4.1.3 Cumprimento das normas mínimas de procedimento (garantias mínimas)

4.1.3.1. Enquadramento

Continuando a alinhar os pressupostos de cuja verificação depende a certificação de uma decisão judicial enquanto título executivo europeu, resta acrescentar que o legislador comunitário condiciona ainda esse ato ao cumprimento e obediência de determinados requisitos processuais, enunciados no Capítulo III do Regulamento 805/2004, sempre que esteja em causa um crédito não contestado na aceção das alíneas b) ou c) do n.º 1 do artigo 3.º, ou seja, em que o réu não deduziu oposição ou, ainda que o tenha feito inicialmente, não compareceu nem se fez representar na audiência, se daí resultar, à luz da *lex fori*, uma admissão tácita do crédito ou dos factos alegados pelo credor (art. 6.º, n.º 1, al. c) e 12.º, n.º 1, do Regulamento 805/2004).

Dito de outro modo, se a decisão judicial que se certifica resulta do reconhecimento expresso do crédito, por exemplo através de confissão, tendo havido participação ativa do devedor, o requisito de certificação de que ora nos ocupamos não é, naturalmente, exigível. Apenas nos casos em que

---

[698] Neste sentido, OLIVIERI, G., *Il Titolo Esecutivo Europeo (Qualche considerazione sul Reg. CE 805/2004 del 21 aprile 2004)*, op. cit., ponto 5.

o reconhecimento do crédito é tácito, porque resulta como consequência de um comportamento omissivo do devedor ao qual o legislador associou essa consequência, será necessário satisfazer mais este pressuposto relacionado com o cumprimento de certas «normas mínimas» ou «garantias mínimas» do processo onde foi proferida a decisão certificanda.

Essas garantias mínimas constam, como se disse, do Capítulo III do Regulamento 805/2004 e excluem a possibilidade de certificação das decisões judiciais dos Estados-Membros cujo ordenamento jurídico não as respeite. Assim, no momento da certificação de uma decisão enquanto título executivo europeu, a entidade certificadora ajuíza e atesta a conformidade das regras processuais do seu ordenamento jurídico com aqueles parâmetros que o legislador comunitário fixou como mínimos essenciais.

A observância estrita dos princípios fundamentais do processo civil, em especial quanto aos direitos de defesa, é um valor irrenunciável e que prevalece sobre qualquer dos objetivos a que está associada a livre circulação das decisões judiciais no espaço europeu. Nessa medida, o princípio da proibição de indefesa foi sempre ponto de honra na definição do regime jurídico do título executivo europeu e, por isso, houve que salvaguardar que nenhuma decisão judicial pudesse ser executada noutro Estado se as normas de processo civil do Estado de origem não respeitassem as exigências (mínimas) consideradas absolutamente indispensáveis à defesa do devedor. Com este mesmo espírito, o legislador afirmou (à data) ser sua intenção *promover os direitos fundamentais e [ter] em conta os princípios reconhecidos designadamente pela Carta dos Direitos Fundamentais da União Europeia. Em especial, pretende assegurar o pleno respeito do direito a um processo equitativo, tal como reconhecido no artigo 47º da Carta* (Considerando 11).

Digamos que a «moeda de troca» para a supressão do *exequatur* assenta nas condições apresentadas pelo Estado de origem ao nível dos seus procedimentos internos e da forma como esses procedimentos garantem os direitos de defesa do devedor. *Sempre que um tribunal de um Estado-Membro tiver proferido uma decisão num processo sobre um crédito não contestado, na ausência do devedor, a supressão de todos os controlos no Estado-Membro de execução está indissociavelmente ligada e subordinada à existência de garantia suficiente do respeito pelos direitos da defesa* (Considerando 10).

Como se explicou aquando da apresentação da proposta de Regulamento, esses requisitos processuais, também designados «normas processuais mínimas» ou «*minimum standards*», foram introduzidos pelo legislador comunitário como forma de garantir *a proteção dos direitos da defesa em todos os casos em que a apreciação de um crédito como não contestado tem por base a não participação do devedor no processo judicial. Nestas situações, convém garantir que o devedor tenha sido devidamente informado do decorrer do processo, das condições de contestação do crédito e das consequências da sua inobservância.*

Aliás, nos primeiros textos sobre o título executivo europeu ficou desde logo assente que não se formaria o título executivo europeu sem que o ato que determinou o início da instância tivesse sido objeto de citação ou notificação ao requerido com antecedência suficiente, nos termos do direito interno (mas havendo um entendimento comum quanto ao prazo que não pode ser razoavelmente considerado como suficiente), para permitir que a defesa fosse apresentada dentro do prazo prescrito[699]. Ou seja, tem de haver certeza de que o devedor recebeu a reclamação do crédito e de que decidiu não impugnar esse crédito e é importante que o devedor tenha disposto de tempo suficiente e tenha tido verdadeiramente oportunidade para analisar a reclamação do crédito[700].

Não se pode dizer, no entanto, que a preocupação com o princípio do contraditório e a proibição de indefesa seja uma prerrogativa exclusiva do Regulamento que criou o título executivo europeu. Também o Regulamento Bruxelas I estabelece, como obstáculo ao reconhecimento e execução das decisões estrangeiras, a salvaguarda e a exigência de garantias mínimas ao nível da legislação processual dos Estados-Membros quando determina que *uma decisão não será reconhecida se o ato que iniciou a instância, ou ato equivalente, não tiver sido comunicado ou notificado ao requerido revel, em tempo útil e de modo a permitir-lhe a defesa, a menos que o requerido não tenha interposto recurso contra a decisão embora tendo a possibilidade de o fazer* (art. 34º, nº 2, do Regulamento 44/2001).

---

[699] Doc. 5259/01, Limite, JUSTCIV 5, p. 5.

[700] Doc. 6183/01, Limite, JUSTCIV 20, p. 3. Relativamente à questão do «tempo suficiente» para o devedor preparar a sua defesa, a primeira proposta fixava um prazo mínimo de 14 dias, caso o devedor tivesse domicílio no Estado-Membro de origem, ou 28 dias se o seu domicílio fosse noutro Estado-Membro (art. 15º, da primeira versão da proposta). Porém esta disposição foi suprimida *devido ao acordo geral a nível do Conselho de que pode existir uma confiança mútua total de que o direito nacional dos Estados-Membros prevê prazos suficientes para a preparação da defesa após a citação ou notificação de um ato introdutório da instância ou de uma citação para comparecer, sendo portanto desnecessária uma norma mínima que regule esta questão específica* (Comunicação da Comissão ao Parlamento Europeu respeitante à Posição comum adotada pelo Conselho, p. 10).

Foi precisamente em virtude do desaparecimento deste controlo no Estado de destino – causado pela inversão de procedimentos que o título executivo europeu introduziu – que houve necessidade de construir cláusulas de salvaguarda no Estado de origem. Só assim foi possível delegar o controlo judicial no Estado de origem, que emite o certificado, abandonando-se o controlo levado a cabo pelo Estado de execução.

Neste sentido se pronunciou, aliás, o legislador quando apresentou a proposta de criação do título executivo europeu, ao afirmar: *Em conformidade com o nº 2 do artigo 34º, o artigo 41º e o artigo 45º do Regulamento (CE) nº 44/2001 do Conselho, o facto de a citação ou a notificação do ato que introduziu a instância não ter sido efetuada de modo a permitir ao devedor preparar a sua defesa, constitui um motivo de recusa da declaração de executoriedade de uma decisão proferida à revelia, a menos que o devedor tenha interposto recurso. A supressão deste mecanismo de controlo no âmbito do procedimento de exequatur e a falta de uniformidade das legislações dos Estados-Membros nos domínios jurídicos relevantes nesta matéria – em especial, a citação e a notificação de atos – torna necessário um controlo institucionalizado das normas mínimas estabelecidas no Capítulo III que deve ser exercido pelo tribunal do Estado-Membro de origem.*

Em jeito de síntese, pode afirmar-se que as garantias mínimas processuais são o «coração» do regime jurídico do título executivo europeu. Sem elas nunca será possível dar cabal cumprimento aos objetivos propostos pela União Europeia porque a sua ausência inviabiliza a certificação das decisões judiciais. Mas o mais paradoxal de tudo isto é que serão os próprios Estados-Membros a controlar (ainda que por via indireta) se as suas decisões judiciais poderão (potencialmente) beneficiar da certificação interna e prescindir do *exequatur* no Estado de execução. Ainda que o regime de reconhecimento e execução de sentenças estrangeiras previsto no Regulamento 44/2001 e o regime do título executivo europeu consagrado no Regulamento 805/2004 sejam, teoricamente, uma alternativa para o credor, este só tem realmente poder sobre a escolha se o ordenamento onde a decisão foi proferida partilhar das garantias mínimas processuais. Caso contrário, tem que se resignar ao mecanismo tradicional do *exequatur*.

Em face do que já se disse, há duas questões a colocar. Em primeiro lugar, as regras mínimas constituem matéria em que os Estados-Membros terão obrigatoriamente de mexer e alterar? Se não, e se isso acarreta desigualdades para os cidadãos europeus, por que motivo não se uniformizaram os procedimentos?

Em termos ideais, se a harmonização jurídica já fosse uma realidade[701], as regras processuais de cada um dos Estados-Membros já deveriam encontrar-se conforme aos requisitos mínimos e permitir que cada Estado-Membro deposite a necessária confiança nas decisões proferidas noutros Estados-Membros, designadamente quanto à independência e imparcialidade dos tribunais, quanto ao respeito pelas regras de competência internacional e interna dos tribunais, quanto às garantias de um processo justo e equitativo. Mas isso parece não ser assim e a União Europeia, consciente dessa realidade, tomou as medidas possíveis no contexto em que nasceu o título executivo europeu e o que fez foi conferir aos Estados-Membros a possibilidade de decidir adaptar ou não o seu direito interno, a fim de ter em conta as normas mínimas, caso o considerem necessário ou desejável.

O Regulamento não visa, assim, harmonizar as normas em matéria de créditos não contestados, nem as normas relativas à citação ou à notificação de documentos, ainda que impulsione esse movimento pelas vantagens que se encontram subjacentes[702]. Aliás, uma das críticas apontadas ao Regulamento que criou o título executivo europeu foi no sentido de ter eliminado o *exequatur* sem estabelecer regras comuns quanto às matérias essenciais à sua real concretização, como por exemplo em relação à citação. Neste ponto, não se pode dizer que tenha havido falta de consciência do problema, o que a Comissão fez foi criar a solução possível (e

---

[701] E nesse caso, os *minimum standards* não poderiam ser entendidos apenas como normas mínimas comuns, mas ainda como a partilha de princípios gerais e das bases e estrutura do sistema processual, ou seja, dos pilares que suportam essa estrutura. Cfr. LAUKKANEN, S., *Coming Together of Minimum Standards for Summary Proceedings* in "Procedural Laws in Europe. Towards Harmonisation", STORME, M. (Ed.), Antwerpen, 2003, p. 188.

[702] Assim se pronunciou o parecer do Comité Económico e Social Europeu: *A proposta não opta por uma harmonização das disposições nos Estados-Membros, nem tão-pouco pela obrigatoriedade da instauração das normas processuais mínimas supra referidas. Com efeito, cada Estado-Membro mantém a liberdade de adaptar a sua legislação nacional pelas normas mínimas previstas na proposta em apreço. A única consequência do não alinhamento da legislação nacional pelas normas mínimas é que as decisões relativas a créditos não contestados pronunciadas nesse Estado-Membro não podem ser tomadas em conta para a certificação enquanto Título Executivo Europeu. Enquanto a atual regulamentação dos Estados--Membros não corresponder aos requisitos processuais mínimos, é a estes que caberá realizar os objetivos da proposta de regulamento. Esta finalidade do instrumento jurídico proposto, à primeira vista modesta, não deve escamotear as vantagens para os residentes de Estados-Membros cuja legislação seja ou esteja em vias de ser conforme com as disposições comunitárias. É provável que os resultados da proposta de regulamento venham a servir de impulso para a harmonização das regras processuais nos Estados-Membros.*

não perfeita) em face das instruções políticas de eliminação do *exequatur*, evitando violar o princípio da subsidariedade, ciente de que não dispunha de competência para uniformizar regras processuais dessa natureza[703]. E a solução possível foi criar um conjunto de normas mínimas que os Estados-Membros têm que respeitar para que se produzam os efeitos previstos no Regulamento, ou seja, para efeitos de certificação das suas decisões judiciais como títulos executivos europeus, num contexto em que, como se sabe, foram ditadas à «revelia» do réu.

Em resumo, o Regulamento que criou o título executivo europeu não dita regras sobre citação e notificação, nem sobre recursos, pois continuam a ser os próprios Estados-Membros a legislar e a decidir, do ponto de vista político-legislativo, sobre essas matérias. Assim, cada um conserva o seu Direito nacional, pelo qual se vão reger os atos e procedimentos processuais internos, sendo certo, no entanto, que as suas decisões judiciais só vão ter força executória extraterritorial, sem necessidade de concessão de *exequatur* no Estado de destino, se for possível atestar – o que se fará aquando da certificação como título executivo europeu – que esse ordenamento cumpre as designadas «normas processuais mínimas». Trata-se, assim, de normas de segundo grau, que atuam como mero «filtro» dos Direitos nacionais[704].

Vejamos, agora, a que níveis o legislador centrou as normas mínimas, ou seja, que matérias processuais considerou essenciais para garantia dos direitos de defesa e como as organizou.

Houve três aspetos considerados essenciais: i) as modalidades de citação ou notificação admissíveis; ii) a informação sobre o crédito e sobre as diligências processuais necessárias para contestar o crédito; iii) a existência de mecanismos de revisão em casos excecionais.

Esses três aspetos resumem-se, na prática, a dois atos processuais: o ato de chamamento do devedor à ação (ou procedimento) e o recurso. O primeiro, como forma de criar garantias de que o devedor teve conhecimento de que contra ele corre a demanda, fazendo-lhe chegar toda a informação necessária à sua defesa; o segundo, como salvaguarda da possibilidade de revisão da decisão no caso de ter precludido o direito de defesa causado por omissão do devedor, designadamente quando não houve registos que

---

[703] Cfr. GARCIMARTÍN ALFÉREZ, F. J., *El Título Ejecutivo Europeo, op. cit.*, pp. 42 e 43; ver, ainda, pp. 131-133.
[704] Assim as classifica GARCIMARTÍN ALFÉREZ, F. J., *ibidem*, p. 132.

possam assegurar, com absoluta certeza, que o devedor rececionou a citação ou notificação, ou, ainda que os haja, ocorreram razões extraordinárias que o impediram de deduzir em tempo a sua defesa.

A citação ou notificação tem que ter sido realizada por uma das modalidades previstas nos arts. 13º e 14º, do Regulamento 805/2004. Mas, ainda que não o tenha sido, não fica desde logo excluída a hipótese de certificação da decisão judicial, pois está prevista uma forma de sanação ou suprimento da inobservância das normas mínimas, nos termos do art. 18º do citado Regulamento. Portanto, pode haver, numa primeira fase, duas etapas de avaliação, uma primeira para confrontar a modalidade de citação ou notificação adotada no caso concreto com aquelas que são admitidas no regime do título executivo europeu – que em caso positivo nos exime de passar à segunda etapa – e uma segunda, sendo necessário, para conferir se há condições de prescindir das exigências prescritas ao nível da citação ou notificação. Continuando os procedimentos tendentes a avaliar as garantias mínimas processuais, segue-se a fase em que se analisa se o ordenamento de origem respeita os mínimos exigidos ao nível dos mecanismos de revisão em casos excecionais, que constituem uma espécie de cláusula de salvaguarda ou válvula de escape do regime das decisões judiciais proferidas à «revelia» do devedor.

Convém, desde já, realçar que a forma correta de aferir o cumprimento das normas mínimas não se compadece com uma análise única e exclusivamente em abstrato. Sobretudo no que respeita à verificação da citação ou notificação do devedor pelos meios permitidos pelo Regulamento, o que releva para efeitos de cumprimento das garantias mínimas processuais é que a forma adotada no processo em concreto cumpra os requisitos exigidos. A circunstância de o ordenamento jurídico em que a causa foi julgada prever as modalidades de citação ou notificação autorizadas não é suficiente, é necessário, de facto, que na causa em concreto o devedor haja sido citado ou notificado por uma dessas modalidades. Noutra perspetiva, um ordenamento jurídico pode prever formas de citação ou notificação que preencham os requisitos mínimos estipulados a par de outras formas não aceitáveis para este efeito e, não obstante, isso não vai excluir totalmente a possibilidade de haver decisões judiciais proferidas nesse Estado--Membro que sejam certificadas como título executivo europeu, desde que no caso em concreto se tenha usado de uma das modalidades autorizadas pelo regime jurídico do título executivo europeu. É precisamente neste sentido que o legislador diz *"se o processo judicial no Estado-Membro de origem obedecer aos requisitos processuais"*[705].

No que toca à exigência de vias de recurso de revisão das sentenças proferidas à revelia do réu, já não há outra possibilidade senão a de fazer-se a análise em abstrato e já não no caso concreto. Na verdade, o que releva não é o facto de o devedor ter usado ou não esse mecanismo, mas apenas a possibilidade de o poder ter usado, ou seja, que o ordenamento lhe apresente esse meio de impugnação da decisão. Por isso, o legislador comunitário já diz, neste caso: *"se o devedor tiver direito, segundo a legislação do Estado-Membro de origem, a requerer uma revisão da decisão"*.

A certificação de uma decisão judicial proferida num processo que correu termos à «revelia» do devedor vai depender, então, da conformidade da modalidade do ato de citação ou notificação que foi usado naquele processo em concreto com as modalidades autorizadas pelos requisitos mínimos processuais e da existência, no ordenamento jurídico de origem e em termos gerais e abstratos, de mecanismos de revisão adequados às exigências do art. 19º, do Regulamento 805/2004.

Resta acrescentar, contudo, que havendo de citar-se o demandado noutro Estado-Membro, a citação faz-se de acordo com o previsto no Regulamento 1393/2007, relativo à citação e à notificação dos atos judiciais e extrajudiciais em matérias civil e comercial nos Estados-Membros («citação e notificação de atos»). Nesse caso, a compatibilidade de regimes foi expressamente assumida pelo diploma que aprovou o título executivo europeu, onde se afirma não ser afetada a aplicação do Regulamento relativo à citação e à notificação dos atos no espaço europeu (art. 28º, do Regulamento 805/2004).

4.1.3.2. Ao nível da citação ou notificação

As modalidades de citação admitidas pelo legislador comunitário podem dividir-se em dois grupos, um em que se agrupam as modalidades de citação onde há lugar a comprovativo de receção por parte do devedor e em

---

[705] A versão espanhola usa o termo *"si los procedimientos judiciales del Estado miembro de origen cumplen los requisitos procesales"*. Usando a expressão «os processos judiciais» no plural, induz a uma interpretação no sentido de que a análise é feita em abstrato, contudo, essa não é a forma correta. Neste sentido, GASCÓN INCHAUSTI, F., *El Título Ejecutivo Europeo para Créditos no Impugnados*, op. cit., pp. 117 e 118.

que, por isso, há certeza de este ter tido conhecimento da ação e de todos os elementos necessários à apresentação da sua defesa, outro em que tal comprovativo de receção não existe, mas em que a forma como se opera o ato de chamamento do devedor confere garantias válidas de que todos os elementos chegaram ao seu conhecimento, sendo responsabilidade do devedor procurá-los, com um elevado grau de probabilidade de que essa circunstância realmente se verificou.

No art. 13º estão previstas as formas de «*citação ou notificação com prova de receção pelo devedor*» e no art.14º as formas de «*citação ou notificação sem prova de receção pelo devedor*». Aí se mencionam, exaustivamente[706], os meios através dos quais se dá a conhecer ao devedor «*o documento que dá início à instância ou ato equivalente*[707]», havendo aqui uma referência suficientemente vaga para abranger qualquer ato que dê início à instância, independentemente da fórmula utilizada por cada um dos Estados-Membros, dado que o Regulamento se dirige a uma série de ordenamentos jurídicos diferentes entre si. Ficam excluídas, por sua vez, todas as modalidades de citação que se baseiem numa mera ficção legal, como sucede com a citação edital. Como diz o legislador no Considerando 13, *nenhum meio de citação ou de notificação baseado numa ficção jurídica, no que se refere ao respeito dessas normas mínimas, pode ser considerado suficiente para efeitos de certificação de uma decisão como Título Executivo Europeu*. Logo, uma decisão judicial proferida no âmbito de um processo em que o réu haja sido citado editalmente nunca poderá ser certificada enquanto título executivo europeu[708].

---

[706] Em face de uma emenda apresentada pelo Parlamento Europeu, onde se introduzia a expressão «nomeadamente» antes da enumeração dos meios de citação ou notificação, a Comissão rejeitou a alteração, alegando que isso tornaria a lista não exaustiva, contrariando os objetivos da proposta.

[707] Nas versões espanhola, francesa, inglesa e italiana diz-se, respetivamente: *El escrito de incoación o documento equivalente*; *L'acte introductif d'instance ou un acte équivalent*; *The document instituting the proceedings or na equivalent document*; *La domanda giudiziale o un atto equivalente*.

[708] No entanto, há autores que admitem não ser impossível a certificação de uma decisão proferida num processo onde o devedor haja sido citado editalmente, desde que também o seja por uma das modalidades previstas no Regulamento 805/2004. Ou seja, no pressuposto de que o ordenamento interno não admite uma das modalidades de citação sem comprovativo de receção pelo devedor, por exemplo a citação por depósito, e sendo necessário utilizar uma forma de citação válida à luz do direito interno, que permita o prosseguimento dos autos, far-se-ia uma citação para este efeito e uma outra para efeitos de certificação da decisão como título executivo europeu, sendo que esta dependeria de requerimento do interessado. Neste

Todos os meios de citação ou notificação enumerados nos artigos 13º e 14º caracterizam-se pela inteira certeza (artigo 13º) ou por um elevado grau de probabilidade (artigo 14º) de que o ato de chamamento tenha chegado ao seu destinatário. No segundo caso, no entanto, uma decisão só pode ser certificada como Título Executivo Europeu se o Estado-Membro de origem dispuser de um mecanismo apropriado que confira ao devedor o direito de requerer uma revisão integral da decisão, nas condições estabelecidas no artigo 19º, nos casos excecionais em que, apesar de cumprido o disposto no artigo 14º, o documento não tenha chegado ao seu destinatário (Considerando 14).

Na versão final do diploma, os dois grupos de modalidades de citação ou notificação passaram a ser alternativos, mas inicialmente o legislador configurou-os como subsidiárias. Ou seja, só na impossibilidade de «citação ou notificação pessoais» é que era admissível outra modalidade das que agora se enumeram no art. 14º, o que tornaria mais complexa a avaliação dos requisitos de certificação. Foi, então, aceite, na posição comum final, que se prescindisse dessa hierarquização, nos termos seguintes: *O texto da posição comum suprime esta hierarquia, mas distingue os meios de citação ou de notificação consoante exista ou não a prova de que o devedor recebeu efetivamente a citação ou a notificação. Por outro lado, admite-se a partir de agora, em certas condições, a simples citação ou notificação por via postal*[709].

Quanto às modalidades de citação propriamente ditas, no grupo daquelas que apresentam prova de receção pelo devedor, o art. 13º inclui os seguintes meios: a) Citação ou notificação pessoal comprovada por aviso de

---

sentido, GASCÓN INCHAUSTI, F., *El Título Ejecutivo Europeo para Créditos no Impugnados*, op. cit., p. 130 e RAMOS ROMEU, F., *El Título Ejecutivo Europeo*, op. cit., pp. 68 e 69. Esta construção parece-nos, no entanto, demasiado rebuscada e complexa. Ainda que seja imperioso cumprir a modalidade de citação ou notificação prevista da legislação comunitária, esta apenas funciona como um filtro de segundo plano, logo, esse filtro só será acionado para validar uma citação ou notificação que tenha sido realizada à luz das normas internas, pois são estas que valem em primeira linha.

[709] Posição comum adotada pelo Conselho, p. 81. *Na Comunicação da Comissão ao Parlamento respeitante à referida Posição comum (p. 3), pode ler-se: em vez de uma estrutura hierárquica dos meios de citação ou de notificação que exigiriam que se tentasse proceder primeiramente à citação ou notificação pessoal do devedor antes de recorrer a outros meios de citação ou notificação, o Conselho acordou em permitir a livre escolha de qualquer um dos meios de citação ou notificação admissíveis cuja lista exaustiva figura na proposta e acrescentou mesmo a possibilidade de proceder, sob certas condições, à citação ou à notificação por via postal, sem prova de receção ou de entrega.*

receção, datado e assinado pelo devedor; b) Citação ou notificação pessoal atestada por documento assinado pela pessoa competente para efetuar essa citação ou notificação declarando que o devedor recebeu o documento ou que se recusou a recebê-lo sem qualquer justificação legal, acompanhada da data da citação ou notificação; c) Citação ou notificação por via postal, comprovada por um aviso de receção, datado e assinado pelo devedor, e devolvida por este; d) Citação ou notificação por meios eletrónicos, como fax ou correio eletrónico, comprovada por aviso de receção, datado e assinado pelo devedor, e devolvida por este.

Perspetivando, ainda, que a «revelia» do devedor pode estar associada às situações em que houve impugnação inicial seguida de falta de comparência à audiência, nos termos previstos na al. c), do art. 3º, o modo de chamamento do devedor para nela comparecer pode seguir qualquer das formas enunciadas e, ainda, a notificação verbal, numa audiência anterior relativa ao mesmo crédito, desde que esse facto fique registado na ata dessa audiência (art. 13º, nº 2).

Procurando validar, no que respeita às modalidades de citação ou notificação[710] previstas no art. 13º, se os nossos ordenamentos respeitam as

---

[710] Na lei processual portuguesa, citação é o ato pelo qual se dá conhecimento ao réu de que foi proposta contra ele determinada ação e se chama ao processo para se defender. Emprega-se ainda para chamar, pela primeira vez, ao processo alguma pessoa interessada na causa. A notificação serve para, em quaisquer outros casos, chamar alguém a juízo ou dar conhecimento de um facto (art. 228º, nº 1 e 2, C.P.C.). Acrescente-se, ainda, que as modalidades que servem de paradigma são sempre as da citação, pois sempre que estamos perante um procedimento em que, por não se tratar de uma verdadeira ação, se usa a notificação para lhe dar início, o legislador remete para as modalidades da citação. É isso que sucede, por exemplo, no caso do procedimento de injunção, como resulta do art. 12º, do DL 269/98, de 1 de setembro.
De acordo com o art. 233º do C.P.C.: 1. A citação é pessoal ou edital. 2. A citação pessoal é feita mediante: a) Transmissão eletrónica de dados, nos termos definidos na portaria prevista no nº 1 do artigo 138º-A; b) Entrega ao citando de carta registada com aviso de receção, seu depósito, nos termos do nº 5 do artigo 237º-A, ou certificação da recusa de recebimento, nos termos do nº 3 do mesmo artigo; c) Contacto pessoal do agente de execução ou do funcionário judicial com o citando. 3. É ainda admitida a citação promovida por mandatário judicial, nos termos dos artigos 245º e 246º. 4. Nos casos expressamente previstos na lei, é equiparada à citação pessoal a efetuada em pessoa diversa do citando, encarregada de lhe transmitir o conteúdo do ato, presumindo-se, salvo prova em contrário, que o citando dela teve oportuno conhecimento. 5. Pode ainda efetuar-se a citação na pessoa do mandatário constituído pelo citando, como poderes especiais para a receber, mediante procuração passada há menos de quatro anos. 6. A citação edital tem lugar quando o citando se encontre ausente em parte

garantias mínimas processuais estabelecidas no Regulamento 805/2004[711], vejamos os vários casos.

i) Citação ou notificação pessoal[712] comprovada por aviso de receção, datado e assinado pelo devedor ou atestada por documento assinado pela pessoa competente para efetuar essa citação ou notificação declarando que o devedor recebeu o documento, acompanhada da data da citação ou notificação.

Estas duas situações, previstas nas als. a) e b) do art. 13º, nº 1, configuram ambas uma forma de citação por contacto pessoal, divergindo apenas no modo como operam e no tipo de prova da citação ou notificação, que num caso consiste num aviso de receção assinado pelo devedor (al. a) e, no outro, num documento assinado pelo funcionário judicial ou qualquer outra pessoa habilitada para o efeito pelo Estado-Membro onde a citação

---

incerta, nos termos dos artigos 244º e 248º ou, quando sejam incertas as pessoas a citar, ao abrigo do artigo 251º.

No ordenamento espanhol, as comunicações fazem-se, para o que ora interessa, através de *Emplazamientos, para personarse y para atuar dentro de un plazo; Citaciones, cuando determinen lugar, fecha y hora para comparecer y atuar* (art. 149º, 2º e 3º, da LEC). De acordo com o art. 152º, nº 1, da LEC, «Los atos de comunicación se realizarán bajo la dirección del Secretario Judicial, que será el responsable *de la adecuada organización del servicio. Tales atos se efectuarán materialmente por el propio Secretario Judicial o por el funcionario que aquél designe, y en alguna de las formas siguientes, según disponga esta Ley: 1ª A través de procurador, tratándose de comunicaciones a quienes estén personados en el proceso con representación de aquél. 2ª Remisión de lo que haya de comunicarse mediante correo, telegrama o cualquier otro medio técnico que permita dejar en los autos constancia fehaciente de la recepción, de su fecha y del contenido de lo comunicado. 3ª Entrega al destinatario de copia literal de la resolución que se le haya de notificar, del requerimiento que el tribunal le dirija o de la cédula de citación o emplazamiento.*

[711] Sobre esta questão, ver, em especial, no caso português: SILVA, P. C., *Processo de Execução – Títulos Executivos Europeus, op. cit.*, pp. 70-73; no caso espanhol: BONACHERA VILLEGAS, R.; SENÉS MOTILLA, C., *La Aplicación del Título Ejecutivo Europeo en el Sistema Procesal Español, op. cit.*, II.4; GARCIMARTÍN ALFÉREZ, F. J., *El Título Ejecutivo Europeo, op. cit.*, pp. 145-149; GASCÓN INCHAUSTI, F., *El Título Ejecutivo Europeo para Créditos no Impugnados, op. cit.*, pp. 122-130.

[712] Esta expressão não se pode confundir com a terminologia usada no ordenamento português, onde «citação pessoal» é um conceito mais amplo do que «citação por contacto pessoal», que é apenas uma das modalidades de «citação pessoal». O legislador comunitário, por sua vez, equipara o termo «citação pessoal» à «citação por contacto pessoal», por oposição à «citação por via postal» e à «citação por meios eletrónicos».

ou a notificação tem lugar (al. b)[713]. Procurando abranger todos os procedimentos possíveis à luz dos diferentes ordenamentos, o legislador subdividiu os casos de citação pessoal (por contacto direto com o citando) e referenciou as várias hipóteses de registo do ato de citação e da prova de que o ato foi realizado, por um lado, e de que os dados essenciais chegaram ao conhecimento do devedor, por outro.

No ordenamento português, estas modalidades correspondem à citação por contacto pessoal com o citando, seja por agente de execução ou funcionário judicial (art. 239º, do C.P.C.), seja por mandatário judicial ou pessoa por ele indicada (art. 245º, do C.P.C.) que normalmente são usadas nos casos em que se frustra a citação por via postal. Nestes casos, o ato de citação é realizado nos termos do nº 3 do art. 239º, do C.P.C. (para o qual também remete o art. 245º, nº 1, do C.P.C.), sendo lavrada certidão – propriamente dita quando se trate de agente de execução ou funcionário judicial – ou elaborado documento com registo e descrição do ato, datado e assinado pela pessoa encarregada de realizar a citação, que o citado assina. Prevê-se, também, a hipótese, no caso de se entender útil, de o citando ser previamente convocado por aviso postal registado, para comparecer na secretaria judicial, a fim de aí se proceder à citação, na qual se adotam as formalidades já atrás descritas (239º, nº 10, do C.P.C.).

No ordenamento espanhol, estas modalidades de citação têm expressão no art. 161º, da LEC, onde se prevê a *"comunicación por medio de entrega de copia de la resolución o de cédula"*. Neste caso, a entrega da comunicação faz-se efetivamente na pessoa do citando ou notificando e efetuar-se-á no tribunal ou no domicílio daquele, ficando o ato registado, designadamente com indicação data em que foi realizado, por meio de «diligencia» que será assinada pelo destinatário e pelo «Secretario Judicial» ou funcionário que a efetue.

---

[713] Na proposta inicial, havia uma disposição (o art. 13º) que se ocupava da «prova de citação ou notificação», distinguindo estes dois modos de comprovativo. Na versão final, essa norma foi suprimida enquanto disposição distinta, pois as disposições relativas aos meios de citação ou de notificação admissíveis foram integradas nos artigos 11º e 12º, por isso manteve-se a previsão, embora noutras disposições.

ii) **Citação ou notificação pessoal atestada por documento assinado pela pessoa competente para efetuar essa citação ou notificação declarando que o devedor se recusou a recebê-lo sem qualquer justificação legal, acompanhada da data da citação ou notificação.**
Está aqui prevista, como resulta da parte final da al. b), do art. 13º, do Regulamento 805/2004, a citação através da certificação da recusa do seu recebimento, com o competente registo desse facto feito pela pessoa competente para a realizar.

Esta modalidade de citação é também vigente na legislação portuguesa, designadamente associada aos casos de citação por contacto pessoal, anteriormente referenciados e previstos nos arts. 239º e 245º, do C.P.C. Os nº 4 e 5, do art. 239º, do C.P.C. (para os quais também remete o art. 245º, do C.P.C.) dispõem que se o citando se recusar a assinar a certidão ou a receber o duplicado, o agente de execução (ou quem for competente para realizar a citação) dá-lhe conhecimento de que o mesmo fica à sua disposição na secretaria judicial, mencionando tais ocorrências na certidão do ato. Posteriormente, notifica-se ainda o citando, enviando-lhe carta registada com a indicação de que o duplicado se encontra à sua disposição na secretaria.

Mas a citação por certificação da recusa pode ainda suceder na citação por via postal, nos termos do disposto no art. 237º-A, nº 3, do C.P.C., aplicável aos casos especiais de domicílio convencionado[714]. Nestas situações, quando o citando recuse a assinatura do aviso de receção ou o recebimento da carta, o distribuidor postal lavra nota do incidente antes de a devolver e a citação considera-se efetuada face à certificação da ocorrência.

No caso espanhol, é igualmente existente a citação através de certificação da recusa, quando o destinatário é encontrado no seu domicílio e se nega a receber a documentação ou a assinar o comprovativo de entrega. Nesse caso, conforme dispõe o art. 161º, nº 2, da LEC, o «Secretario Judicial» ou o funcionário designado adverti-lo-ão da obrigação de citação e das respetivas consequências e, sendo reiterada a recusa, o funcionário informa o citando de que a respetiva documentação ficará à sua disposição

---

[714] O âmbito de aplicação desta modalidade de citação é o seguinte: *"Nas ações para cumprimento de obrigações pecuniárias emergentes de contrato reduzido a escrito em que as partes tenham convencionado o local onde se têm por domiciliadas para o efeito da citação em caso de litígio, a citação por via postal efetua-se, nos termos dos artigos anteriores, no domicílio convencionado, desde que o valor da ação não exceda a alçada do tribunal da relação ou, excedendo, a obrigação respeite a fornecimento continuado de bens ou serviços".*

na «Secretaría del Juzgado», produzindo-se os efeitos da comunicação. De tudo isto será lavrado auto, com registo da ocorrência.

iii) Citação ou notificação por via postal, comprovada por um aviso de receção, datado e assinado pelo devedor, e devolvida por este.

A citação por via postal é outra das modalidades admitidas, desde que, para os efeitos do art. 13º, do Regulamento 805/2004, seja comprovada por um aviso de receção, datado e assinado pelo devedor.

A lei processual civil portuguesa consagra também a modalidade de citação por via postal que, aliás, é adotada como modalidade regra. A citação por via postal faz-se por meio de carta registada com aviso de receção, de modelo oficialmente aprovado, dirigida ao citando e endereçada para a sua residência ou local de trabalho ou, tratando-se de pessoa coletiva ou sociedade, para a respetiva sede ou para o local onde funciona normalmente a administração (art. 236º, nº 1, do C.P.C.), e considera-se feita no dia em que se mostre assinado o aviso de receção (art. 238º, nº 1, do C.P.C.). Assim sendo, esta modalidade parece coincidir com aquela que o legislador comunitário previu na al. c), do nº 1, do já referido art. 13º.

Na LEC encontra-se, também, a citação ou notificação por via postal como via de comunicação dos atos (arts. 152º, nº 2, 2ª, e 155º, nº 1). Conforme aí se indica, faz-se através de remessa da comunicação pelo correio, via telegrama ou de qualquer outro meio técnico que permita o registo da receção da mesma, com indicação da data e do conteúdo transmitido, a qual deve ser enviada ao domicílio da parte. Porém, para o que ora importa, apenas será aplicável a remessa por correio, pois a comunicação eletrónica já tem previsão especial e quanto ao telegrama não será de aplicar neste tipo de comunicação, em que se dá conta de que um processo corre contra o citando.

iv) Citação ou notificação por meios eletrónicos, como fax ou correio eletrónico, comprovada por aviso de receção, datado e assinado pelo devedor, e devolvida por este.

Com o despertar do fenómeno da desmaterialização dos processos e da e-justice, são cada vez mais valorizadas estas formas de comunicação de atos e os Estados-Membros começam a adotar estes mecanismos, mesmo para o ato de chamamento do réu ou requerido ao processo.

No caso português, o legislador previu recentemente esta modalidade de citação por transmissão eletrónica de dados[715], mas a sua efetiva utilização em sede de processos cíveis carece ainda de regulamentação. Apenas tem aplicação, por ora, na citação da Fazenda Pública e entidades similares, para efeitos de reclamação de créditos, em sede de ação executiva, que em nada relevam para o nosso tema.

Em Espanha, o art. 162º, da LEC, sob a epígrafe "atos de comunicación por medios eletrónicos, informáticos y similares[716]" admite a utilização de meios eletrónicos como forma de comunicação dos atos. Contudo, não é utilizada como forma de realização da primeira comunicação num proceso.

Como se disse, o legislador não excluiu os modos de citação e notificação sem comprovativo de receção por parte do devedor e, nessa medida, é igualmente possível obter a certificação de uma decisão que haja sido proferida no âmbito de um processo em que o devedor, não tendo contestado o crédito, foi citado sem que se verificasse um grau de certeza absoluta acerca do conhecimento da existência do processo, ou seja, ocorreu outra forma de citação, caracterizada apenas pela probabilidade séria de o devedor ter sido informado de que contra ele corria um processo e de ter tido acesso a todos os dados e documentação necessária à apresentar da sua defesa. Assim sendo, é legítimo concluir que a falta de impugnação do crédito é consciente e voluntária. Não obstante, o legislador exige que os ordenamentos internos tenham mecanismos que possam ser acionados pelo devedor quando, tendo sido assim citado, tenha estado impossibilitado de se defender.

As formas de citação ou notificação sem prova de receção pelo devedor que se aceitam e estão previstas no art. 14º, do Regulamento 805/2004, são as seguintes: a) Citação ou notificação pessoal, no endereço do devedor,

---

[715] Através do DL 303/2007, de 24 de agosto.

[716] E cujo texto dispõe: *Cuando los juzgados y tribunales y las partes o los destinatarios de los atos de comunicación dispusieren de medios eletrónicos, telemáticos, infotelecomunicaciones, o de otra clase semejante, que permitan el envío y la recepción de escritos y documentos, de forma tal que esté garantizada la autenticidad de la comunicación y de su contenido y quede constancia fehaciente de la remisión y recepción íntegras y del momento en que se hicieron, los atos de comunicación podrán efectuarse por aquellos medios, con el acuse de recibo que proceda.*
Las partes y los profesionales que intervengan en el proceso deberán comunicar al tribunal el hecho de disponer de los medios antes indicados y su dirección.
Asimismo se constituirá en el Ministerio de Justicia un Registro accesible electrónicamente de los medios indicados y las direciones correspondientes a los organismos públicos.

das pessoas que vivem no mesmo domicílio ou que nele trabalhem; b) Se o devedor for um trabalhador por conta própria ou uma pessoa coletiva, citação ou notificação pessoal, no estabelecimento comercial do devedor, das pessoas por ele empregadas; c) Depósito do documento na caixa de correio do devedor; d) Depósito do documento num posto de correios ou junto das autoridades competentes e notificação escrita desse depósito na caixa de correio do devedor, desde que a notificação escrita mencione claramente o caráter judicial do documento ou o efeito legal da notificação como sendo uma efetiva citação ou notificação, e especificando o início do decurso do respetivo prazo; e) Citação ou notificação por via postal sem a prova prevista no nº 3, quando o devedor tenha endereço no Estado-Membro de origem; f) Citação ou notificação por meios eletrónicos, com confirmação automática de entrega, desde que o devedor tenha expressa e previamente aceite esse meio de citação ou notificação.

Resumidamente, encontram-se aqui os casos de citação ou notificação por substituição, citação ou notificação por depósito do documento e citação ou notificação sem comprovativo de entrega, seja por via postal, seja por meios eletrónicos, em casos excecionais.

Pelas circunstâncias que antes se expuseram, estas modalidades, ainda que aceites pelo legislador, estão envolvidas em mais cautelas e garantias na forma como podem ser utilizadas[717]. Desde logo, só se deve considerar que a citação ou notificação pessoal de pessoas que não sejam o próprio devedor, efetuada nos termos das alíneas a) e b) do nº 1 do referido artigo 14º, cumpre os requisitos dessas disposições se essas pessoas tiverem efetivamente recebido o documento em questão (Considerando 15), ficando assim afastada a possibilidade de serem citadas no caso de recusa do recebimento da citação ou notificação.

---

[717] Em alguns casos, RAMOS ROMEU chama a atenção para o excessivo formalismo que o Regulamento 805/2004 impõe, muitas vezes impedindo que a citação ou notificação efetuada à luz das normas internas proporcione uma posterior certificação da decisão, determinando uma maior atenção por parte do credor interessado, o qual terá que ir fiscalizando ou requerendo as modalidades que lhe interessam. Fala, especialmente, do caso de citação ou notificação do citando através de terceiro, pois as normas internas são normalmente mais flexíveis no que diz respeito à pessoa apta a rececionar a citação. Cfr. RAMOS ROMEU, F., *El Título Ejecutivo Europeo, op. cit.*, pp. 67 e 68. Na verdade, o autor não deixa de ter alguma razão, embora também se compreenda que o legislador haja sentido necessidade de ser suficientemente cauteloso nesta tarefa de difinição de garantias de defesa.

Exige-se, ainda, um comprovativo de receção que pode concretizar--se por uma destas formas: a) Um documento assinado pela pessoa competente que procedeu à citação ou notificação, que indique: i) o método de citação ou notificação, e ii) a data da citação ou notificação, e iii) se o ato foi citado ou notificado a pessoa diferente do devedor, o nome dessa pessoa e a sua relação com o devedor; b) Um aviso de receção pela pessoa (terceiro em substituição) citada ou notificada.

Por outro lado, nestes casos a citação ou notificação não é admissível, para efeitos de certificação enquanto título executivo europeu, se o endereço do devedor não for conhecido com segurança (art. 14º, nº 2, do Regulamento 805/2004). Naturalmente, o grau de segurança que aqui se exige é mais próximo da convicção do que da certeza[718], havendo que ajustar-se ao caso concreto e aos elementos que constam do processo, numa análise que deverá ser feita aquando da certificação. Para criar essa convicção, devem constar do processo documentos que confirmem a indicação do domicílio feita pelo credor, como o contrato ou a fatura, ou, no caso de não ser logo encontrado o devedor, ter havido buscas, de acordo com a legislação interna aplicável, no sentido de confirmar o domicílio do devedor. No entanto, o grau de exigência quanto às diligências a tomar dependerá, sem dúvida, da forma como se encontrar instruído o processo em causa. Em resumo, apelando ao que se dizia na primeira versão do Regulamento que criou o título executivo europeu, o que se pretende evitar é que se certifique uma decisão proferida num processo em que o endereço do domicílio do devedor pode ser considerado incerto.

Adotando idêntica metodologia, percorremos cada uma das modalidades mencionadas no art. 14º, do Regulamento 805/2004, procurando a correspondência entre as modalidades acima referidas e as previstas nos ordenamentos internos português e espanhol.

---

[718] Neste sentido, GASCÓN INCHAUSTI, F., *El Título Ejecutivo Europeo para Créditos no Impugnados*, op. cit., p. 129. Sobre esta questão, RAMOS ROMEU critica o excesso deste requisito, demonstrando que poderá ser uma porta aberta às recusas de certificação nos casos em que não se tenha conseguido encontrar o devedor, precisamente porque «nunca» há certeza sobre o seu domicílio, quando será nestas situações que o título executivo europeu se mostra mais útil; cfr. RAMOS ROMEU, F., *El Título Ejecutivo Europeo*, op. cit., pp. 64 e 65.

i) Citação ou notificação pessoal, no endereço do devedor, em terceira pessoa (por substituição)

Admitida a citação em pessoa diversa do citando, o legislador instituiu limitações expressas relativamente às pessoas que, para esse efeito, se consideram aptas a rececionar e encaminhar a informação recolhida em sede de citação ou notificação, como resulta do teor das alíneas a) e b) do art. 14º, do Regulamento 805/2004.

Tratando-se de pessoas singulares particulares, concede-se a citação ou notificação em terceira pessoa, por contacto pessoal, desde que se trate das pessoas que vivem no mesmo domicílio (endereço) ou que nele trabalhem. Portanto, não será permitido que qualquer pessoa que ali se encontre possa receber a citação ou a notificação, mas apenas as que ali também tenham domicílio (residência) ou que ali trabalhem, ficando assim excluídos os vizinhos ou qualquer outra pessoa, ainda que familiar, que ali se encontre a título ocasional ou temporário.

No caso de o devedor ser uma pessoa singular que exerce uma atividade por conta própria[719] ou uma pessoa coletiva[720], considera-se igualmente citado, em substituição, se ocorrer citação ou notificação por contacto pessoal, no «estabelecimento comercial do devedor», das pessoas por ele empregadas. Relativamente às pessoas coletivas, esta modalidade de citação ou notificação ocorrerá sempre que não seja possível encontrar o representante legal daquela pessoa jurídica, podendo a citação ocorrer em terceira pessoa, desde que se trate de empregado da citanda. No entanto, a referência expressa a «estabelecimento comercial» como o local da ocorrência do ato de citação suscita alguma dúvida, fazendo crer, eventualmente, que

---

[719] Seja empresário em nome individual, seja trabalhador independente. Esta última expressão, aliás, era utilizada na primeira versão da proposta do Regulamento.

[720] Sociedade ou outra pessoa coletiva, como se dizia na proposta original. E os termos dessa versão podem ser retomados para interpretação da versão final na medida em que esta se caracterizou *pela simplificação e clarificação da descrição dos meios de citação e notificação alternativos, que já figuravam na proposta alterada da Comissão, sem alterações de fundo importantes*. Além disso, acrescenta-se que *dois novos meios de citação ou notificação, a citação ou a notificação por via postal sem aviso de receção e a citação ou notificação por meios eletrónicos certificada por um aviso de receção automática, foram aditados mediante o respeito de condições que garantam um grau bastante elevado de probabilidade que o ato notificado seja efetivamente levado ao conhecimento do seu destinatário*. Cfr. Comunicação da Comissão ao Parlamento Europeu respeitante à Posição comum adotada pelo Conselho, p. 10.

ficam afastados os casos em que o domicílio da pessoa coletiva não constitui um estabelecimento comercial. Não cremos, na verdade, que fosse essa a intenção do legislador. Na versão original começou por dizer-se «no domicílio profissional do devedor», onde facilmente se enquadrava, extensivamente, o termo sede ou domicílio da pessoa coletiva. Esta expressão talvez não fosse, igualmente, a mais adequada e não terá permanecido, sobretudo, porque deixou de se usar o termo «trabalhador independente». Assim, quando na versão final nos confrontamos com aquela referência a «estabelecimento comercial» – muito mais próxima das atividades comerciais – temos que fazer uma interpretação extensiva do conceito e admitir que são igualmente válidas, à luz da referida disposição, as citações ou notificações de terceira pessoa – trabalhador do citando, em sua substituição – levadas a cabo no domicílio profissional de quem for profissional independente, assim como na sede ou domicílio da pessoa coletiva, ainda que não se trate de estabelecimento comercial, quer ele exista ou não[721].

No direito adjetivo português há situações em que a citação por contacto pessoal pode concretizar-se através da entrega da documentação e assinatura do respetivo comprovativo de entrega a terceira pessoa, em substituição do citando, que fica incumbida de lhe transmitir todo o conteúdo do ato, bem como a documentação que haja sido disponibilizada pela pessoa competente para a realização do ato de citação. Como se disse, frustrada a citação por via postal, haverá lugar à citação por contacto pessoal que, em primeiro lugar, é tentada efetuar na pessoa do citando. Se o for, estaremos perante um caso de citação realizada nos termos do art. 13º do Regulamento 805/2004, porém, se o agente de execução ou o funcionário judicial não puder proceder à citação por não encontrar o citando, deverá apurar se o mesmo reside ou trabalha no local indicado[722] e em caso afirmativo passará a proceder à «citação com hora certa», nos termos do art. 240º, do C.P.C. Ou seja, nessa primeira deslocação, se o encarregado da citação constatar que o citando tem domicílio nesse local, deixa nota com indicação de hora certa para a diligência na pesssoa encontrada que estiver em melhores

---

[721] Em sentido diverso, GASCÓN INCHAUSTI enquadra as situações de citação ou notificação de pessoa coletiva no seu domicílio, se este não constituir estabelecimento comercial, na al. a), do art. 14º, do Regulamento 805/2004. Ver, GASCÓN INCHAUSTI, F., *El Título Ejecutivo Europeo para Créditos no Impugnados, op. cit.*, p. 126.

[722] Com esta diligência ficará salvaguardada a exigência do art. 14º, nº 2, do Regulamento 805/2004.

condições de a transmitir ao citando ou, quando tal for impossível, afixa o respetivo aviso no local mais indicado. No dia e hora marcado, o agente de execução ou o funcionário judicial fará nova deslocação e nessa ocasião, ou encontra o devedor e cita-o pessoalmente – e voltamos a estar na presença de um caso de citação do referido art. 13º – ou, mais uma vez, ele não está no local e o encarregado de realizar a citação está legitimado a proceder à citação em terceira pessoa. Diz a lei que *não o encontrando* [ao citando], *a citação é feita na pessoa capaz que esteja em melhores condições de a transmitir ao citando, incumbindo-a o agente de execução ou o funcionário de transmitir o ato ao destinatário e sendo a certidão assinada por quem recebeu a citação* (art. 240º, nº 2, al. b), do C.P.C.). À luz da legislação portuguesa, essa terceira pessoa poderá ser alguém que vive em economia comum com o citando, mas também se admite que seja outra pessoa[723], desde que se conclua que ela está em condições de transmitir a informação ao citando.

Quando a citação se mostre efetuada em pessoa diversa do citando, para efeitos de advertência ao citando é-lhe enviada carta registada, no prazo de dois dias úteis, comunicando-lhe: a) a data e o modo por que o ato se considera realizado; b) o prazo para o oferecimento da defesa e as cominações aplicáveis à falta desta; c) o destino dado ao duplicado; e d) a identidade da pessoa em quem a citação foi realizada (art. 241º, do C.P.C.).

Mais difícil se afigura enquadrar o caso da citação postal em que o aviso de receção haja sido assinado por terceiro. O Código de Processo Civil português prevê, relativamente a esta modalidade de citação, que no caso de pessoa singular a carta pode ser entregue, após assinatura do aviso de receção, ao citando ou a qualquer pessoa que se encontre na sua residência ou local de trabalho e que declare encontrar-se em condições de a entregar prontamente ao citando[724] (art. 236º, nº 2, do C.P.C.). Por sua vez, as pessoas coletivas e as sociedades consideram-se também pessoalmente cita-

---

[723] Do teor do nº 5, do art. 240º, do C.P.C., é possível extrair essa conclusão. Aí se diz: *Constitui crime de desobediência a conduta de quem, tendo recebido a citação, não entregue logo que possível ao citando os elementos deixados pelo funcionário, do que será previamente advertido; tendo a citação sido efetuada em pessoa que não viva em economia comum com o citando, cessa a responsabilidade se entregar tais elementos a pessoa da casa, que deve transmiti-los ao citando.*

[724] Quando assim sucede, antes da assinatura do aviso de receção, o distribuidor do serviço postal procede à identificação do terceiro a quem a carta seja entregue, anotando os elementos constantes do bilhete de identidade ou de outro documento oficial que permita a

das ou notificadas na pessoa de qualquer empregado que se encontre na sede ou local onde funciona normalmente a administração, os quais podem receber a citação e assinar o aviso de receção (art. 231º, nº 3, conjugado com o art. 237º, do C.P.C.). Acrescenta, ainda, o art. 238º, do C.P.C., que a citação postal efetuada ao abrigo do artigo 236º, do C.P.C., considera-se feita no dia em que se mostre assinado o aviso de receção e tem-se por efetuada na própria pessoa do citando, mesmo quando o aviso de receção haja sido assinado por terceiro, presumindo-se, salvo demonstração em contrário, que a carta foi oportunamente entregue ao destinatário. Portanto, está consagrada uma equiparação da citação postal feita a pessoa diversa do citando, nas condições legais exigidas, à citação na própria pessoa do citando, havendo uma presunção de que a informação chegou ao citando, ainda que se trate de uma presunção ilidível.

Retomando o regime jurídico do título executivo europeu, verificamos que o elenco das modalidades de citação distingue sempre a citação pessoal e a citação por via postal, havendo que tomar aquela como a citação por contacto pessoal. Como só em relação a essa é que está prevista a receção da citação por pessoa diversa do citando, a situação que acima se expôs pode suscitar alguma dúvida quanto ao seu enquadramento nas als. a) e b) do art. 14º, do Regulamento 805/2004. Parece-nos legítimo, de todo o modo, que esta forma de citação seja dada como válida para efeitos de aplicação do regime do título executivo europeu, porquanto se encontra no âmbito do espírito do diploma e, do ponto de vista do Direito interno, há uma total equiparação com a citação pessoal.

Conclui-se, confrontando o que já se disse sobre as modalidades de citação sem prova de receção pelo devedor admitidas pelo Regulamento que criou o título executivo europeu, que o regime legal português prevê uma formulação mais ampla em relação aos «terceiros» a quem a citação pode ser feita em substituição do citando, do que o regime do título executivo europeu, no qual só pode tratar-se de «pessoas que vivem no mesmo domicílio». Por outro lado, se o domicílio utilizado é o profissional e o citando é trabalhador por conta de outrem, a letra da lei comunitária não parece permitir a citação em pessoa diversa do citando, pois apenas se refere a pessoas que «nele trabalhem» [no domicílio do citando] ou a pessoas que

---

identificação, advertindo-o expressamente do dever de pronta entrega ao citando (art. 236º, nº 3 e 4, do C.P.C.).

«para ele trabalhem» [trabalhador por conta própria ou pessoa coletiva]⁷²⁵. Nessa medida, só em face de cada caso concreto se verá se foram cumpridas as exigências da legislação europeia e, nessa medida, será ou não conseguida a certificação como título executivo europeu.

A lei processual espanhola contempla também a hipótese de citação em pessoa diversa do citando, após ser tentada a citação por contacto pessoal com o citando, prevista no art. 161º, nº 3, da LEC, sendo que esta disposição deve ser lida dentro das condicionantes que o Regulamento 805/2004 impõe e que já se expuseram. De acordo com o texto legal; permite-se efetuar a entrega se se trata de domicílio do destinatário (*según el padrón municipal o a efectos fiscales o según Registro oficial o publicaciones de Colegios profesionales*) e se este não se encontra poder-se-á fazer a entrega a qualquer empregado ou familiar, maior de catorze anos, que aí se encontré, ou ao «*conserje de la finca*», se houver, advertindo-se o recetor de que fica obrigado a entregar «*la copia de la resolución*» ou «*la cédula*» ao destinatário da mesma, ou a entregar-lhe o aviso, se souber do seu paradeiro.

O art. 161º, nº 3, também assinala que se a comunicação é dirigida ao local de trabalho permanente do destinatário, na sua ausência, a entrega pode ser efetuada a pessoa que manifeste conhecê-lo ou, se existir departamento encarregado de receber documentos ou objetos, a quem tiver a seu cargo esse departamento. Esta previsão não se enquadra totalmente nos requisitos exigidos pelo Regulamento 805/2004, designadamente porque é imprescindível que aquele que a receba seja empregado do destinatário. Esta situação ocorrerá sem dúvida quando a receção da citação for efetuada pelo departamento que tem a seu cargo a tarefa de receber documentos e objetos, pois pode presumir-se que será empregado do destinatário; no entanto, já não estarão cumpridos os requisitos da legislação comunitária quando quem receba a comunicação seja simplesmente um pessoa que manifeste conhecer o destinatário⁷²⁶.

Finalmente, o art. 161º, nº 3, regula o conteúdo da diligência, em que deverá constar o nome do destinatário da comunicação e a data e a hora em que o mesmo foi procurado e não encontrado no seu domicílio, *bem como o nome da pessoa que recebe a cópia da «resolución» ou «cédula» e a relação*

---

⁷²⁵ Cfr. Garcimartín Alférez, F. J.; Prieto Jiménez, M. J., *La Supresión del Exequatur en Europa: el Título Ejecutivo Europeo*, op. cit., p. 1626.

⁷²⁶ Gascón Inchausti, F., *El Título Ejecutivo Europeo para Créditos no Impugnados*, op. cit., p. 127.

que essa pessoa tem com o destinatário, caso em que a comunicação assim efetuada producirá todos os seus efeitos.

Realçando alguns aspetos importantes na articulação com o regime do título executivo europeu, é de salientar o facto de estarem previstas formas de controlo de segurança do grau de conhecimento do domicílio do citando, que é relevante para obter uma certificação. Por outro lado, estando a citar-se o devedor na sua residência, o regime interno parece permitir que a citação seja recebida «por qualquer empregado ou familiar, maior de catorze anos, que aí se encontre, ou ao porteiro». Mais uma vez, estamos perante uma formulação mais abrangente do que aquela que o Regulamento 805/2004 permite, nessa medida haverá que fazer-se uma aplicação adequada a esses limites. Tal como já dissemos a propósito do ordenamento português, podemos estar perante uma citação que, tendo em conta a pessoa que a recebe, é legal à luz das normas jurídicas internas, mas não serve para sustentar uma certificação. Há, sobretudo, uma situação que se revela duvidosa de enquadrar nos requisitos exigidos e que é aquela em que a comunicação foi recebida pelo porteiro. Na verdade, se tomarmos a expressão «quem trabalhe para o devedor, no seu domicílio» em sentido estrito, somos levados a excluir a possibilidade de ser o porteiro a rececionar a citação. Porém, tem-se admitido uma interpretação extensiva, sustentada na intenção normativa, de acordo com a qual a citação feita em terceira pessoa pode também ocorrer quando a receção é feita pelo porteiro, conforme permite a legislação processual espanhola[727].

ii) Citação ou notificação por depósito do documento, seja na caixa de correio do devedor, seja num posto de correios ou junto das autoridades competentes e, neste caso, notificação escrita desse depósito na caixa de correio do devedor

As als. c) e d) do art. 14º, do Regulamento 805/2004, prevêm um tipo de citação ainda mais residual, que é a chamada citação por depósito. Quanto aos elementos essenciais para haver consonância entre os modos de citação por depósito previstos nos ordenamentos jurídicos internos e aquele que o regime do título executivo europeu aceita como válido para se obter uma certificação, temos os seguintes:

---

[727] Sobre esta questão, ver GARCIMARTÍN ALFÉREZ, F. J., *El Título Ejecutivo Europeo, op. cit.*, p. 140; GARCIMARTÍN ALFÉREZ, F. J.; PRIETO JIMÉNEZ, M. J., *La Supresión del Exequátur en Europa: el Título Ejecutivo Europeo, op. cit.*, p. 1626; GASCÓN INCHAUSTI, F., *ibidem*, p. 126.

- que o depósito se faça da caixa de correio do devedor[728]; ou,
- que o depósito ocorra num posto de correios ou junto das autoridades competentes, caso em que, cumulativamente, se exige a notificação escrita desse depósito na caixa de correio do devedor, a qual deve mencionar claramente o caráter judicial do documento ou o efeito legal da notificação como sendo uma efetiva citação ou notificação, e especificando o início do decurso do respetivo prazo.

Em qualquer das circunstâncias, terá ainda que ser registada a realização da citação ou notificação, com indicação do método utilizado e da data em que ocorreu o ato (art. 14º, nº 3, al. a), do Regulamento 805/2004).

Acolhida no ordenamento jurídico português, esta forma de citação não tem paralelo no sistema espanhol, onde o ato de chamamento a um processo nunca ocorre nestes termos.

Na lei processual portuguesa, a citação por contacto pessoal feita «com hora certa», nos termos já expostos, pode conduzir a uma situação de «citação por afixação da nota de citação» quando não seja possível encontrar o citando, nem um terceiro que colabore na comunicação do ato. Perante este cenário, de acordo com o art. 240º, nº 4, do C.P.C., a citação é feita mediante afixação, no local mais adequado e na presença de duas testemunhas, da nota de citação, com indicação dos elementos a transmitir obrigatoriamente ao citando (cfr. 235º, C.P.C.), declarando-se que o duplicado e os documentos anexos ficam à disposição do citando na secretaria judicial. Segue-se posterior notificação com comunicação, por carta registada, da data e modo por que o ato se considera realizado, o prazo de defesa e cominações para a sua falta, bem como o destino dado ao duplicado (art. 241º, do C.P.C.). Caso esta comunicação tenha comprovativo da sua efetiva receção, na sequência da assinatura do registo, poderá ser uma forma de citação válida para efeitos de certificação.

Outra situação que se enquadra na «citação por depósito» é a que se encontra consagrada a propósito do regime especial da citação em «domicílio convencionado», prevista no art. 237º-A, do C.P.C. Nestes casos, não sendo possível concretizar a citação por via postal, em virtude de devolu-

---

[728] Inicialmente, a proposta de Regulamento exigia que "a caixa do correio fosse adequada para guardar o correio em segurança". Na versão final foi retirado este requisito que, de facto, iria dar azo a dúvidas de interpretação.

ção do expediente por o destinatário não ter procedido, no prazo legal, ao levantamento da carta no estabelecimento postal ou de recusa da assinatura do aviso de receção ou o recebimento da carta por pessoa diversa do citando, a citação é repetida, enviando-se nova carta registada com aviso de receção ao citando. Sucede, ainda, que em face dessa impossibilidade, é deixada a própria carta, de modelo oficial, contendo cópia de todos os elementos referidos no artigo 235º, do C.P.C., devendo o distribuidor do serviço postal certificar a data e o local exato em que depositou o expediente e remeter de imediato a certidão ao tribunal; não sendo possível o depósito da carta na caixa do correio do citando, o distribuidor deixa um aviso identificando-se o tribunal de onde provém e o processo a que respeita, averbando-se os motivos da impossibilidade de entrega e permanecendo a carta durante oito dias à sua disposição em estabelecimento postal devidamente identificado. Quer na segunda carta enviada, quer na documentação depositada o devedor é advertido de que a citação se considera efetuada na data certificada pelo distribuidor do serviço postal ou, no caso de ter sido deixado o aviso, no 8º dia posterior a essa data, presumindo-se que o destinatário teve oportuno conhecimento dos elementos que lhe foram deixados.

Estão, assim, preenchidos os mínimos exigidos nos termos do citado art. 14º, nº 1, al. d), conjugado com o nº 3, da mesma disposição.

iii) Citação ou notificação por via postal sem a prova prevista no nº 3 do art. 14º, do Regulamento 805/2004, quando o devedor tenha endereço no Estado-Membro de origem

Estamos perante um caso de citação postal desacompanhada de qualquer tipo de comprovativo da sua receção ou registo da sua realização pela pessoa competente que procedeu à citação, onde apenas se exige que o endereço do citando seja no Estado-Membro de origem.

Este modo de citação, ainda que configure uma forma de comunicação válida de acordo com as disposições do Regulamento 805/2004, não consta das modalidades de citação aceites nos nossos ordenamentos internos, pois em nenhuma circunstância pode ocorrer citação através de carta simples, mesmo que registada. Trata-se de um caso especialmente previsto para as formas de citação aceites no ordenamento jurídico inglês, onde o sistema de citação e notificação dos atos é muito flexível, mas salvaguardado pela existência de um regime de impugnação onde são amplas as possibilidades de conseguir a declaração de nulidade do ato por falta de conhecimento do mesmo por parte do devedor[729].

iv) Citação ou notificação por meios eletrónicos, com confirmação automática de entrega, desde que o devedor tenha expressa e previamente aceite esse meio de citação ou notificação

A citação ou notificação por meios eletrónicos é um meio aceitável de comunicação de acordo com os mínimos processuais exigidos pelo Regulamento 805/2004, como aliás já se tinha referido a propósito das modalidades previstas no seu art. 13º. A diferença, neste caso, é que não se exige um comprovativo de receção, designadamente datado e assinado pelo devedor. Apenas é obrigatória a existência de uma confirmação automática de entrega e a aceitação, previamente manifestada pelo devedor, deste meio de citação ou notificação.

Como já tivemos oportunidade de dizer, a citação por meios eletrónicos está a começar a ser introduzida nos ordenamentos jurídicos. Na lei processual espanhola, os requisitos de realização desta forma de comunicação com segurança do seu conhecimento, conforme previsto no art. 162º, nº 1, da LEC, não parecem ser compatíveis com o mero «comprovativo automático de entrega» que a lei comunitária toma como suficiente. No direito adjetivo português, a forma de citação eletrónica que neste momento se encontra regulamentada – a das entidades fiscais – não ocorre no âmbito das ações declarativas, nem de procedimentos de injunção e, por isso, não carecem aqui de referência.

Por último, registe-se que o Regulamento 805/2004 admite que a citação ou notificação, com ou sem prova de receção, se faça a um representante do devedor, produzindo os mesmos efeitos e tendo o mesmo valor. Dispõe o seu art. 15º que a citação ou notificação realizada nos termos dos artigos 13º e 14º pode igualmente ter sido feita a um representante do devedor.

Relativamente à qualidade de «representante» do devedor, explicava a primeira proposta de criação do título executivo europeu – onde ainda se dizia expressamente «representante voluntário ou legal do devedor» – que se encontravam abrangidas as duas situações seguintes: – *o devedor não pode comparecer pessoalmente no processo (por exemplo, porque se trata de um*

---

[729] Cfr. GARCIMARTÍN ALFÉREZ, F. J., *El Título Ejecutivo Europeo, op. cit.*, p. 142.

menor ou de uma pessoa coletiva), sendo designada pela lei uma pessoa singular destinada a representá-lo em todas as questões jurídicas (os pais ou o diretor de uma sociedade, por exemplo). A expressão "representante legal" é utilizada neste caso;
– o devedor escolheu um advogado ou um mandatário não profissional para o representar no processo. A expressão "representante autorizado" é utilizada neste caso.
Embora o texto final tenha simplificado a redação, fazendo apenas uma referência genérica a «representante do devedor», não se alterou a intenção do legislador, pelo que continuam a ser válidas quaisquer das situações acima enumeradas. Em consequência, quando a citação ou notificação haja sido recebida na pessoa daquele representante, é igualmente válida e não impede a certificação de uma decisão enquanto título executivo europeu.

4.1.3.3. Ao nível da informação adequada do devedor sobre o crédito e sobre as diligências processuais necessárias para contestar o crédito
As garantias mínimas processuais que o regime jurídico do título executivo europeu estabelece como necessárias à obtenção da certificação de uma decisão judicial passam ainda pela obrigatoriedade de ser fornecida informação adequada ao devedor sobre o crédito e sobre as diligências processuais necessárias para contestar o crédito, nos termos expostos nos arts. 16º e 17º, do Regulamento 805/2004.

O legislador definiu como objetivo que haviam de ser respeitadas normas mínimas processuais, a respeitar no processo que conduz à decisão certificanda, a fim de garantir que o devedor seja informado acerca da ação judicial contra ele proposta, dos requisitos da sua participação ativa no processo, de maneira a fazer valer os seus direitos, e das consequências da sua não participação, em devido tempo e de forma a permitir-lhe preparar a sua defesa (Considerando 12).

Na medida em que o título executivo europeu labora no nicho dos créditos não contestados é imperioso construir barreiras de segurança que nos permitam concluir, dentro de um grau de probabilidade razoável, que a inércia do devedor foi voluntária e consciente e que, no que ora nos imposta, não ficou a dever-se a qualquer omissão de informação, seja sobre o crédito, seja sobre as consequências resultantes da sua não atuação processual ou de não ter contrariado, do ponto de vista material, o crédito que está a ser reclamado.

A informação de que aqui se trata diz respeito ao crédito, por um lado, e às questões processuais relativas à concretização do direito de defesa, por outro, especificando o Regulamento quais os dados que em cada caso devem ser levados ao conhecimento do devedor.

Relativamente ao crédito e a fim de assegurar que o devedor foi devidamente informado sobre ele, o documento que der início à instância, ou ato equivalente, deve incluir: a) os nomes e endereços das partes; b) o montante do crédito; c) se forem exigidos juros sobre o crédito, a taxa de juro e o período em relação ao qual são exigidos, salvo se ao capital forem aditados automaticamente juros legais por força da legislação do Estado-Membro de origem; d) uma declaração sobre a causa de pedir (art. 16º, do Regulamento 805/2004). Há aqui, claramente, um traço processual no tratamento que se faz da questão, com alusão aos principais elementos que devem acompanhar uma pretensão feita em juízo e que são os sujeitos, o pedido e a causa de pedir, essenciais para o devedor preparar a sua defesa.

Sobre as diligências processuais necessárias para contestar o crédito, os elementos que devem ser claramente mencionados no documento que der início à instância ou ato equivalente, em documento equivalente ou em qualquer citação ou notificação para comparecer em audiência, são: a) os requisitos processuais para o devedor deduzir oposição ao crédito, incluindo o prazo de contestação por escrito ou a data da audiência, conforme o caso, o nome e o endereço da instituição a que deverá ser dada resposta ou perante a qual o devedor deverá comparecer e a indicação da obrigatoriedade ou não de se fazer representar por um advogado; b) as consequências da falta de contestação ou de comparência, em particular, quando aplicável, a possibilidade de uma decisão ser proferida ou executada contra o devedor e a sua responsabilidade pelos custos da ação judicial (art. 17º, do Regulamento 805/2004).

Considerando que a obrigatoriedade de inclusão destas informações no conjunto dos elementos que acompanham o ato de citação ou notificação é enquadrada ao nível das garantias processuais mínimas, o que sucede na prática é que uma decisão judicial só pode ser certificada enquanto título executivo europeu se, no processo onde a mesma foi proferida, tiver sido disponibilizada pelo menos a informação elencada nos referidos arts. 16º e 17º. A entidade certificadora avaliará se no processo houve respeito por este requisito relativo ao conteúdo da informação transmitida ao devedor e em face da omissão de algum elemento terá que indeferir o requerido.

A citação realizada de acordo com as normas processuais portuguesas respeita as condições exigidas ao nível da informação a transmitir ao devedor. Na medida em que a citação e as notificações são sempre acompanhadas de todos os elementos e de cópias legíveis dos documentos e peças do processo necessários à plena compreensão do seu objeto, sendo remetidos ou entregues ao citando o duplicado da petição inicial e a cópia dos documentos que a acompanhem (art. 228º, nº 3 e 235º, do C.P.C.) e tendo em conta que de acordo com o pressuposto processual relativo ao objeto da causa a petição inicial tem que conter o pedido e a causa de pedir, inteligíveis e compatíveis, sob pena de ineptidão e, consequentemente, de nulidade de todo o processo[730] (art. 193º, do C.P.C.), e, ainda, que na petição inicial deve o autor identificar as partes, indicando os seus nomes, domicílios ou sedes e, sempre que possível, números de identificação civil e de identificação fiscal, profissões e locais de trabalho, sob pena de recusa pela secretaria (art. 467º, nº 1 e 474º, al. b, do C.P.C.), fica garantido o cumprimento da já referida exigência do Regulamento 805/2004 quanto à informação relativa ao crédito.

Exige, ainda, o art. 235º, do C.P.C., que no ato de citação seja comunicado ao citando que se encontra citado para a ação a que o duplicado se refere, com indicação do tribunal, juízo e secção por onde corre o processo, se já tiver havido distribuição, bem como do prazo dentro do qual pode oferecer a defesa, a necessidade de patrocínio judiciário e as cominações em que incorre no caso de revelia. Ficam assim cobertas as informações relevantes ao nível da das diligências processuais necessárias para contestar o crédito.

Estes parâmetros da lei interna identificam-se perfeitamente com os mínimos exigidos para a certificação de uma decisão judicial enquanto título executivo europeu.

Olhando agora para a Ley de Enjuiciamiento Civil, a compatibilidade entre as disposições internas e as garantias mínimas processuais ao nível das informações a fornecer ao devedor é igualmente aceitável e, substancialmente, não difere muito do que se disse acerca do ordenamento português.

---

[730] Referimo-nos à petição inicial, articulado normal da ação declarativa, mas as mesmas considerações são extensíveis ao requerimento de injunção pois, de acordo com o art. 10º do Anexo ao DL 269/98, de 1 de setembro, o seu conteúdo inclui esses mesmos elementos, ainda que se trate de formulário próprio, aprovado por portaria do Ministro da Justiça. Havendo lugar à oposição do requerido e, consequentemente, conversão do procedimento de injunção em processo declarativo, aquele requerimento de injunção toma o lugar da petição inicial e está sujeito ao mesmo tratamento processual, designadamente quanto à sua eventual ineptidão.

A informação acerca do crédito constará da petição dirigida ao tribunal, ou seja, do documento que dá início ao processo, pois toda a demanda deve incluir os sujeitos, o pedido e as razões do mesmo[731].

Relativamente às informações de caráter processual, são asseguradas através do conteúdo da «cédula de citación o emplazamiento», cuja cópia é entregue ao devedor, com indicação do tribunal onde corre o processo, do prazo para apresentar defesa e das consequências ou efeitos decorrentes da omissão de defesa, tudo conforme o disposto no art.152º, nº 1, 3ª e nº 2, da LEC[732].

4.1.3.4. Sanação (ou desconsideração) do não cumprimento das normas mínimas exigíveis

No que concerne às garantias mínimas processuais, a primeira preocupação do legislador foi a de construir um regime que assegurasse o cumprimento do princípio da proibição da indefesa, não permitindo a concessão de efeitos executórios transfronteiriços a uma decisão proferida num processo onde alguma dúvida pudesse ser suscitada quanto ao efetivo conhecimento, por parte do devedor, de que contra ele corria um processo e de que nele podia contestar o crédito de que era alegado devedor. É neste pressuposto que nascem as já expostas normas mínimas relativas às garantias processuais, exigíveis em todos os casos em que se suscite a certificação de uma decisão enquanto título executivo europeu.

Contudo, o legislador não deixou essa certificação refém, única e exclusivamente, das garantias mínimas ao nível da citação ou notificação do ato que dá início ao processo, pois garantiu, ao mesmo tempo, que essas exigências mínimas pudessem ser desconsideradas na presença de certas con-

---

[731] Alguns autores põem em dúvida o cumprimento desta exigência ao nível do «juicio verbal», do «juicio monitório» e do «juicio cambiario», na medida em que não lhes parece ser obrigatória, à luz da lei interna, a referência explícita à causa de pedir, cfr. RAMOS ROMEU, F., *El Título Ejecutivo Europeo, op. cit.*, pp. 70 e 71, Em sentido diverso, ver GASCÓN INCHAUSTI, F., *El Título Ejecutivo Europeo para Créditos no Impugnados, op. cit.*, pp. 134-137, onde não se apontam dúvidas dessa natureza, mas antes se justifica, caso a caso, o cumprimento das exigências ao nível da informação prestada ao devedor.

[732] Cujo teor literal é o seguinte: *La cédula expresará el tribunal que hubiese dictado la resolución, y el asunto en que haya recaído, el nombre y apellidos de la persona a quien se haga la citación o emplazamiento, el objeto de éstos y el lugar, día y hora en que deba comparecer el citado, o el plazo dentro del cual deba realizarse la actuación a que se refiera el emplazamiento, con la prevención de los efectos que, en cada caso, la ley establezca.*

dições que admitiu igualmente razoáveis para a sustentabilidade do direito de defesa. Previu, por isso, um regime de «suprimento da inobservância das normas mínimas», conforme o art. 18º, do Regulamento 805/2004, de onde se extrai que *se o processo no Estado-Membro de origem não observar os requisitos processuais mínimos* [ver-se-á em que termos] *esta inobservância será sanada e a decisão pode ser certificada como Título Executivo Europeu*, desde que se verifiquem as condições aí previstas.

Do preceito resulta que a sanação (ou desconsideração) do não cumprimento das normas mínimas exigíveis pode ter lugar em determinadas situações que, uma vez verificadas, podem abrir caminho à certificação de uma decisão enquanto título executivo europeu, ainda que o devedor não tenha sido citado ou notificado pelas modalidades autorizadas pelos *standards minimus* ou mesmo que tenha sido omitida alguma informação relevante ao nível da informação sobre o crédito e sobre as normas processuais necessárias à concretização da defesa do devedor. Nem sempre isto sucederá por falta de legislação interna adequada, poderá também acontecer em casos concretos onde, independentemente de a legislação aplicável ser conforme, tenha falhado algum dos pressupostos associados às já referidas garantias processuais mínimas.

Assim, em face de um crédito não impugnado e apesar de não haver certeza sobre o conhecimento, por parte do devedor, de que um processo corre contra ele e de que aí pode ser condenado a pagar uma quantia pecuniária – que é o mesmo que dizer que não há certeza sobre se a falta de contestação do devedor é consciente e voluntária – vai ser possível obter um título executivo europeu se outras circunstâncias puderem demonstrar e indiciar isso mesmo. Digamos que o legislador prescinde dos requisitos acerca da citação ou notificação, mas constrói outro tipo de garantias, em substituição, de onde se pode extrair a mesma ilação, ou seja, que o devedor conscientemente não reagiu contra o crédito ou não usou os meios ao seu alcance, ainda que o pudesse fazer – de acordo com os sinais dados pelos trâmites do processo – sendo que num dos casos se trata de uma reação em fase mais adiantada do que a da apresentação da «contestação ou oposição», ou seja, em fase de recurso.

À luz dos critérios da sanação do não cumprimento das normas mínimas exigíveis há dois casos suscetíveis de subsunção nesse regime que justificam a referida desconsideração das imposições associadas à citação ou notificação do devedor:

i) O primeiro, que permite desconsiderar as regras mínimas constantes dos artigos 13º a 17º, do Regulamento 805/2004, resulta da conjugação de três requisitos cumulativos (als. a) a c), do art. 18º, nº 1, do Regulamento 805/2004) de onde se alcance que o devedor teve conhecimento da decisão proferida no âmbito de um processo que contra si correu, que esse conhecimento ocorreu com um grau de certeza ou de alta probabilidade quanto à sua efetividade, que em face desse conhecimento o devedor teve oportunidade de reagir contra a decisão, acionando os competentes mecanismos processuais, e que todavia nada fez.

Assim, se:

a) A decisão tiver sido notificada ao devedor de acordo com os requisitos constantes dos artigos 13º ou 14º;

b) *O devedor tiver tido a possibilidade de impugnar a decisão, por meio de uma revisão total, e tiver sido devidamente informado na decisão, ou juntamente com esta, sobre os requisitos processuais para essa impugnação, incluindo o nome e o endereço da instituição a que deve ser dirigida, bem como, quando aplicável, o respetivo prazo;*

c) *O devedor não tiver contestado a decisão de acordo com os requisitos processuais relevantes.*

Então, a inobservância dos requisitos processuais constantes do artigo 13º ou do artigo 14º, do Regulamento 805/2004, fica sanada e não obsta à certificação da decisão enquanto título executivo europeu.

ii) O segundo, associado à possibilidade de desconsiderar (apenas) a falta de observância dos requisitos processuais constantes do citado artigo 13º ou do artigo 14º, verifica-se sempre que se provar pela conduta do devedor na ação judicial que o devedor foi citado ou notificado pessoalmente em tempo útil para poder preparar a sua defesa. (art. 18º, nº 2, do Regulamento 805/2004)

Algumas questões prévias permitem avaliar melhor a *ratio* da disposição que autoriza a desconsideração das garantias mínimas processuais:

– Procurando encontrar a origem e antecedentes do art. 18º, do Regulamento 805/2004, constata-se que estas condições têm paralelo no regime de *exequatur* consagrado no Regulamento Bruxelas I onde se prevê, no art. 34º, nº 2, que não será reconhecida a decisão se *o ato que iniciou a instância, ou ato equivalente, não tiver sido comunicado ou notificado ao requerido revel, em tempo útil e de modo a permitir-lhe a defesa, a menos que o requerido não tenha interposto recurso contra a decisão embora tendo a possibilidade de o fazer*[733].

---

[733] Esta disposição correspondia ao art. 27º, nº 2, da Convenção de Bruxelas, cuja redação foi alterada aquando da revisão da referida Convenção e da sua «conversão» no Regulamento 44/2001. Consagrava-se aqui a chamada «revelia involuntária», como causa de recusa do reconhecimento de decisão estrangeira (neste caso por parte do Estado de destino ou de execução) sempre que *o ato que determinou o início da instância, ou ato equivalente, não tivesse sido comunicado ou notificado ao requerido revel, regularmente e em tempo útil, por forma a permitir-lhe a defesa*.
O Regulamento Bruxelas I veio excecionar o regime regra nos casos em que o requerido pudesse ter usado do mecanismo do recurso para reagir contra a decisão que lhe foi devidamente notificada e nada fez. Esta alteração, contudo, contrariou o sentido de alguma jurisprudência comunitária, designadamente:
– Processo C-305/88, Acórdão de 3 julho de 1990, *Isabelle Lancray SA* contra *Peters und Sickert KG*: *1. The conditions laid down in Article 27(2) of the Convention of 27 September 1968 on jurisdiction and the enforcement of judgments in civil and commercial matters, that a defendant who fails to appear must have been served with the document instituting the proceedings in due form and in sufficient time, must both be met in order for a foreign judgment given against that defendant to be recognized. That provision is therefore to be interpreted as meaning that a judgment given in default of appearance may not be recognized where the document instituting the proceedings was not served on the defendant in due form, even though it was served in sufficient time to enable him to arrange for his defence. 2. Article 27(2) of the Convention is to be interpreted as meaning that questions concerning the curing of defective service are governed by the law of the State in which judgment was given, including any relevant international agreements.*
– Processo C-123/91, Acórdão de 12 de novembro de 1992, *Minalmet Gmbh* contra *Brandeis Ltd*.: O artigo 27º, nº 2, da Convenção de 27 de setembro de 1968 relativa à competência judiciária e à execução de decisões em matéria civil e comercial deve ser interpretado no sentido de que se opõe a que uma decisão proferida à revelia num Estado contratante seja reconhecida noutro Estado contratante quando o ato que determinou o início da instância não tenha sido regularmente notificado ao requerido revel, mesmo que este tenha tomado conhecimento da decisão proferida e não tenha utilizado as vias de recurso disponíveis nos termos da lei de processo do Estado de origem.
As considerações (13. a 22.) que determinaram as conclusões obtidas neste aresto eram elucidativas:
13 Convém, seguidamente, realçar que, no acórdão de 3 de julho de 1990, Lancray, n. 18 (C-305/88, Colect., p. I-2725), o Tribunal de Justiça considerou que a regularidade da notificação e a obrigação de notificar o ato em tempo útil constituem garantias distintas e cumulativas para o requerido revel. Consequentemente, a falta de uma destas duas garantias basta para que o reconhecimento de uma decisão estrangeira seja recusado.

– O regime de *exequatur* tradicional, que consta do Regulamento 44/2001, prevê algumas causas especiais de recusa do reconhecimento de decisões estrangeiras ditadas em situação de revelia do

14 Desta jurisprudência decorre que uma decisão proferida à revelia num Estado contratante não deve ser reconhecida noutro Estado contratante quando o ato que determinou o início da instância não tenha sido notificado regularmente ao requerido revel.

15 Esta interpretação não pode ser contrariada pelo facto de o requerido ter tomado conhecimento da decisão proferida à revelia e não ter feito uso das vias de recurso disponíveis nos termos do código de processo do Estado de origem.

16 Com efeito, um raciocínio deste tipo é dificilmente conciliável com a letra e o espírito do artigo 27º, n. 2, da Convenção de Bruxelas.

17 Resulta da redação da norma acima citada que a notificação regular e em tempo útil ao requerido do ato que determinou o início da instância é exigida por essa norma para reconhecimento da respetiva decisão num Estado contratante.

18 Há igualmente que recordar, tal como o Tribunal decidiu no acórdão de 16 de junho de 1981, Klomps, n. 9 (166/80, Recueil, p. 1593), que o artigo 27º, n. 2, da Convenção de Bruxelas tem como objetivo proteger os direitos da defesa e garantir que uma decisão não seja reconhecida nem executada, nos termos da convenção, se o requerido não tiver tido possibilidade de se defender perante o juiz de origem.

19 A este respeito importa realçar, como resulta da norma em questão, que o momento próprio para que o requerido se possa defender é o do início da instância. A possibilidade de fazer posteriormente uso de uma via de recurso contra uma decisão proferida à revelia, já tornada executória, não pode constituir uma via equivalente à defesa antes da decisão.

20 Efetivamente, como justamente salienta o órgão jurisdicional de reenvio, a partir do momento em que tenha sido proferida uma decisão com força executiva, o requerido só pode, eventualmente, obter a suspensão da execução dessa decisão em condições mais difíceis e pode, além disso, ser confrontado com dificuldades de ordem processual. As possibilidades de defesa de um requerido revel estão, portanto, sensivelmente diminuídas. Ora, essa consequência é contrária à finalidade da norma em análise.

21 De quanto ficou dito, resulta que o reconhecimento num Estado contratante de uma decisão proferida à revelia noutro Estado contratante deve ser recusado se o ato que determinou o início da instância não tiver sido regularmente notificado ao requerido, independentemente da circunstância de este ter tomado conhecimento da decisão proferida e não ter utilizado as vias de processo disponíveis.

22 Deve, por isso, responder-se à questão colocada pelo órgão jurisdicional nacional que o artigo 27º, n. 2, da Convenção de Bruxelas deve ser interpretado no sentido de que se opõe a que uma decisão proferida à revelia num Estado contratante seja reconhecida noutro Estado contratante quando o ato que determinou o início da instância não tenha sido regularmente notificado ao requerido revel, mesmo que este tenha posteriormente tomado conhecimento da decisão proferida e não tenha utilizado as vias de recurso disponíveis nos termos da lei de processo do Estado de origem.

requerido, que é exatamente o universo em que se enquadra o regime jurídico do título executivo europeu. De acordo esse regime tradicional, o *exequatur* não é concedido nas situações em que, havendo revelia, o devedor não tenha tido oportunidade de apresentar a sua defesa[734], salvo se for de concluir que ao ter conhecimento da decisão não usou dos mecanismos de reação que tinha ao seu alcance, mantendo a postura de inércia, muitas vezes «conveniente». Na verdade, a não haver esta exceção, o devedor inadimplente acabava por ganhar vantagem ou beneficiar do próprio regime jurídico aplicável, pois, ainda que recebesse a decisão em mão, bastava-lhe nada fazer para conseguir evitar a eficácia transfronteiça da decisão. O devedor, cujo património se encontrasse noutro Estado-Membro, decerto nunca recorreria da decisão, evitando uma execução além-fronteiras com base naquela decisão.

- A própria exposição de motivos do legislador comunitário, apresentada aquando da proposta de criação do título executivo europeu [a propósito do então art. 19º, agora 18º, do Regulamento 805/2004], explicou essa relação: *Em conformidade com o nº 2 do artigo 34º do Regulamento (CE) nº 44/2001 do Conselho, a declaração de executoriedade não pode ser recusada relativamente a uma decisão proferida à revelia, mesmo que o ato que introduziu a instância não tenha sido citado ou notificado ao requerido em tempo útil e de forma a que este se possa defender, caso o requerido*

---

[734] A chamada revelia involuntária impedia o efeito transfronteiriço das decisões judiciais. Conforme jurisprudência constante, o artigo 27º, ponto 2, da convenção tem por objetivo garantir que uma decisão não seja reconhecida nem executada, nos termos da Convenção, se o requerido não tiver tido possibilidade de se defender perante o juiz de origem (acórdãos de 16 de junho de 1981, Klomps, 166/80, Recueil, p. 1593, n. 9, e de 21 de abril de 1993, Sonntag, C-172/91, Colect., p. 1963, n. 38).
O artigo 27º, ponto 2, da Convenção de 27 de setembro de 1968 relativa à competência judiciária e à execução de decisões em matéria civil e comercial, na redação que lhe foi dada pela Convenção de 9 de outubro de 1978 relativa à adesão do Reino da Dinamarca, da Irlanda e do Reino Unido da Grã-Bretanha e da Irlanda do Norte, aplica-se às decisões proferidas contra um requerido a quem não foi comunicado ou notificado, regularmente e em tempo útil, o ato que determinou o início da instância e que nesta não foi validamente representado, numa situação em que, em consequência da comparência, no tribunal de origem, de um pretenso representante do requerido, as decisões não foram proferidas à revelia. Cfr. Acórdão do Tribunal de 10 de outubro de 1996 – *Bernardus Hendrikman e Maria Feyen* contra *Magenta Druck & Verlag GmbH*, Processo C-78/95.

não tenha contestado o pedido quando estava em condições de o fazer. É assim imposta ao requerido uma obrigação de participar no processo e desenvolver esforços para impedir uma decisão a favor do queixoso ou recorrendo contra a mesma. Se o requerido teve conhecimento do processo apresentado contra si, não pode simplesmente basear-se num vício de forma no início desse processo e no seu efeito automático sobre a força executória no estrangeiro. Este artigo aplica o mesmo argumento à presente proposta e garante a coerência relativamente ao Regulamento (CE) nº 44/2001 do Conselho neste contexto. No seu conjunto, o Capítulo III transpõe o princípio geral do respeito dos direitos da defesa consagrado no nº 2 do artigo 34º do Regulamento nº 44/2001 do Conselho, para regras mais específicas. Por conseguinte, as normas relativas ao suprimento da inobservância das normas processuais mínimas devem ter em conta esta situação e dar resposta a esse incumprimento de forma mais pormenorizada[735].

É na esteira do referido regime tradicional de *exequatur* que o Regulamento 805/2004 institui, digamos que em alternativa, outro requisito mínimo processual, previsto no seu art. 18º, nº 1. Ou seja, mesmo que não se tenham cumprido os mínimos exigidos à citação ou notificação, a certificação da decisão é ainda possível se as condições desse art. 18º estiverem verificadas, pois estas «limpam» ou «apagam» a falta daqueles requisitos formais. Fica, assim, reiterada a intenção de evitar a revelia voluntária como estratégia do devedor para afastar a eficácia transfronteiça direta das decisões judiciais, contrariando-se a hipótese de ficar a frustrada a obtenção do título executivo europeu por razões meramente formais. Por outro lado, o legislador assegura a coerência do sistema, tornando compatíveis os vários regimes de reconhecimento de decisões em caso de revelia.

---

[735] E ainda se acrescentava: "O nº 1 indica que podem ser sanadas as inobservâncias aos artigos 11º a 18º, quando a própria decisão, que é suscetível de um recurso ordinário, acompanhada das informações necessárias para introduzir este recurso ordinário, tenha sido citada ou notificada ao devedor segundo um dos meios reconhecidos, mas este não utilizou essa possibilidade para interpor um recurso contra a mesma. O nº 2 permite sanar a inobservância das normas mínimas unicamente no que diz respeito ao meio de citação ou de notificação utilizado. Mesmo que este meio não esteja em conformidade com o disposto nos artigos 11º a 14º, não há necessidade de excluir a certificação enquanto Título Executivo Europeu se for provado de forma irrefutável que o devedor recebeu pessoalmente os documentos em questão e se as condições enunciadas nos artigos 15º, 16º, 17º e 18º estiverem preenchidas".

Vejamos agora mais algumas considerações sobre cada um dos casos, começando por aquele que se encontra previsto no nº 1 do art. 18º, do Regulamento 805/2004.

Sempre que o demandado, considerando os indícios do processo – como seja a não citação ou notificação com respeito pelas garantias processuais mínimas – incorra numa revelia involuntária mas depois, adequadamente notificado da sentença, ou seja, cumprindo-se as formalidades exigidas, tem possibilidade de recorrer da decisão e não o faz, considera-se sanada a falta inicial, podendo a decisão ser certificada enquanto título executivo europeu. É certo, no entanto, que neste caso a sanação está dependente da conformidade do Direito interno com as formas previstas para a notificação da decisão judicial, pois o legislador exige que a mesma tenha sido notificada ao devedor de acordo com os requisitos constantes dos já referidos arts. 13º ou 14º.

O que ocorre, nos termos expostos, é a conversão da «revelia» não culposa numa «revelia» culposa ou estratégica[736]. Porém, a que tipo de recurso estará o legislador europeu a referir-se?

O regime de exceção às causas de recusa de concessão do *exequatur* consagrado no Regulamento Bruxelas I, que já sabemos ter sido antecedente deste que veio a ser introduzido no Regulamento 805/2004 como caso de sanação do incumprimento das regras processuais mínimas, foi criticado pela doutrina, rejeitando-se uma interpretação de onde se extraísse que o sentido dado ao preceito era unicamente o de ser dada a hipótese de recurso para uma segunda instância. Simplesmente, porque isso não iria garantir convenientemente os direitos de defesa do demandado, pois o exercício do direito de defesa numa segunda instância não é comparável à defesa em primeira instância. A interpretação aceitável seria aquela que restringisse a aplicação do preceito aos casos em que o demandado tivesse oportunidade de impugnar e anular os atos praticados em primeira instância no tribunal do estado de origem com fundamento na falta ou irregularidade da citação e, mesmo assim, nada fizesse. Apenas neste caso seria de admitir a exceção que o Regulamento Bruxelas I acrescentava no já refe-

---

[736] SÁNCHEZ LORENZO, S., *Competencia Judicial y Reconocimiento y Ejecución de Decisiones en Materia Civil y Mercantil: del Convenio de Bruselas al Reglamento Bruselas I*, in "Cooperación jurídica internacional en materia civil. El Convenio de Bruselas", BORRÁS, A. (Dir.), pp. 183-228, Cuadernos de Derecho Judicial, IV, 2001, em especial, p. 127.

rido art. 34º, nº 2, isto é, só nessa circunstância faria sentido não impedir a recusa de concessão do *exequatur*[737].

Se formos transpor esta leitura para o regime do título executivo europeu, a falta de citação ou notificação feita de acordo com as modalidades previstas só ficaria sanada na medida em que a decisão tivesse sido levada ao conhecimento do demandado ou do réu e a este fosse dada a possibilidade de interpor recurso com fundamento na falta de citação e anulação de todo o processado, a fim de recuperar a plenitude dos meios de defesa em sede de primeira instância.

Contudo, não parece ter sido esta a intenção do legislador, conforme resulta da exposição de motivos que seguiu com a versão inicial da proposta de criação do título executivo europeu. A propósito deste mecanismo de sanação, era feita referência expressa ao recurso ordinário, explicando-se que o regime era aplicável *"quando a própria decisão, que é suscetível de um recurso ordinário, acompanhada das informações necessárias para introduzir este recurso ordinário, tenha sido citada ou notificada ao devedor segundo um dos meios reconhecidos, mas este não utilizou essa possibilidade para interpor um recurso contra a mesma"*[738]. Esta conclusão parece coerente com o restante regime do título executivo europeu, tanto assim, que a necessidade de se encontrar consagrado um recurso extraordinário vem a ser prevista no art. 19º, do Regulamento 805/2004.

Sobre os mecanismos de recurso para impugnar a decisão, cumpre referir que no caso português o recurso ordinário é o de apelação e não está vedado ao réu revel, mas estaremos sempre sujeitos ao regime geral do recurso ordinário e haverá situações que por aplicação do critério do valor não são suscetíveis de recurso, o que sucede nas ações cujo valor que não exceda o da alçada da primeira instância, neste momento fixada em 5.000,00 euros (arts. 676º e 678º, C.P.C., e 24º da Lei Orgânica do Funcionamento dos Tribunais Judiciais). No ordenamento espanhol, conforme previsto no art. 500º, da LEC, o devedor poderá utilizar um recurso ordinário de apelação no caso de sentença ditada em rebeldia em primeira instância[739].

---

[737] Idem, *ibidem*, pp. 126 e 127.
[738] Neste sentido, Rodríguez Vázquez, M. A., *El Título Ejecutivo Europeo, op. cit.*, p. 110. Gascón Inchausti, F., *El Título Ejecutivo Europeo para Créditos no Impugnados, op. cit.*, p. 142.
[739] Gascón Inchausti, F., *ibidem*, p. 143.

Porém, se a certificação for obtida sobre uma decisão do tribunal de segunda instância, considerando que o recurso dela interposto não permite uma revisão plena da decisão, por estar limitado a questões de direito, esta questão da sanação dos mínimos exigíveis não se coloca.

Por fim, quanto à aplicação prática deste sistema de sanação, tudo dependerá da existência, nos ordenamentos internos, de regras de notificação das decisões judicias que sejam compatíveis com as modalidades previstas, nos termos já expostos, para a citação e notificação. E, ainda, de o devedor dispor de mecanismos de recurso para impugnar a decisão.

Relativamente ao cumprimento das modalidades de notificação da decisão judicial ao réu, diga-se o seguinte:

No ordenamento espanhol, o art. 208º, nº 4, da LEC determina: *Al notificarse la resolución a las partes se indicará si la misma es firme o si cabe algún recurso contra ella, con expresión, en este último caso, del recurso que proceda, del órgano ante el que debe interponerse y del plazo para recurrir*[740].

No ordenamento português, a decisão final é dada a conhecer às partes mediante notificação realizada nos termos dos arts. 253º a 260º do C.P.C., ou seja, mediante carta registada endereçada ao mandatário ou, não tendo sido este constituído, à parte (arts. 253º, 254º e 255º, C.P.C.). Tratando-se, como é o caso, de notificação de uma decisão final, observa-se ainda o art. 259º, C.P.C., onde se dispõe: *quando se notifiquem despachos, sentenças ou acórdãos, deve enviar-se, entregar-se ou disponibilizar-se ao notificado cópia ou fotocópia legível da decisão e dos fundamentos*. Acrescente-se, também, que a decisão final é sempre notificada às partes, mesmo quando o réu se encontre em situação de revelia absoluta (art. 255º, nº 2 e 4, C.P.C.).

Pelo exposto, sempre se pode concluir que a notificação da decisão final não é feita através das modalidades adotadas para a realização da citação, o que põe em causa a aplicação do regime da sanação ou desconsideração do não cumprimento das normas mínimas exigíveis.

Assim, nem sempre será exequível este mecanismo de sanação previsto no art. 18º, nº 1, do Regulamento 805/2004, impedindo-se a certificação enquanto título executivo europeu de algumas decisões.

Por sua vez, em relação à causa de sanação prevista no art. 18º, nº 2, do Regulamento 805/2004, é importante salientar que esta disposição permite sanar a inobservância das normas mínimas unicamente no que diz

---

[740] Em igual sentido se pronuncia o art. 484º.4 LOPJ.

respeito ao meio de citação ou de notificação utilizado pois, ao contrário do que sucede no n.º 1, a remissão é feita apenas para *os requisitos processuais constantes do artigo 13.º ou do artigo 14.º* (e não dos artigos 13.º a 17.º, do Regulamento 805/2004). Além disso, deve ser entendida como uma cláusula geral[741], sem que esteja condicionada ao Direito nacional. Ou seja, para a sua aplicação basta a verificação da circunstância de facto aí prevista – *que da conduta do devedor na ação judicial possa presumir-se que o devedor foi citado ou notificado pessoalmente em tempo útil para poder preparar a sua defesa* – sem que se esteja dependente de uma disposição legal do Direito de origem nesse sentido[742].

O que resulta deste regime é a possibilidade de obter a certificação enquanto título executivo europeu de uma decisão proferida no âmbito de um processo onde a citação ou notificação do devedor não foi realizada pelos meios previstos, desde que se prove de forma irrefutável, pela conduta do devedor na ação judicial, que o devedor foi citado ou notificado pessoalmente em tempo útil para poder preparar a sua defesa. Nestas circunstâncias, o legislador não vê necessidade de excluir a certificação título executivo europeu.

O regime da sanação das regras mínimas, em especial este que resulta do referido art. 18.º, n.º 2, não reuniu consenso aquando da criação do título executivo europeu. O Parlamento Europeu, por exemplo, manifestou-se no sentido da exclusão dessa disposição, alegando que *o título executivo europeu pressupõe o cumprimento de determinados trâmites que constitua uma garantia para o devedor e que sejam objetivamente comprováveis. Caso se verifique qualquer irregularidade, o n.º 1 do artigo 11.º permite saná-la. Não se afigura, por conseguinte, necessário nem aconselhável aditar mais uma disposição com menos garantias para o devedor.* Depois, a Comissão aceitou aperfeiçoar os requisitos, mas manteve a disposição, afirmando o seguinte: *o Conselho considerou que esta disposição podia ter um interesse prático, mas respondeu igualmente às críticas relativas aos*

---

[741] Cfr. GARCIMARTÍN ALFÉREZ, F. J., *El Título Ejecutivo Europeo*, op. cit., p. 154.

[742] Sem prejuízo dessa desnecessidade, verifica-se que, na lei espanhola, o art. 166.º, da LEC, é uma disposição nesse sentido (cfr. GASCÓN INCHAUSTI, F., *El Título Ejecutivo Europeo para Créditos no Impugnados*, op. cit., pp. 144 e 145). No direito processual português, a realização da citação sem observância das formalidades prescritas na lei determina a nulidade da citação, mas o prazo regra para a arguição da nulidade é o que tiver sido indicado para a contestação ou não tendo sido indicado prazo para a defesa, a nulidade pode ser arguida quando da primeira intervenção do citado no processo (art. 198.º, n.º 1 e 2, C.P.C.). Logo, o vício é sanável.

riscos inerentes à sua imprecisão, impondo uma condição concreta suplementar nos termos da qual tem que ser o próprio devedor, de forma expressa ou implicitamente através do seu comportamento no quadro do procedimento judicial, a confirmar o respeito destas condições. A Comissão pode aceitar esta alteração[743]. É na sequência desta cedência que se acrescenta a expressão: "se se provar pela conduta do devedor na ação judicial".

Apelando, mais uma vez, aos antecedentes desta disposição, é legítimo afirmar que a salvaguarda dos direitos de defesa do devedor sempre foram uma preocupação na construção do regime jurídico do reconhecimento e execução de sentenças estrangeiras, em especial nos casos de revelia, e esse espírito foi igualmente assumido pela disciplina criada para o título executivo europeu. Tanto assim, que foram definidas normas mínimas acerca das garantias processuais relacionadas com a citação ou notificação, em termos seguramente exaustivos e capazes de blindar suficientemente a certificação enquanto título executivo europeu de uma decisão judicial.

Não obstante este cenário, foi introduzida a possibilidade de ultrapassar toda aquela barreira formal dos requisitos impostos ao meio de citação ou notificação utilizado, bastando provar, conforme o que está disposto no art. 18º, nº 2, do Regulamento 805/2004, que a «revelia» do devedor foi «voluntária». Compreende-se, também, que o legislador pretendesse dar continuidade ao regime do art. 34º, nº 2, do Regulamento 44/2001, e nessa medida estivesse orientado para «sancionar» a revelia voluntária. Contudo, o que já não se entende com facilidade é que o faça com base em critérios pouco objetivos ou, no mínimo, difíceis de aplicar em concreto aos casos de revelia, priscindindo do núcleo do regime de certificação das decisões judiais e das garantias de defesa que são, naturalmente, os *standard minimus*.

---

[743] Numa fase anterior a Comissão tinha aceite a supressão, com fundamento na circunstância destes casos serem muito excecionais. Na proposta alterada (JUSTCIV 91 CODEC 850, p. 6) a Comissão justificava: *O Parlamento propõe a supressão da possibilidade de certificar uma decisão enquanto título executivo europeu apesar do incumprimento das normas mínimas relativas à citação ou notificação, desde que se comprove que o devedor recebeu pessoalmente o ato em questão e num prazo suficiente para preparar a defesa. A Comissão, embora não veja quaisquer obstáculos à certificação em casos em que se comprove que as condições supramencionadas são cumpridas, pode aceitar esta supressão com base no facto de, na prática, esta situação apenas ocorrer em circunstâncias verdadeiramente excecionais. A Comissão pode, pois, aceitar a alteração 15.*

De toda a maneira, serão raras e muito excecionais as situações enquadráveis na previsão do referido art. 18º, nº 2[744]. Como exemplo, pode mencionar-se a situação em que a citação é feita através da entrega a um familiar do citando que não reside com ele, contrariando o disposto nas disposições relativas à modalidade da citação segundo o Regulamento 805/2004, mas que lhe faz chegar toda a informação e documentação necessárias à sua defesa[745]. Se isto vier a ter reflexo em alguma atitude processual (que não a própria impugnação do crédito, naturalmente) pode considerar-se sanada a falta. Porém, será pouco razoável encontrar o devedor a adotar algum comportamento de natureza processual que denuncie o conhecimento do processo, sem que depois venha a impugnar o crédito.

4.1.3.5. Ao nível dos mecanismos de revisão em casos excecionais

A obtenção de um título executivo europeu está ainda dependente de mais um requisito relacionado com as garantias processuais mínimas, o qual podemos chamar de «cláusula de segurança máxima» quanto às garantias de defesa do devedor. Muito embora as normas mínimas da citação ou notificação do devedor sejam uma garantia considerada razoável para o cabal exercício do direito de defesa, o legislador tem consciência de que há circunstâncias alheias à vontade do devedor que o podem impedir de exercer esse direito, por exemplo porque ocorreu alguma causa de força maior que o impediu ou porque, não havendo comprovativo da citação ou notificação com intervenção direta do devedor, esta não chegou ao seu conhecimento em tempo de lhe ser possível apresentar defesa. Num caso ou noutro, era razoável que a posição do devedor ficasse salvaguardada e se encontrassem mecanismos, de exceção, que permitissem o levantamento dos efeitos preclusivos decorrentes do decurso dos prazos de defesa, quer em sede de contestação, quer em sede de recurso ordinário. Assim nascem as normas mínimas de revisão para casos excecionais, que passaram a constiuir mais um pressuposto específico da certificação de uma decisão enquanto título executivo europeu.

---

[744] Neste sentido, GARCIMARTÍN ALFÉREZ, F. J., *El Título Ejecutivo Europeo, op. cit.*, p. 154; RAMOS ROMEU, F., *El Título Ejecutivo Europeo, op. cit.*, pp. 73-75.
[745] BONACHERA VILLEGAS, R. e SENÉS MOTILLA, C. referem ainda, como exemplo, a circunstância de o devedor requerer o apoio judiciário na modalidade de nomeação de patrono oficioso e essa informação chegar ao processo para efeito de suspensão dos prazos até ser deferida ou indeferida essa pretensão do devedor. Cfr. *La Aplicación del Título Ejecutivo Europeo en el Sistema Procesal Español, op. cit.*, ponto II.4).

Esse pressuposto específico da certificação está previsto no art. 19º, nº 1, do Regulamento 805/2004, sob a epígrafe «*normas mínimas de revisão em casos excecionais*», onde se diz:

> *Por força [sem prejuízo]*[746] *dos artigos 13º a 18º, uma decisão só pode ser certificada como Título Executivo Europeu se o devedor tiver direito, segundo a legislação do Estado-Membro de origem, a requerer uma revisão da decisão, quando:*
>
> a) *i) O documento que dá início à instância ou ato equivalente ou, se for caso disso, a ordem para comparecer em audiência tiver sido notificada por um dos meios previstos no artigo 14º*
>
> *e*
>
> *ii) A citação ou notificação não tiver sido efetuada em tempo útil para lhe permitir preparar a defesa, sem que haja qualquer culpa da sua parte;*
>
> *ou*
>
> b) *O devedor tiver sido impedido de deduzir oposição ao crédito por motivo de força maior ou devido a circunstâncias excecionais, sem que haja qualquer culpa da sua parte,*
>
> *desde que, em qualquer dos casos, atue prontamente.*

Este pressuposto cria uma exigência de ordem geral e não apenas por referência ao caso concreto em que esteja a ser requerida a certificação como acontecia em relação aos mínimos processuais exigidos para as modalidades da citação ou notificação. Ou seja, o seu cumprimento depende da existência, no Estado de origem, de um mecanismo de revisão, independentemente da situação em concreto e tendo apenas em consideração a legislação do Estado-Membro de origem. Se o ordenamento do Estado de origem é desconforme – na sua legislação interna – com este mecanismo de revisão, ou seja, se não contempla uma forma de revisão extraordinária para os casos em que o devedor se viu involuntariamente impedido de apresentar contestação ou não recebeu a citação ou notificação em

---

[746] Esta expressão utilizada no texto português não traduz o sentido correto a dar à afirmação. Olhando para as demais versões do texto legal (por exemplo: *además de los artículos 13º a 18º; sans préjudice des articles 13º à 18º; oltre ai requisiti di cui agli articoli da 13º a 18º; further to articles 13º to 18º*) conclui-se que deve interpretar-se a disposição como se se dissesse «sem prejuízo dos artigos 13º a 18º»).

tempo de o fazer, então, não estão reunidas as condições para que possa ver as suas decisões judiciais certificadas enquanto título executivo europeu.

De qualquer modo, as condições de defesa previstas no nº 1 do art. 19º, do Regulamento 805/2004, são apenas o «mínimo exigível», pois nada impede, nem prejudica, a possibilidade de os Estados-Membros facultarem o acesso à revisão da decisão em condições mais favoráveis (art. 19º, nº 2, do Regulamento 805/2004).

O que o legislador comunitário pretendeu salvaguardar foi a efetiva possibilidade do exercício do direito de defesa dos devedores que incorrem em revelia involuntária, a quem sempre deverá ser concedido um mecanismo capaz de rever uma sentença proferida nessas condições, quando já se encontrem esgotados os meios de defesa ordinários. Em qualquer dos casos, apesar das garantias oferecidas pelos arts. 13º a 18º, do Regulamento 805/2004, o devedor não apresentou a sua defesa involuntariamente – ou porque a citação ou notificação não foi recebida a tempo da defesa, ou porque o devedor não teve condições de a apresentar por razões de força maior – e, em consequência disso, foi condenado no pagamento da quantia peticionada. Nestes casos, o legislador comunitário apenas admite a certificação da decisão judicial se a legislação interna disponibilizar ao devedor um procedimento de «revisão» que o mesmo possa acionar nas referidas circunstâncias e que lhe proporcione uma «reabertura» do processo, com nova apreciação das questões de facto e de direito.

A menção que aqui é feita à revelia parece articular-se com o conceito conforme é tomado para efeito de requisitos de certificação da decisão enquanto título executivo europeu. Contudo, dever haver aqui lugar a uma interpretação restritiva do conceito de revelia, aproximando-o e considerando-o apenas na sua vertente processual de revelia absoluta porque só assim faz sentido para efeitos de legislação interna e correspondentes mecanismos de defesa extraordinária existentes.

Para este fim, as referências às circunstâncias de o devedor não se ter «defendido» ou de não ter «deduzido oposição ao crédito» não deve ser equiparável ao conceito de «crédito não impugnado» construído para efeitos de certificação das decisões judiciais enquanto título executivo europeu, o qual é mais amplo do que o conceito de revelia processual estrita. Na medida em que a situação de revelia inerente aos mecanismos processuais previstos em cada ordenamento é sempre resultante de um conceito de natureza processual, é a esse que devemos atender para efeitos de aplicação do art. 19º, do Regulamento 805/2004.

Procurando a *ratio* desta disposição, vejamos os seus antecedentes ao nível dos trabalhos legislativos de criação do diploma que aprovou o título executivo europeu.

A previsão de normas mínimas em matéria de recurso extraordinário foi uma realidade desde a primeira proposta de criação do título executivo europeu, mas não adotou sempre o mesmo estilo de previsão. Na primeira proposta[747], a intenção – que parcialmente se manteve – era a seguinte: *Mesmo que todas as condições enunciadas no Capítulo III, em especial as que dizem respeito aos meios de citação e de notificação, tenham sido escrupulosamente observadas, é inevitável que em certas circunstâncias excecionais como a força maior, o devedor não tenha tido conhecimento dos atos que lhe deveriam ter sido citados ou notificados, sem que lhe possa ser imputada a responsabilidade. Este artigo confere ao devedor a faculdade de lhe ser relevado o efeito perentório do prazo em tais situações, através de uma medida extraordinária. Se o devedor não recebeu a decisão em tempo útil, tem a possibilidade de interpor um recurso, mesmo depois do termo do prazo previsto para esse efeito. Se a situação que impede o devedor de participar no processo ocorrer antes do início do processo, ou seja, se não teve conhecimento do*

---

[747] Onde a redação do art. 20º (correspondente ao atual art. 19º) sob a epígrafe «normas mínimas em matéria de recurso extraordinário», era a seguinte: 1. *Se a decisão relativa a um crédito não contestado nos termos do nº 4, alíneas b) ou c) do artigo 3º, por falta de oposição ou por falta de comparência do devedor na audiência, tiver sido certificada enquanto Título Executivo Europeu, o devedor disporá de um recurso extraordinário contra a decisão proferida pelo tribunal competente do Estado-Membro de origem, se estiverem reunidas, pelo menos, as seguintes condições: a) O devedor, sem que lhe possa ser imputada responsabilidade, i) não tiver tido conhecimento da referida decisão em tempo útil para poder interpor recurso ordinário ou ii) não tiver tido conhecimento do ato que tiver dado início à instância, ou ato equivalente, em tempo útil para apresentar a sua defesa, a menos que estejam preenchidas as condições do nº 1 do artigo 19º; ou iii) não tiver sido notificado em tempo útil para comparecer na audiência, a menos que estejam preenchidas as condições do nº 1 do artigo 19º; e b) O devedor tiver apresentado uma defesa quanto ao mérito que, prima facie, tem fundamento. 2. Se a decisão referida no nº 1 não puder ser objeto de uma revisão jurisdicional completa na sequência de um recurso ordinário no Estado-Membro de origem, o devedor disporá de um recurso extraordinário a fim de poder contestar o crédito ou ser exonerado das consequências de não ter comparecido na audiência, desde que estejam preenchidas as condições previstas no nº 1, alínea a, pontos ii) e iii), e alínea b). 3. Para efeitos do presente artigo, o devedor disporá, para apresentar o recurso extraordinário, de pelo menos 14 dias ou, se tiver domicílio em Estado-Membro diferente do Estado-Membro de origem de pelo menos 28 dias a contar da data em que teve conhecimento da decisão.*

ato que introduz a instância ou da notificação para comparecer, só fica habilitado a essa relevação se as condições enunciadas no n.º 1 do artigo 19.º estiverem reunidas, ou seja, unicamente se não utilizar a possibilidade de contestar a decisão através de um recurso ordinário. O n.º 2 destina-se a indicar claramente que, numa situação como a referida no n.º 1, o devedor tem direito a uma relevação plena. Por conseguinte, nos Estados-Membros onde a decisão em causa não pode ser objeto de qualquer recurso ou é suscetível de uma revisão limitada, não permitindo o exame completo das questões de facto e de direito, a relevação deve ser concedida sob uma forma diferente do recurso, quer através da reabertura do processo quer de um recurso extraordinário que permita uma apreciação integral da causa. O n.º 3 estabelece uma norma mínima no que diz respeito ao prazo para introduzir um pedido de relevação, que começa a contar a partir da data em que o devedor teve conhecimento do processo judicial apresentado contra si. Como este artigo só estabelece normas mínimas, não obsta a que os Estados-Membros concedam outras condições de relevação mais generosas[748].

Numa primeira fase, como se vê, o próprio Regulamento que criou o título executivo europeu colocava nas mãos dos devedores um meio extraordinário de defesa em face de uma condenação à revelia (desde que involuntária), caso essa decisão viesse a ser certificada enquanto título executivo europeu. Neste modelo, havia uma harmonização, por via direta, dos meios processuais disponíveis para o devedor. Mas não foi este o caminho que prevaleceu. A disposição veio a ser alterada e optou-se por colocar o ónus do cumprimento de mais este «mínimo processual» na legislação interna de cada Estado-Membro.

Por ocasião da apresentação da Posição Comum sobre o texto final do Regulamento que criou o título executivo europeu, a Comissão explicava que: *"O artigo 19.º-bis substitui o artigo 20.º da proposta alterada da Comissão enquanto disposição que trata de duas situações excecionais diferentes: a falta de citação ou notificação que permita ao devedor preparar adequadamente a sua defesa apesar da observância do artigo 12.º (que, ao contrário do artigo 11.º, não comprova totalmente que o devedor tomou conhecimento do ato em questão), e a incapacidade de se opor ao crédito por razões de força maior ou devido a outras circunstâncias excecionais não imputáveis ao devedor, independentemente da citação ou da notificação do ato, por outro. O anterior artigo 20.º abordava as duas situações, mas o artigo 19.º-bis trata-as de forma mais concreta no n.º 1, respetivamente nas alí-*

---

[748] Nota explicativa que acompanhou a primeira proposta do Regulamento que criou o título executivo europeu.

neas a) e b). *A nova disposição revela mais claramente a sua natureza de norma mínima, pois estabelece condições para o reexame em casos excecionais, embora subordine a possibilidade de certificar uma decisão como título executivo europeu à existência de normas processuais conformes com este artigo*"⁷⁴⁹.

Pode concluir-se, em face das alterações introduzidas, que o legislador pretendeu, por um lado excluir da previsão normativa os casos em que ainda fosse possível um recurso ordinário e, por outro lado, autonomizar e sistematizar as duas situações que justificam a existência de um recurso extraordinário.

Além disso, talvez por uma questão de coerência metodológica e possivelmente em nome do princípio da subsidiariedade, optou por repercutir a obrigação de disponibilizar os meios de revisão extraordinária, transferindo-a para os ordenamentos jurídicos internos, utilizando o método de harmonização indireta, por conveniência dos Estados-Membros em se adaptarem às exigências processuais mínimas, sob pena de não poderem ver as decisões judicias dos seus tribunais serem certificadas enquanto título executivo europeu.

Assim, o que o legislador comunitário fez foi tipificar as situações de revelia involuntária que considerou dignas de proteção jurídica e «exigiu» que os ordenamentos internos lhes concedessem uma maior proteção nesses casos, disponibilizando aos devedores um meio de recurso extraordinário, capaz de proporcionar a alteração total da decisão. O Estado que não cumpra este «mínimo» vê-se arredado do grupo de Estados que partilha a aplicação efetiva do Regulamento que criou o título executivo europeu, ou seja, aqueles cujos tribunais emanam decisões certificáveis enquanto título executivo europeu que podem circular livremente no espaço europeu de justiça.

As duas situações-tipo distinguem-se não só pelos seus diferentes pressupostos factuais, mas também pela sua amplitude, sendo que a al. a), do art. 19º, do Regulamento 805/2004, se aplica apenas aos casos em que a citação haja sido efetuada em terceira pessoa, nos termos do art. 14º, do referido Regulamento, enquanto a al. b) surge como de aplicação geral, independentemente do modo de citação ou notificação utilizado. Por outro lado, os contornos de cada uma das situações indicia que no caso da al. a)

---

[749] Comunicação da Comissão ao Parlamento Europeu sobre a Posição comum adotada pelo Conselho, p. 11.

o devedor teve, formalmente mas não diretamente, conhecimento do processo, embora tardiamente lhe tenha sido comunicado, ao passo que na al. b), o devedor até pode ter tido conhecimento direto do processo mas, por razões de força maior ou circunstâncias excecionais, não pôde apresentar a sua defesa[750].

Estas situações tipificadas devem gozar, de acordo com a legislação interna do Estado-Membro de origem, de um mecanismo de «revisão» da decisão. Resta, no entanto, esclarecer que o legislador comunitário não impõe o tipo, muito menos a designação do procedimento extraordinário que possa ser adotado para estes casos, apenas exige que da legislação interna conste um procedimento através do qual o devedor possa, mesmo ultrapassado o prazo geral da defesa e transitada em julgado a decisão, alegar factos em sua defesa e obter uma reavaliação da causa. Não se pretendeu, assim, equiparar esse mecanismo aos «recursos de revisão» porventura existentes nos ordenamentos internos, pois a arrumação processual, bem como a designação dada ao expediente pela legislação interna, será uma questão meramente formal, que em nada condiciona a verificação deste requisito específico[751].

---

[750] Relativamente ao âmbito de aplicação das alíneas do art. 19º, as opiniões doutrinárias não são unânimes. GARCIMARTÍN ALFÉREZ, F. J., afirma que um dos casos se destina às situações em que o devedor não teve conhecimento efetivo do processo (al. a) e que o outro se aplica às situações em que o devedor teve conhecimento, mas não compareceu por razões de força maior (al. b), in El Título Ejecutivo Europeo, op. cit., p. 156. RAMOS ROMEU, F., pronuncia-se em sentido diverso, in El Título Ejecutivo Europeo, op. cit., p. 76. De qualquer modo, esta parece ser uma falsa questão, pois o único aspeto que distingue as situações é o facto de não serem subsumíveis na al. a) os casos em que a citação ou notificação tenha sido efetuada com intervenção direta do devedor, mas isso é inerente à própria condição factual do tipo de revelia involuntária em causa. Quanto ao mais, estando em causa situações excecionais, não houve necessidade de distinguir o modo de citação ou notificação usado, podendo dizer-se que se aplica a qualquer caso, ainda que o devedor tenha intervenção direta no ato através do qual teve conhecimento do processo ou, mesmo que não tenha, ainda que o terceiro lhe tenha feito chegar a comunicação atempadamente.

[751] Como diz GASCÓN INCHAUSTI, F., o termo «revisão» não se refere ao «processo de revisão» mas a algo mais genérico, sendo possível enquadrar nesse conceito qualquer solução jurídico-processual que permita ao demandado afastar os efeitos de uma decisão que o condenou, seja um recurso, um meio extraordinário ou especial, com vista à obtenção da anulação ou revogação de decisões definitivas. Cfr. El Título Ejecutivo Europeo para Créditos no Impugnados, op. cit., pp. 145 e 146.

a) O caso do art. 19º, nº 1, al. a) do Regulamento 805/2004

Nesta situação enquadram-se as decisões proferidas em processos nos quais o devedor haja sido citado ou notificado por um dos meios previstos no artigo 14º, do Regulamento 805/2004. Entendeu o legislador que *todos estes meios de citação ou notificação (previstos no art. 14º) que oferecem um grau elevado de probabilidade, mas não a prova cabal de que o ato notificado ou citado chegou ao seu destinatário, apenas são admissíveis se o direito do Estado-Membro de origem permitir ao devedor solicitar o reexame da integralidade da decisão nos casos excecionais em que, apesar de se ter procedido à notificação em conformidade com o regulamento, o devedor não tenha tido conhecimento do ato em causa em tempo útil para preparar a sua defesa*[752]. *Isto é, os meios de citação ou de notificação não acompanhados pela prova de receção do ato pelo devedor só são admissíveis para efeitos de certificação da decisão se, em conformidade com a legislação nacional do Estado de origem, o devedor tiver direito a pedir revisão da decisão quando não tiver recebido o ato que dá início à instância em tempo útil que lhe permita preparar a sua defesa*[753].

O contexto em que se julga aplicável esta previsão normativa parece-nos claro. Trata-se de todos os casos em que o devedor não teve intervenção direta e pessoal no ato de citação ou notificação, acrescendo, por esse motivo, que não rececionou nem conheceu atempadamente os dados do processo, nem os elementos necessários ao exercício do seu direito de defesa.

Os casos típicos onde esta situação tem cabimento são, por exemplo: – a citação ou notificação é entregue a terceiro, que não entrega o expediente ao devedor; – a citação ou notificação é efetuada por depósito, mas vem a ser recolhida por terceiro que não a entrega ao devedor[754]. Em casos deste tipo é imperioso que o ordenamento interno disponha de mais um patamar de defesa.

b) O caso do art. 19º, nº 1, al. b) do Regulamento 805/2004

A circunstância de o devedor se ter visto impossibilitado de apresentar a sua defesa por razões de força maior ou por circunstâncias extraordinárias alheias à sua vontade é igualmente digna de uma maior proteção jurídica no que respeita ao efetivo direito de defesa. Justifica-se também nesta

---

[752] Comunicação da Comissão ao Parlamento Europeu sobre a Posição comum adotada pelo Conselho, p. 4.
[753] Posição comum do Conselho, p. 81.
[754] Cfr. GARCIMARTÍN ALFÉREZ, F. J., *El Título Ejecutivo Europeo, op. cit.*, p. 157.

situação que o devedor disponha, conforme a legislação interna de cada Estado-Membro, de meios excecionais que permitam afastar a sua condenação quando, reposta a normalidade, se vê confrontado com a decisão desfavorável. Só assim estará garantida a certificação da decisão como título executivo europeu.

Se, por exemplo, imediatamente após a citação ou notificação e sem que possa comunicar esse ato ao seu eventual mandatário, o devedor sofre um acidente ou doença que o deixa inconsciente e o impede de acionar a sua defesa pelos meios normais, devem os ordenamentos internos fazer constar mecanismos processuais que lhe possibilitem a defesa perante a alegação dessas circunstâncias.

Quanto às razões que o legislador fez incluir na previsão legal e que sustentam a necessidade de um mecanismo excecional de revisão, encontramos alusão a «motivo de força maior» e a «devido a circunstâncias excecionais», numa aparente redundância. Contudo, esta duplicidade ter-se-á devido ao cuidado do legislador em não utilizar conceitos que pudessem por um lado ser confundíveis com conceitos de origem interna e, por outro, para evitar interpretações restritivas e, consequentemente, acolher situações que porventura não caberiam no sentido estrito e habitualmente atribuído a causas de «força maior»[755].

c) Exigibilidade de «pronta» atuação do devedor

Um requisito comum às duas situações previstas no art. 19º, do Regulamento 805/2004 (nº 1, parte final) é a circunstância de se exigir que o devedor «atue prontamente». Considerando que, como já se disse, este é um pressuposto de ordem geral e não de avaliação do caso concreto e, ainda, que a disposição remete para a legislação interna de cada Estado-Membro, parece pouco ajustada esta exigência introduzida no dito art. 19º, nº 1, sobretudo porque parece induzir a obrigação de o devedor ter de alegar e provar que atuou prontamente. Porém, não pode ser esta a leitura, nem é este o entendimento adequado. Se estamos a tratar de uma componente dos *standards minimus* exigido aos ordenamentos internos e se a questão principal é a existência de um recurso extraordinário de revisão plena para determinados casos, à parte disso, a forma e as especifi-

---

[755] Sobre esta questão, ver GASCÓN INCHAUSTI, F., *El Título Ejecutivo Europeo para Créditos no Impugnados, op. cit.*, p. 150.

cidades desse recurso deverão ficar a cargo da legislação do Estado de origem.

O mais adequado, então, será admitir que a «pronta atuação» do devedor só será requisito exigível na medida em que o seja para o Direito interno, tendo em atenção que o Regulamento remete para a legislação interna[756]. Poder-se-ia ainda admitir, é certo, que o legislador comunitário impõe que o procedimento interno, por sua vez, contenha essa exigência de «atuação pronta» do devedor, no entanto, a forma como está formulada a expressão contida na referida parte final do nº 1, do art. 19º, não permite essa leitura, antes apontando para um requisito imposto ao devedor e emanado do próprio Regulamento. Mas, se fosse esse o sentido, estaríamos perante uma inconguência do sistema.

d) Conflito aparente entre o art. 18º e o art. 19º do Regulamento 805/2004

Como se disse, o art. 19º, do Regulamento 805/2004, consagra mais um requisito processual mínimo de ordem geral, que se impõe aos próprios ordenamentos jurídicos dos Estados-Membros, independentemente da necessidade de recurso a esse meio em cada caso concreto. Estão aí tipificadas as situações para as quais cada legislador interno deve ter especial atenção, garantindo o exercício do direito de defesa, em especial através da existência de um mecanismo que possibilite a revisão da decisão nesses casos excecionais.

Porém, também já se havia tratado, a propósito do art. 18º do mesmo diploma, da possibilidade de sanação da falta de cumprimento das formalidades da citação ou notificação se o devedor houvesse sido regularmente notificado da decisão e dela não tivesse recorrido. Apesar da aparente duplicação de referências à matéria dos recursos, os requisitos são distintos, não só porque um é de caráter concreto e exige uma análise casuística da situação enquanto o outro é de caráter geral e abstrato, mas também porque a fase a que cada um se reporta é diferente. A previsão do art. 19º reporta-se a uma etapa em que a decisão já foi proferida e onde, a ter que haver sanação dos vícios formais da citação ou notificação, esta já ocorreu.

---

[756] A interpretação deste requisito foi também objeto de análise pela doutrina, designadamente: GARCIMARTÍN ALFÉREZ, F. J., *El Título Ejecutivo Europeo, op. cit.*, p. 158; GASCÓN INCHAUSTI, F., *ibidem*, p. 149.

Aliás, a aplicação da revisão extraordinária pressupõe que a citação ou notificação haja sido efetuada validamente[757] e, por outro lado, já estaremos perante uma decisão (supostamente) definitiva.

e) O cumprimento das normas mínimas de revisão em casos excecionais nos ordenamentos nacionais português e espanhol

O Regulamento 805/2004 só vai poder ser acionado pelos cidadãos (credores) de um Estado-Membro se o Estado de origem da decisão se encontrar «apetrechado» com mecanismos de revisão para situações extraordinárias. Neste contexto, será conveniente averiguar se cada Estado-Membro se achou conforme às exigências deste regime e em que termos as enquadrou oficialmente nos seus ordenamentos. Além disso, será igualmente aconselhável ter uma visão crítica sobre o conteúdo das informações prestadas pelas entidades internas oficiais, em especial no caso português e no caso espanhol.

De acordo com o art. 30º, do Regulamento 805/2004 (*Informações relativas aos tribunais, autoridades e procedimentos de recurso*) os Estados-Membros comprometeram-se a notificar à Comissão os procedimentos de revisão previstos no nº 1 do artigo 19º. Essa informação, enviada pelos Estados-Membros, está disponível no Atlas Judicial Europeu em matéria civil[758].

A informação prestada pelo Estado português foi a seguinte:

- *No que respeita ao artigo 19º, nº 1, a), o procedimento de revisão encontra-se previsto no artigo 771º, e) do Código de Processo Civil.*
- *Em relação ao artigo 19º, nº 1, b), o procedimento de revisão encontra-se previsto no artigo 146º do Código de Processo Civil.*

---

[757] Até pela própria inserção sistemática do art. 19º no Regulamento 805/2004 se percebe que este preceito foi construído para as situações em que os mínimos processuais relacionados com a forma de citação ou notificação foram cumpridos e em que este ato se considera válida e corretamente realizado. Aliás, a omissão de alguma formalidade que torne a citação ou notificação nula ou irregular à luz da legislação interna deve ser suscitada no processo, à luz das regras aplicáveis segundo a legislação nacional do Estado de origem e poderá inviabilizar a certificação por falta de cumprimento dos mínimos processuais decorrentes do disposto nos arts. 13º a 17º, do Regulamento 805/2004. As garantias que o art. 19º exige aos Estados-Membros vão além disso e foram desenhadas para situações absolutamente excecionais onde, aparentemente, o devedor estava em condições de apresentar defesa mas, por razões que lhe são alheias e que têm caráter excecional, não o fez. Cfr. GARCIMARTÍN ALFÉREZ, F. J., *ibidem*, p. 159.

[758] Consultar: http://ec.europa.eu/justice_home/judicialatlascivil/.

O Estado espanhol, por sua vez, fez chegar a informação que segue:

A revisão em circunstâncias excecionais a que se refere o artigo 19º do Regulamento nº 805/2004 pode ser efetuada por via da revogação de decisões definitivas a pedido do demandado que perdeu a ação (artigo 501º da Lei 1/2000, de 7 de janeiro, relativa à Ley de Enjuiciamiento Civil).

Resta saber se a doutrina e os tribunais terão a mesma interpretação sobre as disposições processuais avançadas pelas entidades nacionais.

Quanto à visão doutrinária da questão, vejamos como se posiciona a doutrina sobre a questão em cada um dos ordenamentos jurídicos que nos têm ocupado.

Em Portugal, não abundam os textos sobre a matéria do título executivo europeu e, desses, poucos são aqueles que tratam a questão com alguma profundidade. Ainda assim, encontram-se posições divergentes quanto a aferir do cabal cumprimento da disciplina processual portuguesa de revisão das decisões judiciais face às situações que o Regulamento 805/2004 indica, no seu art. 19º, para acorrer a casos excecionais[759].

Procurando interpretar o sentido das normas previstas nos arts. 771º, al. e) e 146º, do C.P.C.[760], estaremos em condições de tomar posição sobre o seu enquadramento nessas disposições e, respetivamente, das alíneas a) e b) do art. 19º, do Regulamento que criou o título executivo europeu.

O art. 771º, do C.P.C., prevê os casos em que é possível lançar mão do recurso extraordinário de revisão, ou seja, os casos em que o legislador português entende ser admissível interpor recurso de uma decisão judicial transitada em julgado. Trata-se, naturalmente, de casos em que ocorreu um

---

[759] RIBEIRO, A. C. N., *Processo Civil da União Europeia*, op. cit., p. 78, e COSTA, S., *A Injunção e as Conexas Ação e Execução*, Coimbra, 2008, pp. 304 e 305, aceitam as indicações dadas pelo Estado português. PAULA COSTA E SILVA conclui que o ordenamento português não cumpre os mínimos previstos no art. 19º, do Regulamento 805/2004, não havendo possibilidade de revisão de uma decisão judicial nos moldes exigidos pelo citado preceito e, consequentemente, não está preparado para que nele se obtenha a certificação de uma decisão judicial enquanto título executivo europeu. Cfr. SILVA, P. C., *Processo de Execução – Títulos Executivos Europeus*, op. cit, pp. 74 a 80.

[760] Para análise mais desenvolvida da disciplina do «recurso de revisão» e do «justo impedimento», ver FREITAS, J. L.; REDINHA, J.; PINTO, R., *Código de Processo Civil Anotado*, Vol. 1º, Coimbra, 1999, pp. 330-341 e 256-260; FREITAS, J. L.; MENDES, A. R., *Código de Processo Civil Anotado*, Vol. 3º, Tomo I, 2ª ed., Coimbra, 2008, pp. 219-231 e 238-241.

vício ou anomalia processual de especial gravidade que justifica reavaliar o conflito entre as exigências da justiça material e a segurança e certeza jurídicas. Considerando a previsão da alínea e), uma decisão judicial pode ser objeto de revisão se, *"tendo corrido a ação e a execução [se execução tiver havido] à revelia, por falta absoluta de intervenção do réu, se mostre que faltou a citação ou que é nula a citação feita"*. Quanto aos efeitos da procedência da revisão, dispõe o art. 776º, nº 1, al. a), do C.P.C., que é revogada a decisão recorrida, anulando-se os termos do processo posteriores à citação do réu ou ao momento em que devia ser feita e ordena-se que o réu seja citado para a causa e seguem-se os ulteriores termos do processo.

Face ao exposto, estamos na presença de uma espécie de recurso que cumpre os objetivos propostos pelo legislador comunitário no art. 19º, nº 1, do Regulamento 805/2004, ou seja, através do qual se proporciona ao devedor a reabertura da instância para nela apresentar a sua defesa, quando formalmente esse direito já havia precludido.

Porém, resta ainda saber se na situação configurada na al. e), do citado art. 771º, pode, de facto, enquadrar-se os casos excecionais que se pretendem ver salvaguardados de acordo com os requisitos previstos na al. a) do referido art. 19º, nº 1. Ter-se-á que aferir, para esta situação tipo, da verificação das seguintes condições: – estarmos perante uma situação de revelia; – a revelia ser absoluta; – ter faltado a citação ou a citação considerar-se nula nos termos dos arts. 195º e 198º, nº 1, do C.P.C. Na verdade, quando laboramos sob as condições do citado art. 19º, nº 1, al. a), as duas primeiras condições estão verificadas; relativamente a haver falta de citação ou nulidade da citação, será conveniente analisar o regime interno aplicável.

Entre outras causas, *há falta de citação quando se demonstre que o destinatário da citação pessoal não chegou a ter conhecimento do ato, por facto que não lhe seja imputável* (195º, al. e), do C.P.C.). Embora não se verifique a pura inexistência (omissão) do ato de citação, a gravidade da circunstância justifica a equiparação e o legislador assume-a. Concretamente, protegem-se as situações em que o réu tem total desconhecimento da propositura da ação, sem que esse facto lhe seja imputável, em virtude de o ato de citação ter sido praticado na pessoa de terceiro ou ter consistido na afixação da nota de citação[761]. E essa proteção consiste na possibilidade de o citando provar

---

[761] Da conjugação dos arts. 233º, nº 4, e 238º, do C.P.C., extrai-se, como se disse oportunamente a propósito das modalidades de citação no ordenamento português, que à luz da legislação

que a citação chegou ao seu conhecimento efetivo após o termo do prazo da defesa, sem culpa sua, como por exemplo acontecerá se o citando não estiver em contacto com a pessoa que tenha recebido a citação ou com a pessoa que lhe havia de comunicar a afixação da nota de citação ou a receção da carta nos termos do art. 241º, do C.P.C., ainda que isso não ponha em causa o elevado grau de exigência que o tribunal há-de usar para concluir sobre a verificação da inimputabilidade do desconhecimento ao citando[762].

Por tudo quanto se disse, conclui-se que o recurso de revisão previsto na al. e) do art. 771º, do C.P.C., corresponde aos casos abrangidos pelo primeiro requisito da al. a), do art. 19º, do Regulamento 805/2004, ou seja, a citação ou notificação ter sido realizada por um dos modos previstos no art. 14º, do Regulamento 805/2004, precisamente aqueles em que não houve intervenção direta do citando. Em relação ao segundo requisito da referida al. a), a letra da lei, só por si, deixa a dúvida sobre o cumprimento da lei portuguesa em relação ao fundamento substancial que sustenta a revisão da decisão. Diz a al. a.ii), que o devedor deve poder requerer a revisão da decisão quando «*a citação ou notificação não tiver sido efetuada em tempo útil para lhe permitir preparar a defesa, sem que haja qualquer culpa da sua parte*». Já sabemos, conforme se expôs supra, que o que está em causa não é a citação ou notificação «ter sido efetuada em tempo útil» – porque o foi, mas em pessoa diversa do citando – mas sim o devedor ter recebido a citação ou notificação em tempo útil. Quanto ao momento a que se deve atender para aferir da extemporaneidade da citação – equiparada neste caso à falta de citação – devem distinguir-se quatro momentos diferentes:

i) o devedor tem conhecimento da citação no decurso do prazo da contestação, mas sem tempo útil para apresentar a defesa;
ii) o devedor tem conhecimento da citação após o decurso do prazo para contestar, mas ainda na pendência do processo;
iii) o devedor tem conhecimento da citação depois de proferida a decisão, mas dentro do prazo para a interposição de recurso ordinário;

---

portuguesa é aceitável a citação em pessoa diversa do citando, porém, a mesma assenta numa presunção ilidível, que decai perante a prova de que o citando não teve oportuno conhecimento do ato, nem do seu conteúdo.
[762] Cfr. FREITAS, J. L.; REDINHA, J.; PINTO, R., *Código de Processo Civil Anotado*, Vol. 1º, *op. cit.*, p. 333.

iv) o devedor tem conhecimento da citação após o trânsito em julgado da decisão.

O recurso de revisão com fundamento na al. e), do art. 771º, do C.P.C. só tem cabimento, efetivamente, no último dos momentos apresentados, mas isso não determinará, no nosso entendimento, a falta de cumprimento da lei processual portuguesa face à exigência do art. 19º, do Regulamento 805/2004, por duas razões essenciais: – os meios de reação do devedor para cada um dos outros momentos existem, ainda que não seja através do aludido recurso de revisão[763]; – o Regulamento 805/2004 não exige que o recurso de revisão seja aplicável a todos esses momentos, pois como se havia dito, o recurso a que se reporta o seu art. 19º só tem razão de ser na medida em que não possa ter ficado resolvida a questão, por exemplo, à luz do mencionado art. 18º. Assim, o devedor deve acionar, em cada momento, o mecanismo adequado, sob pena de, transitada a decisão, lhe ser imputável a preclusão do direito de defesa.

Quanto à previsão da al. b), do art. 19º, do Regulamento 805/2004, corresponder ao regime do «justo impedimento», nos termos e conforme o disposto no art. 146º, do C.P.C.[764], é que já temos algumas dúvidas sobre a viabilidade dessa solução. Não tanto pelas razões substanciais que o devedor pode invocar, ainda que nos pareçam mais restritivas do que a previsão da referida al. b), mas antes pelo momento em que, à luz da disciplina do «justo impedimento», pode esse mecanismo ser acionado. Acresce, ainda, que os efeitos associados ao «justo impedimento» não correspondem aos efeitos que o legislador comunitário pretendeu garantir ao devedor, embora este aspeto seja uma mera consequência das razões anteriores.

---

[763] Para os demais momentos, todos eles correspondentes à fase processual em que a decisão ainda não transitou em julgado, o devedor deve invocar a nulidade processual de falta de citação no correspondente processo, com vista a anular todo o processado e, consequentemente, poder apresentar contestação, conforme disposto nos arts. 193º, 194º e 204º, nº 2, C.P.C.

[764] O teor da disposição é o seguinte: *1. Considera-se justo impedimento o evento não imputável à parte nem aos seus representantes ou mandatários, que obste à prática atempada do ato. 2. A parte que alegar o justo impedimento oferecerá logo a respetiva prova; o juiz, ouvida a parte contrária, admitirá o requerente a praticar o ato fora do prazo, se julgar verificado o impedimento e reconhecer que a parte se apresentou a requerer logo que ele cessou. 3. É do conhecimento oficioso a verificação do impedimento quando o evento a que se refere o nº 1 constitua facto notório, nos termos do nº 1 do artigo 514º, e seja previsível a impossibilidade da prática do ato dentro do prazo.*

O justo impedimento vem previsto a propósito da prática dos atos processuais e consiste em qualquer facto que obste à prática do ato – ocorrência de caso fortuito ou de força maior impeditivo – desde que não seja imputável à parte ou ao mandatário, ou seja, desde que não tenham tido culpa na sua produção[765]. Cabem aqui, portanto, os «motivos de força maior» a que se refere a al. b) do nº 1 do já citado art. 19º, porém, as «circunstâncias excecionais» que alargam aquele conceito já são de duvidoso enquadramento.

Por outro lado, para além do referido requisito de ordem substancial, devem cumprir-se os requisitos formais, que consistem na prática do ato processual mediante alegação e prova do justo impedimento logo que cesse a causa impeditiva, o que há-de ser entendido em termos de razoabilidade. Este aspeto, por sua vez, vai ao encontro da exigência de «pronta atuação», a que também alude a parte final do nº 1, do art. 19º, do Regulamento 805/2004.

Quanto às consequências que o incidente de arguição e aceitação do justo impedimento – após cumprimento do contraditório e produção de prova – produz, de acordo com o nº 2, do art. 146º, do C.P.C., são as de admissibilidade da prática do ato que se omitiu, por parte do requerente, fora do prazo. Por isso, terá que estar a findar ou ter decorrido um prazo perentório para a prática de determinado ato (de oposição, de contestação ou de interposição de recurso) que haja sido comunicado ao requerente e que o mesmo não teve condições de cumprir, tenha o referido prazo já decorrido ou esteja a terminar.

Voltamos, agora neste contexto, a considerar os vários momentos em que esta situação poderá ocorrer. Se o justo impedimento cessar na pendência do processo e até ao trânsito em julgado da decisão, a sua invocação permitirá ao devedor apresentar a contestação fora de prazo e o problema

---

[765] Na atual redação do art. 146º, do C.P.C., o núcleo do conceito de justo impedimento passou da normal imprevisibilidade do acontecimento para a sua não imputabilidade à parte ou ao mandatário, o que traduz uma flexibilização daquele conceito, permitindo, assim, abarcar situações em que a omissão ou o retardamento da parte seja devido a motivos justificáveis ou desculpáveis, que não envolvam culpa ou negligência séria.

Sobre o conceito de justo impedimento no ordenamento português, ver FREITAS, J. L.; REDINHA, J.; PINTO, R., *Código de Processo Civil Anotado*, Vol. 1º, *op. cit.*; REIS, J. A., *Comentário ao Código de Processo Civil*, Vol. 2º, Coimbra, 1945, pp. 70-81; SILVA, P. C., *Acto e processo – O dogma da Irrelevância da Vontade na Interpretação e nos Vícios do Acto Postulativo*, Coimbra, 2003, pp. 312-317.

da indefesa ficará resolvido, mas esta situação não se enquadra no âmbito do art. 19º do Regulamento 805/2004. Como se disse, com as normas mínimas de revisão em casos excecionais pretende-se atingir o momento posterior à decisão judicial ter sido proferida e ter transitado em julgado.

Ora, aqui reside a maior dificuldade de articulação do regime do justo impedimento com as ditas normas mínimas de revisão. É que para haver cumprimento desses mínimos, ter-se-á que aceitar que através do regime do justo impedimento é possível revogar uma decisão transitada em julgado, com fundamento na falta de apresentação de contestação por razões de força maior. Por isso, a questão que tem de ser colocada é a de saber se através do justo impedimento pode ser revogada uma sentença transitada em julgado, ou seja, se o instituto do caso julgado, associado ao princípio da estabilidade e segurança jurídica, pode ceder perante as circunstâncias invocáveis a título de justo impedimento e se do ponto de vista processual esse mecanismo pode ser acionado após o trânsito em julgado da decisão.

No sistema jurídico português, o legislador só admitiu a preterição dos valores de certeza e segurança jurídicas nos casos tipificados para o recurso de revisão (previstos no já referido art. 771º, do C.P.C.) e deles não consta como motivo de recurso as causas de força maior ou extraordinárias que tenham impedido o devedor de apresentar a sua defesa. Além disso, considerando a hipótese de ser invocado o justo impedimento nesta fase pós-caso julgado, sempre o juiz poderia não se pronunciar com fundamento na cessação dos seus poderes de jurisdição para a prática de qualquer ato no processo (art. 666º, C.P.C.).

Assim, parece não ser aceitável, no atual *status quo*, um alegado cumprimento dos mínimos processuais exigidos ao nível dos mecanismos de revisão extraordinários com base no regime do justo impedimento[766].

Esta conclusão, no entanto, deixa-nos margem para afirmar que uma decisão transitada em julgado sem que o devedor, de forma involuntária e justificável, tivesse podido apresentar a sua defesa e sem que lhe seja dada possibilidade de o fazer em momento posterior à formação do caso julgado através da anulação da sentença, põe em causa o princípio constitucional da proibição de indefesa (art. 20º, C.R.P.). Para encontrar solução para esta situação sempre poderíamos recorrer aos ensinamentos de PAULO

---

[766] Neste sentido, SILVA, P. C., *Processo de Execução – Títulos Executivos Europeus*, op. cit., pp. 77-80.

OTERO sobre o caso julgado inconstitucional[767]. O autor defende que se deve encontrar nos meios jurídico-positivos no Direito português uma forma ou mecanismo de fiscalização das decisões judiciais inconstitucionais, desde logo como forma de concretizar uma manifestação do direito de acesso aos tribunais contra atos jurídicos inconstitucionais. Assim, assume a possibilidade de interposição de um recurso extraordinário atípico de todas as decisões judiciais direta e imediatamente inconstitucionais, sempre que se tenham esgotado os respetivos recursos ordinários. Esse recurso seguiria as regras gerais do recurso de revisão, com as necessárias adaptações.

Ainda que não se ponha em causa a bondade da solução apresentada para poder afirmar que o ordenamento português cumpre as normas mínimas processuais exigidas para efeitos de revisão da decisão em casos execepcionais, não podemos ficar reféns de soluções complexas, não claramente positivadas e cuja aceitação pelos tribunais poderá ser duvidosa e incerta.

Face ao exposto, é de concluir que andou mal o Estado português quando aceitou que o seu ordenamento jurídico cumpria os mínimos exigidos para a revisão das decisões judiciais em casos excecionais e errou quando fez a comunicação nos termos aludidos. Antes devia ter aproveitado para rever e harmonizar as disposições sobre os recursos, em particular o recurso de revisão, matéria que aliás foi objeto de uma reforma em 2007, em momento posterior à entrada em vigor do Regulamento que criou o título executivo europeu, e onde nada se fez para corrigir a situação, mantendo-se o ordenamento português alheado das questões e problemas levantados pela legislação da União Europeia.

Não deve a nossa legislação interna andar de costas voltadas em relação às matérias processuais de fonte comunitária, sob pena de nos afastarmos das vantagens introduzidas por esses mecanismos, no caso concreto a certificação de decisões judiciais enquanto títulos executivos europeus, e, pior, de nos colocarmos em desvantagem em relação aos demais ordenamentos do espaço europeu, numa clara desigualdade de oportunidades para aqueles que têm que usar os tribunais portugueses[768].

---

[767] OTERO, P., *Ensaio sobre o Caso Julgado Inconstitucional*, Lisboa, 1993, pp. 118-128.

[768] Para termos consciência da divergência de tratamento e atenção dada a esta matéria noutros ordenamentos, veja-se o caso do Estado alemão. Nesse ordenamento há uma plena articulação entre as medidas adotadas pelo ordenamento interno e as exigências do Regulamento

805/2004, como se pode ver pela informação prestada por aquele Estado, que a seguir se transcreve:
Em conformidade com o Código de Processo Civil alemão, um devedor tem o direito, de um modo geral e não apenas nos casos excecionais referidos no artigo 19º, nº 1, do Regulamento (CE) nº 805/2004, de requerer a revisão da decisão pronunciada com base no facto de não ter deduzido oposição ou de não ter comparecido (cf. artigo 19º, nº 2 do Regulamento (CE) nº 805/2004).

(a) Decisões judiciais por contumácia e títulos executivos
Ao abrigo do artigo 338º do ZPO, o devedor pode interpor recurso contra uma decisão por contumácia. O mesmo tipo de recurso pode ser interposto contra uma decisão emitida no âmbito de um processo de injunção de pagamento (cf. artigo 700º do ZPO, em conjugação com o artigo 338º do ZPO). O recurso é apresentado mediante dedução de oposição junto do tribunal de primeira instância. O prazo para a introdução da dedução de oposição é fixado em duas semanas. Este prazo é obrigatório e começa a contar a partir da notificação da decisão. Se o recurso for admissível, o processo voltará à fase anterior à decisão por contumácia. A admissibilidade do recurso não é afetada pelas razões pelas quais o devedor não contestou o débito ou não compareceu no tribunal.

Se, nos casos mencionados no artigo 19º, nº 1, alínea a), do Regulamento (CE) nº 805/2004, o documento que dá início à instância ou ato equivalente ou a ordem para comparecer em audiência não tiver sido citado ou notificado em tempo útil, e que esta não citação da decisão subsiste, por exemplo se a notificação foi enviada para uma morada em que o devedor já não reside há muito tempo, a situação é a seguinte: se não se puder provar que a decisão por contumácia ou o título executivo tinha sido devidamente notificado, ou se esta notificação estiver viciada por uma violação das regras fundamentais na matéria, o prazo de duas semanas para a dedução de oposição só começa a correr a partir do momento em que o devedor recebe efetivamente a decisão por contumácia ou o título executivo. Além disso, o devedor continua a ter o direito de requerer a anulação da decisão judicial.

Nos casos mencionados no artigo 19º, nº 1, alínea b), do Regulamento (CE) nº 805/2004, ou seja, quando a notificação não está viciada, mas o devedor, por motivo de força maior ou devido a circunstâncias excecionais sem que haja culpa da sua parte, não pôde deduzir oposição, a situação é a seguinte: se o impedimento tiver cessado em tempo útil antes da cessação do prazo para requerer a anulação da decisão, o devedor pode utilizar a via normal, ou seja, interpor um recurso (ver supra). Se, por exemplo, o devedor não puder comparecer em tribunal devido a um acidente rodoviário, poderá em princípio ser considerado capaz, no prazo de duas semanas após a notificação da decisão, quer para interpor um recurso quer para designar um representante para o fazer em seu nome. Contudo, se o impedimento persistir após a cessação do prazo para o recurso, o disposto no artigo 233º do ZPO permite que o devedor solicite que o processo volte à fase anterior. Estas disposições não se restringem aos casos de força maior e permitem que a parte apresente o pedido para que o processo volte à fase anterior quando, sem que haja qualquer culpa da sua parte, tenha sido impedida de respeitar um prazo obrigatório (ou outros prazos especificados). O pedido para que o processo volte à fase anterior deve ser apresentado no prazo de duas semanas a partir da data em que cessou o impedimento. Não pode ser apresentado qualquer pedido se tiver decorrido mais de um ano após o termo do prazo. O tribunal competente para apreciar o pedido de anulação da decisão judicial

A doutrina espanhola tem defendido que o seu ordenamento interno cumpre os requisitos consagrados a propósito das normas mínimas de revisão em casos excecionais[769]. Acompanham o entendimento de que o

(ou seja, o tribunal de primeira instância) decidirá sobre o pedido, o qual também deve ser apresentado num prazo de duas semanas.
Se o devedor tiver interposto um pedido de anulação da decisão judicial considerado admissível e não tiver comparecido na audiência marcada, não dispõe de mais nenhum meio de contestação contra a decisão por contumácia sendo rejeitado o seu pedido (cf. artigo 345º do ZPO). Contudo, o devedor tem o direito, em certa medida, de interpor um recurso. Por foça do artigo 514º, nº 2, do ZPO, em tais casos, pode fundamentar o seu recurso no facto de a sua não comparência na audiência não se dever a negligência. As restrições gerais em matéria de admissibilidade de recursos (cf. artigo 511º, nº 2 do ZPO) não se aplicam. O recurso é interposto mediante dedução de oposição para o tribunal de recurso. O prazo para a apresentação de recursos é de um mês; este prazo é obrigatório e começa a contar a partir da notificação da decisão final e, o mais tardar, cinco meses depois de ter sido proferida. Uma vez que se trata de um prazo obrigatório, o devedor pode requerer que o processo volte à fase anterior ao abrigo do artigo 233º do ZPO, no caso de não ter podido respeitar o prazo devido a circunstâncias que não lhe são imputáveis.
(b) Decisões judiciais com base nas peças processuais
Se o devedor não comparecer no procedimento oral e, a pedido do credor, o tribunal proferir uma decisão judicial com base nas peças processuais (cf. artigo 331º-A do ZPO) em vez de uma decisão por contumácia (cf. artigo 331a, nº 2, do ZPO), pode ser interposto um recurso contra essa decisão. Ao abrigo do artigo 511º, nº 2, do ZPO, pode ser interposto recurso se o valor do crédito for superior a 600 EUR ou se o tribunal de primeira instância o tiver autorizado por razões de fundamental importância (artigo 511º, nº 4, do ZPO). No que diz respeito aos requisitos formais para o recurso e ao direito de o processo voltar à fase anterior, remete-se para o que foi referido anteriormente.

[769] Neste sentido, GASCÓN INCHAUSTI, F., *El Título Ejecutivo Europeo para Créditos no Impugnados*, op. cit., pp. 147-151. Em sentido diverso, porém, ver RAMOS ROMEU, F., *El Título Ejecutivo Europeo*, op. cit., pp. 76-79. O autor chega a concluir que atualmente não existe em Espanha um mecanismo legal que permita cumprir com o preceituado no art. 19º, do Regulamento 805/2004. Também BONACHERA VILLEGAS, R., e SENÉS MOTILLA, C., identificam, neste contexto, um problema de compatibilidade da lei espanhola com os mínimos processuais previstos para efeitos de certificação enquanto título executivo europeu, in *La Aplicación del Título Ejecutivo Europeo en el Sistema Procesal Español*, op. cit., II. 4. Assumem que a causa prevista no art. 19º, al. b) está abrangida pelo regime decorrente do art. 501º, 1º, mas que não há lugar, no regime interno, para o motivo de impugnação que se extrai da al. a), do art. 19º, ou seja, nas palavras dos autores: «*la insuficiência temporal para articular la defensa, sino el desconocimiento absoluto de la demanda y del proceso pendiente*». GARCIMARTÍN ALFÉREZ também identifica a falta de referência à «insuficiência temporal» para realizar a defesa, por parte da disposição espanhola aplicável, mas acaba por admitir uma equivalência entre um «desconhecimento extemporâneo» e um «desconhecimento absoluto», se em ambos os casos esse desconhecimento for impeditivo de o devedor se defender; cfr. GARCIMARTÍN ALFÉREZ, J. F., *El Título Ejecutivo Europeo*, op. cit., p. 160.

devedor revel tem garantida a sua defesa, nos casos tipificados no art. 19º do Regulamento, através do mecanismo previsto no art. 501º, da LEC, ou seja, lançando mão da «*rescisión de sentencia firme a instancias del rebelde*»[770]. Isto sem prejuízo de outros meios de defesa que o devedor tenha ao seu alcance, seja o regime das nulidades do ato de citação ou notificação (arts. 240º.2 e 241º LOPJ), seja o recurso ordinário (art. 500º LEC).

De acordo com o referido art. 501º da LEC, *los demandados que hayan permanecido constantemente en rebeldía podrán pretender, del tribunal que la hubiere dictado, la rescisión de la sentencia firme en los casos siguientes:*

1º *De fuerza mayor ininterrumpida, que impidió al rebelde comparecer en todo momento, aunque haya tenido conocimiento del pleito por haber sido citado o emplazado en forma.*

2º *De desconocimiento de la demanda y del pleito, cuando la citación o emplazamiento se hubieren practicado por cédula, a tenor del artículo 161º, pero ésta no hubiese llegado a poder del demandado rebelde por causa que no le sea imputable.*

3º *De desconocimiento de la demanda y del pleito, cuando el demandado rebelde haya sido citado o emplazado por edictos y haya estado ausente del lugar en que se haya seguido el proceso y de cualquier otro lugar del Estado o de la Comunidad Autónoma, en cuyos Boletines Oficiales se hubiesen publicado aquéllos.*

Do teor do preceito, bem se vê que o terceiro caso não é aplicável ao regime do título executivo europeu porque nele não é permitida a citação edital, mas os primeiro e segundo casos servem, precisamente, os interesses que o legislador comunitário visou preservar com a criação das normas mínimas ao nível dos mecanismos de revisão em casos excecionais. O primeiro caso, por sua vez, corresponde à situação prevista na al. b) do art. 19º, do Regulamento 805/2004, com a diferença de que nele também se fala de «circunstâncias excecionais», para além dos «motivos de força maior». Mas, como já se explicou, foram os receios de rigidez conceptual que levaram o legislador a alargar o conceito, mas nada impede que qual-

---

[770] Porém, a razão de ser do art. 19º ultrapassa, como já se disse, esta vertente defensional. GASCÓN INCHAUSTI, F., analisa exaustivamente os vários caminhos que o devedor tem para trilhar a sua defesa, segundo o ordenamento espanhol; cfr. *El Título Ejecutivo Europeo para Créditos no Impugnados, op. cit.,* pp. 146-148.

quer daquelas expressões se possa, em alguns casos, subsumir na previsão do art. 501º, 1 LECº[771].

Relativamente ao segundo caso, a letra da lei pode, na verdade, não corresponder exatamente aos termos da al. a) do art. 19º, mas ter-se-á que fazer uma leitura adequada dos preceitos para perceber que há, no essencial, alguma correspondência entre os preceitos.

Como já se disse, a utilização do termo «circunstâncias extraordinárias» foi introduzido para não tornar a disposição demasiado restritiva. Assim, cabem nesse conceito as situações que podiam considerar-se como de «força maior» e outras que eventualmente não coubessem nesse conceito. No contexto da legislação espanhola, as situações que extravasem este conceito e que por isso não possam integrar o disposto no art. 501º.1º LEC, podem ter outros enquadramentos quanto aos meios defensionais. Por exemplo, será viável o «processo de revisión» (art. 510º.4º LEC) desde que a situação se enquadre num «supuesto de cohecho, de violencia o de maquinación fraudulenta» ou, ainda, se estivermos na presença de um caso de indefesa por motivos alheios à responsabilidade do devedor, pode este invocar a respetiva nulidade, designadamente através de «amparo constitucional».[772]

4.2. Nas transações judiciais

As transações que respeitem a créditos pecuniários, líquidos e exigíveis e relativamente às quais tenha havido homologação judicial ou que tenham sido celebradas perante um tribunal no decurso de um processo, são certificáveis mediante pedido apresentado perante esse tribunal, desde que exequíveis no Estado-Membro onde foram homologadas ou celebradas.

Para além do que já se expôs sobre o que se deve entender por «transação judicial», qual deve ser o seu conteúdo e quais as condições formais de obtenção desse título com vista a poder ser certificado como título executivo europeu, pouco mais haverá a dizer sobre os seus requisitos específicos de certificação, pois as condições que o Regulamento 805/2004 lhes impõe são absorvidas quase totalmente pelos requisitos gerais de certificação, com destaque para o caráter executório daquele título executivo no Estado-Membro de origem.

---

[771] Neste sentido, GARCIMARTÍN ALFÉREZ, F. J., *El Título Ejecutivo Europeo*, op. cit., p. 160; GASCÓN INCHAUSTI, F., *El Título Ejecutivo Europeo para Créditos no Impugnados*, op. cit., p. 150.
[772] Neste sentido, GASCÓN INCHAUSTI, F., *ibidem*, p. 150.

Na verdade, a circunstância de haver intervenção direta do devedor deixa sem sentido qualquer dos pressupostos relativos aos mínimos processuais. Por isso, não é aplicável à certificação das transações judiciais o Capítulo III, do Regulamento 805/2004, que diz respeito ao conjunto de normas especificamente previstas para a certificação das decisões judiciais, pois só em relação a elas faz sentido e se justificam as garantias processuais relativas às modalidades e conteúdo da citação ou notificação do demandado, bem como à revisão da decisão em casos excecionais.

Porque neste caso, como já se aflorou, o requisito associado ao caráter «não contestado» do crédito resulta da dimensão ativa do conceito, ou seja, pressupõe uma intervenção direta do devedor nesse sentido, onde este admite expressamente a dívida por meio de transação homologada por um tribunal ou celebrada perante um tribunal no decurso de um processo.

A certificação das transações judiciais enquanto títulos executivos europeus rege-se pelas suas normas próprias, sistematicamente inseridas no Capítulo V, do Regulamento 805/2004, e ainda pelas disposições do seu Capítulo II (Título Executivo Europeu), excetuando o art. 5º – porque, como se explicou, o legislador pretendeu conferir nestes casos apenas o efeito executório e não o efeito amplo de reconhecimento desses títulos – bem como o nº 1 do art. 6º – porque se reconduz aos requisitos específicos de certificação de uma decisão judicial – e, também, o nº 1 do art. 9º – neste caso por uma mera questão formal, na medida em que o formulário aplicável à certificação de uma transação judicial é o do anexo II, conforme resulta da última parte do art. 24º, nº 1, do Regulamento 805/2004.

4.3. Nos instrumentos autênticos

Os instrumentos autênticos que digam respeito ao pagamento de uma quantia específica de dinheiro, exigível à data da certificação ou que se torne exigível pelo decurso do prazo constante do título, desde que exequíveis num Estado-Membro, estarão aptos a serem certificados, a requerimento do interessado (credor) à autoridade designada pelo Estado-Membro de origem, utilizando-se o formulário-tipo constante do Anexo III, do Regulamento 805/2004.

Damos por reproduzidas as palavras que acima expressámos sobre a desnecessidade de nos reportarmos aos requisitos específicos da certificação das transações judiciais, porque também na certificação dos instrumentos autênticos enquanto títulos executivos europeus os requisitos de ordem geral absorvem o respetivo regime. Assim, pelas mesmas razões, também não são aplicáveis as disposições do Capítulo III, ainda que sejam aplicáveis, consoante o caso, as disposições do Capítulo II, com exceção do artigo 5º, do nº 1 do artigo 6º e do nº 1 do artigo 9º, do Regulamento 805/2004.

Também aqui, o caráter de não contestabilidade do crédito advém do expresso reconhecimento da dívida por meio de instrumento autêntico, através da direta intervenção do devedor.

Há, no entanto, um requisito adicional cuja necessidade foi discutida aquando dos trabalhos preparatórios do título executivo europeu. Trata-se da exigência de incluir, no próprio documento, uma referência expressa à sua força executória transfronteiriça, que inicialmente havia sido adotada na primeira versão da disposição que veio a dar lugar ao atual art. 25º, do Regulamento 805/2004[773]. Este seria, na verdade, um potencial pressuposto específico para certificação de um instrumento autêntico como título executivo europeu. Porém, em momento posterior, foi suprimida esta condição, com a justificação seguinte: *O artigo 26º, contrariamente ao antigo nº 3 da proposta alterada da Comissão que foi suprimido, deixou de estabelecer a obrigação específica de certificação de um ato autêntico sob a forma da comunicação ao devedor do caráter diretamente executório em todos os Estados-Membros, comprovado pela sua própria assinatura. O Conselho considerou esta obrigação inútil e demasiado complexa*[774].

Questão diferente, mas similar, é levantada por GASCÓN INCHAUSTI[775], à luz do texto atual, e diz respeito a saber se será necessário que se faça

---

[773] Artigo 26º – Atos autênticos: 1. Um ato autêntico relativo a um crédito pecuniário líquido que seja executório num Estado-Membro, será certificado, a pedido do credor, enquanto Título Executivo Europeu, pela autoridade que autenticou o ato. 2. A autoridade que conferiu autenticidade ao ato, emitirá a certidão de Título Executivo Europeu utilizando o formulário constante do anexo IV do presente regulamento. 3. Um ato autêntico só pode ser certificado enquanto Título Executivo Europeu se: a) A autoridade que confere autenticidade ao referido ato tiver informado devidamente o devedor, antes de este ter consentido na sua elaboração ou registo, em relação à natureza diretamente executória do ato em todos os Estados-Membros; b) Uma disposição do ato assinado pelo devedor comprovar que a informação acima mencionada foi comunicada. 4. São aplicáveis as disposições do capítulo II, com exceção do artigo 5º, e o capítulo IV, com exceção do nº 1 do artigo 22º se for o caso.

[774] Comunicação da Comissão ao Parlamento Europeu sobre a Posição comum adotada pelo Conselho tendo em vista a adoção do Regulamento que cria o título executivo europeu, cit., p. 11.

[775] GASCÓN INCHAUSTI, F., *El Título Ejecutivo Europeo para Créditos no Impugnados*, op. cit., p. 219.

referência expressa, no próprio documento, à sua força executória, ou seja, à sua natureza de título executivo à luz do ordenamento do Estado de origem. Na verdade, como o próprio conclui, não há nada no texto legal que imponha essa condição e, por isso, ressalvam-se apenas os casos em que seja a própria legislação interna a impor essa condição para efeitos de exequibilidade do próprio documento que se pretende certificar enquanto título executivo europeu. Em termos gerais, o caráter executório do documento tem apenas que resultar da aplicação das normas internas.

Capítulo III
Certificação e Execução do Título Executivo Europeu

1. Procedimento para obtenção da certificação de título executivo europeu
1.1. Aspetos gerais

A obtenção de um título executivo europeu depende da verificação de todos os pressupostos gerais e específicos exigidos pelo seu regime jurídico, cuja confirmação passará no crivo do procedimento de certificação que o interessado há-de desencadear no Estado de origem, a fim de obter o efeito executório transfronteiriço da decisão judicial, transação judicial ou instrumento autêntico, e que lhe proporcionará o direito de executar esse documento em qualquer Estado-Membro sem necessidade de mais procedimentos adicionais, com ganhos na celeridade e nos custos associados.

As regras sobre os procedimentos a adotar com vista à obtenção de um título executivo europeu extraiem-se da conjugação do Regulamento 805/2004 com a legislação interna de cada Estado-Membro. A verdade é que o Regulamento nada diz, expressamente, sobre esse procedimento, sobre a sua natureza ou a forma de o desencadear, nem sequer sobre a legitimidade ou o prazo em que o mesmo deve ser acionado. Apenas quanto à competência ou ao órgão competente pela certificação há algumas referências, mas, ainda assim, sem que sejam claras e inequívocas, dando azo a interpretações diversas.

Nesta questão, os ordenamentos internos assumem um papel relevante e devem adotar o compromisso de criar condições de aplicabilidade do Regulamento que criou o título executivo europeu.

No caso espanhol, a Ley 19/2006, de 5 de junho[776], através da qual se consagraram as normas processuais para facilitar a aplicação de diversos Regulamentos comunitários[777], levou a cabo essa tarefa fundamental, sem a

---

[776] Publicada no BOE núm.134, de 6-6-2006, pp. 21230-21238.

[777] Esta lei alterou a disposição vigésima primeira da LEC, que passou a ter o seguinte teor:
1. La certificación judicial de un título ejecutivo europeo se adoptará de forma separada y mediante providencia, en la forma prevista en el anexo I del Reglamento (CE) nº 805/2004.
La competencia para certificar un título ejecutivo europeo corresponde al mismo tribunal que dictó la resolución.
El procedimiento para la rectificación de errores en un título ejecutivo europeo previsto en el artículo 10.1.a) del Reglamento (CE) nº 805/2004 se resolverá en la forma prevista en los tres primeros apartados del artículo 267 de la Ley Orgánica 6/1985, de 1 de julio, del Poder Judicial.
El procedimiento para la revocación de la emisión de un certificado de un título ejecutivo europeo a que se refiere el artículo 10.1.b) del Reglamento (CE) nº 805/2004 se tramitará y resolverá de conformidad con lo previsto para el recurso de reposición regulado en la Ley 1/2000, de 7 de enero, de Enjuiciamiento Civil, con independencia del orden jurisdiccional al que pertenezca el tribunal.
La denegación de emisión de un certificado de título ejecutivo europeo se adoptará de forma separada y mediante providencia, y podrá impugnarse por los trámites del recurso de reposición.
2. Para la certificación como título ejecutivo europeo de resoluciones judiciales que aprueben u homologuen transacciones se aplicará el apartado anterior, y se efectuará en la forma prevista en el anexo II del Reglamento (CE) nº 805/2004.
3. Compete al notario autorizante, o a quien legalmente le sustituya o suceda en su protocolo, la expedición del certificado previsto en el artículo 25.1 y en el anexo III del Reglamento (CE) nº 805/2004. De dicha expedición dejará constancia mediante nota en la matriz o póliza, y archivará el original que circulará mediante copia.
Corresponderá al notario en cuyo protocolo se encuentre el título ejecutivo europeo certificado expedir el relativo a su rectificación por error material y el de revocación previstos en el artículo 10.1 del Reglamento (CE) nº 805/2004, así como el derivado de la falta o limitación de ejecutividad, según se establece en el artículo 6.2 y en el anexo IV del mismo reglamento. Se exceptúa la pérdida de ejecutividad derivada de una resolución judicial, para cuya certificación se estará al apartado 1 de esta disposición adicional.
En todo caso, deberá constar en la matriz o póliza la rectificación, revocación, falta o limitación de ejecutividad.
La negativa del notario a la expedición de los certificados requeridos podrá ser impugnada por el interesado ante la Dirección General de los Registros y del Notariado por los trámites del recurso de queja previsto en la legislación notarial. Contra la resolución de este órgano

qual se dificultaria ainda mais o trabalho dos operadores forenses na interpretação e aplicação prática do título executivo europeu para créditos não contestados[778], dando indicação sobre aspetos essenciais para a obtenção de um título executivo europeu. O mesmo fizeram outros ordenamentos[779], mas não o português.

Na verdade, o legislador português não foi sensível à necessidade básica de adotar medidas de concretização e densificação de conceitos, a nível interno. Esta demissão de funções causa prejuízos na aplicação do Regulamento que cria o título executivo europeu e coloca os cidadãos portugueses em desvantagem no espaço europeu, ao que acresce, consequentemente, um desincentivo ao recurso a este mecanismo, por razões óbvias.

directivo podrá interponerse recurso, en única instancia, ante el juez de primera instancia de la capital de la provincia donde tenga su domicilio el notario, el cual se resolverá por los trámites del juicio verbal.
4. La certificación a la que se refiere el anexo V del Reglamento (CE) nº 805/2004 se expedirá por el órgano administrativo o jurisdiccional que hubiera dictado la resolución.
5. La competencia territorial para la ejecución de resoluciones, transacciones judiciales y documentos públicos certificados como título ejecutivo europeo corresponderá al juzgado de primera instancia del domicilio del demandado o del lugar de ejecución.
6. El Gobierno adoptará las normas precisas para el desarrollo de esta disposición adicional.
[778] A doutrina espanhola também tem colaborado nesta tarefa. Cfr., designadamente, COBO SÁENZ, J. F., *El Encaje del Título Ejecutivo Europeo en el Derecho Procesal de los Estados Miembros: Necesidad de Ajustes?*, in "Hacia la Supresión del Exequátur en el Espacio Judicial Europeo: El Título Ejecutivo Europeo", CAMPUZANO DÍAZ *et alt.* (Dir.), Sevilla, 2006, pp. 245 e ss.; LÓPEZ RODRÍGUEZ, A. M., *Algunos Apuntes sobre el Encaje del Título Ejecutivo Europeo en el Derecho Procesal Danes*, ibidem, pp. 185 e ss.; RODRÍGUEZ VÁZQUEZ, M. A., *El Encaje del Título Ejecutivo Europeo en el Derecho Procesal Español*, ibidem, pp. 193 e ss.
[779] Como foi o caso da Bélgica, Holanda, França, Alemanha, Áustria. Ainda que, no caso da Bélgica, tivessem surgido críticas à forma e aos procedimentos adotados para a «transposição» do Regulamento, através da *"Circulaire du 22 juin 2005, adressée par la Ministre de la Justice, in Moniteur Belge, 28 octobre 2005, 2ª ed., pp. 47042 e ss.*", cuja publicação foi muito posterior à sua emissão e ainda foi objeto de retificação no *Moniteur Belge, 18 novembre 2005, p. 49821.* Cfr. VAN DROOGHENBROECK, J. F.; BRIJS, S., *Un Titre Exécutoire Européen*, Les Dossiers du Journal des Tribunaux, Bruxelles, 2006, 14-18. Por outro lado, o autor elogia a postura holandesa, nestes termos: *"Mais qu'il soit déjà permis d'observer, de manière tout à fait génerale, que sur le plan de l'opportunité, de la tactique et de l'élégance légistique, l'exemple hollandais souligne toute l'utilité de transposer le Règlement (CE) nº 805/2004 par et dans laloi: ce procédé offre une adaptation plus fine et plus adéquate du droit positif national aux exigences procédurales européennes; il présente surtout des gages nettement plus sérieux de transparence et de clarté pour le sujet de droit et les professionnels de la justice".*

1.2. Requerimento de certificação de título executivo europeu
1.2.1. Legitimidade

A certificação de uma decisão sobre um crédito não contestado proferida num Estado-Membro é obtida a requerimento do credor, a quem assiste a legitimidade ativa, contra quem figure como devedor na decisão judicial, que terá legitimidade passiva.

Na verdade, dispõe o art. 6º, nº 1, do Regulamento 805/2004, tal como os arts. 24º, nº 1 e 25º, nº 1, do mesmo diploma, que as decisões judiciais, as transações judiciais e os instrumentos autênticos serão certificados como título executivo europeu «mediante pedido apresentado», ou seja, mediante um impulso processual que cabe ao beneficiário dos efeitos associados a essa certificação, que é o credor requerente[780]. E serão as disposições internas a reger a determinação da capacidade e legitimidade das partes para requerer a respetiva certificação das decisões.

Assim, ficou afastada a opção por uma certificação *ex officio* do título executivo europeu. Poder-se-ia pensar que uma solução deste tipo, associada a uma certificação oficiosa do documento em causa, traria a vantagem de agilizar o regime jurídico do título executivo europeu, com reflexo na celeridade do procedimento. Contudo, isso iria colidir com o princípio do dispositivo e resultaria numa sobreposição à vontade do credor, a quem compete fazer a opção relativamente ao meio que entende mais adequado a satisfazer os seus intentos de *exequatur*. Só ele estará em condições de avaliar da necessidade de desencadear uma execução além-fronteiras. Além do mais, sabemos que nem sempre estarão cumpridos os requisitos da certificação e, por mais esta razão, estar-se-ia a contribuir para atos tendencialmente inúteis.

1.2.2. Competência

A grande vantagem do título executivo europeu, como se viu, está no facto de a entidade certificadora pertencer ao Estado de origem. Logo, haverá que definir a quem pertence essa competência, mais uma vez com recurso ao Regulamento e às disposições internas, sem esquecer que a resposta a esta questão dependerá, ainda, da natureza que se atribua ao ato de certificação.

---

[780] Ou quem assuma a sua posição, através da transmissão de posição *mortis causa* ou *inter vivos*. Cfr., sobre esta questão, GASCÓN INCHAUSTI, F., *El Título Ejecutivo Europeo para Créditos no Impugnados*, Navarra, 2005, pp. 157 e 158.

O Regulamento 805/2004 não faz qualquer referência concreta ao órgão competente para emitir a certificação de título executivo europeu, deixando nas mãos dos Estados-Membros a definição do critério determinativo dessa competência[781]. Na verdade, o texto do Regulamento também não é totalmente omisso em relação a este assunto, pelo menos no que respeita à certificação das decisões judiciais e das transações judiciais, mas a forma como se pronuncia permite alguma margem aos Estados-Membros na definição da competência.

O que se afirma no art. 6º, nº 1, do diploma, é que o pedido de certificação de uma decisão judicial é «apresentado» ao tribunal de origem e, por sua vez, de acordo com o art. 4º, nº 6, por «tribunal de origem» entende-se o *órgão jurisdicional ou tribunal perante o qual o processo judicial foi invocado*[782], *no momento em que as condições enunciadas nas alíneas a), b) e c) do nº 1 do artigo 3º se encontravam preenchidas*. No caso das transações judiciais, o art. 24º, nº 2, do Regulamento 805/2004, refere que o pedido é «*apresentado ao tribunal que as homologou ou perante o qual foram celebradas*».

Ora, considerando que a noção de «tribunal de origem» sofreu alterações desde o texto original da proposta até ao texto final, bem se pode concluir que o legislador quis conceder a possibilidade de ser diferente a entidade onde se apresenta o pedido, daquela a quem competirá a certificação, o que ficará na disponibilidade dos ordenamentos internos. É que através da noção dada inicialmente, segundo a qual o «tribunal de origem» seria «o órgão jurisdicional que tiver proferido a decisão a certificar enquanto título executivo europeu», parecia confundir-se o órgão que proferiu a decisão com o órgão a quem competia a certificação. Por outro lado, os formulários anexos ao Regulamento também sofreram uma alteração que indicia a mesma intenção por parte do legislador comunitário.

---

[781] Já assim se dizia na nota explicativa da proposta apresentada: "A atribuição da competência para emitir o certificado de título executivo europeu a nível do tribunal de origem não é regulada pela presente proposta, incumbindo, por conseguinte, às legislações dos Estados-Membros".

[782] A tradução portuguesa não foi feliz na utilização deste termo. Olhando para outras versões do texto, conclui-se que se pretende fazer menção ao órgão onde o processo foi instaurado e que conheceu da questão, tendo sobre ela proferido decisão. A este propósito, vejam-se as versões espanhola, francesa, italiana e inglesa, respetivamente: «*el órgano jurisdiccional o tribunal que conozca del assunto*»; «*la juridiction saisie de l'action*»; «*il giudice o organo giurisdizionale incaricato del procedimento*»; «*the court or tribunal seised of the proceedings*».

Nos anexos I e II, onde inicialmente apenas se fazia menção ao tribunal que proferiu a decisão ou que homologou a transação, passou a acrescentar-se uma rubrica subdividida onde se pode indicar «órgão jurisdicional ou Tribunal» que emitiu a certidão e, se diferente, o «órgão jurisdicional ou Tribunal» que proferiu a decisão ou homologou a transação.

Assim, parece não restarem dúvidas sobre as intenções do legislador, ou seja, é dada a possibilidade de intervenção de duas autoridades distintas, uma que profere a decisão e onde necessariamente o pedido de certificação tem que dar entrada e outra que emitirá a decisão de certificação solicitada[783]. Faltará, no entanto, avaliar se nas opções a tomar pelos ordenamentos internos será indiferente a natureza da entidade certificadora, designadamente se a competência em causa pode ser cometida a uma entidade administrativa ou se estarão vinculados na atribuição dessa competência aos poderes jurisdicionais, caso em que ainda se pode questionar se poderá (ou deverá) ser ao mesmo órgão que proferiu a decisão ou a um órgão diferente.

Quanto à primeira questão, apesar de se poder afirmar que há alguns sinais de aproximação do ato de certificação a um ato de natureza não jurisdicional, isso só por si não dá resposta cabal ao problema. É facto que pelo ato de certificação não se controla a legalidade do ato praticado pelo juiz e que através dele apenas se confronta o processo onde foi proferida a decisão com os requisitos impostos pelo regime jurídico do título executivo europeu, sem que se façam quaisquer juízos valorativos sobre a validade ou eficácia do ato jurisdicional[784]. Contudo, a avaliação de certos pressupostos da certificação, como é o caso da competência do tribunal, leva-nos a afastar a opção pela entrega do ato de certificação a uma entidade meramente administrativa[785]. De certo modo, tem de haver uma

---

[783] A constatar, também, esta possibilidade, ver MARINHO, C. M., *Textos de Cooperação Judiciária Europeia em Matéria Civil e Comercial*, Coimbra, 2008, pp. 133-136.

[784] Cfr. SILVA, P. C., *Processo de Execução – Títulos Executivos Europeus*, Coimbra, 2006, p. 50.

[785] Neste sentido, TAGARAS, H., *The "European Enforcement Order" (Regulation 805/2004) in* "International Civil Litigation in Europe and Relations with Third States", NUYTS, A.; WATTÉ, N. (Dir.), pp. 563 e ss., Bruxelles, 2005, em especial, p. 578. Também MARINHO defende que o ato de certificação enquanto título executivo europeu é um ato materialmente jurisdicional, pois não se trata de uma certidão comum. De facto, na opinião do autor, a emissão do título executivo europeu consiste na declaração da sua adequação a um complexo conjunto de exigências normativas, estando-se a limitar os direitos de defesa e a comprimir os poderes de

reavaliação de determinados pressupostos processuais e isso não deve ser desconsiderado para efeitos da natureza do ato de certificação, nem para a escolha do órgão a quem compete realizá-lo[786].

Outra questão, ainda que diferente mas paralela à anterior, está na composição do órgão certificador, ou seja, se é preferível, ou não, recorrer-se a uma nova composição do tribunal para esse efeito[787]. É certo que se pode alegar que uma nova composição do órgão consolidaria e tornaria mais seguro o ato de fiscalização dos requisitos mínimos processuais exigidos para a certificação[788]. Mas, por outro lado, não é despiciendo o facto de o regime jurídico do título executivo europeu assentar num procedimento que se pretende célere e ágil, o qual assenta numa base de confiança recíproca. Além disso, o mesmo tribunal onde correu o processo será aquele que estará em melhores condições para avaliar, com a rapidez e a segurança que se impõem, as condições processuais inerentes à ação em causa. Por isso, não nos parece relevante o argumento invocado para a tese contrária.

No ordenamento jurídico espanhol, o legislador tomou posição sobre esta matéria e optou por conceder a competência para a certificação ao mesmo tribunal que proferiu a decisão judicial ou que homologou ou aprovou a transação judicial (cfr. nº 1, parágrafo 2 e nº 2, da disposição vigésima primeira da LEC). No caso português, na falta de disposições reguladoras da aplicação do regime jurídico do título executivo europeu, mas tendo em conta tudo o que atrás se expôs, será defensável uma solução idêntica[789].

---

atuação do tribunal do Estado de execução. Além disso, tem impacto na esfera patrimonial dos cidadãos e consequências no exercício de direitos fundamentais. Por outro lado, ainda acrescenta que a natureza jurisdicional do ato de certificação se coaduna com a discussão sobre a recorribilidade da decisão de certificação, pois só as decisãoes judiciais podem ser objeto de recurso. Cfr. MARINHO, C. M., *Textos de Cooperação Judiciária Europeia em Matéria Civil e Comercial*, op.cit., pp. 138-141.

[786] Em defesa da natureza jurisdicional da entidade certificadora, vide MARINHO, C. M., *ibidem*, pp. 137 e 138.

[787] Sobre esta questão, ver GARCIMARTÍN ALFÉREZ, F. J., *El Título Ejecutivo Europeo*, Navarra, 2006, pp. 112 e 113.

[788] A este propósito, STORSKRUBB entende ser expectável que a certificação seja atribuída por tribunal com composição diferente da que proferiu a decisão, sob pena de se desvanecer a fiscalização dos requisitos mínimos. Cfr. STORSKRUBB, E., *Civil Procedure and EU Law. A Policy Area Uncovered*, Oxford, 2008, p. 158.

[789] Aceitando-se que o requerimento de injunção ao qual haja sido aposta a fórmula executória é igualmente certificável enquanto título executivo europeu, mas considerando que

No que concerne à certificação dos instrumentos autênticos, os problemas expostos já não se apresentam porque o art. 25º, nº 1, do Regulamento 805/2004, não deixa margens para dúvidas e afirma que o pedido de certificação será apresentado «à autoridade designada pelo Estado-Membro de origem». Aqui há uma remissão clara e expressa, sem condicionantes, para a vontade dos legisladores internos que, consequentemente, se comprometeram a notificar a Comissão dessa informação (art. 30º, nº 1, al. c, do Regulamento 805/2004)[790]. Portugal comunicou que as *autoridades designadas para efeitos de certificação de instrumentos autênticos são os Notários*[791]. No caso espanhol a indicação determina que *compete ao notário designado ou a quem o substitua legalmente ou lhe suceda no seu cartório a emissão da certidão prevista no nº 1 do artigo 25º e no Anexo III do Regulamento (CE) nº 805/2004*, conforme veio a constar do nº 3 da disposição vigésima primeira da LEC.

1.2.3. Prazo

Relativamente ao prazo durante o qual se concebe a apresentação e obtenção de uma certificação enquanto título executivo europeu, podemos colocar a questão sobre a existência de um prazo mínimo e de um prazo máximo para o efeito[792].

O momento a partir do qual o credor está em condições de requerer a certificação será coincidente com a verificação dos requisitos exigíveis para a mesma, sobretudo, para o que ora importa, o momento desde o qual

---

no ordenamento português o procedimento de injunção corre eletronicamente junto do Balcão Nacional de Injunções e não junto de um tribunal, seria necessário outro critério para definir a competência para sua certificação. Passando isso para uma intervenção legislativa, afigura-se-nos que o procedimento de certificação deveria correr junto do tribunal que fosse competente para uma eventual ação declarativa que resultasse da oposição à injunção, sendo que o mesmo é obrigatoriamente indicado pelo requerente no requerimento de injunção (cfr. art. 10º, al. j), do DL 269/98, de 1 de setembro). No entanto, havia ainda que resolver, nesse caso, o problema da espécie de distribuição adequada.

[790] Tal informação está disponível no Atlas Judiciário Europeu em matéria civil, em http://ec.europa.eu/justice_home/judicialatlascivil/html/rc_otherinfoeeo_pt_en.htm.

[791] Naturalmente, esta indicação deve ser lida com as necessárias adaptações se se aceitar que não são apenas os «documentos autênticos» a beneficiar do regime de certificação enquanto títulos executivos europeus.

[792] Sobre a constatação de un *dies a quo* e um *dies ad quem* para solicitar a certificação, *vide* GARCIMARTÍN ALFÉREZ, F. J., *El Título Ejecutivo Europeo, op. cit.*, pp. 111 e 112; SANJUÁN Y MUÑOZ, E., *El Título Ejecutivo Europeo*, "La Ley", nº 6082 e 6083, 2004, p. 1751.

o documento certificando tem caráter executório no Estado-Membro de origem[793]. Este aspeto tem especial relevância no caso das decisões judiciais em relação às quais podem ter sido opostos meios de recurso que suspendem a sua força executória, como sucede com o recurso ordinário com efeito suspensivo. Numa situação destas, só após o trânsito em julgado da decisão é que será possível requerer a certificação.

Portanto, antes de acionar o procedimento de certificação, o credor deverá assegurar-se de que todas as condições da certificação estão presentes, evitando uma recusa da mesma.

Quanto ao momento até ao qual a certificação pode ser requerida, o legislador comunitário não impôs qualquer limite e afirmou que «o pedido é formulado, mediante pedido apresentado a qualquer momento» (cfr. art. 6º, nº 1, do Regulamento 805/2004) induzindo-nos a que a certificação pode ser requerida a todo o tempo.

De qualquer modo, não pode deixar-se de conjugar esta realidade com os requisitos da certificação, pois se houver pressupostos da certificação que deixem de se verificar com o decurso do tempo, ultrapassar esse *timing* é o mesmo que ver inviabilizada a certificação. Isso dependerá, de certo modo, das disposições do ordenamento interno, mais uma vez relacionadas com o caráter executório da decisão. Assim, se de acordo com o regime interno um título executivo certificável como título executivo europeu deixar de ter força executória decorrido certo prazo, então, o procedimento de certificação só poderá ser desencadeado com êxito até essa data. É isto mesmo que sucede com «*sentencia, resolución judicial que apruebe una transacción judicial o acuerdo alcanzado en el proceso o en resolución arbitral*» dos tribunais espanhóis, que têm um prazo de caducidade de cinco anos (art. 518º LEC). Logo, a certificação deverá ser solicitada antes de expirado esse prazo.

Questão diferente, mas também relacionada com o momento adequado a desencadear o procedimento de certificação, está em saber se o pedido de certificação é ou não extemporâneo, por prematuro, se for logo requerido *ab initio* ou mesmo durante a pendência do processo.

---

[793] Neste sentido, RODRÍGUEZ VÁZQUEZ, M. A., *El Título Ejecutivo Europeo*, Madrid, 2005, pp. 67 e 68; SANJUÁN Y MUÑOZ, E., *ibidem*. GARCIMARTÍN ALFÉREZ, F. J., *ibidem*, também parece aceitar esta condição, ainda que não veja inconveniente em que o requerimento se faça antes de essa condição estar verificada, acrescentando que os Estados-Membros não podem impor um momento concreto para apresentação do requerimento de certificação.

Aparentemente, nada no texto do Regulamento 805/2004 parece negar esta possibilidade, contudo, mesmo que se admita esse cenário, por mero exercício de raciocínio, sempre se dirá que o pedido de certificação ficaria sob condição da verificação dos respetivos pressupostos. Pois, na verdade, antes de terminar o processo e de ser proferida a sentença não haverá condições de aferir a causa de pedir da certificação, em especial quanto à «não contestação» do crédito e quanto ao cumprimento dos mínimos processuais. Nem, por outro lado, estará o credor sempre em condições de conhecer da necessidade de uma execução transfronteiriça que justifique esse pedido. Assim, é certo que o credor não se encontra vinculado a formular desde logo o pedido de certificação, nem nos parece que o possa fazer, por extemporâneo, considerando a falta de causa de pedir que o fundamente[794].

Em relação à certificação de uma transação judicial ou de um instrumento autêntico, a questão do prazo *ad quo* já não se coloca com a mesma acuidade, pois o requerente só está efetivamente em condições de o fazer uma vez celebrada a referida transação ou outorgado o citado instrumento. É nesse momento ou após o mesmo que ficam reunidas as condições de facto da certificação e o requerente se inteira dessa possibilidade.

1.3. Procedimento

O requerimento de certificação de uma decisão judicial ou de uma transação judicial enquanto título executivo europeu abre um procedimento para emissão da respetiva certidão de certificação, que podemos considerar autónomo em relação à ação propriamente dita mas que lhe está funcionalmente ligado.

Esse procedimento segue a forma escrita e é desencadeado através de requerimento escrito apresentado pelo credor, com alegação dos fundamentos que sustentam a sua pretensão, ou seja, dos pressupostos gerais e específicos da certificação, com indicação dos dados que irão constar do respetivo formulário. Também nada impede que esse requerimento se faça através da apresentação do respetivo formulário preenchido com os

---

[794] Neste sentido, GASCÓN INCHAUSTI, F., *El Título Ejecutivo Europeo para Créditos no Impugnados, op. cit.*, pp. 158 e 159; RAMOS ROMEU, F., *El Título Ejecutivo Europeo*, Navarra, 2006, pp. 109 e 110. Em sentido contrário, GARCIMARTÍN ALFÉREZ, F. J., *El Título Ejecutivo Europeo, op. cit.*, p. 112.

elementos necessários à certificação, passando a entidade certificadora a, apenas, comprovar as declarações e firmar a certificação[795].

A apresentação desse requerimento abrirá, como se disse, o procedimento de certificação, o qual está funcionalmente relacionado com o processo onde foi proferida a decisão certificanda. Deste modo, até por uma questão prática associada à consulta do processo para extrair conclusões sobre a verificação dos pressupostos da certificação, não se vislumbra exequível que o procedimento de certificação se desenvolva sem que esteja conexionado com o processo principal.

Nesta medida, defendemos que este procedimento seja tramitado como um incidente da ação na qual foi proferida a decisão que se pretende ver certificada e não como um procedimento totalmente autónomo. Tal incidente deveria ser autuado por apenso, mas considerando que no ordenamento português só quando a lei o determine é que os incidentes correm por apenso, na prática terá que ser nos próprios autos, implicando a renovação da instância quando a mesma já se encontre extinta.

É certo que seria possível configurar a certificação como um procedimento autónomo, mas isso sempre implicaria que viesse a ser apensado o processo principal a este procedimento de certificação. Assim sendo, parece-nos mais coerente e mais célere a situação inversa, ou seja, o procedimento de certificação dar entrada como incidente do processo principal. Além disso, considerando o caso português, sempre ficaria ultrapassado o problema de não haver uma espécie de distribuição adequada à certificação de título executivo europeu (cfr. art. 222º, C.P.C.), que inviabiliza a existência de um processo autónomo. De todo o modo, a eventual solução de o procedimento de certificação correr como incidente não está isenta de problemas no ordenamento português, na medida em que se o mesmo for desencadeado após a extinção do processo, tal circunstância exigiria a reabertura da instância, para o que não existe base legal. Questão que sempre ficaria resolvida se o procedimento corresse por apenso.

Mais uma vez, a omissão do legislador português causa constrangimentos na aplicação do Regulamento 805/2004.

Sobre este ponto, no ordenamento espanhol, o legislador previu que a certificação judicial de um título executivo europeu é adotada de forma

---

[795] Assim, ver SANJUÁN Y MUÑOZ, E., *El Título Ejecutivo Europeo, op. cit.*, p. 1754.

separada e mediante «providencia»[796], conforme prevê o n.º 1 da disposição vigésima primeira da LEC.

Continuando a analisar o procedimento de certificação do título executivo europeu, vejamos.

Em face do requerimento de certificação, o juíz fará uma apreciação liminar do mesmo para aferir da sua conformidade quer em relação aos requisitos materiais, quer em relação aos requisitos processuais, compulsando os autos para o efeito. Confirmará se a matéria em causa é abrangida pelo regime do título executivo europeu, se o âmbito territorial, temporal e a competência dos tribunais estão conformes e, ainda, se foram cumpridos os mínimos processuais exigidos, quer em relação ao processo em concreto, designadamente quanto à modalidade de citação ou notificação, quer em relação às exigências que recaiem sobre as regras processuais gerais do ordenamento interno em matéria de recursos em casos extraordinários.

Respondendo afirmativamente a essas questões e concluindo pela verificação das condições de admissibilidade da certificação, profere decisão favorável, através da emissão da correspondente certidão de título executivo europeu, por intermédio do formulário correspondente.

Ainda em relação aos moldes em que o procedimento de certificação deve desenvolver-se, pode questionar-se se nele deve haver cumprimento do princípio do contraditório ou se a certidão de título executivo europeu poderá ser emitida *inaudita parte debitoris*.

Atendendo a vários fatores, que se exporão de seguida, a solução mais consentânea com a *ratio* do título executivo europeu é a de que o procedimento de certificação deve seguir os seus termos sem que o requerido seja ouvido, havendo uma exceção justificada ao princípio do contraditório[797].

---

[796] Esta opção do legislador é discutível na medida em que a «providencia» não carece de fundamentação ou tem fundamentação sucinta (art. 248.1 LOPJ), o que contraria a natureza da decisão de certificação do título executivo europeu que carece de análise da verificação de certos pressupostos processuais e respetiva fundamentação. Teria sido preferível determinar que a certificação judicial de um título executivo europeu é adotada mediante «auto», que é um ato fundamentado e que tem de estar motivado (art. 248º.2 LOPJ). Neste sentido, ver Gascón Inchausti, F., *El Título Ejecutivo Europeo para Créditos no Impugnados*, op. cit., p. 160.

[797] Neste sentido, Gascón Inchausti, F., *El Título Ejecutivo Europeo para Créditos no Impugnados*, op. cit., p. 155, que seguimos na exposição das razões que justificam a opção; Sanjuán y Muñoz, E., *El Título Ejecutivo Europeo*, op. cit., p. 1754. Por sua vez, Consalvi, entende que o cumprimento do princípio do contraditório dependerá da opção dos ordenamentos

De facto:

- Se o título executivo europeu se apresenta como uma solução que pretende ganhar vantagem em relação ao procedimento tradicional de *exequatur*, não faria sentido que neste aspeto a aplicação do Regulamento 805/2004 se afastasse do Regulamento 44/2001.
- Os objetivos de celeridade, que também justificaram o afastamento dos procedimentos intermédios de *exequatur* no Estado de execução, apontam igualmente no sentido da não audição do requerido nesta fase de certificação enquanto título executivo europeu. Na verdade, sobretudo porque estaremos perante decisões tomadas em face de uma postura de omissão do devedor – o que determinou que o crédito fosse considerado não contestado – a circunstância de se diligenciar a citação do requerido, porventura no estrangeiro, dilataria o processo, sem vantagens que superem ou justifiquem o prejuízo daí decorrente para atalhar caminho para a execução transfronteiriça.
- Sendo a obtenção do título executivo europeu uma fase antecedente da execução e considerando que se deve salvaguardar o efeito surpresa das diligências que proporcionam a efetiva satisfação do crédito, tornar o procedimento de certificação contraditório seria contribuir para a frustração desse intento.
- Tendo em conta que a avaliação dos requisitos de certificação são objetivos e que dependem apenas de circunstâncias atinentes ao processo declarativo onde o devedor foi chamado a intervir e que esses pressupostos são essencialmente de natureza processual, a tarefa do tribunal pode bem realizar-se sem audição do requerido.
- Por fim, as garantias defensionais do devedor requerido não ficam coartadas pela circunstância de não ser ouvido nesta fase. Os meios de reação contra a certificação do título executivo europeu ficam apenas relegadas para momento posterior, através do procedimento de revogação da decisão de certificação que lhe assiste nos termos do art. 10º, do Regulamento 805/2004, bem como de eventual oposição à execução, nos termos que se verão adiante.

internos, a quem incumbe enquadrar o procedimento de certificação. Cfr. CONSALVI, E., *Il Titolo Esecutivo Europeo in Materia di Crediti non Contestati*, Judicium, www.judicium.it, ponto 5.

O procedimento de certificação termina com a emissão do título executivo europeu, sendo que o mesmo é notificado e remetido ao requerente e quanto a isso não se levantam, naturalmente, dúvidas. O mesmo já não se pode dizer em relação à notificação da decisão de certificação ao requerido devedor, onde parece haver divergências quanto à necessidade da mesma.

Apesar de tudo, parece mais razoável que o devedor tenha conhecimento da existência da certificação, designadamente para ficar alertado quanto aos seus efeitos, podendo assim tomar as providências que entenda adequadas. Chegados aqui, ou seja, emitida a certidão de título executivo europeu, já não está em causa o efeito surpresa da execução, pois esta já tem tudo para avançar. Por outro lado, no confronto, nesta fase, entre os interesses do credor e as garantias do devedor, entende-se que estas não devem ser desconsideradas.

Posto isto, conclui-se que, uma vez emitida a certidão de título executivo europeu, o conteúdo da decisão há-se ser dado a conhecer ao credor requerente e ao devedor requerido, com uma restrição, é que sendo a decisão desfavorável, só faz sentido notificar o requerente e já não o requerido porque em nada ficará afetada a sua posição.

Ditada decisão positiva de certificação, a mesma não pode ser objeto de recurso no Estado de origem, relegando-se os meios defensionais do requerido para outro tipo de procedimentos. Porém, a decisão de certificação também poderá ser negativa e nesse caso o credor poderá ter interesse na reavaliação da decisão e será de considerar a hipótese de recurso por parte do credor, pois foi-lhe inviabilizado um meio de obter mais rapidamente e com menos custos a força executória da sentença. Voltaremos a este ponto quando forem tratados, adiante, os mecanismos de defesa que se encontram associados ao regime jurídico do título executivo europeu.

1.4. Decisão de certificação: forma, conteúdo e efeitos

A decisão de certificação adotará, consoante os casos, a forma dos diversos formulários anexos ao Regulamento 805/2004. Conforme dispõe o art. 9º, sobre a emissão da certidão de Título Executivo Europeu, a certidão será emitida utilizando o formulário-tipo constante do Anexo I, no caso concreto das decisões judiciais, o do Anexo II, para as transações judiciais (art. 24º, do Regulamento 805/2004) ou o do Anexo III, para os instrumentos autênticos (art. 25º, do Regulamento 805//2004)⁷⁹⁸.

Este método de emissão da certidão através de formulários pré-definidos permite ultrapassar as dificuldades de harmonização, em especial as inerentes às diferenças de idioma, proporcionando uma mais fácil e eficaz circulação dos títulos executivos. Como se explicava na proposta de criação do título executivo europeu, *o caráter exaustivo do formulário a preencher garante que o tribunal de origem fique a conhecer todos os aspetos do exame, reforçando assim a confiança mútua entre os Estados-Membros no que diz respeito à apreciação rigorosa efetuada previamente à execução em todos os outros Estados-Membros sem medidas intermédias. O formulário constante do Anexo I é multilíngue permitindo que o tribunal de origem o complete na sua língua oficial. Tendo em conta que todas as informações indispensáveis para efeitos da execução são fornecidas mediante o preenchimento de nomes e de números ou a sinalização de casas, não é necessário traduzir o certificado, salvo em casos efetivamente excecionais em que o tribunal de origem tem de fornecer indicações suplementares por escrito.*

Neste pressuposto, o referido art. 9º, nº 2, do Regulamento 805/2004, determina que a certidão de título executivo europeu será preenchida na língua da decisão. Na verdade, considerando a existência de um formulário uniforme, o mesmo não carece de tradução, pois o seu conteúdo e os respetivos itens são percetíveis, bastando o mero confronto entre os formulários existentes nas várias línguas. Ressalvam-se, no entanto, as situações em que tenham sido dadas algumas explicações adicionais pelo tribunal de origem.

O conteúdo do título executivo europeu, que acaba por se confundir com o formulário em que se vai materializar, deve compreender: um resumo claro e normalizado do conjunto dos factos que caracterizam e individualizam a decisão e que são indispensáveis para efeitos da execução, e informações exaustivas sobre o respeito dos requisitos para a certificação enquanto Título Executivo Europeu.

Quanto à emissão da certidão, ainda se coloca a questão de saber se há limite em relação ao número de cópias que poderão ser emitidas. Neste

---

[798] Para além destes formulários, existem ainda os formulários próprios para a certidão de ausência ou limitação da força executória (Anexo IV), para a certidão de substituição de título executivo europeu na sequência de impugnação (Anexo V) e para o pedido de retificação ou revogação de certidão de título executivo europeu (Anexo VI).

aspeto, a proposta inicial de criação do título executivo europeu impedia a múltipla emissão de certidões[799], mas na versão final essa menção foi suprimida, por ser considerada supérflua[800].

Tendo sido dispensada essa limitação, deve sobre ela fazer-se uma interpretação coerente com a função e o regime do título executivo europeu. Se a certidão irá permitir ao credor a execução transfronteiriça e se cada Estado é competente para executar os bens do devedor que nele se encontrem, não será impossível que o credor pretenda lançar mão de execuções em mais do que um Estado-Membro, desde que o devedor reúna um património disperso (por vezes, propositadamente disperso). Assim, não se vê inconveniente e pode até tornar-se necessário proporcionar a emissão de mais do que uma certidão. O único receio poderá estar na circunstância de o exequente, usando de várias execuções, extravasar o valor do seu crédito, mas a isso tem que o devedor estar atento, recaindo sobre ele o ónus de apresentar defesa em sede executiva[801].

Relativamente aos efeitos da certificação, conforme já se expôs[802], esta proporcionará o reconhecimento e o efeito executório transfronteiriço à decisão judicial proferida num Estado-Membro, sem necessidade de qualquer outro procedimento adicional no Estado de execução (art. 5º, do Regulamento 805/2004). Porém, em relação à certificação das transações judiciais e instrumentos autênticos, também como se viu, essa apenas beneficia da concessão de força executória (24º, nº 2 e 25º, nº 2, do Regulamento 805/2004).

---

[799] O nº 3, do art. 7º (que corresponde ao atual art. 9º, do Regulamento 805/2004) previa uma regra clara sobre o número de cópias autenticadas do certificado a emitir, com o intuito, dizia o legislador, de proteger o devedor contra múltiplas medidas de execução simultâneas nos Estados-Membros da mesma forma que no Estado-Membro de origem. Porém, se a legislação nacional estabelecesse a entrega ao credor de mais de uma cópia executória da decisão (no caso de responsabilidade conjunta de vários devedores, por exemplo), seria aplicável a mesma regra ao certificado de título executivo europeu.

[800] Comunicação da Comissão ao Parlamento Europeu sobre a posição comum adotada pelo Conselho, p. 9.

[801] Neste sentido, GARCIMARTÍN ALFÉREZ, F. J., *El Título Ejecutivo Europeo, op. cit.*, pp. 162 e 163.

[802] Ver, supra, ponto 5.2., do Capítulo I.

2. Mecanismos de defesa

Emitida uma certidão de título executivo europeu sobre um crédito não contestado e sob a eminência de uma execução diretamente proposta em qualquer Estado-Membro, torna-se necessário saber quais os meios de que o devedor dispõe para se defender, em nome do princípio do contraditório e da proibição de indefesa.

Em abstrato, podem configurar-se vários tipos e diferentes momentos para o exercício da defesa: – após a notificação da decisão de certificação ao devedor, este pode dela interpor recurso, no Estado de origem, de acordo com o regime jurídico do ordenamento interno; – após a notificação da decisão de certificação ao devedor, este pode usar de meios de defesa especificamente criados para afastar a certidão de título executivo europeu e evitar a execução direta no espaço europeu; – emitida a decisão de certificação e sendo ela acionada pelo credor no Estado de execução, pode o devedor defender-se em sede de execução.

Vejamos como o legislador comunitário arquitetou os mecanismos de defesa do devedor requerido.

2.1. (Ir) Recorribilidade da decisão de certificação como título executivo europeu

Por princípio previsto no nº 4, do art. 10º, do Regulamento 805/2004, a «emissão da certidão de título executivo europeu não é suscetível de recurso».

Esta posição do legislador não foi de todo pacífica e ainda hoje suscita relutância por parte de alguma doutrina[803], por muito que aquele tenha justificado a sua posição com a intenção de manter, em termos gerais, a irrecorribilidade da decisão de certificação com base numa solução idêntica à que se encontra consagrada para o procedimento de *exequatur* previsto no Regulamento Bruxelas I, com a vantagem de incrementar a eficácia da execução. Do mesmo modo, nas negociações para a obtenção do texto final do Regulamento este foi um dos temas mais debatido e discutido, não tendo reunido consenso. O Parlamento Europeu combateu esta posição e propôs que fosse introduzida uma alteração no sentido de ser admissível uma reapreciação da decisão relativa ao pedido de certidão de título exe-

---

[803] Designadamente, SILVA, P. C., *Processo de Execução – Títulos Executivos Europeus, op. cit.*, pp. 52-54.

cutivo europeu, quer essa decisão fosse positiva, quer fosse negativa[804]. Na proposta final, por sua vez, reitera-se a posição de manter a irrecorribilidade da decisão de certificação, embora se admita que a proposta do Parlamento Europeu é respeitada em espírito, na medida em que se autoriza o procedimento de retificação ou revogação da mesma.

Resumidamente, a principal razão de ordem em que assenta a opção legislativa respeita ao facto de o título executivo europeu ter como âmbito de aplicação os créditos (voluntariamente) não contestados e de se entender que nesses casos não é legítimo conceder ao devedor mais uma oportunidade de defesa[805], quando esta, nesta fase, já não recairia sobre o fundo da questão, mas apenas contra a certificação propriamente dita e, unicamente, iria protelar e tornar menos eficaz o mecanismo de *exequatur*[806], determi-

---

[804] Na sequência desta alteração, com vista a manter a coerência do regime, propunha-se também a notificação ao devedor da decisão relativa ao título executivo europeu, para que pudesse acionar os meios de recurso pertinentes e, ainda, que o tribunal de origem só emitisse a certidão após o trânsito em julgado da decisão (ver propostas de alteração 6, 7 e 8 do Parlamento Europeu, no I Relatório sobre a proposta de Regulamento do Parlamento Europeu e do Conselho que cria o título executivo europeu para créditos não contestados).

[805] Se o devedor pretende evitar a emissão de um certificado de Título Executivo Europeu, deve contestar o crédito a fim de, assim, o excluir do âmbito de aplicação do presente regulamento. Se o crédito continuar a não ser contestado, incumbe ao tribunal de origem verificar, a pedido do credor, se estão reunidas as condições para a certificação, sem haver possibilidade de recurso contra a decisão daí resultante.

[806] Na verdade, ir-se-iam criar duas etapas na certificação, pois numa primeira fase o tribunal decidiria sobre a verificação dos requisitos da certificação, do que dava conhecimento ao devedor, sendo que a partir desse momento correria prazo para a interposição de recurso e só após o trânsito em julgado dessa decisão é que seria emitida a certidão de título executivo europeu. Sem dúvida que este esquema iria prejudicar a celeridade e utilidade do procedimento.
A este propósito, dizia a Comissão ao apreciar as propostas do Parlamento Europeu aquando da apresentação da proposta alterada: *A questão da possibilidade de recurso tem de ser apreciada no contexto do objetivo da presente proposta, por forma a que haja progressos no que respeita à celeridade e eficácia da execução transfronteiras. Se a proposta não representar, em termos da sua aplicação prática, uma melhoria significativa em relação ao procedimento simplificado de exequatur previsto pelo Regulamento (CE) n.º 44/2001 do Conselho, tornar-se-á supérflua e, portanto, inútil. A possibilidade de recurso ocasionaria atrasos consideráveis. As alterações do Parlamento implicariam uma distinção entre duas decisões diferentes. Em primeiro lugar, o tribunal de origem decide que os requisitos para emitir uma certidão se encontram preenchidos, mas não emite efetivamente essa certidão. Só depois de essa primeira decisão ter sido notificada ao devedor e de ter transitado em julgado é que a certidão pode ser emitida. Se se tiver em conta que, para além disso, a própria decisão tem de adquirir força de caso julgado, a sequência dos trâmites necessários para obter a certidão torna-se tão longa que o procedimento dificilmente poderá*

nando que o título executivo europeu perdesse vantagem em relação ao Regulamento Bruxelas I[807], frustrando-se um dos objetivos prioritários do Regulamento 805/2004.

O receio de que esta solução poderia colocar em causa os direitos de defesa do devedor resultaria da diferente proteção a que cada Estado-Membro pode votar os seus cidadãos no que respeita à forma como os mesmos têm conhecimento do processo de cobrança que contra eles foi instaurado, sobretudo em face das modalidades de citação ou notificação em que não há intervenção direta do devedor. No entanto, como se sabe, foi precisamente para combater estas divergências que o legislador consagrou as garantias mínimas processuais do Capítulo III do Regulamento 805/2004, em relação às quais deve haver uma verificação minuciosa do seu respeito, figurando claramente no certificado. Para além disso, a con-

---

rivalizar com o procedimento simplificado de exequatur previsto pelo Regulamento (CE) nº 44/2001 (cfr. JUSTCIV 91 CODEC 850, p. 4).

[807] Conforme explicava o legislador na proposta de criação do título executivo europeu: *A este respeito, convém não esquecer que o nº 2 do artigo 34º do Regulamento (CE) nº 44/2001 do Conselho, à semelhança do disposto no nº 2 do artigo 27º da Convenção de Bruxelas de 1968, estabelece uma norma jurídica específica e autónoma em matéria de direitos da defesa, que não deve ser equiparada ao respeito das normas de direito interno e que suscita, portanto, questões jurídicas especiais. Por conseguinte, é concebível que o tribunal de origem tenha aplicado corretamente o seu direito processual interno e que, mesmo neste caso, a declaração de executoriedade tenha de ser recusada por razões de divergência entre o direito interno e a necessária proteção dos direitos da defesa, ao abrigo, respetivamente, do nº 2 do artigo 34º do regulamento citado e do nº 2 do artigo 27º da Convenção de Bruxelas, em conformidade com a interpretação do Tribunal de Justiça das Comunidades Europeias (Acórdão de 11 de junho de 1985 no processo 49/84, Debaecker / Bouwman, CJ 1985, p. 779, a respeito da relação entre o disposto no nº 2 do artigo 27º da Convenção de Bruxelas de 1968 e as normas em matéria de citação ou notificação internas aos Estados-Membros). Não obstante, o nº 2 do artigo 34º e o artigo 41º do Regulamento (CE) nº 44/2001 do Conselho proíbem expressamente que o tribunal competente pelo procedimento de exequátur se pronuncie sobre o respeito das normas enunciadas nos artigos 34º e 35º. Mesmo no caso de violação flagrante do disposto no nº 2 do artigo 34º, esse tribunal deve declarar a força executória da decisão se as condições meramente formais do artigo 41º estiverem preenchidas. Só no caso de o requerido ter interposto um recurso, o tribunal poderá proceder à apreciação do respeito dos direitos da defesa. Todavia, mesmo neste caso, o tribunal não pode recusar ou revogar o exequatur, apesar da violação desses direitos, tal como definidos no nº 2 do artigo 34º, se o requerido não contestou a decisão no Estado-Membro de origem. Por outras palavras, incumbe ao requerido exercer o seu direito de contestação contra uma decisão proferida à revelia (ou, utilizando a terminologia da presente proposta, contestar o crédito), a fim de poder exigir um controlo jurisdicional no que diz respeito à observância das normas comunitárias em matéria de direitos da defesa. Um recurso autónomo interposto unicamente contra a declaração de executoriedade, mas que não conteste o crédito em causa, não pode ser considerado admissível. A presente proposta aplica a mesma lógica.*

fiança mútua entre os Estados-Membros no que concerne à administração prudente da justiça deve ser sustentada e é um dos pilares em que assenta a criação deste mecanismo de concessão de força executória diretamente pelo Estado de origem.

Acresce, ainda, que considerando a garantia, para o devedor, de não lhe serem aplicáveis os efeitos perentórios do prazo de defesa caso não tenha estado em condições de contestar efetivamente o crédito, com base no já analisado artigo 19º, é justificado excluir um recurso específico contra a certificação enquanto título executivo europeu propriamente dito, limitado às condições estabelecidas para a sua emissão. Pode prever-se que o devedor utilize todos os meios ao seu alcance para contestar o crédito, incluindo a possibilidade de apresentar um recurso ordinário contra a decisão e de solicitar a relevação dos efeitos perentórios do prazo de acordo com a exigência de recurso para casos excecionais, conforme o art. 19º, do Regulamento 805/2004[808].

Em síntese, compreendem-se as razões aduzidas para afastar o recurso das decisões de certificação do título executivo europeu, às quais aderimos.

O tema da irrecorribilidade da decisão de certificação envolve ainda a questão de saber se esse princípio é aplicável à decisão de certificação independentemente de ela ter sido positiva ou negativa. Ou seja, tendo em conta que a letra da lei menciona apenas que a «emissão» da certidão não é suscetível de recurso, fica em aberto a admissibilidade, ou não, de recurso de uma decisão negativa ou de recusa da certificação. Deverá, igualmente, entender-se que esta é irrecorrível?

---

[808] Cfr. nota explicativa do legislador aquando da proposta de criação do título executivo europeu, ao art. 8º dessa proposta.
Já na proposta alterada e no mesmo sentido, a Comissão acrescentou: *Além disso, a possibilidade de recurso não é indispensável para salvaguardar os direitos da defesa porque não se trata, neste caso, do processo principal relativo à fundamentação do crédito em termos substantivos. O procedimento de certificação apenas diz respeito à extensão, para além do território do Estado-Membro de origem, da executoriedade de uma decisão já proferida. O devedor já dispôs, portanto, de todas as oportunidades de deduzir oposição no processo principal, incluindo a possibilidade de recorrer da decisão. Dado que a proposta apenas diz respeito a créditos não contestados, o facto de o devedor ter optado deliberadamente por não deduzir oposição constitui um requisito prévio. Se o devedor não tiver utilizado qualquer destas oportunidades de deduzir oposição, não precisa nem merece realmente beneficiar da proteção de um recurso separado contra a certidão de título executivo europeu. Se, em casos excecionais, o devedor tiver estado, de facto, impossibilitado de exercer os seus direitos sem que lhe possa ser imputada a responsabilidade, a proposta já prevê uma proteção suficiente no seu artigo 20º [atual 19º] em termos de relevação.*

Conforme se disse supra, a reivindicação assumida nas negociações que antecederam a aprovação do título executivo europeu valia para ambos os casos. Pretendia-se que fosse assumida a recorribilidade da decisão de certificação quer no caso de a mesma determinar a emissão da certidão de título executivo europeu, quer no caso de recusa dessa certidão. Na sequência disso e em especial sobre o caso de recusa, argumentou-se *que também não há necessidade absoluta de conceder a possibilidade de recurso a um credor a quem tenha sido recusada uma certidão de título executivo europeu. Neste caso, nada impede este credor de executar uma decisão noutro Estado-Membro. Terá apenas de requerer uma declaração de executoriedade em conformidade com o regime de reconhecimento e de execução do Regulamento (CE) nº 44/2001 do Conselho*[809].

Neste pressuposto, no caso de recusa da certificação, o credor era remetido para o regime tradicional de concessão de *exequatur* previsto no Regulamento Bruxelas I, sem que lhe fosse dada a hipótese de requerer a reavaliação da decisão que apreciou a verificação dos pressupostos de certificação exigidos pelo regime jurídico do título executivo europeu e na qual se concluiu de forma negativa, na ótica do credor erradamente, por se ter considerado não se tratar de um crédito não contestado, por não se tratar de matéria abrangida pelo Regulamento 805/2004 ou por não se terem cumpridos os mínimos processuais exigidos.

Neste tipo de situações, na verdade, apenas está em causa discutir se estão preenchidos os pressupostos da certificação necessários à obtenção do título executivo europeu. Assim sendo, não se vislumbram aplicáveis os fundamentos que presidiram ao afastamento da regra da recorribilidade da decisão de «emissão» da certidão de título executivo europeu, antes sendo de concluir que a aceitação dessa possibilidade reforça o uso deste mecanismo, dando um contributo positivo à eficácia da execução transfronteiriça, o que não acontecerá certamente se o credor for obrigado, por falta de meios de reavaliação da decisão, a percorrer o caminho tradicional.

Deve, então, aceitar-se, também em nome da coerência do regime do título executivo europeu e dos seus objetivos, que a decisão de certificação negativa se encontre sujeita a recurso[810]. Só esta solução permite colocar

---

[809] Cfr. nota explicativa à proposta alterada apresentada pela Comissão.

[810] Aceitando a possibilidade de se interpor recurso da decisão que negue a emissão de um título executivo europeu, ver GARCIMARTÍN ALFÉREZ, F. J., *El Título Ejecutivo Europeo, op. cit.*, pp. 169 e 170; GARCIMARTÍN ALFÉREZ, F.J.; PRIETO JIMÉNEZ, M. J., *La Supresión del*

devedor e credor em situação de igualdade de meios de reação, na medida em que estão consagrados mecanismos próprios para o devedor se defender da decisão de certificação, mas nada se diz sobre os meios atribuídos ao credor para situação idêntica, ou seja, para a alegada falta de verificação dos pressupostos que admitiriam a obtenção da certidão de título executivo europeu. E a ausência de previsão expressa no Regulamento remete-nos para o Direito interno, de acordo com o qual se regerá a possibilidade de o credor recorrer da certidão negativa[811].

Neste aspeto, o legislador espanhol tomou posição, aceitando que a recusa de emissão do título executivo europeu estivesse sujeita a recurso, como se extrai do nº 1 e 3 da disposição final 21º da LEC[812].

Na legislação portuguesa, face à omissão de regime específico, dever-se-ão aplicar as regras processuais gerais e, nessa medida, afigura-se-nos de aplicar o art. 234º-A, nº 2, do C.P.C., de acordo com o qual é sempre admitido recurso até à Relação do despacho que haja indeferido liminarmente a petição. Como se trata de uma primeira pronúncia sobre a pretensão do requerente de obtenção da certidão de título executivo europeu, deve ser assegurada a reavaliação dessa decisão, o mesmo se aplicando para as transações judiciais homologadas. Na eventualidade de se tratar da certificação de um instrumento autêntico, compete aos tribunais de primeira instância conhecer dos recursos das decisões dos notários e dos conservadores do registo e dos profissionais que tomem decisões no exercício de funções equiparadas, conforme resulta do art. 70º, do C.P.C.

Exequátur en Europa: El Título Ejecutivo Europeo, "La Ley", nº 6151, 2004, p. 1628; MARINHO, C. M., *Textos de Cooperação Judiciária Europeia em Matéria Civil e Comercial*, op.cit., pp. 154-156; RODRÍGUEZ VÁZQUEZ, M. A., *El Título Ejecutivo Europeo*, op. cit., p. 68.

[811] É nestas situações que a ausência de regulamentação interna sobre a aplicação do regime jurídico do título executivo europeu se revela desvantajosa e pode, de algum modo, trazer indesejadas desigualdades de tratamento.

[812] Para os casos de decisão judicial e de transação judicial diz-se que: *La denegación de emisión de un certificado de título ejecutivo europeo se adoptará de forma separada y mediante providencia, y podrá impugnarse por los trámites del recurso de reposición.* Para os instrumentos autênticos, prevê-se que: *La negativa del notario a la expedición de los certificados requeridos podrá ser impugnada por el interesado ante la Dirección General de los Registros y del Notariado por los trámites del recurso de queja previsto en la legislación notarial. Contra la resolución de este órgano directivo podrá interponerse recurso, en única instancia, ante el juez de primera instancia de la capital de la provincia donde tenga su domicilio el notario, el cual se resolverá por los trámites del juicio verbal.*

2.2. Procedimentos de retificação e revogação da certidão de título executivo europeu

Emitida a certidão de título executivo europeu e notificada essa decisão ao devedor, este pode contra ela reagir usando dos meios previstos no art. 10º do Regulamento 805/2004, isto é, pode requerer a retificação ou revogação da certidão de título executivo europeu, mediante pedido dirigido ao tribunal de origem. A esse procedimento será aplicável a legislação do Estado-Membro de origem (art. 10º, nº 2, do Regulamento 805/2004), sendo que os pedidos de retificação ou revogação de uma certidão de título executivo europeu poderão ser feitos utilizando o formulário-tipo constante do Anexo VI[813] (art. 10º, nº 3, do Regulamento 805/2004).

Atenta a remissão dos arts. 24º e 25º, nº 3, do Regulamento 805/2004, estes procedimentos também se aplicam à certificação das transações judiciais e dos instrumentos autênticos.

A este propósito, os Estados-Membros tinham a obrigação de comunicar à Comissão, em cumprimento da determinação prevista no art. 30º, nº 1, al. a), do mesmo diploma, os procedimentos de retificação e de revogação.

O Estado português informou que *a retificação da certidão de título executivo europeu, bem como a sua revogação, são requeridas pela [à] entidade*[814] *que emitiu a certidão utilizando o formulário tipo constante do Anexo VI do Regulamento.*

O Estado espanhol enviou a informação que segue: – *o procedimento de retificação de erros num título executivo europeu, previsto no nº 1, alínea a), do artigo 10º do Regulamento (CE) nº 805/2004, é regulado nos três primeiros números do artigo 267º da Lei Orgânica 6/1985, de 1 de julho, relativa ao poder judicial; – o procedimento de revogação de uma certidão de título executivo europeu, a que se refere o nº 1, alínea b), do artigo 10º do Regulamento (CE) nº 805/2004, é regulado pelas disposições referentes ao recurso gracioso da LEC; – no que se refere às certidões de título executivo europeu, enquanto atos autênticos com força executiva, cumpre ao notário em cujo cartório foram depositados verificar a existência de erros materiais ou a falta dos requisitos necessários para a sua emissão e proceder à retificação dos*

---

[813] Já vimos que a utilização dos formulários facilita a harmonização de procedimentos, mas isso não impedirá que se usem as formas de requerimento aceites pelo Estado de origem, ainda que, uma vez aceite a retificação ou a revogação do título executivo europeu, tenha que ser emitido o respetivo formulário.

[814] A expressão «pela entidade» não se afigura feliz, devendo entender-se que a retificação ou revogação é requerida à entidade que emitiu a certidão.

erros materiais ou à revogação, tal como previsto no nº 1 do artigo 10º do Regulamento (CE) nº 805/2004[815].

Mais uma vez se constata o diferente tipo de tratamento que cada Estado-Membro adota para articular a legislação comunitária com a legislação interna, que vão desde comunicações lacónicas que deixam tudo em aberto, até à regulamentação cuidada e conscientemente ajustada aos parâmetros internos[816].

Este regime de retificação ou revogação da certidão de título executivo europeu, como se viu, resultou de um compromisso entre as posições da Comissão e do Parlamento, face à questão da irrecorribilidade das decisões, na medida em que através dele se tentou colmatar a falta de meios de reação contra a decisão de certificação, ainda que de aplicação limitada[817]. Por isso, a irrecorribilidade da decisão de certificação encontra-se pre-

---

[815] Estas soluções constam, aliás, da disposição final vigésima primeira da LEC, através da qual se adaptou a aplicação do Regulamento 805/2004 ao ordenamento jurídico espanhol, concretamente nos parágrafos 3 e 4, do nº 1, e no parágrafo 2, do nº 3.

[816] Basta percorrer o Atlas Judiciário Europeu em Matéria Civil para nos apercebermos dessa realidade. A título de exemplo, veja-se que a Alemanha integra no próprio Código de Processo Civil a matéria relacionada com o título executivo europeu. Segundo a informação disponível no Atlas Judiciário Europeu em matéria civil, a Lei relativa à Transposição do Título Executivo Europeu, prevê a introdução das seguintes disposições no Código de Processo Civil Alemão: "Artigo 1081º – Retificação e revogação, (1) Um pedido, nos termos do nº 1 do artigo 10º do Regulamento (CE) nº 805/2004, de retificação ou revogação de uma certidão do tribunal deverá ser feito ao tribunal que emitiu a certidão. Esse tribunal decidirá sobre o pedido. Um pedido de retificação ou revogação de uma certidão notarial ou administrativa deve ser dirigido ao órgão que emitiu a certidão. O notário ou a autoridade administrativa devem transmitir o pedido de uma decisão ao tribunal distrital da área em que se situam. (2) O devedor pode apresentar um pedido de revogação no prazo de um mês. Se a certidão tiver de ser notificada para o estrangeiro, o prazo deve ser de dois meses, que é um prazo excecional. Entra em vigor quando o certificado é notificado e, em todo o caso, nunca antes da notificação do título a que a certidão diz respeito. O pedido de revogação deve explicar as razões pelas quais o título foi indevidamente emitido. (3) Os nºs 2 e 3 do artigo 319º são aplicados, *mutatis mutandis*, à retificação e à revogação." O texto dos nºs 2 e 3 do referido artigo 319º é o seguinte: "Artigo 319º – Retificação de decisões judiciais, (1) ... (2) A decisão a favor de uma retificação será registada no documento da decisão e nas suas cópias. (3) Não cabe recurso contra uma decisão de rejeição de um pedido de retificação. Pode ser imediatamente apresentada reclamação contra uma decisão a favor de uma retificação."

[817] Alguns autores desconfiam, porém, da suficiência destes mecanismos para, de facto, ultrapassar a questão da irrecorribilidade da decisão que emite a certidão de título executivo europeu. Cfr. STORSKRUBB, E., *Civil Procedure and EU Law. A Policy Area Uncovered, op. cit.*, p. 161.

vista no nº 4 do art. 10º, do Regulamento 805/2004, depois dos mecanismos de retificação e revogação, precisamente para reforçar a ideia de que para além das formas de defesa previstas no nº 1 nenhuma outra se admite.

Quanto ao âmbito de aplicação de cada um destes procedimentos, o Regulamento 805/2004 distingue a retificação e a revogação da certidão de título executivo de acordo com os motivos ou causas que fundamentam cada um dos casos. Enquanto que a retificação se aplica às situações em que, devido a «erro material», se apresenta uma discrepância entre a decisão e a certidão; a revogação terá lugar sempre que tenha sido emitida uma certidão de título executivo europeu de forma claramente errada, avaliada em função dos requisitos previstos no Regulamento.

a) Retificação da certidão de título executivo europeu

Através do procedimento de retificação opera-se apenas a uma avaliação puramente formal da certidão de título executivo europeu, sustentada em erros de preenchimento por parte da entidade certificadora e discrepâncias de transposição do conteúdo da decisão ou documento certificando para o formulário da certidão. Pode tratar-se de diferenças de valores, de erro na indicação da moeda em causa ou dos juros em dívida, ou mesmo nos dados relativos à identificação e domicílio das partes, por exemplo[818].

Assim, na eventualidade de não haver coincidência entre os dados que constam da decisão judicial, da transação judicial ou do instrumento autêntico e aqueles que constam da certidão, pode esta ser retificada. Esta discrepância há-de resultar de «erro material», ou seja, de divergências não intencionais, que o tribunal não pretendeu, nem justificou. Além disso, não cabem aqui os alegados «erros» de aplicação do regime jurídico do título executivo europeu ao caso concreto e que sustentaram a recusa, pois nesse caso caímos no âmbito da revogação da certidão e não da sua retificação[819].

Embora a retificação da certidão de título executivo europeu se encontre, como dissemos, no conjunto dos meios que foram criados para sustentar a defesa do devedor em relação à decisão de certificação e embora o Regulamento 805/2004 seja omisso relativamente à legitimidade para acionar este mecanismo, temos que concluir, considerando os motivos que

---

[818] Cfr. GARCIMARTÍN ALFÉREZ, F. J., El Título Ejecutivo Europeo, op. cit., pp. 164 e 165; GASCÓN INCHAUSTI, F., El Título Ejecutivo Europeo para Créditos no Impugnados, op. cit., p. 168.

[819] Sobre a noção de «erro material», ver GASCÓN INCHAUSTI, ibidem, p. 168.

justificam o seu uso, que tanto o devedor como o credor podem requerer a retificação da certidão. De facto, só em face da discrepância ocorrida e após verificar qual a parte que ficará prejudicada com o erro é que estaremos em condições de aferir quem tem legitimidade para acionar a retificação, que tanto pode ser o credor, como o devedor. Sendo que no caso de ser o devedor deverá haver cumprimento do contraditório dentro do procedimento de retificação, ao passo que se for o credor, pode prescindir-se, nesta fase, do contraditório, na medida em que o devedor poderá reagir perante o certificado retificado[820].

Por outro lado, pode colocar-se a hipótese de haver uma retificação oficiosa. Ainda que a resposta não seja absolutamente linear, na medida em que a letra da lei indicia que a retificação é feita a requerimento da parte interessada, não será de afastar essa solução, sobretudo se a lei do Estado de origem admitir essa possibilidade[821], o que aliás sucede quer no ordenamento espanhol, quer no português[822].

---

[820] Idem, *ibidem*, p. 169.

[821] Neste sentido, ver idem, *ibidem*, p. 169.

[822] O que se constata nas disposições seguintes: no caso espanhol, o art. 214º, da LEC (*Invariabilidad de las resoluciones. Aclaración y corrección*) 1. Los tribunales no podrán variar las resoluciones que pronuncien después de firmadas, pero sí aclarar algún concepto oscuro y rectificar cualquier error material de que adolezcan. 2. Las aclaraciones a que se refiere el apartado anterior podrán hacerse de oficio dentro de los dos días hábiles siguientes al de la publicación de la resolución, o a petición de parte o del Ministerio Fiscal formulada dentro del mismo plazo, siendo en este caso resuelta por el tribunal dentro de los tres días siguientes al de la presentación del escrito en que se solicite la aclaración. 3. Los errores materiales manifiestos y los aritméticos en que incurran las resoluciones judiciales podrán ser rectificados en cualquier momento.

No caso português, o art. 666º, do C.P.C. (*Extinção do poder jurisdicional e suas limitações*) 1 – Proferida a sentença, fica imediatamente esgotado o poder jurisdicional do juiz quanto à matéria da causa. 2 – É lícito, porém, ao juiz retificar erros materiais, suprir nulidades, esclarecer dúvidas existentes na sentença e reformá-la, nos termos dos artigos seguintes. 3 – O disposto nos números anteriores, bem como nos artigos subsequentes, aplica-se, até onde seja possível, aos próprios despachos; e 667º (*Retificação de erros materiais*) 1 – Se a sentença omitir o nome das partes, for omissa quanto a custas, ou contiver erros de escrita ou de cálculo ou quaisquer inexatidões devidas a outra omissão ou lapso manifesto, pode ser corrigida por simples despacho, a requerimento de qualquer das partes ou por iniciativa do juiz.

b) Revogação da certidão de título executivo europeu

A revogação da certidão de título executivo europeu é, de facto, a expressão de que o legislador comunitário acedeu à difícil tarefa de encontrar um compromisso entre a decisão de considerar a certidão de título executivo europeu irrecorrível e a conveniência de existir uma forma de acautelar a posição do devedor, quando confrontado com situações de grave desconformidade jurídica entre a decisão de certificação e o regime jurídico do título executivo europeu.

Este mecanismo salvaguarda a posição do devedor em face do não cumprimento dos requisitos exigidos, pelo Regulamento 805/2004, para a certificação. Já não estamos perante uma análise meramente formal da certidão, mas antes em face da sindicância dos pressupostos substanciais que fundamentam a decisão de certificação. Estará em causa a demonstração de que no caso concreto houve violação das disposições que definem o âmbito de aplicação material, temporal e espacial do referido Regulamento ou das disposições que definem o objeto da obrigação, o caráter não contestado do crédito, os requisitos formais dos títulos executivos certificáveis e o seu caráter executório no Estado de origem, e ainda as regras mínimas processuais e as regras de competência de que o legislador não abre mão para uma válida obtenção do título executivo europeu.

Não terá sido despiciendo o facto de se exigir, para uso da revogação, que a certidão haja sido emitida de forma *claramente errada*. O receio de que este mecanismo tivesse exatamente os contornos de um recurso e a necessidade de evitar um paradoxo no regime do título executivo europeu devido à afirmação de irrecorribilidade da decisão, levou o legislador a limitar o âmbito de aplicação da revogação. Perante isto, são deixadas algumas dificuldades de aplicação do regime da revogação da certidão de título executivo europeu, cabendo ao decisor a análise de cada situação e a densificação, perante o caso concreto, do referido conceito.

Atentas as causas de revogação, será difícil vislumbrar casos em que um ato notarial certificado enquanto título executivo europeu possa ser alvo de revogação, pois a intervenção direta do devedor e a inaplicação dos mínimos processuais não leva a crer que possam falhar os requisitos substanciais de certificação, salvo se se tratar de falta de cumprimento do âmbito de aplicação do Regulamento que criou o título executivo europeu[823].

---

[823] GARCIMARTÍN ALFÉREZ, F. J., *El Título Ejecutivo Europeo, op. cit.*, p. 173.

2.3. Oposição em sede de ação executiva
2.3.1. Enquadramento

Outra sede onde o devedor poderá exercer o seu direito de defesa perante a certificação de um título executivo europeu será na execução que venha a ser proposta no Estado de destino, através da oposição à execução. Porém, é imprescindível assinalar dentro de que limites e parâmetros pode ocorrer essa defesa, pois o caráter irrecorrível da decisão de certificação levantará certamente dúvidas quanto aos termos em que opera o exercício do direito de defesa do executado.

Em primeiro lugar, nesta matéria não se pode confundir o que são fundamentos de defesa contra a decisão de certificação e o que são motivos de oposição relativamente à relação de fundo que subjaz ao título executivo europeu. Os primeiros, na verdade, gozam de um estatuto próprio e autónomo, de modo que só podem ser invocados em sede de retificação ou revogação da decisão de certificação, o que resulta do disposto no art. 21º, nº 2, do Regulamento 805/2004. Quanto aos segundos, ter-se-á que apurar qual o tratamento que o Regulamento lhes reservou e quais as eventuais possibilidades de defesa do executado, começando por ver qual o direito aplicável nesta matéria, sem prescindir, naturalmente, de uma análise coerente e articulada com todo o regime jurídico do título executivo europeu.

Considerando que o Regulamento faz remissão para a lei interna quanto à disciplina da execução do título certificado mas, ao mesmo tempo, dispõe expressamente sobre dois motivos de oposição à execução – caso de recusa da execução e caso de acordos com países terceiros, previstos nos art. 21º e 22º, do Regulamento 805/2004, respetivamente – fica a dúvida sobre se o legislador comunitário terá pretendido restringir os motivos invocáveis em sede de oposição no Estado de destino. Ter-se-á que ponderar e aferir se o executado também se pode valer do Direito interno do Estado de execução para sustentar a sua defesa, usando os argumentos nele permitidos[824].

De facto, ressalvado o que consta do referido diploma comunitário e que disponha em contrário, o processo de execução baseado em título executivo europeu obtido noutro Estado-Membro rege-se pela *lex fori*, ou seja, a execução segue os trâmites definidos e aplicáveis no Estado-Membro de

---

[824] Sobre esta questão, ver GONZÁLEZ CANO, M. I., *Reconocimiento y Ejecución de Resoluciones Judiciales y Documentos Públicos con Fuerza Ejecutiva en el Ámbito Comunitario*, "U. E. Aranzadi", nº 3, 2004, p. 22.

execução, entendendo-se como tal o Estado-Membro no qual tenha sido requerida a execução da decisão, transação judicial ou instrumento autêntico de certificação como título executivo europeu (art. 20º, nº 1, 1ª parte, do Regulamento 805/2004)[825]. Cumpre-se, deste modo, a regra clássica segundo a qual *lex fori regit processum*[826].

Mas, atendendo ao que se disse sobre a existência de motivos expressamente previstos no Regulamento 805/2004, se enveredarmos por uma visão mais restritiva, somos levados a admitir que a defesa do executado se esgota nos argumentos que o citado Regulamento prevê. Porém, não nos parece ter sido essa a intenção do legislador comunitário, que apenas terá pretendido traçar os contornos específicos da alegação, como motivo de defesa, da existência de uma decisão proferida num Estado-Membro ou país terceiro que seja inconciliável com o título executivo europeu. Sobretudo, terá pretendido autorizar um regime excecional e especialmente regulado.

Assim sendo, quanto aos fundamentos da oposição à execução ter-se-á que olhar também para os motivos de oposição elegíveis à luz do ordenamento interno do Estado de execução para cada categoria de título executivo que seja apresentado à execução e que foi objeto de certificação, desde que não sejam incompatíveis com a *ratio* do título executivo europeu[827].

---

[825] Já na vigência da Convenção de Bruxelas se entendia que a Convenção se limitava a regular o procedimento de *exequatur*, não se aplicando à execução propriamente dita, que se encontrava submetida ao Direito nacional do tribunal requerido. Cfr. Sentença do TJCE, de 2 de julho de 1985, Proc. 148/84, *Deutsche Genossenschaftsbank versus SA Brasserie du Pêcheur*, em VIRGÓS SORIANO, M; RODRÍGUEZ PINEAU, E., *Espacio Judicial Europeo en Materia Civil y Mercantil: Jurisprudencia del Tribunal de las Comunidades Europeas*, Navarra, 2005, p. 203 e ss. Ver, também, REIG FABADO, I., *La Ejecución en el Convenio de Bruselas: El Problema del Derecho Aplicable al Carácter Ejecutorio de la Sentencia*, "La Ley", nº 4959, 1999, pp. 2000 e ss, em especial pp. 2001 e 2002.

[826] Para estudo desta regra: ADAM MUÑOZ, M. D., *La Regla Lex Fori Regit Processum*, "Justicia", 2002, pp. 121 e ss. A regra *lex fori regit processum* é aceite no Direito Internacional Privado e está associada, sobretudo, à soberania do Estado e ao princípio da territorialidade.

[827] Admitindo, embora com reservas e limitações, o recurso aos fundamentos de oposição previstos no ordenamento interno do Estado de execução, ver GARCIMARTÍN ALFÉREZ, F. J., *El Título Ejecutivo Europeo, op. cit.*, pp. 180-182; GASCÓN INCHAUSTI, F., *El Título Ejecutivo Europeo para Créditos no Impugnados, op. cit.*, p. 185; GONZÁLEZ CANO, M. I., *Reconocimiento y Ejecución de Resoluciones Judiciales y Documentos Públicos con Fuerza Ejecutiva en el Ámbito Comunitario, op. cit.*, p. 22; RIBEIRO, A. C. N., *Processo Civil da União Europeia*, Vol. II, Coimbra, 2006, pp. 87 e 88; SILVA, P. C., *Processo de Execução – Títulos Executivos Europeus, op. cit.*, pp. 60 e 61.

Uma coisa é desde já certa. Nenhum fundamento de oposição será admitido se a sua procedência implicar uma revisão de mérito da decisão ou certificação, pois nos termos do já citado art. 21º, nº 2, «*a decisão ou a sua certificação como Título Executivo Europeu não pode, em caso algum, ser revista quanto ao mérito no Estado-Membro de execução*». Como se disse, a possibilidade de o executado deduzir oposição não pode colidir com o caráter irrecorrível da certificação, com o qual se pretende uma estabilização da decisão à data da certificação. Quaisquer motivos que pudessem sustentar uma revisão de mérito sempre teriam de ter sido apresentados em sede de recurso, no Estado de origem. Este cenário, de todo o modo, é equivalente ao que sucede com o regime de oposição à execução quando estamos perante a execução de um título executivo judicial, embora no caso do título executivo europeu seja de esperar ainda uma maior restrição dos argumentos invocáveis, bastando pensar que a questão da citação não pode mais ser posta em causa.

2.3.2. Fundamentos da oposição à execução

Tomando o pressuposto acima exposto, vejamos os motivos atendíveis numa eventual oposição do devedor em sede de execução.

a) Incompatibilidade entre decisões

O regime jurídico do título executivo europeu prevê, expressamente, um motivo de «recusa» da execução[828], do qual o executado se pode valer em sede de oposição à execução. Esse fundamento, disposto no art. 21º do Regulamento 805/2004, determina que a execução do título executivo europeu não possa avançar se tiver ocorrido decisão inconciliável proferida anteriormente num Estado-Membro ou num país terceiro, desde que verificadas as condições exigidas na referida disposição, ou seja:

a) Envolva as mesmas partes e a mesma causa de pedir; e

---

[828] O termo «recusa da execução» não está tecnicamente correto. No ordenamento português, a recusa da execução ocorre quando o agente de execução, de acordo com os fundamentos previstos no art. 811º, C.P.C., tem razões para negar o recebimento do requerimento executivo. O caso em apreço no art. 21º, do Regulamento 805/2004, refere-se, na verdade, a um fundamento de oposição que uma vez procedente determinará a extinção da execução, em consequência da procedência do enxerto declarativo de oposição à execução, nos termos do art. 817º, nº 4, C.P.C.

b) Tenha sido proferida no Estado-Membro de execução ou reúna as condições necessárias para o seu reconhecimento no Estado-Membro de execução; e
c) Não tenha sido alegada, nem tiver sido possível alegar, a incompatibilidade para impugnar o crédito durante a ação judicial no Estado-Membro de origem.

Esta medida absorveu o regime do Regulamento Bruxelas I[829], embora com algumas diferenças. Designadamente, equipara as decisões do Estado requerido às dos outros Estados ou às dos Estados terceiros, de maneira que todas elas – e não só as destes últimos – apenas prevalecem se tiverem sido anteriores à decisão certificada; evita que o devedor relegue para sede executiva este argumento, proibindo a sua invocação quando o mesmo não tiver sido mas pudesse ter sido alegado no tribunal de origem, de maneira a impedir comportamentos abusivos por parte do devedor[830]. Deve, no entanto, entender-se aquela falta de alegação não num sentido literal mas num sentido amplo, ou seja, desde que, ainda que formalmente invocado, o fundamento haja improcedido porque, por exemplo, a decisão alegadamente incompatível não reunia condições para ser reconhecida no Estado de origem[831].

Quanto aos termos em que o fundamento pode ser invocado, salienta-se a circunstância de o legislador condicionar o conhecimento deste motivo de recusa ao impulso do devedor. Esta condição contraria as normas de direito interno na medida em que, constituindo este argumento uma exceção dilatória de conhecimento oficioso, instala-se a dúvida sobre se o tribunal estará em condições de, eventualmente possuidor de elementos sobre uma decisão inconciliável com a decisão que foi objeto da certificação enquanto título executivo europeu, rejeitar oficiosamente a execução com esse fundamento. Numa primeira abordagem, seríamos levados

---

[829] Previsto no art. 34º, nº 3 e 4, nos termos seguintes: Uma decisão não será reconhecida: (...) 3. *Se for inconciliável com outra decisão proferida quanto às mesmas partes no Estado-Membro requerido;* 4. *Se for inconciliável com outra anteriormente proferida noutro Estado-Membro ou num Estado terceiro entre as mesmas partes, em ação com o mesmo pedido e a mesma causa de pedir, desde que a decisão proferida anteriormente reúna as condições necessárias para ser reconhecida no Estado-Membro requerido.*
[830] Cfr. GARCIMARTÍN ALFÉREZ, F. J., *El Título Ejecutivo Europeo, op. cit.*, p. 184.
[831] Neste sentido, GARCIMARTÍN ALFÉREZ, F. J., *ibidem*, pp. 184 e 185; GASCÓN INCHAUSTI, F., *El Título Ejecutivo Europeo para Créditos no Impugnados, op. cit.*, p. 189.

a admitir a intervenção oficiosa do juiz da causa, mas o princípio do primado do direito comunitário conduz-nos a solução diversa, não podendo afastar-se um requisito previsto no Regulamento com base numa disposição interna. Especialmente neste caso, em que concorrem vários requisitos, alguns deles praticamente impossíveis de conhecer pelo tribunal, percebe-se a necessidade do impulso do devedor[832].

b) Acordos com países terceiros

Conforme o art. 22º, do Regulamento 805/2004, o que nele se dispõe sobre a execução do título executivo no espaço europeu de justiça *não afeta os acordos nos termos dos quais os Estados-Membros se tenham comprometido, antes da entrada em vigor do Regulamento (CE) nº 44/2001 do Conselho, ao abrigo do artigo 59º da Convenção de Bruxelas*[833] *relativa à Competência Judiciária e à Execução de Decisões em Matéria Civil e Comercial, a não reconhecer uma decisão proferida, nomeadamente noutro Estado Contratante da referida convenção, contra um requerido que tenha o seu domicílio ou residência habitual num país terceiro quando, nos casos previstos no artigo 4º da citada Convenção, a decisão só pode ter por fundamento uma das disposições previstas no segundo parágrafo do artigo 3º dessa Convenção.*

Esta disposição reproduz exatamente o teor do art. 72º do Regulamento Bruxelas I e assegura a coerência do sistema de *exequatur* nos seus diversos níveis, possibilitanto ainda, à semelhança do que acontecia à luz da Convenção de Bruxelas, que os Estados-Membros possam honrar os seus compromissos internacionais.

Antes do Regulamento 44/2001, os Estados-Membros estavam autorizados a celebrar acordos com países terceiros nos quais se vinculavam a não reconhecer decisões proferidas contra nacionais desses Estados terceiros, mesmo que o fossem por tribunais dos Estados-Membros, se a competência do tribunal que proferiu a decisão tivesse sido determinada pela

---

[832] Neste sentido, GASCÓN INCHAUSTI, F., *El Título Ejecutivo Europeo para Créditos no Impugnados, op. cit.*, p. 190; RIBEIRO, A. C. N., *Processo Civil da União Europeia, op. cit.*, p. 86. Em sentido contrário, SILVA, P. C., *O Título Executivo Europeu*, Coimbra, 2005, p. 15.

[833] Onde se diz: *a presente Convenção não impede que um Estado contratante se vincule para com um Estado terceiro, nos termos de uma convenção relativa ao reconhecimento e à execução das decisões, a não reconhecer uma decisão proferida, nomeadamente noutro Estado contratante, contra réu que tinha domicílio ou residência habitual no território do Estado terceiro sempre que, num dos casos previstos no artigo 4º, a decisão só tenha podido fundar-se numa das competências referidas no segundo parágrafo do artigo 3º.*

aplicação de regras da chamada competência exorbitante da Convenção. Após a entrada em vigor do Regulamento Bruxelas I os referidos acordos deixaram de ser possíveis, mas ficaram salvaguardadas as situações que pudessem surgir de obrigações anteriormente assumidas.

c) **Fundamentos decorrentes da legislação do Estado de execução**
Sabendo-se já que os fundamentos de ordem interna aplicáveis à oposição à execução baseada no título executivo europeu devem ser tomados de acordo com as condicionantes supra enunciadas, é ainda conveniente tecer algumas considerações sobre esta matéria. Fá-lo-emos, todavia, sem esquecer que não são aceitáveis argumentos que proporcionem, de forma encapotada, uma revisão de mérito da decisão, nem se admite, também, um ataque à certificação em si mesma considerada porque a sua reavaliação apenas se concebe no Estado de origem[834].

---

[834] Em Acórdão do Tribunal da Relação do Porto, de 21 de setembro de 2010, decidiu-se no sentido seguinte: I – Tanto por força da lei interna (art. 65º-A, al. e), do Código de Processo Civil) como por força do Regulamento (CE) nº 44/2001, do Conselho, de 22 de dezembro de 2000 (art. 22º, nº 5), os tribunais portugueses têm competência internacional exclusiva para as execuções sobre bens existentes em território nacional fundadas em sentença judicial condenatória proferida por Tribunal de qualquer Estado-Membro da União Europeia. II – Estando em causa a execução em Portugal de uma decisão judicial proferida por Tribunal Italiano e certificada pelo mesmo Tribunal como "Título Executivo Europeu", nos termos previstos no Regulamento (CE) nº 805/2004, do Parlamento Europeu e do Conselho, de 21 de abril de 2004, não compete ao Tribunal da execução avaliar nem do mérito da decisão nem da sua certificação como Título Executivo Europeu (art. 21º, nº 2, do dito Regulamento). III – Esta execução processa-se segundo os trâmites do Estado-Membro de execução e nas mesmas condições que uma decisão proferida no Estado-Membro de execução (art. 20º, nº 1, do mesmo Regulamento). IV – Deste modo, a oposição à referida execução apenas pode incidir sobre algum dos fundamentos previstos no art. 814º do Código de Processo Civil. V – Invocando o executado a inexistência da dívida, terá que justificá-la no âmbito da al. g) do referido artigo, ou seja, através de "qualquer facto extintivo ou modificativo da obrigação", que seja posterior à data da sentença e, não se tratando da prescrição, se prove por documento (em www.dgsi.pt). Do mesmo modo, a Audiencia Provincial de Guipúzcoa proferiu decisão confirmatória do «auto» proferido perante oposição apresentada em execução fundada em título executivo europeu, no qual se sustentou que *"nos hallamos ante la presencia de reclamación de un crédito no impugnado por lo que es de aplicación el Reglamento CE 805/2004, y que no cabe la oposición en cuanto al fondo dado que ello es improcedente, que la ejecutada fue notificada en todo momento de la actuación procesal en Austria sin que pueda alegar desconocimiento de la lengua alemana, que el título ejecutivo europeo es válido ya que las notificaciones se realizaron al ejecutado conforma a lo dispuesto en Reglamento*

Para melhor abordar este assunto, devem distinguir-se os casos em que se trata da execução de decisão judicial ou de transação judicial daqueles em que o título certificado foi um instrumento autêntico. Por norma, os ordenamentos internos também fazem essa distinção, criando regimes abertos para a defesa oposta aos títulos extrajudiais e regimes fechados para a execução de títulos judiciais.

Antes disso, porém, há uma questão comum que deve ser apresentada, qual seja a da alegada falta de pressupostos de exequibilidade da obrigação exequenda que subjaz ao título executivo. Isto é, poderá o devedor invocar, por essa razão, a falta de força executória do título executivo em que se funda a execução, quando esteja em causa um título executivo europeu?

Ponderadas as considerações que já se fizeram sobre o caráter de abstração do título executivo europeu e considerando que o caráter executório do título executivo certificado já foi objeto de análise no Estado de origem, por se tratar de um dos pressupostos da certificação, teremos de concluir, *prima facie*, que essa questão não poderá mais ser avaliada, dado tratar-se de questão estabilizada e relativa ao foro do procedimento de certificação propriamente dito. Mas esta conclusão é válida, nestes exatos termos, se estivermos perante um vício que, uma vez conhecido no Estado de origem, inviabilizaria a certificação[835], caso em que o devedor teria de usar o mecanismo do art. 10º, do Regulamento 805/2004.

Sabemos que o título executivo vale por si só, mas há pelo menos uma situação em que a falta de exequibilidade se estende à questão de fundo e impedirá a execução no Estado de destino. Trata-se do caso em que uma decisão cujo objeto seja uma obrigação pecuniária constituída a prazo ainda não vencida – em que esse facto, como se sabe, não impede a certificação (art. 4º, nº 2, do Regulamento 805/2004) – venha a ser executada antes de decorrido o respetivo prazo de vencimento. Neste contexto, a certificação do título executivo em causa é inatacável, mas há motivo para que o devedor se oponha à execução e essa razão é, de facto, relativa à falta de

---

1348/2000 y en el Reglamento 805/2004" (AAP de Guipúzcoa (Sección 3ª) Auto núm. 10/2008 de 5 febrero – JUR\2008\174407).

[835] Não será comum encontrar um vício que retire o caráter executório às decisões judiciais e que passe incólume. Mas pode pensar-se, por exemplo, numa decisão judicial com recurso pendente o qual tenha efeito suspensivo, em que na verdade a via adequada para a defesa do devedor não seria a oposição à execução.

condições de executoriedade, concretamente por falta de exigibilidade da obrigação exequenda[836].

Agora, separando as questões pelo tipo de título executivo certificado pode ainda acrescentar-se que, no caso de estarmos perante uma decisão judicial certificada enquanto título executivo europeu, os eventuais vícios da citação no processo declarativo que correu no Estado de origem não são mais suscetíveis de serem invocados porque esse argumento apenas seria admissível para pôr em causa a certificação em sede de revogação. E quanto a outros motivos de oposição baseados na lei interna[837] serão sempre encarados a título excecional[838], embora não se negue, por exemplo, a possibilidade de ser invocada a exceção perentória do pagamento, quando demonstrado por documento e quando tenha ocorrido em data posterior à certificação do título.

Se, porém, o título certificado for um instrumento autêntico e se atendermos ao ordenamento interno, por regra este sustenta-se num regime aberto quanto à defesa do devedor em sede executiva, baseado na falta de processo declarativo anterior onde o mesmo pudesse invocar argumentos defensionais, razão que determina a abertura de um enxerto declarativo onde é legítimo usar de todos os meios de defesa permitidos (exceções dilatórias, exceções perentórias e impugnação). Apesar de ser assim nas execuções de títulos executivos extrajudiciais na ordem interna, no caso da execução de um título executivo europeu baseado em instrumento autêntico, há que ter mais cautelas. Por um lado, o próprio Regulamento que cria o título executivo europeu exclui a aplicação do art. 21º, nº 1 e do art. 22º, do Regulamento 805/2004 (cfr. art. 24º, nº 3 e 25º, nº 3). Por outro, a proibição da revisão de fundo, por aplicação do art. 21º, nº 2, afasta, desde logo, os argumentos que possam pôr em causa o conteúdo do documento e a validade do negócio que se enconra subjacente, como por exemplo a invocação de nulidade ou anulabilidade do respetivo negócio jurídico[839]. Esta solução assegura a coerência e a *ratio* do regime do título executivo

---

[836] Neste sentido, RAMOS ROMEU, F., *El Título Ejecutivo Europeo, op. cit.*, p. 126.
[837] No caso português previstas no art. 814º, C.P.C.
[838] Como diz RIBEIRO, «a regra será atermo-nos apenas a causas de direito uniforme comunitário, relativamente à recusa de execução do título». Cfr. RIBEIRO, A. C. N., *Processo Civil da União Europeia, op. cit.*, p. 87.
[839] Cfr. GASCÓN INCHAUSTI, F., *El Título Ejecutivo Europeo para Créditos no Impugnados, op. cit.*, p. 228.

europeu, mas causará alguma estranheza e por isso importa garantir que o requerido veja assegurados modos de reação no Estado de origem, designadamente através de ação judicial onde possa ver anulado o negócio, que depois se articule com a execução no Estado de destino.

Reitera-se, por fim, o que se disse a propósito da exceção do pagamento, também aplicável neste caso.

2.3.3. Cláusula de ordem pública: afastar ou recuperar?

Voltando a algumas considerações já expostas sobre o regime de reconhecimento e o novo paradigma associado ao *exequatur* nascido à sombra do título executivo europeu, ou melhor, ao *sistema de equivalência de decisões*, relembramos que tudo assenta na confiança mútua e numa premissa muito simples: – cada Estado estará em condições de aceitar a execução direta de uma decisão estrangeira desde que seja de presumir que o processo que lhe esteve subjacente reuniu as garantias processuais mínimas.

Mas, será que também o «conteúdo» da decisão em causa deve ser assumido como condição de aceitação da sua exequibilidade direta no Estado requerido, sem considerar os princípios fundamentais aí vigentes, ou seja, o respeito pela cláusula de ordem pública? A decisão deverá, necessariamente, respeitar o conjunto dos princípios fundamentais, subjacentes ao sistema jurídico, que o Estado e a sociedade estão substancialmente interessados em que prevaleçam?

Que o sistema de revisão material das decisões estrangeiras é um regime ultrapassado, disso não há dúvidas, mas têm persistido algumas interrogações sobre o grau de segurança que se afigura adequado no domínio do regime jurídico do título executivo europeu, no que concerne ao respeito pela ordem pública[840].

---

[840] Sobre este conceito, ver sentença do Tribunal de Justiça, de 28 de março de 2000, Assunto C-7/98, Dieter Krombach *versus* André Bamberski. A decisão pronunciou-se sobre o conceito de «ordem pública do Estado requerido», a que se referia o art. 27º da, então vigente, Convenção de Bruxelas, e, na esteira de jurisprudência anterior, reiterou que deve ser feita uma interpretação restritiva do conceito na medida em que constitui um obstáculo a um dos objetivos fundamentais da Convenção (a circulação das decisões estrangeiras). De toda a maneira, os objetivos da Convenção não podem prevalecer sobre os direitos de defesa e, por isso, a invocação da cláusula de ordem pública, ainda que de aplicabilidade excecional, tem cabimento sempre que as garantias estabelecidas na legislaçãodo Estado de origem e na própria legislação comunitária não sejam suficientes para proteger o demandado de mani-

Desde cedo se assumiu que *"A abolição da "ordem pública" enquanto "saída de emergência em casos extremos" está intimamente relacionada com o objetivo de suprimir completamente o exequatur, introduzindo o Título Executório Europeu. Só será possível atingir este objetivo se se afastar o perigo de uma decisão proferida num Estado-Membro ser incompatível com os princípios jurídicos fundamentais de outro Estado-Membro em que a mesma seja apresentada para reconhecimento e execução. Por conseguinte, deverá ser feita uma avaliação do recurso à cláusula da ordem pública, em particular à luz dos procedimentos de execução previstos no Regulamento de Bruxelas I. Para tal, o método adequado parece ser um questionário dirigido aos Estados-Membros da União"*[841].

CARRASCOSA GONZÁLEZ entende que a cláusula de ordem pública deve afastar-se como causa de recusa do reconhecimento, pois supõe um juízo negativo inaceitável sobre o Direito dos outros Estados-Membros. Se estamos perante uma "Comunidade de sócios", será difícil admitir que nela existam países com «leis indesejáveis» ou cuja aplicação possa gerar «efeitos intoleráveis» noutro Estado[842]. Caso contrário, acrescentamos, todos os demais compromissos de respeito por direitos fundamentais, incluindo os de natureza judicial, não passam de meros processos de intenção e, então, não vale a pena «sonhar» com um espaço de justiça europeu. De toda a maneira, a harmonização e a igualdade de garantias não se «decretam» e, por isso, a chave do problema está no contributo e consciencialização de cada um dos Estados-Membros para a necessidade, voltamos a dizer, de adotarem verdadeiramente a cultura europeia e de construírem sistemas compatíveis com as exigências comunitárias, aliás, por si assumidas em vários instrumentos supranacionais, que devem deixar de estar apenas no papel.

A verdade é que o Regulamento 805/2004 não estatuiu qualquer cláusula de salvaguarda da ordem pública, nem como motivo de rejeição, nem como motivo especial de oposição à execução que viesse a ter lugar no

---

festas violações ao seu direito de se defender no tribunal de origem. Consultar, também, sentença do Tribunal de Justiça, de 11 de junho de 1985, Assunto 49/84, Debaecker e Plouvier *versus* Gerrit Bouwman. VIRGÓS SORIANO, M; RODRÍGUEZ PINEAU, E., *Espacio Judicial Europeo en Materia Civil y Mercantil: Jurisprudencia del Tribunal de las Comunidades Europeas*, op. cit., pp. 193 e ss.; 630 e ss.

[841] Doc. 5259/01, Limite, JUSTCIV 5.
[842] CARRASCOSA GONZÁLEZ, J., *Globalización y Derecho Internacional Privado*, Murcia, 2002, p. 143.

Estado de destino, com base no título executivo europeu. Diferenciando-se do regime do Regulamento Bruxelas I[843] e mesmo das regras internas de revisão de sentença estrangeira[844], seguiu a opção, a nosso ver legítima, de impor ao devedor o ónus de esgotar todas as vias de recurso no Estado de origem, inclusivamente com esse fundamento, precludindo o direito de invocar, no Estado de execução, qualquer motivo que pudesse e devesse ser alegado naquele Estado, fosse nas instâncias nacionais, fosse nas instâncias comunitárias.

Nesta opção legislativa têm residido algumas críticas ao regime do título executivo europeu. Mas também se sabe que o perigo de o Estado requerido ter de executar uma decisão que contrarie a sua ordem pública pode ser atenuado pelos movimentos de harmonização e aproximação dos ordenamentos jurídico-privados dos Estados da União Europeia. Contudo, atentas as dificuldades de implementação desse fenómeno, esse perigo não se encontra totalmente eliminado, o que em princípio seria razão suficiente para que fossem tomadas medidas no sentido de afastar a execução de decisões que pudessem pôr em causa os princípios de ordem pública. Por outro lado, o facto de as normas de conflito poderem conduzir à aplicação de direito substantivo estranho, designadamente de ordenamentos que não conferem garantias de confiança, agrava essa perigosidade.

De todo o modo, a opção do legislador comunitário foi outra e já explicaremos as razões em que sustentou a sua posição[845]:

– O afastamento em relação ao regime previsto no Regulamento Bruxelas I acaba por ser meramente aparente. Tendo em conta que neste diploma o controlo sobre a cláusula de ordem pública já havia sido privatizado, ou seja, não se afigura o seu conhecimento oficioso,

---

[843] O art. 34º, nº 1, do Regulamento 44/2001, prevê que «*Uma decisão não será reconhecida: 1. Se o reconhecimento for manifestamente contrário à ordem pública do Estado-Membro requerido*».

[844] No caso português, por exemplo, um dos requisitos necessários para que uma sentença estrangeira seja confirmada é que «*não contenha decisão cujo reconhecimento conduza a um resultado manifestamente incompatível com os princípios da ordem pública internacional do Estado Português*», conforme estipula o art. 1096º, C.P.C. O que, além do mais, constitui fundamento de impugnação do pedido, nos termos do art. 1100º, C.P.C. De toda a maneira, estas disposições apenas se aplicam à revisão de sentença estrangeira proferida em Estados terceiros e por isso se justifica esta cautela.

[845] Seguindo a exposição de GARCIMARTÍN ALFÉREZ, F. J., *El Título Ejecutivo Europeo, op. cit.*, pp. 186-198.

cabendo ao devedor recorrer com esse fundamento para obter a recusa do reconhecimento da decisão no Estado requerido (art. 41º, do referido Regulamento), o regime jurídico do título executivo europeu apenas veio aprofundar esta ideia de «privatização», mas não desvirtuou o princípio já consagrado no Regulamento 44/2001. E esse aprofundamento assenta na circunstância de o título executivo europeu se encontrar construído na base da «falta de contestação voluntária» por parte do devedor, que conscientemente aceita esta via de certificação, deixando para trás quer a possibilidade de defesa no Estado de origem, quer a possibilidade de condicionar o credor a usar o Regulamento Bruxelas I.
– Tendo em conta que em relação ao Regulamento que criou o título executivo europeu apenas é de considerar a invocação da cláusula de ordem pública na sua aceção processual e não tanto na sua aceção material – visto que o âmbito de aplicação do referido Regulamento torna praticamente inexistente a sua violação – e sabendo que o regime jurídico instituído para o título executivo europeu impôs garantias mínimas processuais para a respetiva certificação, em especial para o ato de citação ou notificação, torna-se controlável o receio de violação da ordem pública. Acresce que, ainda que as questões processuais defensáveis em nome da ordem pública possam extravasar a matéria da citação ou notificação, havendo argumentos dessa natureza, os mesmos terão que ser postos em causa em sede de recurso no Estado de origem. Qualquer violação da proibição de indefesa deve ser arguida no Estado de origem, sob pena de preclusão, não devendo ser dada mais uma hipótese no Estado requerido.
– Os casos em que podem surgir violação da ordem pública são marginais e nessa medida a eliminação desse argumento não causará prejuízos efetivos, além de que se o mesmo se mantiver vai alimentar-se uma utilização abusiva e meramente dilatória desse fundamento por parte dos devedores. Na verdade, esta explicação, só por si, não é absolutamente aceitável, pois trata-se de uma razão não substancial, antes meramente pragmática, à qual não podemos associar uma sólida opção legislativa.
– Por fim, a partilha da Carta dos Direitos Fundamentais da União Europeia deve criar os laços de confiança suficientes entre os Estados-Membros de forma a que não seja exigível uma dupla fiscaliza-

ção sobre esses mesmos princípios. O controlo sobre o cumprimento desses princípios caberá ao Estado de origem e é nele que devem ser questionados, sendo desnecessária uma segunda via ou um segundo grau de fiscalização.

Este argumento alia-se ao facto de se aceitar que no seio da União Europeia os princípios processuais gerais exigíveis a cada Estado-Membro decorrem da referida Carta dos Direitos Fundamentais e da Convenção Europeia dos Direitos do Homem. Será de acordo com esses parâmetros, concretamente o que se encontra patente no art. 47º da referida Carta e no art. 6º da Convenção, que deve ser «lida» a cláusula de ordem pública[846]. Neste contexto, uma violação da referida cláusula será posta em causa junto das instâncias europeias, o Tribunal de Justiça e o Tribunal Europeu dos Direitos do Homem, com vista a aferir da violação desses valores fundamentais[847].

Isto posto, bem se conclui que no regime jurídico do título executivo europeu o legislador optou por impor ao devedor que esgote as vias de recurso no Estado de origem, precludindo o seu uso no Estado requerido, ainda que se trate de violação da cláusula de ordem pública, *máxime* na sua vertente processual ou formal. E a aceitação desta preclusão julga-se legítima desde que os Estados envolvidos partilhem a Carta dos Direitos

---

[846] O Tribunal de Justiça já havia interpretado de forma estrita este conceito, no supra citado acórdão Dieter Krombach *versus* André Bamberski, ainda na vigência da Convenção de Bruxelas, onde se afirmou: *21. No que respeita ao artigo 27º da convenção, o Tribunal de Justiça considerou que deve ser objeto de uma interpretação estrita, na medida em que constitui um obstáculo à realização de um dos objetivos fundamentais da convenção. No que respeita, mais exatamente, ao recurso à cláusula de ordem pública, que é enunciada no nº 1 do artigo 27º da convenção, o Tribunal de Justiça esclareceu que deve intervir apenas em casos excecionais (acórdãos de 4 de fevereiro de 1988, Hoffmann, 145/86, Colect., p. 645, nº 21, e de 10 de outubro de 1996, Hendrikman e Feyen, C-78/95, Colect., p. I-4943, nº 23). 22. Segue-se que, embora os Estados contratantes permaneçam, em princípio, livres para, ao abrigo da reserva constante do artigo 27º, nº 1, da convenção e em conformidade com as suas conceções nacionais, determinar as exigências da sua ordem pública, os limites desse conceito fazem parte da interpretação da convenção.*
[847] SILVA, P. C., levanta reservas a esta solução tendo em conta que, apesar de possibilitar o recurso à suspensão da execução nos termos do art. 23º, do Regulamento 804/2005, apenas irá retardar a execução, na medida em que os efeitos do acórdão proferido pelo Tribunal Europeu dos Direitos do Homem não determinarão a invalidação do título entretanto certificado, não tendo qualquer efeito sobre o procedimento em concreto. Cfr. *Processo de Execução – Títulos Executivos Europeus*, op. cit., p. 22.

Fundamentais e se encontrem estabelecidas garantias de que a omissão quanto ao uso e esgotamento dos meios adequados a fazer valer os seus direitos ao *due process*, incluindo os relativos à violação de direitos fundamentais, foi livre e consciente. Ora, pela forma como foi pensado o título executivo europeu, pelo facto de se encontrar vigente no espaço europeu e pela circunstância de se haver estabelecido um quadro mínimo de garantias processuais[848], parece adequada a exposta preclusão, que mais não é do que uma extensão geográfica do princípio segundo o qual cabe ao devedor esgotar os recurso no plano interno[849].

Assim, respondendo à questão colocada em epígrafe, sobre o afastamento ou recuperação da cláusula de ordem pública, fica justificado o seu afastamento como motivo de defesa no Estado de execução, mas mantém-se a sua vigência no Estado de origem, o que prejudica a questão da sua suposta recuperação.

3. Execução do título executivo europeu
3.1. Legislação aplicável e condições formais

Obtido um título executivo europeu, o credor passa a estar munido do «passaporte» que lhe permitirá propor, diretamente, uma execução em qualquer Estado-Membro da União Europeia, beneficiando de uma equiparação daquele título aos títulos executivos do ordenamento interno desse Estado de execução[850]. O legislador é assim coerente com os efeitos que atribui ao título executivo europeu de acordo com os quais esse título poderá ser executado sem necessidade de qualquer declaração de executoriedade ou contestação do seu reconhecimento[851].

---

[848] Aliás, o considerando 11 do Regulamento que aprovou o título executivo europeu afirma que: *O presente regulamento pretende promover os direitos fundamentais e tem em conta os princípios reconhecidos designadamente pela Carta dos Direitos Fundamentais da União Europeia. Em especial, pretende assegurar o pleno respeito do direito a um processo equitativo, tal como reconhecido no artigo 47º da Carta*.

[849] No sentido de todo o exposto, ver GARCIMARTÍN ALFÉREZ, F. J., *El Título Ejecutivo Europeo*, op. cit., pp. 196-198.

[850] Do considerando 8 do Regulamento que aprova o título executivo europeu resulta que «*uma decisão certificada como Título Executivo Europeu pelo tribunal de origem deve ser tratada, para efeitos de execução, como se tivesse sido proferida no Estado-Membro em que a execução é requerida*».

[851] Apenas no caso do Reino Unido será necessário solicitar o registo da decisão estrangeira, como decorre das suas disposições internas, mas sem que isso possa conduzir a qualquer tipo de controlo ou mesmo considerar-se um *exequatur*. Neste sentido, o mesmo considerando 8

O legislador também refere que «*uma decisão certificada como Título Executivo Europeu será executada nas mesmas condições que uma decisão proferida no Estado-Membro de execução*».

Quanto à execução propriamente dita e aos seus trâmites, esta vai reger-se pelo direito do Estado-Membro de execução (art. 20º, nº 1, do Regulamento 805/2004). Como não podia deixar de ser e já se explicou supra, é a *lex fori* que domina a execução. No considerando 8, o legislador já havia anunciado que «*as disposições de execução das decisões deverão continuar a ser reguladas pelo direito interno*». Contudo, isso não invalidou que fossem introduzidas algumas especificidades, designadamente ao nível dos motivos de oposição à execução, conforme se viu supra, e ao nível da suspensão ou limitação da execução (arts. 21º a 23º, do Regulamento 805/2004).

Portanto, uma execução instaurada num Estado-Membro com base num título executivo europeu será recebida e seguirá os trâmites de uma qualquer outra execução interna, sem que se possa pôr em causa o carácter executório do título, nem haver oposição ao reconhecimento do título certificado.

Relativamente aos requisitos formais exigidos para desencadear a correspondente execução no Estado de destino[852], dispõe o art. 20º, nº 2, do Regulamento 805/2004, que o credor deve apresentar à autoridade competente para a execução no Estado-Membro de execução:

a) Uma certidão autêntica da decisão; e
b) Uma certidão autêntica de Título Executivo Europeu; e
c) Se necessário, uma transcrição[853] da certidão de Título Executivo Europeu ou uma tradução desta na língua oficial do Estado-Mem-

---

do Regulamento esclarece que *no Reino Unido, por exemplo, o registo de uma decisão estrangeira certificada estará, por conseguinte, sujeito às mesmas regras que o registo de uma decisão de outra parte do Reino Unido e não poderá implicar de forma alguma a reapreciação do mérito da decisão estrangeira.*

[852] Que são idênticos para qualquer das espécies de títulos certificáveis, visto que os arts. 24º, nº 3 e 25º, nº 3, todos do Regulamento 805/2004, não excluem a aplicação do art. 20º às transações judiciais e aos instrumentos autênticos.

[853] A transcrição ocorrerá sempre que seja necessário transcrever os conteúdos do alfabeto grego para o alfabeto latino e vice-versa, conforme se explica na comunicação da Comissão ao Parlamento Europeu sobre a Posição comum adotada pelo Conselho, p. 11.

Gascón Inchausti entende que a transcrição também tem lugar sempre que o formulário haja sido preenchido apenas com números, nomes, direções e outros símbolos que não carecem de tradução. Nesses casos, far-se-ia apenas uma transcrição desses elementos para um formu-

bro de execução ou, caso esse Estado-Membro tenha várias línguas oficiais, na língua oficial ou numa das línguas oficiais do local onde é requerida a execução, ou em qualquer outra língua que o Estado--Membro de execução tenha declarado aceitar.

Sendo que cada Estado-Membro pode indicar a língua oficial ou as línguas oficiais da Comunidade diferentes da sua, em que pode aceitar a certidão[854], conforme também resulta do art. 30º, nº 1, al. b), do citado Regulamento).

A tradução, por sua vez, será certificada por pessoa habilitada para o efeito num Estado-Membro e aplicar-se-á apenas aos conteúdos em texto que constem do formulário e que não digam respeito a nomes próprios ou direções, sendo por isso pouco provável a sua utilização ser recorrente.

Destes requisitos formais se extrai que o título executivo em que se sustenta a execução é um título executivo complexo, composto pela decisão judicial, transação judicial ou instrumento autêntico, e a respetiva certidão de certificação dos mesmos enquanto título executivo europeu, sendo que ambos os elementos devem corresponder a cópias autênticas ou certidões emitidas pelos órgãos de onde emanaram.

lário redigido na língua oficial do Estado de execução. Assim sendo, só faz sentido falar em tradução quando do formulário constar conteúdo em texto redigido em língua diferente da língua oficial do Estado de destino ou daquelas que esse Estado indicou como aceitáveis. Cfr. GASCÓN INCHAUSTI, F., *El Título Ejecutivo Europeo para Créditos no Impugnados*, op. cit., p. 182. Em nossa opinião, temos dúvidas quanto à efetiva necessidade de transcrever o formulário de modo a apresentá-lo na língua oficial. O uso de formulários, cujos itens são universais, dispensam qualquer transcrição pois a leitura dos vários elementos do formulário faz-se facilmente por mera comparação com o formulário da língua oficial. Por outro lado, a utilização de formulários foi uma opção utilizada precisamente para facilitar a circulação do título e a inteligibilidade do seu conteúdo, pelo que, impor a transcrição seria um paradoxo.
Registe-se que na proposta de revisão do Regulamento Bruxelas I o legislador passou a utilizar o termo «transliteração» (arts. 42º, nº 3 e 69º) corroborando a ideia de que se trata de transcrição feita com transposição das letras de um alfabeto para outro.
[854] Está prevista a possibilidade, mais do que a obrigação, de os Estados-Membros indicarem a língua ou as línguas que não sejam a sua ou suas línguas oficiais em que aceitam que a certidão seja preenchida.
A maioria dos países indica a sua língua ou línguas oficiais, mas por exemplo a França aceita para o registo de títulos executivos europeus enviados pelos credores às autoridades francesas as línguas francesa, inglesa, alemã, italiana e espanhola (cfr. Atlas Judiciário Europeu em matéria civil, em https://e-justice.europa.eu).

Para que não sejam criados obstáculos ao acesso à execução de decisões, proíbe-se que sejam exigidas taxas ou garantias suplementares aos credores quando a decisão foi proferida num Estado-Membro diferente do Estado-Membro de execução ou quando os credores são domiciliados num Estado-Membro diferente do Estado-Membro de execução[855]. Assim, nos termos do art. 20º, nº 3, do Regulamento 805/2004, não será exigida caução, garantia ou depósito, qualquer que seja a sua forma, a uma parte que requeira num Estado-Membro a execução de uma decisão certificada como título executivo europeu noutro Estado-Membro com base no facto de ser nacional de um país terceiro, ou de não estar domiciliado ou não ser residente no Estado-Membro de execução[856]. Portanto, basta que o título tenha origem num Estado-Membro para que não se possam colocar estes obstáculos.

3.1.1. Os entraves da legislação interna

É natural que o maior obstáculo ao desenvolvimento e expansão do título executivo europeu surja «dentro de portas», isto é, pela contra corrente, certamente involuntária, que nasce quer das consciências, quer da legislação interna.

Tendo em conta que o título executivo europeu entra nos ordenamentos internos por fonte comunitária e é de aplicação direta, é incontornável a questão do confronto com o direito interno dos vários Estados-Membros e as suas diferentes realidades, podendo gerar-se aí alguns obstáculos, nem sempre fáceis de ultrapassar. Até porque não estamos perante um processo civil uniforme, nem sequer na terminologia técnica.

E o problema não surgirá apenas pelo facto de a legislação nacional não se compadecer com as exigências do diploma comunitário que cria o instrumento europeu de circulação livre quanto à sua executoriedade, pois este entrave até pode ultrapassar-se desde que as incompatibilidades sejam identificadas e o legislador nacional tenha vontade de alterar a

---

[855] Cfr. nota explicativa da proposta de criação do título executivo europeu.

[856] Na proposta inicial do título executivo europeu a disposição correspondente ao art. 20º tinha ainda um número 4, onde se dizia que *o credor não é obrigado a fornecer um endereço postal no Estado-Membro de execução ou a ter um representante legal para efeitos da execução de uma decisão certificada enquanto Título Executivo Europeu noutro Estado-Membro*. Mas esta concessão veio a ser suprimida, deixando-se aos Estados-Membros a determinação desta exigência, de acordo com as regras do respetivo ordenamento interno.

legislação interna, resultando daqui a já referenciada harmonização silenciosa e reflexa ou indireta. Os obstáculos surgirão sobretudo na medida em que a execução continue a desenvolver-se de acordo com os mecanismos e as regras de direito interno, naturalmente divergentes de Estado para Estado[857]. Na verdade, será meramente ilusória a supressão do *exequatur* se depois, na fase executiva propriamente dita, a levar a cabo no Estado de execução e de acordo com as disposições aí vigentes, nos confrontarmos com uma execução que nos frustra as expectativas.

Por isso, a União Europeia tem também que contribuir para a agilização dos sistemas executivos e cada Estado-Membro, por seu lado, não pode demitir-se deste propósito e deve continuar a introduzir alterações que contribuam nesse sentido. E neste âmbito devemos sobretudo unir esforços para combater o devedor recalcitrante. De facto, já se encontram em marcha instrumentos que nos auxiliarão nesse combate, como acontecerá com a possibilidade de «penhora» de conta bancária transfronteira e com a consulta de património do devedor que se encontre além fronteira, tudo isto em termos ainda a definir, desde logo porque há que ter cautela com a eventual violação de direitos fundamentais.

Há uma dose de sucesso no reconhecimento das nossas próprias fragilidades e daí a importância desta reflexão sobre os entraves provocados pela legislação interna em relação à eficácia dos procedimentos europeus de cobrança.

3.2. Trâmites da execução
3.2.1. Questão prévia: a competência do tribunal

Considerando que a execução do título executivo europeu se rege pela legislação interna do Estado de destino, também o pressuposto processual da competência do tribunal será definido pelas disposições internas. Porém, dadas as especificidades deste título executivo é conveniente aferir da sua compatibilidade com as disposições internas de cada Estado-Membro e encontrar o foro de competência aplicável.

Sabendo de antemão que os legisladores nacionais fazem muitas vezes depender a definição do foro de competência territorial da espécie de título executivo que está em causa na execução, designadamente se se

---

[857] Cfr. STORSKRUBB, E., *Civil Procedure and EU Law. A Policy Area Uncovered*, op. cit., pp. 163 e 164. Sobre esses bloqueios ver, em especial, pp. 163-168.

trata de título executivo judicial ou de outro título, e sabendo ainda que subjacente ao título executivo europeu podemos encontrar uma decisão judicial, uma transação judicial ou um instrumento autêntico, é legítimo perguntar que regras devemos seguir para encontrar a competência territorial no ordenamento de execução.

Apelando ao caráter de abstração e autonomia que devemos imprimir ao título executivo europeu, entendemos que não se deve atender à natureza do título executivo que foi objeto de certificação e que lhe subjaz. O título executivo europeu deve corresponder a uma espécie própria e específica de título executivo, de modo que a aplicação das disposições sobre competência territorial que são próprias da execução de títulos judiciais não nos devem confundir quando o título executivo certificado seja, na verdade, uma decisão judicial ou uma transação judicial. Aquelas disposições não servirão, de qualquer forma, para definir a competência do tribunal. Por um lado, ainda que o fossem, não nos remeteriam para uma solução exequível, pois o critério determinado pelo legislador nacional – normalmente o lugar do tribunal que julgou a causa ou o próprio tribunal que proferiu a decisão – criaria um vazio de aplicação. Por outro, pareceria que estávamos a executar a decisão ou transação judicial em si mesmas consideradas e não o título executivo europeu que corresponde ao complexo desse título executivo certificado e da respetiva certidão de título executivo europeu.

Nessa medida, e na falta de disposição especial para o efeito, como sucede no caso português, será mais coerente com a definição e os efeitos do título executivo europeu aplicar as regras de competência territorial que se apresentem como critério residual para outros títulos que não os judiciais. No caso particular do ordenamento português o critério residual está previsto na primeira parte do art. 94º, nº 1, do C.P.C., de acordo com o qual será competente para a execução o tribunal do domicílio do executado; se porém, o executado não tiver domicílio em Portugal, mas nele tenha bens, é competente para a execução o tribunal da situação desses bens, de acordo com o nº 3 do referido art. 94º.

Já no caso espanhol, a questão foi ultrapassada através do diploma que criou medidas para facilitar a aplicação em Espanha do Regulamento 805/2004, onde se dispôs que a competência territorial para a execução de decisões judiciais, transações judiciais e instrumentos autênticos como título executivo europeu corresponderá ao «juzgado de primera instancia del domicilio del demandado o del lugar de ejecución» (cfr. nº 6 da disposição final vigésima primeira, da LEC)[858].

3.2.2. Tramitação da execução

Relativamente aos trâmites da execução, sabemos que a mesma seguirá o percurso normal de qualquer execução desencadeada no ordenamento interno, sendo iniciada com a apresentação do requerimento executivo, ao que será junto o título executivo, neste caso concreto composto, como se disse, pela certidão da decisão judicial, da transação judicial ou do instrumento autêntico, e pela certidão da certificação daqueles títulos executivos enquanto títulos executivos europeus, ao que acrescerá a tradução no caso de ser necessário. Recebido o requerimento, a execução tomará o seu rumo normal, passando naturalmente pelas fases de penhora, venda e pagamento.

---

[858] Antes da solução dada pelo legislador, também a doutrina já entendia que de acordo com as disposições processuais do ordenamento espanhol, seria aplicável o disposto no art. 545º, nº 3, da LEC, onde se determina que: *Para la ejecución fundada en títulos distintos de los expresados en los apartados anteriores, será competente el Juzgado de Primera Instancia del lugar que corresponda con arreglo a lo dispuesto en los artículos 50º y 51º de esta Ley. La ejecución podrá instarse también, a elección del ejecutante, ante el Juzgado de Primera Instancia del lugar de cumplimiento de la obligación, según el título, o ante el de cualquier lugar en que se encuentren bienes del ejecutado que puedan ser embargados, sin que sean aplicables, en ningún caso, las reglas sobre sumisión expresa o tácita contenidas en la sección 2ª del capítulo II del Título II del Libro I.*
Por sua vez, os arts. 50º e 51º, da LEC, definem os foros nos termos seguintes: Artículo 50º (Fuero general de las personas físicas) *1. Salvo que la Ley disponga otra cosa, la competencia territorial corresponderá al tribunal del domicilio del demandado y si no lo tuviere en el territorio nacional, será Juez competente el de su residencia en dicho territorio. 2. Quienes no tuvieren domicilio ni residencia en España podrán ser demandados en el lugar en que se encuentren dentro del territorio nacional o en el de su última residencia en éste y, si tampoco pudiera determinarse así la competencia, en el lugar del domicilio del actor. 3. Los empresarios y profesionales, en los litigios derivados de su actividad empresarial o profesional, también podrán ser demandados en el lugar donde se desarrolle dicha actividad y, si tuvieren establecimientos a su cargo en diferentes lugares, en cualquiera de ellos a elección del actor.* Artículo 51º (Fuero general de las personas jurídicas y de los entes sin personalidad) *1. Salvo que la Ley disponga otra cosa, las personas jurídicas serán demandadas en el lugar de su domicilio. También podrán ser demandadas en el lugar donde la situación o relación jurídica a que se refiera el litigio haya nacido o deba surtir efectos, siempre que en dicho lugar tengan establecimiento abierto al público o representante autorizado para actuar en nombre de la entidad. 2. Los entes sin personalidad podrán ser demandados en el domicilio de sus gestores o en cualquier lugar en que desarrollen su actividad.*
Sobre esta questão da competência, ver, por todos, GASCÓN INCHAUSTI, F., *El Título Ejecutivo Europeo para Créditos no Impugnados, op. cit.*, pp. 176-178.

Os aspetos em que esta execução se irá diferenciar situam-se ao nível dos fundamentos da oposição à execução, nos termos já expostos, e ao nível das causas de suspensão e «limitação» da execução, onde encontramos um regime especificamente previsto no art. 23º do Regulamento 805/2004.

Porém, antes de passarmos à exposição desse regime, cumpre chamar a atenção para alguma dificuldade que pode surgir, no ordenamento português, na determinação da fase introdutória da ação executiva aplicável ao caso de uma execução baseada em título executivo europeu. A ação executiva pode iniciar-se com citação prévia do executado ou com dispensa dessa citação prévia, caso em que ocorrerá penhora imediata e o executado só virá a ser citado no ato da penhora ou nos cinco dias posteriores (arts. 812º-C a 812º-F e art. 864º, nº 2, do C.P.C.). A aplicação de um ou de outro regime depende, em traços largos, da espécie de título executivo que está a ser executado, bem como, em certos casos, do valor da quantia exequenda, associado, ainda, à demonstração de existência de interpelação extrajudicial do executado. O legislador admitiu, para determinadas situações, que primeiro se constituísse a garantia conferida pela penhora, realizada sob um efeito surpresa, e só depois se desse oportunidade ao executado para se defender da execução. Quando o título executivo é uma decisão judicial ou requerimento de injunção ao qual foi aposta fórmula executória, a execução principia sempre com penhora imediata, mas se o título executivo é diverso, o regime aplicável ficará condicionado aos outros critérios de aplicabilidade do art. 812º-C, do C.P.C.

A propósito desta diferença de regime quanto à fase introdutória da ação executiva, a questão que se pode levantar é de saber a qual daqueles regimes estará sujeita uma execução baseada em título executivo europeu, considerando que, naturalmente, não resulta expressa qualquer referência a esse título executivo. Sendo coerente com o raciocínio que se tem vindo a expor e partindo do princípio de que o título executivo europeu deve ser encarado como um título executivo revestido de autonomia, não se confundindo com o título executivo que lhe está subjacente e que deu lugar à certificação, ficamos perante as seguintes hipóteses teóricas de solução:

a) Considerando que a enumeração do art. 812º-C, do C.P.C., é taxativa e a execução de título executivo europeu não vem nela mencionada, não sendo sequer enquadrável naquela que é aparentemente considerada uma situação residual (a al. d), do citado art. 812º-C) na medida em que esta alínea se julga aplicável apenas a títulos executivos negociais, então, a execução do título executivo europeu iniciar-se-ia com citação prévia, ficando afastada a possibilidade de penhora imediata.

b) Tendo em atenção a *ratio* do regime criado a propósito da dispensa ou não dispensa de citação prévia nas ações executivas, que se baseia essencialmente (e respetivamente) na circunstância de o executado, antes da ação executiva, ter tido ou não oportunidade de se pronunciar e, designadamente, apresentar a sua defesa, é aceitável que, em face da lacuna existente, se faça a sua integração aplicando o regime que resultaria dessa *ratio*.

Assim sendo, parece-nos mais razoável procurar uma solução à luz desta segunda hipótese. Como na formação do título executivo europeu o agora executado incorreu numa situação de não contestação voluntária e consciente do crédito, de acordo com o conceito que para este efeito é assumido à luz do regime jurídico do título executivo europeu, é perfeitamente aceitável e coerente com o sistema adotar o regime da dispensa de citação prévia para as execuções baseadas em título executivo europeu. Estaremos, na verdade, perante uma solução que tem uma *ratio* idêntica àquela que preside à fase liminar da execução de um requerimento de injunção ao qual foi aposta a fórmula executória.

Logo, admite-se que a execução principie com a penhora imediata de bens do executado, só depois se procedendo à sua citação, para efeitos de oposição à execução e, nesse caso, também à penhora.

3.2.3. Suspensão ou limitação da execução

O Regulamento 805/2004 prevê um regime especial quanto aos efeitos que algumas diligências adotadas no Estado de origem, concretamente de oposição à decisão certificada ou de oposição ao próprio ato de certificação, podem repercutir relativamente ao andamento da execução que entretanto haja sido instaurada no Estado de destino.

O devedor que se veja confrontado com a certificação de um título executivo enquanto título executivo europeu e que lance mão de algum dos mecanismos de defesa que tem ao seu alcance, seja contra a decisão em si, seja contra a certificação, não conseguirá de imediato evitar que o credor avance com a execução baseada na certidão de título executivo europeu.

Esta situação foi gerada, aliás como se expôs, pela circunstância de se ter optado (e bem) pela possibilidade de certificar decisões judiciais não transitadas em julgado. Nessa medida, houve que adequar e adaptar o regime jurídico do título executivo europeu a essa realidade e salvaguardar a posição do devedor perante a eventual revogação da decisão certificada ou a revogação da decisão de certificação. Esta situação poderá determinar, a requerimento do devedor, a subordinação da execução à constituição de uma garantia ou mesmo à suspensão do processo de execução. De todo o modo, o ónus recai sobre o devedor, que se tem de desdobrar em medidas, umas a desencadear no Estado de origem e outras no Estado de execução[859].

Neste pressuposto, o art. 23º, do Regulamento 805/2004, prevê as situações de suspensão ou limitação da execução, nos termos e condições seguintes:

Quando o devedor tiver:

– *contestado uma decisão certificada como Título Executivo Europeu, incluindo um pedido de revisão na aceção do artigo 19º, ou*
– *requerido a retificação ou revogação da certidão de Título Executivo Europeu em conformidade com o artigo 10º,*

O tribunal ou a autoridade competente do Estado-Membro de execução pode, a pedido do devedor:

   a) *Limitar o processo de execução a providências cautelares;*

ou

   b) *Subordinar a execução à constituição de uma garantia, conforme determinar;*
   c) *Em circunstâncias excecionais, suspender o processo de execução.*

Este art. 23º, como todas as disposições do Regulamento 805/2004, é de aplicação direta e sobrepõe-se ao regime interno de cada Estado-Membro, de modo que deverá ser aplicado independentemente daquilo que as disposições internas possam ditar sobre a matéria e mesmo que, à

---

[859] Provavelmente, esta circunstância trará algumas dificuldades de articulação entre os ordenamentos e envolverá alguns problemas de celeridade na adoção das medidas. A apontar esta questão, cfr. RAMOS ROMEU, F., *El Título Ejecutivo Europeo*, *op. cit.*, pp. 132 e 133.

luz dessas disposições, as medidas adotadas para situações análogas não fossem possíveis[860].

Perante a citada disposição, os contornos deste regime passam por encontrarmos as causas de suspensão ou limitação da execução, quais as medidas admitidas pelo legislador comunitário para esse efeito, bem como os critérios de determinação da concreta medida a ser adotada em cada caso:

a) Quanto às causas de suspensão ou limitação da execução, ou seja, as circunstâncias que podem determinar o uso desta faculdade, estão associadas aos mecanismos de defesa de que o devedor pode socorrer-se para afastar a decisão ou a sua certificação. Quando o devedor impugna a decisão no Estado de origem, seja através de recurso ordinário (com efeito meramente devolutivo), seja através de recurso extraordinário, inclusivamente o que resulta do art. 19º, do Regulamento 805/2004, estará em condições de ir ao Estado de execução requerer a aplicação das medidas previstas no citado art. 23º.

b) Relativamente às medidas admitidas pelo legislador comunitário para esse efeito, o legislador aponta, como alternativas, limitar o processo de execução a providências cautelares ou subordinar a execução à constituição de uma garantia e, em circunstâncias excecionais, suspender o processo de execução. Parece ter sido criada uma hierarquia quanto às medidas a adotar, apresentando-se a suspensão da execução como medida a adotar apenas em última análise, em situações excecionais.

Explorando cada uma dessas medidas, vejamos o que o legislador terá pretendido com cada uma delas e como as mesmas se articulam com os ordenamentos internos[861].

---

[860] Cfr., neste sentido, CAMPEIS, G.; DE PAULI, A., *Prime Riflessioni sul Titolo Esecutivo Europeo (Regolamento (CE) N. 805/2004 del 21 Aprile 2004, che Istituisce il Titolo Esecutivo Europeo per i Crediti non Contestati)*."Judicium", em www.judicium.it, ponto 12; GASCÓN INCHAUSTI, F., *El Título Ejecutivo Europeo para Créditos no Impugnados, op. cit.*, p. 192.
A este propósito, a proposta de revisão do Regulamento Bruxelas I passa a dizer expressamente, no seu art. 41º, nº 2, «*que não são aplicáveis os motivos de recusa e de suspensão da execução previstos na lei do Estado-Membro de execução que se refiram às situações previstas nos arts. 43º a 46º*», sendo que o art. 44º da proposta corresponde exatamente aos casos referidos no art. 23º, do Regulamento 805/2004.
[861] Em termos gerais, segue-se GASCÓN INCHAUSTI, F., *ibidem*, pp. 192-195.

Quando o legislador se pronunciou no sentido de ser ordenada a limitação do processo de execução a «providências cautelares», tê-lo-á feito com a intenção de que os atos de natureza executiva se limitassem à constituição de uma garantia adequada à satisfação do crédito, ou seja, que a execução se limitasse à fase da penhora, sem que fosse possível avançar na execução sem ser conhecida a decisão em sede da impugnação pendente. Porém, a terminologia adotada na versão traduzida do Regulamento 805/2004, pelo menos no caso espanhol e no caso português[862], não foi satisfatória. Tecnicamente, a expressão providência ou medida cautelar não é equivalente nem se reporta à fase da penhora numa ação executiva.

Ainda que não se queira admitir este lapso terminológico, não faz qualquer sentido adotar medidas cautelares (propriamente ditas) quando já se encontra pendente uma ação executiva, onde o ato da penhora tem efetivamente a mesma função que uma providência cautelar de arresto, que seria a adequada, hipoteticamente, ao caso[863].

Quanto à alternativa de subordinar a execução à constituição de uma garantia, parece adequado admitir que essa garantia sirva como forma de assegurar não só a quantia exequenda, mas também eventuais responsabilidades do credor que lançou mão de uma execução, em especial nos casos em que a mesma possa considerar-se provisória.

A garantia deverá ser ordenada, quanto à sua modalidade e ao seu montante, pelo Estado de execução, sendo a prestação de caução o meio mais idóneo para o fim pretendido.

A suspensão da execução, por sua vez, é outro dos meios adequados para salvaguardar a posição do devedor perante a instauração de uma execução que pode vir a desintegrar-se perante a eventual procedência do mecanismo de impugnação desencadeado pelo devedor no Estado de origem.

---

[862] Há outras versões, porém, em que esta discrepância já não sucede, como na versão italiana, onde se usa a este propósito a expressão *«provvedimenti conservativi»*, quando o termo que tecnicamente corresponde às nossas providências cautelares é *«provvedimenti cautelari»*. Por aqui se vê que o legislador não foi rigoroso e não usou de cuidado na tradução do diploma nas várias versões.
A este propósito, ver GASCÓN INCHAUSTI, F., *El Título Ejecutivo Europeo para Créditos no Impugnados, op. cit.*, p. 193.

[863] Em sentido diverso, ver CORREA DELCASSO, J. P., *Análisis de la Propuesta de Reglamento Sobre el Título Ejecutivo Europeo. Incidencia de la Normativa Comunitaria en la LEC*, "La Ley", nº 5657, 2002, pp. 1782 e 1783; RAMOS ROMEU, F., *El Título Ejecutivo Europeo, op. cit.*, p. 131.

Porém, de acordo com a letra da lei, este será um meio utilizado apenas em circunstâncias extraordinárias, logo, de caráter não meramente alternativo, mas antes utilizado somente em segundo grau.

Com esta medida, o legislador proporciona ao devedor a «paralisação» da execução, ainda que se mantenha pendente, sem que se possam praticar quaisquer outros atos executivos a partir do momento em que a mesma seja ordenada.

Confrontando este esquema com o que se disse acima sobre a limitação da execução ao ato da penhora, parece estarmos perante uma situação equivalente[864]. E se a isso acrescentarmos, pelo menos no caso português, que a execução principia com a penhora, de facto haverá aqui um concurso real de medidas de salvaguarda da posição do devedor no Estado de execução. Contudo, como a tramitação da execução está dependente do regime vigente no ordenamento interno de cada Estado-Membro e, como sabemos, os regimes estão longe de se encontrarem uniformizados, é natural que o referido concurso se torne, para alguns ordenamentos, meramente aparente. Assim, no caso de a penhora ainda não se encontrar efetivada quando o requerimento de suspensão for apresentado não haverá sobreposição de regimes, contudo parece-nos pouco aceitável que se ordene a suspensão sem que seja prestada uma garantia adicional, visto que a penhora é a garantia do credor, por excelência.

c) É o tribunal ou a autoridade competente do Estado de execução que tem competência para adotar a medida, a solicitação do devedor, que deverá alegar e provar os fundamentos que à luz do Regulamento sejam atendíveis para a sua pretensão. Por sua vez, a entidade competente, para a tomada de decisão com vista a encontrar a medida concretamente adotada, deverá seguir como critério os contornos da situação concreta e ainda ter em consideração o momento em que é requerida a respetiva medida. Por outro lado, a determinação concreta da medida também não deverá ser indeferente ao fundamento que se encontra subjacente à solicitação do devedor, ou seja, se se trata de recurso interposto em relação à decisão certificada, e qual o seu fundamento, ou se se trata de procedimento

---

[864] Também neste sentido, CAMPEIS, G.; DE PAULI, A., *Prime Riflessioni sul Titolo Esecutivo Europeo (Regolamento (CE) N. 805/2004 del 21 Aprile 2004, che Istituisce il Titolo Esecutivo Europeo per i Crediti non Contestati)*, op. cit., ponto 12.

de retificação ou revogação da decisão de certificação, no qual se baseia o respetivo pedido.

Faz sentido que sejam adotadas medidas de garantia se o respetivo requerimento for apresentado antes da fase da penhora, enquanto a suspensão é razoável para as situações em que a execução já avançou, havendo que articulá-la com a circunstância de ter sido requerida a limitação da execução à atuação da penhora, situação em que, na prática, se consegue o mesmo efeito.

Conclusões

PRIMEIRA – A globalização é um fenómeno transversal que assaltou a sociedade atual e nos conduziu à *era da globalização*. Ultrapassada a visão redutora de que se tratava de um fenómeno exclusivamente económico, ligado à abertura dos mercados e à livre circulação dos fatores de produção, sabe-se hoje que estamos na presença de um processo complexo cujos reflexos surgem ao nível da integração económica, social, cultural, política e, também, jurídica.

A harmonização do Direito é um reflexo desse movimento da globalização e a sua necessidade é comummente aceite, constituindo, no caso da União Europeia e no contexto do processo de integração, um revivalismo do *ius commune europaeum*, favorável à formação de uma «unidade» legal. No entanto, a escassez de cultura e de consciência jurídica europeia tem criado obstáculos ao desenvolvimento e eficácia deste movimento, com vista ao encontro de um verdadeiro pensamento jurídico europeu.

SEGUNDA – A União Europeia tem sentido necessidade de criar condições que facilitem, por um lado, e amadureçam, por outro, o funcionamento do mercado único europeu. E essas condições passam por tentar esbater as diferenças entre os regimes legais, sobretudo onde possam enfraquecer o circuito económico. É, nesse sentido, que se tem guiado o empenho de vários setores e da própria União Europeia, tentando destruir as últimas fronteiras entre os Estados-Membros – as jurídicas – com o intuito de aproximar ou fazer convergir vários ramos do Direito. O Direito Privado tem sido o *ex libris* do movimento da harmonização, sobretudo por respeito aos direitos dos consumidores, porém, os propósitos da criação de um espaço de Liberdade, de Segurança e de Justiça motivaram a aproximação legislativa também noutros domínios, tocando áreas do Direito muito diferenciadas, desde o Direito Penal ao Direito Fiscal, passando pelo Direito da Família, além do Direito Internacional Privado, do Direito Comercial e do Direito dos Contratos que foram os ramos do Direito que mais rapidamente se ressentiram com a onda globalizante.

TERCEIRA – A unificação do Direito Processual Civil na União Europeia é uma utopia, mas a sua harmonização não escapou aos objetivos europeus. Atualmente, já existe um corpo normativo de fonte comunitária que constitui aquilo a que se pode chamar «Direito Processual Civil europeu». Destacam-se, neste âmbito, os Regulamentos que versam sobre o reconhecimento dos efeitos das decisões judiciais, transações judiciais e documentos autênticos, bem como os que criam procedimentos tendentes à cobrança transfronteiriça de dívidas pecuniárias, designadamente nas matérias seguintes: competência judiciária, reconhecimento e execução de decisões em matéria civil e comercial; competência, reconhecimento e execução de decisões em matéria matrimonial e em matéria de responsabilidade parental; competência, lei aplicável, reconhecimento e execução das decisões e cooperação em matéria de obrigações alimentares; título executivo europeu para créditos não contestados; procedimento europeu de injunção de pagamento; processo europeu para as ações de pequeno montante.

Esta esfera de normas tende a afetar e modificar as regras processuais nacionais e, assim, revela a sua supremacia. O envolvimento das normas comunitárias com as normas nacionais provoca um fenómeno de atração e, consequentemente, incrementa a harmonização dos sistemas jurídico-processuais internos, enquanto objetivo da atual fase da integração europeia. Pois, uma união económica e monetária só poderá vingar se não for retraída, constantemente, pelas dificuldades geradas nas assimetrias e desigualdades dos vários ordenamentos jurídicos, *maxime* no âmbito processual.

Além do mais, a harmonização ou aproximação do Direito Processual Civil na União Europeia é também um efeito reflexo da assunção dos direitos fundamentais processuais consagrados na Carta dos Direitos Fundamentais da União Europeia e na Declaração Europeia dos Direitos do Homem.

QUARTA – A matéria da ação executiva tem sido, igualmente, assinalada como objeto a privilegiar no alinhamento do Direito Processual Europeu, como condição necessária à igualação das suas condições mínimas, para evitar os desníveis de garantias e de eficácia relativamente aos cidadãos da União Europeia, bem como os efeitos negativos que essa circunstância produz nas relações sócio-económicas. Há consciência de que a tutela judicial efetiva não se basta com a atribuição de força executória a títulos executivos estrangeiros, pois o acesso à execução no Estado de destino poderá colocar os cidadãos em situação de desigualdade se forem substancialmente diferentes os paradigmas da ação executiva e as regras procedimentais responsáveis pela sua eficácia. Harmonizar aspetos como o título executivo, a execução provisória, a transparência patrimonial do devedor e a criação de mecanismos de garantia patrimonial ao credor através de medidas cautelares são fundamentais para uma melhoria das garantias do exequente.

A criação de instrumentos comunitários facilitam o acesso à execução no Estado de destino mas, uma vez chegados à fase da execução, as diferenças entre os vários regimes internos poderão colocar as partes em situação de alguma desigualdade. Por isso, só um esforço na obtenção de alguma harmonização ao nível da tramitação e da eficácia da ação executiva poderá minorar esse efeito indesejado. Sabendo-se que a execução vai seguir os procedimentos previstos em cada um dos ordenamentos nacionais em que o título venha a ser executado, não podemos ser alheios ao facto de os Estados-Membros ainda conviverem numa Europa que «juridicamente», e desse ponto de vista, caminha a diferentes velocidades.

QUINTA – A cooperação judiciária europeia em matéria civil e comercial desenvolveu-se ao longo da construção da União Europeia, tendo migrado das meras relações intergovernamentais para as matérias comunitarizadas, e desde o Tratado de Amesterdão que é assumida como um dos pilares da União Europeia.

O Conselho Europeu de Tampere foi o principal marco na construção do espaço europeu de justiça e o princípio do reconhecimento mútuo, na sua vertente processual, é a pedra angular do novo paradigma do sistema de reconhecimento e execução das decisões em matéria civil e comercial na União Europeia.

Na construção do espaço europeu de justiça, o reconhecimento e execução de decisões estrangeiras é uma matéria fundamental atenta a necessidade de livre circulação de títulos executivos que facilitem a execução transfronteiriça. A evolução desta matéria foi assumida pelas instituições europeias como um processo faseado, cujo objetivo final é a plena abolição do *exequatur*.

A garantia dos direitos fundamentais dos cidadãos europeus, *maxime* do direito de acesso à justiça, tem sido o motor da abolição das fronteiras jurídico-processuais no espaço europeu de justiça. O cidadão e a proteção dos seus interesses, aliados à consolidação da integração político-económica da União Europeia, impulsionam e são o centro da cooperação judiciária europeia em matéria civil e comercial e, em particular, da abolição do *exequatur*, conforme se assumiu no Programa de Estocolmo.

SEXTA – A comunitarização da matéria do reconhecimento e execução de decisões estrangeiras deu lugar à aprovação do Regulamento 44/2001, com a consequente simplificação do procedimento tradicional do *exequatur*. Com este diploma, o tribunal do Estado de destino deixa de fazer o controlo liminar do requerimento de executoriedade e, no lugar de dois graus de controlo, passamos a ter um grau de controlo, cujo impulso cabe à parte requerida, baseado no reforço do sistema de confiança mútua. Ou seja, a atribuição de força executória às decisões proferidas noutro Estado-Membro não deixa de operar-se através de um processo prévio que corre termos no Estado de execução, mas os seus trâmites ficam simplificados e reverte-se o contraditório para um segundo nível, bastando-se a fase inicial com um mero controlo formal da decisão e dos respetivos requisitos de executoriedade extraterritorial.

SÉTIMA – Com a criação do título executivo europeu, por sua vez, pretendeu-se ganhar vantagem em relação ao procedimento de *exequatur* resultante da aplicação do Regulamento 44/2001. O título executivo europeu, aprovado pelo Regulamento 805/2004, baseia-se num procedimento de certificação e constitui um título transfronteiriço de natureza comunitária, equiparado aos títulos executivos nacionais para efeitos de executoriedade. Através dele são certificados títulos executivos nacionais (decisões, transações judiciais e instrumentos autênticos) que passam a ter força executiva a nível comunitário, no contexto dos créditos não contestados, tendo em vista a sua execução num outro Estado, que não aquele em que ocorreu a formação do título executivo, sem recurso a mais procedimentos intermédios, ou seja, sem necessidade do procedimento de *exequatur* no Estado de execução.

OITAVA – Os elementos essenciais do título executivo europeu, são os seguintes:

a) Eliminação de procedimentos intermédios para o reconhecimento e a exequibilidade de decisões judiciais, de transações judiciais e de instrumentos autênticos noutros Estados-Membros, quando estão em causa obrigações pecuniárias líquidas e o devedor tenha permanecido sem impugnar o crédito, desde que, no caso das decisões judicias, sejam cumpridos os critérios de competência internacional exigidos, a citação ou notificação tenha sido efetuada nos termos do disposto no Regulamento e o ordenamento de origem proporcione ao devedor mecanismos de recurso extraordinário nas situações especialmente previstas.
b) Inversão do regime da eficácia extraterritorial das decisões judiciais estrangeiras: do princípio segundo o qual as decisões estrangeiras só produziam os seus efeitos executivos quando certificadas pela jurisdição do tribunal de execução, passamos para a regra segundo a qual tais efeitos ficam confiados ao tribunal de origem.
c) Caráter facultativo (não vinculativo), constituindo um mecanismo que acresce aos já existentes na obtenção dos mesmos efeitos, como é o caso do Regulamento 44/2001.

NONA – O título executivo europeu é um título executivo complexo, composto pelo título executivo nacional certificando e a certificação emitida pela autoridade competente do Estado de origem, através da qual aquele título executivo nacional passa a «certificado como título executivo europeu», gozando da prerrogativa de ser executado em qualquer Estado-Membro, com exclusão do processo de *exequatur* no Estado de destino. Através dele acresce mais um título executivo no elenco dos títulos executivos de cada um dos sistemas jurídicos nacionais e cuja fonte, do ponto de vista formal, é uma decisão (certificativa) de outro Estado-Membro, mas que do ponto de vista material nasce do direito comunitário derivado.

DÉCIMA – O termo «título executivo europeu» deve ser entendido de forma adequada a evitar equívocos terminológicos. Trata-se de um título executivo de origem interna e cuja certificação para atribuição de força executória transfronteiriça é igualmente de fonte interna, sendo através desse procedimento que se estendem os efeitos executórios das decisões nacionais ao território comunitário. Estamos na presença de um título nacional com efeitos transfronteiriços. O caráter «europeu» deste título executivo nem provém do facto de se tratar de uma decisão de uma instância europeia, nem da circunstância de emanar de um procedimento originariamente europeu. Encontra-se, sim, associado aos limites ou ao «espaço» onde produz os seus efeitos executórios e não à sua origem ou à origem do procedimento que o criou.

Décima Primeira – O facto de o procedimento de atribuição de força executória transfronteiriça a um título executivo interno ter migrado para o Estado de origem trouxe vantagens. Considerando que estamos perante casos de créditos não contestados e que é necessário aferir, corretamente, das condições em que foi efetuada a citação ou notificação do devedor, o Estado de origem está em melhores condições de o fazer, desde logo pela proximidade que teve com o caso, bem assim como pela circunstância de conhecer profundamente o ordenamento jurídico onde os factos ocorreram. Além disso, ficarão dispensados os custos acrescidos que adviriam do recurso à certificação num Estado diferente daquele onde foi proferida a decisão e que, à partida, muito embora isso dependa das regras relativas à competência do tribunal, será um meio mais conhecido do requerente, pois, pelo menos, nele já se desenrolou a fase declarativa. Acresce, ainda, que será bastante e suficiente um único procedimento e uma única certificação para obter o *exequatur* em todo o espaço europeu, o que só por si importa um grau de evolução considerável nesta matéria. Por fim, a irrecorribilidade da decisão de certificação do título executivo europeu e a criação de novos mecanismos de defesa do devedor agilizam a eficácia da execução.

Décima Segunda – O título executivo europeu é essencial para compreender o desenvolvimento da abolição do *exequatur* na União Europeia. A abolição do *exequatur* é uma meta e o título executivo europeu é uma etapa no percurso que a permitirá atingir. É indiscutível o importante papel e influência do título executivo europeu na evolução dos sistemas de reconhecimento e execução de decisões judiciais, transações judiciais e instrumentos autênticos no espaço europeu. Através dele se concretizou um novo modelo ou um novo paradigma de atribuição de força executória transfronteiriça dos referidos títulos executivos que tenham por objeto créditos não impugnados, com inversão do procedimento de *exequatur* do Estado de execução para o Estado de origem.

DÉCIMA TERCEIRA – Não será rigoroso afirmar que através do título executivo europeu se suprimiu todo e qualquer procedimento para atribuição de força executória a um título executivo nacional, pois mantém-se um procedimento – agora de certificação – que foi transferido do Estado de execução para o Estado de origem. Através dessa certificação declara-se que o Estado de origem procedeu em conformidade, que o seu sistema de justiça é de confiança e que foram cumpridas as regras de certificação estabelecidas, as quais, por sua vez, garantem e constituem o capital mínimo da «saúde» judiciária e das garantias das partes, *maxime* do réu. Este procedimento produz uma autêntica «inversão do ónus da prova dessas garantias» e baseia-se num princípio de preclusão, ou seja, ao devedor passivo que, estando em condições de o fazer, não impugnou o crédito no Estado de origem, já não é dada segunda oportunidade no Estado de execução, a qual, aliás, não mostrou merecer.

DÉCIMA QUARTA – O título executivo europeu enquadra-se nos procedimentos de segunda geração, ou seja, procedimentos de origem comunitária que permitem obter um título executivo que circula livremente no espaço europeu. A par do título executivo europeu existem o procedimento europeu de injunção de pagamento e o processo europeu para ações de pequeno montante, de cujo confronto de eficácia resultará, em cada caso, a opção do devedor pelo instrumento que mais lhe seja conveniente. Fatores como os custos associados aos procedimentos, celeridade, proximidade e domínio sobre o ordenamento de origem e o ordenamento de destino, bem como o âmbito de aplicação, determinarão a escolha do credor. Assim, imperará o «darwinismo» na concorrência entre os vários procedimentos de segunda geração.

DÉCIMA QUINTA – O concurso entre os vários procedimentos de segunda geração pode ser mais aparente do que real e, por isso, o título executivo europeu é mais uma opção para o cidadão, num conjunto de procedimentos que têm o mesmo objetivo, ou seja, obter um título executivo que circule livremente no espaço europeu. E é uma opção válida e que mantém a sua mais-valia para os casos em que a situação não seja, *ab initio*, transfronteiriça mas em que se torne necessário recorrer a uma execução extraterritorial. Além disso, ao título executivo europeu antecede um processo de natureza interna e isso, na ótica dos intervenientes processuais, pode constituir um fator positivo na escolha do procedimento a adotar, associado ao maior grau de domínio técnico sobre as regras processuais internas. Ou seja, um dos fatores para essa escolha está no facto de caber ao credor concluir se lhe é mais vantajoso, em termos de tempo e de custos, optar por um procedimento interno e depois certificar a decisão como título executivo europeu ou optar logo por um procedimento comunitário, sendo que neste caso só o poderá fazer se a situação for, desde logo, transfronteiriça. Nessa medida, sempre será de aplicar o título executivo europeu quando o credor apenas sabe a final que a execução deverá correr noutro Estado-Membro. Por outro lado, na medida em que os operadores forenses conhecem melhor e têm mais segurança ao lidar com os procedimentos internos, também poderá ser esta uma razão para enveredarem primeiro por um processo de raíz nacional e só depois avançarem para a concessão de força executória extraterritorial ao título em causa, seja através do Regulamento Bruxelas I, seja através do Regulamento 805/2004, desde que todos os seus pressupostos se encontrem preenchidos.

Décima Sexta – A revisão do Regulamento Bruxelas I, impulsionada pelo Programa de Estocolmo que desencadeou a apresentação da proposta de revisão do Regulamento Bruxelas I, pela Comissão, em dezembro de 2010, introduzirá alterações no âmbito do reconhecimento e execução de decisões em matéria civil e comercial que visam o alargamento da abolição do *exequatur*. A novidade da proposta de revisão do Regulamento Bruxelas I está na criação de um regime regra de acordo com o qual não é necessária uma declaração de executoriedade para que uma decisão proferida num Estado-Membro, e que nele seja executória, possa igualmente ver reconhecido esse efeito noutro Estado-Membro, onde o credor poderá desencadear, diretamente, a competente ação executiva. Este sistema aproxima-se daquilo que é hoje o título executivo europeu, trazendo para o tribunal de origem o procedimento (ainda que de simples emissão de uma certidão) que confere a um título executivo nacional efeitos extraterritoriais.

Décima Sétima – O âmbito de aplicação espacial, temporal e material do Regulamento 805/2004 delimita os contornos deste instituto. Quanto ao critério de aplicação espacial do regime do título executivo europeu, os seus efeitos produzem-se em todo o território da União Europeia, com exceção da Dinamarca. A vinculação territorial ao espaço europeu é exigida através da verificação de um elemento de conexão que se concretiza numa dupla vertente: o do lugar onde a decisão foi proferida, a transação foi homologada ou o documento foi elaborado ou registado, por um lado, e, por outro, o do lugar onde se pretende que esses mesmos títulos sejam executados.

DÉCIMA OITAVA – Relativamente ao critério de aplicação temporal, temos dois marcos temporais – 21 de janeiro e 21 de outubro de 2005 – que separam, respetivamente, o momento a partir do qual são «proferidas» decisões, são «homologadas» ou «celebradas» transações judiciais, ou são «formalmente redigidos» ou «registados» instrumentos autênticos suscetíveis de serem certificados como título executivo europeu e o momento a partir do qual podem ser requeridos, emitidos e executados os certificados de título executivo europeu sobre essas mesmas decisões, transações judiciais e instrumentos autênticos.

DÉCIMA NONA – Sobre as matérias abrangidas pelo regime jurídico do título executivo europeu, estão incluídas as matérias civis e comerciais, independentemente da natureza da jurisdição, isto é, sem atender à natureza do tribunal que internamente proferiu a decisão certificanda, constituem o âmbito geral de aplicação do citado Regulamento. Mas, dessas são excluídas: a) O estado ou a capacidade das pessoas singulares, os direitos patrimoniais decorrentes de regimes matrimoniais, de testamentos e de sucessões; b) As falências e as concordatas em matéria de falência de sociedades ou outras pessoas coletivas, os acordos judiciais, os acordos de credores ou outros procedimentos análogos; c) A segurança social; d) A arbitragem. Para além disso, o Regulamento que criou o título executivo europeu também não abrange, nomeadamente, as matérias fiscais, aduaneiras e administrativas, nem a responsabilidade do Estado por atos e omissões no exercício do poder público («*acta iure imperii*»). O âmbito de aplicação material do Regulamento 805/2004 é coincidente com o do Regulamento 44/2001 e por isso é objeto de uma leitura própria e autónoma face aos ordenamentos internos, assente na jurisprudência já firmada pelo Tribunal de Justiça.

VIGÉSIMA – O título executivo europeu não é um instrumento exclusivo dos litígios transfronteiriços. Na medida em que a dimensão transfronteiriça de um litígio pode manifestar-se apenas após o decurso do processo, concretamente na fase da execução, este instrumento revela também a sua vocação para situações que inicialmente apenas mantinham elementos de conexão com o ordenamento interno, mas que depois extravasam o território porque se constata que o devedor ter bens noutro Estado-Membro.

Por isso, considerar que se trata de uma figura aplicável apenas a processos que *ab initio* têm dimensão internacional pode tornar-se insatisfatório para os credores.

VIGÉSIMA PRIMEIRA – A obtenção de um título executivo europeu depende do cumprimento de uma série de pressupostos, uns de caráter geral e outros específicos. Assim, o credor que pretenda munir-se de um título com força executória transfronteiriça terá que ser titular de um crédito cujo objeto seja uma obrigação pecuniária, certa, líquida e exigível, esse crédito tem que ser considerado não contestado e tem que constar de um documento certificável – uma decisão judicial, uma transação judicial ou um documento autêntico – devendo esse documento constituir, necessariamente, título executivo no Estado de origem, de acordo com as suas disposições internas. Será ainda necessário que, conforme o tipo de título executivo que está a ser objeto da certificação, se cumpram os respetivos requisitos específicos, que têm sobretudo que ver com a forma como se materializa o caráter não constestado do crédito em causa e ainda, no caso particular das decisões judiciais, com as exigências relacionadas com a competência internacional do tribunal que proferiu a decisão e com os «mínimos processuais» que devem estar garantidos nesse ordenamento, por forma a assegurar, sobretudo, os direitos de defesa do devedor.

VIGÉSIMA SEGUNDA – Quanto ao pressuposto de ordem formal, o diploma que aprovou o título executivo europeu admite a certificação de decisões judiciais, de transações judiciais e, também, de documentos autênticos. São estes os documentos ou instrumentos que, quanto à forma, podem vir a constituir títulos executivos europeus, bastando para tanto que as suas características integrem o conceito adotado pelo diploma comunitário para cada um deles e que respeitem os demais requisitos exigíveis.

VIGÉSIMA TERCEIRA – Entende-se por «decisão judicial» todas as decisões proferidas por um órgão jurisdicional de um Estado-Membro, independentemente da designação que lhe for dada, tal como acórdão, sentença, despacho judicial ou mandado de execução, bem como a fixação, pelo secretário do tribunal, do montante das custas ou despesas do processo. Neste conceito incluem-se, também, as decisões proferidas no âmbito dos procedimentos simplificados de cobrança de obrigações pecuniárias, designadamente nos procedimentos de injunção. Além do mais, prescinde-se do caráter de caso julgado da decisão, podendo certificar-se decisões judiciais não transitadas em julgado, desde que isso não lhes retire força executória à luz da legislação do Estado de origem. Consequentemente, é criada a certidão de substituição, que será obtida na medida em que se torne necessário em face da alteração da decisão certificada.

Vigésima Quarta – Os instrumentos autênticos e as transações judiciais beneficiam igualmente do regime do título executivo europeu desde que deles conste uma obrigação pecuniária, líquida e exigível, nos exatos termos em que estes requisitos valem no contexto do Regulamento 805/2004, sendo que nestes casos o caráter de não contestabilidade do crédito advém do expresso reconhecimento da dívida através da direta intervenção do devedor. Porém, a sua certificação enquanto título executivo europeu apenas abrange a atribuição de força executória e não o seu reconhecimento em sentido estrito.

Vigésima Quinta – Quanto ao conceito de «transação judicial» plasmado no diploma que criou o título executivo europeu, é percetível uma evolução na definição do mesmo, pois já não se fala apenas de transações celebradas perante o juiz no decurso de um processo, mas também de transação homologada pelo tribunal ou celebrada perante um tribunal no decurso de um processo. O legislador pretendeu realçar a possibilidade de certificação quer de transações celebradas no próprio processo, quer daquelas que são celebradas extrajudicialmente e depois são levadas ao tribunal para homologação pelo juiz, se assim estiver previsto no ordenamento que emite a certificação. No ordenamento português já está em vigor o sistema de mediação pré-judicial e o sistema de mediação realizada na pendência de um processo judicial, que se suspende para esse efeito, articulados com a possibilidade de homologação do acordo firmado em sede de mediação, o que configura exatamente a transação celebrada extrajudicialmente e que depois é levada a tribunal para homologação pelo juiz. Na legislação espanhola, por sua vez, apenas é possível homologar transações judiciais celebradas na pendência do processo.

Vigésima Sexta – No que diz respeito aos «instrumentos autênticos», a opção legislativa pela consagração legal de uma definição «autónoma» constituiu um passo adiante em relação à Convenção de Bruxelas de 1968 e ao Regulamento Bruxelas I, criando mais segurança e estabilidade na utilização deste mecanismo, combatendo a falta de harmonização desta matéria no espaço europeu. Acompanhando a jurisprudência comunitária, veio agora o legislador consagrar que é considerado instrumento autêntico todo o documento que tenha sido formalmente redigido ou registado como autêntico e cuja autenticidade esteja associada à assinatura e ao conteúdo do instrumento; e tenha sido estabelecido por uma autoridade pública ou outra autoridade competente para o efeito no Estado-Membro em que tiver origem.

VIGÉSIMA SÉTIMA – O nicho de aplicação do título executivo europeu são os «créditos não contestados», que se caracterizam precisamente pelo reconhecimento do crédito de forma expressa ou tácita – ou seja, pela emissão de uma declaração expressa de reconhecimento do crédito ou pela omissão relevante da prática de um ato – por parte do devedor. Este âmbito sempre foi considerado estatisticamente relevante no que respeita à cobrança de dívidas e desde o Projeto Storme que se afigura como a matéria mais propícia a uma intervenção comunitária que aproxime os ordenamentos dos Estados-Membros e que agilize a execução transfronteiriça.

A «incontestabilidade do crédito» é um conceito cujos traços gerais são extraídos do regime jurídico do título executivo europeu e resultam do art. 3º, nº 1 do Regulamento 805/2004, mas só conjugado com as disposições processuais do ordenamento interno de cada Estado-Membro se poderá afirmar, perante um caso concreto, que o crédito é «não contestado».

VIGÉSIMA OITAVA – O legislador comunitário estabeleceu o critério de «incontestabilidade do crédito» assente numa dupla vertente, por forma a blindar o conceito. Assim, tanto uma atitude positiva (ativa) como uma atitude negativa (passiva) poderão determinar que um crédito seja considerado não contestado:

- Por ação, quando o devedor reconhece e aceita o crédito, seja por declaração expressa num documento público com força executiva, seja no âmbito de um processo judicial, por confissão ou através de transação judicial.
- Por omissão, quando o devedor não contraria o crédito, ou seja, não exerce o seu direito de defesa no âmbito de um processo, desde que seja legítimo concluir que o devedor dele teve conhecimento, assim como de todo o conteúdo do crédito reclamado.

VIGÉSIMA NONA – O conceito de «crédito não contestado» não cria dificuldades quando resulta da expressa declaração do devedor, seja em instrumento autêntico, seja através de confissão ou de transação judicial, mas carece de algum cuidado na sua interpretação se estiver relacionado com um ato omissivo do devedor no âmbito de um processo judicial, isto é, pela falta de impugnação (em sentido lato) do crédito através de ato processual de cuja prática dependa a natureza contestada do crédito, de acordo com as normas do ordenamento jurídico em causa, sempre interpretadas de acordo com a *ratio* do regime jurídico do título executivo europeu.

TRIGÉSIMA – Quando a «não contestabilidade do crédito» resulta de uma omissão processual, a noção adotada não tem uma direta correspondência com os sistemas internos, de cada Estado-Membro, aplicáveis à revelia. Quando o legislador comunitário afirma que o crédito se considera «não contestado» se *o devedor nunca tiver deduzido oposição, de acordo com os requisitos processuais relevantes, ao abrigo da legislação do Estado-Membro de origem*, isso não será sempre equivalente à falta de apresentação de contestação em sentido formal. Pode bem suceder que o devedor junte contestação aos autos mas não apresente defesa que possa ser considerada para efeitos de impugnação do crédito, como sucede com a defesa apenas sustentada em exceções dilatórias. Por outro lado, o caráter não contestado do crédito também resultará do facto de o *devedor não ter comparecido nem feito representar na audiência relativa a esse crédito, após lhe ter inicialmente deduzido oposição durante a ação judicial,* mas apenas se essa circunstância determinar uma admissão tácita do crédito ou dos factos alegados pelo credor, em conformidade com a legislação do Estado-Membro de origem.

A amplitude do conceito de «crédito não contestado» permite enquadrar as várias soluções de revelia adotadas nos sistemas jurídicos internos e, simultaneamente, cumprir o espírito subjacente à criação do título executivo europeu no que respeita a abranger todos os casos em que o devedor assumiu voluntariamente e do ponto de vista material a existência do crédito, sem que se valorizem os atos de oposição meramente formais.

TRIGÉSIMA PRIMEIRA – Outra *conditio sine qua non* da certificação de um título executivo como título executivo europeu é o seu caráter executório no Estado de origem. Apesar do princípio do reconhecimento mútuo, não é admissível que uma decisão de natureza interna – a certidão do título executivo europeu – possa conceder determinado efeito (o caráter executório) a uma decisão judicial, uma transação judicial ou um instrumento autêntico, quando ele próprio não produz esse efeito no Estado emitente, sob pena de com isso se incorrer num sistema incongruente onde, não só se concedia um «passaporte» mas também um «cheque em branco» ao credor. De outro modo não seria seguro que o Estado de origem pudesse controlar o caráter executório desses pretensos títulos executivos à luz das regras dos diferentes Estados-Membros, ao passo que, se esse requisito for reportado ao Estado de origem, é perfeitamente controlável e a sua falta pode ser motivo de recusa do título executivo europeu. Também, a regra *lex fori regit processum* reforça o critério adotado pelo Regulamento 805/2004, no sentido de que será de acordo com a lei processual do Estado de origem que se vai aferir do caráter executório do pretenso título executivo que se quer ver certificado como título executivo europeu. Este requisito do caráter executório do título executivo no Estado de origem determina que o alcance da força executória supranacional seja aferido pela eficácia «*ad intra*» do título certificado.

TRIGÉSIMA SEGUNDA – A certificação de uma decisão judicial como título executivo europeu é, compreensivelmente, a mais complexa do ponto de vista dos requisitos exigíveis. Considerando a prévia existência de um processo declarativo em que o devedor não logrou impugnar o crédito e no qual foi condenado, entendeu-se que haviam de ser asseguradas garantias mínimas processuais, especialmente ao nível da modalidade de citação utilizada, ao nível dos recursos admissíveis em situações extraordinárias e ao nível da competência internacional do tribunal. Acresce que no caso particular dos devedores serem consumidores são ainda exigidas garantias adicionais ao nível da competência internacional do tribunal que proferiu a decisão, sendo que neste caso se excedem até os critérios de competência definidos no Regulamento 44/2001, impondo que a ação haja sido proposta no Estado do seu domicílio, num excesso de zelo injustificado.

TRIGÉSIMA TERCEIRA – O capital mínimo das regras processuais não é uma imposição direta do Regulamento 805/2004, mas apenas um incentivo à harmonização das disposições de processo civil que possam assegurar a aplicação do seu regime, na medida em que a ausência desse *standard minimus* relega os cidadãos para o procedimento tradicional de *exequatur*, que se mantém como alternativa, e certamente que os Estados-Membros pretendem evitar isso e têm interesse em posicionar os seus cidadãos nas mesmas condições dos demais. Este método não será, contudo, o mais eficaz do ponto de vista dos resultados da implementação dos objetivos do

Regulamento que criou o título executivo europeu, tendo sido preferível adotar regras de aplicação direta, como posteriormente se fez no procedimento europeu de injunção de pagamento e no processo europeu para ações de pequeno montante em relação ao recurso de revisão em circunstâncias extraordinárias.

TRIGÉSIMA QUARTA – No capital mínimo das regras processuais que permitem assegurar as garantias de defesa do devedor incluem-se, como se disse, exigências relativas à modalidade da citação utilizada para o chamar ao processo, bem como ao conteúdo da mesma. Afastando a solução, desejável mas complexa, de alinhar todos os regimes de citação em vigor nos ordenamentos internos, o legislador comunitário só admite a certificação de uma decisão judicial se no caso concreto houver sido respeitado o *standard* mínimo que ele próprio definiu e admitiu necessário para que se possa considerar que a omissão do devedor foi voluntária, dado que há elementos suficientes para se concluir que teve conhecimento da existência do processo, dos elementos essenciais da pretensão e, bem assim, dos meios de que dispunha para apresentar a sua defesa.

TRIGÉSIMA QUINTA – O cumprimento dos mínimos traçados para matéria das modalidades de citação ou notificação do requerido não é o mais difícil de assegurar e é legítimo concluir que os ordenamentos português e espanhol cumprem no essencial as exigências impostas pelo Regulamento, quer em relação à citação ou notificação com prova de receção pelo devedor, quer em relação àquelas que são realizadas sem essa prova de receção. No entanto, em alguns casos o legislador europeu criou critérios mais restritivos, sobretudo no que diz respeito à qualidade do terceiro em que se pode considerar feita a citação. Por outro lado, o próprio legislador comunitário admite desconsiderar as exigências consagradas nesta matéria, se houver condições de concluir que o devedor teve conhecimento do processo e não reagiu através dos meios ordinários de que dispunha.

TRIGÉSIMA SEXTA – O Regulamento 805/2004 ainda exige, para efeitos de certificação de uma decisão judicial enquanto título executivo europeu, que os ordenamentos internos tenham previstos mecanismos de revisão extraordinária da decisão certificanda, quando se demonstre que, afinal, a omissão do devedor foi involuntária. Para garantir a possibilidade de reapreciação dos factos quando o devedor não os haja impugnado involuntariamente, deve haver formas de recurso extraordinário que abranjam essas situações tipificadas pelo legislador como aquelas em que o devedor não teve conhecimento da citação em tempo útil para apresentar a sua defesa ou em que, apesar de validamente citado, não deduziu oposição por motivo de força maior ou devido a circunstâncias excecionais, sem que houvesse qualquer culpa da sua parte.

TRIGÉSIMA SÉTIMA – Este núcleo de normas mínimas aplicáveis aos processos relativos a créditos não contestados terá a sua justificação nas garantias associadas ao *"due process"*. Porém, apesar de os ordenamentos internos do espaço europeu terem adotado esse princípio geral de natureza processual e de os Estados-Membros assumirem, oficialmente, que a sua legislação cumpre esse requisito, a verdade é que no ordenamento português, ao contrário do que sucede na legislação espanhola, há dificuldade em assumir a existência de um recurso extraordinário para a situação prevista na al. b), do nº 1, do art. 19º.

TRIGÉSIMA OITAVA – A articulação entre o Regulamento 805/2004 e a legislação processual dos ordenamentos internos é um imperativo para a eficácia, utilidade e efetiva aplicabilidade do título executivo europeu. As dificuldades de implementação do regime do título executivo europeu nos ordenamentos jurídicos internos surgem muitas vezes associadas à ausência de disposições internas que assegurem e facilitem o procedimento de certificação no Estado de origem, por um lado, e a execução do título executivo europeu no Estado de destino, por outro. Muitos Estados-Membros, como é o caso de Espanha, foram sensíveis a esta realidade e adotaram normas processuais para facilitar a aplicação do referido Regulamento comunitário, no caso espanhol através da Ley 19/2006, de 5 de junho.

TRIGÉSIMA NONA – No caso português, houve plena inconsciência e uma certa irresponsabilidade nesta matéria, com total ausência de medidas de adaptação da legislação processual aos critérios mínimos processuais exigíveis para aplicação do Regulamento, de forma a tornar clara a possibilidade de certificação de decisões enquanto títulos executivos europeus; para além de nada se ter feito, nem ao nível da criação de regras procedimentais para a certificação de títulos executivos europeus, nem ao nível da adaptação da tramitação da ação executiva desse título executivo, quando certificado noutro Estado-Membro. É precisamente nestes pontos que maiores problemas são causados pela omissão de intervenção legislativa por parte do legislador português.

QUADRAGÉSIMA – O título executivo europeu é obtido a requerimento do credor, no âmbito de um procedimento de certificação, cujos contornos essenciais se baseiam na legislação interna de cada Estado-Membro. Neste procedimento surgem algumas questões problemáticas, umas originadas pelo próprio regime do Regulamento 805/2004, outras resultantes de dificuldades na articulação desse regime com os normativos do ordenamento interno, em especial no caso português por falta de legislação.

Dessas questões, destacam-se:

a) A natureza do órgão ou entidade que pode deter competência para a certificação das decisões e das transações judiciais é uma das questões controversas. A solução mais coerente com o tipo de atos que subjaz à certificação determina que esse órgão seja um órgão que exerça poderes jurisdicionais e, preferencialmente, deverá ser o órgão que proferiu a decisão, ou seja, o tribunal do qual emanou a decisão judicial ou transação judicial certificanda. É esta a solução consagrada no ordenamento espanhol e deve ser esta a opção a adotar no sistema português.

b) O procedimento de certificação correrá termos no Estado de origem da decisão e deve ser assegurada a sua conexão com o processo principal. Mas a opção pelo seu caráter autónoma ou incidental relativamente a esse processo principal causa algumas dificuldades de adaptação no ordenamento jurídico português. A melhor solução seria permitir que o procedimento de certificação corresse termos como um incidente, por apenso ao processo principal. Porém, a legislação processual vigente cria alguns entraves a esta solução, apenas sendo de admitir que a certificação se faça como incidente suscitado no próprio processo e, nesse caso, tem que se ultrapassar a questão da renovação da instância para o efeito, não resolvida pelas normas vigentes. No ordenamento espanhol, a legislação aplicável determina que a certificação seja feita em separado e através de «providencia».

c) Aceita-se que o procedimento de certificação corra os seus termos *inaudita parte*, numa justificada exceção ao princípio do contraditório, considerando que foram dadas todas as oportunidades de pronúncia ao devedor, relegando a oportunidade de contraditório quanto à certificação propriamente dita para momento posterior, através da possibilidade de apresentação de requerimento de retificação ou de revogação da decisão de certificação.

d) Proferida e notificada ao requerido e ao requerente a decisão de certificação, abre-se uma fase de contraditório. Na verdade, embora tivessem sido levantadas dúvidas sobre a necessidade de notificação da decisão de certificação ao requerido, a coerência do regime só fica assegurada se for cumprida essa notificação, mas que apenas deverá ter lugar quando a certidão seja positiva.

QUADRAGÉSIMA PRIMEIRA – No procedimento de certificação do título executivo europeu de uma decisão, os motivos de recusa podem ser os seguintes: i) a decisão ter sido proferida antes da entrada em vigor do Regulamento 805/2004; ii) a decisão não se enquadrar no âmbito de aplicação material ou espacial do Regulamento; iii) a decisão não dizer respeito a um crédito não contestado; a decisão não cumprir as regras de competência exclusiva exigidas pelo Regulamento 44/2001; no caso de o crédito dizer respeito a um contrato celebrado por um consumidor que é devedor, este não ter domicílio no Estado-Membro de origem à data de início do processo; iv) o documento que deu início à instância ou a ordem de comparência em audiência não ter respeitado as modalidades ou o conteúdo exigido pelos arts. 13º a 17º do Regulamento, nem essas exigências terem ficado sanadas pelo regime do art. 18º; v) o ordenamento jurídico do Estado-Membro de origem não conceder ao devedor o direito de apresentar um pedido de revisão da decisão nas situações referidas no art. 19º do Regulamento.

QUADRAGÉSIMA SEGUNDA – Relativamente aos mecanismos de defesa do devedor, o regime do título executivo europeu assentou no princípio da irrecorribilidade da decisão de certificação. No entanto, o facto de ter sido afastada a possibilidade de recurso da certificação positiva, por parte do requerido, não impede o recurso da decisão se a mesma tiver sido negativa, interposto pelo requerente, pois este não dispõe de outro meio de reação face à pronúncia sobre a certificação. Os mecanismos de defesa de que o devedor dispõe contra a certificação propriamente dita são os procedimentos de retificação e de revogação da certificação, previstos no art. 10º do Regulamento, usados conforme os fundamentos sejam meramente formais ou substanciais, respetivamente.

QUADRAGÉSIMA TERCEIRA – Posteriormente, na fase da execução do título executivo europeu, considerando a estabilização da decisão judicial, transação judicial ou instrumento autêntico certificado, o executado, embora não veja afastada a possibilidade de deduzir oposição, encontra alguma limitação aos fundamentos invocáveis. Há causas de oposição expressamente previstas no Regulamento, como seja a incompatibilidade entre decisões e os acordos com países terceiros, mas nenhum fundamento será admitido se a sua procedência implicar uma revisão de mérito da decisão certificada ou da própria certificação. Quanto aos motivos de defesa decorrentes da legislação do Estado de execução, ficam reduzidos àqueles que não pudessem ter sido deduzidos em momento anterior.

QUADRAGÉSIMA QUARTA – A defesa baseada na cláusula de ordem pública é eliminada. O legislador optou por impor ao devedor que esgote as vias de recurso no Estado de origem, precludindo o seu uso no Estado requerido, ainda que se trate de violação da cláusula de ordem pública, máxime na sua vertente processual ou formal. A aceitação desta preclusão julga-se legítima desde que os Estados envolvidos partilhem a Carta dos Direitos Fundamentais e se encontrem estabelecidas garantias de que a omissão quanto à utilização e esgotamento dos meios adequados a fazer valer os seus direitos ao *due process*, incluindo os relativos à violação de direitos fundamentais, foi livre e consciente. Ora, pela forma como foi pensado o título executivo europeu, pelo facto de se encontrar vigente no espaço europeu e pela circunstância de se haver estabelecido um quadro mínimo de garantias processuais parece adequado o uso da exposta preclusão, que mais não é do que uma extensão geográfica do princípio segundo o qual cabe ao devedor esgotar os recursos no plano do ordenamento interno do Estado de origem.

QUADRAGÉSIMA QUINTA – Ao nível da execução do título executivo europeu, que seguirá os termos das execuções instauradas no Estado de destino, com base na aplicação do critério da *lex fori*, surgem alguns problemas de adaptação ao ordenamento interno, em especial no caso português, onde não foram adotadas quaisquer medidas de integração do Regulamento 805/2004 relativamente à lei nacional. Essencialmente, é de salientar a matéria da competência do tribunal de execução e a questão da tramitação da fase liminar da execução baseada em título executivo europeu. Para ultrapassar estes dois aspetos, aceita-se que a competência do tribunal de execução seja aferida pelo critério supletivo aplicável às execuções baseadas em título executivo extrajudicial e que a execução se inicie com aplicação do regime da dispensa de citação prévia e de despacho liminar.

Quadragésima Sexta – A execução que venha a ser instaurada no Estado de destino não correrá os seus termos alheada dos mecanismos que o devedor possa desencadear em sua defesa no Estado de origem e que, sendo procedentes, podem repercutir os seus efeitos na execução, extinguindo-a total ou parcialmente. Nesse pressuposto, o Regulamento 805/2004 dispõe ainda sobre causas de suspensão e limitação da execução, de maneira que as medidas nela adotadas possam assegurar garantias ao credor e, simultaneamente, salvaguardar a posição do devedor no caso de uma eventual alteração ou revogação da decisão certificada.

O regime mais coerente é o de que sejam adotadas medidas de garantia se o respetivo requerimento for apresentado antes da fase da penhora, enquanto a suspensão da execução é razoável para as situações em que a execução já avançou para penhora, havendo que articulá-la com a circunstância de ter sido requerida a limitação da execução à atuação da penhora, conseguindo-se na prática o mesmo efeito.

Quadragésima Sétima – Sobre a eficácia da criação do título executivo europeu, pode afirmar-se que este instrumento constitui um elemento importante na cobrança de dívidas e na flexibilização da execução transfronteiriça, mas os seus efeitos positivos ter-se-ão produzido sobretudo ao nível dos países da Europa central, onde os ordenamentos jurídicos se adaptaram ao Regulamento 805/2004, onde os operadores forenses demonstram mais abertura à utilização dos procedimentos comunitários e onde há maior permeabilidade transfronteiriça.

Quadragésima Oitava – Quanto ao futuro do título executivo europeu, as *démarches* relativas à revisão do Regulamento 44/2001 e a concorrência com os demais procedimentos de segunda geração podem induzir numa perspetiva fatalista para o título executivo europeu. Contudo, esta poderá ser uma conclusão precipitada e falaciosa. Em primeiro lugar, o Regulamento 805/2004 continuará em vigor para determinadas matérias, às quais se entendeu não dever ser aplicada a imediata total supressão do *exequatur*. Em segundo lugar, apesar de haver uma revogação formal para as demais matérias do diploma que criou o título executivo europeu, o que na realidade acontece é uma absorção do seu regime e um alargamento do seu paradigma. Este mecanismo continua a ser importante na avaliação do impacto dos instrumentos emanados das instituições europeias no sentido da criação de um Direito Processual Civil Europeu, tendo um papel muito relevante na garantia da tutela judicial efetiva aos cidadãos europeus.

BIBLIOGRAFIA

ADAM MUÑOZ, M. D., *El Proceso Civil con Elemento Extranjero y la Cooperación Judicial Internacional*, Pamplona, 1997.
— *La Regla Lex Fori Regit Processum*, "Justicia", 2002, pp. 121 e ss.

ADROHER BIOSCA, S., *La Aplicación Jurisprudencial del Bruselas II en España: del Desconcierto al Desafío*, in "Hacia la Supresión del Exequatur en el Espacio Judicial Europeo: El Título Ejecutivo Europeo", Dir. CAMPUZANO DÍAZ et alt., Sevilla, 2006.

AGUILAR BENÍTEZ DE LUGO, M., *Los Alimentos y el Título Executivo Europeu*, in "Hacia la Supresión del Exequatur en el Espacio Judicial Europeo: El Título Ejecutivo Europeo", Dir. CAMPUZANO DÍAZ et alt., Sevilla, 2006, pp. 77 e ss.

AGUILAR BENÍTEZ DE LUGO, M.; RODRÍGUEZ BENOT, A., *La Revisión de los Convenios de Bruselas de 1968 y de Lugano de 1988 sobre Competencia Judicial y Ejecución de Resoluciones Judiciales en Materia Civil y Mercantil: Una Primera Lectura*, REDI, 1998, pp. 35 e ss.

AGUILAR GRIEDER, H., *Eficacia Extraterritorial de Sentencias Extranjeras y Procesos Contradictorios*, RPJ, 2003, pp. 123 e ss.
— *El Proceso Monitorio Europeo en un Contexto de Creciente Comunitarización*, in "Hacia la Supresión del Exequatur en el Espacio Judicial Europeo: El Título Ejecutivo Europeo", CAMPUZANO DÍAZ et alt. (Dir.), Sevilla, 2006, pp. 219 e ss.

AHIJADO, M.; AHIJADO, A., *Globalización: Una Visión General (o Vicios Públicos, Virtudes Privadas: Globalización y la Unión Europea)*, RDUE, 2002, pp. 17 e ss.

ALBIEZ DOHRMANN, K. J., *La Modernización del Derecho de Obligaciones en Alemania: Un Paso Hacia la Europeización del Derecho Privado*, in "La Cooperación Judicial en Materia Civil y la Unificación del Derecho Privado en Europa", SÁNCHEZ LORENZO, S.; MOYA ESCUDERO, M. (Dir.), Madrid, 2003, pp. 315 e ss.

ALIAGA CASANOVA, A. C., *El Proceso Monitorio ante las Recientes e Inminentes Reformas Legales y el Desafio de los Avances Tecnológicos*, RPJ, 2003, pp. 125 e ss.

ALONSO-CUEVILLAS SAYROL, J., *La Competencia Jurisdiccional Internacional de los Tribunales Españoles del Orden Civil*, Valencia, 2006.

ÁLVAREZ GONZÁLEZ, S., *Pasado, Presente y Futuro del Derecho Internacional Privado*, "Dereito", vol. 5, nº 1, 1996, pp. 9 e ss.
— *La Cooperación Judicial Internacional en Matéria Civil*, "Dereito", 2001, pp. 7 e ss.

ÁLVAREZ GONZÁLEZ, S.; ESPLUGUES MOTA, C.; RODRÍGUEZ MATEOS, P.; SÁNCHÉZ LORENZO, S., *Legislación de Derecho Internacional Privado*, Granada, 2007.

ANDERSSON, T., *Approximation of Procedural Law in Europe*, in "Procedural Laws, in Europe. Towards Harmonisation", STORME, M. (Ed.), Antwerpen, 2003, pp. 55 e ss.

ANDOLINA, I., *La Cooperazione Internazionale nel Processo Civile*, in "Trans-National Aspects of Procedural Law", X World Congress on Procedural Law, editado por ITALO ANDOLINA, pp. 313 e ss., Milano, 1998.

— *Constituzione Europea e Cooperazione Giudiziaria in Materia Civile*, Riv. Dir. Proc., 2005, pp. 393 e ss.

ANDREWS, N., *Towards a European Protective Order in Civil Matters*, in "Procedural Laws in Europe. Towards Harmonisation", STORME, M. (Ed.), Antwerpen, 2003pp. 267 e ss.

ANGEL, B.; MUIR WATT, H., *La Désunion Européenne: le Règlement dit «Bruxelles II»*, RCDIPr, 2001, pp. 403 e ss.

ARANGUENA FANEGO, C., *La Efectividad del Acceso a la Justicia: Autodefensa, Defensa Técnica y Asistencia Jurídica Gratuita*, in "El Espacio Europeo de Libertad, Seguridad y Justicia. Avances y Derechos Fundamentales en Materia Procesal", CALDERÓN CUADRADO, M. P.; IGLESIAS BUHIGUES, J. L. (Coord.), Pamplona, 2009, pp. 287 e ss.

ARENAS GARCÍA, R.; JIMÉNEZ BLANCO, P., *Nota a la Propuesta de la Comision Europea para una Reforma de los Convénios de Bruselas y Lugano*, "La Ley", 1998, pp. 1910 e ss.

ARIAS RODRÍGUEZ, J. M.; CASTÁN PÉREZ, M. J., *Análisis Crítico del Proceso Monitorio Europeo Regulado en el Reglamento (CE) Nº 1896/2006*, RPJ, 2006, pp. 11 e ss.

ARROYO I AMAYUELLAS, E., *Panorámica (parcial) del Acquis Communautaire de Contratos: Punto de Partida para el Legislador Catalán*, in "La Armonización del Derecho de Obligaciones en Europa", editado por BADOSA COLL, F.; ARROYO I AMAYUELLAS, E. (Dir.), Valencia, 2006.

AUGUSTO CANNATA, C., *Historia de la Ciencia Jurídica Europea*, Madrid, 1996.

BADIE, B., *O Fim dos Territórios*, Lisboa, 1995.

BADOSA COLL, F.; ARROYO I AMAYUELLAS, E. (Dir.), *La Armonización del Derecho de Obligaciones en Europa*, Valencia, 2006.

BAKER, C., *Le Titre Exécutoire Européen. Une Avancée pour la Libré Circulation dês Décisions?*, "La Semaine Juridique", nº 22, 2003, pp. 985 e ss.

BALLARINO, T., *Problematiche Internazional-Privatistiche poste dal Progetto di Regolamento*, Quaderni del Consiglio Superiore della Magistratura, 2002, pp. 95 e ss.

— *Diritto Internazionale Privato*, 3ª ed., Napoli, 2006.

— *Manuale Breve di Diritto Internazionale Privato*, Padova, 2007.

BARCONES AGUSTÍN, N., *El Juicio Monitorio: Estudio de los Documentos del Artículo 812º, LEC*, BIMJ, 2008, pp. 7 e ss.

BARIATTI, S., *La Cooperazione Giudiziaria in Materia Civile: dal Terzo Pilastro dell'Unione Europea al Titolo IV del Trattato CE*, DUE, 2001, pp. 261 e ss.

— *What Are Judgments Under the 1968 Brussels Convention?*, Riv. Dir. Int. Priv. Proc., 2001, pp. 5 e ss.

— *The Future Community Rules in the Framework of the Communitarization of Private International Law*, in "The Unification of Choice of Law Rules on Torts and other Non-Contractual Obligations in Europe. The "Rome II" proposal",

editado por MALATESTA, A., Milano, 2006.
— *La Famiglia nel Diritto Internazionale Privato Comunitário*, Milano, 2007.
BARÓN CRESPO, E., *El Debate sobre el Futuro de Europa*, RDUE, 2001, pp. 159 e ss.
BARONA VILAR, S.; ESCRIBANO MORA, F.; FERNÁNDEZ SEIJO, J. M.; FLORS MATÍES, J.; GUZMÁN FLUJA, V. C.; MARIMÓN DURÁ, M. C.; MORENO CATENA, V.; OLIVER LÓPEZ, C.; SALINAS MOLINA, *El Proceso Civil*, Valencia, 2001.
BASEDOW, J., *The Communitarisation of the Conflict of Laws Under the Treaty of Amsterdam*, CMLR, 2000, pp. 687 e ss.
— *The Effects of Globalization on International Private Law*, in "Legal Aspects of Globalization", editado por BASEDOW, J.; KONO, T., Hague, London, Boston, 2000.
— *EC Conflict of Law – A Matter of Coordination*, in "Seminário Internacional sobre a Comunitarização do Direito Internacional Privado", PINHEIRO, L. L. (Dir.), Coimbra, 2005, pp. 17 e ss.
BASTIANON, S., *Direttive Comunitarie e Tutela del Creditore in Caso di Ritardato Pagamento nelle Transazioni Commerciali: Prime Osservazioni a Proposito del D.lgs. nº 231/2002*, DUE, 2003, pp. 395 e ss.
— *Brevi Note sul Regolamento (CE) nº 805/ /2004, Che Istituisce il Titolo Esecutivo Europeo per i Crediti non Contestati*, DUE, 2005, pp. 473 e ss.
BEAUMONT, P. R., *The Brussels Convention Becomes a Regulation: Implications for Legal Basis, External Competence, and Contract Jurisdiction*, in "Reform and Development of Private International Law – Essays in Honor of Sir Peter North", FAWCETT, J. (Dir.), New York, 2002, pp. 9 e ss.
BELL, A. S., *Forum Shopping and Venue in Transnational Litigation*, New York, 2003.

BELTZ, K. H., *Le Titre Exécutoire Européen*, "Recueil Dalloz", 2005, pp. 2707 e ss.
BENDITO CAÑIZARES, M. T., *El Programa de la Haia. Un Quinquenio para Consolidar el Espacio de Libertad, Seguridad y Justicia*, in "Europa, Europa", LÓPEZ MIRA, A. X.; CANCELA OUTEDA, C. (Coord.), Santiago de Compostela, 2006, pp. 17 e ss.
BENEDETTI, G., *Quale Ermeneutica per il Diritto Europeo?*, Riv. Trim. Dir. Proc. Civ., 2006, pp. 1 e ss.
BERAUDO, J. P., *Le Règlement (CE) du Conseil du Décembre 2000 Concernant la Compétence Judiciaire, la Reconnaissance et l'Éxécution des Décisions en Matière Civile et Commerciale*, JDI, nº 4, 2001, pp. 1033 e ss.
BERIZONCE, R. O., *Código-Tipo" y Reforma del Proceso en América Latina: entre el Derecho Común y el Derecho Uniforme*, RUDP, 1989, pp. 7 e ss.
BESSO, C., *Taking of Evidence Abroad: from the 1970 Hague Convention to the 2001 European Regulation*, in "International Civil Litigation in Europe and Relations with Third States", NUYTS, A.; WATTÉ, N. (Dir.), Bruxelles, 2005, pp. 365 e ss.
BETLEM, G.; HONDIUS, E., *European Private Law After the Treaty of Amsterdam*, ERPL 2001, pp. 3 e ss.
BIAVATI, P., *Processo Comunitario e Formazione di un Processo Comune Europeo*, Riv. Dir. Proc., 1994, pp. 769 e ss.
— *Diritto Comunitario e Diritto Processuale Civile Italiano fra Atrazione, Autonomia e Resistenze*, DUE, 2000, pp. 717 e ss.
— *Notificazioni e Comunicazioni in Europa*, Riv. Trim. Dir. Proc. Civ., 2002, pp. 501 e ss.
— *I Procedimenti Civili Semplificati e Accelerati: il Quadro Europeo e i Reflessi Italiani*, Riv. Trim. Dir. Proc. Civ., 2002, pp. 751 e ss.

— *Europa e Processo Civile. Metodi e Prospettive*, Torino, 2003.
— *L'Impatto del Diritto Comunitario sull'Insegnamento del Diritto Processuale Civile*, Riv. Trim. Dir. Proc. Civ., 2008, pp. 227 e ss.
BLANCO-MORALES LIMONES, P.; DURÁN AYAGO, A., *Luces y Sombras del Título Ejecutivo Europeo sobre Créditos no Impugnados*, in "Cuestiones Actuales del Derecho Mercantil Internacional", CALVO CARAVACA y AREAL LUDEÑA (Dir.), Madrid, 2005, pp. 41 e ss.
BOIXAREU CARRERA, A., *Los Grandes Principios Inspiradores del Tratado de Amsterdam*, in "Reflexiones en Torno al Tratado de Amsterdam y el Futuro de la Unión Europea", editado por FARAMIÑÁN GILBERT, J. M., Granada, 2000.
— *Un Espacio de Libertad, de Seguridad y de Justicia*, in "La Unión Europea tras la reforma", editado por VELASCO VALLEJO, M. D., Santander, 2000.
BOIXAREU CARRERA, A.; CARPI BADIA, J. M., *El Tratado de Amsterdam – Génesis y Análisis Sistemático de su Contenido*, Barcelona, 2000.
BONACHERA VILLEGAS, R.; SENÉS MOTILLA, C., *La Aplicación del Título Ejecutivo Europeo en el Sistema Procesal Español*, "La Ley", nº 6341, 2005, pp. 1 e ss.
BONADUCE, C., *L'Interpretazione della Convenzione di Bruxelles del 1968 alla Luce del Regolamento nº 44/2001 nelle Pronunce della Corte di Giustizia*, RDI, 2003, pp. 746 e ss.
BORRÁS, A., *El "Interés del Menor" como Factor de Progreso y Unificación del Derecho Internacional Privado*, Acadèmia de Jurisprudència i Legislació de Catalunya, Barcelona, 1993.
— *Derecho Internacional Privado y Tratado de Ámsterdam*, REDI, 1999, pp. 381 e ss.

— *Reglamento (CE) num. 44/2001 del Consejo de 22 de diciembre de 2000 Relativo a la Competência Judicial, el Reconocimiento y la Ejecución de Resoluciones en Matéria Civil y Mercantil (Nota introductoria)*, BIMJ, 2001, pp. 3 e ss.
— *Cooperación Jurídica Internacional en Materia Civil. El Convenio de Bruselas* (Dir.), Consejo General del Poder Judicial, Cuadernos de Derecho Judicial, IV, Madrid, 2001.
— *Hacia la Supresión del Exequatur en Europa*, in "Cooperación Jurídica Internacional en Materia Civil. El Convenio de Bruselas", Cuadernos de Derecho Judicial, IV, 2001, pp. 17-51.
— *La Proyeccion Externa de la Comunitarizacion del Derecho Internacional Privado: los Datos del Problema*, "La Ley", nº 5611, 2002, pp. 1657 e ss.
— *Significado y Alcance del Espacio Judicial Europeo en Matéria Civil: Hacia la Reforma del Título IV TCE*, NUE, nº 225, 2003, pp. 11 e ss.
— *Competencia Judicial, Reconocimiento y Ejecución de Decisiones en Materia Matrimonial: el Reglamento 1.347/2000, de 29 de Mayo (Bruselas II)*, RJC, 2003, pp. 37 e ss.
BORRÁS, A.; PELLISÉ, C., *Jurisprudencia del Tribunal de Justicia de las Comunidades Europeas*, "Revista Jurídica de Catalunya", 2007, pp. 1220 e ss.
BOSCHIERO, N., *The Forhcoming European Enforcement Order. Towards a European Law Enforcement Area*, RDI, 2003, pp. 394 e ss.
BRITO, M. H., *Descrição Breve do Regulamento (CE) nº 2201/2003 do Conselho, de 27 de novembro de 2003 Relativo à Competência, ao Reconhecimento e à Execução de Decisões em Matéria Matrimonial e em Matéria de Responsabilidade Parental*, in "Seminário Internacional sobre a Comunitarização do Direito Internacional Privado",

Pinheiro, L. L. (Dir.), Coimbra, 2005, pp. 127 e ss.;
— *A Convenção da Cidade do Cabo Relativa a Garantias Internacionais sobre Equipamento Móvel e o Protocolo Anexo sobre Questões Específicas Relativas A Equipamento Aeronáutico*, in "Nos 20 anos do Código das Sociedades Comerciais – Homenagem aos Profs. Doutores A. Ferrer Correia, Orlando de Carvalho e Vasco Lobo Xavier", Coimbra, 2007.

Bruneau, C., *Le Traité d'Amsterdam et la Coopération Judiciaire en Matière Civile (Transformation en Règlements Communautaires de Quatre Conventions Européennes)*, "La semaine Juridique", nº 43-44, 2000, pp. 1955 e ss.

Buxbaum, H. L., *Improving Transatlantic Cooperation in the Taking of Evidence*, in "International Civil Litigation in Europe and Relations with Third States", Nuyts, A.; Watté, N. (Dir.), Bruxelles, 2005, pp. 343 e ss.

Cadiet, L., *I Modi Alternativi di Regolamento dei Conflitti in Francia tra Tradizione e Modernità*, Riv. Trim. Dir. Proc., 2006, pp. 1169 e ss.

Calderón Cuadrado, M. P., *La Dimensión Europea de los Derechos de la Defensa, Três Proposiciones para un Debate y un Interrogante sobre su Titularidad*, in "El Espacio Europeo de Libertad, Seguridad y Justicia. Avances y Derechos Fundamentales en Materia Procesal", Calderón Cuadrado, M. P.; Iglesias Buhigues, J. L. (Coord.), Pamplona, 2009, pp. 173 e ss.

Calderón Cuadrado, M. P.; Iglesias Buhigues, J. L. (Coord.), *El Espacio Europeo de Libertad, Seguridad y Justicia. Avances y Derechos Fundamentales en Materia Procesal*, Pamplona, 2009.

Calliess, G. P., *Coherence and Consistency in European Consumer Contract Law: a Progress Report*, GLJ, vol. 4, nº 4, 2003, pp. 333 e ss.

— *(Conflict) Principles of European (Consumer) Contract Law – an Update*, GLJ vol. 5, nº 8, 2004, pp. 957 e ss.

Calvo Caravaca, A. L.; Blanco-Morales Limones, P. (Dir.), *Globalizacion y Derecho*, Madrid, 2003.

Calvo Caravaca, A. L.; Carrascosa González, J., *Desarrollo Judicial y Derecho Internacional Privado*, Granada, 2004.

Campeis, G.; De Pauli, A., *Prime Riflessioni sul Titolo Esecutivo Europeo (Regolamento (CE) n. 805/2004 del 21 aprile 2004, che Istituisce il Titolo Esecutivo Europeo per i Crediti non Contestati)*, "Judicium" (www.judicium.it).

Campuzano Díaz, B., *El Derecho Contractual Europeu en el Marco de la Globalización*, in "Globalización y Derecho", editado por Calvo Caravaca, A. L.; Blanco-Morales Limones, P., Madrid, 2003, pp. 73 e ss.

Campuzano Díaz et alt. (Dir.), *Hacia la Supresión del Exequatur en el Espacio Judicial Europeo: el Título Ejecutivo Europeo*, Sevilla, 2006.

Cano Bazaga, E., *El Reconocimiento y la Ejecución de Resoluciones en Matéria Matrimonial y de Responsabilidad Parental en el Reglamento (CE) Nº 2201/2003, por el que se Deroga el Reglamento (CE) Nº 1347/2000*, in "Hacia la Supresión del Exequatur en el Espacio Judicial Europeo: El Título Ejecutivo Europeo", Dir. Campuzano Díaz et alt., Sevilla, 2006.

Canotilho, J. J. G., *Direito Constitucional*, Coimbra, 1993.

Capelli, F., *Riflessioni sulle Prospettive di Unificazione del Diritto Europeo*, DCSI, 2001, pp. 629 e ss.

Cappelleti, M., *Towards a United States of Europe?*, in "Unity of Civil Procedural Law and its National Divergencies",

editado por Sawczuk, M., Lublin, 1994.
— *Introduction. Polices, Trends and Ideas in Civil Procedure* (Chapter 1), in "International Encyclopedia of Comparative Law", Vol. XVI – Civil Procedure.
Capponi, B., *Attualità e Prospettive della Cooperazione Giudiziaria Civile nell'Unione Europea*, Riv. Trim. Dir. Proc. Civ., 1998, pp. 149 e ss.
— *Una Prospettiva di Armonizzazione: il Titolo Esecutivo Europeo*, "Documenti Giustizia", 1993, pp. 1390 e ss.
Carbone, S. M., *L'Inquadramento Normativo, l'Autonomia Interpretativa dei «Principi» di un Diritto Europei dei Contratti ed il Loro Impiego*, Riv. Dir. Int. Priv. Proc., 2000, pp. 885 e ss.
Carpi, F., *Riflessioni sull'Armonizzazione del Diritto Processuale Civile in Europa in Relazione alla Convenzione di Bruxelles del 1968*, Riv. Trim. Dir. Proc. Civ., 1993, pp. 1037 e ss
— *L'Ordine di Pagamento tra Efficacia della Tutela e Garanzie della Difesa*, Riv. Dir. Proc., 2002, pp. 688 e ss.
Carr, I., *International Trade Law*, 3ª ed., London, 2005.
Carrascosa González, J., *Globalización y Derecho Internacional Privado*, Murcia, 2002.
— *Desarrollo Judicial y Derecho Internacional Privado*, Granada, 2004.
Carratta, A., *La Sentenza Civile Straniera fra «Riconoscimento» ed «Estensione del'Efficacia»*, Riv. Dir. Proc., 2006, pp. 1147 e ss.
— *Il Procedimento Ingiuntivo Europeo e la «Comunitarizzazione» del Diritto Processuale Civile*, Riv. Dir. Proc., 2007, pp. 1519 e ss.
Castro Mendes, J., *Direito Comparado*, Lisboa, 1983.

Castronovo, C., *I Principi di Diritto Europeo dei Contratti e l'Idea di Codice*, RDCO, 1995, pp. 21 e ss.
— *Contract and the Idea of Codification in the Principles of European Contract Law*, in "Festskrift til Ole Lando", Copenhagen, 1997, pp. 109 e ss.
— *Il Contratto e l'Idea di Codificazione nei Principi di Diritto Europeo dei Contratti*, in "Materiali e Commenti sul Nuovo Diritto dei Contratti", editado por G. Vettori, Padova, 1999, pp. 854 e ss.
— *I Principi di Diritto Europeo dei Contratti e il Codice Civile Europeo*, "Vita notarile", 2000, pp. 1193 e ss.
Caupain, M. T.; Leval, G. (Dir.), *L'Efficacité de la Justice Civile en Europe*, Bruxelles, 2000.
Cesari, P., *Diritto Internazionale Privato e Processuale Comunitario*, 2ª ed., Torino, 2005.
China, S., *Il Riconoscimento e l'Ésecuzione delle Sentenze nel Regolamento Comunitario Nº 44/2001*, Riv. Dir. Proc., 2002, pp. 386 e ss.
Clive, E., *PECL III – An Overview and Assesment*, in La Tercera Parte de los Principios de Derecho Contractual Europeo, editado por Vaquer, A., Valencia, 2005.
Cobo Sáenz, J. F., *El Encaje del Título Ejecutivo Europeo en el Derecho Procesal de los Estados Miembros: Necesidad de Ajustes?*, in "Hacia la Supresión del Exequátur en el Espacio Judicial Europeo: el Título Ejecutivo Europeo", Campuzano Díaz et alt. (Dir.), Secretariado de Publicacines Universidad de Sevilla, 2006, pp. 245 e ss.
Coing, H., *Derecho Privado Europeo*, tradução de Pérez Martìn, A., T. I e II, Madrid, 1996.
Comoglio, L. P., *L'Informazione Difensiva nella Cooperazione Giudiziaria Europea*, Riv. Dir. Proc., 2006, pp. 851 e ss.

CONSALVI, E., *Il Titolo Esecutivo Europeo in Materia di Crediti non Contestati*, "Judicium" (www.judicium.it).
— *La Proposta di Regolamento (CE) che Istituisce Il Titolo Esecutivo Europeo in Materia di Crediti non Contestati*, "Judicium" (www.judicium.it).
CONSOLO, C., *La Tutela Sommaria e la Convenzione di Bruxelles: la «Circolazione» Comunitaria dei Provvedimenti Cautelari e dei Decreti Ingiuntivi*, Riv. Dir. Int. Priv. Proc., 1991, pp. 593 e ss.
CORNO, G., *Il Regolamento n. 805/2004/Ce Istitutivo del Titolo Esecutivo Europeo per i Crediti non Contestati*, DCSI, 2005, pp. 309 e ss.
CORREA DELCASSO, J. P., *Le Titre Exécutoire Européen et l'Inversion du Contentieux*, RIDC, 2001, 61-82.
— *Principios del Proceso de Elaboración del Título Ejecutivo Europeo Mediante la Técnica de la Inversión del Contradictorio*, "La Ley", nº 5222, 2001, pp. 1612 e ss.
— *Analisis de la Propuesta de Reglamento sobre el Título Ejecutivo Europeo. Incidência de la Normativa Comunitária en la LEC*, "La Ley", nº 5657, 2002, pp. 1773 e ss.
— *Propositions pour l'Instauration d'une Procédure d'Injonction de Payer Harmonisée dans les Pays de l'UE*, in "Procedural Laws in Europe. Towards Harmonisation", editado por STORME, M., Antwerpen, 2003 pp. 257 e ss.
COSTA, S., *A Injunção e as Conexas Acção e Execução – Processo Geral Simplificado*, 6ª ed., Coimbra, 2008.
CRIFÒ, C., *Cross-Border Enforcement of Debts in the European Union, Default Judgments, Summary Judgments and Orders for Payment*, Netherlands, 2009.
CRISTOFARO, M., *Esecuzione in Personam e Misure Coercitive Indirette nello Spazio Giudiziario Europeo*, in "Studi di Diritto Processuale Civile in onore di Giuseppe Tarzia", Milano, 2005, pp. 413 e ss.
CUNHA, P. P., *A Constituição Europeia – Um olhar crítico sobre o Projecto*, Coimbra, 2004.
CUNIBERTI, G.; RUEDA, I., *Abolition of Exequatur Adressing the Comission's Concernes*, Law Working Paper Series, Paper nº 2010-03, Luxembourg, 2010 (http://ssrn.com/abstract=1691001).
DAGNA, P., *Libera Circolazione delle Decisioni Giudiziarie con il Nuovo Titolo Esecutivo Europeo*, www.altalex.com, 2006.
DAMIÁN MORENO, J., *El Derecho y su Garantía Jurisdiccional. Estudios y Comentarios de Derecho Procesal*, Madrid, 2009.
— *Introduccion al Sistema Judicial Español*, Madrid, 2010.
DAMIÁN MORENO, J.; CORTÉS DOMÍNGUEZ, V.; REVILLA GONZÁLEZ, J. A., *Ley de Enjuiciamiento Civil*, Barcelona, 2001.
DAVID, R. (Ed.), *The Legal Systems of the World, Their Comparison and Unification* (Vol. II) – Chapter 5: *The International Unification of Private Law*, in "International Encyclopedia of Comparative Law".
DE LA OLIVA SANTOS, A., *Derecho Procesal Civil: Ejecución Forzosa, Procesos Especiales: Conforme a la Ley 1/2000, de 7 de Enero, de Enjuiciamiento Civil*, Madrid, 2005.
DE LA OLIVA SANTOS, A. (Dir.); AGUILERA MORALES, M.; CUBILLO LÓPEZ, I. (Coord.), *La Justicia y la Carta de Derechos Fundamentales de la Unión Europea*, Madrid, 2008.
DIAGO DIAGO, M. P., *La Obtención de Pruebas en la Unión Europea*, Navarra, 2003.
DÍAZ-AMBRONA BARDAJÍ, M. D. (Directora); POUS DE LA FLOR, M. P.; TEJEDOR MUÑOZ, L., *Derecho Civil Comunitario*, 3ª ed. Madrid, 2006.
DÍEZ RIAZA, S., *La Propuesta de Reglamento del Consejo por el que se Establece un Título Ejecutivo Europeo para Créditos no Impug-

nados, "Revista de Derecho Procesal", 2002, pp. 111 e ss.

DINAMARCO, C., *A Instrumentalidade do Processo*, São Paulo, 1999.

DORIS, M., *Harmonising by Numbers*, ELR, 2007, pp. 878 e ss.

DOUGLAS-SCOTT, S., *The Rule of Law in the EU – Putting the Security into the "Area of Freedom and Security and Justice"*, ELR, 2004, pp. 219 e ss.

DROBNIG, U., *Unification of National Law and the Uniformisation of the Rules of Private International Law*, in "The influence of the European Communities upon Private International Law of the Member States", editado por RIGAUX, F., Bruxelles, 1981, pp. 1 e ss.

DROZ, G. A. L., *Les Droits de la Demande dans les Relations Privées Internationals*, in "Travaux du Comité Français de Droit International Privé", Paris, 1996, pp. 97 e ss.

— *Les Regles du Traite C.E.E. sur la Competence Judiciaire et l'Execution des Decisions en Matière Civile et Commerciale*, in "The Influence of the European Communities Upon Private International Law of the Member States", editado por RIGAUX, F., Bruxelles, 1981, pp. 49 e ss.

DROZ, G. A. L.; GAUDEMET-TALLON, H., *La Transformation de la Convention de Bruxelles du 27 septembre 1968 en Règlement du Conseil Concernant la Compétence Judiciaire, la Reconnaissance et l'Exécution dês Décisions en Matière Civile et Commercial*, RCDIPr 2001, pp. 601 e ss.

EBERS, M., *La Reforma y Europeización del Derecho Alemán de Obligaciones*, in "La Armonización del Derecho de Obligaciones en Europa", editado por ARROYO I AMAYUELLAS, F.; BADOSA COLL, E., Valencia, 2006.

ENÉRIZ OLAECHEA, F. J., *Hacia un Nuevo Derecho de la Unión Europea*, U. E. Aranzadi, 2007, pp. 5 e ss.

ESCALADA LÓPEZ, M. L., *Instrumentos Orgánicos de Cooperación Judicial: Magistrados de Enlace, Red Judicial Europea y Eurojust*, in "La Cooperación Judicial Civil y Penal en el Ámbito de la Unión Europea: Instrumentos Procesales", Coord. JIMENO BULNES, M., Barcelona, 2007, pp. 97 e ss..

ESCOBAR HERNÁNDEZ, C., *El Tratado de Niza y la Reforma Futura de la Unión*, in "La Unión Europea tras la Reforma", editado por VELASCO VALLEJO, M. D., Santander, 2000.

ESPINAR VICENTE, J. M., *Competencia Judicial y Reconocimiento y Ejecución de Resoluciones Judiciales en Materia Civil y Mercantil en el Ámbito de la Comunidad Europea*, in "Hacia un Nuevo Orden Internacional y Europeo – Estudios en Homenaje al Profesor Don Manuel Díez de Velasco", editado Por PÉREZ GONZÁLEZ et al., Madrid, 1993, pp. 865 e ss.

ESPINOSA CALABUIG, R., *La Responsabilidad Parental y el nuevo Reglamento de Bruselas II, bis: entre el Interés del Menor y la Cooperación Judicial Interestatal*, Riv. Dir. Int. Priv. Proc., 2003, pp. 735 e ss.

ESPLUGUES MOTA, C., *Presente e Futuro del Reconocimiento y Ejecución de Laudos Extranjeros en España*, in "Pacis Artes – Obra Homenaje al Profesor Julio D. González Campos", Madrid, 2005, pp. 1471 e ss.

ESTEBAN DE LA ROSA, F., *La Aplicación de las Directivas Comunitárias en Matéria de Derecho Privado a las Situaciones Transfronterizas*, in "La Cooperación Judicial en Materia Civil y la Unificación del Derecho Privado en Europa", SÁNCHEZ LORENZO, S.; MOYA ESCUDERO, M. (Dir.), Madrid, 2003, pp. 179 e ss.

FARAMIÑÁN GILBERT, J. M., *Sobre los Orígenes y la Idea de Europa (en el cincuenta ani-*

versario de la UE), "Revista electrónica de estudios internacionales", 2007.

FAWCETT, J. (Dir.), *Reform and Development of Private International Law. Essays in Honor of Sir Peter North*, New York, 2002.

FAZZALARI, E., *Per un Processo Comune Europeo*, Riv. Trim. Dir. Proc. Civ., 1994, pp. 665 e ss.

— *La Giurisdizione Internazionale nell'Era della Globalizzazione, in* "Studi di Diritto Processuale Civile in Onore di Giuseppe Tarzia", Milano, 2005, pp. 455 e ss.

FERNÁNDEZ-BALLESTEROS LÓPEZ, M.A.; RIFÁ SOLER, J.M.; Valls Gombau, J. F. (Coord.), *Comentarios a la Nueva Ley de Enjuiciamiento Civil*, Barcelona, 2000.

FERNÁNDEZ ROZAS, J. C., *El Espacio de Libertad, Seguridad y Justicia Consolidada por la Constitución Europea*, "La Ley", nº 6097, 2004, pp. 1867 e ss.

FERNÁNDEZ ROZAS, J. C.; SÁNCHEZ LORENZO, S., *Derecho Internacional Privado*, 4ª ed., Navarra, 2007.

FERNÁNDEZ-TRESGUERRES, A., *La Escritura Pública Notarial: un Título Ejecutivo Europeo*, "Escritura Pública", 2004, pp. 1 e ss.

— *El Título Ejecutivo Europeo para Créditos no Impugnados y en Especial el Titulo Ejecutivo Europeo Notarial*, NUE, 2007, pp. 39 e ss.

FERREIRA, F. A., *Curso de Processo de Execução*, 11ª ed., Coimbra, 2009.

FLECHA ANDRÉS, J. R.; GARCÍA NICOLÁS, C. (Dir.), *La Unión Europea ante la Globalización*, Salamanca, 2007.

FLORES GARCÍA, F., *La Legislación Procesal como Instrumento de la Unificación Iberoamericana, in* "XIV Jornadas Iberoamericanas de Derecho Procesal. La Plata, 24 al 27 de abril de 1994", La Plata, 1994, pp. 145 e ss.

FLORES RODRÍGUEZ, J., *Competencia y Postulación en el Proceso Monitorio: de la Jurisdicción Voluntaria a la Justicia de Proximidade*, "Justicia", 2004, pp. 227 e ss.

FONTAINE, P., *A Construção Europeia de 1945 aos Nossos Dias*, tradução de José Gabriel Brasil, edição revista e atualizada por José Barros Moura, Lisboa, 1998.

FORCADA MIRANDA, F. J., *Obligaciones Alimentarias: Hacia la Supresión del Exequatur, in* "Hacia la Supresión del Exequatur en el Espacio Judicial Europeo: El Título Ejecutivo Europeo", Dir. CAMPUZANO DÍAZ et alt., Sevilla, 2006, pp. 265 e ss.

FORNER DELAYGUA, J. J., *Hacia un Convenio Mundial de "Exequatur"*, Barcelona, 1999.

— *El Proyecto del American Law Institute "Transnational Rules of Civil Procedure": la Cooperación Judicial*, AEDIPr, 2000, pp. 275 e ss.

— *Service of Judicial Documents within Europe and in Third States (Regulation EC 1348/2000 and 1965 Hague Convention), in* "International Civil Litigation in Europe and Relations with Third States", NUYTS, A.; WATTÉ, N. (Dir.), Bruxelles, 2005, pp. 391 e ss.

FRADE, C., *A Resolução Alternativa de Litígios Aplicada ao Sobreendividamento dos Consumidores: Virtualidades da Mediação*, Relatório do Observatório do Endividamento dos Consumidores, Centro de Estudos Sociais da Faculdade de Economia da Universidade de Coimbra, 2002.

FREITAS, J. L., *Le Respect des Droits de la Défense lors de l'Introduction de l'Instance, in* "L'Efficacité de la Justice Civile en Europe", CAUPAIN, M. T.; LEVAL, G. (Dir.), Bruxelles, 2000, pp. 17-37.

— *Apreciação do Projecto de Diploma de Reforma da Reforma da Acção Executiva*, Revista da Ordem dos Advogados, 68, Vol. I, 2008, pp. 21-47.

— *A Acção Executiva – Depois da Reforma da Reforma*, 5ª ed., Lisboa, 2009.

— *Introdução ao Processo Civil – Conceito e Princípios Gerais*, 2ª ed., Coimbra, 2009.

Freitas, J. L.; Redinha, J.; Pinto, R., *Código de Processo Civil Anotado*, Vol. 1º, Coimbra, 1999.

Freitas, J. L.; Mendes, A. R., *Código de Processo Civil Anotado*, Vol. 3º, 1ª ed., Coimbra, 2003.

— *Código de Processo Civil Anotado*, Vol. 3º, Tomo I, 2ª ed., Coimbra, 2008.

Freudenthal, M., *The Simplification of Cross-Border Debt Collection*, in "Procedural Laws in Europe. Towards Harmonisation", editado por Storme, M., Antwerpen, 2003 pp. 363 e ss.

Friedman, T. L., *Compreender a Globalização*, Lisboa, 2000.

Frigo, M., *Il Regolamento Comunitario sulle Notificación in Materia Civile o Comérciale*, Riv. Dir. Proc., 2002, pp. 102 e ss.

Fumagalli, L., *Il Titolo Esecutivo Europeo per i Crediti non Contestati nel Regolamento Comunitario nº 805/2004*, Riv. Dir. Int. Priv. Proc., 2006, pp. 23 e ss.

Gaja, G., *Sui Rapporti fra la Convenzione di Bruxelles e le Altre Norme Concernenti la Giurisdizione ed il Riconoscimento di Sentenze Straniere*, Riv. Dir. Int. Priv. Proc., 1991, pp. 253 e ss.

Garau Sobrino, F. F., *La Declaración de Ejecutividad Automática. Hacia una Nueva Teoria General del Exequatur?*, AEDIPr, 2004, pp. 91 e ss.

— *Lecciones de Derecho Procesal Civil Internacional*, Palma, 2003.

García Cano, S., *Estudio sobre el Proceso Monitorio Europeu*, Navarra, 2008.

García Garnica, M. C., *El Ámbito Material de la Unificación del Derecho Privado Europeo: Una Unificación Global o Sectorial?*, in "La Cooperación Judicial en Materia Civil y la Unificación del Derecho Privado en Europa", Sánchez Lorenzo, S.; Moya Escudero, M. (Dir.), Madrid, 2003, pp. 263 e ss.

Garcimartín Alférez, F. J., *El Título Ejecutivo Europeo*, Navarra, 2006.

Garcimartín Alférez, F. J.; Prieto Jiménez, M. J., *La Supresión del Exequatur en Europa: el Título Ejecutivo Europeo*, "La Ley", nº 6151, 2004, pp. 1619 e ss.

Gardeñes Santiago, M., *El Desarrollo del Derecho Internacional Privado trás el Tratado de Amsterdam: los artículos 61c) y 65 TCE como Base Jurídica*, RDCE, nº 11, 2002, pp. 231 e ss.

Garrido Gómez, M. I., *La Utilidad del Iuscomparatismo en la Armonización de los Sistemas Jurídicos*, BMDC, nº 108, 2003, pp. 907 e ss.

Gascón Inchausti, F., *El exequátur ante el Tribunal Supremo (Un repaso de la jurisprudência reciente)*, "Tribunales de Justicia", 2000, nº 4, pp. 461 e ss.

— *Primera aproximación a los nuevos Reglamentos comunitarios en materia matrimonial, concursal y de notificaciones*, "Tribunales de Justicia", 2001, nº 1, pp. 35 e ss.

— *El Título Ejecutivo Europeo para Créditos no Impugnados*, Navarra, 2005.

— *Algunas reflexiones acerca de la oralidad y la prueba en el processo europeo de escasa cuantía*, AEDIPr, t. VI, 2006, pp. 285 e ss.

— *La nouvelle procédure européenne pour le règlement des petits litiges*, "Annuaire de Droit Européen", v. IV, 2006, pp. 980 e ss.

Gaudemet-Tallon, H., *Compétence et Exécution des Jugements en Europe (Règlement nº 44/2001, Conventions de Bruxelles et de Lugano)*, Paris, 2002.

Ghirga, M. F., *Conciliazione e Mediazione alla Luce della Proposta di Direttiva Europea*, Riv. Dir. Proc., 2006, pp. 463 e ss.

Giacalone, G., *Verso il Titolo Esecutivo Europeo per i Crediti non Contestati*, Quaderni del Consiglio Superiore della Magistratura, 2002, pp. 49 e ss.

GIDDENS, A., *O mundo na Era da Globalização*, Lisboa, 2000.

GIMENO SENDRA, V., *Pasado, Presente y Futuro de la Justicia Civil*, in "Jornadas sobre la Reforma del Proceso Civil", Ministerio de Justicia, Madrid, 1990, pp. 93-99.

GOMES, C. (Coord.), *A Acção Executiva em Avaliação – Uma Proposta de Reforma. Relatório do Observatório da Justiça*, Centro de Estudos Socias da Faculdade de Economia da Universidade de Coimbra, Vol. I e II. Coimbra, 2007.

GÓMEZ AMIGO, L., *El Proceso Monitorio Europeo*, Navarra, 2008.

GÓMEZ SALAZAR, J. M., *Derecho Notarial: El Título Ejecutivo Europeo Notarial en Matéria de Créditos no Impugnados*, NUE, 2007, pp. 25 e ss.

GONZÁLEZ ALONSO, L. N., *La Jurisdicción Comunitaria en el Nuevo Espacio de Libertad, Seguridad y Justicia*, RDCE, nº 4, 1998, pp. 501 e ss.

GONZÁLEZ BEILFUSS, C., *El Proyecto de Medidas para la Aplicación del Principio de Reconocimiento Mutuo de las Resoluciones Judiciales en Materia Civil y Mercantil*, REDI, 2000, pp. 662 e ss.

— *Relaciones e Interacciones entre Derecho Comunitário, Derecho Internacional Privado y Derecho de Família Europeo en la Construcción de un Espacio Judicial Común*, AEDIPr, 2004, pp. 117 e ss.

— *EC Legislation in Matters of Parental Responsibility and Third States*, in "International Civil Litigation in Europe and Relations with Third States", NUYTS, A.; WATTÉ, N. (Dir.), Bruxelles, 2005, pp. 493 e ss.

GONZÁLEZ CANO, M. I., *Reconocimiento y Ejecución de Resoluciones Judiciales y Documentos Públicos con Fuerza Ejecutiva en el Ámbito Comunitário*, "InDret" (www.indret.com), 2003.

— *Reconocimiento y Ejecución de Resoluciones Judiciales y Documentos Públicos con Fuerza Ejecutiva en el Ámbito Comunitário*, U. E. Aranzadi, nº 3, 2004, pp. 5 e ss.

— *El Reglamento (CE) núm. 1896/2006 del Parlamento Europeo y del Consejo, de 12 diciembre de 2006, por el que se Establece un Proceso Monitorio Europeo*, U. E. Aranzadi, 2007, pp. 5 e ss.

— *El Proceso Monitorio Europeo*, Valencia, 2008.

— *Proceso Europeo de Escasa Cuantía*. Valencia, 2009.

GONZÁLEZ-CUÉLLAR SERRANO, N., *Aceleración de la Justicia Civil en la Unión Europea*, in "Mecanismos de Cooperación Judicial Internacional", Centro de Estudios Jurídicos, Navarra, 2006, pp. 15 e ss.

GONZÁLEZ PILLADO, E.; CARRAZONI FUETES, M. (Coord.), *III Jornadas Sobre la Nueva Ley de Enjuiciamiento Civil. La Ejecución*, Vigo, 2003.

GORJÃO-HENRIQUES, M., *Direito Comunitário*, Coimbra, 2001.

GOUVEIA, M. F., *Os Poderes do Juiz Civil na Acção Declarativa. Em Defesa de um Processo Civil ao Serviço do Cidadão*, "Julgar", 2007.

GRUN, E., *La Globalización del Derecho: un Fenómeno Sistémico y Cibernético*, in "Filosofia y Derecho", 2005.

GUILD, E. (Ed.), *The Developing Immigration and Asylum Policies of the European Union (Adopted Conventions, Resolutions, Recommendations, Decisions an Conclusions)*, Hague, 1996.

GUINCHARD, E., *Procès Équitable (Article 6 CESDH) et Droit International Privé*, in "International Civil Litigation in Europe and Relations with Third States", NUYTS, A.; WATTÉ, N. (Dir.), Bruxelles, 2005, pp. 199 e ss.

GUINCHARD, S., *La Procédure Mondiale Modélisée: le Projet de l'American Law Institute et d'Unidroit de Príncipes et Règles Transnationaux de Procédure Civile*, "Dalloz", nº 32, 2003, pp. 2183 e ss.

— *Le Droit Procedural, Reference Commune dans l'Espace Euro-Mediterraneen*, in "Studi di Diritto Processuale Civile in Onore di Giuseppe Tarzia", Milano, 2005, pp. 465 e ss.

— *Procès Équitable (Article 6 CESDH) et Droit International Privé*, in "International Civil Litigation in Europe and Relations with Third States", NUYTS, A.; WATTÉ, N. (Dir.), Bruxelles, 2005, pp. 199 e ss.

GUTIÉRREZ-ALVIZ CONRADI, F., *El Doble Éxito del Proceso Monitório*, RPJ, 2003, pp. 243 e ss.

— *El Proceso Monitorio y la Satisfacción de los Derechos de Crédito*, "Justicia", 2001, pp. 5 e ss.

GUZMÁN ZAPATER, M., *Un Elemento Federalizador para Europa: el Reconocimiento Mutuo en el Ámbito del Reconocimiento de Decisiones Judiciales*, RDCE, 2001, pp. 405 e ss.

— *Sobre la Función del Derecho Internacional Privado y Técnicas de Reglamentación*, in "Pacis Artes – Obra Homenaje al Profesor Julio D. González Campos", Madrid, 2005, pp. 1619 e ss.

— *Sociedad Internacional y Derecho Internacional Privado – Problemas de Aplicación de sus Normas*, Madrid, 2006.

— *Competencia de la Unión Europea para Concluir Tratados Internacionales en Materia de Derecho Internacional Privado (a propósito del Dictamen del TJCE 1/2003, de 7 Febrero 2006)*, "Revista electrónica de estudios internacionales", 2007.

HARTKAMP, A. S., *Modernisation and Harmonisation of Contract Law: Objectives, Methods and Scope*, in "Worldwide Harmonisation of Private Law and Regional Economic Integration", Rome, 2002.

HARTLEY, T.; DOGAUCHI, M., *Explanatory Report on the 2005 Hague Choice of Court Agreements Convention*, Permanent Bureau of the Conference, Haia, 2007.

HATZIMIHAIL, N., *General Report: Transnational Civil Litigation Between European Integration and Global Aspirations*, in "International Civil Litigation in Europe and Relations with Third States", NUYTS, A.; WATTÉ, N. (Dir.), Bruxelles, 2005, pp. 595 e ss.

HOYOS SANCHO, M., *Notificación y Traslado de Documentos Judiciales y Extrajudiciales*, in "La Cooperación Judicial Civil y Penal en el Ámbito de la Unión Europea: Instrumentos Procesales", JIMENO BULNES, M. (Dir.), Barcelona, 2007, pp. 169 e ss.

IÑIGUEZ HERNÁNDEZ, D., *Las Magras Rentas del Tercer Pilar de la Unión Europea. Seis Años de Cooperación en los Asuntos de Justicia e Interior*, "Jueces para la Democracia", nº 35, 1999, pp. 79 e ss.

IRUJO AMEZAGA, M., *Programa de Estocolmo y su Impacto en el Espacio Civil y Mercantil*, U. E. Aranzadi, num. 6/2010.

ISAAC, G., *La «Pilier» Communautaire de l'Union Européenne, un «Pilier» pas Comme les Autres*, "Cahiers de Droit Europeen", 2001, pp. 45 e ss.

JESSURUN D'OLIVEIRA, H. U., *The EU and a Metamorphosis of Private International Law*, in FAWCETT, J. (Dir.), "Reform and Development of Private International Law– Essays in Honor of Sir Peter North", New York, 2002, pp. 111 e ss.

JIMÉNEZ BLANCO, P., *La Redacción Errónea del Artículo 34.2) de la Versión Española del Reglamento (CE) número 44/2001, Relativo a la Competencia Judicial, el Reconocimiento y la Ejecución de Resoluciones*

Judiciales en Materia Civil y Mercantil, REDI, 2001, pp. 742 e ss.

JIMENO BULNES, M., *La Cooperación Judicial y Policial En el Ámbito de la Unión Europea*, RPJ, 1998, 79 e ss.

— *La Cooperación Judicial Civil en la Unión Europea: Instrumentos Procesales y Últimos Avances*, U. E. Aranzadi, 2005, pp. 5 e ss.

— *La Cooperación Judicial Civil y Penal en el Ámbito de la Unión Europea: Instrumentos Procesales*, (Dir.), Barcelona, 2007.

— *Origen y Evolución de la Cooperación Judicial en la Unión Europea*, in "La Cooperación Judicial Civil y Penal en el Ámbito de la Unión Europea: Instrumentos Procesales", Barcelona, 2007.

JUÁREZ PÉREZ, P., *Reconocimiento de Sentencias Extranjeras por el Régimen Autónomo Español: del Tribunal Supremo a los Juzgados de Primera Instancia*, Madrid, 2007.

JULIOS-CAMPUZANO, A., *Dimensiones Jurídicas de la Globalización*, Madrid, 2007.

KENNETT, W., *Enforcement: General Report*, in "Procedural Laws in Europe. Towards Harmonisation", editado por STORME, M., Antwerpen, 2003, pp. 81 e ss.

KESSEDJIAN, C., *Commentaire de la Refonte du Règlement nº 44/2001*, RDT eur, 47, 2011.

KOHLER, C., *Interrogations sur les Sources du Droit International Privé Européen Après le Traité d'Amsterdam*, RCDIPr, 1999, pp. 1 e ss.

KRAMER, X. E., *Harmonisation of Provisional and Protective Measures in Europe*, in "Procedural Laws in Europe. Towards Harmonisation", editado por STORME, M., Antwerpen, 2003 pp. 305 e ss.

LAGARDE, P., *Eléments pour un Droit International Privé Communautaire des Regimes Matrimoniaux et des Successions*, in "Seminário Internacional Sobre a Comunitarização do Direito Internacional Privado", PINHEIRO, L. L. (Dir.), Coimbra, 2005, pp. 149 e ss.

LANDO, O., *Some Features of the Law of Contract in the Third Millennium*, "Scandinavian Studies in Law", 2000, 343 e ss.

— *Contract Law in the EU – The Commission Action Plan and the Principles of European Contract Law*, 2003.

LANDO, O.; BEALE, H., *The Principles of European Contract Law, Parts I and II, Prepared by the Commission on European Contract Law*, Hague, 1999.

LANDO, O.; CLIVE, E.; PRÜM, A.; ZIMMERMANN, *Principles of European Contract Law, Part III*, Hague, 2003.

LANDO, O.; VON BAR, C., *Communication on European Contract Law: Joint Response of the Commission on European Contract Law and the Study Group on a European Civil Code*, ERPL, 2002, pp. 183 e ss.

LAPORTE, C., *Signication et Notification dês Actes dans les États Membres de la CE. Règlement (CE) nº 1348/2000 du 29 mai 2000*, "La Semaine Juridique", nº 43-44, pp. 1947 e ss.

LAUKKANEN, S., *Coming Together of Minimum Standards for Summary Proceedings*, in "Procedural Laws in Europe. Towards Harmonisation", STORME, M. (Ed.), Antwerpen, 2003, p. 188.

LEANZA, U., *La Mancata Comunitarizzazione del Secondo e Terzo Pilastro dell'Unione Europea nel Trattato di Amsterdam*, DCSI, 1999, pp. 213 e ss.

LECCISI, G., *Linee Guida del Sistema della Cooperazione Giudiziaria in Materia Civile: Forme e Modelli di Collaborazione nell'Ambito dell'Unione Europea*, in "Diritto Civile Comunitario e Cooperazione Giudiziaria Civile", editado por GUIDO ALPA, Milano, 2005, pp. 11 e ss.

LEGRAND, P., *Against a European Civil Code*, MLR, 1997, pp. 44 e ss.

Leible, S.; Staudinger, A., *El Artículo 65 TCE: Carta blanca de la Comunidad Europea para la Unificación del Derecho Internacional Privado y Procesal?*, AEDIPr, 2001, pp. 89 e ss.

Lerner, P., *Sobre Armonización, Derecho Comparado y la Relación entre Ambos*, BMDC, nº 111, 2004, pp. 919 e ss.

Leval, G., *Une Harmonisation des Procedures d'Exécution dans l'Union Européenne Est-Elle Conceivable*, in "Trans-National Aspects of Procedual Law", X World Congress on Procedural Law, editado por Andolina, I., Milano, 1998, pp. 729 e ss.

— *L'Evanescence de l'Exequatur dans l'Espace Judiciaire Européen*, in "Studi di Diritto Processuale Civile in onore di Giuseppe Tarzia", Milano, 2005, pp. 431 e ss.

Liebman, E. T., *Manual de Derecho Procesal Civil*, traducción de Santiago Sentis Melendo, Buenos Aires, 1980.

Lieto, A., *Il Regolamento n. 1347/2000 Relativo alla Competenza, al Riconoscimento e all'Esecuzione delle Decisione in Materia Matrimoniale e in Materia di Potestà dei Genitori*, DCSI, 2004, pp. 117 e ss.

Lindahl, H., *Finding a Place for Freedom, Security and Justice: the European Union's Claim to Territorial Unity*, ELR, 2004, pp. 437 e ss.

Linde Paniagua, E., *Realidades y Perspectivas de la Construcción Europea*, RDUE, 2001, pp. 185 e ss.

Linton, M., *Overview of European Civil Procedure*, www.era.int, 2006.

Lopes Pegna, O., *Il Nuovo Procedimento per l'Esecuzione delle Decisioni in Matéria Civile e Commerciale degli Stati Membri della Comunità Europea*, RDI, Fasc. 3, 2001, pp. 621 e ss.

López Mira, A. X.; Cancela Outeda, C. (Dir.), *Europa, Europa*, Santiago de Compostela, 2006.

López Rodríguez, A. M., *Algunos Apuntes sobre el Encaje del Título Ejecutivo Europeo en el Derecho Procesal Danes*, in "Hacia la Supresión del Exequátur en el Espacio Judicial Europeo: el Título Ejecutivo Europeo", Campuzano Díaz et alt. (Dir.), Secretariado de Publicacines Universidad de Sevilla, 2006, pp. 185 e ss.

Lorca Navarrete, A. M., *La Ubicación del Proceso Monitorio Español en la Propuesta de Reglamento del Parlamento Europeo y del Consejo por que se Establece un Proceso Monitorio Europeo*, "La Ley", nº 6106, 2004, pp. 1944 e ss.

Loredo Colunga, M., *Hacia un Derecho Procesal Europeo?*, "InDret", 2006, www.indret.com.

Lunas Díaz, M. J., *El Principio de Primacía Comunitário y el Derecho Internacional Privado*, RDCE, 1998, pp. 473 e ss.

Lupoi, M. A., *Convenzione di Bruxelles del 1968 e Conflitti di Giurisdizioni tra Stati Membri e Stati Terzi*, Riv. Trim. Dir. Proc. Civ., 1998, pp. 965 e ss.

— *The Harmonization of Civil Procedural Law within the E. U.*, in "A European Space of Justice", editado por Frosini, J. O.; Lupoi, M. A.; Marchesiello, M., Ravenna, 2006, pp. 199 e ss.

— *Di Crediti Non Contestati e Procedimenti di Ingiunzione: le Ultime Tappe dell'Armonizzazione Processuale in Europa*, Riv. Trim. Dir. Proc. Civ., 2008, pp. 171 e ss.

Machado, A. M.; Pimenta, P., *O Novo Processo Civil*, 12ª ed., Coimbra, 2010.

Macqueen, H. L., *Contract, Unjustified Enrichment and Concurrent Liability: a Scots Perspective*, "Acta Jurídica", 1997, pp. 176 e ss.

— *Good Faith in the Scots Law of Contract: an Undisclosed Principle?*, in "Good Faith in Contract and Property Law", edi-

tado por FORTE, A.D.M., Oxford, 1999, pp. 5 e ss.
— *Scots and English Law: The Case of Contract*, "Current Legal Problems", 2001, pp. 205 e ss.
MADURO, M. P., *A Constituição Plural – Constitucionalismo e União Europeia*, Lisboa, 2006.
MADURO, M. P.; TINY, N., *A Globalização Judicial*, "Janusonline" (www.janusonline.pt), 2004.
MAGNIER, V., *Rapprochement des Droits dans l'Union Européene et Viabilité d'un Droit Commun de Sociétés*, Paris, 1999.
MAGRO SERVET, V., *Hacia un Proceso Monitorio Comum Europeo*, "La Ley", nº 5517, 2002, pp. 1766 e ss.
MANGAS MARTÍN, A., *El Espacio Penal y Judicial Europeo en el Marco General del Tratado de la Unión Europea y la Perspectiva de su Reforma en 1996*, in "Politica Comun de Justicia e Interior en Europa", editado por SALCEDO VELASCO, A., Madrid, 1995, pp. 67 e ss.
MANGAS MARTÍN, A.; LIÑAN NOGUERAS, D. J., *Instituciones y Derecho de la Unión Europea*, Madrid, 2003.
MARCHAL ESCALONA, N., *La Notificación de Actos Judiciales en el Espacio Judicial Europeo: el Reglamento 1348/2000*, in "La Cooperación Judicial en Materia Civil y la Unificación del Derecho Privado en Europa", SÁNCHEZ LORENZO, S.; MOYA ESCUDERO, M. (Dir.), Madrid, 2003, pp. 131 e ss..
MARESCA, M., *L'Attuazione dell'Ordinamento Comunitario e il Processo*, DCSI 2003, pp. 223 e ss.
— *Il Controllo della Sentenza Straniera (Lo Spazio Giudiziario Europeo fra Esigenze di Collaborazione Internazionale e Tutela dei Valori Fondamentali del Foro)*, Torino, 2004.

MARÍN LÓPEZ, A., *Los Actos Públicos Extranjeros en los Convenios de Bruselas y Lugano*, "Poder Judicial", 1997, pp. 413 e ss.
— *Reconocimiento y Ejecución de Resoluciones Judiciales Extranjeras en Materia Civil y Mercantil en la Unión Europea: el Reglamento Comunitario (CE) Nº 44/2001 del Consejo*, RPJ, 2001, pp. 43 e ss.
MARINAI, S., *La Aplicación Práctica del Reglamento (CE) NÚM. 2201/2003 en el Ordenamento Italiano*, in "Hacia la Supresión del Exequatur en el Espacio Judicial Europeo: El Título Ejecutivo Europeo", Dir. CAMPUZANO DÍAZ et alt., Sevilla, 2006.
MARINHO, C. M., *Textos de Cooperação Judiciária Europeia em Matéria Civil e Comercial*, Coimbra, 2008.
MARTÍN MAZUELOS, F. J., *Pensiones a Favor de Hijos y Cónyuge, en Especial en Procedimientos Matrimonales*, in "Hacia la Supresión del Exequatur en el Espacio Judicial Europeo: El Título Ejecutivo Europeo", Dir. CAMPUZANO DÍAZ et alt., Sevilla, 2006, pp. 145 e ss.
MARTÍNEZ LAGE, S., *Una Constitución para Europa*, Gaceta Jurídica (Editorial), nº 222, 2002.
MARTÍNEZ-FRAGA, P. J.; VIELLEVILLE, D. E., *Hacia la Unificación del Derecho Procesal Internacional*, Navarra, 2006.
MARTINS, A. M., *O Projecto de Constituição Europeia – Contribuição para o Debate Sobre o Futuro da União*, Coimbra, 2004.
MARTINS, G. O., *O Novo Tratado Constitucional Europeu – Da Convenção à CIG*, Lisboa, 2004.
MATÍA SACRISTÁN, A., *El Tratado de Lisboa en el Proceso de Construcción Europea*, "Boletín de información del Ministerio de Justicia", nº 2058, 2008, pp. 1023 e ss.
MATSCHER, F., *L'Equo Processo nella Convenzione Europea dei Diritti dell'Uomo*, Riv. Trim. Dir. Proc. Civ., 2006, pp. 1155 e ss.

MATTEI, U., *The European Codification Process. Cut and Paste*, Hague, 2003.

MAYER, P.; HEUZÉ, V., *Droit internacional privé*, 8ª ed., Paris, 2004.

MCCLEAN, D., *International Co-operation in Civil and Criminal Matters*, Oxford, 2002.

MENDEZ DE VIGO, I. (Dir.), *Qué Fué de la Constitución Europea?*, Barcelona, 2007.

MERCHÁN ÁLVAREZ, A., *Las Épocas del Derecho Español*, Valencia, 1998.

MESQUITA, M. J. R., *A Quinta Directiva Automóvel e a Ordem Jurídica Portuguesa – Subsídios para a Modificação do Direito Nacional*, in "Nos 20 anos do Código das Sociedades Comerciais – Homenagem aos Profs. Doutores A. Ferrer Correia, Orlando de Carvalho e Vasco Lobo Xavier", Coimbra, 2007.

MICHINEL ÁLVAREZ, M. A., *Un Nuevo Ejemplo de Derecho Internacional Privado Comunitario: el Reglamento (CE) 4/2009, con Especial Referencia a los «Limites de los Procedimentos»*, "Revista de Ciências Empresariais e Jurídicas", nº 15, 2009, pp. 27 e ss.

MIGUEL ASENSIO, P. A., *Integración Europea y Derecho Internacional Privado*, RDCE, 1997, pp. 413 e ss.

— *La Evolución del Derecho Internacional Privado Comunitario en el Tratado de Ámsterdam*, REDI, 1998, pp. 373 e ss.

MIGUEL Y ALONSO, C., *Ultimas Evoluciones en Materia de Ejecución Forzosa Singular*, "Revista de Derecho Procesal Iberoamericana", 1983, pp. 45 e ss.

— *Le Code Type Ibéroamericain. Les Mouvements d'Unification*, in "Unity of Civil Procedural Law and its National Divergencies", editado por MIECZYSLAW SAWCZUK, Lublin, 1994.

MIQUEL SALA, R., *El Proceso Europeo de Escasa Cuantía*, Navarra, 2009.

MOLINA DEL POZO, C. F., *Reflexiones en Torno al Tratado por el que se Instituye una Constitución para Europa*, RGLJ, 2004.

MÖLLERS, T. M. J., *The Role of Law in European Integration*, AJCL, 2000, pp. 679 e ss.

MONTERO AROCA, J., *El Derecho Procesal en el Siglo XX*, Valencia, 2000.

— *Proceso Civil e Ideología*, Valencia, 2006.

— *Derecho a un Juez independiente e Imparcial*, in "El espacio europeo de libertad, seguridad y justicia. Avances y derechos fundamentales en materia procesal", CALDERÓN CUADRADO, M. P.; IGLESIAS BUHIGUES, J. L. (Coord.), Pamplona, 2009, pp. 101 e ss.

MORA CAPITÁN, B., *Los Títulos Extrajudiciales en la Unión Europea (Convenio de Bruselas de 1968 y Reglamento CE N. 44/2001, Bruselas I)*, "Justicia", 2002, pp. 5 e ss.

— *Los Títulos Ejecutivos Extrajudiciales: del Reconocimiento de los Títulos Ejecutivos al Título Ejecutivo Europeo*, in "Studi di Diritto Processuale Civile in Onore di Giuseppe Tarzia", Milano, 2005, pp. 531 e ss.

MORENO CATENA, V., *Algunas Notas Sobre Ejecución Forzosa*, in "Seminario Sobre la Nueva Ley de Enjuiciamiento Civil 1/2000, Vigo, 2001", pp. 523 e ss.

— *Los Títulos Ejecutivos y las Disposiciones Generales de la Ejecución*, in "III Jornadas Sobre la Nueva Ley de Enjuiciamiento Civil. La Ejecución.", GONZÁLEZ PILLADO, E.; CARRAZONI FUENTES, M. (Coord.), Vigo, 2003, pp. 1 e ss.

— *La Ejecución Civil* (Dir.), Madrid, 2005.

— *La Nueva Ley de Enjuiciamiento Civil – La Ejecución Forzosa*, T. IV, Madrid, 2005.

MORENO CATENA, V., CORTÉS DOMÍNGUEZ, V., *Derecho Procesal Civil. Parte General*, 4ª ed., Valencia, 2010.

— *Derecho Procesal Civil. Parte Especial*, 4ª ed., Valencia, 2010.

Moreno Catena, V.; Cortes Dominguez, V.; Revilla Gonzalez, J. A.; Soleto Muñoz, H., *La Ley de Enjuiciamiento Civil – Aplicación Práctica*, Madrid, 2005.

Moreira, J. C. B., *Evoluzione della Scienza Processuale Latino-Americana in Mezzo Secolo*, Riv. Dir. Proc., 1998, pp. 26 ess.

Moreiro González, C. J., *Consideraciones Críticas sobre la Propuesta de Directiva del Consejo Relativa a la Notificación o Translado en los Estados Miembros de Documentos Judiciales y Extrajudiciales en Materia Civil o Mercantil*, Gaceta Jurídica, nº 203, 1999, pp. 9 e ss.

Mosconi, F.; Campiglio, C., *Diritto Internazionale Privato e Processuale*, 3ª ed., Torino, 2005.

Moura, J. B., *O Tratado de Amesterdão (1997)*, "Janus", (www.janusonline), 2004.

Moura Ramos, R. M., *A Reforma do Direito Processual Civil Internacional*, Coimbra, 1998.

— *Estudos de Direito Internacional Privado e de Direito Processual Civil Internacional* (Dir.), Coimbra, 2007.

— *The New EC Rules on Jurisdiction and the Recognition and Enforcement of Judgments*, in "Estudos de Direito Internacional Privado e de Direito Processual Civil Internacional", Moura Ramos, R. M. (Dir.), Coimbra, 2007, pp. 7 e ss.

— *Le Droit International Prive Communautaire des Obligations Extracontractuelles*, in "Estudos de Direito Internacional Privado e de Direito Processual Civil Internacional", Moura Ramos, R. M. (Dir.), Coimbra, 2007, pp. 79 e ss.

— *Direito Internacional Privado e Direito Comunitário. Termos de uma Interacção*, in "Estudos de Direito Internacional Privado e de Direito Processual Civil Internacional", Moura Ramos, R. M. (Dir.), Coimbra, 2007, pp. 145 e ss.

Moya Escudero, M., *Competência Judicial y Reconocimiento de Decisiones en Matéria de Responsabilidad Parental: el Reglamento Bruselas II*, "La Ley", nº 5647, 2002, pp. 1713 e ss.

— *Competência Judicial y Reconocimiento de Decisiones en Matéria de Responsabilidad Parental: el Reglamento Bruselas II*, in "La Cooperación Judicial en Materia Civil y la Unificación del Derecho Privado en Europa", Sánchez Lorenzo, S.; Moya Escudero, M. (Dir.), Madrid, 2003, pp. 105 e ss.

Muerza Esparza, J., *Derechos de la Defensa*, in "El espacio europeo de libertad, Seguridad y Justicia. Avances y derechos fundamentales en materia procesal", Calderón Cuadrado, M. P.; Iglesias Buhigues, J. L. (Coord.), Pamplona, 2009, pp. 149 e ss.

Nebbia, P., *Internal Market and the Harmonisation of European Contract Law*, in "European Union for the Twenty-First Century", editado por Tridimas, T., Nebbia, P., Oxford, 2004.

Nieto Garrido, E., *La Reforma Constitucional de la Comisión Europea*, RDCE, 2004

Nogales Cejudo, J. G. (Dir.), *Cooperación Judicial en Materia de Familia y Relaciones Parentales en la Unión Europea*, Consejo General del Poder Judicial, Estudios de Derecho Judicial, Madrid, 2005.

Normand, J., *Il Ravvicinamento delle Procedure Civili nell'Unione Europea*, Riv. Dir. Proc., 1998, pp. 682 e ss.

— *Le Titre Exécutoire Européen*, in "Diritto Contrattuale Europeo e Diritto dei Consumatori. L'Integrazione Europea e il Processo Civile", Alpa, G.; Danovi, R. (Coord.), Milan, 2003, pp. 237 e ss.

Novelli, G., *Compendio di Diritto Internazionale Privato e Processuale*, Napoli, 2006.

Nuyts, A.; Watté, N. (Dir.), *International Civil Litigation in Europe and Relations with Third States*, Bruxelles, 2005.

Olivieri, G., *Il Titolo Esecutivo Europeo (Qualche Considerazione sul Reg. CE 805/2004 del 21 Aprile 2004)*, "Judicium" (www.judicium.it).

Orduña Moreno, F. J.; Plaza Penadés, J.; Martínez Velencoso, L. M., *Action Plan on European Contract Law – Some Considerations on the Future European Union Contract Code*, 2003.

Oreja Aguirre, M. (Dir.); Fonseca Morillo, F. (Coord.), *El Tratado de Amsterdam de la Unión Europea. Análisis y Comentários*, Madrid, 1998.

Orejudo Prieto de los Mozos, P., *El Reconocimiento en el «Sistema Bruselas I»: del Convenio de Bruselas de 1968 al Reglamento 44/2001*, REDI, 2003, pp. 717 e ss.

Ortéu Cebrián, F.; Alías Garoz, M. I., *Exequátur de Laudos Arbitrales Extranjeros al Amparo del Convenio de Nueva york de 10 de Junio de 1958*, Barcelona, 2003.

Ortiz de la Torre, A. T., *Hacia un Derecho Internacional Privado Uniforme de la Unión Europea sobre Separación y Divórcio*, BIMJ, 2007, pp. 3313.

Otero, P., *Ensaio Sobre o Caso Julgado Inconstitucional*, Lisboa, 1993.

Otero García-Castrillón, C., *Cooperación Judicial Civil en la Unión Europea – El Cobro de las Deudas*, Madrid, 2007.

Oviedo Albán, J., *UNIDROIT y la Unificación del Derecho Privado: Referencia a los Principios para los Contratos Comerciales Internacionales*, in "Globalización y Derecho", editado por Calvo Caravaca, A. L.; Blanco-Morales Limones, P., Madrid, 2003, pp. 407 e ss.

Palazón Garrido, M. L., *Importancia de la Tensión "Civil Law – Common Law" en la Elaboración de los Principios de Derecho Contractual Europeo*, in "La Cooperación Judicial en Materia Civil y la Unificación del Derecho Privado en Europa", Sánchez Lorenzo, S.; Moya Escudero, M. (Dir.), Madrid, 2003, pp. 293 e ss.

Palma Carlos, A., *Direito Processual Civil*, Associação Académica da Faculdade de Direito de Lisboa, Lisboa, 1964.

Palomo Herrero, M. Y., *Reconocimiento y Ejecución de Resoluciones Judiciales en Materia Civil y Mercantil. El Título Ejecutivo Europeo*, in "La Cooperación Judicial Civil y Penal en el Ámbito de la Unión Europea: Instrumentos Procesales", Jimeno Bulnes, M. (Dir.), Barcelona, 2007, pp. 127 e ss..

— *Reconocimiento y Ejecución de Resoluciones Judiciales en Matéria Matrimonial y Responsabilidad Parental*, in "La Cooperación Judicial Civil y Penal en el Ámbito de la Unión Europea: Instrumentos Procesales", Jimeno Bulnes, M. (Dir.), Barcelona, 2007, pp. 155 e ss.

Parejo Alfonso, L., *Algunas Notas sobre el Proceso de Integración Europea. Federalismo o Fórmula Original?*, RDUE, 2001, pp. 125 e ss.

Patocchi, P. M., *La Reconnaissance et l'Exécution des Jugements Étrangers Selon la Convention de Lugano du 16 septembre 1988*, in "L'Espace Judiciaire Europeen (La Convention de Lugano du 16 septembre 1988)", editado por Dessemontet, F., pp. 92 e ss., Laussanne, 1992.

Pedroso, J.; Trincão, C., Dias, J. P., *Percursos da Informalização e da Desjudicialização – por Caminhos da Reforma da Administração da Justiça (Análise Comparada)*, Centro de Estudos Sociais da Faculdade de Economia da Universidade de Coimbra, 2001.

Peláez Marón, J. M., *Lecciones de Instituciones Jurídicas de la Unión Europea*, Madrid, 2000

PÉREZ CARRILLO, E. F., *El Tratado de Niza: Entre la consolidación de la Unión Europea de Maastricht y el Debate Sobre el Futuro de Europa*, "Anuario Mexicano de Derecho Internacional", 2002, pp. 306 e ss.
— *Europa 2008. Retos Estratégicos y Reforma*, "Boletín Mexicano de Derecho Comparado", 2008, pp. 279 e ss.

PEREZ RAGONE, A. J., *En Torno al Procedimiento Monitorio Desde el Derecho Procesal Comparado Europeo: Caracterización, Elementos Esenciales y Accidentales*, "Revista de Derecho" (Valdivia), 2006, pp. 205 e ss.

PERROT, R., *Il Procedimento per Ingiunzione (Studio di Diritto Comparato)*, Riv. Dir. Proc., 1986, pp. 715 e ss.

PETRUS, C. H., *La Obtención Internacional de Pruebas. Asistencia jurisdiccional en Europa*, Publicaciones del Real Colegio de España, Bolonia, 2005.

PICARDI, N., *I Processi Speciali*, Riv. Dir. Proc., 1982, pp. 700 e ss.

PIMENTA, P., *Processo Civil*, Vol. III, Porto, 1995.
— *A Fase do Saneamento do Processo antes e após a Vigência do Novo Código de Processo Civil*, Coimbra, 2003.

PINHEIRO, L. L., *Direito Internacional Privado. Competência Internacional e Reconhecimento de Decisões Estrangeiras*, Vol. III, Coimbra, 2002.
— *Seminário Internacional sobre a Comunitarização do Direito Internacional Privado* (Dir.), Coimbra, 2005.
— *O Direito de Conflitos e as Liberdades Comunitárias de Estabelecimento e de Prestação de Serviços*, in "Seminário Internacional sobre a Comunitarização do Direito Internacional Privado", PINHEIRO, L. L. (Dir.), Coimbra, 2005, pp. 79 e ss.
— *O Regulamento Comunitário Sobre Insolvência – Uma introdução*, in "Nos 20 anos do Código das Sociedades Comerciais – Homenagem aos Profs. Doutores A. Ferrer Correia, Orlando de Carvalho e Vasco Lobo Xavier", Coimbra, 2007.
— *Choice of Law on Non-Contractual Obligations Between Communitarization and Globalization. A First Assessment of EC Regulation Rome II*, Riv. Dir. Int. Priv. Proc., 2008, pp. 5 e ss.

PIPKORN, J., *Les Methodes de Rapprochement des Legislations a l'Interieur de la C.E.E.*, in "The Influence of the European Communities upon Private International Law of the Member States", editado por RIGAUX, F., Bruxelles, 1981, pp. 13 e ss.

POCAR, F., *Linee di Tendenza della Convenzione di Bruxelle Sulla Giurisdizione e l'Esecuzione delle Sentenze Dopo l'Adesione di NUOVI STATI*, in "L'Unificazione del Diritto Internazionale Privato e Processuale – Studi in Memoria di Mario Giuliano", Padova, 1989, pp. 767 e ss.
— *La Comunitarizzazione del Diritto Internazionale Privato: un a "European Conflict of Laws Revolution"?*, Riv. Dir. Int. Priv. Proc., 2000, pp. 873 e ss.

POCAR, F.; HONORATI, C. (Dir.), *The Hague Preliminary Draft Convention on Jurisdiction and Judgments*. Vol. 61, Studi e Pubblicazioni della Rivista di Diritto Internazionale Privato e Processuale, Milani, 2005.

PORCELLI, G., *La «Nuova» Proposta di Procedimento Europeo d'Ingiunzione di Pagamento*, Riv. Trim. Dir. Proc. Civ., 2006, pp. 1259 e ss.

Principles of Transnational Civil Procedure, American Law Institute Staff e UNIDROIT, Cambridge, 2007.

PUIG BLANES, F. P., *La Cooperación Judicial Civil en la Unión Europea*, Barcelona, 2006.

RAITI, G., *Brevi Considerazioni su «Cittadinanza» e «Tutela Giurisdizionale Civile» nell'Ambito dell'U.E.*, Riv. Dir. Proc., 2008, pp. 41 e ss.

Ramos Méndez, F., *Ejecución en España de una Sentencia Inglesa Dictada en Rebeldía Contra un Demandado Español*, "Justicia", 2002, pp. 263 e ss.

Ramos Romeu, F., *El Título Ejecutivo Europeo*, Navarra, 2006.

Rechberger, W. H.; Kodec, G. E., *Order for Payment in the European Union*, Editado por Storme, M.; Meijknecht, P. A. M.; Van Rhee, C. H., Vol. 4, *Civil Procedure in Europe*, Haia, 2001.

Reig Fabado, I., *La Ejecución en el Convénio de Bruselas: el Problema del Derecho Aplicable al Carácter Ejecutorio de la Sentencia*, "La Ley", nº 4959, 1999, pp. 2000 e ss.

Reis, J. A., *Comentário ao Código de Processo Civil*, Vol. 2º, Coimbra, 1945.

Ribeiro, A. C. N., *Processo Civil da União Europeia*, Vol. II, Coimbra, 2006.

Roberto Berizonce, *"Código-Tipo" y Reforma del Proceso en América Latina: entre el Derecho Común y el Derecho Uniforme*, RUDP, 1989, 1, pp. 7-15.

Rochère, J. D.; Chaltiel, F., *Le Traité de Lisbonne: Quel Contenu?*, RMC, nº 513, 2007, pp. 617 e ss.

Rodríguez Benot, A., *Reconocimiento y Ejecución de Resoluciones Judiciales en Matéria Sucesoria*, in "Hacia la Supresión del Exequátur en el Espacio Judicial Europeo: El Título Ejecutivo Europeo", Campuzano Díaz et alt. (Dir.), Sevilla, 2006, pp. 47 e ss.

Rodríguez Pineau, E., El Nuevo Reglamento Comunitário sobre Litígios Matrimoniales y Responsabilidad Parental, "La Ley", nº 5944, 2004, pp. 1721 e ss.

Rodríguez Vázquez, M. A., *Los Derechos de la Defensa y el Orden Publico en el Convénio de Bruselas de 27 de Septiembre de 1968*, "La Ley", nº 5043, 2000, pp. 1743 e ss.

— *La Interpretación del Derecho Comunitario y el Orden Público del Convenio de Bruselas (Nota a la Sentencia del TJCE en el Asunto C-38/98, Renault/Maxicar)*, "Comunidad Europea Aranzadi", 2000, pp. 36 e ss.

— *A Propósito del Título Ejecutivo Europeo*, "Anuário de Derecho Europeo", 2002, pp. 553 e ss.

— *Los Efectos de la Globalizacion en el Sector de la Eficacia Extraterritorial de Resoluciones Judiciales Extranjeras: la Superacion del Exequatur*, in "Globalización y Derecho", Calvo Caravaca, A. L.; Blanco-Morales Limones, P. (Dir.), 2003, pp. 537 e ss.

— *El Título Ejecutivo Europeo*, Madrid, 2005.

— *El Título Ejecutivo Europeo como Primera Manifestación de la Supresión del Exequátur en Materia Patrimonial*, "Decita: Derecho del Comercio Internacional", 2005, pp. 337 e ss.

— *El Encaje del Título Ejecutivo Europeo en el Derecho Procesal Español*, in "Hacia la Supresión del Exequatur en el Espacio Judicial Europeo: el Título Ejecutivo Europeo", Campuzano Díaz et alt. (Dir.), Secretariado de Publicacines Universidad de Sevilla, 2006, pp. 193 e ss.

Rouchaud, A.M., *Le Renforcement de la Coopération Judiciaire*, in "Procedural Laws in Europe. Towards Harmonisation", Storme, M. (Ed.), Antwerpen, 2003, pp. 449 e ss.

Rueda Valdivia, R., *La Unificación Europea del Derecho Conflictual: Presente y Futuro*, in "La Cooperación Judicial en Materia Civil y la Unificación del Derecho Privado en Europa", Sánchez Lorenzo, S.; Moya Escudero, M. (Dir.), Madrid, 2003, pp. 151 e ss.

Sabater Martín, A., *Normas Comunitarias de Derecho Procesal Civil Comentadas*, Madrid, 2004.

Salerno, F., *Giurisdizione ed Efficacia delle Decisioni Straniere nel Regolamento (CE) n. 44/2001 (La Revisione della Conven-*

zione di Bruxelles del 1968), 3ª ed., Milano, 2006.
SALLES VILLAR, M.; MELLO FRANCO, F. M., Dicionário Houaiss da Língua Portuguesa, Lisboa, 2007.
SAMMUT, I., Harmonisation of Private Law or Private International Law – Which Is the Way Forward in Europe?, Editado por XUEREB, P. G., The Jean Monnet Seminar Series, Malta, 2005.
SAN JOSÉ GÓNZALEZ, A., Ciudadano Europeu, Litigante Transfronterizo: los Avances de la Cooperación Judicial, in "Europa, Europa", editado por LÓPEZ MIRA, A. X.; CANCELA OUTEDA, C., Santiago de Compostela, 2006, pp. 59 e ss.
SÁNCHEZ JIMÉNEZ, M. A., Ejecución de Sentencias Extranjeras en España: Convenio de Bruselas de 1968 y Procedimiento Interno, Granada, 1998.
SÁNCHEZ LORENZO, S., Competencia Judicial y Reconocimiento y Ejecución de Decisiones en Materia Civil y Mercantil: del Convenio de Bruselas al Reglamento Bruselas I, in "Cooperación Jurídica Internacional en Materia Civil. El Convenio de Bruselas", BORRAS, A. (Dir.), Cuadernos de Derecho Judicial, IV, 2001, pp. 183-228.
— Hacia un Código Civil Europeo?, in "La Cooperación Judicial en Materia Civil y la Unificación del Derecho Privado en Europa", SÁNCHEZ LORENZO, S.; MOYA ESCUDERO, M. (Dir.), Madrid, 2003, pp. 381 e ss.
— Competência Judicial, Reconocimiento y Ejecución de Resoluciones Judiciales en Matéria Civil y Mercantil: el Reglamento 44/2001, in "La Cooperación Judicial en Materia Civil y la Unificación del Derecho Privado en Europa", SÁNCHEZ LORENZO, S.; MOYA ESCUDERO, M. (Dir.), Madrid, 2003, pp. 39 e ss.
SÁNCHEZ LORENZO, S.; MOYA ESCUDERO, M. (Dir.), La Cooperación Judicial en Materia Civil y la Unificación del Derecho Privado en Europa, Madrid, 2003.
SÁNCHEZ RUIZ DE VALDIVIA, I., La Unificación del Derecho Privado Europeo: Los Princípios de Derecho Contractual Europeo de la Comisión Lando in "La Cooperación Judicial en Materia Civil y la Unificación del Derecho Privado en Europa", SÁNCHEZ LORENZO, S.; MOYA ESCUDERO, M. (Dir.), Madrid, 2003, pp. 235 e ss.
SANCHIS CRESPO, C., Derecho a Disponer del Tiempo y de las Facilidades Necesarias para la Preparación de la Defensa, in "El Espacio Europeo de Libertad, Seguridad y Justicia. Avances y Derechos Fundamentales en Materia Procesal", CALDERÓN CUADRADO, M. P.; IGLESIAS BUHIGUES, J. L. (Coord.), Pamplona, 2009, pp. 255 e ss.
SANJUÁN Y MUÑOZ, E., El Título Ejecutivo Europeo, "La Ley", nº 6082 e 6083, 2004, pp. 1744 e ss.
SAWCZUK, M., Harmonisation, Europeisation, Unity, Amendments (Reform) of Civil Procedural Law, in "Studi di Diritto Processuale Civile in Onore di Giuseppe Tarzia", Milano, 2005, pp. 577 e ss.
SCANNICCHIO, N., Critérios y Dificultades para la Unificación del Derecho Privado Europeo: Impacto del Derecho Comunitário en los Ordenamientos Internos; in "La Cooperación Judicial en Materia Civil y la Unificación del Derecho Privado en Europa", SÁNCHEZ LORENZO, S.; MOYA ESCUDERO, M. (Dir.), Madrid, 2003, pp. 207 e ss.
SCHULTE-NÖLKE, H., The Commission's Action Plan on European Contract Law and the Research of the Acquis Group, "ERA Forum", 2003, pp. 145 e ss.
SCHULTE-NÖLKE, H. (Dir.); TWIGG-FLESNER, C.; EBERS, M., EC Consumer Law Compendium – Comparative Analysis, Bielefeld University (Alemanha), 2007.

Schulze, R. (Dir.), *Common Frame of Reference and Existing EC Contract Law*, Munich, 2008.

Senés Motilla, C., *Derecho a un Processo Equitativo, Público y en un Plazo Razonable*, in "El Espacio Europeo de Libertad, Seguridad y Justicia. Avances y Derechos Fundamentales en Materia Procesal", Calderón Cuadrado, M. P.; Iglesias Buhigues, J. L. (Coord.), Pamplona, 2009, pp. 133 e ss.

Siani, V., *Il regolamento Ce n. 44/2001 Sulla Competenza Giurisdizionale e sull'Esecuzione delle Sentenze. Parte Prima: La Cooperazione Giudiziaria in Materia Civile e Commerciale: dalla Convenzione di Bruxelles al Regolamento (Ce) n. 44/2001*, DCSI, 2003, pp. 451 e ss.

— *Il Regolamento Ce n. 44/2001 sulla Competenza Giurisdizionale e sull'Esecuzione delle Sentenze. Parte Seconda: Riconoscimento ed Esecutività delle Sentenze e Degli Atti Stranieri*, DCSI, 2003, pp. 653 e ss.

Silva, P. C., *Acto e Processo – O Dogma da Irrelevância da Vontade na Interpretação e nos Vícios do Acto Postulativo*, Coimbra, 2003.

— *O Título Executivo Europeu*, Coimbra, 2005.

— *Processo de Execução – Títulos Executivos Europeus*, Coimbra, 2006.

Sipala, F., *The Convention on the Future of Europe and the Delivery of an Area of Freedom, Security and Justice*, "ERA Forum", nº 4, 2002, pp. 203 e ss.

Slot, P. J.; Bulterman, M. (Ed.), *Globalisation and Jurisdiction*, Leiden, 2004.

Smits, J., *The Making of European Private Law: Toward a Ius Commune Europaeum as a Mixed Legal Sistem*, Antwerpen, 2002.

— *The Principles of European Contract Law and the Harmonisation of Private Law in Europe*, in "La Tercera Parte de los Principios de Derecho Contractual Europeo", editado por Vaquer, A., Valencia, 2005.

Sousa, M. T., *Estudos Sobre o Novo Processo Civil*, Lisboa, 1997.

— *A Reforma da Acção Executiva*, Lisboa, 2004.

Storme, M., *Perorazione per un Diritto Giudiziario Europeo*, Riv. Dir. Proc., 1986, pp. 293 e ss.

— *Rapprochement du Droit Judiciaire de l'Union européenne*, Dordrecht, 1994.

— *Procedural Laws in Europe. Towards Harmonisation*, Antwerpen, 2003.

— *A Single Civil Procedure for Europe: A Cathedral Builders' Dreams*, "Ritsumeikan Law Review", 2005, pp. 87 e ss.

Storskrubb, E., *Civil Procedure and EU Law. A Policy Area Uncovered*, Oxford, 2008.

Stürner, R., *L'Acte Notarié dans le Commerce Juridique Européen*, RIDC, 1996, pp. 515 e ss.

Tagaras, H., *La Révision et Communautarisation de la Convention de Bruxelles par le Règlement 44/2001*, "Cahiers de Droit Europeen", 2003, pp. 399 e ss.

— *The "European Enforcement Order" (Regulation 805/2004)*, in "International Civil Litigation in Europe and Relations with Third States", Nuyts, A.; Watté, N. (Dir.), Bruxelles, 2005, pp. 563 e ss.

Taitz, L., *A Justice-Culture Must Precede any Unification of Civil Procedural Law in Europe*, in "Unity of Civil Procedural Law and its National Divergencies", editado por Sawczuk, M., Lublin, 1994.

Tarzia, G., *Europe in 1993 and Civil Justice*, in "Unity of Civil Procedural Law and its National Divergencies", editado por Sawczuk, M., Lublin, 1994.

— *Prospettive di Armonizzazione Delle Norme sull'Esecuzione Forzata nella Comunita Economica Europea*, Riv. Dir. Proc., 1994, pp. 205 e ss.

— *Modelli Europei per un Processo Civile Uniforme*, Riv. Dir. Proc., 1999, pp. 947 e ss.
— *L'art. 11 Const. e le Garanzie Europee del Processo Civile*, Riv. Dir. Proc., 2001, pp. 1 e ss.
— *L'Ordine Europeo del Processo Civile*, Riv. Dir. Proc., 2001, pp. 902 e ss.
— *Il Giusto Processo di Ezecuzione*, Riv. Dir. Proc., 2002, pp. 329 e ss.
— *Nozioni Comuni per un Processo Civile Europeu*, Riv. Dir. Proc. 2003, pp. 321 e ss.
TENREIRO, M., *O Espaço Europeu de Justiça Civil*, in "Seminário Internacional sobre a Comunitarização do Direito Internacional Privado, PINHEIRO, L. L. (Dir.), Coimbra, 2005, p. 43.
TORRENT RUIZ, A., *Fundamentos del Derecho Europeo. Ciencia del Derecho: Derecho Romano-Ius Commune-Derecho Europeo*, Madrid, 2007.
TRIDIMAS, T., *The General Principles of EC Law*, Oxford, 1999.
TROCKER, N., *La Carta dei Diritti Fondamentali dell'Unione Europea ed il Processo Civile*, Riv. Trim. Dir. Proc. Civ., 2002, pp. 1171 e ss.
VAN DEN EECKHOUT, V., *Communitarization of International Family Law as Seen from a Dutch Oerspective: What is new? - A Prospective Analysis*, in "International Civil Litigation in Europe and Relations with Third States", Dir. NUYTS, A.; WATTÉ, N. (Dir.), Bruxelles, 2005, pp. 509 e ss.
VAN DROOGHENBROECK, J. F.; BRIJS, S., *Un Titre Exécutoire Européen*, Les Dossiers du Journal des Tribunaux, Bruxelles, 2006.
— *La Pratique Judiciaire au Défi du Titre Exécutoire Européen*, "ERA Forum", 2007, pp. 49-89.
VAN GERVEN, W., *Codifying European Private Law? Yes, if...*, EPL, 2002, 156--76.

VAN RHEE, C. H., *Civil Procedure: A European Ius Commune?*, ERPL, 2000, pp. 589 e ss.
VARA PARRA, J. J., *El Interés del Menor en los Foros de Competencia Judicial para las Acciones de Responsabilidad Parental en el Reglamento (CE) Núm. 2201/2003*, REDI, 2006.
VAREILLES-SOMMIÈRES, P., *Le Règlement Communautaire sur l'Obtention de Preuves à l'Étranger et les Rapports avec les Etats Tiers*, in "International Civil Litigation in Europe and Relations with Third States", NUYTS, A.; WATTÉ, N. (Dir.), Bruxelles, 2005, pp. 381 e ss.
VARELA, J. M. A., *Das Obrigações em Geral*, vol. I., 10ª ed., Coimbra, 2000.
VESCOVI, E., *La Búsqueda de una Mayor Eficacia para la Justicia. Ejecución. Tutela Antecipada y Otras Medidas en el Derecho Comparado*, RUDP, 1996, pp. 183 e ss.
— *El Código General del Proceso ha Cumplido Diez Años de Vigência*, RUDP, 1999, pp. 185 e ss.
VESCOVI, E.; GIORDANO TORELLO, L.; BIDART, A. G., *Il Progetto di "Codice Tipo" di Procedura Civile per l'America Latina: Rendiconti della Sezione di Studi Giuridici del Programma Strategico del CNR "Celebrazione Colombiane"*, Roma: Associazione di Studi Sociali Latino-Americani, 1987.
VIDAL FERNÁNDEZ, B., *Obtención de Pruebas*, in "La Cooperación Judicial Civil y Penal en el Ámbito de la Unión Europea: Instrumentos Procesales", JIMENO BULNES, M., (Dir.), Barcelona, 2007, pp. 193 e ss.
— *Acceso a la Justicia y Asistencia Jurídica Gratuita*, in "La Cooperación Judicial Civil y Penal en el Ámbito de la Unión Europea: Instrumentos Procesales", JIMENO BULNES, M., (Dir.), Barcelona, 2007, pp. 235 e ss.

VILARIÑO PINTOS, E., *La Cooperación en los Ámbitos de Justicia e Interior en el Tratado de la Union Europea. Los Aspectos Básicos para su Realización*, "Revista de Instituciones Europeas", 1994, p. 61 e ss.

VIÑAS FARRÉ, R., *Unificación del Derecho Internacional Privado*, Barcelona, 1978.

VINCKE, F., *Les Entreprises Europeennes ont Besoin de Rapprochement*, in "Procedural Laws in Europe. Towards Harmonisation", STORME, M. (Ed.), Antwerpen, 2003, pp. 15 e ss.

VIRGÓS SORIANO, M.; GARCIMARTÍN ALFÉREZ, F. J., *Derecho Procesal Civil Internacional. Litigación internacional*, 2ª ed., Navarra, 2007.

VIRGÓS SORIANO, M; RODRÍGUEZ PINEAU, E., *Espacio Judicial Europeo en Materia Civil y Mercantil: Jurisprudencia del Tribunal de las Comunidades Europeas*, Navarra, 2005.

VITORINO, A., *O Espaço Europeu de Liberdade, Segurança e Justiça*, "Janus" (www.janusonline), 2004.

VITTORIA, P., *La Competenza Giurisdizionale e l'Esecuzione Delle Decisioni in Materia Civile e Commerciale nella Giurisprudenza della Corte di Giustizia (dalla Convenzione di Bruxelles al Regolamento CE nº 44/2001)*, Milano, 2005.

VOGENAUER, S.; WEATHERRILL, S., *The European Community's Competence for a Comprehensive Harmonisation of Contract Law – an Empirical Analysis*, ELR, 2005, pp. 821 e ss.

VON BAR, C. (Dir.), *The Private Law Systems in the EU: Discrimination on Grounds of Nationality and the Need for a European Civil Code*, Luxemburgo: European Parliament, 1999.

VV. AA., *Jornadas sobre "La Armonización Legislativa en la Unión Europea"*, Madrid, 1999.

— Seminario Sobre la Nueva Ley de Enjuiciamiento Civil 1/2000, Vigo, 2001.

— *Themis – Revista da Faculdade de Direito da Universidade Nova de Lisboa*, nº 7, 2003, Ano IV e nº 9, 2004, Ano V.

— *Cooperación Judicial en Materia de Familia y Relaciones Parentales en la Unión Europea*, Estudios de Derecho Judicial, 2005.

— *Seminario sobre Cooperación Judicial en Materia de Derecho de Familia y Relaciones Parentales en la Unión Europea*, Consejo General del Poder Judicial y Foro Permanente de Estudios Europeos de Murcia, Murcia, 2005.

WALTER, G., *Aspetti Internazionali del Diritto Processuale*, in "Trans-National Aspects of Procedual Law", X World Congress on Procedural Law, editado por ANDOLINA, I., Milano, 1998, pp. 15 e ss.

— *Cinquanta Anni di Studi sul Processo Civile in Germania: dal Costruttivismo all'Apertura Internazionale*, Riv. Dir. Proc., 1998, pp. 36-52.

— *L'Influenza del Diritto Europeo sul Diritto Processuale Nazionale*, Riv. Trim. Dir. Proc. Civ., 2002, pp. 553 e ss.

WEATHERILL, S., *Why Harmonise?*, in "European Union for the Twenty-First Century", editado por TRIDIMAS, T.; NEBBIA, P., Oxford, 2004, pp. 11 e ss.

WESTENDORP Y CABEZA, C., *El Futuro de Europa*, RDUE, 2001, pp.17 e ss.

WHINCOP, M. J.; KEYS, M., *Policy and Pragmatism in the Conflict of Law*, Aldershot, 2001.

XAVIER, L. B., *O Título Executivo Europeu e o Princípio do Reconhecimento Mútuo*, "Europa – Novas Fronteiras", Revista do Centro de Informação Jacques Delors, nº 16/17, 2004/2005, pp. 145 e ss.

ZILINSKY, M., *Abolishing Exequatur in the European Union: The European Enforcement Order*, "Netherlands International Law Review", 2006, pp. 471-492.

ÍNDICE

PREFÁCIO	9
NOTA PRÉVIA	15
ABREVIATURAS	17
INTRODUÇÃO	21

PARTE I
CONTEXTO GLOBAL DA COOPERAÇÃO JUDICIÁRIA NA UNIÃO EUROPEIA 41

CAPÍTULO I
GLOBALIZAÇÃO, INTEGRAÇÃO E DIREITO 43
1. "Harmonização" do Direito 43
   1.1. Fenómeno da globalização 43
   1.2. Globalização e Direito 46
2. Regresso ao *Ius Commune*? 47
   2.1. A formação do Direito Romano Vulgar 48
   2.2. O renascimento do Direito Romano e a formação do *Ius Commune* 50
   2.3. O *Ius Commune Europaeum* 54

CAPÍTULO II
MANIFESTAÇÕES DE HARMONIZAÇÃO DO DIREITO 59
1. Harmonização na Sociedade Internacional 59
   1.1. Instituto Internacional para a Unificação do Direito Privado Internacional – UNIDROIT 59
   1.2. Conferência da Haia de Direito Internacional Privado 64
2. Harmonização na União Europeia 66

	2.1. Formação do Direito Privado Europeu	66
	2.1.1. Necessidade de "aproximação" do Direito Privado	66
	2.1.2. Enquadramento legal	68
	2.1.3. Primeiros sinais	71
	2.1.4. Recentes desenvolvimentos e estado atual	76
	2.2. Impacto dos objetivos europeus na harmonização de outras áreas do Direito	81
3.	Fenómeno da harmonização do Direito Processual Civil	83
	3.1. Os alegados bloqueios à harmonização	83
	3.2. Os primeiros sinais de aproximação	89
	3.3. Da escala mundial à escala «regional»	90
	3.4. Razões e motivações da harmonização na União Europeia	97
	3.5. Suporte legal da harmonização do Direito Processual Civil na União Europeia	102
	3.6. Sinais de harmonização do Direito Processual Civil na União Europeia	103
	3.7. Caso particular da ação executiva	108

CAPÍTULO III
COOPERAÇÃO JUDICIÁRIA CIVIL NA UNIÃO EUROPEIA — 121

1.	Contextualização: das Comunidades Europeias à União Europeia	121
2.	Breve resenha histórica	127
	2.1. Formas de cooperação até ao Tratado de Lisboa	128
	2.1.1. As primeiras iniciativas	128
	2.1.2. O contributo do Ato Único Europeu	131
	2.2. O Tratado da União Europeia e a inclusão formal da cooperação judiciária	133
	2.3. O Tratado de Amesterdão e o reforço da cooperação judiciária	136
	2.3.1. «Comunitarização» da cooperação judiciária em matéria civil	136
	2.3.2. Plano de Ação de Viena	140
	2.4. Conselho Europeu de Tampere	142
	2.5. A cooperação judiciária e o Tratado de Nice	146
	2.6. Programa da Haia	146
	2.7. O previsto Tratado que estabelece uma Constituição para a Europa	150
	2.8. O Tratado de Lisboa	152
	2.9. Programa de Estocolmo	155
	2.10. Considerações finais	156

3.	Definição e objetivos	159
4.	Âmbito da cooperação judiciária em matéria civil e comercial	162
	4.1. Reconhecimento mútuo das decisões judiciais e extrajudiciais e respetiva execução	163
	4.2. Citação e notificação transfronteiriça dos atos judiciais e extrajudiciais	169
	4.3. Compatibilidade das normas aplicáveis em matéria de conflitos de leis e de jurisdição	172
	4.4. Cooperação na obtenção de meios de prova	179
	4.5. Acesso efetivo à justiça	181
	4.6. Eliminação dos obstáculos à boa tramitação das ações cíveis	184
	4.7. Desenvolvimento de métodos alternativos de resolução dos litígios	186
	4.8. Apoio à formação dos magistrados e dos funcionários e agentes de justiça	189
5.	Efeitos da cooperação judiciária em matéria civil na União Europeia no Direito Internacional Privado	191

PARTE II
TÍTULO EXECUTIVO EUROPEU 193

CAPÍTULO I
ENQUADRAMENTO GERAL DO TÍTULO EXECUTIVO EUROPEU 195

1.	Reconhecimento mútuo	195
	1.1. Enquadramento	195
	1.2. Vertente processual do princípio de reconhecimento mútuo	197
	1.3. Medidas para aplicação do princípio de reconhecimento mútuo das decisões judiciais em matéria civil e mercantil	200
2.	Regimes e sistemas de reconhecimento de decisões judiciais	204
	2.1. Termos do problema	204
	2.2. Teorias da equiparação e da extensão dos efeitos	206
	2.3. Sistemas de reconhecimento	208
	2.4. Casos de reconhecimento automático e teorias tradicionais	210
3.	Reconhecimento e execução das decisões em matéria civil e comercial na União Europeia – Regulamento Bruxelas I	211
	3.1. Enquadramento	211
	3.2. Reconhecimento das decisões em matéria civil e comercial	212
	3.3. Execução das decisões em matéria civil e comercial	214
	3.4. Estado atual e perspetiva futura	219
4.	Criação do título executivo europeu	224

      4.1. Antecedentes   224
      4.2. Princípios inspiradores   230
           4.2.1. Direito ao Justo Processo   230
           4.2.2. Reconhecimento mútuo e confiança recíproca   234
      4.3. Método e legística   237
      4.4. Trabalhos preparatórios e processo legislativo do Regulamento 805/2004   242
5. Objetivos, noção e efeitos do título executivo europeu   248
      5.1. Objetivos   248
      5.2. Noção e efeitos   250
      5.3. Título executivo europeu: um equívoco terminológico?   253
6. Exequatur: Mudança de Paradigma?   257
7. O título executivo europeu no contexto da legislação europeia   264
      7.1. Título executivo europeu e figuras afins   266
           7.1.1. Procedimento europeu de injunção de pagamento e processo europeu para ações de pequeno montante   267
                 7.1.1.1. Noção e efeitos   267
                 7.1.1.2. Pontos de convergência em relação ao título executivo europeu   274
                 7.1.1.3. Pontos de divergência em relação ao título executivo europeu   276
           7.1.2. O título executivo europeu face às suas figuras afins   280
      7.2. Coexistência entre o Regulamento que aprova o título executivo europeu e o Regulamento Bruxelas I   281
           7.2.1. Regime de compatibilidade   281
           7.2.2. Articulação entre os diplomas   283
      7.3. A proposta de revisão do Regulamento 44/2001 – Bruxelas I: a morte anunciada do título executivo europeu?   287
           7.3.1. As linhas gerais da revisão do Regulamento Bruxelas I   289
           7.3.2. Alargamento do paradigma do título executivo europeu   300
      7.4. Considerações finais   301

CAPÍTULO II
ÂMBITO DE APLICAÇÃO E PRESSUPOSTOS DO TÍTULO EXECUTIVO EUROPEU   305
1. Nota prévia   305
2. Âmbito de aplicação do regime jurídico do título executivo europeu   307
      2.1. Aplicação no espaço   307
      2.2. Aplicação no tempo   311
      2.3. Aplicação quanto à matéria   315

	2.4.	A (des) necessidade da natureza transfronteiriça do litígio	321
3.	Pressupostos gerais da certificação do título executivo europeu		322
	3.1.	Nota prévia	322
	3.2.	Quanto ao objeto da obrigação	323
		3.2.1. Certeza, liquidez e exigibilidade da obrigação exequenda	324
		3.2.2. Prestação pecuniária	328
	3.3.	Caráter não contestado do crédito	333
	3.4.	Quanto à forma	337
		3.4.1. Decisões judiciais	347
		3.4.1.1 Em busca do conceito de decisão judicial	347
		3.4.1.2. O caso dos processos simplificados para cobrança de obrigações pecuniárias	342
		3.4.1.3. Decisões de instâncias superiores	349
		3.4.2. Transações judiciais	355
		3.4.2.1. Noção e evolução do conceito de transação judicial (um conceito mais extenso)	355
		3.4.2.2. Certificação apenas para concessão de «força executória»	364
		3.4.3. Instrumentos autênticos	365
		3.4.3.1. Noção de instrumento autêntico	366
	3.5.	Caráter executório do título no Estado de origem	378
		3.5.1. Decisões judiciais	379
		3.5.2. Transações judiciais	385
		3.5.3. Instrumentos autênticos	386
		3.5.4. Considerações finais	389
4.	Pressupostos específicos da certificação do título executivo europeu		390
	4.1.	Nas decisões judicias	390
		4.1.1. Crédito não contestado	392
		4.1.2. Competência do tribunal de origem	401
		4.1.3. Cumprimento das normas mínimas de procedimento (garantias mínimas)	406
		4.1.3.1. Enquadramento	406
		4.1.3.2. Ao nível da citação ou notificação	413
		4.1.3.3. Ao nível da informação adequada do devedor sobre o crédito e sobre as diligências processuais necessárias para contestar o crédito	433
		4.1.3.4. Sanação (ou desconsideração) do não cumprimento das normas mínimas exigíveis	436
		4.1.3.5. Ao nível dos mecanismos de revisão em casos excecionais	448

4.2. Nas transações judiciais	469
4.3. Nos instrumentos autênticos	470

CAPÍTULO III
CERTIFICAÇÃO E EXECUÇÃO DO TÍTULO EXECUTIVO EUROPEU

	473
1. Procedimento para obtenção da certificação de título executivo europeu	473
1.1. Aspetos gerais	473
1.2. Requerimento de certificação de título executivo europeu	476
1.2.1. Legitimidade	476
1.2.2. Competência	476
1.2.3. Prazo	480
1.3. Procedimento	482
1.4. Decisão de certificação: forma, conteúdo e efeitos	486
2. Mecanismos de defesa	489
2.1. (Ir) Recorribilidade da decisão de certificação como título executivo europeu	489
2.2. Procedimentos de retificação e revogação da certidão de título executivo europeu	495
2.3. Oposição em sede de ação executiva	500
2.3.1. Enquadramento	500
2.3.2. Fundamentos da oposição à execução	502
2.3.3. Cláusula de ordem pública: afastar ou recuperar?	508
3. Execução do título executivo europeu	513
3.1. Legislação aplicável e condições formais	513
3.1.1. Os entraves da legislação interna	516
3.2. Trâmites da execução	517
3.2.1. Questão prévia: a competência do tribunal	517
3.2.2. Tramitação da execução	519
3.2.3. Suspensão ou limitação da execução	521
CONCLUSÕES	527
BIBLIOGRAFIA	547